영어1등급 독해기술

1등급 프로젝트

| 24일 완성 학습 계획표 |

KB083962

	Day 01 ■■	Day 02 ■■	Day 03 ■■	Day 04 ■■	Day 05 ■■	Day 06 ■■
PART1 지문독해의 기술	01 글의 기본 구조 01 일반화와 구체화 02 재진술과 대립어	03 글의 주제 04 글의 요지	02 글의 전개 방식 01 묘사 02 이야기 03 순서	04 예시와 열거 05 비교와 대조 06 원인과 결과	03 주장과 근거 분석 01 주장과 근거 02 인용을 통한 주장 03 통념과 진실	04 문제점과 해결책 05 질문과 답변 06 일화를 통한 주장
	월 일	월 일	월 일	월 일	월 일	월 일

	Day 07 ■■	Day 08 ■■	Day 09 ■■	Day 10 ■■	Day 11 ■■	Day 12 ■■
	01 주제 찾기 01 주제/제목	02 요지/주장	03 글의 목적	02 통일성·응집성· 일관성 01 통일성 – 관계 없는 문장 고르기	02 응집성 – 연결어	03 일관성 (1) – 문장 삽입
	월 일	월 일	월 일	월 일	월 일	월 일

	Day 13 ■■	Day 14 ■■	Day 15 ■■	Day 16 ■■	Day 17 ■■	Day 18 ■■
PART2 문제풀이의 기술	04 일관성 (2) – 글의 순서 배열	03 추론 01 밑줄 친 부분의 의미 추론 (1)	01 밑줄 친 부분의 의미 추론 (2)	02 빈칸 추론 (1)	02 빈칸 추론 (2)	02 빈칸 추론 (3)
	월 일	월 일	월 일	월 일	월 일	월 일

	Day 19 ■■	Day 20 ■■	Day 21 ■■	Day 22 ■■	Day 23 ■■	Day 24 ■■
	03 요약문 완성	04 세부 내용 파악하기 01 내용 일치	02 도표	05 전체 내용 파악하기 01 심경	02 장문 독해 (1)	02 장문 독해 (2)
	월 일	월 일	월 일	월 일	월 일	월 일

❶ 계획적인 공부 가능하면 매일 일정한 학습 분량을 정해 꾸준히 공부하세요. 그리고 계획표에 맞춰 꼭 복습을 해야 제대로 된 실력을 갖추게 됩니다. 하지만 개인의 학습 속도나 상황에 따라 위의 계획표를 참고로 하여 자신만의 스케줄을 짜서 공부해도 됩니다. 예를 들어 좀 더 빠르게 영어 독해력 프로그램을 끝내고 싶은 학생은 2일치 공부 분량을 하루에 소화하여 12일 만에 끝낼 수도 있고, 반대로 시간 여유를 가지고 공부하는 것이 필요한 학생은 학습 시간을 좀 늘린다든지 할 수 있겠지요? 각자의 상황에 따라 나만의 스케줄을 세워 공부해 보세요.

❷ □ 학습체크 공부하고 나서 Day 옆에 있는 □에 꼭 V체크하고 '공부한 날'도 기록하세요. 두 번째 □는 더 확실하게 영어 독해력을 다지고 싶어 복습했을 경우에 체크하면 됩니다.

정답의 근거를 빠르고 정확하게 찾는다!
영어 1등급 독해기술 맵

"독해기술 맵"은, 「영어 1등급 독해기술」에서 공부하는 [독해원리 + 분석기술 + 풀이기술]을 한눈에 볼 수 있도록 정리 한 지도(map)입니다. 책 전체 내용에 대한 요약본이라 할 수 있습니다. '독해기술(Reading Skill)'을 스스로 문제를 풀 때 반복해서 익히고 훈련해서 자신의 기술로 꼭 만들기 바랍니다.

Part 1 지문독해의 기술

CHAPTER 01 글의 기본 구조

Unit 01 일반화와 구체화
독해원리 01 '일반적 개념(General)'이란 다른 대상을 아우르는 포괄적인 개념이고, '구체적 개념(Specific)'이란 일반적 개념에 대한 상대적 개념으로 전체의 일부 혹은 집단의 개체이다.
독해원리 02 '구체화'란 어떤 개념에 대한 하위 개념을 진술한 것이고, '일반화'란 어떤 개념을 포괄하는 상위 개념을 진술한 것이다.

Unit 02 재진술과 대립어
독해원리 03 '재진술'은 지문 내에서 같은 개념이나 문장을 다르게 표현하는 것을 말한다. 독해를 하기 위해서는 같은 개념이나 문장이 하나의 글 안에서 재진술되는 것을 반드시 파악해야 한다.
독해원리 04 '대립어'는 '재진술'의 반대 개념으로, 지문 내에서 서로 반대되는 개념이나 문장을 말한다.

Unit 03 글의 주제
독해원리 05 주제란 '이 글이 무엇에 관한 글인가?'라는 질문의 답이다.
독해원리 06 주제는 너무 구체적(Too specific)이어서도 안 되고, 너무 일반적(Too general)이어서도 안 된다.
독해원리 07 주제를 찾기 위해선 단락을 주제문과 뒷받침 문장으로 나눌 수 있어야 한다.
독해원리 08 주제문은 여러 곳에 위치할 수 있으며, 주제문이 없는 경우는 구체적 진술들을 일반화하여 주제를 찾아야 한다.
독해원리 09 1. 통일성 = 모든 문장이 주제와 관련되어 있는가?
　　　　　　　 – 통일성을 묻는 문제 유형 : 다음 글에서 전체 흐름과 관계 <u>없는</u> 문장은?
　　　　　　2. 일관성 = 문장 간의 흐름이 자연스러운가?
　　　　　　　 – 일관성을 묻는 문제 유형 : 1) 주어진 문장에 이어질 글의 순서가 가장 적절한 것은?
　　　　　　　　　　　　　　　　　　　　2) 글의 흐름으로 보아 다음 문장이 들어가기에 가장 적절한 곳은?
　　　　　　3. 응집성 = 문장 사이의 연결 관계가 긴밀한가?
　　　　　　　 – 응집성을 묻는 문제 유형 : 빈칸에 가장 알맞은 연결어는?

Unit 04 글의 요지
독해원리 10 글의 요지란 글의 주제에 대한 필자의 생각이다.

CHAPTER 02 글의 전개 방식

Unit 01 묘사
분석기술 01 묘사는 묘사 대상을 파악하면 그것이 곧 주제다.

Unit 02 이야기
분석기술 02 이야기는 이야기의 흐름을 따라가자.

Unit 03 순서
분석기술 03 순서 유형의 글은 주로 시간적, 절차적 순서를 다루고 있다.

Unit 04 예시와 열거
분석기술 04 예시는 구체적 진술이므로 주제가 될 수는 없지만, 주제를 이해하는데 도움이 될 수 있다. 글에서 무언가를 예시하거나 열거하면 예시나 열거의 시작 전 혹은 예시나 열거가 끝난 후에 주제문이 있을 가능성이 높다.

1판 1쇄 2023년 5월 2일

지은이 박희성
펴낸이 유인생
편집인 안승준
마케팅 박성하 · 심혜영
디자인 NAMIJIN DESIGN
편집 · 조판 Choice
펴낸곳 (주) 쏠티북스
주소 (04037) 서울시 마포구 양화로 7길 20 (서교동, 남경빌딩 2층)
대표전화 070-8615-7800
팩스 02-322-7732
홈페이지 www.saltybooks.com
이메일 saltybooks@naver.com
출판등록 제313-2009-140호

ISBN 979-11-92967-02-8

정확하면서 빠른
{지문독해법 & 문제풀이법}

영어1등급 독해기술

| 박희성 지음 |

영어독해 베스트셀러
에몽의 수능영어 독해기술
New Version

Reading Comprehension Skills / Problem Solving Skills

쏠티북스

Preface

다시, 초심으로. 개정판 출간에 즈음하여

1994년 수능이란 제도가 처음 시작된 이후로 수능 영어도 참 많은 변화를 겪어 왔습니다. 특히 최근에는 EBS 연계 제도로 인해 수능 영어 학습 방법이 기형적으로 변하기도 했습니다. 수능 영어 지문의 70%가 EBS 교재에서 그대로 출제되면서 EBS 지문 내용을 암기하는 것이 수능 영어를 대비하는 가장 좋은 방법처럼 취급되기도 했습니다.

심지어는 시간에 쫓기는 수험생들의 상당수가 영어 실력을 착실하게 쌓기 보다는 EBS 지문 내용을 우리말 해석을 통해 수박 겉핥기식으로 무턱대고 외우고 보는 말도 안 되는 학습을 하는 경우도 있었습니다. 불행인지 다행인지 EBS 직접 연계율은 50%로, 다시 0%로 바뀌며 수능 영어 학습 방법은 다시 처음으로 돌아오게 되었습니다.

「영어 1등급 독해기술」은 2010년 「에몽의 수능영어 독해기술」이라는 이름으로 출간된 초판부터 지금까지, 문제 유형에 관계 없이 지문의 구조를 통해 글을 이해하는 독해의 정석을 제시하고, 또한 수능 영어 독해의 모든 유형에서 문제풀이의 비법을 일목요연하게 다루어 가장 효율적으로, 그리고 가장 안정적으로 1등급을 받을 수 있는 방향을 안내해 왔다고 자부합니다. 「영어 1등급 독해기술」은 1년이 멀다 하고 자주 바뀌는 입시 속에서도 안개 속 등대처럼 꿋꿋하게 '정도'만을 지켜 왔습니다.

수능에 EBS가 연계된다고, 또 수능의 난이도가 변한다고 해서 결코 시류에 편승하지 않았습니다. 수능의 난이도가 어떠하든, EBS의 연계율이 어떠하든, 불수능에서는 시간 내에 정확하게 답을 찾아내고, 물수능에서는 한 치의 실수도 용납하지 않는 진정한 독해력을 기를 수 있는 정석을 제시해 왔습니다. 그리고 튼튼한 기본 내공을 바탕으로 쌓은 진정한 독해력의 위력은 지난 13년간 수많은 독자 분들이 직접 증명해 보여 주셨습니다.

이번 개정판의 주요 변화는 다음과 같습니다. 기존에는 지칭 추론 부분 내에서 간략하게만 다루었던 밑줄 친 부분의 의미 추론 문제를 대폭적으로 추가하여 상세하게 다루었습니다. 최근에 어려워지고 있는 글의 순서와 문장 삽입 문제에 대한 설명도 보완하였습니다.

한편, 2015학년도 수능을 마지막으로 더 이상 출제되지 않는 연결어 문제는 제거하였습니다. 물론 연결어 자체는 모든 유형의 문제풀이에서 매우 중요한 단서로 활용되므로, 연결어에 대한 설명과 예문은 당연히 보강하여 수록되어 있습니다.

또한 이 책의 〈Part 2 문제풀이의 기술〉에서 다루고 있는 기출 문제들에 대해 본문의 마지막 부분에 수능과 모의고사 출처를 참고할 수 있도록 별도의 일람표를 제공하고 있다는 점도 알려드립니다.

수능 영어 절대평가 제도로 인해 영어 학습량이 많이 줄어든 현 상황에서, 「영어 1등급 독해기술」이 결코 분량이 적은 책은 아닙니다. 그래서 여러 개정을 거쳐 불필요한 부분을 최대한 제거하기 위해 노력했습니다.

"완벽하다는 것은 더 이상 더 할 것이 없을 때가 아니라, 더 이상 뺄 것이 없을 때이다." 「어린 왕자」로 유명한 프랑스의 소설가 생텍쥐페리가 한 말입니다. 불필요하다고 여겨지는 내용을 줄였지만 꼭 필요한 부분은 보강하였기에 이 책은 여전히 적은 분량이 아닙니다. 하지만 더 이상 뺄 수 없는, 최고 양질의 문제만을 남겼습니다. 더 이상 넣을 것이 없어서 두꺼운 독해기술이 아닌, 더 이상 뺄 것이 없어서 두꺼운 독해기술입니다.

지금까지 그래왔듯, 어떤 제도 하의 수능 영어에서든 「영어 1등급 독해기술」이 여러분들의 영어 공부를 올바른 방향으로 이끌어줄 등대가 되길 기원합니다.

저자 박희성

Contents

Part 3 정답 & 문제분석 (별권 : 책속의 책) Answers & Explanations

(= caves)을 바꿔 표현했을 뿐이다. 또한 'permanent dwellings(영구적인 거주지)', 'fixed-style housing(고정된 형태의 파신처)'도 모두 caves에 대한 재진술이다.

이처럼 글에서 재진술을 파악하지 못하면 글을 읽을 수는 있지만 그 의미를 제대로 이해할 수가 없다. 즉, 글을 '독해(讀解, Reading)'는 할 수 있지만 '해석(解釋, Comprehension)'는 할 수 없는 것이다.

 독해원리 '재진술'은 처음 내세운 같은 개념이나 문장을 다르게 표현하는 것을 말한다. 독해를 하기 위해서는 같은 개념이나 문장이 하나씩 글 신에서 재진술되고 있는 것을 반드시 파악해야 한다.

● 지문해석

아메리카 대륙에 처음 정착한 유럽인들 중 많은 사람들이 동굴에 살았다는 것을 알고 있었는가? 이것은 사실이다. 이 초기 도착자들은 더 나은 것을 만들 시간도, 도구도 없었다. 이것은 New England에서 특별히 그러했는데, 그곳에서는 겨울이 매우 혹독했다. 어떤 형태의 급한 피난처가 필요했고, 동굴은 이 목적에 적합했다. 그래서 이 용감한 이주민들은 절벽의 측면을 따라 굴을 팠고, 나무껍질로 지붕을 만들었으며, 장대로 이것을 받쳤다. 그리고 그들의 "성"이 완성되었다. 상황이 나아짐에 따라 부락 사이에서 더 많은 영구적인 거주지가 나타나기 시작했다. 각 부락은 기화나 이용할 수 있는 재료에 따라 그들만의 고정된 형태의 거주지를 발전시켰다.

반대로 가장 중요한 것을 가장 나중에 제시하는 경우가 있다. 또한 열거되는 내용이 모두 동등한 정도의 중요도를 가지고 있는 경우도 있다.

예시와 열거는 문제 유형을 가리지 않고 다양한 유형의 문제에서 자주 사용된다.

 분석기술 예시는 구체적 진술이므로 주제가 될 수는 없지만, 주제를 이해하는 데 큰 도움이 될 수 있다. 글에서 무언가를 예시하거나 열거하면 예시나 열거가 시작된 후 예시나 열거가 끝난 후에 주제문이 있을 가능성이 높다.

● 예제

다음 글의 제목으로 가장 적절한 것은?

Moles are dark spots on human skin. They can vary in color → 구체적 진술① from light to dark brown or black. Almost everyone has at least one mole. According to ancient superstitions, (A) moles reveal a → 관념적 진술 person's character. For example ⓐ a mole on one's nose means → 구체적 진술① 에 대한 예시

 유의기술 너무 포괄적/일반적인 개념을 주제로 고르면 안 된다.

주제 이외에 다른 것까지 포괄할 수 있는 개념은 주제가 될 수 없다. 가령 글은 '시'에 대한 내용인데 '문학'을 답으로 고르면 안 된다.

풀이기술 글이 구체적 진술로만 구성되어 있는 경우, 주제는 구체적 진술들을 전부 포괄할 수 있는 것을 고른다.

주제문 없이 구체적인 진술로 이루어진 글이 있다. 하지만 주제문이 없다고 해서 주제가 없는 것은 아니다. 주제문이 없다면 구체적인 진술들을 종합하여 주제를 찾아내야 한다.

유의기술 글이 주장과 근거로 구성되어 있는 경우, 주제는 주장에서 찾는다.

1등급 시범 문제

시범 정답률 73%

다음 글의 주제로 가장 적절한 것은?

Environmental learning occurs when farmers base decisions on observations of "payoff" information. They may observe their own or neighbors' farms, but it is the empirical results they are using as a guide, not the neighbors themselves. They are looking at farming activities as experiments and assessing such factors as relative advantage, compatibility with existing resources, difficulty of use, and "trialability" — how well can → 주장

독해원리 영어 독해문제를 접하면 문제풀이에 앞서 우선은 지문의 내용을 정확하게 이해해야 합니다. 〈독해원리〉는 글의 기본 구조를 익혀 지문을 유기적, 체계적으로 정확하게 이해하고 나아가 글에서 주제와 요지를 파악할 수 있게 해줍니다.

분석기술 영어 지문에서 내용이 전개되는 방식과 필자가 주장을 펼치는 방식은 대부분 일정한 형식을 갖습니다. 〈분석기술〉은 이런 형식에서 자주 사용되는 패턴을 익혀 글의 내용을 보다 쉽고 빠르게 파악하도록 해줍니다.

풀이기술 영어 독해문제를 본격적으로 해결하기 위해 필요한 〈풀이기술〉을 공부하는 부분입니다. 각 유형별로 해당 유형의 문제가 묻고자 하는 바를 자세하게 분석하고, 문제풀이에 필요한 착안점을 비롯하여 특별히 주의해야 할 점 등을 공부합니다.

1등급 시범 문제 유형별로 대표적인 수능 기출 문제가 제시되어 있습니다. 이 문제를 통해 앞서 학습한 '독해기술(독해원리 + 분석기술 + 풀이기술)'이 정답을 고를 때 실제로 어떻게 적용되는지 시범적으로 익힐 수 있는 코너입니다.

1등급 연습 문제

정답 / 분석 P. 2

01 다음 글의 주제로 가장 적절한 것은?

The precision of the lines on the map, the consistency with which symbols are used, the grid and/or projection system, the apparent certainty with which place names are written and placed, and the legend and scale information all give the map an aura of scientific accuracy and objectivity. Although subjective interpretation goes into the construction of these cartographic elements, the finished map appears to express an authoritative truth about the world, separate from any interests and influences. The very trust that this apparent objectivity inspires is what makes maps such powerful carriers of ideology. However

1등급 연습 문제 정답률 60% 이상으로 비교적 쉽게 정답을 유추할 수 있는 기출 문제들이 실려 있습니다. 이 코너에 수록된 기출 문제들을 통해 독해기술을 직접 문제에 적용해 보며 익힐 수 있습니다.

1등급 실전 문제

정답 / 분석 P. 10

01 다음 글의 주제로 가장 적절한 것은?

Difficulties arise when we do not think of people and machines as collaborative systems, but assign whatever tasks can be automated to the machines and leave the rest to people. This ends up requiring people to behave in machine-like fashion, in ways that differ from human capabilities. We expect people to monitor machines, which means keeping alert for long periods, something we are bad at. We require people to do repeated operations with the extreme precision and accuracy required by machines, again something we are not good at. When we divide up the machine and

1등급 실전 문제 정답률 40~60% 정도의 다소 까다로운 기출 문제들이 실려 있습니다. 이 코너에 수록된 기출 문제를 통해 앞서 익힌 독해기술을 정교하게 가다듬고 부족한 부분을 보완하게 됩니다.

1등급 고난이도 문제

정답 / 분석 P. 18

01 다음 글의 제목으로 가장 적절한 것은?

Richard Dawkins and John Krebs argued that although in some circumstances it might be appropriate to describe animal signals as transferring information, in many other, perhaps most, cases there would be such a conflict of interest between signaller and receiver that it is more accurate to describe the signaller as attempting to 'manipulate' the receiver rather than just inform it. For example, an angler fish that dangles a worm-like bit of skin in front of a small fish and catches it because the smaller fish snaps at the 'worm' can certainly be said to have carried out a successful manipulation of its prey. In

1등급 고난이도 문제 수능 영어의 1등급은 물론 만점을 받기 위해서 반드시 해결해야만 하는 고난이도 기출 문제들이 실려 있습니다. 이 코너에 수록된 기출 문제들을 통해 독해기술을 최종적으로 완성하게 됩니다.

Part 3 정답 & 문제분석 (별권 : 책속의 책)   Answers & Explanations

CHAPTER 01 주제 찾기

Unit 01 주제 / 제목

1등급 연습 문제 01③ 02② 03② 04① 05① 06③

01
정답률
73%

The precision of the lines on the map, the consistency with which symbols are used, the grid and/or projection system, the apparent certainty with which place names are written and placed, and the legend and scale information all give the map an aura of scientific accuracy and objectivity. Although subjective interpretation goes into the construction of these cartographic elements, the finished map appears to express an authoritative truth about the world, separate

정답 & 문제분석 '1등급 연습 문제', '1등급 실전 문제', '1등급 고난이도 문제'에 실려 있는 모든 기출 문제에 대해 자세한 지문분석, 독해기술, 오답피하기, 구문분석, 지문해석, 어휘를 수록하여 정답이 도출되는 과정을 자세하고 입체적으로 공부하게 됩니다.

독해기술 맵 : <영어1등급 독해기술>에서 공부한 모든 독해기술[독해원리+분석기술+풀이기술]을 한 눈에 볼 수 있도록 모아 두었습니다. 책 전체 내용에 대한 요약본이라 할 수 있습니다. 문제를 풀 때마다 반복해서 익히고 훈련하여 꼭 자신의 기술로 만들기 바랍니다.

이 책의 특징

01 영어 독해력 향상을 위한 정공법

「영어 1등급 독해기술」은 문제풀이의 1차원적인 요령이나 잔꾀가 아닌, 영어 독해의 정공법을 제시하고 있습니다. 영어 독해는 단순히 읽기(Reading)에서 끝나는 것이 아니라, 읽은 내용을 정확하게 이해(Comprehension)까지 할 수 있어야 합니다. 〈Part 1. 지문독해의 기술〉에서는 글을 읽고 정확하게 이해하는 기술을 통해 지문의 독해력 자체를 향상시킵니다. 그리고 이러한 독해력을 바탕으로 〈Part 2. 문제풀이의 기술〉에서는 수능 영어영역의 유형별 문제 해결의 실전 기술을 익힙니다.

02 수능과 모의고사 기출 문제에 대한 분석

이 책에는 수능이 처음 시작된 1994학년도부터 가장 최근 수능까지 역대 수능과 6월, 9월 평가원 모의고사 기출 문제들을 검토하여 학습 가치가 높고 최신 출제코드에 적합한 엄선된 문제들이 수록되어 있습니다. 또한 엄선된 기출 문제들은 정답률을 분석하여 난이도에 따라 '1등급 연습 문제', '1등급 실전 문제', '1등급 고난이도 문제'로 분류하여 배치되어 있습니다. 따라서 난이도별에 따라 체계적으로 학습하고 독해력을 확장시키게 됩니다.

03 해석의 사고 과정을 보여주는 학습

진정한 독해 공부는 문제를 푸는 능력뿐만 아니라 영어 지문을 정확하고 빠르게 해석하는 능력도 함께 길러 주어야 합니다. 「영어 1등급 독해기술」은 문제를 해결하는 것에서 더 나아가 영어 지문의 해석 능력 자체를 향상시키고자 했습니다. 글의 기본 구조와 전개 방식에 대한 이해 그리고 글에 담긴 주장과 근거를 분석하는 학습을 통해 단순히 문법이나 구문만을 제시해 주는 것이 아니라, 어떤 원리로 그 문장이 해석되는지, 그리고 전체 지문의 해석에 대한 사고과정을 상세하게 다루고 있습니다.

04 문제분석식 해설

이 책의 〈정답 & 문제분석〉은 사실상 본책의 연장선에 있다고 해도 과언이 아닙니다. 책 전체 분량의 무려 1/3 이상을 차지하고 있습니다. 이 분량만 보더라도 여타 교재들의 해답지나 해설지와는 다르다는 것을 알 수 있을 것입니다. 〈정답 & 문제분석〉은 '1등급 연습 문제' → '1등급 실전 문제' → '1등급 고난이도 문제'에 대한 문제분석으로, 모든 문제에 대해 본문의 '1등급 시범 문제'에서 다루고 있는 해설 방식과 동일한 수준으로 자세하게 해설하였습니다.

01 공부의 기본은 반복

어떤 무술이든지 혹은 어떤 운동이든지, 그것을 제대로 익히기 위해서는 끊임없는 반복이 필요합니다. 「영어 1등급 독해기술」도 마찬가지입니다. 이 책을 한 번 학습했다고 해서 독해기술이 저절로 익혀지지는 않습니다. 독해기술을 완전히 여러분의 것으로 만들기 위해서는 최소한 2회 이상의 반복 학습이 필요합니다. 시간적 여유가 있다면 〈Part 1〉을 먼저 복습한 뒤 〈Part 2〉를 복습하는 것을 권합니다. 기본기를 먼저 탄탄히 한 뒤에 문제풀이로 넘어가기 위해서입니다.

02 다른 문제를 통한 적용 연습

독해기술을 완전히 익히기 위해서는 이 책에 있는 문제만으로 충분하지 않습니다. 수능 전까지 꾸준히 새로운 문제를 풀며 독해기술을 연습하고 또 연습해야 합니다. 연습하기에 가장 좋은 문제는 지면 관계상 책에 싣지 못한 다른 기출 문제들입니다. 우선은 최근 5년간(여유가 된다면 모든 연도)의 수능과 평가원, 시·도 교육청 모의고사 기출 문제를 전부 푸세요. 그 후에는 다른 문제집도 좋지만 EBS에서 나오는 영어독해 문제집을 우선시하세요. 수능은 아직은 EBS 교재와 간접적으로 연계되어 출제되고 EBS 교재가 문제의 질도 비교적 좋기 때문입니다.

03 〈정답 & 문제분석〉의 활용

앞서 '이 책의 특징'에서도 밝혔듯이 〈정답 & 문제분석〉은 본책의 연장선입니다. 일반적인 문제집을 풀 듯이 틀린 문제만 골라서 해설을 보는 식으로 공부해서는 절대로 안 됩니다. 맞힌 문제라 할지라도 우연히 맞힌 것인지 아니면 정말 올바른 사고과정을 거쳐 맞힌 것인지 반드시 확인해 보아야 합니다. 그리고 문제를 푼 뒤에는 영어 문장의 해석 능력 자체를 향상시키기 위해 반드시 '구문분석'과 '지문해석'을 이용하여 전체 글을 꼼꼼히 해석해 보고, 모르는 단어는 전부 암기해야 합니다.

04 '독해기술 맵'의 활용

영어 독해 공부를 비롯하여 어떤 공부든 전체 개념이나 원리를 이해하고 있는 것과 없는 것은 어마어마한 차이가 있다는 것은 여러분도 잘 알고 있을 것입니다. 모의고사든 수능이든, 영어영역 시험을 보기 직전 쉬는 시간에는 이 책의 앞부분에 수록되어 있는 '독해기술 맵'을 읽으며 독해기술을 머릿속으로 다시 한 번 되짚어 보세요. 독해기술 전체를 한번 쭉 훑어보는 것만으로도 시험에 대한 훌륭한 이미지 트레이닝이 됩니다.

Problem Solving Skills

Part 1
지문독해의 기술

Reading Comprehension Skills

Unit 01

글의 기본 구조

Basic Structure of a Paragraph

Unit 01
일반화와 구체화

단순히 글을 읽는 것〈독(Reading)〉은 누구나 할 수 있다. 하지만 글을 읽고 그 내용을 이해〈독해(Reading Comprehension)〉하기 위해서는 '일반화'와 '구체화'라는 개념을 반드시 알고 있어야 한다. 작은 개념에서 큰 개념으로 나아가는 일반화, 그리고 반대로 큰 개념에서 작은 개념으로 나아가는 구체화는 하나의 글을 구성하는 근본 원리이다.

❶ 일반적 개념과 구체적 개념

'일반적 개념(General)'이란 다른 대상들을 아우르는 포괄적인 개념이고, '구체적 개념(Specific)'이란 일반적 개념에 대한 상대적 개념으로, 전체의 일부 혹은 집단의 개체이다. 일반적 개념과 구체적 개념의 예시는 다음과 같다.

일반적 개념	구체적 개념
행성	지구
집	아파트
꽃	장미
책	소설책
공부하기	영어 공부하기
낡은 내 일기장	종이가 헤지고 색이 바랬음
방 청소	바닥에 널부러진 옷가지 정리

그런데 '일반적 개념'과 '구체적 개념'은 절대적이 아니라 상대적이다. 즉 어떤 개념 자체가 일반적이거나 구체적인 것이 아니라 어떤 두 개념 간의 관계에서 하나가 다른 하나에 대해 일반적이거나 구체적인 것이다. 이는 마치 지구를 두고 '큰 행성'이라고 할 수 없는 것과 같다. 지구는 화성이나 금성보다는 크지만, 목성, 토성 등에 비하면 매우 작은 행성이다.

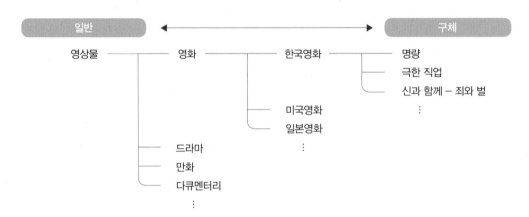

다른 예를 들자면, '영상물'은 '영화'에 대해 일반적 개념이고 '영화'는 '영상물'에 대해 구체적 개념이다. 그런데 '영화'가 항상 구체적 개념인 것은 아니다. '영화'도 '한국영화'에 대해서는 일반적 개념이기 때문이다. 또한 '한국영화'는 '명량'에 대해 일반적 개념이다. 이처럼 일반적 개념과 구체적 개념은 절대적인 것이 아니라 다른 개념과의 비교에 의해 결정되는 상대적 개념이라는 점을 명심하자.

'일반적 개념(General)'이란 다른 대상을 아우르는 포괄적인 개념이고, '구체적 개념(Specific)'이란 일반적 개념에 대한 상대적 개념으로 전체의 일부 혹은 집단의 개체이다.

❷ 일반적 진술과 구체적 진술

앞에서 살펴본 일반적 개념과 구체적 개념이 하나의 단락 안에서 문장으로 나타날 때 이를 '일반적 진술(General Statement)'과 '구체적 진술(Specific Statement)'이라고 한다.

일반적 진술은 하나의 단락을 대표하는 문장으로, 그 단락이 무엇에 관한 내용인지를 포괄하여 나타내거나 필자가 말하고자 하는 핵심 내용을 나타낸다. 즉 일반적 진술은 글의 주제(Topic) 혹은 요지(Main Idea)를 담고 있는 문장이다.

구체적 진술은 일반적 진술을 뒷받침하는 문장이다. 즉 구체적 진술은 글의 주제나 요지를 뒷받침하는 세부 내용을 담은 문장이다. 예를 들면 '묘사, 일화, 순서, 과정, 예시, 열거, 비교와 대조, 분류, 원인과 결과'와 같은 것이 일반적 진술을 뒷받침하는 구체적 진술이다.

일반적 진술	구체적 진술
음주운전은 위험하다.	작년에 음주운전으로 인한 사고가 많이 발생했다.
철수는 공부를 잘한다.	철수는 지난 시험에서 1등을 했다.
좋은 지도자가 되려면 몇 가지 자질이 필요하다.	좋은 지도자는 위기를 기회로 삼을 수 있어야 한다.
벌도 의사소통을 한다.	벌이 '8'자 모양으로 나는 것은 '100m 이상 떨어진 곳에 먹이가 있다'라는 의미이다.

❸ 구체화(Specification)와 일반화(Generalization)

하나의 개념에 대해 그 개념의 종류, 예, 부분과 같은 구체적인 하위 개념을 나열하는 것을 '구체화'라고 한다. 예를 들어 '행성'이라는 개념에 대해 '수성, 금성, 지구, 화성, 목성'과 같은 행성의 종류를 나열하거나 '집'이라는 개념에 대해 '지붕, 창문, 현관, 벽'과 같은 부분을 나열하는 것이 '구체화'이다.

구체화는 문장 단위에서도 마찬가지이다. 아래는 "나는 한국의 사계절을 모두 좋아한다."라는 일반적 진술을 구체화시킨 것이다. 여기서 우리는 일반적 진술을 '주제문'이라 부르고, 구체적 진술들을 주제문을 뒷받침하는 '뒷받침 문장'이라고 부른다.

일반적 진술(주제문)	나는 한국의 사계절을 모두 좋아한다.
구체적 진술(뒷받침 문장)	(1) 봄은 형형색색의 꽃이 피어서 좋다.
	(2) 여름은 해수욕장에 물놀이를 갈 수 있어서 좋다.
	(3) 가을은 낙엽이 운치 있어서 좋다.
	(4) 겨울은 스키를 타러 갈 수 있어서 좋다.

한편, 하나의 단락에서 구체적 개념은 대개 한 개 이상이 제시되는데 이러한 다수의 구체적 개념을 포괄할 수 있는 상위 개념을 찾는 것을 '일반화'라고 한다. 예를 들어 '사과, 바나나, 딸기, 수박, 배'라는 다섯 개의 구체적 개념을 일반화시켜보면, 이를 모두 포괄할 수 있는 상위 개념인 '과일'이 이에 대한 일반적 개념이다.

문장 단위에서도 마찬가지이다. 아래는 세 개의 구체적 진술을 일반화하여 하나의 일반적 진술을 만들어 냈다. 여기서도 마찬가지로 우리는 일반화된 문장을 '주제문', 구체적 진술들을 '뒷받침 문장'이라고 부른다.

구체적 진술(뒷받침 문장)　　(1) 철수는 수능 영어영역에서 만점을 받았다.
　　　　　　　　　　　　　(2) 철수는 토익과 토플시험에서도 만점을 받았다.
　　　　　　　　　　　　　(3) 철수는 미국인과 영어로 자유롭게 소통할 수 있다.
일반적 진술(주제문)　　　　철수는 영어실력이 매우 좋다.

위에서 예로 든 일반적 진술과 구체적 진술들을 하나로 묶으면 각각 그 자체로 훌륭한 하나의 '단락'이 된다. 이처럼 일반화와 구체화는 단락을 구성하는 가장 기본적인 원리이다.

단락		일반적 진술(=주제문)		구체적 진술(=뒷받침 문장)
Paragraph	=	General Statement	+	Specific Statement
		(=Topic Sentence)		(=Supporting Details)

독해원리 0 2 　'구체화'란 어떤 개념에 대한 하위 개념을 진술한 것이고, '일반화'란 어떤 개념을 포괄하는 상위 개념을 진술한 것이다.

Unit 02 재진술과 대립어

하나의 글 안에서는 같은 개념이 모습을 바꿔가며 여러 번 반복되는데, 이것을 '재진술'이라고 한다. 또는 하나의 개념에 대응되는 반대 개념이 등장하기도 하는데, 이것을 '대립어'라고 한다. 이런 개념들이 서로 같은 의미, 혹은 서로 대응되는 반대 의미란 것을 모른 채 각각 별개인 것으로 생각하면 결코 글을 제대로 이해할 수 없다.

❶ 재진술이란?

구체화와 일반화 외에 또 한 가지 중요한 독해원리는 바로 '재진술'이다. 영어는 반복을 굉장히 싫어하기 때문에 대명사나 대동사, 대부정사 같은 표현들이 발달해 있는데, 재진술 역시 동어 반복을 피하기 위한 하나의 중요한 수단이다.

재진술이란 쉽게 말해 '바꿔쓰기(Paraphrasing)'인데, 지문 내에서 같은 개념이나 문장을 다르게 표현하는 것을 말한다. 독해를 잘하기 위해서는 같은 개념이나 문장이 하나의 글 안에서 어떻게 재진술되고 있는지를 반드시 파악해야 한다.

어휘나 문장은 그 자체로서 어떤 의미를 갖기보다는 글의 전체 맥락 속에서 그 의미가 형성된다. 따라서 어휘나 문장의 의미를 파악할 땐 결코 독립적으로 파악해선 안 되고 반드시 글의 전체 맥락 속에서 파악해야 한다. 구체적인 예를 보도록 하자.

재진술의 예(Cohesion)

Did you know that many of the first European settlers in America lived in **caves**? It is true. These early arrivals had neither the time nor the tools to build anything better. This was especially the case in New England, where winters were harsh. Some type of immediate shelter was needed, and **caves** would serve this purpose. These hardy colonists thus dug **caves** along the side of a cliff, made a roof of bark supported by poles, and **their "castles"** were complete. As conditions improved, more **permanent dwellings** began to emerge throughout the colonies. Each section of the colonies developed its own **fixed-style housing**, dependent on the climate and the materials at hand.

이 글에 나오는 colonist에는 '식민지 사람', '식민지 개척자'란 뜻이 있는데, 이 글에서 colonist라는 단어를 보고 그 의미를 독립적으로 파악하여 전쟁과 싸움을 통해 영토를 차지하고 식민지로 삼는 사람들의 이미지를 떠올려서는 곤란하다.

이 글에서 'these early arrivals(초기 도착자들)'와 'these hardy colonists(용감한 이주민들)'는 모두 첫 문장의 'the first European settlers in America(아메리카 대륙에 처음 정착한 유럽인들)'를 가리킨다. 이것을 파악하면 colonist는 식민지와 관련된 의미가 아니라 'arrivals'나 'settlers'를 의미한다는 것을 알 수 있다. 이 글에선 these라는 지시사가 있어서 비교적 파악하기 쉬웠지만, 'the early arrivals' 혹은 'the hardy colonists'라고 되어 있더라도 이들이 모두 같은 대상을 다르게 표현(재진술)하고 있음을 파악해야 한다.

참고로 현대에 '식민지(colony)'라는 단어는 '본국 외에 있어 본국의 특수 통치를 받는 지역'이라는 의미로 쓰이지만 본래 식민(colony)는 '민족이나 국민의 일부가 오래 거주하던 땅을 버리고 새로운 곳으로 이주하여 건설한 사회'를 뜻했다. 이것이 역사의 흐름에 따라 '이주 식민지'에서 '착취 식민지'로 그 개념이 변한 것이다. 그런데 이런 내용을 전혀 몰랐다 하더라도 글 내에서 재진술만 제대로 파악하면 문맥 속에서의 colony나 colonist의 의미를 정확히 파악해 낼 수 있다.

한편 'their "castles"'를 보고 정말로 어떤 웅장한 성을 떠올려도 곤란하다. 여기서 'their castles'는 진짜 성을 의미하는 것이 아니라 절벽에 굴을 파고 나무껍질 지붕을 만들어 기둥으로 받친 동굴(=caves)을 바꿔 표현했을 뿐이다. 또한 'permanent dwellings(영구적인 거주지)', 'fixed-style housing(고정된 형태의 피난처)'도 모두 caves에 대한 재진술이다.

이처럼 글에서 재진술을 파악하지 못하면 글을 읽을 수는 있지만 그 의미를 제대로 이해할 수가 없다. 즉, 글을 '독(讀, Reading)'은 할 수 있지만 '해(解, Comprehension)'는 할 수 없는 것이다.

독해원리 03 '재진술'은 지문 내에서 같은 개념이나 문장을 다르게 표현하는 것을 말한다. 독해를 하기 위해서는 같은 개념이나 문장이 하나의 글 안에서 재진술되는 것을 반드시 파악해야 한다.

● 지문해석

아메리카 대륙에 처음 정착한 유럽인들 중 많은 사람들이 동굴에 살았다는 것을 알고 있었는가? 이것은 사실이다. 이 초기 도착자들은 더 나은 것을 만들 시간도, 도구도 없었다. 이것은 New England에서 특별히 그러했는데, 그곳에서는 겨울이 매우 혹독했다. 어떤 형태의 급한 피난처가 필요했고, 동굴은 이 목적에 적합했다. 그래서 이 용감한 이주민들은 절벽의 측면을 따라 굴을 팠고, 나무껍질로 지붕을 만들었으며, 장대로 이것을 받쳤다. 그리고 그들의 "성"이 완성되었다. 상황이 나아짐에 따라 부락 사이에서 더 많은 영구적인 거주지가 나타나기 시작했다. 각 부락은 기후나 이용할 수 있는 재료에 따라 그들만의 고정된 형태의 거주지를 발전시켰다.

arrival 도착, 도착자, 도착물 / **the case** 실정, 진상, 사실 / **harsh** 거친, 호된 / **immediate** 즉석의 / **shelter** 피난 장소, 은신처 / **hardy** 대담한, 용감한 / **colonist** 식민지 개척자; 이주민 / **make A of B** B로 A를 만들다 / **bark** 나무껍질 / **pole** 장대, 기둥 / **dwelling** 집, 주거 / **emerge** 나타나다 / **colony** 식민지; 집단, 부락 / **housing** 주택, 피난처 / **at hand** 근처에; 사용 가능한

이번엔 문장 단위에서 재진술이 이루어지는 것을 살펴보자.

My brother became ill yesterday. I paid little attention to him and did not send him to hospital, because his illness did not seem to be serious. Now his condition is changing for the worse. ⓐ I regret having paid little attention to him. In other words, ⓑ I should have paid more attention to him.
           =

이 글에서 ⓐ와 ⓑ는 서로 다른 표현을 사용하고 있지만 결국은 똑같은 의미를 전달한다. 'should have ~ed(~했어야 했는데)'라는 표현은 '그렇게 하지 않아 유감이다(regret)'라는 의미를 내포하기 때문이다. 이 글에서는 'In other words'라는 연결어를 사용하여 이 두 표현이 재진술 관계라는 것을 보여 주고 있지만, 이런 연결어가 없더라도 이 두 문장이 같은 말을 하고 있다는 것을 파악할 수 있어야 한다.

🍎 지문해석

내 동생은 어제 아팠다. 나는 그에게 별로 주의를 기울이지 않았고 그를 병원에 보내지 않았다. 그의 병이 심각해 보이지 않았기 때문이다. 지금 그의 상태는 악화되고 있다. 나는 그에게 주의를 기울이지 않은 것을 후회한다. 바꿔 말하자면, 나는 그에게 주의를 더 기울였어야 했다.

pay attention 주의를 기울이다 / **illness** 병 / **condition** 조건; (건강) 상태, 컨디션

❷ 대립어란?

글을 독해하는 데에는 재진술뿐 아니라 대립어를 파악하는 것도 매우 중요한 역할을 한다. 대립어는 재진술의 반대 개념이다. 즉 앞에 나왔던 개념과 같은 개념이 다시 반복되는 것이 아니라, 앞에 나왔던 것의 반대되는 개념이 나타나는 것이다. 대립어도 재진술과 마찬가지로 단어나 표현이 대립될 수도 있고, 문장 단위로 대립이 이루어질 수도 있다.

ⓐ If you are not positive, you cannot be productive on your job. ⓑ "Life is 90% attitude and 10% ability. ⓒ It's all in your attitude, how your present yourself and what you have to offer," says Edward Simpson, a sales representative. ⓓ "A company may be able to teach you what you need to know to succeed, but it cannot teach attitude. ⓔ When choosing between a purely competent person without interest and a less competent person with zeal, I always choose zeal over ability," he adds.

이 지문은 두 개의 개념을 매우 잘 대립시키고 있는 글이다. ⓑ에서 attitude와 ability라는 개념이 처음 나오는데, ⓓ를 보면 회사는 'what you need to know to succeed'는 가르쳐 줄 수 있지만 'attitude'는 가르쳐 줄 수 없다고 한다. 이 문장을 보면 'what you need to know to succeed'는 'ability'에 대한 재진술이고, 이것이 'attitude'와 대조를 이루고 있음을 알 수 있다.

ⓔ에서도 재진술과 대립어가 계속 반복된다. 'purely competent'하지만 'interest'가 없는 사람은 곧 'ability'가 있지만 'attitude'가 없는 사람을 의미한다. 또한 'competent'가 덜(less)하지만 zeal이 있는 사람은 곧 'ability'는 떨어지지만 'attitude'가 있는 사람을 의미한다.

즉 이 글에선 아래와 같이 재진술 및 대립어 관계가 성립한다.

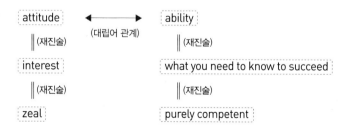

독해원리 04 '대립어'는 '재진술'의 반대 개념으로, 지문 내에서 서로 반대되는 개념이나 문장을 말한다.

● 지문해석

만약 당신이 적극적이지 않으면 당신의 일에 생산적일 수 없다. "인생은 90%의 태도와 10%의 능력이다. 당신이 자기 자신을 어떻게 표현하고, 당신이 무엇을 제시해야 할지 하는 것은 모두 당신의 태도 속에 들어있다."라고 판매 대표자인 Edward Simpson은 말한다. "회사는 당신에게 당신이 성공하기 위해서 알 필요가 있는 것을 가르쳐 줄 수 있을지는 모르지만, 태도를 가르쳐 줄 수는 없다. 관심이 없는 아주 유능한 사람과 열정적이지만 좀 능력이 덜한 사람 중에서 선택해야 할 때, 나는 항상 능력보다는 열정을 선택한다."라고 그는 덧붙인다.

positive 긍정적인; 적극적인 / representative 대표자 / competent 유능한 / interest 관심, 흥미 / zeal 열정

Unit 03  글의 주제

이 글이 무엇에 대해 이야기하고 있는지를 찾으면 그것이 글의 '주제'이고, 그 주제를 담고 있는 문장을 '주제문'이라고 부른다. 하나의 글은 '주제문'과 '뒷받침 문장'들로 구성되어 있으며, 주제문은 글에서 다양한 위치에 나타날 수 있다. 또한 하나의 글에서 주제문과 뒷받침 문장들은 '통일성, 일관성, 응집성'을 갖춰야 한다.

❶ 글 읽기란?

독자가 글을 읽는 것은 탐정이 범죄 수사를 하는 것과 비슷하다고 할 수 있다. 일반적인 구경꾼들은 범죄 현장을 그저 바라보기만 할 뿐 거기에서 무언가를 이끌어 내지는 않는다. 하지만 탐정은 현장에 남겨진 증거를 찾고, 목격자들의 진술을 듣고, 또 동료들의 의견을 조합하여 '여기서 무슨 일이 발생했는가?', '이런 일을 저지른 범인은 누구인가?', '범인이 이런 일을 저지른 동기는 무엇인가?'와 같은 것을 밝혀낸다.

글을 읽는 행위도 이와 비슷하다. 눈앞에 놓인 문장들을 아무 생각 없이 그냥 읽어 내려간다면 범죄 현장을 구경하러 모인 군중들과 다를 바가 없다. 훌륭한 독자는 글을 읽으며 '이 글은 무엇에 관한 글인가?', '이 글을 쓴 사람은 무슨 말을 하고 싶은 것인가?', '이 글을 쓴 목적은 무엇인가?'와 같은 것을 밝혀낸다. 물론 어떤 글에서는 이런 것을 찾아내기가 쉽지 않다. 하지만 범인이 현장에 단서를 남기듯 필자는 반드시 글에 단서를 남겨 놓는다. 우리가 해야 할 일은 그 단서를 포착하여 글의 주제, 글의 목적, 글의 요지와 같은 것을 찾아내는 것이다.

❷ 글의 주제(Topic)

단락(Paragraph)은 글을 내용상으로 끊어서 구분한 하나하나의 도막이다. 다시 말하면 단락이란 하나의 주제 아래 관련된 문장들을 모아놓은 것이다. 이것이 곧 '단락'의 정의이다. 마구잡이로 문장들을 모아놓은 것은 애초에 '단락'이라고 부르지 않는다. 따라서 하나의 '단락' 내에서 모든 문장들은 어떤 하나의 공통적인 개념에 대해 이야기를 해야 한다. 이 공통적인 개념이 무엇인지를 찾으면 그것이 바로 그 단락의 '주제'이다.

독해원리 0 5 주제란 '이 글이 무엇에 관한 글인가?'라는 질문의 답이다.

혼동을 방지하기 위해 먼저 '주제'와 '주제문'이란 용어에 대해 정리할 필요가 있다. 우리말로 된 책에서는 종종 '주제'라는 용어를 topic sentence를 가리키는 데 사용하고, '중심 소재, 화제' 등의 용어로 topic을 지칭하는 경우가 있다. 이 책에서는 대부분의 영어 서적의 용례를 따라 topic을 '주제'라 지칭하고, 주제(Topic)를 담은 완결된 문장인 topic sentence를 '주제문'이라고 부르도록 하겠다.

주제를 찾는 방법은 글에서 가장 일반적이고 포괄적(General)인 개념을 찾는 것이다. 그런데 여기서 주의할 점이 있는데, 주제는 너무 구체적(Too specific)이어서도 안 되고 너무 일반적(Too general)이어서도 안 된다.

먼저 몸풀기로 주제를 찾는 간단한 연습을 해 보자.

다음 단어들의 주제는 무엇인가?

[무궁화, 봉숭아, 개나리, 진달래, 철쭉, 코스모스]

① 봄에 피는 꽃
② 꽃
③ 식물

①은 너무 구체적(Too specific)이다. '봄에 피는 꽃'은 '무궁화'나 '코스모스'를 포함하지 못하기 때문이다. 즉, 전체적인 내용이 아니라 일부만을 포함하기 때문이다. 반면 ③은 너무 일반적(Too general)이다. '식물'에는 여기서 언급된 것 이외에도 나무, 덩굴, 풀과 같은 수많은 다른 개념들까지 포함한다. 따라서 이것 역시 주제로는 적절하지 못하다. 이 단어들의 주제는 이들을 적절한 범위 내에서 모두 포함하는 ②가 된다.

너무 쉬운 것 아니냐고? 맞다. 원래 이렇게 쉽다. 아무리 길고 어려운 글이라도 주제를 찾는 원리는 이렇게 간단하다. 이번엔 본격적으로 영어로 된 하나의 단락에서 주제를 찾아보자.

다음 글의 주제로 가장 적절한 것은?

Norman Croucher is a legendary mountain climber, who made the impossible possible. At the age of 19, he lost both legs in a train accident. But he didn't give up his love of mountaineering despite his diability. Before anything else, he had to learn how to walk without crutches. He achieved this with his artificial legs, and then he invented his own method of rock climbing. Norman's aluminum legs were his only supports. He had to use his arms for all the hard work of climbing. Norman has climbed nearly all the notable mountains in Europe including peaks in the Himalayas.

① 끔찍한 사고를 당한 Norman Croucher
② 장애를 극복한 등반가 Norman Croucher
③ Norman Croucher의 인생

이 글은 무엇에 관한 글인가? 우선 이 글이 Norman Croucher라는 사람에 관한 글이라는 것은 쉽게 알 수 있다. 그런데 이 글의 주제를 'Norman Croucher' 혹은 'Norman Croucher의 인생'이라고 하기에는 너무 일반적(Too general)이다. 만약 여러분이 누군가에게 '넌 누구냐?'라고 물었을 때 그 녀석이 '난 사람이다!'라고 대답한다면 황당하지 않겠는가? 이 문제의 답을 ③이라고 한다면 이 문제를 만든 필자도 그만큼 황당하다.

적절한 주제를 찾기 위해서는 이 글이 Norman Croucher라는 사람의 어느 부분에 대해 쓴 글인지를 생각해 보아야 한다.

이 글의 내용을 보면 Norman Croucher는 사고로 다리를 잃었지만 그것을 극복하고 등반가가 되었다. 따라서 이 내용을 포괄하는 '② 장애를 극복한 등반가 Norman Croucher'가 글의 주제이다. 이 글의 모든 문장을 하나하나 읽어 보면 전부 '장애를 극복한 등반가 Norman Croucher'와 관련된 내용이기 때문이다. 그리고 ①은 글의 일부에만 해당하기 때문에 이 글의 주제가 되기에는 너무 구체적(Too specific)이다.

🍎 **지문해석**

Norman Croucher는 불가능을 가능하게 만든 전설적인 등산가이다. 19살 때 그는 기차 사고로 양쪽 다리를 잃었다. 그러나 그는 그의 장애에도 불구하고 등산에 대한 사랑을 포기하지 않았다. 우선 그는 목발 없이 걷는 법을 배워야 했다. 그는 인공 다리로 이것을 성취했고, 그 후 암벽을 타는 자신만의 방법을 고안해 냈다. Norman의 알루미늄 다리만이 그의 유일한 지지대였다. 암벽을 오르는 모든 어려운 작업은 그의 팔로 해야 했다. Norman은 히말라야의 봉우리들을 포함하여, 유럽에서 거의 모든 유명한 산을 등반했다.

mountaineering 등산 / crutches 목발 / artificial 인공적인 / peak 산꼭대기, 봉우리

다음 글의 주제로 가장 적절한 것은?

An ecosystem, such as a tropical rain forest, does not suddenly appear overnight. It develops over decades or centuries. Ecosystems mature, just as people do, from infants to adults. An open field will eventually turn into a forest, but first it must go through several stages, similar to a human's developmental stages.

*ecosystem: 생태계

① tropical ecosystems
② ecosystems in danger
③ relations between ecosystems
④ development of an ecosystem
⑤ ecosystems and human beings

위에 제시된 문제 역시 이전 문제와 별로 다를 것 없으니 긴장하지 말자. 우선 이 글은 ecosystem에 대한 글이다. 그런데 ecosystem의 어떤 면에 대해 설명하고 있는 글인지 한 번 생각해 보자.

'① tropical ecosystems'은 ecosystem에 대한 하나의 예시(tropical rain forest)이므로 이 글의 주제가 되기에는 너무 구체적(Too specific)이다. ②와 ③은 글과는 전혀 관련이 없는 내용이다. 이 글은 ecosystem이 성장하는 것을 인간이 성장하는 것과 비교하고 있는데, 그렇다고 이 글의 주제를 '⑤ ecosystems and human beings'이라고 하기엔 너무 일반적(Too general)이다. 인간은 하나의 비유로 제시된 것이고, 이 글의 중심 내용은 생태계가 어떻게 성장하는지에 관한 것이므로 주제는 ④가 된다.

🍎 지문해석
열대 우림과 같은 생태계는 하룻밤 사이에 갑자기 생기지 않는다. 그것은 수십 년 혹은 수백 년에 걸쳐 발달한다. 생태계는 마치 인간이 그렇듯 유아에서 성인으로 성장한다. 광활한 벌판은 결국 숲으로 변하지만 인간이 발달 단계를 거치는 것처럼 처음에는 반드시 몇 단계를 거쳐야만 한다.
① 열대 생태계   ② 위험에 처한 생태계   ③ 생태계들 사이의 관계   ④ 생태계의 발달   ⑤ 생태계와 인간

tropical rain forest 열대 우림 / overnight adj. 하룻밤 사이의 adv. 하룻밤 사이에 / decade 10년(간) / century 1세기, 백 년 / mature v. 성장하다, 익(히)다 adj. 성장한, 성숙한, 익은 / infant n. 유아 adj. 유아의

독해원리
0 6   주제는 너무 구체적(Too specific)이어서도 안 되고, 너무 일반적(Too general)이어서도 안 된다.

❸ 주제문(Topic Sentence)과 뒷받침 문장(Supporting Details)

대부분의 글에서 필자는 한 단락의 주제를 하나의 문장 속에 담는다. 이렇게 주제를 담은 문장을 우리는 '주제문'이라고 부른다. 대부분의 경우 하나의 단락은 하나의 주제문과 이를 뒷받침하는 한 개 이상의 문장들로 구성되어 있다.

단락		주제문		뒷받침 문장
Paragraph	=	Topic Sentence	+	Supporting Details
		(=General Statement)		(=Specific Statement)

주제문에는 글의 주제가 담겨 있으므로 단락에서 주제문을 찾는 것은 이 글이 무엇에 관한 글인지, 즉 이 글의 주제가 무엇인지를 보다 효과적으로 알 수 있게 해 준다. 따라서 하나의 단락에서 어떤 것이 주제문이고 어떤 것이 뒷받침 문장인지를 구분해 낼 수 있다면 보다 수월하게 주제를 찾을 수 있다.

앞에서 공부했듯이 주제문은 지문 내에서 가장 일반적인 진술이고, 뒷받침 문장은 주제문에 대한 구체적 진술이다. 문제를 통해 주제문과 뒷받침 문장을 구분해 보자.

예제 04

① In some degree, a person's profession influences the way he judges other people. ② A tailor, for example, runs his eyes over your clothes and reckons you up according to the cut of your suit and the degree of shininess it displays. ③ A boot maker looks at your boots and takes your intellectual, social, and financial measurement from their quality and condition. ④ A dentist has one look in your mouth and holds an immovable conviction about your character, your habits, your physical condition, and your position.

1. ①∼④ 중에서 글의 주제문으로 가장 적절한 것은?

2. 윗글의 주제는?
① 직업이 그 직업을 가진 사람에게 주는 영향
② 재단사의 직업이 재단사가 다른 사람을 판단하는데 미치는 영향
③ 한 사람의 직업이 그 사람이 다른 사람을 판단하는데 미치는 영향

1. 이 글에서는 첫 번째 문장 이후에 a tailor, a boot maker, a dentist라는 세 개의 예를 들고 있다. 그리고 이 예들의 내용을 살펴보면 전부 첫 번째 문장을 뒷받침하는 예시라는 것도 알 수 있다. 따라서 이 글은 ①이 주제문이고 ②, ③, ④는 그에 대한 뒷받침 문장이다.

2. 주제문에는 글의 주제가 들어 있다. In some degree, a person's profession influences the way he judges other people.를 바탕으로 글의 주제를 찾으면, '③ 한 사람의 직업이 그 사람이 다른 사람을 판단하는 데 미치는 영향'이 된다.

①은 직업이 어떤 영향을 주고 있는지 명시하지 않으므로 너무 일반적(Too general)이고, ②는 세 개의 예 중 하나만을 포함하므로 너무 구체적(Too specific)이다.

🍎 지문해석

어느 정도까지는 한 사람의 직업이 그가 다른 사람을 판단하는 방식에 영향을 준다. 예를 들어 재단사는 당신의 옷을 보고 당신 옷의 재단이나 광택의 정도에 따라 당신을 판단할 것이다. 부츠를 만드는 사람은 당신의 부츠를 보고 그 품질이나 상태에 따라 당신의 지적, 사회적, 경제적 능력을 평가한다. 치과 의사는 당신의 입속을 한 번 들여다 보고 당신의 성격, 습관, 건강 상태, 그리고 지위에 대해 확고한 확신을 갖는다.

profession 직업 / tailor 재단사 / reckon up 합계하다, 요약하다 / dentist 치과 의사 / immovable 움직이지 않는, 확고한 / conviction 신념, 확신; 유죄의 판결

독해원리
0 7   주제를 찾기 위해선 단락을 주제문과 뒷받침 문장으로 나눌 수 있어야 한다.

❹ 주제문의 위치

보통 주제문은 글의 앞쪽에 위치하는 경우가 많으나 반드시 그런 것은 아니다. 만약 '모든 글은 첫 문장이 주제문이므로 주제 찾기 문제는 첫 문장만 읽고 풀면 된다!'라고 주장하는 사람이 있다면 사기꾼이니 절대로 현혹되지 말자.

주제문은 글의 중간이나 마지막에도 위치할 수 있고 심지어 주제문이 나타나 있지 않는 경우도 있다. 이때는 뒷받침 문장(구체적 진술)들을 종합하여 이를 포괄하는 주제를 우리가 직접 찾아내야 한다.

여러 지문을 통해 다양한 위치에 등장하는 주제문을 확인해 보자.

| 주제문이 앞에 위치하는 경우 (두괄식) |

One reason why I like the beach is its solitary atmosphere. At the beach I have no witness but the beach. I can speak and think whatever I wish. No one interrupts me. The beach will always be here to listen to everything I want to say.

이 글의 주제문은 'One reason why I like the beach is its solitary atmosphere.'이고 나머지는 solitary atmosphere에 대한 구체적인 설명이다.

🍎 지문해석

내가 해변을 좋아하는 한 가지 이유는 해변의 고독한 분위기 때문이다. 해변에서는 아무도 없고 오직 해변뿐이다. 나는 내가 원하는 대로 말하고 생각할 수 있다. 아무도 나를 방해하지 않는다. 해변은 항상 여기에서 내가 하고 싶은 말을 들어줄 것이다.

solitary 고독한 / witness 목격자, 증인 / but ～를 제외하고 / whatever ～라면 무엇이나 / interrupt 방해하다

l 주제문이 뒤에 위치하는 경우 (미괄식) l

Suppose a football game begins at 1:00 p.m. in New York. It is then 6:00 p.m. in London. Which time is correct? If an explosion occurred on a star, scientists on the earth would record the time it happened. But anyone traveling in another part of the universe in a different direction would identify the time differently. Thus there is no absolute time.

이 글에서는 두 개의 구체적인 예를 먼저 제시한다. 첫 번째 예는 오후 1시에 뉴욕에서 축구 경기가 시작한다면 그 시각이 런던에서는 오후 6시가 된다는 내용이다. 두 번째 예는 어떤 별에서 폭발이 생기면 그 시각을 지구에서 측정하는 것과 우주에서 다른 방향으로 움직이며 측정하는 것이 다르다는 내용이다. 마지막에 이 두 예를 종합한 일반적 진술 'Thus there is no absolute time.'이 곧 글의 주제문이다.

🍎 지문해석

축구 경기가 오후 1시에 뉴욕에서 시작한다고 가정해 보라. 그렇다면 이것은 런던의 오후 6시이다. 어떤 것이 정확한가? 만약 어떤 별에서 폭발이 일어나면 지구의 과학자들은 그것이 발생한 시간을 기록할 것이다. 그러나 우주의 다른 부분에서 다른 방향으로 여행하고 있는 사람은 그 시간을 다르게 확인할 것이다. 따라서 절대적인 시간이란 것은 없다.

suppose/supposing (that)～ ～라고 가정해 보자 / identify 확인하다, 신원을 밝히다 / absolute 절대적인

l 주제문이 중간에 위치하는 경우 (중괄식) l

The word *paradigm* stems from the Greek word *paradeigma*, which means pattern. Originally it was a scientific term but is commonly used today to mean perception, assumption, theory, or frame of reference. It's like a map of a territory. An accurate paradigm explains and guides. But if inaccurate, it can be harmful. For instance, though history books talk about George Washington dying of a throat infection, he probably died of bloodletting. Since the paradigm at that time was that bad stuff was in the blood, his doctor took several pints of blood from him in a twenty-four-hour period!

글의 전반부는 paradigm이라는 단어의 기원에 대해 설명하고 있는 도입부이고, 글의 주제문은 'But if inaccurate, it can be harmful.'이다. 뒷부분을 보면 주제문에 대한 뒷받침 문장으로 '부정확한 paradigm이 해로울 수 있다.'는 것에 대한 구체적인 예가 나오고 있다.

🍎 지문해석

'paradigm'이라는 단어는 그리스어 paradeigma에서 유래하는데, 이것은 패턴이란 뜻이다. 원래 이것은 과학 용어였으나 오늘날에는 인식, 가정, 이론, 준거 틀과 같은 의미로 널리 쓰인다. 이것은 마치 한 영토의 지도와 같다. 정확한 paradigm은 설명을 해 주고 지도를 해준다. 그러나 만약 paradigm이 부정확하면 해로울 수 있다. 예를 들어 역사책에서는 George Washington이 후두부 감염으로 죽었다고 말하고 있으나 그는 아마도 유혈로 죽었을 것이다. 그 당시의 paradigm에 의하면 나쁜 물질이 핏속에 있었기

때문에 그의 의사는 24시간 동안 그에게서 수 파인트의 피를 빼내었다.

stem from ~에서 유래하다 / term 용어 / frame of reference 평가 기준, 준거 기준 / territory 영토, 땅 / throat 목(구멍), 인후 / bloodletting 유혈 / pint 액량의 단위 (1파인트는 미국에서 0.473리터, 영국에서 0.568리터)

ㅣ 주제문이 앞과 뒤에 위치하는 경우 (양괄식) ㅣ

Sailors in the 1800s had a hard life. They found rare comfort in the simple songs that they sang aboard their ships. The songs are called sea shanties. Many of these songs have lasted through the years. Sea shanties were valuable friends to sailors, helping them work as a team. Some shanties broke up the boredom of long trips. Others helped them express their feelings of longing and loneliness. Still other shanties let sailors complain about their hard lives. All in all, the sea shanties made their stay aboard less difficult.

첫 문장은 글의 도입부이고, 'They found rare comfort in the simple songs that they sang aboard their ships.'가 주제문이다. 이어지는 문장들은 'the simple songs'에 대한 구체적인 설명이다.

글의 마지막 문장인 'All in all, the sea shanties made their stay aboard less difficult.'는 결국 두 번째 문장과 같은 내용이며, 이것 역시 주제문이 된다.

이처럼 하나의 글의 주제는 하나뿐이지만 그 주제를 담고 있는 주제문은 두 개가 될 수도 있다.

● 지문해석

1800년대 선원들은 힘든 삶을 살았다. 그들은 배 위에서 부르는 단순한 노래에서 드문 안락을 찾았다. 그 노래들은 sea shanties(뱃노래)라고 불린다. 이 노래들의 대부분은 수년 간 지속되었다. sea shanties는 선원들이 팀으로 일할 수 있도록 도와주는 값진 친구였다. 어떤 shanties는 긴 여행의 지루함을 해소해주었다. 또 다른 shanties는 그들의 동경과 외로움의 감정을 표현하도록 도와주었다. 그리고 또 다른 shanties는 선원들이 그들의 힘든 삶에 대해 불평할 수 있게 해주었다. 요약하자면 sea shanties는 그들의 승선 생활을 덜 힘들게 만들어 주었다.

sailor 선원 / rare 드문, 진귀한 / aboard prep. ~를 타고 ad. 배에 타고 / boredom 지루함 / longing 동경, 열망 / stay 머무름, 체류

ㅣ 주제문이 없는 경우 ㅣ

'주제문이 없는 경우'를 '주제가 없는 경우'로 오해하면 안 된다. 단락이 있다면 거기엔 반드시 주제가 있다. 다만 주제를 나타내는 주제문이 한 개일 수도, 두 개 이상일 수도 (양괄식 처럼), 아니면 주제문 없이 구체적 진술로만 구성되어 있는 경우도 있을 수 있는 것이다.

예제 05

다음 글의 주제로 가장 적절한 것은?

People are happy with developments in medicine. Then they worry about the increased number of births. Scientists make great advances in agricultural chemistry, greatly increasing our food supply. Then our rivers become so polluted that we cannot even swim in them. We are happy with the developments in air transportation and impressed by the great airplanes. Then we are frightened by the horrors of air crash or air war. We are excited by the fact that space can now be entered. But we will undoubtedly see the other side there, too.

① 의학 연구의 역사   ② 우주 탐사의 불가피성

③ 최신 무기의 폐해   ④ 기술 개발의 저해 요인

⑤ 과학 발전의 양면성

이 글에서는 주제문 없이 구체적 진술들만 반복되고 있다. 그런데 이 구체적 진술들은 같은 구조를 반복하고 있다.

[A]	[B]
(1) 약 개발	출생률 증가를 걱정
(2) 농화학 발전으로 식량 공급 증가 ⟶	강의 오염
(3) 항공 운송 수단 발전	비행기의 충돌 혹은 공중전에 대한 두려움
(4) 우주에 진입 가능	여기에서도 다른 면을 보게 될 것임

이 글에선 이렇게 'A ⟶ B' 형태의 구체적인 진술들이 네 번 반복되는데, A와 B를 모두 아우르는 것을 선택하면 '⑤ 과학 발전의 양면성'이 된다.

🍎 **지문해석**

사람들은 약의 발전에 만족해 한다. 그러다가 그들은 출산율의 증가를 걱정한다. 과학자들은 농화학에서 커다란 진보를 이룩하며 우리의 식량 공급을 크게 증가시켰다. 그러자 우리의 강이 오염되어서 우리는 거기서 수영조차 할 수가 없다. 우리는 항공 운송의 발전에 만족해 하고 멋진 비행기들에 감탄한다. 그러다가 우리는 비행기의 충돌이나 공중전을 두려워한다. 우리는 이제 우주로 진입할 수 있다는 사실에 흥분한다. 그러나 우리는 조만간 틀림없이 거기에서도 다른 측면을 보게 될 것이다.

development 발전, 진보 / **make an advance in** ~에서 발전을 하다 / **frightened** 겁에 질린, 두려운 / **undoubtedly** 틀림없이, 확실히

독해원리 08 주제문은 여러 곳에 위치할 수 있으며, 주제문이 없는 경우는 구체적 진술들을 일반화하여 주제를 찾아야 한다.

❺ 글의 통일성, 일관성, 응집성

통일성, 일관성, 응집성이라는 용어가 의미하는 바는 통일되어 있지 않고 우리말이냐 영어냐에 따라, 또한 학자의 정의와 분류에 따라 조금씩 다르다. 하지만 중요한 것은 이런 용어 자체가 아니라 이런 용어들이 의미하는 개념이다. 다른 곳에서 본 내용과 조금 다르다고 혼란스러워하지 말고, 이 책에서는 아래에서 규정하는 정의를 따르도록 하자.

| 통일성 (Unity) |

통일성이란 글 속에 포함된 내용들 간의 의미적인 연결이 유기적인 관계를 맺는 것을 말한다. 이게 무슨 말인고 하면, 쉽게 말해 통일성은 하나의 단락에 실린 모든 문장이 모두 주제와 관련되어 있는 상태이다. 바꿔 말하면, 하나의 단락에 주제와 관련되지 않은 문장이 들어 있다면 그 문장은 글의 통일성을 해친다.

주제(일반적 개념)　　　　꽃
세부사항(구체적 개념)　　　장미, 백합, 개나리, 무궁화, 사과, 진달래

위와 같이 '꽃'이라는 주제를 가지고 단어를 나열했을 때, '사과'라는 단어는 주제인 '꽃'과는 관련이 없기 때문에 전체적인 통일성을 해치게 된다.

문장 단위에서도 마찬가지이다.

주제문(일반적 진술)　　　　나는 한국의 사계절을 모두 좋아한다.
뒷받침 문장(구체적 진술)　　(1) 봄은 형형색색의 꽃이 피어서 좋다.
　　　　　　　　　　　　　　(2) 여름은 해수욕장에 물놀이를 갈 수 있어서 좋다.
　　　　　　　　　　　　　　(3) 가을은 낙엽이 운치 있어서 좋다.
　　　　　　　　　　　　　　(4) 한국의 겨울은 12월, 1월, 2월이다.

여기에서 필자는 '나는 한국의 사계절을 모두 좋아한다.'라는 주제문 아래에서 사계절을 좋아하는 이유를 구체적으로 들고 있다. 그런데 뒷받침 문장 (4)는 (1)~(3)과 달리 한국의 사계절을 좋아하는 이유와는 관련이 없는 내용이다. 따라서 이 다섯 개의 문장을 모아 하나의 단락을 구성하면 글의 통일성을 해치게 된다.

수능에서 이렇게 글의 통일성을 묻는 문제가 다음과 같은 발문을 이루고 있다.

● 다음 글에서 전체 흐름과 관계 <u>없는</u> 문장은?

이 문제는 바꿔 말하면 '다음 글에서 주제와 관련되지 <u>않은</u> 문장은?'과 같은 것이라 할 수 있다. 실제로 문제를 풀어 보자.

다음 글에서 전체 흐름과 관계 없는 문장은?

Since 1961, the World Wildlife Foundation has rescued various animal species. ① One of their campaigns, called "Operation Tiger," was launched in 1972 with the goal of protecting the survival of the tiger. ② As a result, many countries have banned the buying and selling of tiger skins. ③ Additionally, the Foundation has also launched campaigns to protect marine animals such as whales, which were at risk of extinction. ④ Due to factors such as deforestation, jungles across the world were being destroyed at a rate of 50 acres per minute. ⑤ Several countries, including Norway and Denmark, have collaborated with the Foundation to protect whales and seals within their national parks.

첫 문장은 World Wildlife Foundation이 1961년 이래로 다양한 생물 종을 구해 왔다고 언급하고 있는 주제문이다. ①~⑤는 전부 이 문장과 관련이 있어야 한다. ①과 ②는 'Operation Tiger'라는 캠페인과 그에 대한 결과로 구체적인 예를 들고 있는 주제에 대한 뒷받침 문장이다. ③은 다른 캠페인의 예로 해양 동물을 위한 캠페인을 제시하므로 주제에 대한 뒷받침 문장이다. 하지만 정글이 얼마나 빠르게 파괴되고 있는지 말하고 있는 ④는 글의 주제와 관련이 없다. ⑤의 내용은 ③에서 예시로 든 campaigns to protect marine animals에 대한 내용이므로 역시 주제를 뒷받침한다.

● **지문해석**

1961년 이래로 세계야생동물 재단은 다양한 동물 종을 구조해왔다. 호랑이의 생존을 보호하기 위해 1972년 '호랑이 작전'이라는 캠페인이 시작되었다. 그 결과 많은 국가들이 호랑이 가죽의 매매를 금지했다. 또한 그 재단은 멸종 위기에 처한 고래와 같은 해양 동물을 보호하기 위한 캠페인도 시작했다. 삼림 벌채와 같은 요인으로 인해 전 세계의 정글은 분당 50에이커의 속도로 파괴되고 있었다. 노르웨이, 덴마크를 포함한 여러 국가가 국립공원 내 고래와 바다표범을 보호하기 위해 재단과 협력하고 있다.

rescue n. 구조 v. 구조하다 / skin 피부; 가죽 / marine adj. 바다의, 해양의; 선박의 n. 해병대; 선박 / extinction 멸종 / deforestation 삼림 벌채 / acre 에이커(면적의 단위. 1에이커는 약 4,047평방미터)

| 일관성 (Coherence) |

일관성이란 글의 부분과 부분의 긴밀한 질서이다. ······? 사실 나도 이렇게 말하면 무슨 소린지 잘 모르겠다. 쉽게 말하면, 일관성이란 내용의 흐름이 자연스러운 상태이다. 글의 일관성은 내용이 시간적, 공간적, 논리적으로 적절하게 배열되어 있는지에 의해 결정된다. 이런 점에서 일관성을 배열의 원리라고 말하기도 한다.

일반적 진술(주제문)	나는 한국의 사계절을 모두 좋아한다.
구체적 진술(뒷받침 문장)	(1) 먼저, 봄은 형형색색의 꽃이 피어서 좋다.
	(2) 마지막으로, 겨울은 스키를 타러 갈 수 있어서 좋다.
	(3) 두 번째로, 여름은 해수욕장에 물놀이를 갈 수 있어서 좋다.
	(4) 또한, 가을은 낙엽이 운치 있어서 좋다.

위 진술들은 전부 주제와 관련되어 있는 진술이므로 통일성에는 문제가 없다. 하지만 뒷받침 문장의 배열 순서에 조금 문제가 있다. 우선 시간 순으로 보아 '봄(1) – 여름(3) – 가을(4) – 겨울(2)'의 순서가 되는 것이 자연스러우며, 연결어를 보아도 '먼저(1) – 두 번째로(3) – 또한(4) – 마지막으로(2)'의 순서가 되는 것이 자연스럽다. 즉, 위 진술들로 하나의 단락을 구성한다면 뒷받침 문장의 순서는 (1) – (3) – (4) – (2)가 되어야 글의 일관성이 유지된다.

수능에서 이러한 원칙을 적용하여 만들어지는 문제가 다음 두 가지 유형이다.

● 주어진 문장/글에 이어질 글의 순서가 가장 적절한 것은?
● 글의 흐름으로 보아, 주어진 문장이 들어가기에 가장 적절한 곳은?

이 문제들은 전부 '다음 글의 흐름을 자연스럽게 하려면 어떤 순서로 글/문장을 배열해야 하는가?'를 묻는 문제이다.

주어진 문장에 이어질 글의 순서가 가장 적절한 것은?

To learn how to fix an automobile engine, both theoretical knowledge and practical experience are necessary.

(A) However, merely reading about it is insufficient for becoming a skilled mechanic.
(B) First, it may be helpful to read about how the engine operates.
(C) It is essential to gain the experience of fixing the engine as well.

① (A) – (B) – (C)　　　　② (B) – (A) – (C)　　　　③ (B) – (C) – (A)
④ (C) – (A) – (B)　　　　⑤ (C) – (B) – (A)

주어진 문장에서 theoretical knowledge와 practical experience가 모두 중요하다고 한다. 우리는 '일반적 진술과 구체적 진술'의 원리에 따라 이 문장 뒤에는 theorectical knowledge와 practical experience에 대한 구체적인 개념이 나올 것을 미리 예상해 볼 수 있다. 그리고 일관성의 원칙에 따라 theoretical knowledge에 대한 것이 먼저 나오고, 그 다음에 practical experience에 대한 것이 나올 것도 예상해 볼 수 있다.

(A)를 보면 연결어 However와 함께 reading만으로는 충분하지 않다는 내용이 나온다. reading은 practical experience가 아니라 theorectical knowledge에 대한 구체적 개념이다. 그렇다면 (A) 앞에 theorectical knowledge에 대한 구체적 개념인 reading이 나오고, 이것만으로는 충분하지 않다는 (A)가 나온 뒤, 그 다음에 practical experience에 대한 구체적 개념이 나올 것이다.

(B)의 내용을 보면 'read about ~'이라는 표현이 나온다. 즉 (B)가 reading에 대한 내용이므로 (A) 앞에 위치하면 된다. 혹은 'First'라는 신호어를 힌트로 삼아 (B)가 가장 앞에 와야 한다는 것을 알아낼 수도 있다.

(C)에는 experience of fixing the engine이라는 표현이 나온다. 이것은 practical experience에 대한 구체적 개념이므로 (A) 뒤에 위치하면 된다. 그러므로 답은 ②이다.

 지문해석

자동차 엔진을 수리하는 방법을 배우려면 이론적 지식과 실무 경험이 모두 필요하다.
(A) 그러나 단순히 그것에 대해 읽는 것만으로는 숙련된 정비사가 되기에는 충분하지 않다.
(B) 먼저 엔진이 어떻게 작동하는지에 대해 읽는 것이 도움이 될 수 있다.
(C) 엔진을 고쳐보는 경험을 갖는 것도 필수적이다.

fix 고치다, 수리하다 / theoretical 이론적인 / practical 실용적인, 실무의 / as well ~도, 또한

예제 08

글의 흐름으로 보아 다음 문장이 들어가기에 가장 적절한 곳은?

However, once he started, he noticed improvements in the room's appearance.

Tom discovered that his room was too messy when he was looking for his comic book. (①) He decided to clean up the room. (②) At first, it seemed like an overwhelming task. (③) After two hours of effort, the room became so much cleaner that it was almost unrecognizable. (④) When his mother entered the room, she was amazed at how tidy it was. (⑤) She said that she would no longer worry about him.

주어진 문장은 Tom이 (방 청소를) 시작한 뒤 방이 점점 깨끗해지기 시작했다는 내용이다. 일관성 있는 글이 되려면, 다시 말해 글의 흐름이 자연스러워지려면 방이 지저분하다는 내용과 방이 깨끗하다는 내용 사이에 주어진 문장이 들어가면 된다.

첫 문장은 too messy란 표현으로 보아 방이 지저분하다는 내용이다. ① 뒤에서 방을 청소하기로 결정을 한다. ② 뒤에서는 방 청소가 너무 힘든 일처럼 보인다는 내용이 나온다. 아직까지 방이 깨끗해졌다는 내용은 나오지 않았다. 그런데 ③의 뒤를 보면 두 시간의 노동 끝에 방이 알아볼 수 없을 정도로 깨끗해졌다는 내용이 나온다. 따라서 주어진 문장은 ③에 들어가면 된다.

Tom은 만화책을 찾다가 자신의 방이 너무 지저분하다는 것을 발견했다. 그는 방을 청소하기로 결심했다. 처음에는 방을 청소하는 것이 벅찬 일처럼 보였다. 그러나 일단 시작하자 그는 방의 모습이 개선되는 것을 느꼈다. 두 시간 동안의 노력 끝에 방은 훨씬 더 깨끗해져서 거의 알아볼 수 없을 정도였다. 그의 어머니가 방에 들어갔을 때, 방이 얼마나 깔끔한지에 놀랐다. 그녀는 더 이상 아들에 대해 걱정하지 않겠다고 말했다.

messy 어질러진, 더러운 / **overwhelming** 압도적인, 너무나도 엄청난 / **unrecognizable** 알아볼 수 없는[몰라볼 정도의] / **tidy** 깔끔한, 잘 정돈된

l 응집성 (Cohesion) l

응집성이란 내용들 간의 표면적인 연결 관계를 말한다. 마찬가지로 쉬운 말로 풀어 쓰자면, 응집성은 문장과 문장 간의 관계가 긴밀하게 연결된 상태이다. 응집성은 문장 간에 지시어나 연결어가 적절하게 쓰였는지를 통해 결정된다.

나는 한국의 사계절을 모두 좋아한다. 그러므로 봄은 형형색색의 꽃이 피고, 여름은 해수욕장에 물놀이를 갈 수 있으며, 가을은 낙엽이 운치 있고, 겨울은 스키를 타러 갈 수 있기 때문이다.

위 문장에서는 두 문장 간의 응집성이 결여되어 있다. 뒷문장은 앞 문장에 대한 이유인데, 이것은 '그러므로'를 가지고는 연결되지 않기 때문이다. '그러므로' 대신 이유를 나타내는 연결어 '왜냐하면'을 사용하면 글의 응집성이 강해진다.

나는 한국의 사계절을 모두 좋아한다. 왜냐하면 봄은 형형색색의 꽃이 피고, 여름은 해수욕장에 물놀이를 갈 수 있으며, 가을은 낙엽이 운치 있고, 겨울은 스키를 타러 갈 수 있기 때문이다.

이러한 응집성의 원리로 출제되는 문제가 바로 적절한 연결어를 고르는 문제이다.

빈칸에 가장 알맞은 연결어는?

There are two rhythms in Colombia that have foreign origins. The 'cumbia' was invented by African slaves who were brought to the country's hot regions to work in gold mines. The song was a sorrowful expression of their longing for their families. _____, the 'bambuco' rhythm has its roots in Spain and was created in colder zones. It was employed by the Spanish as a means of expressing love to their girlfriends.

① Nonetheless　　　　② Moreover　　　　③ As a result

④ In short　　　　　　⑤ In contrast

첫 문장을 보면 이 글의 주제가 '외국에서 유래한 두 가지 콜롬비아 리듬'이라는 것을 알 수 있다. 빈칸의 앞부분에는 'cumbia'의 기원에 대한 내용이 나온다. 그리고 빈칸 뒷 문장을 보면 'bambuco'의 기원에 대한 내용이 나온다.

두 대상의 공통점을 언급하는 것을 비교(comparison)라 하고, 차이점을 언급하는 것을 대조(contrast)라고 한다. 여기서는 두 가지 리듬의 기원이 어떻게 다른지 차이점을 언급하므로 빈칸에는 '⑤ In contrast'가 들어가면 된다.

● 지문해석
콜롬비아에는 외국에서 유래한 두 가지 리듬이 있다. 'cumbia'는 금광에서 일하기 위해 콜롬비아의 더운 지역으로 끌려온 아프리카 노예들에 의해 만들어졌다. 그 노래는 그들의 가족에 대한 그들의 그리움을 애절하게 표현한 곡이다. 대조적으로, 'bambuco' 리듬은 스페인에 뿌리를 두고 있으며 추운 지역에서 만들어졌다. 그것은 스페인 사람들이 여자 친구에게 사랑을 표현하는 수단으로 사용되었다.

origin 기원 / gold mine 금광 / employ 사용하다; 고용하다

1. 통일성 = 모든 문장이 주제와 관련되어 있는가?
   - 통일성을 묻는 문제 유형 : 다음 글에서 전체 흐름과 관계 없는 문장은?
2. 일관성 = 문장 간의 흐름이 자연스러운가?
   - 일관성을 묻는 문제 유형 :
     1) 주어진 글 다음에 이어질 글의 순서로 가장 적절한 것은?
     2) 글의 흐름으로 보아, 주어진 문장이 들어가기에 가장 적절한 곳은?
3. 응집성 = 문장 사이의 연결 관계가 긴밀한가?
   - 응집성을 묻는 문제 유형 : 빈칸에 가장 알맞은 연결어는?

Unit 04 글의 요지

이 글이 무엇에 대해 이야기하고 있는가 하는 것이 '주제'라면, 이 주제에 대한 필자의 생각이 바로 글의 '요지'이다. 요지는 글의 주제문 속에서 드러나는 경우가 많지만 항상 그런 것은 아니다. 요지가 주제문에서 직접적으로 드러나지 않는다면 전체 글의 내용을 종합하여 찾아내야 한다.

❶ 요지란 무엇인가?

글을 읽는 것은 탐정이 범죄 현장을 수사하는 것과 비슷하다고 했다. 여기서 무슨 일이 일어났는지, 즉 누가, 언제, 어디서, 무엇을 어떻게 했는지 밝혀내는 것이 글의 주제를 파악하는 것과 같다고 할 수 있다. 그런데 모든 범죄에는 이것을 '왜' 저질렀는가 하는 어떤 '동기'가 있다. 이 '동기'를 찾아내는 것이 곧 글의 '요지(Main Idea)'를 찾아내는 것이다.

우리가 전화기를 들고 번호를 누른다면, 거기엔 어떤 '동기'가 있다. 전화를 한다는 것은 누군가에게 어떤 말을 전하기 위해서이지 않은가. 글을 쓰는 것도 마찬가지다. 필자가 글을 쓸 때에도 마찬가지로 어떤 '동기'가 있다. 다시 말하면 필자는 자신의 글을 통해 독자에게 전달하고자 하는 어떤 '생각'이 있다. 이것이 바로 글의 요지이다.

앞서 우리는 '이 글이 무엇에 관한 글인가?'에 대한 답이 '주제'라는 것을 공부했다. 요지란 '필자가 주제에 대해 무슨 이야기를 하는가?' 혹은 '필자가 주제에 대해 무슨 이야기를 하기 위해 이 글을 썼는가?'라는 물음의 답이 되는 것이다. 간단히 말하면, 글의 요지란 글의 주제에 대한 필자의 생각이다.

❷ 주제문 속에서 드러나는 요지

요지란 대개 특정 주제에 대한 필자의 주장이다. 주장이란 사실로 받아들여지기 위해 증거, 근거를 필요로 하는 진술을 말한다. 단락의 다른 문장들이나 개념들은 전부 요지가 사실이라는 것에 대한 근거가 되어야 한다. 즉 요지는 단락 전체의 내용을 포괄할 수 있어야 한다.

주제문은 글의 주제와 함께 글의 요지가 드러나는 경우가 많다. 다시 말하면, 주제문은 이 글이 무엇에 관한 글인지 드러내는 것과 함께 그것에 대한 필자의 생각도 드러내는 것이다. 예를 들어, 필자가 '스포츠 선수의 광고 출연'에 대한 글을 쓴다고 해 보자. 필자가 쓰는 글의 내용은 '스포츠 선수의 광고 출연'에 대한 것이므로, 이것이 곧 글의 주제이다. 그런데 필자가 이 글을 쓰는 이유는 무엇일까? 가령 '스포츠 선수의 지나친 광고 출연은 바람직하지 않다.'라는 것을 독자에게 전달하기 위해서라고 해 보자. 이것이 바로 '스포츠 선수의 광고 출연'에 대한 필자의 생각, 즉 글의 요지가 되는 것이다.

대개는 이 요지를 글의 첫머리에 위치시키고, 스포츠 선수의 지나친 광고 출연이 어째서 바람직하지 않은지 그 이유를 적어 나갈 것이다. 그렇다면 '스포츠 선수의 지나친 광고 출연은 바람직하지 않다.'라는 문장이 요지를 포함한 주제문이고, 나머지 문장들은 이를 뒷받침해 주는 근거, 즉 뒷받침 문장이 된다.

한편, 같은 주제를 놓고 다른 요지의 글을 쓸 수도 있다. 가령 '스포츠 선수는 훈련 경비를 마련하기 위해 광고 출연을 할 수밖에 없다'라는 정반대 요지의 글을 쓸 수도 있다.

예제 01

ⓐ Jason always played doctors when he was a boy; now, he's a great surgeon. ⓑ Brandon played soccer every afternoon as a little boy; today, he is a professional soccer player. ⓒ Susan always sold lemonades on every school vacation; now, she owns a chain of cafes. ⓓ Long before they ask themselves the question, "What kind of job should I have when I grow up?" some lucky people already know what they want to do with their entire lives.

1. ⓐ~ⓓ 중에서 주제문을 고르시오.

2. 윗글의 요지로 가장 적절한 것은?
① Those who play doctors when young are likely to be doctors in the future.
② There are some lucky people who realize in their childhood what they want to do with their lives.
③ Some lucky people know what they want to do with their lives.

1. 이 글의 주제문은 ⓓ이다. ⓐ~ⓒ는 전부 some lucky people에 대한 구체적인 예이다.
2. 글의 요지는 주제문 ⓓ에 들어있는 내용인 ②이다. ②는 글의 전체 내용을 포괄하고, 또 다른 문장들은 전부 이 요지가 사실이라는 것을 뒷받침해 주는 근거이기 때문이다. ①은 요지가 되기에는 너무 구체적이다. ③은 이 글의 중요한 부분 하나를 포함하지 않고 있다. 어떤 운이 좋은 사람들은 '어렸을 때 이미' 어떤 일을 하고 싶은지 알고 있다는 내용이 들어 있지 않다.

🍎 **지문해석**
Jason은 어렸을 때 항상 의사 놀이를 했다. 지금 그는 훌륭한 외과 의사다. Brandon은 어렸을 때 매일 오후 축구를 했다. 오늘날 그는 프로 축구 선수이다. Susan은 방학 때마다 항상 레모네이드를 팔았다. 지금 그녀는 여러 개의 카페를 소유하고 있다. 어떤 운이 좋은 사람들은 "내가 자라서 무슨 직업을 가져야 할까?"라는 고민을 하기 훨씬 이전에 이미 자신이 평생 무슨 일을 하고 싶어 하는지 알고 있다.

surgeon 외과 의사 / **chain** 상점, 점포 등의 체인(한 명이 여러 점포를 소유하는 것)

❸ 주제문 속에서 드러나는 않는 요지 찾기

　주제문에서 항상 요지를 찾을 수 있다면 좋겠지만, 요지가 항상 주제문에 포함되어 있는 것은 아니다. 예를 들어 주제는 하나의 주제문 속에 들어 있지만, 그 주제에 대한 필자의 생각은 다른 문장 혹은 다른 여러 문장들에 걸쳐 나타나는 경우가 있다. 이런 경우 우리는 여러 문장들 속에서 글의 요지를 찾아내야 한다. 문제를 통해 연습해 보자.

다음 글의 요지를 가장 잘 나타낸 것은?

　Our society is based on consumerism, but what motivates people to consume? The complexity of our society make people feel helpless and uncertain, leading them to desire improvement. However, actually making significant improvements to our lives or situations can be incredibly challenging, so we resort to the more accessible solution, i.e., shopping. The economy continues to expand, the world becomes increasingly intricate, and our sense of powerlessness and insecurity only grows, driving us to shop even more.

① 경제가 성장할수록 인구가 증가한다.
② 사회의 복잡함으로 인한 불안감이 구매를 유발한다.
③ 사람들이 소비를 많이 할수록 경제가 불안정해진다.
④ 상황이 불안정해지면 사람들은 구매를 자제한다.
⑤ 소비지향주의를 극복하기 위해 자제력을 길러야 한다.

　이제 곧 공부하게 되겠지만 글의 전개 방식 중에 이처럼 질문을 던지고 스스로 그에 대한 답변을 해나가는 구조가 있다. 이런 구조에서 질문은 앞으로 어떤 내용이 나올 것임을 암시하므로 질문이 곧 글의 주제가 되고, 답변 부분은 그 내용에 대한 필자의 생각/의견이므로 답변이 곧 글의 요지가 된다.

주제　　the cause of our society's consumerism
주제문　What motivates people to consume?

　이 질문에 대한 답변 부분을 검토해 보자. 답변은 두 단계에 걸친 인과관계를 나타내고 있다.

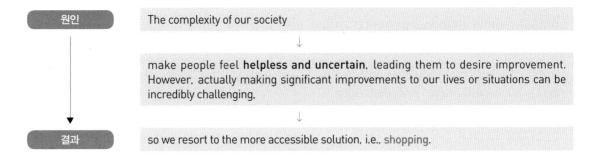

원인	The complexity of our society

↓

make people feel **helpless and uncertain**, leading them to desire improvement. However, actually making significant improvements to our lives or situations can be incredibly challenging,

↓

결과	so we resort to the more accessible solution, i.e., shopping.

마지막 문장에는 이러한 인과관계가 다시 한 번 등장한다.

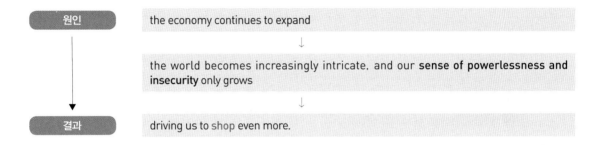

원인	the economy continues to expand

↓

the world becomes increasingly intricate, and our **sense of powerlessness and insecurity** only grows

↓

결과	driving us to shop even more.

즉 글의 요지는,

'사회의 complexity → 우리가 느끼는 것은 helpless, uncertain → shopping(=consume)'라는 인과관계이며, 이를 그대로 표현한 것이 '② 사회의 복잡함으로 인한 불안감이 구매를 유발한다.'이다.

 지문해석

우리 사회는 소비지상주의를 기반으로 하고 있지만, 사람들이 소비를 하게 되는 동기는 무엇일까? 우리 사회의 복잡성은 사람들이 무기력감과 불확실성을 느끼게 하여 개선을 갈망하게 만든다. 하지만 실제로 삶이나 상황을 크게 개선하는 것은 매우 어려운 일이기 때문에 우리는 보다 접근하기 쉬운 해결책, 즉 쇼핑에 의지한다. 경제는 계속 확장되고 세상은 점점 더 복잡해지며, 무기력감과 불안감은 점점 더 커져 우리는 쇼핑을 더 많이 하게 된다.

consumerism 소비지상주의 / helpless 무기력한 / uncertain 불확실한 / lead 초래하다 / significant 상당한, 중요한 / incredibly 믿을 수 없을 정도로 / challenging 어려운; 도전적인 / resort to ~에 의지하다 / accessible 접근[이용] 가능한 / i.e. 즉, 다시 말해서 / intricate 복잡한 / powerlessness 무기력 / insecurity 불안감

예제 03

다음 글에서 과학 기술에 대하여 필자가 주장하는 것은?

The twentieth century has seen significant technological advancements, such as space exploration, television, cars, and computers, which have had a profound impact on our lives. Additionally, new medical treatments have provided hope and life-saving options to severely ill individuals. However, while technology has brought about immense progress, it has also created ethical issues. For example, it is necessary to consider whether ethical boundaries should exist concerning technological development, and if so, how to determine where to set those limits and who should make such decisions.

① 21세기에 과학 기술이 크게 발전했다.
② 의료 기술을 더 발전시켜야 한다.
③ 과학 기술은 윤리적 문제를 해결할 수 있다.
④ 과학 기술의 발전은 윤리적인 문제를 낳았다.
⑤ 과학 기술의 발전을 위해 더 많은 투자가 필요하다.

글의 주제는 첫 문장에서 드러난다.

주제문　The twentieth century has seen significant technological advancements. (such as 이하는 예시)
주제　　과학 기술의 발전(advances in technology)

　그런데 필자는 이 주제에 대해 어떻게 생각하고 있는가? 과학 기술의 발전에 대한 필자의 생각, 즉 요지는 주제문에서가 아니라 'However, while technology has brought about immense progress, it has also created ethical issues.' 부분에서 드러난다. 필자는 과학 기술 발전이 윤리적인 문제를 낳았다고 생각하고 있으므로 '④ 과학 기술의 발전은 윤리적인 문제를 낳았다.'가 곧 필자의 주장이 된다.

🍎 지문해석
20세기는 우주 탐사, 텔레비전, 자동차, 컴퓨터 등 우리 삶에 지대한 영향을 끼친 중요한 기술 발전의 시기였다. 또한 새로운 의학적 치료법은 중증 환자에게 희망과 생명을 구할 수 있는 선택을 제공했다. 그러나 기술은 엄청난 발전을 가져왔지만 윤리적 문제도 야기했다. 예를 들어, 기술 개발과 관련하여 윤리적 경계가 존재해야 하는지, 존재한다면 그 한계를 어디까지 설정하고 누가 그러한 결정을 내려야 하는지를 고려할 필요가 있다.

significant 상당한, 중요한 / profoundly 심오한 / severely ill 중병에 걸린 / bring about 초래하다, 야기하다 / immense 거대한 / ethical 윤리적인 / boundary 경계 / concerning ~에 관하여

독해원리
1　0　　글의 요지란 글의 주제에 대한 필자의 생각이다.

CHAPTER 02

글의 전개 방식

Paragraph Development

Unit 01 묘사

어떤 대상에 대해 생생하게 글로 전달하는 것을 '묘사'라고 한다. 글에서 묘사하고 있는 대상이 곧 글의 주제가 된다. 따라서 묘사하는 글의 주제를 찾을 때에는 묘사하는 대상이 무엇인지에 초점을 맞추고 글을 읽어 나가자.

옛말에 '백문이 불여일견(百聞이 不如一見)'이란 말이 있고, 영어에도 'One picture is worth ten thousand words.'라는 말이 있다. 그런데 실제로는 백문(百聞)이 일견(一見)보다, 혹은 수천 개의 단어가 사진 한 장보다 훨씬 나은 경우도 많이 있다.

소설을 원작으로 하여 만들어진 영화들이 많다. 여러분도 한번쯤은 소설을 무척 재미있게 읽은 뒤에 큰 기대를 갖고 그 소설을 바탕으로 제작된 영화를 보았으나 영화에는 크게 실망한 경험이 있을 것이다. 잘 묘사된 글은 독자의 상상력을 자극하여 때론 사진이나 영화보다 더욱 생생하고 박진감 넘칠 수 있다는 것을 잘 보여주는 예라고 할 수 있다.

묘사는 그 대상을 가지고 있는 것이 특징이다. 어떤 대상을 있는 그대로 그려내는 것을 묘사라고 한다. 다시 말해 묘사란 구체적인 사물이나 사람, 장소 등의 특징에 대한 필자의 관측이나 느낌을 기술한 것이다.

묘사는 오감(시각, 후각, 청각, 미각, 촉각)을 사용하여 느껴지는 감각을 기술한다. 즉 다음과 같은 질문의 답이 되는 글을 묘사라고 할 수 있다.

What does it look like?　　(어떻게 생겼는가?)
What does it smell like?　　(어떤 냄새가 나는가?)
What does it sound like?　　(어떤 소리가 나는가?)
What does it taste like?　　(어떤 맛이 나는가?)
What does it feel like?　　(어떤 느낌이 나는가?)

묘사를 사용한 글은 일반적 진술(주제문) 없이 여러 개의 구체적 진술로만 이루어져 있는 경우가 많다. 이 경우 글 속의 구체적 진술들을 종합하여 이것이 무엇에 대한 묘사인지를 생각해보면 글의 주제를 발견할 수 있다.

묘사가 담긴 지문은 '내용 일치', '심경/분위기', '지칭 추론' 유형의 문제에서 자주 활용된다. 그런데 묘사가 효과적이기 위해서는 최대한 자세하고 구체적인 표현을 사용해야 한다. 그러다보니 묘사에 사용되는 단어가 다소 어려울 수 있다. 하지만 이 유형의 글에서는 모든 단어의 뜻을 완벽하게 알지 못한다고 할지라도 무엇을 묘사하고 있는지, 즉 주제가 무엇인지만 파악하면 문제를 풀 수 있다.

분석기술 0 1　　묘사는 묘사 대상을 파악하면 그것이 곧 주제다.

밑줄 친 This가 가리키는 것은?

　This is a type of pot that commonly has a lid, spout, and handle or a small electric kitchen appliance that takes the similar form to a typical one but functions in a self-contained manner. This can be heated either by placing on a stove, or by its own internal electric heating element in the appliance versions. This is specialized for boiling water and is often used as teaware to brew tea or prepare a medicinal drink. Some very modern versions do more than just boil water, and also make the tea and keep it warm.

　어떤 대상을 묘사하는
　구체적인 진술

① 컵　　　　　　② 냄비　　　　　　③ 주전자
④ 후라이팬　　　⑤ 전자레인지

✿ 지문구조
구체적 진술
· 뚜껑, 주둥이, 손잡이가 있는 냄비의 일종 혹은 독립적으로 작동하는 작은 전기 주방 기구
· 화로 위에 올려놓거나 내부 전기 가열 장치를 사용하여 가열함
· 물을 끓이는 것에 특화됨
· 차를 우려내거나 약용 음료 준비에 사용하는 다기

〰 지문분석
묘사하는 글에서는 상대적으로 어려운 단어들이 많이 등장할 수 있다. spout, self-contained, brew 등과 같은 단어가 어려워 모든 문장이 완벽하게 해석되지 않을 수 있다. 하지만 a type of pot, specialized for boiling water, make the tea and keep it warm 등의 표현만 보아도 이 글의 주제, 즉 This가 가리키는 것이 '주전자'라는 것은 쉽게 파악이 된다.

🍎 지문해석
이것은 일반적으로 뚜껑, 주둥이, 손잡이가 있는 냄비의 일종 혹은 일반적인 형태와 모양은 비슷하나 독립적인 방식으로 작동하는 작은 전기 주방 기구이다. 이것은 화로 위에 올려놓거나, 가전제품 버전에서는 자체 내부 전기 가열 장치를 사용하여 가열할 수 있다. 이것은 물을 끓이는 것에 특화되어 있고, 차를 우려내거나 약용 음료를 준비하기 위해 종종 다기(茶器)로 사용된다. 어떤 아주 현대적인 버전들은 물을 끓이는 것 이상을 하고, 차를 만들고 따뜻하게 유지하기도 한다.

pot 단지, 냄비 / lid 뚜껑 / spout 주둥이 / appliance (가정용) 기기 / self-contained 자립적인, 독립적인 / stove 화로, 스토브 / teaware 다기(茶器) / brew 우려내다, (차를) 끓이다

Unit 02 이야기

이야기(Story-telling)는 어떤 사건을 생생하게 전달하는 것이다. 이야기를 통해 교훈을 주고자 하는 글이 아닌 단순한 흥미 위주의 이야기는 주제문이 없는 경우가 많다. 따라서 이야기 유형의 글은 글의 구조를 분석하려 들기보다는 사건의 흐름을 따라 빠르게 읽어 나가는 것이 좋다.

　묘사가 어떤 대상에 대한 감각적 기술, 즉 어떤 대상을 보고 듣고 느낀 점 등을 기술한 것이라면 이야기는 어떤 사건(Event)에 대한 기술이다. 이는 필자가 직접 경험한 사건일 수도 있고 혹은 필자가 창작한 사건일 수도 있다.

　이야기는 독자의 흥미를 불러일으키고 글에서 필자의 의도를 더 효과적으로 전달시키는데, 혹은 독자에게 어떤 교훈을 주는 데 그 목적이 있다. 이야기를 통해 교훈을 주는 경우는 후에 **Chapter 03**에서 자세히 다룰 것이고, 여기서는 흥미 위주의 이야기 유형을 다룰 것이다.

　이야기가 효과적이기 위해서는 앞으로 어떤 일이 생길 것인가, 누가 이길 것인가와 같은 '긴장감(Suspense)'이 있어야 한다. 또한 이야기의 주인공들 사이에 '갈등(Conflict)'이 있다면 이야기는 더욱 흥미로워질 것이고, '클라이맥스(Climax)'가 있다면 독자의 흥미를 최고조로 끌어올릴 수 있다. 이야기 유형의 글은 주로 '지칭 추론', '심경/분위기', '순서' 유형의 문제 지문으로 자주 활용되는데, '갈등'이 '클라이맥스'를 거쳐 해소되는 흐름을 기억하면 '순서' 유형의 문제를 보다 효과적으로 풀 수 있다.

　이야기 유형의 글 역시 묘사와 마찬가지로 일반적 진술 없이 발생한 사건에 대한 여러 개의 구체적 진술로만 이루어진 경우가 많다. 또한 사용되는 어휘나 표현이 비교적 쉽다. 따라서 이야기 유형의 글은 지문의 구조를 분석하기보다는 내용의 흐름을 따라 빠르게 읽어 나가는 것이 좋다.

이야기 ▶ 사건의 전개

분석기술 02 　이야기는 이야기의 흐름을 따라가자.

다음 글에서 주인공 'I'가 겪은 심경의 변화를 가장 바르게 표시한 것은?

Everything depended on my final arrow. Still, my rival looked calm. For a moment, I dreamed I would go home with a gold medal. I approached the shooting line, remembering all the hard training I had gone through. Suddenly, I felt my heart beating faster. But I slowly aimed at the target. Shortly after my arrow began to fly, I heard the crowd cheering. When I looked at the target, I could not believe my eyes. My arrow hit the very center of the yellow circle. Then I heard my teammates shouting, "You did it!"

→ 긴장

→ 흥분

① disappointed → sad
② threatened → angry
③ comfortable → lonely
④ nervous → excited
⑤ peaceful → gloomy

☼ 지문구조

구체적 진술   양궁 경기에서 마지막 한 발을 쏘던 순간에 대한 구체적 진술들

⚒ 지문분석

사건에 대해 기술하는 '이야기' 유형의 글이다. 이 글은 일반적 진술(주제문) 없이 구체적 진술들로만 이루어져 있는데 '다음 글에서 주인공 'I'가 겪은 심경의 변화를 가장 바르게 표시한 것은?'이라는 문제의 지문으로 쓰였다. Everything depended on my final arrow.와 I felt my heart beating faster. 같은 부분에서 필자가 긴장(nervous)하고 있음을, 그리고 필자가 과녁의 정 중앙을 맞힌 뒤 관중들이 환호하고 팀 동료가 해냈다고 소리치는 부분에서 필자가 흥분(excited)하게 된 것을 알 수 있다.

🍎 지문해석

모든 것이 내 마지막 화살에 달려 있었다. 그러나 내 라이벌은 침착해 보였다. 잠시 동안 나는 금메달을 가지고 집에 가는 상상을 했다. 나는 내가 겪은 모든 힘든 훈련을 기억하면서 발사대에 다가갔다. 갑자기 나는 심장이 빠르게 뛰는 것을 느꼈다. 그러나 나는 천천히 표적을 겨누었다. 내 화살이 날아가기 시작하고 얼마 지나지 않아 나는 관중들이 환호하는 것을 들었다. 표적을 보았을 때 나는 내 눈을 믿을 수 없었다. 내 화살은 노란 원의 정 중앙을 맞추었다. 그 때 나는 내 동료들이 소리치는 것을 들었다. "네가 해냈어!"

depend on ~에 달려 있다 / arrow 화살 / still 그러나; 여전히 / calm 침착한, 조용한 / approach 접근하다 / shooting line 발사대 / go through 통과해서 가다; 겪다 / beat (심장 등이) 뛰다 / aim at 목표로 하다, 겨누다 / shortly after ~조금 후에 / crowd 군중, 무리 / cheer 환호하다, 갈채를 보내다 / teammate 팀 동료

Unit 03 순서

'시간적' 순서, '절차적' 순서, 혹은 '공간적' 순서에 따라 글을 구성하는 것이다. 이 유형의 글은 구체적인 순서가 시작되기 전이나 후에 주제문이 위치한 경우가 많다.

   '순서' 유형의 글도 묘사나 이야기와 매우 흡사하다. 이야기하고자 하는 주제에 대해 시간적 순서 혹은 절차적 순서를 기초로 한 묘사나 이야기도 이 유형에 속한다.

   시간적 순서(Time order)에 따른 글은 역사적인 사건이나 인물의 생애와 같은 주제를 다루는 글에서 쓰이는데, 사건을 일어난 순서대로 기술하는 것이다. 예를 들어 한 인물에 대한 위인전을 쓴다면 그가 태어났을 때부터 죽을 때까지의 일생을 시간적 순서에 따라 쓰는 것이 일반적이다.

   절차적 순서(Process)는 단계별로 해야 할 일을 지시하는 글을 말한다. 예를 들어 조립식 서랍장을 조립하는 방법을 알려주는 설명서를 쓴다고 해 보자. 물건을 조립하는 데에는 정해진 순서가 있으므로 이런 글에서는 조립 단계별 순서에 따라 글을 써야 한다.

| 시간적 순서의 예 : 인물의 약력 |

괴테(Johann Wolfgang von Goethe: 1749~1832)

괴테는 1749년 독일 프랑크푸르트 자유시에서 명문 집안의 장남으로 태어났다. 16세가 되던 해 그는 라이프치히로 가서 법률학을 공부하였고, 1766년 최초로 희곡 「애인의 변덕」을 완성하였다. 그의 작가로서의 명성은 1774년에 발표한 「젊은 베르테르의 슬픔」으로 절정을 이루게 되었다. 그 후 60여 년에 걸쳐 완성한 「파우스트」는 그의 전 생애가 망라된 작품으로 오늘날에도 많은 사람들의 사랑을 받고 있다. 1832년 83세의 나이로 생을 마감한 괴테는 기나긴 일생만큼이나 다양한 문학관을 보여주었으며, 자기 실현을 위한 문학적 도정은 인생 자체를 예술로 승화시킨 그의 삶을 그대로 보여준다.

– 괴테 作 / 안영란 譯 「젊은 베르테르의 슬픔」 작가 소개 中 –

| 절차적 순서의 예 : 제품 사용 설명서 |

온도 제한 기능 작동 순서

① [켜짐 / 꺼짐] 버튼을 5초 동안 누르세요. – 01이 표시된다.

② [△온도 조절▽] 버튼을 누르세요. – 02이 표시된다.

③ [확인] 버튼을 누르세요.

④ [△온도 조절▽] 버튼을 눌러 저온 범위를 설정하고 [확인]을 누르세요. – 초기 저온도는 16℃로 설정되어 있다. 취소하고 싶을 때는 [취소 / 삭제] 버튼을 한번 더 누르세요.

⑤ [△온도 조절▽] 버튼을 눌러 고온 범위를 설정하고 [확인]을 누르세요. – 초기 고온도는 30℃로 설정되어 있다. 취소하고 싶을 때는 [취소 / 삭제] 버튼을 한번 더 누르세요.

– ○○○ 시스템 에어컨 유선리모컨 사용 설명서 中 –

   참고로 모든 사건이 항상 실제로 발생하는 순서에 따라 배열되지는 않는다. 시간적 순서나 절차적 순서 외에도 가까운 곳에서 먼 곳 순으로, 혹은 먼 곳에서 가까운 곳 순으로 기술하는 공간적 순서나 중요도에 따라 배열하는 순서도 있다.

이 유형의 글은 '내용 일치', '일관성(글의 순서, 삽입)' 문제로 자주 활용된다. 시간적 순서나 절차적 순서에 따라 나열된 구체적 진술들을 하나하나 제대로 이해할 수 있는지 묻기 위해, 또한 구체적 진술들의 의미를 파악하여 순서에 맞게 배열할 수 있는지 묻기 위해서 출제하는 것이다.

 분석기술 03 순서 유형의 글은 주로 시간적, 절차적 순서를 다루고 있다.

예제

글의 흐름으로 보아, 주어진 문장이 들어가기에 가장 적절한 곳은?

Make a plan for a bookcase that suits your own library.

If you want to make a bookcase yourself, follow these simple steps. (①) Then, choose wood materials for the bookcase from a wood materials store. (②) When you have bought the wood, carefully cut it according to your design. (③) The next step is to put the different parts together with glue and nails. (④) After that, add the finishing touch by painting the woodwork. (⑤) Now you have a fine piece of furniture.

— 주제문
— 절차적 순서를 의미하는 표현
— 절차적 순서에 따른 구체적 진술

☼ 지문구조

주제문　　　　책장을 만들고 싶다면 다음의 단계를 따르라.
구체적 진술　　계획 세우기 → 목재 선택하기 → 목재 자르기 → 조립하기 → 칠하기 → 완성

〰 지문분석

이 글은 책장을 만드는 방법을 절차적 순서에 따라 기술하고 있다. then, the next step, after that과 같은 표현은 이 글이 절차적 순서를 따르고 있다는 것을 알려주는 힌트가 된다. 첫 문장에 these simple steps라는 일반적 개념이 나오고, 그 이후에 이 steps에 대한 구체적 개념들이 제시된다.

첫 문장에 follow these simple steps라는 말이 나오므로 이 문장 바로 뒤에는 첫 번째 단계가 제시되어야 한다. 그런데 다음 문장이 'Then'으로 시작하므로 ① 부분에 무언가 들어가야 한다는 것을 바로 알 수 있다. 주어진 문장의 내용도 계획을 세우라는 내용인데, 계획을 세우는 것은 무엇을 만들기 전에 먼저 해야 하는 일이므로 정답은 ①이 된다.

🍎 지문해석

만약 당신이 스스로 책장을 만들고 싶다면 다음의 간단한 단계를 따라 보라. 당신의 서재에 적합한 책장을 위한 계획을 세워라. 그리고 목재 가게에서 책장을 위한 목재를 선택하라. 목재를 구입했다면 그것을 당신의 설계에 따라 조심스럽게 잘라라. 다음 단계는 접착제와 못으로 서로 다른 조각들을 조립하는 것이다. 그 후에는 목재를 칠하여 마지막 마무리를 하라. 이제 당신은 멋진 가구 한 점을 갖게 되었다.

bookcase 책장, 책꽂이 / **suit** 적합하게 하다; ~에 적합하다 / **library** 도서관; 서재 / **(by) oneself** 혼자서, 혼자 힘으로 / **step** 걸음; 단계; 조치 / **wood materials store** 목재 가게 / **design** 디자인, 도안; 설계(도) / **put ~ together** 조립하다 / **glue** 접착제, 풀 / **nail** 손톱, 발톱; 못 / **finishing touch** 마지막 마무리 / **woodwork** 목제품 / **a fine piece of furniture** 멋진 가구 한 점

Unit 04

예시와 열거

예시는 어려운 내용을 쉽게 이해하기 위해 구체적인 사례를 제시하는 것이고, 열거는 두 개 이상의 비슷한 내용을 나열하는 것이다. 예시와 열거 유형 모두 예시나 열거가 시작되기 전 또는 후에 주제문이 위치하는 경우가 많다.

❶ 예시

예시 유형의 글은 주제문을 뒷받침하기 위한 구체적인 진술로 구체적인 사례(Examples)를 제시하는 유형이다. 예시의 목적은 어떤 개념이나 이론 등을 실례를 통해 설명하여 상대방이 더 쉽게 이해할 수 있도록 하는 데 있다.

가령 '어떤 물건의 값은 그 물건의 절대적 가치가 아니라 그 물건의 희소성에 의해 결정된다.'라는 사실이 잘 이해되지 않는 사람에게 '예를 들어 공기는 생명체의 생존에 필수적이지만 어디에서나 구할 수 있으므로 값이 매겨지지 않는다. 반면 다이아몬드는 생명체의 생존과는 아무런 관련이 없지만 매우 희귀하므로 비싼 값이 매겨진다.'라는 구체적인 예를 들려주면 보다 쉽게 이해시킬 수 있다.

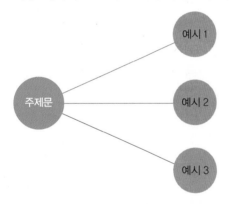

예시는 지문을 이해하는데 매우 중요한 역할을 한다. 간혹 '예시는 중요하지 않으니까 읽지 말고 그냥 지나가라!'라고 말하는 사람이 있는데, 큰일 날 소리이다. 물론 독자의 배경 지식이나 영어 실력이 출중하다면 예시를 읽지 않고 주제문만 읽어도 글의 내용을 파악할 수 있다. 그런데 조금 전에 예시를 사용하는 목적이 뭐라고 했는가? 독자의 이해를 돕기 위해서였다. 다시 말하면 필자가 예를 들기 전에 언급하는 내용은 대개 비교적 복잡하고 어려운 내용이다. 이것을 보다 쉽고 자세히 설명하기 위해 구체적인 예를 들어 주는 것이다. 따라서 글의 내용이 어려울수록 예시를 꼼꼼히 확인하는 것이 지문의 이해도를 높일 수 있다.

만약 시간이 부족하다면 어떨까? 시간이 정말 부족해서 지문을 다 읽을 수가 없고, 대충 일부만이라도 읽고 답을 찍어야 하겠는데, 지문을 보니 'for example'이란 표현이 보인다. 이런 상황에서 비교적 복잡하고 어려운 앞쪽의 일반적 진술을 읽겠는가? 아니면 보다 쉽고 자세하게 설명한 구체적 예시를 읽겠는가? 판단은 여러분 스스로의 몫이다.

❷ 열거

예시는 '열거' 유형과 함께 사용되는 경우가 많다. 열거란 두 개 이상의 구체적 진술을 나열하는 것을 말한다. 물론 하나의 사례만 가지고 충분한 경우도 있지만 하나의 사례보다는 여러 개의 사례를 제시하는 것이 더 효과적이기 때문에 여러 개의 사례를 열거하는 경우가 많다.

열거의 순서는 중요도에 따라 달라질 수 있다. 가상 중요한 것을 맨 먼저 제시하는 경우가 있고, 반대로 가장 중요한 것을 가장 나중에 제시하는 경우가 있다. 또한 열거되는 내용이 모두 동등한 정도의 중요도를 가지고 있는 경우도 있다.

예시와 열거는 문제 유형을 가리지 않고 다양한 유형의 문제에서 자주 사용된다.

분석기술 04 예시는 구체적 진술이므로 주제가 될 수는 없지만, 주제를 이해하는데 큰 도움이 될 수 있다. 글에서 무언가를 예시하거나 열거하면 예시나 열거의 시작 전 혹은 예시나 열거가 끝난 후에 주제문이 있을 가능성이 높다.

예제

다음 글의 제목으로 가장 적절한 것은?

Moles are dark spots on human skin. They can vary in color from light to dark brown or black. Almost everyone has at least one mole. According to ancient superstitions, (A) moles reveal a person's character. For example, ⓐ a mole on one's nose means that he or she is strong-willed and trustworthy. (B) Moles are also believed to foretell the future. ⓑ Having a mole over one's right eyebrow means he or she will be lucky with money and have a successful career. ⓒ A mole on the hand, however, is the most desired. It forecasts talent, health, and happiness.

> 글의 도입부
> 구체적 진술 1
> 구체적 진술 1에 대한 예시
> 구체적 진술 2
> 구체적 진술 2에 대한 예시

① Removal of Moles
② What a Mole Tells
③ Origin of Fortunetelling
④ Moles: The Skin's Enemy
⑤ Character and Superstition

☀ 지문구조

주제   점이 말해주는 것
구체적 진술   ① 점은 사람의 성격을 드러낸다.
            └ ⓐ 예시 : 코에 있는 점
        ② 점은 미래를 예언한다.
            └ ⓑ 예시 1 : 오른쪽 눈썹 위의 점
            └ ⓒ 예시 2 : 손에 있는 점

〰 지문분석

점이 사람의 성격을 드러내고 미래를 예언한다는 고대 미신을 각각 예를 들며 소개하고 있다. 글의 첫 세 문장은 글의 도입부로, moles가 무엇인지 설명할 뿐 moles에 대한 이 글의 중심 내용은 아니다. 이 글에 주제문은 따로 나타나 있지 않지만 '점은 사람의 성격을 드러낸다.'와 '점은 미래를 예언한다.' 두 가지를 포괄할 수 있는 일반화된 진술을 생각해 보면 그것이 주제가 된다. 즉 글의 주제는 '점이 말해주는 것(What a Mole Tells)'이다.

🍎 지문해석

점은 인간의 피부에 있는 어두운 작은 부분이다. 점은 밝은 갈색에서 어두운 갈색 혹은 검은색까지, 색깔이 다양할 수 있다. 거의 모두가 최소한 한 개의 점을 가지고 있다. 고대 미신에 따르면 점은 사람의 성격을 나타낸다고 한다. 예를 들어 사람의 코에 있는 점은 그 사람이 의지가 강하고 믿을 만한 사람이라는 것을 의미한다. 또한 점은 미래를 예언한다고 믿어지기도 한다. 오른쪽 눈썹 위에 점을 가지고 있는 것은 그 사람에게 재물 복이 있고 직업적 성공도 얻게 된다는 것을 의미한다. 그러나 손에 있는 점이 가장 좋은 점이다. 이 점은 재능, 건강, 행복을 예고한다.

① 점의 제거
② 점이 말해주는 것
③ 점치는 것의 기원
④ 점: 피부의 적
⑤ 성격과 미신

mole 점, 사마귀 / **vary** vt. 변화를 주다 vi. 변화하다; 다양하다 / **ancient** 고대의 / **superstition** 미신 / **reveal** 드러내다 / **strong-willed** 의지가 굳센; 완고한 / **trustworthy** 신뢰할 수 있는 / **foretell** 예언하다, 예고하다 / **eyebrow** 눈썹 / **desired** 사람들이 원하는, 바라는 (ex) the desired effect: 원하는 결과, 바라는 결과 / **forecast** n. 예상, 예보 v. 예상하다, 예보하다

Unit 05 비교와 대조

비교는 두 대상의 '공통점'을, 대조는 두 대상의 '차이점'을 설명하는 것이고, 비교 혹은 대조를 하는 이유가 곧 글의 요지가 된다. 비교와 대조는 비교, 대조하는 측면을 기준으로 글을 구성할 수도 있고, 대상을 기준으로 구성할 수도 있다.

　'비교와 대조'는 어떤 두 대상에 공통점이 있음을, 혹은 차이점이 있음을 설명하는 유형이다. 두 개 혹은 그 이상의 대상 사이에 어떤 공통점이 있는지 보이는 것을 '비교'라고 한다. '내가 만든 커피는 스타벅스 커피랑 맛이 비슷해!'와 같은 진술이 '비교'에 해당하는 진술이다. 반면 두 개 혹은 그 이상의 대상 사이에 어떤 차이점이 있는지 보이는 것은 '대조'라고 한다. 예를 들어 '내가 만든 커피는 스타벅스 커피보다 더 향이 좋고 맛있어!'와 같은 진술은 '대조'에 해당한다.

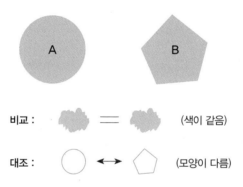

　비교와 대조는 한 가지 측면만을 비교 혹은 대조할 수도 있지만 여러 가지 측면을 열거하며 다양한 면을 비교, 대조하는 경우도 있다. 후자의 경우 비교, 대조의 방법은 다음 두 가지가 있다.

[유형 1]　　a1 / b1,　　a2 / b2,　　a3 / b3
[유형 2]　　a1, a2, a3　　/　　b1, b2, b3

　[유형 1]은 비교, 대조하는 측면을 기준으로, [유형 2]는 비교, 대조하는 대상을 기준으로 하여 글을 쓰는 것이다. 예를 들어 스타벅스 커피와 커피빈 커피를 대조할 때 아래와 같은 두 가지 유형을 취할 수 있다.

[유형 1]　　• 스타벅스의 가격(a1) / 커피빈의 가격(b1)
　　　　　　　• 스타벅스의 메뉴(a2) / 커피빈의 메뉴(b2)
　　　　　　　• 스타벅스의 맛(a3) / 커피빈의 맛(b3)
[유형 2]　　• 스타벅스의 가격(a1) / 메뉴(a2) / 맛(a3)
　　　　　　　• 커피빈의 가격(b1) / 메뉴(b2) / 맛(b3)

그런데 비교와 대조 유형에서 요지를 파악할 때 주의해야 할 점이 있다. 이 유형의 지문에선 비교와 대조를 하는 '이유'가 반드시 필요하고, 그 이유가 요지가 된다. 비교와 대조 유형에서 요지는 크게 두 가지가 있다.

먼저, 비교와 대조의 이유가 단순히 두 가지 (혹은 그 이상의) 대상 사이에 공통점이 있다거나 차이점이 있다는 것을 말하고 싶어서 일 수 있다. 이런 경우 그 대상들 사이에 공통점 혹은 차이점이 있다는 것 자체가 요지가 된다.

그런데 두 대상 사이에 공통점이나 차이점을 다루고 있지만, 글의 요지는 둘 중 하나에만 해당되는 경우가 있다. 가령 A를 설명할 때 A의 개념이 어려워 독자가 이해하기 어려울 것이라 예상되는 경우, A와 공통점을 가지고 있으나 더 이해하기 쉬운 B를 먼저 설명한 뒤, 이를 통해 A를 이해시키는 것이다. 이런 경우 글의 요지는 A에만 해당이 된다. 자세한 것은 예제 02를 통해 확인해보자.

간혹 주제문 없이 비교, 대조만 하는 경우도 있다. 이 경우엔 필자가 왜 이 두 대상을 비교, 대조하고 있는지 글을 읽는 이가 직접 추론해내야 한다.

 분석기술 05 비교나 대조가 나오면 비교나 대조를 하는 이유를 생각하라. 그것이 곧 글의 요지이다.

예제 01

글의 흐름으로 보아, 주어진 문장이 들어가기에 가장 적절한 곳은?

Koreans tend to have one job for their whole life.

A professor of business studied employment patterns in Korea and the United States. (①) She described in her book some important differences. (②) Among them, she paid particular attention to the number of years a person stays with a job. (③) When they are young, they go to work for a company, and they stay with that company. (④) In the United States, people move from one company to another. (⑤) They change jobs very frequently.

주제가 드러나는 부분

구체적 진술
(한국과 미국의 대조)

☼ 지문구조

주제	한국과 미국의 직업 형태에서의 차이점
구체적 진술(대조)	한국 – 한국인들은 평생 동안 하나의 직장에서 근무한다.
	미국 – 미국인들은 직장을 자주 바꾼다.

지문분석

글의 주제와 요지는 첫 세 문장에서 드러난다. 글의 주제는 한국과 미국의 employment patterns인데, 그 중에 특별히 중요한 차이점으로, the number of years a person stays with a job에 차이가 있다는 것이 글의 요지이다.

주어진 문장은 한국인에 대한 설명이고, 평생 하나의 직장만 갖는다는 내용이다. ④ 뒤쪽은 미국인에 대한 설명이고, 직장을 자주 바꾼다는 내용이므로, ④, ⑤는 답이 될 수 없다. ③의 앞까지는 a professor의 연구에 대한 설명이고, ③ 뒷문장의 they가 한국인들에 대한 내용이므로 정답은 ③이 된다.

● 지문해석

한 경영학 교수가 한국과 미국의 직업 형태를 연구했다. 그녀는 자신의 책에서 몇 개의 중요한 차이점들을 기술했다. 여러 차이점 중에서 그녀는 한 사람이 하나의 직장에 몇 년이나 머무르는지에 특별한 관심을 두었다. 한국인들은 그들의 평생 동안 하나의 직장만을 갖는 경향이 있다. 그들이 젊을 때 그들은 한 회사를 위해 일을 하며 그 회사와 계속 함께 한다. 미국에서는 사람들이 한 회사에서 다른 회사로 옮겨 다닌다. 그들은 매우 자주 직장을 바꾼다.

tend to ~하는 경향이 있다 / for one's whole life 평생 동안 / employment 고용; 직업, 일 / describe 묘사하다; 기술하다 / pay attention to ~에 주의를 기울이다, 관심을 기울이다 / go to work 일하러 가다 / frequently 자주, 빈번히

예제 02

다음 글의 요지를 가장 잘 나타낸 것은?

  Learning English is a lot like swimming. When learning to swim, no matter how hard you study and memorize the theoretical content, you will never become a good swimmer until you actually get in the water and move your limbs. However, no matter how much you practice swimming in the water, if you don't know the correct posture and breathing techniques, you'll never be able to improve. The same goes for learning English. No matter how much theoretical grammar knowledge you have, if you don't actually dive into the ocean of English and read, listen, write, and speak it, you'll never be good at it. On the other hand, no matter how much English you've been exposed to, you'll still be limited without basic grammar knowledge.

수영과 영어 공부를 비교

① 수영을 잘 하면 영어를 잘 할 수 있다.
② 수영을 하기 위해선 기초 훈련에 충실해야 한다.
③ 영어 공부를 할 때에는 문법이 가장 중요하다.
④ 영어를 많이 사용하기만 하면 영어를 잘 할 수 있다.
⑤ 영어를 잘 하려면 이론적 지식과 실전 경험이 둘 다 중요하다.

☀ 지문구조

주제문   영어 공부는 수영과 비슷하다.

구체적 진술(비교)   a1 수영을 잘하기 위해서는 실전 경험이 필요하다.

                                 a2 수영에는 이론 지식도 필요하다.

                                 b1 영어 공부도 실전 경험이 필요하다.

                                 b2 영어 공부 역시 이론 지식도 필요하다.

예제 01 지문은 한국과 미국의 직업 형태의 차이점에 대해 다룬 글이었으나, 이 지문은 단순히 영어 공부와 수영의 공통점만을 다루는 글은 아니다. 글의 초점은 영어 공부 쪽에 있으며, 수영과의 비교를 통해 영어 공부를 어떻게 해야 하는지 설명하는 글이다. 즉, 영어 공부에서 이론 지식과 실전 경험이 모두 필요함을 수영에 빗대어 설명하고 있다. 따라서 글의 요지는 ⑤가 된다.

🍎 지문해석

영어 공부는 수영과 비슷한 점이 많다. 수영을 배울 때 이론적인 내용을 아무리 열심히 공부하고 암기한다 하더라도 실제 물에 들어가 팔다리를 움직여보지 않으면 결코 수영을 잘할 수 없다. 그런데 아무리 물속에서 수영 연습을 많이 한다고 해도 정확한 자세와 호흡법 등을 모른 채 연습한다면 실력의 상승에는 한계가 있을 수밖에 없다. 영어 공부도 이와 마찬가지다. 아무리 이론적인 문법 지식이 풍부하다고 해도 실제로 영어의 바다에 뛰어들어 직접 영어를 읽고, 듣고, 쓰고, 말하지 않으면 결코 영어를 잘할 수가 없다. 하지만 아무리 영어를 많이 접한다 해도 기본적인 문법 지식 없이는 실력에 한계가 있다.

limbs 팔다리 / posture 자세 / the same goes for ～도 마찬가지다 / exposed 노출된

Unit 06 원인과 결과

모든 현상에는 원인과 결과가 있다. 원인과 결과는 상대적이지만 연쇄적이다. 즉 어떤 현상의 결과는 또 다른 현상의 원인일 수 있다. 원인이든 결과든 주로 뒤쪽에 위치한 것이 글의 요지인 경우가 많다.

　모든 현상에는 원인과 결과가 있다. 무슨 일이든 '그냥, 어쩌다가' 그렇게 될 수는 없다. 예를 들어 손가락을 베였다면 책장을 넘기다가 종이에 베였다든지, 요리를 하다 칼에 베였다든지 하는 원인이 있고, 손가락을 베여 지금 피를 흘리고 있다든지, 너무 아파서 참을 수가 없다든지 하는 결과가 있다.

　이 글의 유형은 어떤 현상에 대해 사람들이 알지 못하는 원인을 밝히거나, 그 현상에 대한 사람들이 알지 못하는 결과를 밝히는 유형이다. 즉 필자가 전달하고자 하는 내용이 무엇이냐에 따라 원인을 먼저 제시하고 그에 따른 결과를 밝히는 글이 될 수도 있고, 결과를 먼저 제시하고 그 현상에 대한 원인을 밝히는 글이 될 수도 있다. 물론 어떤 현상에 대한 원인과 결과를 같이 밝히는 글일 수도 있다.

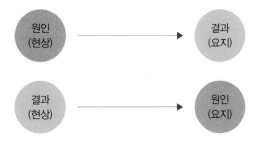

　다음은 원인과 결과를 나타내는데 자주 사용되는 표현들이다.

원인과 결과를 나타내는 표현

- 결과 because 원인 / Because 원인, 결과
- 원인. As a result, 결과 / As a result of 원인, 결과
- 원인 result in 결과 / 결과 result from 원인
- 원인. Therefore, Thus, Consequently, So, Then, 결과

　그런데 사실 글에 원인과 결과가 나올 때 위와 같은 표현이 직접적으로 사용되는 경우는 많지 않다. 따라서 글을 읽을 때는 문장 간의 의미가 어떻게 이어지고 있는지 생각을 하며 읽어야 한다.

분석기술 0 6　대개 원인과 결과 중에서 뒤에 나오는 것이 요지이다.

빈칸에 들어갈 말로 가장 적절한 것은?

In an experiment on their behavior, baby monkeys were separated from their mothers at birth and provided with artificial mothers. Some of their artificial mothers were made of cold, hard wire while the others were made of warm, soft towel cloth. When given a choice between the two types of mothers, the monkeys repeatedly chose to spend their time with the towel cloth mothers. ←결과 This experiment suggests that the baby monkeys looked for the _____ supplied by their contact with their towel cloth mothers. ←원인

① solidness   ② freedom   ③ patience
④ comfort   ⑤ independence

☼ 지문구조

주제　새끼 원숭이들이 어떤 어미를 선택하는지에 대한 실험
결과　새끼 원숭이들은 차갑고 딱딱한 철사로 만든 어미와 따뜻하고 부드러운 타월로 만든 어미 중에서 후자를 선택
원인　새끼 원숭이들은 편안함을 추구

⩜ 지문분석

이 글은 새끼 원숭이들이 철사로 만든 가짜 어미와 타월로 만든 가짜 어미 중 어떤 어미를 선택하는지에 대한 실험을 다루고 있다. 이 글에서는 실험의 결과를 먼저 제시하고 그 결과에 대한 원인을 밝히고 있다.
이 실험의 결과와 원인은 다음과 같이 대응된다.

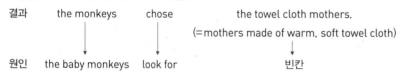

결과　　the monkeys　　chose　　　　the towel cloth mothers.
　　　　　　　　　　　　　　　　　(=mothers made of warm, soft towel cloth)
원인　the baby monkeys　look for　　　　　빈칸

즉 빈칸에는 mothers made of warm, soft towel cloth의 재진술에 해당하는 것을 고르면 되고, 이는 '편안함(comfort)'이 된다.

🍎 지문해석

새끼 원숭이의 행동에 대한 실험에서 그 원숭이들은 생모로부터 떨어져 가짜 어미를 제공받았다. 가짜 어미 중 일부는 차갑고 딱딱한 철사로 만들어졌고, 다른 가짜 어미는 따뜻하고 부드러운 타월로 만들어져 있었다. 두 형태의 어미에 대한 선택권이 주어졌을 때 원숭이들은 반복적으로 타월로 만들어진 어미와 시간을 보냈다. 이 실험은 새끼 원숭이들이 타월로 만들어진 어미와의 접촉에서 얻어지는 편안함을 추구한다는 것을 시사한다.
① 단단함　② 자유　③ 인내　④ 편안함　⑤ 독립

experiment 실험 / provide 제공하다 / artificial 인공의, 모조의 / repeatedly 되풀이하여 / suggest 시사하다, 암시하다; 제안하다 / look for 찾다, 추구하다 / supply 공급하다 / contact 접촉

CHAPTER 03

주장과 근거 분석하기

Analyzing Arguments

Unit 01 주장과 근거

남을 설득하기 위해 우리는 '주장'을 한다. 하지만 남을 설득하려면 그 주장에는 반드시 적절한 '근거'가 필요하다. 그런데 만약 상대방이 근거조차 받아들이지 않으려 한다면, 이 근거에 대한 '2차 근거'도 제시해야 한다.

필자가 글을 쓰는 이유, 즉 글의 요지에는 여러 가지가 있지만, 그 중 가장 대표적인 것으로 남을 설득하기 위해, 즉 필자가 글을 통해 어떤 주장을 펼치는 것이 있다. 주장이 효과적이기 위해서는 반드시 적절한 근거가 필요하다.

지금부터는 글에서 어떤 진술이 주장이고, 어떤 진술이 근거인지 분석하는 법을 공부할 것이다. 글에서 주장과 근거를 제대로 파악해낸다면 글의 요지나 필자의 주장을 묻는 문제는 쉽게 해결할 수 있으며, 나아가 주제/제목, 빈칸 추론 문제에서도 큰 도움이 된다.

❶ 주장을 나타내는 표현

주장이란 그것이 사실로 받아들여지기 위해 근거를 필요로 하는 진술을 말한다. 아래의 대화를 잠깐 살펴보자.

> 갑 : "난 술을 마시지 않았어!"
> 을 : "정말? 마신 것 같은데?"
> 갑 : "내 입에서 술 냄새가 안 나잖아!"

> 병 : "넌 술을 마시지 말아야 해!"
> 정 : "왜?"
> 병 : "넌 술만 마셨다 하면 길을 잃어버리잖아

갑과 병은 각자 상대방이 받아들이길 바라는 주장을 펼치고 있지만, 잘 생각해 보면 주장의 성격이 약간 다르다. 우선 갑의 주장부터 살펴보자.

| '인정해라!'식 주장 |

갑과 을의 대화에서 갑은 자신이 술을 마시지 않았다고 주장하고 있다. 이것은 상대방이 어떤 것을 인정하거나 믿기를 요구하는 주장이다. 영어에서는 이런 식의 주장을 펼칠 때 주로 다음과 같은 표현을 사용한다.

- I think / I believe / I wish / I hope ~
- In my opinion / (As) for me / (As) to me / As far as I'm concerned ~
- In conclusion ~
- 최상급 표현, 강조 표현

| '행동하라!'식 주장 |

병과 정의 대화에서 병은 정이 술을 마시지 말아야 한다고 주장한다. 이러한 주장은 상대방이 직접적으로 어떤 행동을 하기를 요구하는 주장이다. 이런 주장은 대개 '반드시, ~해야 한다, ~할 필요가 있다, ~하라'와 같은 표현을 사용한다는 특징이 있다. 영어에서 '행동하라!'식 주장을 펼칠 때에는 주로 다음과 같은 표현을 사용한다.

'행동하라!'식 주장을 나타내는 표현

(
- I think / I believe / I wish / I hope ~
- In my opinion / (As) for me / (As) to me / As far as I'm concerned ~
- In conclusion ~
) +
- must, should, have to, need to
- had better
- It is necessary/important/essential/crucial/vital ~
- I advise that ~
- It is time that ~ (=It is time to-V)
- 명령법

참고로 'It is necessary / It is important / It is essential ~', 'need to'와 같은 표현은 표면적으로는 '인정하라!'식 주장이지만 대개 담겨 있는 내용은 '행동하라!'식 주장이다. 가령 'A하는 것이 중요하다'라는 진술에는 '(그러니까) A를 해야 한다'라는 의미가 내포되어 있다고 볼 수 있다.

물론 수학 공식처럼 이와 같은 표현이 사용되었다고 해서 무조건 필자의 주장인 것은 아니다. 예를 들어 must, should와 같은 표현들은 '~해야 한다'라는 의미 외에도 추측의 의미로 '~임에 틀림없다, ~일 것이다'라는 의미로도 쓰이기 때문이다. 따라서 이런 표현들은 주장을 찾아내는데 어느 정도 단서로 활용될 수는 있지만 절대적인 기준이 되어서는 안 된다. 주장을 찾아내는 가장 근본적인 방법은 문장의 의미와 글의 흐름을 파악하여 어떤 문장이 어떤 문장을 뒷받침하고 있는지 파악하는 것이다.

참고로 수능 영어영역 독해 문제에서 '요지'를 묻는 문제에는 '인정하라!'식 주장과 '행동하라!'식의 주장에 대한 글이 모두 사용된다. 그런데 '필자의 주장'을 묻는 문제에서는 보다 직접적인 '행동하라!'식 주장만이 사용된다. 이것을 미리 알아두면 요지나 주장 문제를 풀 때 문제의 지문이 어떤 형식을 갖추고 있을지 미리 예측해 볼 수 있다.

분석기술 0 7 주장에는 상대방이 어떤 것을 인정하거나 믿기를 요구하는 '인정하라!'식의 주장이 있고, 상대방이 어떤 행동을 하기를 요구하는 '행동하라!'식의 주장이 있다.

❷ 주장에는 반드시 근거가 필요

앞의 '갑–을', '병–정'의 대화를 다시 한 번 살펴보면, 상대방은 갑과 병의 주장에 바로 동의하지 않는다. 그래서 갑과 병은 각각 자신의 주장에 어떤 근거를 대고 있다. 상대방으로 하여금 자신의 말을 인정하도록 하거나, 자신의 말에 따라 어떤 행동을 취하게 하려면 상대방이 납득할 수 있는 적절한 근거를 제시해야 하기 때문이다.

그런데 글은 대화에서처럼 상대방이 자신의 주장에 동의하지 않는다는 것을 바로 알 수가 없다. 만약 독자가 필자의 주장을 받아들이지 못하고 의문을 제기하는데, 글에 납득할만한 답변이 등장하지 않는다면 그 글은 무용지물이 되어 버린다. 따라서 글에서는 근거를 더욱 더 분명하게 밝혀주어야 한다. 그래야만 글을 읽는 독자가 필자의 주장을 인정하거나, 필자의 주장에 따라 어떤 행동을 취하게 되기 때문이다. 따라서 주장은 기본적으로 다음과 같은 구조를 갖는다.

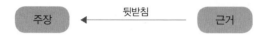

그런데 실제 글에서 주장이 항상 근거 앞에 위치하는 것은 아니다. 주장을 먼저 제시하고 근거를 나중에 제시할 수도 있고, 근거가 먼저 나오고 주장이 나중에 나올 수도 있으며, 근거가 여러 개일 경우 주장이 근거들 사이에 위치할 수도 있다.

주장 ← 근거	근거 → 주장
낙태를 금지하는 법을 제정해야 한다.	낙태는 살인 행위이다.
왜냐하면 낙태는 살인 행위이기 때문이다.	따라서 낙태를 금지하는 법을 제정해야 한다.

❸ 근거와 2차 근거

그런데 위와 같은 주장에는 문제가 있을 수 있다. 만약 독자가 '낙태는 살인 행위이다'라는 근거에 동의한다면 이 주장은 이대로 훌륭한 주장이 되지만, 독자가 '낙태가 왜 살인인데?'라는 의문을 가질 수도 있기 때문이다. 따라서 이런 경우 근거 자체도 또 하나의 주장이 되고, 이를 뒷받침하기 위한 또 다른 근거가 필요하다. 이렇게 근거에 대한 근거를 앞으로는 '2차 근거'라고 부르도록 하겠다.*⟨각주⟩

⟨각주⟩
*비형식논리학에서는 주장을 뒷받침하는 진술을 '이유(Reason)'라 하고, '이유'를 뒷받침하는 진술을 '근거(Evidence)'라고 한다. 그리고 진술의 성격에 따라 이유와 근거는 엄격히 구분되는데, 이 책에서는 고교 수준에 맞추어 '주장 ← 근거 ← 2차 근거' 정도로만 설명하겠다.

| 주장 | 낙태를 금지하는 법을 제정해야 한다. |

↑ (뒷받침)

| 근거 | 낙태는 살인 행위이기 때문이다. |

↑ (뒷받침)

| 2차 근거 | 고통을 느끼는 생명체를 죽인다면 그것은 살상 행위인데, 낙태 시술을 할 때 태아도 고통을 느낀다. (근거에 대한 근거) |

물론 2차 근거도 일반적인 동의를 구하기 힘들다면, 이에 대한 3차, 4차 근거도 필요하다. 하지만 수능의 수준과 수능 지문의 길이를 감안할 때, 하나의 글에 3차 근거 이상이 필요한 복잡한 주장은 나올 수 없다. 수능 지문은 대부분 '주장 ← 근거' 정도의 수준이지만, 간혹 지문의 내용이 복잡해지는 경우 근거에 대한 근거(2차 근거)까지 나오는 경우가 있기 때문에 간략히 소개하는 것이다.

그런데 하나의 글은 주장과 근거로만 이루어지는 것이 아니고, 글의 흐름을 돕기 위해, 혹은 독자의 이해를 돕기 위해 삽입된 문장들도 있다. 따라서 글의 요지를 정확히 파악하기 위해서는 어떤 것이 어떤 것을 뒷받침하는지를, 즉 어떤 것이 주장이고 어떤 것이 근거인지를 구분할 수 있어야 한다. 아래 제시된 연결어들은 지금 진술되는 내용이 주장 혹은 근거라는 것을 암시하는 표현이다. 물론 모든 주장과 근거가 이와 같은 표현을 사용해서 진술되는 것은 아니므로 이런 표현이 없다고 해서 주장이나 근거가 없다고 생각해서는 곤란하다.

근거 연결어	주장 연결어
because, as, since	therefore, thus, consequently, so

분석기술 0 8 주장은 반드시 적절한 근거로 뒷받침해야 하는데, 독자가 근거에 대해서 의문을 가질 수 있다면 근거에 대한 또 다른 근거(2차 근거)를 제시해야 한다.

다음 글에서 필자가 주장하는 바로 가장 적절한 것은?

ⓐ Since the mid-1990s, teaching Korean to foreigners has made quiet and steady progress. ⓑ Many universities now offer Korean language programs in Korea and abroad, and many textbooks have been produced for learners of Korean. ⓒ Only a small number of foreigners, however, have benefited from this progress. ⓓ Most foreign workers are being taught by Korean coworkers or volunteers who have no or little teaching experience. ⓔ Thus, it is necessary to establish better educational programs for teaching the Korean language to foreign workers.

ⓐ 도입

ⓑ 도입에 대한 구체적 진술(예시)

ⓒ 근거

ⓓ 2차 근거

ⓔ 주장

① 우리나라 영어 교육을 강화하자.
② 자원 봉사 활동을 적극 장려하자.
③ 외국인 근로자를 정당하게 대우하자.
④ 외국인을 위한 한국어 교육을 개선하자.
⑤ 대학 교육을 위한 장기 발전 계획을 세우자.

☼ 지문구조

주장　　한국어를 외국인 노동자에게 가르치기 위한 보다 나은 교육 프로그램이 필요하다.
↑
근거　　한국어 교육은 많이 발전했지만, 이 발전의 도움을 받은 외국인은 많지 않다.
↑
2차 근거　대부분의 외국인 노동자들은 가르쳐 본 경험이 매우 부족한 사람들에게 한국어를 배우고 있다.

⛏ 지문분석

필자는 Thus라는 연결어와 it is necessary라는 표현을 통해 자신의 주장을 명확히 나타내고 있다.

이 주장의 구조를 분석해 보면, ⓐ와 ⓑ는 배경을 설명하는 도입부이고, 주장 ⓔ를 근거 ⓒ가 뒷받침하고 있는 구조이다. 그런데 근거에 해당하는 ⓒ, 즉 '한국어 교육은 많이 발전했지만, 이 발전의 도움을 받은 외국인은 많지 않다.'라는 진술이 정말인지 의심하는 독자를 위해 또 다른 근거(2차 근거) ⓓ를 제시하여 ⓒ를 뒷받침하고 있다.

ⓔ가 필자의 주장이라는 것만 파악하면 정답은 ④로 쉽게 나온다.

🍎 지문해석

1990년대 중반 이후 외국인에게 한국어를 가르치는 것은 조용하고 꾸준하게 발전되어왔다. 국내와 국외 많은 대학들이 현재 한국어 과정을 개설했고 한국어 학습자를 위한 많은 교재들이 개발되었다. 그러나 이 발전의 도움을 받은 외국인은 많지 않다. 대부분의 외국인 노동자들은 교수 경험이 전혀 없거나 거의 없는 한국인 직장 동료나 자원 봉사자들에게 한국어를 배우고 있다. 그러므로 한국어를 외국인 노동자에게 가르치기 위한 보다 나은 교육 프로그램이 필요하다.

mid-1990s 1990년대 중반 cf) early-1990s 1990년대 초반 / late-1990s 1990년대 후반 / benefit (from + N) vi. (N으로부터) 이익을 얻다, 득이 되다 / benefit + N vt. ~에게 이익을 주다 / coworker 함께 일하는 사람, 동료 / volunteer 1. 지원자, 2. 자원 봉사자, 3. (군대) 자원 입대자 / establish 1. 시작하다; 설립하다, 창립하다 2. 자리잡게 하다 3. 입증하다

Unit 02 인용을 통한 주장

인용을 통한 주장은 해당 분야 전문가의 말이나 실험/연구 결과, 통계 자료를 통해 자신의 주장을 뒷받침하는 것이다. 글에서 인용이 보이면 그 인용이 어떤 주장을 뒷받침하기 위해 쓰였는가를 잘 생각해 보자.

인용은 우리가 주장을 펼칠 때 매우 자주 사용하는 방식의 하나이다. 인용은 복잡한 논증 과정을 거치지 않고도 다른 사람의 권위를 빌려 손쉽게 자신의 주장을 뒷받침할 수 있는 매우 유용한 방법이기 때문이다.

인용을 통한 주장은 다음과 같은 형식을 취한다.

근거   X가 P라고 말했다.
         (생략된 근거 : X는 이 분야의 전문가이다.)
         (생략된 근거 : P는 이 분야에 대한 진술이다.)

주장   따라서 P는 사실이다.

인용을 통한 주장의 예는 다음과 같다.

피부과 의사가 말하길 여드름 치료에는 과산화벤조일이 가장 효과가 좋다고 한다.
따라서 과산화벤조일이 포함된 A 제품을 사용하면 여드름이 치료될 것이다.

그런데 생략된 근거인 'X는 이 분야의 전문가이다.' 혹은 'P는 이 분야에 대한 진술이다.'가 거짓으로 드러나면 근거가 주장을 제대로 뒷받침하지 못하게 된다. 이게 바로 그 유명한 '부적합한 권위에 호소하는 오류'이다.

하지만 적합한 권위에 호소하는 것은 오류가 아니다. 적합한 권위자의 적합한 진술을 인용하는 것은 독자의 신뢰를 얻을 수 있으므로 오히려 적극 권장할 일이다.

인용은 해당 분야 전문가의 말을 인용하는 것 외에도 실험이나 연구 결과, 통계 등을 인용할 수도 있다. '실제로 실험을 해보았더니 그 결과가 내 주장과 일치하더라.', '연구 결과를 보니 내 주장과 일치하더라.', '통계를 내보았더니 그 결과가 내 주장과 일치하더라.'와 같은 형태로 근거를 드는 것이다.

인용을 나타내는 다음과 같은 표현에 유의하면 글쓴이가 '인용'의 방법을 통해 주장을 펼치고 있다는 것을 쉽게 알아챌 수 있다.

인용을 나타내는 표현

- Experts say that ~
- 사람 이름 says that ~
- Recent research suggests/shows that ~
- A recent survey has found that ~
- Studies show that ~
- Statistics suggest/show that ~

분석기술 09 인용을 통한 주장은 해당 분야 권위자의 말이나 실험 결과, 연구 결과, 통계 등을 인용하여 자신의 주장을 뒷받침한다.

예제

빈칸에 들어갈 말로 가장 적절한 것은?

According to psychologists, your physical appearance makes up 55% of a first impression. The physical appearance includes facial expressions, eye contact, and general appearance. The way you sound makes up 35% of the first impression. This includes how fast or slowly, loudly or softly you speak, and your tone of voice. The actual words you use count for only 10%. Therefore, it is safe to conclude that people form their first impressions based mostly on _____, then on how you speak, and least of all on what you say.

〔근거 / 주장〕

① who you are   ② where you are from
③ how you look   ④ when you speak
⑤ what you do

☼ 지문구조

근거   심리학자들에 따르면, 외모는 첫인상의 55%를, 말투가 35%를, 실제 하는 말이 10%를 차지한다고 한다.
↓
주장   첫인상은 외모에 가장 큰 비중이 있고, 어떻게 말을 하는가, 무엇을 말하는지가 그 다음이다.

첫인상을 형성하는 데 외모가 가장 큰 비중(55%)을 차지한다는 것을 심리학자들의 말을 인용하여 뒷받침하고 있다.

첫인상의 구성 요소

physical appearance 55%, the way you sound 35%, the actual words you use 10%

→ based mostly on _____, then on how you speak, and on what you say.

내용이 위와 같이 대응된다는 것을 파악하면 정답이 ③이라는 것은 쉽게 알 수 있다.

🍎 지문해석

심리학자들에 따르면, 외모는 첫인상의 55%를 차지한다고 한다. 외모란 표정, 시선의 마주침, 그리고 일반적인 겉모습을 포함한다. 당신이 어떻게 말하느냐 하는 것은 첫인상의 35%를 차지한다. 이것은 당신이 얼마나 빠르게 혹은 느리게, 얼마나 크게 혹은 부드럽게 말하느냐, 그리고 목소리의 톤이 어떠한가를 포함한다. 당신이 실제로 하는 말은 오직 10%를 차지할 뿐이다. 그러므로 다음과 같이 결론을 내려도 무방하다. 사람들이 첫인상을 형성할 때는 대부분 당신이 어떻게 생겼는지에 근거하고, 그 다음으로 당신이 어떻게 말하는지, 그리고 당신이 무슨 말을 하는지에는 가장 적게 근거를 둔다.

① 당신이 누구인지　　② 당신이 어디 출신인지　　③ 당신이 어떻게 생겼는지　　④ 당신이 언제 말을 하는지

⑤ 당신이 무엇을 하는지

appearance 출현; 외모, 생김새 / make up 구성하다; 차지하다 / facial expression 표정 / count 중요하다 / conclude ~라고 결론을 내리다 / based on ~에 근거하여

Unit 03 통념과 진실

통념과 진실 구조는 사람들이 일반적으로 잘못 알고 있는 '통념'을 먼저 제시하고 '사실(진실)'은 이렇다고 이야기하는 방식으로, 필자의 주장을 더욱 효과적으로 부각시킬 수 있는 구조이다. 이 구조에서는 '역접의 연결어' 뒤를 주의 깊게 읽어야 한다.

    일반적으로 사람들이 잘못 알고 있는 사실, 즉 잘못된 통념을 소개한 후 이를 비판하고서 잘못된 통념을 바로잡는 유형의 글이다. 이 구조는 어떤 진술을 사람들에게 매우 효과적으로 각인시킬 수 있는 방법이다. 일반적으로 알고 있던 통념을 깨고 새로운 사실을 제시하는 것이 독자의 관심을 유발하고 신선한 충격을 던져주기 때문이다.

    다음은 잘못된 '통념과 진실' 구조를 만들기 위해 자주 사용하는 표현들이다.

잘못된 통념	역접 연결어	진실
• Some people say that ~ • Some people think/believe that ~ • A is often considered B. • Many people think of A as B. • A common belief is that ~ • It seems that ~ • It is surprising that so many people ~	However But	필자의 주장 (결론)

    글의 전반부에 잘못된 통념을 나타내는 표현이 나오면 뒤에 역접 연결어가 있을 것이다. 역접 연결어가 보이면 뒤쪽 내용을 주의 깊게 읽자. 역접 연결어 뒤쪽에 필자의 주장과 근거가 나온다.

분석기술 10 통념과 진실 구조에서는 역접 연결어 뒤쪽에 필자의 주장과 근거가 나온다.

다음 글에서 국가안보에 관하여 필자가 주장하는 바로 가장 적절한 것은?

The idea of achieving security through an arms race is a false · · · · · 통념
belief. It rose out of the fact that America first produced and used
an atomic bomb to win World War II. Some people still believe · · · · · 통념 재진술
that they can achieve security by showing force. But military · · · · · 근거
build-up is costly, and often leads to greater destruction. What is
the use of security if everything is destroyed? Therefore, instead · · · · · 주장
of seeking security through means of mass destruction, we should
achieve it through global understanding and cooperation before it
is too late.

*security: 안보

① 방공망을 구축하자.　　　　② 서로 이해하고 협력하자.
③ 첨단 장비를 도입하자.　　　　④ 대외에 군사력을 과시하자.
⑤ 과학 기술을 개발하자.

☼ 지문구조

통념　　　군비 확장 경쟁으로 안보를 이룩할 수 있다(는 생각은 잘못된 생각이다).
└ **재진술**　　아직도 힘을 과시함으로써 안보를 이룩할 수 있다고 믿는 사람들이 있다.
근거　　　군비 확장은 값비쌀뿐더러 더 큰 파멸을 초래한다.
↓
진실(주장)　군비 확장을 통해서가 아니라 상호 이해와 협력으로 안보를 이룩해야 한다.

⚒ 지문분석

필자는 군비 확장 경쟁으로 안보를 이룩할 수 있다는 통념이 잘못되었다는 것과 군비 확장이 아닌 상호 이해와 협력으로 안보를 이룩해야 한다는 것을 주장하고 있다. 그리고 그 근거로 군비 확장의 부정적 결과를 제시하고 있다.
a false belief, Some people still believe와 같은 표현을 보면 이 부분이 잘못된 통념이라는 것을 눈치챌 수 있다. 그리고 역접 연결어 But 뒤에서 필자의 주장과 근거가 제시되는데, Therefore, we should와 같은 표현을 통해 이 부분이 필자의 주장이라는 것을 알 수 있다. 따라서 선지에서 필자의 주장 부분과 같은 의미인 것은 ②이다.

🍎 지문해석

군비 확장 경쟁을 통해 안보를 이룩한다는 생각은 잘못된 믿음이다. 이 믿음은 미국이 2차 세계대전에서 이기기 위해 처음으로 원자폭탄을 만들어 사용했다는 사실에서부터 생겨났다. 어떤 사람들은 아직도 힘을 보여줌으로써 안보를 이룰 수 있다고 믿는다. 그러나 군비 증강은 비용이 많이 들며 종종 더 큰 파멸을 초래한다. 만약 모든 것이 파괴된 상태라면 더 이상 안보가 무슨 소용이 있는가? 그러므로 대량 파괴 수단을 통해 안보를 추구하는 것이 아니라, 너무 늦기 전에 국제적인 상호 이해와 협력을 통해 안보를 이룩해야 한다.

arms race 군비 확장 경쟁 (arms 무기; 무력) / atomic bomb 원자폭탄, 핵폭탄 / build-up 증대; 증강 / lead to ~을 초래하다 / What is the use of ~? ~가 무슨 소용인가? / means of ~의 수단 / cooperation 협력, 협동

Unit 04 문제점과 해결책

어떤 문제점을 언급한 뒤 그에 대한 해결책을 제시하는 구조로 문제점은 글의 '주제'가 되고, 해결책은 '필자의 주장'이 된다. 즉, 해결책이 글의 요지가 된다.

❶ 문제점은 주제, 해결책은 요지

어떤 문제점을 거론하고 그에 대한 원인을 다루는 것은 설명하는 글이다. 하지만 어떤 문제점을 거론한 뒤 그 문제점에 대한 대안이나 해결책을 제시하는 것은 주장하는 글이다. 문제점을 어떤 방식으로 해결하자는 필자의 주장이 들어있기 때문이다.

이 유형은 어떤 문제 현상과 그에 대한 해결책을 제시하는 유형으로, 문제 현상을 제시하는 부분에 글의 주제가 담겨 있고, 해결책 부분에 글의 요지, 즉 필자의 주장이 담겨 있다. 글을 읽다가 문제 현상이 언급된다면 그 다음 부분을 주의 깊게 읽자. 그 문제 현상에 대한 필자의 주장이 이어서 나올 가능성이 매우 높다.

'문제점과 해결책' 구조를 나타내는 표현은 다음과 같다.

문제점	해결책(=필자의 주장, 글의 요지)
There is a problem ~ There are difficulties ~	The answer/solution/method/way is ~ It can be useful ~

분석기술 1 1 글에 문제점이 언급되면 뒤에 해결책이 나올 것을 예상하며 읽는다. 해결책이 나오면 그 부분이 필자의 주장이다.

다음 글에서 필자의 주장으로 가장 적절한 것은?

ⓐ We all make mistakes, have to deal with challenging colleagues, and face situations we are trying to turn around. ⓑ At times it's so overwhelming that you have no understanding of the situation. ⓒ Small pains seem monumental, and important things get pushed aside as if they were insignificant. ⓓ It's not just that you can't see the forest for the trees; you're stuck down there, covered with leaves. ⓔ Here's what to do. ⓕ Rise above it. ⓖ Rise so far above it that you feel 10,000 feet off the ground. ⓗ Then you will have the insight you need to sort it all out. ⓘ You will see what really matters in life.

> 문제점

> 해결책(주장)

> 근거

① 큰일을 하려면 작은 일부터 시작하라.
② 넓은 시야를 가지고 인생을 보라.
③ 성공을 위해 한 우물을 파라.
④ 실수를 발전의 계기로 삼아라.
⑤ 동료와 협력하는 자세를 가져라.

☼ 지문구조

문제점	나뭇잎에 파묻혀 꼼짝할 수가 없다.
해결책(주장)	위로 높이 솟아올라라.
근거	그렇게 하면 모든 것을 해결하는데 필요한 통찰력이 생기고, 삶에서 무엇이 중요한지 알게 될 것이다.

⚒ 지문분석

ⓐ～ⓒ에 문제 상황이 계속 나열된다. ⓓ에서는 문제 상황을 비유를 통해 요약한다. ⓔ～ⓖ에는 '명령법'을 통해 필자가 해결책을 제시한다. ⓗ, ⓘ에서는 필자의 해결책을 통해 얻을 수 있는 혜택을 주장의 근거로 제시한다.
필자의 해결책(주장) 부분과 같은 의미인 것을 선지에서 고르면 ②이다.

🍎 지문해석

우리는 모두 실수를 하고, 도전적인 동료를 다뤄야 하며, 뒤돌아서고 싶은 상황에 직면한다. 때때로 이 모든 것은 너무 압도적이어서 당신은 상황을 이해할 수가 없다. 작은 고통들도 대단해 보이고, 중요한 것들이 중요하지 않은 것처럼 옆으로 밀쳐진다. 이것은 단지 나무를 보느라 숲을 보지 못하는 것이 아니다. 당신은 나뭇잎에 파묻혀 꼼짝할 수가 없다. 여기에 해야 할 일이 있다. 그 위로 솟아올라라. 매우 높이 솟아서 땅에서 10,000 피트 떨어져 있는 것처럼 느껴질 정도가 되어라. 그러면 당신은 모든 것을 해결하는 데 필요한 통찰력이 생길 것이다. 당신은 삶에서 무엇이 중요한지 알게 될 것이다.

challenging 도전적인, 도발적인 / **turn around** 뒤돌다, 방향을 바꾸다 / **at times** 때때로 / **overwhelming** 압도적인 / **monumental** 대단한, 대단히 큰 / **push aside** 옆으로 밀치다 / **insignificant** 중요하지 않은 / **be stuck** 꼼짝할 수 없는 / **insight** 통찰 / **sort out** 해결하다 / **matter** 중요하다

Unit 05 질문과 답변

정말 몰라서 묻는 것이 아니라 주의를 환기하기 위해 던지는 질문이 있다. 이러한 질문은 글의 주제를 암시한다. 그리고 이 질문에 대해 필자가 스스로 답을 하는 부분에 글의 요지가 담겨 있다. 또는 질문 자체가 주장을 담고 있는 수사의문문도 있다.

❶ 질문은 주의 환기, 답변은 요지

이 유형에서 필자는 독자에게 먼저 질문을 던진다. 그런데 이 질문은 그에 대한 답을 찾기 위해 하는 질문이 아니다. 이미 답을 마음속에 가지고 있지만 독자의 관심을 끌기 위해 짐짓 질문을 던지는 것이다. 따라서 질문을 던진 후엔 그에 대한 답변도 함께 제시한다.

여기서 질문 부분은 글의 주제를 내포한다. 이 글이 무엇에 관한 글인지 알 수 있게 해 주는 부분이다. 그리고 그에 대한 답변 부분은 그 중심 화제에 대한 필자의 견해, 즉 글의 요지(=필자의 주장)이다.

"낙태를 허용해야 할까? 그렇지 않다. 낙태는 명백한 살인 행위로, …… "

가령 위와 같은 글이 있다면, 윗글에서 '질문' 부분은 이 글이 낙태에 관한 글이라는 것을 암시한다. 이 질문에 대해 스스로 '답변'해 나가는 과정에서 낙태에 대한 필자의 견해가 드러난다. 여기서 필자는 낙태를 허용하지 않아야 한다고 주장하며 이어서 그 주장에 대한 근거를 드는 것이다.

분석기술 1 2 : 필자가 질문을 던지고 스스로 답변을 해 나간다면, 그 답변 부분이 글의 요지이다.

❷ 주장을 담고 있는 질문

그런데 여기서 한 가지 유의해야 할 질문 형태가 있다. 질문 중에는 형태는 질문의 형태를 띠고 있지만 사실은 하나의 진술인 경우가 있다. 이런 것을 '수사의문문(Rhetorical question)'이라고 하는데, 수사의문문은 답변을 얻기 위한 것이 아니라 의문문의 형식을 빌어 자신의 주장을 강조하는 표현 방식이다.

"낙태를 허용해야 한다고? 살인을 해서는 안 되잖아? 그런데 낙태는 명백한 살인 행위가 아니니?"

　가령 위와 같은 질문은 질문의 형태를 띠고 있긴 하지만 대답을 요구하는 것이 아니라 사실은 아래와 같은 주장을 하고 있는 것이다.

"살인을 해서는 안 되는데 낙태는 명백한 살인 행위이다. 따라서 낙태를 허용해서는 안 된다."

분석기술 1 3 질문 형태이지만 사실은 주장을 담고 있는 수사의문문에 주의하라!

예제

다음 글의 요지로 가장 적절한 것은?

　We have all experienced events that might be considered extraordinary. Perhaps you were cleaning out a closet and found a gift from someone you hadn't spoken with in years; then an hour later, unexpectedly that person rings you on the phone. Can such moments be attributed to mere coincidence? Of course they can, but on closer examination they can also prove to be glimpses of the miraculous. Each time we have an experience like this, we can choose to think nothing of it, or we can recognize it for the potentially life-changing event it may prove to be. I have been fascinated by the role that coincidence plays in guiding and shaping our lives.

（도입 / 질문 / 답변(주장) / 근거）

① 미래 지향적인 자세를 갖는 것이 중요하다.
② 사소한 일에도 호기심을 가질 필요가 있다.
③ 굳은 의지가 있다면 어떤 일이든 할 수 있다.
④ 우연처럼 보이는 일에도 중요한 의미가 있다.
⑤ 계획한 대로 되지 않아도 실망할 필요가 없다.

☼ 지문구조

질문	이런 순간들이 단지 우연 때문일까?
답변(주장)	물론 그럴 수 있다. 하지만 더 면밀히 조사해 보면 그런 순간들은 또한 기적적인 것을 얼핏 보게 된 것이라고 판명될 수 있다.
근거	우연이 우리 삶을 이끌고 형성한다.

▥ 지문분석

필자는 질문을 던진 후 스스로 그에 대해 답변을 하며 자신의 주장을 펼치고 있다. 도입부에 예를 든 such moments가 단지 우연일 수도 있겠지만, 단순히 우연이 아니라 기적적이고 놀라운 것일 수도 있다는 것이 필자의 주장이다. 이에 대한 근거로 필자는 자신의 삶에서 우연이 놀라운 역할을 해왔다는 것을 제시한다. 답변 부분과 같은 의미인 것을 선지에서 고르면 ④가 된다.

🍎 지문해석

우리는 모두 비범하다고 간주될 수 있는 사건들을 경험해 왔다. 아마도 당신이 벽장을 청소하다가 몇 년간 대화하지 않은 누군가로부터 받았던 선물을 발견했는데, 한 시간 후 뜻밖에도 그 사람이 당신에게 전화를 걸어오는 것과 같은 경험이 있을 것이다. 이런 순간들이 단지 우연 때문일까? 물론 그럴 수 있다. 하지만 더 면밀히 조사해 보면 그런 순간들은 또한 기적적인 것을 얼핏 보게 된 것이라고 판명될 수 있다. 매번 우리가 이런 경험을 할 때마다, 우리는 그것에 대해 전혀 생각하지 않을 수도 있고, 그것을 잠재적으로 삶을 변화시킬 (나중에 그렇게 판명될지 모르는) 사건으로 인식할 수도 있다. 나는 우리의 삶을 이끌고 형성하는데 우연이 하는 역할에 매료되었다.

extraordinary 특별한, 비범한 / closet 벽장 / unexpectedly 뜻밖에 / ring 전화를 걸다 / be attributed to ~ 때문이다 / on examination 조사[검사]해 보니, 조사해 보면 / prove to -V ~로 판명되다, ~임이 입증되다 / glimpse 흘끗 봄, 희미한 감지 / miraculous 기적적인, 놀랄 만한 / fascinated 매료된

예제

다음 글의 요지로 가장 적절한 것은?

ⓐ In many countries around the world, narrow-mindedness, religious impatience, greed, and fear have turned into crises that have taken the lives of millions. ⓑ Many struggles such as rich versus poor are fought under the deeply held beliefs. ⓒ But given the destructive results, do these beliefs make sense? ⓓ How often, in fact, do we stop to think about what we believe? ⓔ One of the major problems we face both as individuals and as a society is simplistic thinking — or the failure to think at all. ⓕ It isn't just a problem; perhaps, it is the problem.

근거

주장

① 종교적 신념은 국경을 초월한다.
② 국제 분쟁이 해소되고 있다.
③ 다양한 관점에서 사고할 필요가 있다.
④ 빈부의 차이는 사회적 갈등을 유발한다.
⑤ 개인과 사회는 불가분의 관계에 있다.

☼ 지문구조

근거 　이러한 믿음이 수백만의 목숨을 앗아간 위기를 낳았다.

주장 　ⓒ 이러한 믿음이 의미가 있는가? (=이러한 믿음은 의미가 없다.)

　　　　　‖

　　　ⓓ 사실상 얼마나 자주 우리는 우리가 믿는 것에 대해 생각해 보기 위해 잠시 멈추는가?

　　　　(=우리는 우리가 믿는 것에 대해 생각해보지 않는데, 이것은 주요한 문제이다.)

　　　　　‖

　　　ⓔ 이러한 믿음(단순한 사고, 아니면 전혀 타인을 생각하지 않는 것)은 주요한 문제이다.

⑁ 지문분석

독해를 잘하기 위해서는 단어나 문장을 각각 독립적으로 해석하는 것이 아니라, 글의 전체 맥락 속에서 그 의미를 파악해야 한다. ⓐ에서 '편협한 마음, 종교적 불관용, 탐욕, 두려움(=narrow-mindedness, religious impatience, greed, and fear)'은, 타인을 존중하지 않고 자신이 생각하는 것만이 옳다고 믿는 편협한 믿음을 말한다. 이것이 ⓑ, ⓒ, ⓓ에서는 각각 the deeply held beliefs, these beliefs, what we believe로 표현되었다. 또한 ⓔ에서는 이를 다시 풀어 써서, '단순한 사고, 아니면 (타인을) 전혀 생각하지 않는 것(=simplistic thinking — or the failure to think at all)'으로 표현되고 있다.

이것이 모두 같은 의미라는 것을 파악하지 못한다면 각각의 문장들이 서로 다른 소리를 하는 것처럼 느껴지며 전체적인 내용 파악이 힘들어진다. 　독해원리 03 참조

필자는 이러한 편협한 믿음이 수백만의 목숨을 앗아갔다는 것을 근거로 하여 편협한 믿음은 우리 사회의 주요한 문제라고 주장하고 있다. ⓒ와 ⓓ는 의문문의 형태를 띠고 있지만, 사실은 ⓔ와 같은 의미의 주장을 담고 있는 수사의문문이다. 한편 윗글은 문제점만 언급하고 끝난 글인데, '문제점-해결책' 유형에서 설명했듯 요지는 해결책 부분에서 나온다. 윗글은 편협한 사고가 문제라는 내용이므로, 여기에 내포된 해결책은 '다양한 관점에서 사고할 필요가 있다'가 된다.

● 지문해석

세상의 많은 나라들에서, 편협한 마음, 종교적 불관용, 탐욕, 그리고 두려움이 수백만의 목숨을 앗아간 위기로 변해 왔다. 부자와 가난한 자 사이의 대립과 같은 많은 갈등이 이러한 깊은 믿음 때문에 일어났다. 그러나 그 파괴적인 결과를 고려하면, 이러한 믿음이 의미가 있는가? 사실상 얼마나 자주 우리는 우리가 믿는 것에 대해 생각해 보기 위해 잠시 멈추는가? 우리가 개인으로서, 그리고 사회로서 마주하는 주요한 문제들 중 하나는 단순한 사고이다. 아니면 전혀 생각하지 않는 것이다. 이것은 그냥 문제가 아니고, 바로 핵심 문제이다.

narrow-mindedness 편협함 / **religious impatience** 종교적 불관용(상대방의 종교를 인정하지 않는 것) / **greed** 탐욕 / **turn into** ~가 되다 / **take a life** 목숨을 앗아가다 / **struggle** 싸움, 갈등 / **given** ~를 고려하면 / **simplistic** 지나치게 단순한 / **failure** 실패, 불이행

Unit 06 일화를 통한 주장

주장을 직접적으로 표현하기보다 이야기를 통해 간접적으로 전달하는 것이 효과적일 때가 있다. 단순히 흥미를 위한 이야기가 아니라 이야기를 통해 교훈을 전달하는 경우가 있는데, 이때 이 교훈이 바로 필자가 주장하고자 하는 내용이다.

　때로는 주장을 직접적으로 표현하는 것보다 간접적으로 암시하는 것이 더 효과적일 때가 있다. 그래서 필자는 자신의 경험담이나 보고 들은 이야기, 가상의 이야기, 혹은 우화를 통해 간접적으로 주장을 펼치기도 한다.

*우화 : 인격화한 동식물이나 기타 사물을 주인공으로 하여 풍자나 교훈의 뜻을 나타내는 이야기

　필자에 따라 일화를 제시한 뒤에, 혹은 일화를 제시하기 전에 직접 주장을 언급해 주는 경우도 있다. 그런데 어떤 경우는 주장을 명시적으로 나타내지 않고 일화만을 제시하는 경우도 있다. 이때는 그 일화에 어떤 교훈이 들어 있는지, 즉 필자가 이 일화를 통해 하고 싶은 말이 무엇인지 유추하여 파악해 낼 수 있어야 한다.

> **분석기술 1 4** 필자는 자신의 경험담이나 보고 들은 이야기, 가상의 이야기, 혹은 우화를 통해 주장을 펼치기도 한다. 만약 요지나 주장 문제에서 일화만 제시된다면, 그 일화가 주는 교훈이 곧 필자의 주장이다.

예제

다음 글의 빈칸에 들어갈 말로 가장 적절한 것은?

　A long time ago, a dissatisfied horse asked the gods for longer, thinner legs, a neck like a swan, and a saddle that would grow upon him. Right away, the merciful gods changed him into a creature having all the new features. But although they had looked attractive separately, the entire assembly shocked him, for he found that he had been changed into an ugly camel. "There now," said the gods, "all your wishes are granted, and you will now live as you've wished all your life."
　Remember! Not all change is good. You should ＿＿＿＿＿＿＿＿＿＿ ＿＿＿＿＿＿＿＿＿＿.

> 일화 (우화)
> 교훈 (주장)

*saddle: 안장

① admire the beauty of a swan
② be satisfied with what you have
③ make all your wishes at one time
④ behave as mercifully as the gods
⑤ help the camel's dream come true

☀ 지문구조
일화(우화)   좋은 쪽으로 변화하려 했다가 오히려 나쁜 쪽으로 변화하는 내용
교훈(주장)   변화가 항상 좋은 것은 아니다. 당신은 _____ 할 필요가 있다.

⑅ 지문분석
이 글은 일화와 함께 주장을 명시하는 유형이다. 필자는 하나의 우화를 말해 주고 마지막에 이 우화로부터 얻을 수 있는 교훈, 즉 필자의 주장을 다시 한 번 쓰고 있다. 그리고 이 글로 문제를 출제한 사람은 이 부분에 빈칸을 제시해 놓고 일화로부터 교훈을 추론하기를 요구하는 것이다.
우화의 내용은 어떤 말이 더 멋있어지려고 신에게 부탁했으나 결국 더 못생긴 동물이 되었다는 것으로, 이 내용을 일반화하면 좋은 쪽으로 변하려 하다가 더 나빠졌다는 것이다. 여기에서 얻을 수 있는 교훈으로는 괜히 욕심을 내지 말고 '② 당신이 가진 것에 만족하라'는 것이 된다.

🍎 지문해석
오래 전 불만족스러운 말이 신들에게 더 길고 가는 다리와 백조 같은 목, 그리고 몸에서 자라나는 안장을 요구했다. 자비로운 신들은 즉시 그 말을 새로운 모든 특징을 가진 생물로 바꾸어 주었다. 그러나 그 특징들 각각은 멋지게 보였지만 전체적인 조합은 그 말에게 충격을 주었다. 왜냐하면 그 말은 자신이 못생긴 낙타로 변했다는 것을 알았기 때문이다. "보아라, 네 소망이 전부 이루어졌다. 그리고 이제 너는 네 평생 바랐던 대로 살게 될 것이다."라고 신이 말했다. 기억하라! 모든 변화가 다 좋은 것은 아니다. 당신은 당신이 가진 것에 만족해야 한다.
① 백조의 아름다움에 감탄하라
② 당신이 가진 것에 만족하라
③ 당신의 소원을 한 번에 빌어라
④ 신들처럼 너그럽게 행동하라
⑤ 그 낙타의 꿈이 이루어지도록 도와라

dissatisfied 불만족스러운 / ask (A) for B (A에게) B를 요구하다 / swan 백조 / saddle 안장 / creature 생물 / feature 생김새; 특징; (신문, 잡지 등의) 특집 / separately 따로따로, 단독으로 / assembly 집회; 회의; 조립, 조립품 / for (접속사) 왜냐하면 / camel 낙타 / grant 주다, 수여하다; 승인하다, 허가하다 / (in) all one's life 평생 동안

글을 분석하는 두 가지 원리

설명과 주장이 항상 쉽게 구분이 되는 것은 아니다. 시기에 따라 혹은 상황에 따라 똑같은 진술이 설명이 될 수도 있고 주장이 될 수도 있기 때문이다.

먼 옛날 고대 그리스의 철학자 엠페도클레스는 모든 물질은 '물, 불, 공기, 흙'의 네 가지 원소로 구성되어 있다고 주장했다. 플라톤과 그의 제자 아리스토텔레스마저도 이를 지지했기 때문에 당시 사람들은 이것이 진리라고 굳게 믿고 있었다. 그런데 후에 다른 철학자 데모크리토스가 물질을 계속 쪼개다 보면 더 이상 쪼개지지 않는 아주 작은 입자, 즉 원자가 된다는 원자설을 주장했다. 하지만 그의 주장은 플라톤과 아리스토텔레스의 명성에 밀려 인정을 받지 못했고, 약 2,000여 년간 '4원소설'이 정론으로 받아들여졌다. 그러나 1803년에 돌턴의 원자설이 등장하며 비로소 만물의 근원은 '물, 불, 공기, 흙'이 아니라 바로 '원자'라는 것이 받아들여지게 된다.

2,000년 전에 데모크리토스가 '모든 만물은 원자로 구성되어 있다.'라고 한 것은 하나의 주장이었다. 하지만 오늘날 이 진술은 더 이상 주장이 아니다. 이제 이 진술은 누구나 알고 있는 사실이므로 논쟁거리도 되지 않고 남을 설득할 필요도 없기 때문이다. 그러나 '모든 만물은 원자로 구성되어 있다.'라는 일반적 진술 아래에 '예를 들어 물 분자는 두 개의 수소 원자와 한 개의 산소 원자로 이루어져 있다.'와 같은 진술을 구체적 진술로 제시할 수 있다. 이런 글은 상대방을 설득하는 '주장하는 글'이 아니라 지식을 전달하는 '설명하는 글'이다.

이처럼 때로는 설명하는 글과 주장하는 글을 구분하는 것이 쉽지 않은 경우도 있다. 그럼에도 불구하고 설명하는 글과 주장하는 글을 따로 구분한 이유는, 주장하는 글에서는 항상 구체적 진술이 일반적 진술을 뒷받침하는 것이 아니기 때문이다. 다음과 같은 주장에서는 일반적 진술이 근거가 되어 구체적 진술을 뒷받침한다.

근거 : 철수는 그동안 모의고사에서 항상 영어영역 100점을 받았다. (일반적 진술)

(뒷받침)

주장 : 따라서 철수는 수능에서도 영어영역 100점을 받을 것이다. (구체적 진술)

즉 상대방을 설득하기 위한 글은 '주장하는 글'로 분류하여 '주장−근거'의 원리에 따라 근거가 주장을 뒷받침하는 구조로 지문을 분석해야 한다. 반면 어떤 논쟁거리가 없는, 정보 전달을 목적으로 하는 글은 '설명하는 글'로 분류하여 '일반적 진술−구체적 진술'의 원리에 따라 구체적 진술이 일반적 진술을 뒷받침하는 구조로 지문을 분석해야 한다.

설명하는 글	주장하는 글
구체적 진술 ⟹ 일반적 진술 뒷받침	근거 ⟹ 주장 뒷받침

설명과 주장의 구분이 항상 쉬운 것은 아니지만, 이처럼 글에 필자의 주장이 없을 때에는 '일반적 진술−구체적 진술'의 큰 틀로 글의 구조를 파악하고, 필자의 주장이 있을 때에는 어떤 것이 주장을 뒷받침하는지 찾아내어 '주장−근거'의 큰 틀로 글의 구조를 파악하면 그냥 막연하게 지문을 읽는 것에 비해 지문의 이해도를 비약적으로 향상시킬 수가 있다. 그리고 지문을 제대로 이해할 수 있다면 어떤 유형의 문제가 출제되더라도 정답을 쉽고 빠르게 찾아낼 수 있다. 그래서 본격적인 유형별 문제풀이 방법을 공부하기 전에 지문을 정확하게 독해하는 방법을 먼저 공부하는 것이다. 지문을 제대로 독해하는 능력을 기본기로 갖추고 나면 독해 문제풀이가 얼마나 수월해지는지 직접 느끼게 될 것이다.

Part 2
문제풀이의 기술
Problem Solving Skills

주제 찾기

Unit 01 　주제 / 제목

문제 유형
- 다음 글의 주제로 가장 적절한 것은?
- 다음 글의 제목으로 가장 적절한 것은?

❶ 주제

　주제 찾기에 대해선 [PART 1. Chapter 01]에서 다룬 적이 있다. 여기에서는 문제풀이에 직접 적용할 수 있는 보다 실전적인 기술을 배워 보자.

　글은 일반적 진술과 구체적 진술로 구성되는데,

> **풀이기술 01** 주제는 일반적 진술(= 주제문)에서 찾는다. 구체적 진술(= 뒷받침 문장)에 해당하는 것을 주제로 골라선 안 된다.

❶ 예시는 무조건 구체적 진술이다. 글에 예시가 등장한다면 예시에 관한 내용은 주제가 될 수 없다.

❷ 글에서 A와 B를 함께 다루고 있다면, A에만 관련된 내용 혹은 B에만 관련된 내용은 주제가 될 수 없다.

❸ 글에 'and', 'also', 'in addition', 'besides'와 같은 표현이 나오면 이것은 필자가 둘 이상을 열거하고 있다는 신호이다. 열거되는 내용은 무조건 구체적 진술이므로 열거되는 내용 일부에만 관련된 것은 주제가 될 수 없다.

> **풀이기술 02** 너무 포괄적/일반적인 개념을 주제로 고르면 안 된다.

　주제 이외에 다른 것까지 포괄할 수 있는 개념은 주제가 될 수 없다. 가령 글은 '시'에 대한 내용인데 '문학'을 답으로 고르면 안 된다.

> **풀이기술 03** 글이 구체적 진술로만 구성되어 있는 경우, 주제는 구체적 진술들을 전부 포괄할 수 있는 것을 고른다.

　주제문 없이 구체적인 진술로만 이루어진 글이 있다. 하지만 주제문이 없다고 해서 주제가 없는 것은 아니다. 주제문이 없다면 구체적인 진술들을 종합하여 주제를 찾아내야 한다.

> **풀이기술 04** 글이 주장과 근거로 구성되어 있는 경우, 주제는 주장에서 찾는다.

글이 주장과 근거로 구성되어 있는 경우, 근거는 주장을 뒷받침할 뿐 글의 내용을 대표하지 않으므로 주제는 주장에서 찾는다.

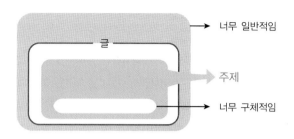

너무 일반적임

주제

너무 구체적임

❷ 제목

풀이기술
0 5
제목은 비유적, 상징적 표현이 사용될 수 있다.

제목 문제는 주제 문제와 거의 유사하다. 기본적으로는 먼저 글의 주제를 찾은 뒤 이와 같은 의미인 것을 선지에서 고르면 된다. 하지만 글의 주제를 그대로 제목으로 정하는 경우도 있지만, 사람들의 관심과 흥미를 끌기 위해 제목을 비유적, 상징적으로 표현하는 경우도 있다. 따라서 제목 문제의 선지들은 문자 그대로 해석하기 보다는 지문의 내용과 관련하여 이해해야 한다.

풀이기술
0 6
제목은 의문문 형태일 수 있다.

주제 문제의 선지들은 항상 명사구 형태로 제시되지만, 제목 문제의 선지 형태에는 제한이 없다. 제목은 명사구 외에도 평서문이나 명령문, 심지어 의문문으로 제시되기도 한다. 선지가 의문문인 경우, 그 질문의 답이 곧 글의 제목이라고 생각하고 풀어야 한다.

선지가 수사의문문인 경우도 있다. 수사의문문은 답변을 요구하는 질문이 아니라, 질문 자체에 반대 의미의 진술을 내포한 것을 말한다. 가령, "Isn't it beautiful? (아름답지 않은가?)"이라는 질문은 "It is beautiful. (아름답다)"이라는 진술을, "Who knows? (누가 알겠어?)"라는 질문은 곧 "Nobody knows. (아무도 모른다)"를 내포한다. 선지가 수사의문문인 경우 그 질문 안에 내포된 진술을 기준으로 판단해야 한다.

정답률 73%

다음 글의 주제로 가장 적절한 것은?

　Environmental learning occurs when farmers base decisions on observations of "payoff" information. They may observe their own or neighbors' farms, but it is the empirical results they are using as a guide, not the neighbors themselves. They are looking at farming activities as experiments and assessing such factors as relative advantage, compatibility with existing resources, difficulty of use, and "trialability" — how well can it be experimented with. / But that criterion of "trialability" turns out to be a real problem; it's true that farmers are always experimenting, but working farms are very flawed laboratories. / Farmers cannot set up the controlled conditions of professional test plots in research facilities. Farmers also often confront complex and difficult-to-observe phenomena that would be hard to manage even if they could run controlled experiments. Moreover farmers can rarely acquire payoff information on more than a few of the production methods they might use, which makes the criterion of "relative advantage" hard to measure.

도입

요지

열거

*empirical: 경험적인 **compatibility: 양립성 ***criterion: 기준

① limitations of using empirical observations in farming
② challenges in modernizing traditional farming equipment
③ necessity of prioritizing trialability in agricultural innovation
④ importance of making instinctive decisions in agriculture
⑤ ways to control unpredictable agricultural phenomena

독해기술

수능 주제 문제의 지문은 완전하게 이해되지 않는 글이 많다. 애초에 지문의 완전한 이해를 요구하는 것이 아니다. 주제만 파악하면 된다. 첫 문장에서부터 Environmantal learning이나 "payoff" information같은 생소한 개념을 제시하는데, 맥락 없이 갑자기 이런 개념이 무엇인지 이해하는 것은 쉽지 않다.

이 문제는 글 중간의 역접 연결어 But을 통해 문제점(a real problem)을 제시했고, 후반부에선 연결어 also, moreover를 통해 문제점을 열거하고 있다는 것을 파악하면 된다. **분석기술 04** 그 후에 선지를 보면, 문제점을 말하고 있는 선지는 ①의 limitations와 ②의 challenges뿐이다. 이제 이 글이 using empirical observations in farming에 관한 글인지 modernizing traditional farming equipment에 관한 글인지만 파악하면 된다. 처음 두 문장에서 이웃 농장을 관찰(observe)한다고 했고, 그로부터 얻은 경험적 결과(empirical results)를 지침으로 사용한다고 했다. 이런 내용에 알맞은 제목은 ①의 '농업에서 경험적 관찰을 사용하는 것'이다. 한편, 이 글의 어디에도 농업 장비를 현대화한다는 내용은 없다.

참고로 이 글은 '문제점과 해결책' 유형의 변형으로, '문제점'만 언급하고 끝나는 글이다.

구문분석

- They may observe their own or neighbors' farms, but it is the empirical results (that) they are using as a guide, not the neighbors themselves.
  → it ~ that 강조용법에서 간혹 that이 생략되는 경우가 있다. 이 문장에서 results 뒤에 생략된 that은 관계대명사가 아니라 강조용법의 that이다. 즉, '그것은 그들이 지침으로 사용하고 있는 경험적 결과이다'로 해석하는 것이 아니라, '그들이 지침으로 사용하고 있는 것은 바로 경험적 결과이다'라고 해석해야 한다.

지문해석

환경 학습은 농부들이 "이익" 정보의 관찰에 기초하여 결정할 때 발생한다. 그들은 자신이나 이웃의 농장을 관찰할 수도 있지만, 그들이 지침으로 사용하고 있는 것은 바로 경험적 결과이지 이웃 그 자체가 아니다. 그들은 농업 활동을 실험으로 보고 상대적 이점, 기존 자원과의 양립성, 사용의 어려움, 그리고 "시험 가능성", 즉 그것이 얼마나 잘 실험될 수 있는지와 같은 요소들을 평가하고 있다. 하지만 "시험 가능성"의 기준은 진짜 문제로 밝혀지는데, 농부들이 항상 실험을 하는 것은 사실이지만, 연구하는 농장은 매우 결함이 있는 실험실이다. 농부들은 전문적인 시험용 땅의 통제된 조건을 연구 시설에 설정할 수 없다. 농부들은 또한 통제된 실험을 할 수 있다고 해도 관리하기 어려울 복잡하고 관찰하기 어려운 현상에 직면하는 경우가 많다. 게다가 농부들은 그들이 사용할 수 있는 생산 방법 중 몇 가지 이상에 대한 이익 정보를 거의 얻을 수 없고, 이것은 "상대적 이점"의 기준을 측정하기 어렵게 만든다.

① 농업에서 경험적 관찰을 사용하는 것의 한계
② 전통적인 농업 장비를 현대화하는 것에 대한 난제
③ 농업 혁신에서 시험 가능성을 우선시해야 할 필요성
④ 농업에서 본능적인 결정을 내리는 것의 중요성
⑤ 예측할 수 없는 농업 현상을 통제하는 방법

observaiton 관찰 / **payoff** 이익, 보상 / **guide** 지침 / **assess** 평가하다 / **existing** 기존의 / **trialability** 시험 가능성 / **flawed** 결함 있는 / **facility** 시설 / **test plot** 시험용 땅[터, 대지] / **confront** ~에 직면하다 / **rarely** 거의 ~않는 / **measure** 측정하다

다음 글의 제목으로 가장 적절한 것은?

Different parts of the brain's visual system get information on a need-to-know basis. / Cells that help your hand muscles reach out to an object need to know the size and location of the object, but they don't need to know about color. They need to know a little about shape, but not in great detail. / Cells that help you recognize people's faces need to be extremely sensitive to details of shape, but they can pay less attention to location. / It is natural to assume that anyone who sees an object sees everything about it — the shape, color, location, and movement. / However, one part of your brain sees its shape, another sees color, another detects location, and another perceives movement. / Consequently, after localized brain damage, it is possible to see certain aspects of an object and not others. Centuries ago, people found it difficult to imagine how someone could see an object without seeing what color it is. Even today, you might find it surprising to learn about people who see an object without seeing where it is, or see it without seeing whether it is moving.

① Visual Systems Never Betray Our Trust!
② Secret Missions of Color-Sensitive Brain Cells
③ Blind Spots: What Is Still Unknown About the Brain
④ Why Brain Cells Exemplify Nature's Recovery Process
⑤ Separate and Independent: Brain Cells' Visual Perceptions

첫 문장에서 시각 체계의 각 부분들이 정보를 얻는 것은 need-to-know basis라고 했다. 이 말이 무슨 말인지 뒤에 예시 2개를 통해 알려주고 있다. 즉, 세포에 따라 특정한 정보만 알 필요가 있다는 것이다. 그 뒤에 통념과 진실 구조를 통해 다시 한 번 같은 내용이 반복된다. 물체의 모든 것을 다 본다고 생각하는 것은 통념이고, 진실은 뇌의 부분(part)에 따라 보는 것이 다르다는 것이다. 분석기술 1 10 이런 내용을 담고 있는 선지는 뇌세포의 시각 인지가 분리되어 있고 독립적이라는 내용의 '⑤ Separate and Independent: Brain Cells' Visual Perceptions'이다.

오답피하기

① (4%) : visual system은 글의 중심 소재이지만 신뢰를 배신한다는 내용은 글에 전혀 없다.

② (8%) : 이 글에 제시된 예시에선 뇌세포가 색깔을 인지하는 경우도 있고 모양을 인지하는 경우도 있다. 따라서 Color-Sensitive는 글의 주제나 제목으로 사용할 수 없는 표현이고, secret missions에 대한 내용도 글에 없다.

③ (5%) : What Is Still Unknown About the Brain 부분만 보면 이 글의 통념과 진실 구조를 나타내는 것처럼 보일 수 있다. 하지만 이 글은 '맹점(blind spots)'에 관한 글이 아니다.

④ (3%) : 이 글은 회복(Recovery)과는 무관하다. 참고로 'A exemplify B'는 'A는 B의 예시가 된다'라는 뜻이다.

구문분석

• Even today, you might find it surprising to learn about people [who see an object without seeing where it is], or [see it without seeing whether it is moving].
→ [   ]와 [   ]가 병렬로 연결된 구조이다.

지문해석

뇌의 시각 시스템의 각기 다른 부분들은 알 필요가 있는 것만 알게 되는 방식으로 정보를 얻는다. 여러분의 손 근육이 물체에 닿을 수 있도록 돕는 세포들은 물체의 크기와 위치를 알아야 하지만, 색깔에 대해 알 필요가 없다. 그들은 모양에 대해 조금은 알아야 하지만, 자세히는 몰라도 된다. 사람의 얼굴을 인식하는 데 도움이 되는 세포는 모양의 세부 사항에 극도로 민감해야 하지만 위치에는 덜 신경을 쓸 수 있다. 물체를 보는 사람이 모양, 색깔, 위치, 움직임 등 물체에 대한 모든 것을 본다고 가정하는 것은 당연하다. 하지만, 여러분의 뇌의 한 부분은 모양을 보고, 다른 한 부분은 색깔을 보고, 다른 한 부분은 위치를 감지하고, 다른 한 부분은 움직임을 인식한다. 그 결과, 국소적인 뇌 손상 후 물체의 특정한 측면을 볼 수 있고 다른 측면을 볼 수 없게 되는 것이 가능하다. 수 세기 전에 사람들은 어떻게 물체의 색을 보지 않으면서 물체를 볼 수 있는지 상상하기 어려웠다. 심지어 오늘날에도, 여러분은 물체가 어디에 있는지 보지 않고 그것을 보는, 또는 그것이 움직이고 있는지를 보지 않고 그것을 보는 사람들에 대해 알게 되면 놀라울 것이다.

① 시각 체계는 결코 우리의 신뢰를 저버리지 않는다!
② 색에 민감한 뇌세포의 비밀 임무
③ 맹점: 뇌에 대해 아직 알려지지 않은 것
④ 뇌세포가 자연의 회복 과정의 예시가 되는 이유
⑤ 분리되고 독립적인: 뇌세포의 시각적 인식

visual 시각의 / on a need-to-know basis 알 필요가 있는 것만 알게 되는 방식으로 / extremely 극도로 / sensitive 예민한 / assume 추정하다, 가정하다 / detect 감지하다 / localized 국부적인 / aspect 측면 / blind spot 맹점 / exemplify ∼의 예시가 되다

01 다음 글의 주제로 가장 적절한 것은?

   The precision of the lines on the map, the consistency with which symbols are used, the grid and/or projection system, the apparent certainty with which place names are written and placed, and the legend and scale information all give the map an aura of scientific accuracy and objectivity. Although subjective interpretation goes into the construction of these cartographic elements, the finished map appears to express an authoritative truth about the world, separate from any interests and influences. The very trust that this apparent objectivity inspires is what makes maps such powerful carriers of ideology. However unnoticeably, maps do indeed reflect the world views of either their makers or, more probably, the supporters of their makers, in addition to the political and social conditions under which they were made. Some of the simple ideological messages that maps can convey include: This land is and has long been ours; here is the center of the universe; if we do not claim this land, the enemies you most fear will.

*aura: 기운, 분위기 **cartographic: 지도 제작(법)의

① the authority derived from trustworthy maps
② political and social conflicts caused by maps
③ ideologies lying beneath the objectivity of maps
④ the conditions essential to making a map accurate
⑤ subjectivity defining the creativity of map-making

02 **다음 글의 주제로 가장 적절한 것은?**

An important advantage of disclosure, as opposed to more aggressive forms of regulation, is its flexibility and respect for the operation of free markets. Regulatory mandates are blunt swords; they tend to neglect diversity and may have serious unintended adverse effects. For example, energy efficiency requirements for appliances may produce goods that work less well or that have characteristics that consumers do not want. Information provision, by contrast, respects freedom of choice. If automobile manufacturers are required to measure and publicize the safety characteristics of cars, potential car purchasers can trade safety concerns against other attributes, such as price and styling. If restaurant customers are informed of the calories in their meals, those who want to lose weight can make use of the information, leaving those who are unconcerned about calories unaffected. Disclosure does not interfere with, and should even promote, the autonomy (and quality) of individual decision-making.

*mandate: 명령 **adverse: 거스르는 ***autonomy: 자율성

① steps to make public information accessible to customers
② benefits of publicizing information to ensure free choices
③ strategies for companies to increase profits in a free market
④ necessities of identifying and analyzing current industry trends
⑤ effects of diversified markets on reasonable customer choices

다음 글의 주제로 가장 적절한 것은?

   Considerable work by cultural psychologists and anthropologists has shown that there are indeed large and sometimes surprising differences in the words and concepts that different cultures have for describing emotions, as well as in the social circumstances that draw out the expression of particular emotions. However, those data do not actually show that different cultures have different emotions, if we think of emotions as central, neurally implemented states. As for, say, color vision, they just say that, despite the same internal processing architecture, how we interpret, categorize, and name emotions varies according to culture and that we learn in a particular culture the social context in which it is appropriate to express emotions. However, the emotional states themselves are likely to be quite invariant across cultures. In a sense, we can think of a basic, culturally universal emotion set that is shaped by evolution and implemented in the brain, but the links between such emotional states and stimuli, behavior, and other cognitive states are plastic and can be modified by learning in a specific cultural context.

*anthropologist: 인류학자 **stimuli: 자극 ***cognitive: 인지적인

① essential links between emotions and behaviors
② culturally constructed representation of emotions
③ falsely described emotions through global languages
④ universally defined emotions across academic disciplines
⑤ wider influence of cognition on learning cultural contexts

04 다음 글의 제목으로 가장 적절한 것은?

The names of pitches are associated with particular frequency values. Our current system is called A440 because the note we call 'A' that is in the middle of the piano keyboard has been fixed to have a frequency of 440 Hz. This is entirely arbitrary. We could fix 'A' at any frequency, such as 439 or 424; different standards were used in the time of Mozart than today. Some people claim that the precise frequencies affect the overall sound of a musical piece and the sound of instruments. Led Zeppelin, a band popular in the 70s, often tuned their instruments away from the modern A440 standard to give their music an uncommon sound, and perhaps to link it with the European children's folk songs that inspired many of their compositions. Many purists insist on hearing baroque music on period instruments, both because the instruments have a different sound and because they are designed to play the music in its original tuning standard, something that purists deem important.

① Should 'A' Always Be Tuned at 440 Hz?
② Arbitrary Tuning: A New Trend in Music
③ How to Correctly Measure Frequency Values
④ How Do Musicians Detect Pitch Differences?
⑤ Unstable Pitches: A Common Thread in Music

다음 글의 제목으로 가장 적절한 것은?

When we remark with surprise that someone "looks young" for his or her chronological age, we are observing that we all age biologically at different rates. Scientists have good evidence that this apparent difference is real. It is likely that age changes begin in different parts of the body at different times and that the rate of annual change varies among various cells, tissues, and organs, as well as from person to person. Unlike the passage of time, biological aging resists easy measurement. What we would like to have is one or a few measurable biological changes that mirror all other biological age changes without reference to the passage of time, so that we could say, for example, that someone who is chronologically eighty years old is biologically sixty years old. This kind of measurement would help explain why one eighty-year-old has so many more youthful qualities than does another eighty-year-old, who may be biologically eighty or even ninety years old.

① In Search of a Mirror Reflecting Biological Aging
② Reasons for Slow Aging in the Modern Era
③ A Few Tips to Guess Chronological Age
④ Secrets of Biological Aging Disclosed
⑤ Looking for the Fountain of Youth

06 다음 글의 제목으로 가장 적절한 것은?

The world has become a nation of laws and governance that has introduced a system of public administration and management to keep order. With this administrative management system, urban institutions of government have evolved to offer increasing levels of services to their citizenry, provided through a taxation process and/or fee for services (e.g., police and fire, street maintenance, utilities, waste management, etc.). Frequently this has displaced citizen involvement. Money for services is not a replacement for citizen responsibility and public participation. Responsibility of the citizen is slowly being supplanted by government being the substitute provider. Consequentially, there is a philosophical and social change in attitude and sense of responsibility of our urban-based society to become involved. The sense of community and associated responsibility of all citizens to be active participants is therefore diminishing. Governmental substitution for citizen duty and involvement can have serious implications. This impedes the nations of the world to be responsive to natural and man-made disasters as part of global preparedness.

*supplant: 대신하다 **impede: 방해하다

① A Sound Citizen Responsibility in a Sound Government
② Always Better than Nothing: The Roles of Modern Government
③ Decreased Citizen Involvement: A Cost of Governmental Services
④ Why Does Global Citizenship Matter in Contemporary Society?
⑤ How to Maximize Public Benefits of Urban-Based Society

01 다음 글의 주제로 가장 적절한 것은?

Difficulties arise when we do not think of people and machines as collaborative systems, but assign whatever tasks can be automated to the machines and leave the rest to people. This ends up requiring people to behave in machine-like fashion, in ways that differ from human capabilities. We expect people to monitor machines, which means keeping alert for long periods, something we are bad at. We require people to do repeated operations with the extreme precision and accuracy required by machines, again something we are not good at. When we divide up the machine and human components of a task in this way, we fail to take advantage of human strengths and capabilities but instead rely upon areas where we are genetically, biologically unsuited. Yet, when people fail, they are blamed.

① difficulties of overcoming human weaknesses to avoid failure
② benefits of allowing machines and humans to work together
③ issues of allocating unfit tasks to humans in automated systems
④ reasons why humans continue to pursue machine automation
⑤ influences of human actions on a machine's performance

다음 글의 주제로 가장 적절한 것은?

Some psychologists believe that insight is the result of a restructuring of a problem after a period of non-progress where the person is believed to be too focused on past experience and get stuck. A new manner to represent the problem is suddenly discovered, leading to a different path to a solution heretofore unpredicted. It has been claimed that no specific knowledge, or experience is required to attain insight in the problem situation. As a matter of fact, one should break away from experience and let the mind wander freely. Nevertheless, experimental studies have shown that insight is actually the result of ordinary analytical thinking. The restructuring of a problem can be caused by unsuccessful attempts in solving the problem, leading to new information being brought in while the person is thinking. The new information can contribute to a completely different perspective in finding a solution, thus producing the Aha! Experience.

*heretofore: 지금까지

① disadvantages of experience in creative thinking
② significance of analytical thinking in gaining insight
③ contribution of insight in forming a new perspective
④ necessity of separating insight from analytical thinking
⑤ difficulty of acquiring in-depth knowledge from experience

다음 글의 제목으로 가장 적절한 것은?

People don't usually think of touch as a temporal phenomenon, but it is every bit as time-based as it is spatial. You can carry out an experiment to see for yourself. Ask a friend to cup his hand, palm face up, and close his eyes. Place a small ordinary object in his palm — a ring, an eraser, anything will do — and ask him to identify it without moving any part of his hand. He won't have a clue other than weight and maybe overall size. Then tell him to keep his eyes closed and move his fingers over the object. He'll most likely identify it at once. By allowing the fingers to move, you've added time to the sensory perception of touch. There's a direct analogy between the fovea at the center of your retina and your fingertips, both of which have high acuity. Your ability to make complex use of touch, such as buttoning your shirt or unlocking your front door in the dark, depends on continuous time-varying patterns of touch sensation.

*analogy: 유사 **fovea: (망막의) 중심와(窩) ***retina: 망막

① Touch and Movement: Two Major Elements of Humanity
② Time Does Matter: A Hidden Essence of Touch
③ How to Use the Five Senses in a Timely Manner
④ The Role of Touch in Forming the Concept of Time
⑤ The Surprising Function of Touch as a Booster of Knowledge

04 다음 글의 제목으로 가장 적절한 것은?

The discovery that man's knowledge is not, *and never has been*, perfectly accurate has had a humbling and perhaps a calming effect upon the soul of modern man. The nineteenth century, as we have observed, was the last to believe that the world, as a whole as well as in its parts, could ever be perfectly known. We realize now that this is, and always was, impossible. We know within limits, not absolutely, even if the limits can usually be adjusted to satisfy our needs. Curiously, from this new level of uncertainty even greater goals emerge and appear to be attainable. Even if we cannot know the world with absolute precision, we can still control it. Even our inherently incomplete knowledge seems to work as powerfully as ever. In short, we may never know precisely how high is the highest mountain, but we continue to be certain that we can get to the top nevertheless.

① Summits Yet to Be Reached: An Onward Journey to Knowledge
② Over the Mountain: A Single But Giant Step to Success
③ Integrating Parts into a Whole: The Road to Perfection
④ How to Live Together in an Age of Uncertainty
⑤ The Two Faces of a Knowledge-Based Society

다음 글의 제목으로 가장 적절한 것은?

Mending and restoring objects often require even more creativity than original production. The preindustrial blacksmith made things to order for people in his immediate community; customizing the product, modifying or transforming it according to the user, was routine. Customers would bring things back if something went wrong; repair was thus an extension of fabrication. With industrialization and eventually with mass production, making things became the province of machine tenders with limited knowledge. But repair continued to require a larger grasp of design and materials, an understanding of the whole and a comprehension of the designer's intentions. "Manufacturers all work by machinery or by vast subdivision of labour and not, so to speak, by hand," an 1896 *Manual of Mending and Repairing* explained. "But all repairing *must* be done by hand. We can make every detail of a watch or of a gun by machinery, but the machine cannot mend it when broken, much less a clock or a pistol!"

① Still Left to the Modern Blacksmith: The Art of Repair
② A Historical Survey of How Repairing Skills Evolved
③ How to Be a Creative Repairperson: Tips and Ideas
④ A Process of Repair: Create, Modify, Transform!
⑤ Can Industrialization Mend Our Broken Past?

06 **다음 글의 제목으로 가장 적절한 것은?**

Until recently, it was generally assumed that the first humans took a northerly route to leave the African continent, walking into the Middle East and then spreading out from there. However, mtDNA analysis now suggests the exodus may have proceeded via a more southerly route. In 2005, an international team of researchers announced that an isolated group living in Malaysia appeared to be the descendants of humans who left Africa around 65,000 years ago. According to the researchers, climatic change underway at the time would have made a southerly route easier. The genetic evidence suggests perhaps as few as several hundred individuals went first to India, then Southeast Asia and Australasia. If correct, this would explain why humans appear to have reached Australia around 50,000 years ago, while the oldest human remains in Europe — a jawbone found in Romania — are only around 35,000 years old.

*mtDNA: 미토콘드리아 DNA

① Out of Africa: Which Way?
② Are Asians the First Humans?
③ How Reliable is mtDNA Analysis?
④ Climatic Change in Ancient Africa
⑤ Genetic Evolution of Human Beings

01 다음 글의 제목으로 가장 적절한 것은?

Richard Dawkins and John Krebs argued that although in some circumstances it might be appropriate to describe animal signals as transferring information, in many other, perhaps most, cases there would be such a conflict of interest between signaller and receiver that it is more accurate to describe the signaller as attempting to 'manipulate' the receiver rather than just inform it. For example, an angler fish that dangles a worm-like bit of skin in front of a small fish and catches it because the smaller fish snaps at the 'worm' can certainly be said to have carried out a successful manipulation of its prey. In this case, if information has been transferred, it is most definitely false.

*dangle: 매달다

① Are Smaller Fishes Smarter?
② Talking Animals: Fact or Myth?
③ Cooperation in the Animal World
④ Manipulation: Tricking the Signaller
⑤ Animal Messages: Not What They Seem

02 다음 글의 주제로 가장 적절한 것은?

1950s critics separated themselves from the masses by rejecting the 'natural' enjoyment afforded by products of mass culture through judgments based on a refined sense of realism. For example, in most critics championing Douglas Sirk's films' social critique, self-reflexivity, and, in particular, distancing effects, there is still a refusal of the 'vulgar' enjoyments suspected of soap operas. This refusal again functions to divorce the critic from an image of a mindless, pleasure-seeking crowd he or she has actually manufactured in order to definitively secure the righteous logic of 'good' taste. It also pushes negative notions of female taste and subjectivity. Critiques of mass culture seem always to bring to mind a disrespectful image of the feminine to represent the depths of the corruption of the people. The process of taste-making operated, then, to create hierarchical differences between the aesthete and the masses through the construction of aesthetic positions contrary to the perceived tasteless pleasures of the crowd.

*vulgar: 저속한, 서민의 **aesthetic: 미학의, 심미적인

① critics' negative view on popular tastes and its effects
② criticism of cultural hierarchy in soap operas and films
③ side effects of popularized cultural products on crowds
④ resistance of the masses to cultural separations and its origins
⑤ critics' tendency to identify the refined tastes of the masses

Unit 02

요지 / 주장

문제 유형

• 다음 글의 요지로 가장 적절한 것은?

• 다음 글에서 필자가 주장하는 바로 가장 적절한 것은?

풀이기술 07 요지는 글에서 '인정하라!' 혹은 '행동하라!'식 주장을 찾으면 되고, 주장은 '행동하라!'식 주장만 찾으면 된다.

요지란 글의 주제에 대해 필자가 하고 싶은 말, 즉 필자의 생각/의견이다. 따라서 요지 문제는 필자의 주장을 묻는 문제와도 일맥상통한다고 볼 수 있다. PART 1에서 언급한 적이 있었지만, 요지를 찾는 문제에서 요지는 '인정하라!'식 주장과 '행동하라!'식 주장 모두에 해당하고, 주장을 찾는 문제에서 주장은 '행동하라!'식 주장에만 해당한다.

다시 말하면, '인정하라!'식 주장이란 상대방이 사실이라고 인정하기를 요구하는 진술(ex: 철수가 범인이다. or 철수는 범인이 아니다)을 말하고, '행동하라!'식 주장이란 상대방이 어떤 행동을 하기를 요구하는 진술(ex: 철수를 감옥에 보내야 한다.)을 말한다.

반드시 그런 것은 아니지만, 필자가 주장을 나타낼 때 주로 사용하는 표현들이 있으므로 알아두면 주장을 찾는 데 도움이 된다. 마찬가지로 PART 1에서 다룬 적이 있지만, 본격적인 문제풀이에 앞서 다시 한 번 확인해 두자.

'인정하라!'식 주장을 나타내는 표현

• I think / I believe / I wish / I hope ~

• In my opinion / (As) for me / (As) to me / As far as I'm concerned

• In conclusion ~

• 최상급 표현, 강조 표현

'행동하라!'식 주장을 나타내는 표현	
• I think / I believe / I wish / I hope ~ • In my opinion / (As) for me / (As) to me / As far as I'm concerned • In conclusion ~	+ • must, should, have to, need to • had better • It is necessary/important/essential/crucial ~ • I advise that ~ • I recommend that ~ • It is time that ~ (=It is time to -V) • 명령법

'It is necessary/important/essential ~', 'need to'와 같은 표현은 표면적으로는 '인정하라!'식 주장이지만, 대개 담겨 있는 내용은 '행동하라!'식 주장이다. 가령 'A를 하는 것이 중요하다'라는 진술에는 '(그러니까) A를 해야 한다.'라는 의미가 내포되어 있다.

그리고 주장은 필자의 생각을 나타내는 것이므로 완결된 문장이어야 한다. 따라서 요지/주장 문제의 선지는 항상 하나의 완결된 문장으로 제시된다는 점도 알아두면 문제를 푸는데 도움이 된다.

정답률 80%

다음 글에서 필자가 주장하는 바로 가장 적절한 것은?

At every step in our journey through life we encounter junctions with many different pathways leading into the distance. Each choice involves uncertainty about which path will get you to your destination. / Trusting our intuition to make the choice often ends up with us making a suboptimal choice. / Turning the uncertainty into numbers has proved a potent way of analyzing the paths and finding the shortcut to your destination. / The mathematical theory of probability hasn't eliminated risk, but it allows us to manage that risk more effectively. The strategy is to analyze all the possible scenarios that the future holds and then to see what proportion of them lead to success or failure. This gives you a much better map of the future on which to base your decisions about which path to choose.

*junction: 분기점 **suboptimal: 차선의

문제점

잘못된 해결책

올바른 해결책(요지)

요지 구체화

① 성공적인 삶을 위해 미래에 대한 구체적인 계획을 세워야 한다.
② 중요한 결정을 내릴 때에는 자신의 직관에 따라 판단해야 한다.
③ 더 나은 선택을 위해 성공 가능성을 확률적으로 분석해야 한다.
④ 빠른 목표 달성을 위해 지름길로 가고자 할 때 신중해야 한다.
⑤ 인생의 여정에서 선택에 따른 결과를 스스로 책임져야 한다.

불확실성이라는 문제점에 대해, 직관을 믿는 것은 차선의 선택(suboptimal choice)으로 이어지므로 잘못된 해결책이고, 불확실성을 숫자로 바꾸는 것, 즉 수학적 확률 이론을 적용하는 것이 올바른 해결책임을 알려주는 글이다. 따라서 정답은 ③이 된다.

오답피하기

② (10%) : 직관에 따르는 것은 차선의 선택으로 이어지는 잘못된 해결책이라고 언급하고 있다.

구문분석

- This gives you a much better map of the future / on which to base your decisions / about which path to choose.
  → on which to base your decisions는 관계대명사절 on which you can base your decisions로 풀어서 이해해볼 수 있으며, 수식하는 선행사는 map이다.
  → 'base A on B'는 'A의 근거를 B에 두다(B로 삼다)'라는 뜻이다.
  → which path to choose는 간접의문문 which path you should choose로 풀어서 이해해볼 수 있다.

지문해석

삶 전체에 걸친 여행의 모든 단계에서 우리는 먼 곳으로 이어지는 많은 다른 경로들이 있는 분기점들을 만난다. 각각의 선택은 어떤 길이 여러분의 목적지에 도달하게 해 줄지에 대한 불확실성을 포함한다. 우리의 직관을 믿고 선택을 하는 것은 종종 차선의 선택을 하게 된다. 불확실성을 숫자로 바꾸는 것은 경로를 분석하고 목적지로 가는 지름길을 찾는 강력한 방법으로 입증되었다. 확률에 대한 수학적 이론은 위험을 제거하지는 않았지만, 우리가 그 위험을 더 효과적으로 관리할 수 있게 해준다. 미래가 안고 있는 모든 가능한 시나리오를 분석한 뒤 그 중 어느 정도 비율이 성패로 이어지는지를 살펴보는 전략이다. 이것은 여러분이 어떤 길을 선택할지에 대한 결정을 내릴 때 그 근거로 삼을 수 있는 미래에 대한 훨씬 더 나은 지도를 여러분에게 제공한다.

journey 여정, 여행 / intuition 직관 / potent 강력한 / shortcut 지름길 / probability 확률 / eliminate 제거하다

다음 글의 요지로 가장 적절한 것은?

　Historically, drafters of tax legislation are attentive to questions of economics and history, and less attentive to moral questions. Questions of morality are often pushed to the side in legislative debate, labeled too controversial, too difficult to answer, or, worst of all, irrelevant to the project. / But, in fact, the moral questions of taxation are at the very heart of the creation of tax laws. Rather than irrelevant, moral questions are fundamental to the imposition of tax. / Tax is the application of a society's theories of distributive justice. Economics can go a long way towards helping a legislature determine whether or not a particular tax law will help achieve a particular goal, but economics cannot, in a vacuum, identify the goal. Creating tax policy requires identifying a moral goal, which is a task that must involve ethics and moral analysis.

> 통념

> 진실(요지)

> 요지 구체화

*legislation: 입법 **imposition: 부과

① 분배 정의를 실현하려면 시민 단체의 역할이 필요하다.
② 사회적 합의는 민주적인 정책 수립의 선행 조건이다.
③ 성실한 납세는 안정적인 정부 예산 확보의 기반이 된다.
④ 경제학은 세법을 개정할 때 이론적 근거를 제공한다.
⑤ 세법을 만들 때 도덕적 목표를 설정하는 것이 중요하다.

조세 정책을 입법할 때 도덕적 질문보다는 경제학과 역사 문제에 주의를 기울이는 것이 잘못된 통념이며, 도덕적 질문에 주의를 기울여야 한다는 것이 필자의 요지이다. <u>분석기술</u> 따라서 정답은 ⑤가 된다. 도덕성의 개념을 다룬 선지가 ⑤뿐이라 매우 쉬운 문제였다.

오답피하기

④ (3%) : 경제학에 주의를 기울이는 것은 '통념'에 해당한다. 본문 후반부에도 경제학만으로는 목표를 규명할 수 없다고 했다.

구문분석

• Rather than irrelevant, / moral questions are fundamental to the imposition of tax.
  → irrelevant, moral questions를 이어진 구조로 파악하면 안 되고, 문두의 Rather than irrelevant가 별도의 어구이다. irrelevant는 의미상 fundamental to~와 병렬 관계이다. 즉, 'moral questions는 irrelevant가 아니라, fundamental to~ 하다'는 의미이다.

지문해석

역사적으로 세법 입안자들은 경제학과 역사에 대한 질문에 주의를 기울이며 도덕적 질문에는 주의를 덜 기울인다. 도덕성에 대한 질문은 종종 입법 토론에서 옆으로 밀려나고, 너무 논란이 많거나, 대답하기가 너무 어렵거나, 최악의 경우 계획과 무관한 것으로 분류된다. 하지만, 사실, 세금의 도덕적 질문은 세법 제정의 핵심이다. 무관하다기보다는 도덕적 질문은 세금 부과에 근본적이다. 세금은 사회의 분배 정의 이론을 적용한 것이다. 경제학은 입법부가 특정 세법이 특정 목표를 달성하는 데 도움이 될지 여부를 결정하는 데 큰 도움이 될 수 있지만, 고립된 채로 경제학만으로는 목표를 규명할 수 없다. 조세 정책을 만드는 것은 도덕적 목표를 규명하는 것을 요구하는데, 이는 윤리학과 도덕적 분석을 수반해야 하는 과제이다.

drafter 입안자 / attentive 주의를 기울이는 / push ~ to the side ～을 옆으로 밀어내다 / label 라벨을 붙이다; 분류하다 / irrelevant 무관한 / taxation 조세 / fundamental 근본적인 / application 적용 / distributive 분배적인 / go a long way toward ～에 크게 도움이 되다 / in a vacuum 고립되어 / identify 규명하다, 확인하다

01 다음 글의 요지로 가장 적절한 것은?

Urban delivery vehicles can be adapted to better suit the density of urban distribution, which often involves smaller vehicles such as vans, including bicycles. The latter have the potential to become a preferred 'last-mile' vehicle, particularly in high-density and congested areas. In locations where bicycle use is high, such as the Netherlands, delivery bicycles are also used to carry personal cargo (e.g. groceries). Due to their low acquisition and maintenance costs, cargo bicycles convey much potential in developed and developing countries alike, such as the *becak* (a three-wheeled bicycle) in Indonesia. Services using electrically assisted delivery tricycles have been successfully implemented in France and are gradually being adopted across Europe for services as varied as parcel and catering deliveries. Using bicycles as cargo vehicles is particularly encouraged when combined with policies that restrict motor vehicle access to specific areas of a city, such as downtown or commercial districts, or with the extension of dedicated bike lanes.

① 도시에서 자전거는 효율적인 배송 수단으로 사용될 수 있다.
② 자전거는 출퇴근 시간을 줄이기 위한 대안으로 선호되고 있다.
③ 자전거는 배송 수단으로의 경제적 장단점을 모두 가질 수 있다.
④ 수요자의 요구에 부합하는 다양한 용도의 자전거가 개발되고 있다.
⑤ 세계 각국에서는 전기 자전거 사용을 장려하는 정책을 추진하고 있다.

다음 글의 요지로 가장 적절한 것은?

Environmental hazards include biological, physical, and chemical ones, along with the human behaviors that promote or allow exposure. Some environmental contaminants are difficult to avoid (the breathing of polluted air, the drinking of chemically contaminated public drinking water, noise in open public spaces); in these circumstances, exposure is largely involuntary. Reduction or elimination of these factors may require societal action, such as public awareness and public health measures. In many countries, the fact that some environmental hazards are difficult to avoid at the individual level is felt to be more morally egregious than those hazards that can be avoided. Having no choice but to drink water contaminated with very high levels of arsenic, or being forced to passively breathe in tobacco smoke in restaurants, outrages people more than the personal choice of whether an individual smokes tobacco. These factors are important when one considers how change (risk reduction) happens.

*contaminate: 오염시키다 **egregious: 매우 나쁜

① 개인이 피하기 어려운 유해 환경 요인에 대해서는 사회적 대응이 필요하다.
② 환경오염으로 인한 피해자들에게 적절한 보상을 하는 것이 바람직하다.
③ 다수의 건강을 해치는 행위에 대해 도덕적 비난 이상의 조치가 요구된다.
④ 환경오염 문제를 해결하기 위해서는 사후 대응보다 예방이 중요하다.
⑤ 대기오염 문제는 인접 국가들과의 긴밀한 협력을 통해 해결할 수 있다.

다음 글의 요지로 가장 적절한 것은?

Music is an art that depends on re-creation. When you look at a painting, a piece of sculpture, or a building, you experience exactly what the artist created without involving an intervening person. Not so with music. Someone must bring it to life; it requires an intermediary. A few compositions exist only on discs or tape, and in such cases there is no performing intermediary. In some types of music, such as jazz, the performer is the creator of the music because, to a degree, it is made up as the performer goes along. However, in most cases even composers can't remember or express their own music completely. They can't play several instruments at once, and they can't perform their music if they are not physically present. So other performers are needed.

*intermediary: 중개자

① Music is brought to life by performers.
② Listeners' appreciation completes music.
③ Composers are the genuine creators of music.
④ Composers rarely create music out of nothing.
⑤ Music depends on the audience for interpretation.

04 다음 글에서 필자가 주장하는 바로 적절한 것은?

Given the right conditions, entrepreneurship can be fully woven into the fabric of campus life, greatly expanding its educational reach. One study showed that, within the workplace, peers influence each other to spot opportunities and act on them: the more entrepreneurs you have working together in an office, the more likely their colleagues will catch the bug. A study of Stanford University alumni found that those "who have varied work and educational backgrounds are much more likely to start their own businesses than those who have focused on one role at work or concentrated in one subject at school." To cultivate an entrepreneurial culture, colleges and universities need to offer students a broad choice of experiences and wide exposure to different ideas. They are uniquely positioned to do this by combining the resources of academic programming, residential life, student groups, and alumni networks.

*entrepreneur: 기업가 **alumni: 졸업생

① 훌륭한 기업가가 되기 위해서 관심 있는 한 분야에 집중해야 한다.
② 대학은 학생들이 기업가 정신을 함양하도록 환경을 조성해야 한다.
③ 좋은 직장을 얻기 위해서 학업과 대외 활동에 충실해야 한다.
④ 기업은 대학생들의 다양한 소모임 활동을 적극 지원해야 한다.
⑤ 대학생은 학업 성취를 위하여 경험과 생각의 폭을 넓혀야 한다.

다음 글에서 필자가 주장하는 바로 가장 적절한 것은?

One of the most common mistakes made by organizations when they first consider experimenting with social media is that they focus too much on social media tools and platforms and not enough on their business objectives. The reality of success in the social web for businesses is that creating a social media program begins not with insight into the latest social media tools and channels but with a thorough understanding of the organization's own goals and objectives. A social media program is not merely the fulfillment of a vague need to manage a "presence" on popular social networks because "everyone else is doing it." "Being in social media" serves no purpose in and of itself. In order to serve any purpose at all, a social media presence must either solve a problem for the organization and its customers or result in an improvement of some sort (preferably a measurable one). In all things, purpose drives success. The world of social media is no different.

① 기업 이미지에 부합하는 소셜 미디어를 직접 개발하여 운영해야 한다.
② 기업은 사회적 가치와 요구를 반영하여 사업 목표를 수립해야 한다.
③ 기업은 소셜 미디어를 활용할 때 사업 목표를 토대로 해야 한다.
④ 소셜 미디어로 제품을 홍보할 때는 구체적인 정보를 제공해야 한다.
⑤ 소비자의 의견을 수렴하기 위해 소셜 미디어를 적극 활용해야 한다.

06 **다음 글에서 필자의 주장으로 가장 적절한 것은?**

Disharmony enters our relationships when we try to impose our values on others by wanting them to live by what we feel is "right," "fair," "good," "bad," and so on. If they do not accept our values, we become annoyed and angry. However, we must realize that no one is obligated to change just to meet our expectations of how we feel they should act. People may disturb or anger us, but the fact that not everyone objects to their behavior indicates that the problem is probably ours. We need to see things as they are, not as we would like them to be.

① 사회의 변화를 위해서 모든 사람이 변화해야 한다.
② 인간 관계에서 소외된 사람들을 보살펴야 한다.
③ 자신의 가치관을 타인에게 강요하지 말아야 한다.
④ 타인과의 유대 강화를 위해서 칭찬을 해야 한다.
⑤ 타인이 반대하더라도 주관을 가지고 일을 해야 한다.

01 다음 글의 요지로 가장 적절한 것은?

Often overlooked, but just as important a stakeholder, is the consumer who plays a large role in the notion of the privacy paradox. Consumer engagement levels in all manner of digital experiences and communities have simply exploded — and they show little or no signs of slowing. There is an awareness among consumers, not only that their personal data helps to drive the rich experiences that these companies provide, but also that sharing this data is the price you pay for these experiences, in whole or in part. Without a better understanding of the what, when, and why of data collection and use, the consumer is often left feeling vulnerable and conflicted. "I love this restaurant-finder app on my phone, but what happens to my data if I press 'ok' when asked if that app can use my current location?" Armed with tools that can provide them options, the consumer moves from passive bystander to active participant.

*stakeholder: 이해관계자 **vulnerable: 상처를 입기 쉬운

① 개인정보 제공의 속성을 심층적으로 이해하면 주체적 소비자가 된다.
② 소비자는 디지털 시대에 유용한 앱을 적극 활용하는 자세가 필요하다.
③ 현명한 소비자가 되려면 다양한 디지털 데이터를 활용해야 한다.
④ 기업의 디지털 서비스를 이용하면 상응하는 대가가 뒤따른다.
⑤ 타인과의 정보 공유로 인해 개인정보가 유출되기도 한다.

02 다음 글의 요지로 가장 적절한 것은?

　Historically, the professions and society have engaged in a negotiating process intended to define the terms of their relationship. At the heart of this process is the tension between the professions' pursuit of autonomy and the public's demand for accountability. Society's granting of power and privilege to the professions is premised on their willingness and ability to contribute to social well-being and to conduct their affairs in a manner consistent with broader social values. It has long been recognized that the expertise and privileged position of professionals confer authority and power that could readily be used to advance their own interests at the expense of those they serve. As Edmund Burke observed two centuries ago, "Men are qualified for civil liberty in exact proportion to their disposition to put moral chains upon their own appetites." Autonomy has never been a one-way street and is never granted absolutely and irreversibly.

*autonomy: 자율성 **privilege: 특권 ***premise: 전제로 말하다

① 전문직에 부여되는 자율성은 그에 상응하는 사회적 책임을 수반한다.
② 전문직의 권위는 해당 집단의 이익을 추구하는 데 이용되어 왔다.
③ 전문직의 사회적 책임을 규정할 수 있는 제도 정비가 필요하다.
④ 전문직이 되기 위한 자격 요건은 사회 경제적 요구에 따라 변화해 왔다.
⑤ 전문직의 업무 성과는 일정 수준의 자율성과 특권이 부여될 때 높아진다.

다음 글의 요지로 가장 적절한 것은?

I was once a professional violinist. I've played on many violins, and they all respond differently. The key, I've discovered, to releasing an instrument's most beautiful sound is to know it so well that you simply understand what it responds to and what it doesn't; which strings need tenderness and which withstand force; how fast or hard to draw the bow. How one violin responds won't necessarily be like any other. Each has its own personality. People respond the same way. Their beauty needs to be released, not extracted, and the only way to know how they respond is to listen carefully and behold their true nature.

① 사람들은 나름대로 독특한 개성을 지니고 있다.
② 악기의 특성을 알아야 훌륭한 작곡가가 될 수 있다.
③ 본성을 이해하면 대상의 진정한 가치를 알 수 있다.
④ 사람들의 행동 양식은 본성에 따라 다르게 나타난다.
⑤ 음악을 통해 사람들의 성격을 부드럽게 바꿀 수 있다.

04 **다음 글에서 작곡가에 관한 필자의 주장으로 가장 적절한 것은?**

Composers describe their private world through the use of sound. Making such a description concrete and detailed requires not just inspiration but certain practical tools and skills. No matter what style of music you write, you need to understand dynamics and speed, the uses of harmony and rhythm. You also need to know the range and capabilities of instruments, the possibilities of the human voice, and the problems of acoustics. You need to be able to devise a blueprint that communicates to your musicians what it is you want to hear. A young composer who takes a shortcut in this technical training in his rush to play the role of a composer will dry up very fast. If you learn the proper techniques, then the passion, if it is genuine, will come through.

① 연주자와 의사소통을 자주 해야 한다.
② 전문가로부터 작곡법을 배워야 한다.
③ 예술적 영감을 중요시해야 한다.
④ 악기의 제작 과정을 잘 알아야 한다.
⑤ 실질적인 음악 지식과 기법을 익혀야 한다.

05 **다음 글에서 필자가 주장으로 바로 가장 적절한 것은?**

Consider two athletes who both want to play in college. One says she has to work very hard and the other uses goal setting to create a plan to stay on track and work on specific skills where she is lacking. Both are working hard but only the latter is working smart. It can be frustrating for athletes to work extremely hard but not make the progress they wanted. What can make the difference is drive — utilizing the mental gear to maximize gains made in the technical and physical areas. Drive provides direction (goals), sustains effort (motivation), and creates a training mindset that goes beyond simply working hard. Drive applies direct force on your physical and technical gears, strengthening and polishing them so they can spin with vigor and purpose. While desire might make you spin those gears faster and harder as you work out or practice, drive is what built them in the first place.

*vigor: 활력, 활기

① 선수들의 훈련 방식은 장점을 극대화하는 방향으로 이루어져야 한다.
② 선수들은 최고의 성과를 얻기 위해 정신적 추진력을 잘 활용해야 한다.
③ 선수들은 단기적 훈련 성과보다 장기적 목표 달성에 힘써야 한다.
④ 선수들은 육체적 훈련과 정신적 훈련을 균형 있게 병행해야 한다.
⑤ 선수들은 수립한 계획을 실행하면서 꾸준히 수정하여야 한다.

06 **다음 글의 요지로 가장 적절한 것은?**

Science, of course, is an indispensable source of information for the contemporary writer. It is, furthermore, a necessary part of his highly technological environment. Thus it is also an inevitable component of his sensibility and a decisive, even if often unrecognized, component of his creative imagination. But science is not in itself an elemental well-spring of literature. Even the most refined and precise research data are only raw materials which may or may not become literature. For whatever becomes a work of art of any kind does so as a result of an act of creation, an act of artistic composition, an act involving the art of make-believe. Scientific statements or remarks as such, even when they are valid, reliable, and comprehensive, are not literature.

① 과학 기술은 문학 사조의 변천에 영향을 미친다.
② 과학 정보는 창조 행위를 통해서 문학이 될 수 있다.
③ 현대의 작가들은 폭넓은 과학적 상식을 갖추어야 한다.
④ 문학 작품은 과학적 탐구를 위한 강한 동기를 부여한다.
⑤ 과학과 문학은 기본적으로 상상력을 바탕으로 발전한다.

01 다음 글의 요지로 가장 적절한 것은?

　Every reporter knows the importance of building relationships with sources. That's especially true when dealing with sources such as the military, who have a deep suspicion of the press. One excellent way to overcome, or at least minimize, that distrust is by visiting when you don't want anything from them. Marines, for instance, spend lots of time training before they ship out. That rarely makes a good news story, but they appreciate it if you show up and watch them conduct exercises. They'll be more likely to keep you in mind when it comes time to decide which reporters to take on real missions.

① 객관적인 보도 태도를 견지하라.
② 현장에서 직접 확인하여 보도하라.
③ 취재 대상과 사적인 접촉을 자제하라.
④ 소외된 계층에 관심을 가지고 취재하라.
⑤ 취재 대상과 지속적인 관계를 유지하라.

필자가 주장하는 소비자의 할 일로 적절한 것은?

   The word "natural" appears in large letters across many cans and boxes of food. But this word, and others like it, sometimes give shoppers false ideas about the food inside. Even though laws require that all food labels give truthful information, this does not always happen. The word "natural" has not been defined by the FDA, the agency in charge of food labels. So any food maker can use the word on a package. Even the worst junk food is certain to have something natural in it. So the makers of these foods can use "natural" on their packages. Consumers should read labels carefully and write letters of complaint to the FDA whenever they come across products that are not truly natural. Everyone in the marketplace can help to make truth in labeling work effectively.

① FDA와 기업을 신뢰해야 한다.
② 우리 농산물을 애용해야 한다.
③ 건강을 위해 자연산을 먹어야 한다.
④ 제품 설명서를 자세히 읽어봐야 한다.
⑤ 제품에 진실한 정보가 담기도록 적극 나서야한다.

Unit 03 글의 목적

문제 유형
• 다음 글의 목적으로 가장 적절한 것은?

풀이기술 08 우선은 글의 마지막 부분에 중점을 두되, 거기에 목적이 드러나 있지 않은 경우는 전체적인 글에서 세부 사항을 종합하여 목적을 찾는다.

글이란 반드시 그 글을 쓴 목적이 있게 마련이다. 물론 별 의미 없이 끄적이는 낙서도 있지만 수능에 출제되는 하나의 완결된 글이라면 반드시 그 글을 쓴 목적이 존재한다. 무언가를 설명하기 위해서, 남을 설득하기 위해서, 감사의 인사를 전하기 위해서 등등, 글을 쓰는 목적은 매우 다양하다. 이 유형은 필자가 어떤 목적을 가지고 글을 썼는지 파악하는 유형이다.

대체적으로 글의 목적은 글의 마지막 부분에 드러나 있는 경우가 많다. 예를 들어 여러분이 다단계에 빠져 급전이 필요한데, 졸업 후 연락을 한 번도 한 적이 없는 중학교 동창에게 돈을 빌려달라는 내용의 편지를 쓴다고 가정해 보자. 오랜만에 연락하는 친구에게 단도직입적으로 처음부터 돈을 빌려달라고 하기엔 좀 민망할 것이다. 처음엔 요새 어떻게 지내냐, 요새 날씨가 어떻다는 등 공연한 인사말이나 최근 근황에 대한 이야기를 하다가 마지막 즈음에 가서야 슬쩍 자신의 의도를 드러낼 것이다.

하지만 이것은 어디까지나 일반적인 전개 방식이다. 글은 두괄식일 수도 있고, 미괄식일 수도 있으며 중괄식일 수도 있다. 수학 공식처럼 '편지글은 항상 미괄식이다'와 같은 공식을 만들 수는 없다. 일반적으로 마지막 부분에 의도나 목적이 드러나 있지만 성격이 급한 사람은 처음부터 목적을 드러내고 그 뒤에 그 이유나 구체적 내용을 서술할 수도 있다.

따라서 의도, 목적을 묻는 문제는 우선은 마지막 부분에 중점을 두되, 무조건 거기에 의도나 목적이 있을 거라 생각하지 말고 나머지 부분 즉, 전체적인 글에서 세부 사항을 종합하여 목적을 찾는다.

풀이기술 09 특별히 필자가 자신의 의견을 직접적으로 드러내는 표현과 역접 연결사 뒤쪽 내용에 유의한다.

특별히 필자가 '~을 해야 한다'라거나 '~이 중요하다'라는 등 자신의 의견/생각을 직접적으로 드러내는 표현이 있다. 이런 부분에 유의하면 글의 목적을 쉽게 파악할 수 있다. 또한 역접 연결사 뒤에도 목적이 드러나는 경우가 많으므로 however나 but 같은 표현 뒤를 유의해야 한다.

필자의 의견(주장)을 나타내는 표현

- 가치 판단에 관한 형용사 : important, right, wrong, good, bad, ...
- 당위(~해야 한다)를 나타내는 표현 : must, should, have to, had better, ...
- 필요성을 나타내는 표현 : be necessary, be essential, need to, be required, ...
- 필자의 생각을 직접적으로 드러내는 표현

  : I think/believe/wish/hope ~

  In my opinion / (As) for me / (As) to me / As far as I'm concerned

  명령법, 강조 표현, 최상급 표현

정답률 93%

다음 글의 목적으로 가장 적절한 것은?

Upon receiving your last letter, I rushed to look up the word 'flattering' in the dictionary. I was shocked to find out that it could imply something negative, which I certainly did not mean. ⓐ I should have used some word like 'complimentary' instead. For that, ⓑ I would like to ask for the kindness in your heart to forgive my unintended offense. If you knew me well, you would know that I am shameless enough to take all compliments at their face value and not to think that they might be mere flattery. I just did not know what the word really implied. ⓒ I hope that you no longer feel hurt or uncomfortable in any way as a result of our correspondence.

> 글의 목적이 드러나는 부분

① 무례한 태도에 대하여 항의하려고
② 훌륭하게 쓰여진 편지를 칭찬하려고
③ 단어를 잘못 사용한 것에 대하여 사과하려고
④ 전문 용어에 대한 정확한 의미를 문의하려고
⑤ 좋은 사전을 선물해 준 것에 대하여 감사하려고

'I should have ~ed(~했어야 했는데)', 'I would like to(~하고 싶다)', 'I hope(~하기를 희망한다)'와 같은 표현에서 글의 목적이 잘 드러난다.

ⓐ complimentary와 같은 단어로 대신 썼어야 했다.

ⓑ 의도치 않게 기분을 상하게 한 것에 대해 용서해주었으면 좋겠다.

ⓒ 저희와의 서신 왕래 결과로 어떻게든 더 이상 감정이 상하거나 불편함을 느끼지 않기를 바란다.

ⓑ와 ⓒ를 보면 이 글은 사과를 하기 위해 쓴 글이란 것을 알 수 있으며 ⓐ에서 사과하는 이유가 부적절한 단어를 사용했기 때문이라는 것을 알 수 있다. 따라서 답은 ③이다.

구문분석

- I was shocked to find out that it could imply something negative, which I certainly did not mean.
  → 문미에 위치한 ', which'는 관계대명사의 계속적 용법으로, '그래서 그것은' 혹은 '그러나 그것은' 정도로 자연스럽게 연결시켜 해석한다.

지문해석

당신의 지난 편지를 받자마자, 저는 서둘러 사전에서 'flattering'이라는 단어를 찾았습니다. 저는 그것이 부정적인 것을 의미할 수도 있다는 것을 알게 되어 깜짝 놀랐는데, 이는 정말로 제가 의도한 바가 아니었습니다. 저는 'complimentary'와 같은 단어를 대신 사용했었어야 했습니다. 그런 이유로, 제가 의도치 않게 기분을 상하게 한 것에 대해 너그럽게 용서하기를 부탁드립니다. 만약 당신이 저를 잘 안다면, 제가 모든 칭찬을 액면 그대로(있는 그대로) 받아들일 정도로 뻔뻔한 사람이긴 하지만 그 칭찬이 단지 아첨일거라고 생각하는 사람은 아니란 것을 알 것입니다. 저는 그 단어의 진짜 의미를 몰랐을 뿐입니다. 저희와의 서신 왕래의 결과로 어떻게든 더 이상 감정이 상하거나 불편함을 느끼지 않기를 희망합니다.

(up)on ~ing ~하자마자 / look up (사전 등에서) 찾아보다 / flattering 아부하는, 아첨하는 / imply 내포하다, 의미하다 / complimentary 칭찬의, 찬사의 / unintended 의도하지 않은 / offense 기분을 상하게 하는 것, 모욕 / shameless 부끄러움을 모르는, 뻔뻔한 / compliment 칭찬 / face value 액면 / mere 단순한, 순전한 / flattery 아첨 / uncomfortable 불편한 / correspondence 서신 왕래

01 다음 글의 목적으로 가장 적절한 것은?

To whom it may concern,

My name is Michael Brown. I have been a bird-watcher since childhood. I have always enjoyed watching birds in my yard and identifying them by sight and sound. Yesterday, I happened to read an article about your club. I was surprised and excited to find out about a community of passionate bird-watchers who travel annually to go birding. I would love to join your club, but your website appears to be under construction. I could not find any information except for this contact email address. I would like to know how to sign up for the club. I look forward to your reply.

Sincerely,
Michael Brown

① 조류 관찰 클럽에 가입하는 방법을 문의하려고
② 조류 관찰 시 주의해야 할 사항을 전달하려고
③ 조류 관찰 협회의 새로운 규정을 확인하려고
④ 조류 관찰과 관련된 웹 사이트를 소개하려고
⑤ 조류 관찰 시 필요한 장비를 알아보려고

02 **다음 글의 목적으로 가장 적절한 것은?**

Dear Ms. Green,

My name is Donna Williams, a science teacher at Rogan High School. I am planning a special workshop for our science teachers. We are interested in learning how to teach online science classes. I have been impressed with your ideas about using internet platforms for science classes. Since you are an expert in online education, I would like to ask you to deliver a special lecture at the workshop scheduled for next month. I am sure the lecture will help our teachers manage successful online science classes, and I hope we can learn from your insights. I am looking forward to hearing from you.

Sincerely,
Donna Williams

① 과학 교육 정책 협의회 참여를 독려하려고
② 과학 교사 워크숍의 특강을 부탁하려고
③ 과학 교사 채용 계획을 공지하려고
④ 과학 교육 프로그램 개발을 요청하려고
⑤ 과학 교육 워크숍 일정의 변경을 안내하려고

다음 글의 목적으로 가장 적절한 것은?

　The stories you will read here are based on facts from eyewitness accounts. They have been collected from a wide variety of employees and organizations across the United States. The names and, in some cases, genders have been changed to protect the identities of the individuals. These accounts are only a small sampling of general practices currently in operation in American Business, and do not reflect an experience within any particular company. While these stories expose the darker side of American Business, this book does not offer legal advice. Any reader who feels she or he needs legal advice should consult legal counsel.

① 독자에게 책 내용의 특성을 알려주려고
② 책의 저작권을 보호하려고
③ 책의 성차별적 내용을 비판하려고
④ 독자에게 법률적 자문을 제공하려고
⑤ 집필에 도움을 준 사람에게 감사하려고

다음 글의 목적으로 가장 적절한 것은?

　As you are well aware, a great tragedy took place in our city last week. Some faulty electrical wiring led to a fire breaking out and eventually destroying an entire block of homes in the suburbs. From the very beginning it was fanned by strong winds, but it would not have spread so far and so quickly, if our firefighters had been able to arrive at the scene in time. Our city has only one fire station located downtown. Would you please establish a new fire station in our area, since you are mayor of our city? We are in urgent need of one. I look forward to your response.

① 소방서 신설을 건의하려고
② 강풍 대비 훈련을 통보하려고
③ 전기 시설의 교체를 촉구하려고
④ 소방 시설의 현대화를 제안하려고
⑤ 소방관의 조속한 파견을 요청하려고

01 다음 글을 쓴 목적으로 가장 적절한 것은?

Thank you for sending your poems to this publishing house. I have had the opportunity to look them over, and I feel that they show considerable promise, despite your youth and lack of experience in this genre. There is still much room for development, however, and I am afraid they are not yet appropriate for publishing in any of our current poetry journals. You indicate in your cover letter that you intend to follow a literary career. Please allow me to offer my best wishes for your future literary efforts.

① 시의 게재를 거절하려고   ② 원고 제출을 독촉하려고
③ 시의 투고를 장려하려고   ④ 시집 출판을 축하하려고
⑤ 원고 집필을 의뢰하려고

02 다음 글을 쓴 목적으로 가장 적절한 것은?

Thank you for coming to the interview on Friday afternoon for the assistant sales manager position. I was enormously impressed by your professionalism, enthusiasm, and commitment to your work. I knew the decision I would have to make would be difficult and it has been. However, I have made that decision, and I am afraid that I cannot offer you the position at this time. I do hope that you will keep in touch with the personnel department manager and that you will apply again next time. The company plans to employ a large number of persons for the sales department next year. Thank you again for your interest in the Hankook Corporation.

① to notify   ② to apologize
③ to appreciate   ④ to entertain
⑤ to invite

Tomorrow hopes we have learned something from yesterday.

내일은 우리가 어제로부터 무엇인가 배웠기를 바란다.

— John Wayne

CHAPTER 02

통일성 · 응집성 · 일관성

Unit 01 통일성 – 관계 없는 문장 고르기

문제 유형
• 다음 글에서 전체 흐름과 관계 <u>없는</u> 문장은?

전체 흐름상 관계 없는 문장을 골라내는 유형은 글의 통일성을 해치는 문장을 골라내는 것이다. 다시 말하면 글의 주제와 관련되지 않은 문장을 골라내는 것이다. 따라서 이 유형의 문제는 글의 주제를 파악하는 것이 가장 우선이다.

이 유형의 문제를 푸는 구체적인 방법은 다음과 같다.

풀이기술 1 0 주제문(주로 첫 문장)과 관련되지 않은 문장을 고른다.

다섯 개의 선지는 대개 글의 두 번째 문장부터 시작한다. 첫 번째 문장은 우리에게 주어지는 것이다. 첫 번째 문장이 글의 주제문인 경우가 대부분이다. 따라서 첫 문장을 통해 주제를 파악하고, ①~⑤에서 그 주제와 관련되지 않은 것을 찾는 것이다. 물론 모든 글에서 첫 번째 문장이 주제문인 것은 아니다. 가령 첫 번째 문장은 글의 도입부이고, 두 번째 문장이 글의 주제문인 경우가 있으니 주의하자.

풀이기술 1 1 핵심어가 들어 있지 않은 문장을 고른다.

글에서는 핵심어가 여러 번 반복된다. 하지만 글쓴이는 이것을 항상 같은 단어로 표현하지는 않는다. 지문의 단어나 표현들을 개별적으로 해석하지 말고 전체 맥락 속에서 파악하면 같은 개념이 되풀이되고 있다는 것을 알 수 있다. ①~⑤ 중에서 네 문장에 핵심어가 들어 있는데 단 한 문장에서만 핵심어가 없다면 그것이 정답이다.

정답률 88%

다음 글에서 전체 흐름과 관계 없는 문장은?

A currently popular attitude is to blame technology or → 통념
technologists for having brought on the environmental problems
we face today, and thus to try to slow technological advance by
blocking economic growth. We believe this view to be thoroughly → 진실
misguided. ① If technology produced automobiles that pollute the
air, it is because pollution was not recognized as a problem which
engineers had to consider in their designs. ② Solar energy can
be a practical alternative energy source for us in the foreseeable
future. ③ Obviously, technology that produces pollution is
generally cheaper, but now that it has been decided that cleaner
cars are wanted, less polluting cars will be produced; cars which
scarcely pollute at all could even be made. ④ This last option,
however, would require several years and much investment.
⑤ Although technology is responsive to the will of the people, it
can seldom respond instantaneously and is never free.

독해기술

글의 전반부에서 사람들이 흔히 가진 통념으로 기술이 환경 문제를 초래했다는 생각을 제시한다. 그리고 다음 문장에서 진실은 그렇지 않다(기술이 환경 문제를 초래한 것이 아니다)는 것을 말하고 있다. 통념과 진실 구조에서 진실 부분에 글의 요지가 담겨있다. **분석기술 1 0** 보통 이 유형의 문제는 첫 문장이 주제문인 경우가 많으나, 이 구조는 통념과 진실 구조를 통해 두 번째 문장이 주제문이다. 따라서 이 글의 주제, 즉 '기술과 환경 문제'와 관계없는 것을 고르면, 태양이 실용적인 대체에너지라고 말하는 ②가 답이 된다. **풀이기술 1 0**

구문분석

• A currently popular attitude is [to blame technology or technologists for having brought on the environmental problems / we face today,] and thus [to try to slow technological advance by blocking economic growth].
→ 두 개의 보어 [   ]와 [   ]가 and로 연결되어 있다.
→ 'blame A for B'는 'A를 B의 이유로 비난하다'란 뜻이다. 여기서 이유 부분은 완료 형태의 동명사가 쓰였다. 따라서 '초래한다'가 아니라 '초래했다'라는 과거시제로 해석한다.

• Obviously, technology that produces pollution is generally cheaper, / but ⟨now that it has been decided that cleaner cars are wanted,⟩ [less polluting cars will be produced;]
→ now that은 because와 의미가 같은 종속접속사이다. 즉 대등접속사 but 뒤에서 ⟨   ⟩를 종속절, [   ]를 주절로 파악한다.
→ want는 '원하다'란 의미일 땐 수동태로 쓰이지 않지만, '필요하다'란 의미일 땐 수동태가 가능하다. 혹은 어떤 사람이 범죄 혐의로 수배중이거나 누군가가 찾고 있다는 의미일 때도 수동태가 가능하다.

현재의 인기 있는 태도는 기술이나 기술 전문가들을 오늘날 우리가 직면하는 환경 문제들을 초래했다는 이유로 비난하는 것과, 그래서 경제 성장을 가로막음으로써 기술적 진보를 늦추려고 노력하는 것이다. 우리는 이런 견해가 완전하게 잘못 판단된 것이라고 믿는다. 만약 기술이 대기를 오염시키는 자동차를 만들어 냈다면, 그것은 공학자들이 오염을 그들의 설계에서 고려해야 했던 문제로 인식하지 않았기 때문이다. (태양 에너지는 예측 가능한 미래에 우리에게 실용적인 대체에너지 원천이 될 수 있다.) 분명히, 오염을 일으키는 기술은 일반적으로 값이 싸다. 하지만 더 깨끗한 자동차들이 필요하다는 사실이 확실하기 때문에, 덜 오염시키는 차가 생산될 것이다. 심지어 거의 오염시키지 않는 차가 만들어질 수도 있다. 그러나 이러한 마지막 선택은 몇 년의 세월과 많은 투자를 필요로 할 것이다. 비록 기술이 사람들의 의지에 반응하긴 하지만, 기술이 즉각적으로 반응하는 것은 드물고, 결코 공짜도 아니다.

technologist 기술 전문가 / bring on 야기하다, 초래하다 / block 막다 / automobile 자동차 / alternative 대안의, 대체의 / foreseeable 예측[예견]할 수 있는 / now that ~하기 때문에, ~이니까 / decided 확실한, 결정적인 / be wanted 필요하다; 수배 중이다 / responsive 즉각 반응[대응]하는 / will 의지 / instantaneously 순간적으로, 즉석으로

01 다음 글에서 전체 흐름과 관계 <u>없는</u> 문장은?

Actors, singers, politicians and countless others recognise the power of the human voice as a means of communication beyond the simple decoding of the words that are used. Learning to control your voice and use it for different purposes is, therefore, one of the most important skills to develop as an early career teacher. ① The more confidently you give instructions, the higher the chance of a positive class response. ② There are times when being able to project your voice loudly will be very useful when working in school, and knowing that you can cut through a noisy classroom, dinner hall or playground is a great skill to have. ③ In order to address serious noise issues in school, students, parents and teachers should search for a solution together. ④ However, I would always advise that you use your loudest voice incredibly sparingly and avoid shouting as much as possible. ⑤ A quiet, authoritative and measured tone has so much more impact than slightly panicked shouting.

02 다음 글에서 전체 흐름과 관계 <u>없는</u> 문장은?

Roman doll-makers continued to use technology developed by the Egyptians and Greeks, but in line with the artistic sensibilities of their culture, they were constantly trying to make dolls more elegant and beautiful. ① One doll, found near Prati in Rome, was made of ivory and lay beside her owner who had died at the age of eighteen. ② The huge growth in the understanding of civilization raised awareness of other important roles of trade. ③ Next to the doll was a small box, also made of ivory, containing tiny combs and a silver mirror. ④ The doll had rings on her fingers and held a tiny key, which unlocked the box. ⑤ Like children today, the younger members of Roman civilization would have dressed and undressed their dolls, and decorated their hair and fingers according to the latest fashions.

03 다음 글에서 전체 흐름과 관계 <u>없는</u> 문장은?

Although commonsense knowledge may have merit, it also has weaknesses, not the least of which is that it often contradicts itself. For example, we hear that people who are similar will like one another ("Birds of a feather flock together") but also that persons who are dissimilar will like each other ("Opposites attract"). ① We are told that groups are wiser and smarter than individuals ("Two heads are better than one") but also that group work inevitably produces poor results ("Too many cooks spoil the broth"). ② Each of these contradictory statements may hold true under particular conditions, but without a clear statement of when they apply and when they do not, aphorisms provide little insight into relations among people. ③ That is why we heavily depend on aphorisms whenever we face difficulties and challenges in the long journey of our lives. ④ They provide even less guidance in situations where we must make decisions. ⑤ For example, when facing a choice that entails risk, which guideline should we use — "Nothing ventured, nothing gained" or "Better safe than sorry"?

*aphorism: 격언, 경구(警句) **entail: 수반하다

04 다음 글에서 전체 흐름과 관계 <u>없는</u> 문장은?

There are some areas of mathematics where long, unpleasant but basically routine calculations have to be done, and there are some good computer programs for doing them. ① Thus, computers can be very useful time-saving devices, sometimes so much so that they enable mathematicians to discover results that they could not have discovered on their own. ② Nevertheless, the kind of help that computers can provide is very limited. ③ One point that deserves to be made is that the lack of women in mathematics is another statistical phenomenon. ④ If it happens that your problem, or more usually sub-problem, is one of the small minority that can be solved by a long and repetitive search, then well and good. ⑤ If, on the other hand, you are stuck and need a bright idea, then, in the present state of technology, a computer will be no help whatsoever.

05 **다음 글에서 전체 흐름과 관계 없는 문장은?**

Apologies often fail. One reason apologies fail is that the "offender" and the "victim" usually see the event differently. Examining personal narratives, researchers have found that those who cause harm tend to minimize the offense — probably to protect themselves from shame and guilt. They also tend to downplay the consequences of their actions. ① These tendencies can inflame the anger of the hurt person, who, in contrast, may see an offense as bigger than it really is. ② When sincere apologies are offered in an ordinary human relationship, they are readily accepted by the victims and reconciliations ensue. ③ Those who are hurt tend to see the act as one with severe consequences and as part of an ongoing pattern that is inexcusable and immoral. ④ Each person has his or her own truth, and there is distortion on both sides. ⑤ Therefore, to apologize sincerely we must first listen attentively to how the other person really feels about what happened — not simply assert what we think happened.

06 **다음 글에서 전체 흐름과 관계 없는 문장은?**

Most of you experience urges when trying to break a habit and these can be hard to resist unless you find something else to do instead, and best of all, something that uses the same part of the body — even the same muscles. ① If the habit involves your hands, as when pulling out hair, then try to occupy them in some other way. ② Playing with a toy or opening and closing your fists for a couple of minutes might be an answer. ③ The habit of scratching can be replaced with rubbing in some lotion or patting with the palm of the hand. ④ If the itches, however, do not disappear, stop scratching and take the medicine. ⑤ One 35-year-old woman who used to rub her eyes with her hands until they became sore and infected found it helpful to put on make-up when she was tempted to rub.

01 다음 글에서 전체 흐름과 관계 <u>없는</u> 문장은?

When a dog is trained to detect drugs, explosives, contraband, or other items, the trainer doesn't actually teach the dog how to smell; the dog already knows how to discriminate one scent from another. Rather, the dog is trained to become emotionally aroused by one smell versus another. ① In the step-by-step training process, the trainer attaches an "emotional charge" to a particular scent so that the dog is drawn to it above all others. ② And then the dog is trained to search out the desired item on cue, so that the trainer can control or release the behavior. ③ This emotional arousal is also why playing tug with a dog is a more powerful emotional reward in a training regime than just giving a dog a food treat, since the trainer invests more emotion into a game of tug. ④ As long as the trainer gives the dog a food reward regularly, the dog can understand its "good" behavior results in rewards. ⑤ From a dog's point of view, the tug toy is compelling because the trainer is "upset" by the toy.

*contraband: 밀수품 **tug: 잡아당김

02 다음 글에서 전체 흐름과 관계 <u>없는</u> 문장은?

One of the most widespread, and sadly mistaken, environmental myths is that living "close to nature" out in the country or in a leafy suburb is the best "green" lifestyle. Cities, on the other hand, are often blamed as a major cause of ecological destruction — artificial, crowded places that suck up precious resources. Yet, when you look at the facts, nothing could be farther from the truth. ① The pattern of life in the country and most suburbs involves long hours in the automobile each week, burning fuel and pumping out exhaust to get to work, buy groceries, and take kids to school and activities. ② City dwellers, on the other hand, have the option of walking or taking transit to work, shops, and school. ③ The larger yards and houses found outside cities also create an environmental cost in terms of energy use, water use, and land use. ④ This illustrates the tendency that most city dwellers get tired of urban lives and decide to settle in the countryside. ⑤ It's clear that the future of the Earth depends on more people gathering together in compact communities.

*compact: 밀집한

03 다음 글에서 전체 흐름과 관계 <u>없는</u> 문장은?

Consider the following implication involving the role of social bonds and affection among group members. If strong bonds make even a single dissent less likely, the performance of groups and institutions will be impaired. ① A study of investment clubs showed that the worst-performing clubs were built on affective ties and were primarily social, while the best-performing clubs limited social connections and focused on making money. ② Dissent was far more frequent in the high-performing clubs. ③ The low performers usually voted unanimously, with little open debate. ④ As illustrated in the study, the high performers placed more importance on social bonds than the low performers, resulting in their high rate of success. ⑤ The central problem is that the voters in low-performing groups were trying to build social cohesion rather than to produce the highest returns.

04 다음 글에서 전체 흐름과 관계 <u>없는</u> 문장은?

Since the 1980's, zoos have strived to reproduce the natural habitats of their animals, replacing concrete floors and steel bars with grass, rocks, trees, and pools of water. These environments may simulate the wild, but the animals do not have to worry about finding food, shelter, or safety from predators. ① While this may not seem like such a bad deal at first glance, the animals experience numerous complications. ② And yet, most of the complications were settled with no delay in order to ensure the animals' health and safety. ③ The zebras live constantly in fear, smelling the lions in the nearby Great Cats exhibit every day and finding themselves unable to escape. ④ There is no possibility of migrating or of storing food for the winter, which must seem to promise equally certain doom to a bird or bear. ⑤ In short, zoo life is utterly incompatible with an animal's most deeply-rooted survival instincts.

*doom: 파멸, 종말

Unit 02 응집성 – 연결어

수능에서 연결어 자체를 묻는 문제는 2015학년도 수능을 마지막으로 더 이상 출제되지 않고 있다. 따라서 연결어를 고르는 기출 문제를 이 책에서 다루지는 않을 것이다. 하지만 연결어는 문제 유형에 관계없이 글의 흐름을 파악하는데 매우 중요한 기능을 하며, 문장 순서와 삽입 문제에선 결정적인 단서로 자주 사용되므로 반드시 학습해두어야 한다.

풀이기술 1 2 접속부사가 문장의 중간이나 뒤에 위치해 있는 경우는 이를 반드시 문장의 앞으로 옮겨 놓고 판단한다.

연결어가 접속부사일 때는 접속사가 아니기 때문에 두 개의 문장을 연결하지 못한다. 따라서 독립된 두 개의 문장으로 표현되고, 뒷문장에 연결어가 들어 있는 형태가 된다. 이때 연결어는 항상 문장의 앞에만 위치하지 않고 문장의 중간(대개 주어 바로 뒤)이나 끝에도 위치할 수 있다. 이런 경우 반드시 연결어를 문장의 앞으로 가져온 후 판단해야 헷갈리지 않는다. 예를 들어, 아래 ①, ②와 같은 경우 연결어의 위치를 ③처럼 옮겨 놓고 판단한다.

① The president was confident of success. His advisers, however, were not so sure.
② The president was confident of success. His advisers were not so sure, however.
→ ③ The president was confident of success. However, his advisers were not so sure.

중요 연결어의 쓰임

풀이기술 1 3 중요 연결어의 쓰임을 잘 파악한다.

| 혼동하기 쉬운 연결어 | ❶ – 대조

___A___ + on the other hand / in(by) contrast / while / whereas + ___B___
반면, 한편, 대조적으로

이 연결어들은 대조를 나타내는 연결어로, 대조되는 두 개의 사실이나 의견 사이에 균형을 맞추어 준다. 주의할 점은 이 연결어들은 대조되는 두 내용 A와 B는 서로를 부정하지 않는다는 점이다.

ex I am very extrovert and confident, while my brother is shy and quiet.
나는 매우 외향적이고 자신감이 넘친다. 반면 내 형은 수줍어하고 조용한 성격이다.

내 형이 수줍어하고 조용한 성격이라는 것은 내가 외향적이고 자신감있는 성격이라는 것을 부정하지 않는다. 두 개의 독립된 사실을 대조하고 있을 뿐이다.

ex He must be about sixty, whereas his wife looks about thirty.
그는 60살쯤 되었음이 틀림없다. 반면 그의 아내는 30살 정도로 보인다.

ex The company's customer service center has been improved a lot. On the other hand, its shipping department needs to be redesigned.
그 회사의 고객 서비스 센터는 꽤 좋아졌다. 반면 배송 부서는 개편될 필요가 있다.

_____A_____ + nonetheless / nevertheless + _____B_____
그럼에도 불구하고

이 연결어들은 A를 고려했을 때 논리식으로 또는 상식적으로 있을 수 없는 일인 B가 실제로 일어난다는 것을 나타내고자 할 때 쓴다. 여기서도 주의할 점이 있는데, 이 연결어들도 마찬가지로 B가 A를 부정하지는 않는다.

ex Smoking is proved to be dangerous to the health. Nonetheless, 40% of the population smokes.
흡연은 건강에 위험하다고 증명되었다. 그럼에도 불구하고 인구의 40%가 흡연을 한다.

무려 인구의 40%가 여전히 흡연을 한다는 사실은 흡연이 건강에 위험하다고 증명되었다는 사실을 고려하면 상식적으로 있기 힘든 일이다. 또한 인구의 40%가 담배를 피운다는 사실은 흡연이 건강에 위험하다는 사실을 부정하지는 않는다.

_____A_____ + on the contrary / rather + _____B_____
(~하기는커녕) 오히려

on the contrary, rather는 앞에 나온 내용과 정반대 내용을 제시하여 앞 내용을 부정한다. 이 때 주의할 점은 앞 문장 전체가 아니라, 앞 문장에서 부정어를 제외한 '내용' 부분만을 기준으로 정반대 내용이 B에 온다는 것이다.

ex She didn't stay home last night; on the contrary / rather, she went out with her sister.
그녀는 어젯밤 집에 있지 않았다. 오히려 그녀는 동생과 외출했었다.

그녀가 어젯밤 집에 있었다는 것과 그녀가 동생과 외출했다는 것은 정반대 내용이다. 그런데 A에서 밑줄 그은 부분이 아닌 A 문장 전체를 본다면, B 문장과 의미가 유사해보인다는 것이다.

She didn't stay home last night. ≒ She went out with her sister.

이렇게 두 문장이 유사해 보이면 '오히려'라는 역접의 의미를 가진 on the contrary나 rather를 고르기가 어려워진다. on the contrary나 rather는 반드시 A에서 부정어를 제외한 나머지 부분만 가지고 판단해야 한다.

ⓔ I'm not someone who thinks meat is bad for us. On the contrary, I think it's healthy.
나는 고기가 우리에게 나쁘다고 생각하는 사람이 아니다. 오히려 나는 고기가 건강에 좋다고 생각한다.

위 문장도 부정어 not을 제외한 나머지 내용 부분인 'meat is bad for us'와 'it's healthy'가 정반대 내용이다.

간혹, 부정어를 명시적으로 사용하지 않고 문장 안에 내포시키는 경우가 있다.

ⓔ Many people think that English grammar is quite complicated and random. On the contrary, it was very straightforward and logical.
많은 사람들은 영문법이 매우 복잡하고 무작위적이라고 생각한다. 정반대로, 그것은 매우 단순하고 논리적이다.

위 문장의 A 부분에는 명시적인 부정어는 없지만, 'English grammar is not complicated and random.'라는 사실이 내포되어 있다. 여기서 not을 제외한 complicated and random 부분이 B의 straightforward and logical의 정반대 의미가 된다.

$$\underline{\quad A \quad} + instead + \underline{\quad B \quad}$$
~대신

on the contrary/rather와 마찬가지로, instead도 A에는 부정어가 필요하다. 단, on the contrary/rather와 달리, A와 B가 꼭 정반대일 필요는 없다. instead의 경우 A, B는 서로 다른 대상 혹은 서로 다른 내용이기만 하면 된다.

ⓔ He didn't call me back. Instead, he came in person.
그는 내게 답신 전화를 하지 않았다. 대신, 그는 직접 방문했다.

답신 전화를 하는 것과 직접 방문하는 것은 서로 다른 내용일 뿐, '뜨겁다 – 차갑다'처럼 정반대 의미는 아니다.

$$\underline{\qquad A \qquad} + \text{however / yet / still} + \underline{\qquad B \qquad}$$
그러나

● 대조

1. 대조(역접)

이 연결어들은 대조를 나타내기 위해 쓰일 수 있다.

ex I'm confident of success. However, my colleagues are not so sure.
나는 성공을 자신한다. 그러나 내 동료들은 확신하지 못하고 있다.

2. 강조

한편 어떤 내용을 강조하기 위해서도 쓰인다. 특히 however 뒤에 'real, really, it is ~ that 강조 용법, 최상급' 등의 표현이 온다면 이 때 however는 강조를 위해 사용된 것이다.

ex This is definitely one of my favorite bars in the neighborhood. I like the atmosphere and the beer selection. However, the real reason why I love this place is the attractive bartender.
이곳은 이 부근에서 내가 좋아하는 술집 중에 하나다. 나는 이곳의 분위기와 메뉴를 좋아한다. 그러나 내가 이곳을 좋아하는 진짜 이유는 아름다운 바텐더 때문이다.

● 예시

$$\underline{\qquad A \qquad} + \text{for example / for instance / To illustrate / As an illustration} + \underline{\qquad B \qquad}$$
예를 들면

A는 일반적 진술이고 B는 A에 대한 구체적 진술이다. 여기서 주의할 점은 B는 A에 대한 예를 든 것이므로 일반적 진술인 A의 내용과 구체적 진술인 B의 내용은 서로 같아야 한다.

ex Not all married couples pool all their finances. My sister, for example, does not know what her husband's income is.
모든 부부들이 공동 자금을 만드는 것은 아니다. 예를 들어 내 동생은 남편의 수입이 얼마인지 모른다.

위 예문에서 동생이 남편 수입이 얼마인지 모른다는 것은 동생 부부는 공동 자금을 만들지 않았다는 것을 의미한다. 즉, A 부분과 같은 내용이다.

A가 일반적 진술이고 B가 구체적 진술인데, 연결어 for example이 아닌 however를 써야 하는 경우가 있다. 이런 경우는, A와 B의 내용이 같은 것이 아니라 A라는 일반적인 사실에 대한 예외로 B를 제시하는 경우이다.

ex Almost every member of my entire family is an alcoholic. My sister, [for example / however], doesn't drink at all.
우리 가족 대부분은 알코올 중독자다. 그러나 내 동생은 술을 전혀 마시지 않는다.

위 예문에서 My sister가 마치 every member of my entire family의 예처럼 보이지만, 내용을 보면 My sister는 알코올 중독자에 대한 예가 아니다. 이런 경우 자칫하면 for example로 헷갈리기 쉬우니 조심하자.

| 혼동하기 쉬운 연결어 | ❸ –공통점 / 추가 / 부연

● **공통점**

> ____A____ + similarly / likewise / in the same way / by the same token + ____B____
> 마찬가지로

이 연결어들은 서로 다른 둘의 공통점을 언급하기 위해 쓰인다.

ex Jane always thought her upbringing was too strict. Likewise, her son now complains about his lack of freedom.
　　　A　　　　　　　　　　공통점　　　　　　　　　　B　　　　　　　공통점
Jane은 항상 그녀가 받은 가정교육이 너무 엄격하다고 생각했다. 마찬가지로 그녀의 아들은 현재 자유가 없다는 것에 대해 불평한다.

● **추가**

> ____A____ + besides / further(more) / in addition / moreover / also + ____B____
> 게다가

이 연결어들은 A에 언급한 내용에 관련하여 새로운 내용을 추가하는 연결어이다.

ex He is a very talented singer. Moreover, he can play various instruments.
그는 매우 재능 있는 가수이다. 게다가, 그는 다양한 악기도 연주할 수 있다.

그의 능력① (talented singer)에 대해, 능력② (play various instruments)를 추가하였다.

ex We can't invite Jason. It's too late to invite any more people. Moreover, you know how he hates parties.
우리는 Jason을 초대할 수 없어. 사람을 더 초대하기엔 너무 늦었어. 게다가 그가 얼마나 파티를 싫어하는지 너도 알잖니.

Jason을 초대할 수 없는 이유① (It's too late)에 대해, 이유② (he hates parties)를 추가하였다.

● 부연

$$\underline{\quad A \quad} + \text{indeed / in fact / in effect} + \underline{\quad B \quad}$$
사실, 실제로

이 연결어들은 부연 설명을 할 때 사용한다. similarly처럼 다른 대상이 언급되거나, besides처럼 새로운 내용이 추가되지 않는다. B는 A의 부연 설명이므로, A와 B는 사실상 같은 내용이다.

ex I haven't seen her for years. In fact, I can't even remember what her name is.
나는 수년간 그녀를 보지 못했다. 사실 그녀의 이름조차 기억나지 않는다.

ex I can help. Indeed, I would be delighted to help.
내가 도와드릴 수 있어요. 사실 도와 드릴 수 있다면 기쁘겠어요.

주의할 것은, in fact / in effect는 대조를 나타낼 수도 있다는 점이다. 주로 A에 반대되는 사실이나 A에 내포된 숨겨진 사실을 B에 제시한다.

ex James worried that his employees would leave for other companies. In fact, they were more likely to stay.
James는 직원들이 다른 회사로 떠날까봐 걱정했다. 사실 그들은 남아 있을 가능성이 더 컸다.

ex He was very polite. But in effect, he was telling me that I had no chance of passing the test.
그는 매우 공손했다. 그러나 사실은 내가 시험에 통과할 가능성이 없다는 말을 하고 있었다.

| 혼동하기 쉬운 연결어 | ❹ – 대조와 열거

● 대조

$$\text{At first / Initially,} \ \underline{\quad A \quad} + \text{But / However,} \ \underline{\quad B \quad}$$
처음에는   그러나

At first는 무언가가 변하기 전 혹은 어떤 새로운 사실이 드러나기 전의 사실/상황을 언급할 때 쓰

이는 연결어이다. 따라서 but이나 however와 같은 역접 연결사가 뒤에 따라오는 경우가 많다.

ex He looked cold-hearted at first, but soon he turned out to be a kind man.
처음에는 무정하게 보였지만, 그러나 곧 그는 친절한 사람이라는 것이 드러났다.

ex At first he wouldn't talk about it. However, he ended up telling everything.
처음에는 그것에 대해 말하지 않으려 했다. 그러나 결국 그는 모든 것을 털어놓게 되었다.

● 열거

    ___A__. First(ly) / First (of all),   ___B__. + second(ly) / (an)other / in addition / also / too, …
              첫째로, 우선   게다가

연결어 First(ly) 앞에는 일반적 진술(주제문)이 온다. 그리고 그에 대한 구체적 진술들을 열거하기 위한 연결어가 First(ly)이다. First(ly) 뒤에는 {second(ly), (an)other, in addition, also, too, …} 등의 연결어와 함께 다른 내용이 이어서 열거된다. 이처럼 First(ly)와 At first는 쓰임이 전혀 다르다는 것에 유의하자.

ex There are several reasons why he did this. First, he was in difficulties for money. In addition, he ....
그가 이런 일을 한 이유가 몇 가지 있다. 첫째로, 그는 경제적인 어려움에 처해 있었다. 게다가 그는 …….

| 혼동하기 쉬운 연결어 | ❺ – 인과 관계와 시간 흐름

● 인과 관계

    ___A__ + Consequently / As a result / As a consequence / In consequence / + ___B__
                  For this reason / Hence / Thus / Therefore
                              그 결과, 그러므로

B는 A에 따른 논리적인 결과 혹은 결론이다. 우리가 흔히 하는 실수는 인과 관계가 없는 두 사건 사이에 인과 관계가 있다고 착각하는 것이다. 이 연결어들이 나올 때는 B가 정말로 A 때문에 일어난 것인지 잘 생각해 보아야 한다.

ex The restaurant has increased the number of staff. **As a result**, the service is better.
그 음식점은 직원의 수를 늘렸다. 그 결과 서비스가 더 좋아졌다.

ex The new gloves are lighter and softer. **Therefore**, they are more comfortable to wear.
그 새 장갑은 더 가볍고 더 부드럽다. 따라서 그것은 착용하기에 더 편하다.

● 시간 흐름

```
          at last / finally / Subsequently / Afterward(s) / After a while /
___A___ +            Shortly[= soon] / Later                               + ___B___
                          마침내 / 나중에
```

이 연결어들은 오랫동안 기다리던 일이 마침내 혹은 나중에 일어났음을 알리기 위해 쓰인다. 따라서 B는 A 때문에 일어난 결과가 아니라, 단순히 시간이 흐름에 따라 일어난 새로운 사건일 뿐이다. 이런 경우 인과 관계가 전혀 없으므로 **as a result** 등의 연결어와 착각하지 않도록 주의해야한다.

ex I had always wanted to see him in person. Last year, [as a result / at last], I met him in a conference.
나는 항상 그를 직접 보고 싶었다. 작년에 마침내 나는 한 회의에서 그를 만났다.

인과 관계가 있는지 판단하는 한 가지 방법은, A가 없다고 가정해도 B가 성립하는지 생각해보는 것이다. A 없이도 B가 일어날 수 있다면 인과 관계가 없고, A가 없이는 B도 일어날 수 없다면 인과 관계가 있다.

위 예문에서 그를 만나고 싶었다는 것과 그를 진짜로 만났다는 것에는 인과 관계가 없다. 굳이 그를 만나고 싶어하지 않았더라도, 우연히 그를 만날 수 있었기 때문이다. 물론 그를 만나고 싶었고, 그래서 만나기 위해 여러 가지 노력을 기울인 결과 그를 만나게 되었다면 인과 관계가 성립한다.

● 열거

```
___A___ + last (of all), lastly, finally + ___B___
                    마지막으로
```

열거를 끝내기 전 마지막으로 언급하고 싶은 것 앞에 사용하는 연결어이다. lastly와 at last는 서로 다른 연결어임에 주의한다. finally는 시간 흐름(마침내)과 열거(마지막으로) 둘 다에 사용된다.

ex ...... exam will be on June 24th. Lastly, be sure to remember that your reports are due tomorrow.
시험은 6월 24일에 있을 것이다. 마지막으로 리포트 제출 마감은 내일까지라는 것을 기억하세요.

| 혼동하기 쉬운 연결어 | ❻ – 구체와 일반

A(구체적 진술) + besides / further(more) / in addition / moreover / also + B(구체적 진술)
게다가

앞서 언급했던 이 연결어들은 A, B에 모두 구체적 진술이 와야 하며, 서로 포함관계가 되면 안 된다.

ex Your report is inaccurate. In addition, it's too short.
네 보고서는 부정확하다. 게다가 너무 짧기까지 하다.

상대방의 보고서의 문제점 ① (inaccurate)에 대해, 문제점 ② (too short)를 추가하였다.

만약 A가 구체적 진술들이고 B가 그 구체적 진술들을 모두 포괄하는 일반적 진술이라면 다음과 같은 연결어를 쓴다.

A1, A2, A3 + in sum / in summary / to sum up / in short / in brief / briefly + B (=A1+A2+A3)
요약하자면

이 연결어들은 요약을 나타내는 연결어이다. B에는 반드시 일반적 진술이 나와야 하며, 이것은 앞에 언급된 여러 개의 구체적 진술을 모두 포괄할 수 있어야 한다.

ex You are stupid, your are lazy, and you are selfish. In short, you are useless.
넌 멍청하고, 게으르며, 이기적이다. 요약하자면 넌 쓸모가 없다.

A + that is (to say) / namely / in other words / to put it another way / put another way + B
즉, 다시 말해서

만약 A와 B가 같은 내용을 말만 바꿔서 재진술하는 경우엔 위와 같은 연결어를 사용한다. 이 연결어들은 '일반 — 일반', '구체 — 구체' 관계에서 모두 사용 가능하다.

또한 A와 B는 같은 내용이긴 하지만 B가 A를 보다 쉽게 풀어 쓴 진술이거나, B가 A를 짧게 요약한 진술일 수도 있다.

ex I can't make a deal with you on this basis.

In other words, unless you offer lower price, I'm afraid I'll have to cancel my order.
이런 조건으로는 당신과 거래할 수 없다. 다시 말하면 당신이 더 낮은 가격을 제시하지 않는다면 나는 주문을 취소할 수밖에 없다.

Unit 03 일관성(1) - 문장 삽입

문제 유형

• 글의 흐름으로 보아, 주어진 문장이 들어가기에 가장 적절한 곳은?

문장 삽입 유형은 글의 일관성에 관한 문제로, 내용의 흐름을 자연스럽게 만들 수 있는지 묻는 문제이다. 이 문제 유형에서 '주어진 문장'은 주제에서 벗어난 문장은 아니다. 하지만 주제와 관련되어 있다고 해서 그 문장을 아무데나 배치해서는 글의 일관성이 약해진다. 이 유형은 주어진 문장을 어느 곳에 배치해야 글의 일관성이 강해지는지, 즉 내용의 흐름이 자연스러워지는지 묻는 문제 유형이다.

이 유형의 문제는 주어진 문장을 먼저 읽는 것이 좋다. 주어진 문장에 순서를 알 수 있는 단서가 있는 경우가 많기 때문이다.

구체적인 풀이 방법 및 순서는 다음과 같다.

풀이기술 1 4 먼저 주어진 문장을 읽으며 단서(연결어, 지시사, 관사, 대명사, such)를 파악한다.

이때, 신호어를 통해 앞에 나올 내용이 어떤 내용일지 예상이 가능한 경우가 꽤 있다. 설령 그 예상이 틀릴지라도, 주어진 문장 앞에 어떤 내용이 있을지 미리 예상을 하고 글을 읽으면 상당한 도움이 된다.

풀이기술 1 5 내용의 흐름이 단절되는 곳을 찾는다.

내용 흐름의 단절은 거의 항상 신호어를 통해 드러난다. 가령 'this man'이란 표현이 나왔는데, 그 앞 문장에 어떤 남자가 등장하지 않으면, 여기서 흐름이 단절되는 것이다. 이런 곳에 주어진 문장을 넣어서 내용이 자연스럽게 이어지면 이곳이 정답이다.

문제가 쉽게 출제되면 이렇게 간단하게 풀린다. 하지만 문제가 조금 어려워지면 지문에서 내용 흐름의 단절을 찾을 수 없게 된다. 주어진 문장을 굳이 넣지 않더라도 지문의 논리적인 구조에 결함이 없는 것이다.

풀이기술 1 6 흐름의 단절이 느껴지지 않는 경우엔 단서(연결어, 지시사, 관사, 대명사, such)와 내용을 바탕으로 문장이 삽입될 위치를 찾는다.

흐름의 단절이 느껴지지 않는 경우 주어진 문장 및 글 속에 들어있는 단서를 바탕으로 정답을 찾아야 한다. 주어진 문장에 단서가 없다고 할지라도, 지문 속에는 반드시 단서가 주어진다.

다음은 삽입 문제에서 단서를 활용하는 구체적인 방법이다. 순서 문제에도 그대로 적용되므로 꼼꼼하게 학습해 두자.

❶ 지시사와 대명사

지시사 :　this/these (+ N), that/those (+ N)
대명사 :　this/these, that/those, it, he/him/his, she/her/hers, they/them/theirs

주어진 문장에 어떤 대상을 가리키는 지시사나 대명사가 있다면 이것은 정답을 찾을 수 있는 가장 강력한 근거이다. 예를 들어 주어진 문장에 'she'라는 대명사가 있다면 지문에 어떤 여자에 대해 먼저 언급이 되어 있어야 대명사 'she'로 그 사람을 지칭할 수 있다.

Linda was only 20 years old. But she was an expert driver.

여기서 한 가지 주의할 점이 있다. 대명사는 기본적으로 앞에 나온 것을 다시 언급할 때 사용하지만 부사절(종속절)이 주절 앞에 위치한다면 부사절의 대명사는 주절에 있는 명사, 즉 뒤에 나오는 명사를 지칭할 수 있다.

Even though she was only 20 years old, Linda was an expert driver.

또한 'those'의 경우도 문맥에 따라 앞 혹은 뒤에 있는 것을 둘 다 가리킬 수 있으므로 유의해야 한다. 'those'가 단독으로 쓰이거나 'those + 명사' 형태로만 쓰이면 앞에 있는 복수명사를 가리키는 지시사가 맞다. 하지만 'those'나 'those + 명사' 뒤에 수식어(특히 관계대명사절)가 있는 경우, those는 지시사의 의미를 갖지 않고, 단순히 '~한 것들' 혹은 '~한 사람들'이란 의미를 갖는다.

가령 'There were many people who helped me.'라는 문장 뒤에서 'Those people'이라고 할 경우 앞에 나온 'many people'을 가리킨다. 하지만 'Those who helped me' 혹은 'Those people who helped me'라는 표현에서 those는 딱히 앞에 나온 대상을 가리키는 것이 아니라, 단순히 '나를 도와주었던 사람들'이란 의미일 뿐이다. 'Those books which you lent me were very useful.' 이 예문에서도 마찬가지이다. Those는 앞에 언급된 책들을 가리키는 것이 아니다. 단순히 '네가 나에게 빌려주었던 책들'을 의미할 뿐이다.

참고로 'these'는 이런 용법이 없다. 'these'는 반드시 앞에 나온 것만을 가리킨다.

❷ 관사

　기본적으로 글에 어떤 명사를 처음 언급할 때는 'a + 명사' 형태를 쓰고, 그 뒤에 이 명사를 다시 지칭할 때 'the + 명사'를 쓴다. 따라서 이 둘의 조합은 삽입 혹은 순서 문제에서 결정적인 단서로 사용되는 경우가 많다.

　하지만 주의할 점이 있는데, 'the + 명사'가 가리키는 대상이 항상 앞 문장에 명시되어 있는 것이 아니라, 문맥상 암시되어 있는 경우도 있다는 점이다. 가령 'It was so hot in his room that I asked him to open the window.'와 같은 문장을 보면, 앞에 'a window'란 표현이 없다. 하지만 정황상 이 창문은 아무 창문이나 가리키는 것이 아니라 '그의 방에 있는 창문'을 지칭한다. 이렇게 문맥상 어떤 창문인지를 알 수 있다면 'a + 명사' 없이도 바로 'the + 명사'를 사용할 수 있는 것이다. 혹은 관용적으로 the를 붙이는 표현들도 있다.

　그렇다면 관사를 문제풀이에 활용하려면 이렇게 정리해볼 수 있다. 글에서 'a + 명사'와 'the + 명사' 형태가 둘 다 보이면 'a + 명사' → 'the + 명사' 순서로 문장을 배치하는데 활용할 수 있다. 하지만 'the + 명사'가 보인다고 해서 무조건 앞에서 'a + 명사'를 찾으면 안 된다. 'a + 명사'가 없을 수도 있기 때문이다.

❸ such

　지시사, 대명사, 관사의 경우는 이들과 지칭하는 대상간에 단수/복수가 일치한다. 가령 앞에 단수명사 a tree가 나왔다면, 뒤에선 the tree, this tree, it와 같은 단수 형태로 지칭해야 하며, the trees, these trees, them과 같은 복수 형태로 지칭할 수 없다.

　하지만 such는 다르다. such는 '그러한'이란 의미로서 앞에 나온 것을 가리키기는 하지만, 앞에 나온 명사 자체를 가리키는 것이 아니라, 그 명사의 '성질'을 가리키는 것이다. 따라서 단수/복수의 일치 여부는 상관이 없다. 예를 들어 앞에 tall trees란 표현이 있을 때, 뒷 문장에서 such a tree라고 하거나, 앞에 a tall tree가 있을 때 뒷 문장에서 such trees라고 할 수도 있다. a tall tree 뒤에서 it이라고 할 경우, 방금 언급된 a tall tree를 가리키는 것이지만, a tall tree 뒤에서 such trees라고 하는 경우는 앞에 언급된 그 키가 큰 나무를 지칭하는 것이 아니라, '키가 큰'이란 성질을 가진 일반적인 나무들을 의미하는 것이다.

　이런 점에서, such 뒤에 있는 명사는 앞에 나온 명사와 의미만 비슷하다면, 반드시 똑같은 명사가 사용되는 것도 아니다. 'Tom was a brave man who saved many lives.'라는 문장 뒤에서 'Such a hero (혹은 such heroes)'라는 표현이 사용될 수 있다. 앞 문장에 hero란 단어가 없지만, such는 앞 문장에 있는 '용감한'이라는 성질을 가리키는 것이기 때문에 반드시 앞과 같은 명사 man을 사용할 필요가 없는 것이다.

한편, such가 앞을 가리키지 않을 수도 있다. 'such+명사'가 단독으로 쓰이면 앞에 나온 것을 가리키지만, 뒤에 'as'가 붙어서 'such A as B (B와 같은 그러한 A)' 형태로 사용되는 경우, A는 앞에 나온 명사가 아니라, 뒤에 있는 B를 가리킨다. 예를 들어 앞에 Shakespeare라는 인물을 언급한 후, 뒤에서 Such a poet 혹은 Such poets라고 표현할 수 있으나, Such a poet as Shakespeare 혹은 Such poets as Shakespeare와 같은 표현의 경우 Such a poet, Such poets는 뒤에 있는 Shakespeare를 가리키므로, 앞 문장에서 찾으면 안 된다.

마지막으로, such as가 하나로 붙어 사용되는 경우는 단순히 for example의 의미일 뿐, 앞에 나온 것을 가리키지 않는다. 가령 great poets such as Shakespeare와 같은 경우 such as는 for example의 의미일 뿐이다.

정답률 41%

주어진 문장이 들어가기에 가장 적절한 곳은?

> We become entrusted to teach culturally appropriate behaviors, values, attitudes, skills, and information about the world.

Erikson believes that when we reach the adult years, several physical, social, and psychological stimuli trigger a sense of *generativity*. A central component of this attitude is the desire to care for others. (①) For the majority of people, parenthood is perhaps the most obvious and convenient opportunity to fulfill this desire. (②) Erikson believes that another distinguishing feature of adulthood is the emergence of an inborn desire to teach. (③) We become aware of this desire when the event of being physically capable of reproducing is joined with the events of participating in a committed relationship, the establishment of an adult pattern of living, and the assumption of job responsibilities. (④) According to Erikson, by becoming parents we learn that we have the need to be needed by others who depend on our knowledge, protection, and guidance. (⑤) By assuming the responsibilities of being primary caregivers to children through their long years of physical and social growth, we concretely express what Erikson believes to be an inborn desire to teach.

독해기술

주어진 문장에 연결어나 지시사가 없으므로 정답을 찾기가 매우 어려운 문제이다. 주어진 글에 단서가 없는 경우에는 본문 안에서 단서를 찾아야 한다. 하지만 그 단서가 쉽게 보이지 않는다. 이 글에서는 ⑤ 뒤의 the responsibilities가 가장 중요한 단서이다. **풀이기술 1 6** 지시사처럼 정관사 the도 앞에 언급된 대상을 다시 언급할 때 사용한다. '그 책무들'이라는 표현은 주어진 문장에 있는 '문화적으로 적절한 행동, 가치, 태도, 기술, 세상에 대한 정보를 가르치는 일'을 가리킨다. 따라서 주어진 문장은 ⑤에 들어가야 한다. 이 단서를 찾지 못하면 주어진 문장을 어느 곳에 넣어야 할지 갈피를 잡을 수 없을 것이다. 참고로 ⑤ 뒤에서 assume은 '가정하다'가 아니라 '(일, 책임 등을) 맡다'라는 뜻으로, 이것 역시 주어진 문장의 'become entrusted(위임받다)'를 의미한다.

구문분석

• According to Erikson, by becoming parents we learn that we have [the need to be needed by others] who depend on our knowledge, protection, and guidance.
→ [ ] 부분에서 명사 the need는 '욕구'로 해석하고, 수식어 to be needed는 수동태이므로 '타인에게 필요함을 받고 싶은 욕구'로 해석한다.

지문해석

Erikson은 우리가 성년에 이르면 몇몇 신체적, 사회적, 심리적 자극들이 '생식성'에 대한 인식을 촉발한다고 믿는다. 이 태도의 중심 구성 요소는 다른 사람들을 돌보고 싶은 욕구이다. 대다수의 사람들에게 부모가 되는 것은 아마도 이 욕구를 충족시킬 수 있는 가장 분명하고 편리한 기회일 것이다. Erikson은 성인기의 또 다른 특징은 가르치고자 하는 선천적 욕구의 출현이라고 믿는다. 육체적으로 번식할 수 있게 되는 사건이 헌신적인 관계에 참여하는 것, 성인의 삶의 패턴을 확립하는 일, 직업적 책임을 맡는 것과 같은 사건과 결합될 때 우리는 이 욕망을 인식하게 된다. Erikson에 따르면, 부모가 됨으로써 우리는 우리의 지식, 보호 및 지도에 의존하는 사람들에 의해 필요함을 받고 싶은 욕구를 가지고 있다는 것을 알게 된다. 우리는 문화적으로 적절한 행동, 가치, 태도, 기술, 그리고 세상에 대한 정보를 가르치는 일을 위임받게 된다. 아이들의 오랜 세월의 육체적, 사회적 성장 기간 동안 아이들에게 일차적인 돌보는 자가 되는 책임을 맡음으로써, 우리는 Erikson이 가르치고자 하는 선천적 욕구라고 믿고 있는 것을 구체적으로 표현한다.

entrust 위임하다, 맡기다 / stimulus 자극 (*pl.* stimuli) / trigger 촉발하다 / generativity 생식성 / distinguishing 독특한, 특유의 / feature 특징 / emergence 출현 / committed 헌신적인 / establishment 정착, 확립 / assumption 떠맡기 / primary 일차적인, 우선적인 / concretely 구체적으로

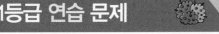

01 글의 흐름으로 보아, 주어진 문장이 들어가기에 가장 적절한 곳은?

> But now rock radio is in seemingly terminal decline and MTV doesn't show many music videos anymore.

Once upon a time, there was only one way to launch a hit album: radio. Nothing else reached as many people, as often. Getting on a radio playlist was difficult, but once a song was in heavy rotation on the radio, it had a high probability of selling. Then, in the 1980s, came MTV, which became the second way to create a hit. (①) It had even more limited capacity for new music, but its influence over a generation was unparalleled. (②) For the music labels, those were good times; it was a brutally competitive business, but it was a business they knew. (③) They understood the rules, and they could earn their keep by working them. (④) So how to market music? (⑤) Labels know the answer lies online, tapping the word-of-mouth forces that are replacing traditional marketing in creating demand, but they're still trying to figure out exactly how best to do it.

*label: 음반사

02 글의 흐름으로 보아, 주어진 문장이 들어가기에 가장 적절한 곳은?

> Despite such evidence of favoritism toward handsome politicians, follow-up research demonstrated that voters did not realize their bias.

Research has shown that we automatically assign to good-looking individuals such favorable traits as talent, kindness, honesty, and intelligence. (①)

Furthermore, we make these judgements without being aware that physical attractiveness plays a role in the process. (②) Some consequences of this unconscious assumption that "good-looking equals good" scare me. (③) For example, a study of the 1974 Canadian federal elections found that attractive candidates received more than two and a half times as many votes as unattractive candidates. (④) In fact, 73 percent of Canadian voters surveyed denied in the strongest possible terms that their votes had been influenced by physical appearance; only 14 percent even allowed for the possibility of such influence. (⑤) Voters can deny the impact of attractiveness on electability all they want, but evidence has continued to confirm its troubling presence.

03 글의 흐름으로 보아, 주어진 문장이 들어가기에 가장 적절한 곳은?

> Most readers of reports and papers are reading the documents because they are interested in, and know something about, the subject.

What is the best order for a report, paper or other technical document? Of course, it must be logical; but that means simply that the paper must have connection and sequence, and a variety of orders is possible under this heading. Too many writers interpret the term *logical* to mean chronological, and it has become habitual to begin reports and papers with careful reviews of previous work. (①) Usually, this is tactically weak. (②) Therefore, to rehearse to them the findings of previous work is simply to bore them with unnecessary reminders. (③) The interesting thing for them is the new information — the new findings and conclusions. (④) So it is usually best to start with those pieces of information. (⑤) To give a long chronological account of work or procedures is normally appropriate *only* when the essential point of the paper is the chronological sequence.

*chronological: 연대순의

글의 흐름으로 보아, 주어진 문장이 들어가기에 가장 적절한 곳은?

There's a reason for that: traditionally, park designers attempted to create such a feeling by planting tall trees at park boundaries, building stone walls, and constructing other means of partition.

Parks take the shape demanded by the cultural concerns of their time. Once parks are in place, they are no inert stage — their purposes and meanings are made and remade by planners and by park users. Moments of park creation are particularly telling, however, for they reveal and actualize ideas about nature and its relationship to urban society. (①) Indeed, what distinguishes a park from the broader category of public space is the representation of nature that parks are meant to embody. (②) Public spaces include parks, concrete plazas, sidewalks, even indoor atriums. (③) Parks typically have trees, grass, and other plants as their central features. (④) When entering a city park, people often imagine a sharp separation from streets, cars, and buildings. (⑤) What's behind this idea is not only landscape architects' desire to design aesthetically suggestive park spaces, but a much longer history of Western thought that envisions cities and nature as antithetical spaces and oppositional forces.

*aesthetically: 미적으로 **antithetical: 대조적인

글의 흐름으로 보아, 주어진 문장이 들어가기에 가장 적절한 곳은?

It may be easier to reach an agreement when settlement terms don't have to be implemented until months in the future.

Negotiators should try to find ways to slice a large issue into smaller pieces, known as using *salami tactics*. (①) Issues that can be expressed in quantitative, measurable units are easy to slice. (②) For example, compensation demands can be divided into cents-per-hour increments or lease rates can be quoted as dollars per square foot. (③) When working to fractionate issues of principle or precedent, parties may use the time horizon (when the principle goes into effect or how long it will last) as a way to fractionate the issue. (④) Another approach is to vary the number of ways that the principle may be applied. (⑤) For example, a company may devise a family emergency leave plan that allows employees the opportunity to be away from the company for a period of no longer than three hours, and no more than once a month, for illness in the employee's immediate family.

*increment: 증가 **fractionate: 세분하다

06 글의 흐름으로 보아, 주어진 문장이 들어가기에 가장 적절한 곳은?

> They also rated how generally extroverted those fake extroverts appeared, based on their recorded voices and body language.

Some years ago, a psychologist named Richard Lippa called a group of introverts to his lab and asked them to act like extroverts while pretending to teach a math class. (①) Then he and his team, with video cameras in hand, measured the length of their strides, the amount of eye contact they made with their "students," the percentage of time they spent talking, and the volume of their speech. (②) Then Lippa did the same thing with actual extroverts and compared the results. (③) He found that although the latter group came across as more extroverted, some of the fake extroverts were surprisingly convincing. (④) It seems that most of us know how to fake it to some extent. (⑤) Whether or not we're aware that the length of our strides and the amount of time we spend talking and smiling mark us as introverts and extroverts, we know it unconsciously.

글의 흐름으로 보아, 주어진 문장이 들어가기에 가장 적절한 곳은?

> The experimenter then changed the context so that the participants had to do a subtly different task.

By changing the focus or context of a task, we can get renewed energy even when we feel that we are completely out of energy. To demonstrate this, a psychologist asked people to take part in what she called 'semi-free tasks'. The tasks included drawing, repeatedly writing 'ababababababab...', or reading a short poem. (①) The participants were asked to do these tasks until they felt exhausted. (②) Those drawing were asked to redraw their last picture to demonstrate how quickly they could draw. (③) Those writing 'abab' were asked to sign their name and address. (④) In this new context their fatigue disappeared. (⑤) This phenomenon of creating a second wind can be seen in action at airports where security officers rotate around different stations to stop routine-induced fatigue from settling in.

글의 흐름으로 보아, 주어진 문장이 들어가기에 가장 적절한 곳은?

> As long as the irrealism of the silent black and white film predominated, one could not take filmic fantasies for representations of reality.

Cinema is valuable not for its ability to make visible the hidden outlines of our reality, but for its ability to reveal what reality itself veils — the dimension of fantasy. (①) This is why, to a person, the first great theorists of film decried the introduction of sound and other technical innovations (such as color) that pushed film in the direction of realism. (②) Since cinema was an entirely fantasmatic art, these innovations were completely unnecessary. (③) And what's worse, they could do nothing but turn filmmakers and audiences away from the fantasmatic dimension of cinema, potentially transforming film into a mere delivery device for representations of reality. (④) But sound and color threatened to create just such an illusion, thereby destroying the very essence of film art. (⑤) As Rudolf Arnheim puts it, "The creative power of the artist can only come into play where reality and the medium of representation do not coincide."

*decry: 공공연히 비난하다 **fantasmatic: 환상의

01 글의 흐름으로 보아, 주어진 문장이 들어가기에 가장 적절한 곳은?

> The net effect of this was that, although customers benefited, the banks lost out as their costs increased but the total number of customers stayed the same.

In mature markets, breakthroughs that lead to a major change in competitive positions and to the growth of the market are rare. (①) Because of this, competition becomes a zero sum game in which one organization can only win at the expense of others. (②) However, where the degree of competition is particularly intense a zero sum game can quickly become a negative sum game, in that everyone in the market is faced with additional costs. (③) As an example of this, when one of the major high street banks in Britain tried to gain a competitive advantage by opening on Saturday mornings, it attracted a number of new customers who found the traditional Monday-Friday bank opening hours to be a constraint. (④) However, faced with a loss of customers, the competition responded by opening on Saturdays as well. (⑤) In essence, this proved to be a negative sum game.

02 글의 흐름으로 보아, 주어진 문장이 들어가기에 가장 적절한 곳은?

> There are also clinical cases that show the flip side of this coin.

Humans can tell lies with their faces. Although some are specifically trained to detect lies from facial expressions, the average person is often misled into believing false and manipulated facial emotions. One reason for this is that we are "two-faced." By this I mean that we have two different neural systems that manipulate our facial muscles. (①) One neural system is under voluntary control and the other works under involuntary control. (②) There are reported cases of individuals who have damaged the neural system that controls voluntary expressions. (③) They still have facial expressions, but are incapable of producing deceitful ones. (④) The emotion that you see is the emotion they are feeling, since they have lost the needed voluntary control to produce false facial expressions. (⑤) These people have injured the system that controls their involuntary expressions, so that the only changes in their demeanor you will see are actually willed expressions.

*demeanor: 태도, 표정

03 글의 흐름으로 보아, 주어진 문장이 들어가기에 가장 적절한 곳은?

> On top of the hurdles introduced in accessing his or her money, if a suspected fraud is detected, the account holder has to deal with the phone call asking if he or she made the suspicious transactions.

Each new wave of technology is intended to enhance user convenience, as well as improve security, but sometimes these do not necessarily go hand-in-hand. For example, the transition from magnetic stripe to embedded chip slightly slowed down transactions, sometimes frustrating customers in a hurry. (①) Make a service too burdensome, and the potential customer will go elsewhere. (②) This obstacle applies at several levels. (③) Passwords, double-key identification, and biometrics such as fingerprint-, iris-, and voice recognition are all ways of keeping the account details hidden from potential fraudsters, of keeping your data dark. (④) But they all inevitably add a burden to the use of the account. (⑤) This is all useful at some level — indeed, it can be reassuring knowing that your bank is keeping alert to protect you — but it becomes tiresome if too many such calls are received.

*fraud: 사기

04 글의 흐름으로 보아, 주어진 문장이 들어가기에 가장 적절한 곳은?

> This makes sense from the perspective of information reliability.

The dynamics of collective detection have an interesting feature. Which cue(s) do individuals use as evidence of predator attack? In some cases, when an individual detects a predator, its best response is to seek shelter. (①) Departure from the group may signal danger to nonvigilant animals and cause what appears to be a coordinated flushing of prey from the area. (②) Studies on dark-eyed juncos (a type of bird) support the view that nonvigilant animals attend to departures of individual group mates but that the departure of multiple individuals causes a greater escape response in the nonvigilant individuals. (③) If one group member departs, it might have done so for a number of reasons that have little to do with predation threat. (④) If nonvigilant animals escaped each time a single member left the group, they would frequently respond when there was no predator (a false alarm). (⑤) On the other hand, when several individuals depart the group at the same time, a true threat is much more likely to be present.

*predator: 포식자 **vigilant: 경계하는 ***flushing: 날아오름

글의 흐름으로 보아, 주어진 문장이 들어가기에 가장 적절한 곳은?

> So, when someone is threatening to go to war, or trying to convince us and mounting a huge public relations campaign to justify it, the news media have a responsibility to question everything.

It's important that the media provide us with diverse and opposing views, so we can choose the best available options. Let's take the example of going to war. (①) War should be a last resort, obviously, undertaken when all other options have failed. (②) They should be providing the most intense scrutiny on our behalf, so the public can see the other side of things. (③) Otherwise, we may be drawn into unnecessary wars, or wars fought for reasons other than those presented by governments and generals. (④) Most of the time, the media fail to perform this crucial role. (⑤) Even the large, so-called 'liberal' American media have admitted that they have not always been watchdogs for the public interest, and that their own coverage on some major issues "looks strikingly one-sided at times."

*scrutiny: 면밀한 조사

글의 흐름으로 보아, 주어진 문장이 들어가기에 가장 적절한 곳은?

> In particular, they define a group as two or more people who interact with, and exert mutual influences on, each other.

In everyday life, we tend to see any collection of people as a group. (①) However, social psychologists use this term more precisely. (②) It is this sense of mutual interaction or inter-dependence for a common purpose which distinguishes the members of a group from a mere aggregation of individuals. (③) For example, as Kenneth Hodge observed, a collection of people who happen to go for a swim after work on the same day each week does not, strictly speaking, constitute a group because these swimmers do not interact with each other in a structured manner. (④) By contrast, a squad of young competitive swimmers who train every morning before going to school *is* a group because they not only share a common objective (training for competition) but also interact with each other in formal ways (e.g., by warming up together beforehand). (⑤) It is this sense of people coming together to achieve a common objective that defines a "team".

*exert: 발휘하다 **aggregation: 집합

01 글의 흐름으로 보아, 주어진 문장이 들어가기에 가장 적절한 곳은?

> Even so, it is not the money *per se* that is valuable, but the fact that it can potentially yield more positive experiences.

Money — beyond the bare minimum necessary for food and shelter — is nothing more than a means to an end. Yet so often we confuse means with ends, and sacrifice happiness (end) for money (means). It is easy to do this when material wealth is elevated to the position of the ultimate end, as it so often is in our society. (①) This is not to say that the accumulation and production of material wealth is in itself wrong. (②) Material prosperity can help individuals, as well as society, attain higher levels of happiness. (③) Financial security can liberate us from work we do not find meaningful and from having to worry about the next paycheck. (④) Moreover, the desire to make money can challenge and inspire us. (⑤) Material wealth in and of itself does not necessarily generate meaning or lead to emotional wealth.

*per se: 그 자체로

02 글의 흐름으로 보아, 주어진 문장이 들어가기에 가장 적절한 곳은?

> However, recent success in the packaged-cookie market suggests that these may not be the only, or perhaps even the most important, reasons.

Why eat a cookie? Some reasons might be to satisfy your hunger, to increase your sugar level, or just to have something to chew on. (①) It appears that cookie-producing companies are becoming aware of some other influences and, as a result, are delivering to the market products resulting from their awareness. (②) These relatively new product offerings are usually referred to as 'soft' or 'chewy' cookies, to distinguish them from the more typical crunchy varieties. (③) Why all the fuss over their introduction? (④) Apparently much of their appeal has to do with childhood memories of sitting on the back steps devouring those melt-in-your-mouth cookies that were delivered by Mom straight from the oven, while they were still soft. (⑤) This emotional and sensory appeal of soft cookies is apparently at least as strong as are the physical cravings that the product satisfies.

> Retraining current employees for new positions within the company will also greatly reduce their fear of being laid off.

Introduction of robots into factories, while employment of human workers is being reduced, creates worry and fear. (①) It is the responsibility of management to prevent or, at least, to ease these fears. (②) For example, robots could be introduced only in new plants rather than replacing humans in existing assembly lines. (③) Workers should be included in the planning for new factories or the introduction of robots into existing plants, so they can participate in the process. (④) It may be that robots are needed to reduce manufacturing costs so that the company remains competitive, but planning for such cost reductions should be done jointly by labor and management. (⑤) Since robots are particularly good at highly repetitive simple motions, the replaced human workers should be moved to positions where judgment and decisions beyond the abilities of robots are required.

글의 흐름으로 보아, 주어진 문장이 들어가기에 가장 적절한 곳은?

Personal stories connect with larger narratives to generate new identities.

The growing complexity of the social dynamics determining food choices makes the job of marketers and advertisers increasingly more difficult. (①) In the past, mass production allowed for accessibility and affordability of products, as well as their wide distribution, and was accepted as a sign of progress. (②) Nowadays it is increasingly replaced by the fragmentation of consumers among smaller and smaller segments that are supposed to reflect personal preferences. (③) Everybody feels different and special and expects products serving his or her inclinations. (④) In reality, these supposedly individual preferences end up overlapping with emerging, temporary, always changing, almost tribal formations solidifying around cultural sensibilities, social identifications, political sensibilities, and dietary and health concerns. (⑤) These consumer communities go beyond national boundaries, feeding on global and widely shared repositories of ideas, images, and practices.

*fragmentation: 파편화 **repository: 저장소

Unit 04

일관성(2) – 글의 순서 배열

문제 유형

• 주어진 글 다음에 이어질 글의 순서로 가장 적절한 것은?

풀이기술 17 우선은 주어진 글을 꼼꼼하게 정독한다.

주어진 글의 내용을 완벽히 이해하기 전에 (A)~(C)로 넘어가면 안 된다. 두세 번 반복해서 읽더라도 확실하게 의미 파악을 한 뒤에 다음으로 넘어간다.

풀이기술 18 (A), (B), (C)의 각 첫 문장의 단서를 통해 주어진 글 뒤에 이어질 수 '없는' 것부터 제거한다.

두 번째 절차는, 주어진 글 뒤에 확실하게 이어지는 것을 찾는 게 아니라 이어질 수 '없는' 것을 제거하는 것이다. 주어진 글 뒤에서 특정 부분이 100% 확실하게 이어지는 것을 찾기는 쉽지 않다. 가령 주어진 글에 'a man'이란 표현이 있고, (A)에 'this man'이란 표현이 있다면, (A)가 무조건 가장 먼저일까? 그렇지 않다. 왜냐하면 (B)나 (C)에서도 'this man'이 나올 수 있기 때문이다.

하지만 단서를 활용하면 확실하게 이어질 수 없는 것은 제거할 수 있다. 가령 주어진 글에 사람이 등장하지 않는데, (A)에서 'this man'이란 표현이 나오면, 주어진 글 바로 뒤에 (A)는 절대로 올 수 없다. 이렇게 'this man'이란 표현을 통해 (A)가 가장 먼저 올 수 없다는 것이 확인되면, (A)의 나머지 부분을 다 읽지 말고 바로 (B)로 넘어간다. 이런 식으로 (A)~(C)의 첫 문장만 확인하며 이어질 수 없는 것들에 X 표시를 한다.

풀이기술 19 제거되지 않고 남은 문장을 끝까지 읽으며 신호어를 중심으로 연결한다.

삽입 문제와 마찬가지로, 감에 의존하지 말고 철저하게 신호어를 바탕으로 순서를 맞춰본다.

풀이기술 20 뒤에 이어질 내용이 헷갈릴 경우, 이어질 내용 끼리의 순서도 생각해 본다.

만약 주어진 글 뒤에서 (B)가 이어지고, 그 후 (B) – (A)가 이어져야 할지, (B) – (C)가 이어져야 할지 헷갈린다고 가정해 보자. 이 경우엔 (B) – (A), (B) – (C)만 생각하며 시간을 보내지 말고, (A)와 (C) 사이에서 (A) – (C)인지 (C) – (A)인지도 생각해봐야 한다.

① 연결어, 지시사, 관사, 대명사, such의 활용은 삽입 유형에서와 동일하다.

② 만약 단서가 없는 경우 '같은 소재'끼리 이어지도록 연결한다.

③ 일화를 먼저 제시하고, 이를 바탕으로 필자가 교훈을 주고자 하는 유형의 글이 있다. 주어진 글이 '일화'로 시작한다면, '교훈'에 해당하는 부분이 가장 마지막에 온다. 특히 문장들 사이에서 갑자기 주어가 바뀌는 부분이 있다면 주목하라. 교훈을 주고자 할 때에는 주로 주어 you 혹은 we가 사용된다.

④ 질문(의문문)이 나오면 답변이 뒤에 이어져야 한다.

⑤ 주어진 글에서 생소한 개념이 등장하면, 그 생소 개념을 설명하는 내용이 가장 먼저 위치해야 한다.

정답률 36%

주어진 글 다음에 이어질 글의 순서로 가장 적절한 것을 고르시오.

Clearly, schematic knowledge helps you — guiding your understanding and enabling you to reconstruct things you cannot remember.

(A) Likewise, if there are things you can't recall, your schemata will fill in the gaps with knowledge about what's typical in that situation. As a result, a reliance on schemata will inevitably make the world seem more "normal" than it really is and will make the past seem more "regular" than it actually was.

(B) Any reliance on schematic knowledge, therefore, will be shaped by this information about what's "normal." Thus, if there are things you don't notice while viewing a situation or event, your schemata will lead you to fill in these "gaps" with knowledge about what's normally in place in that setting.

(C) But schematic knowledge can also hurt you, promoting errors in perception and memory. Moreover, the *types* of errors produced by schemata are quite predictable: Bear in mind that schemata summarize the broad pattern of your experience, and so they tell you, in essence, what's typical or ordinary in a given situation.

① (A) − (C) − (B)　　② (B) − (A) − (C)
③ (B) − (C) − (A)　　④ (C) − (A) − (B)
⑤ (C) − (B) − (A)

(A)의 Likewise는 '서로 다른 둘의 공통점'을 나타내는 연결어이다. 이 공통점에 해당하는 같은 내용이 (A)와 (B)에 있는 '도식이 틈 (gap)을 채워준다'는 내용이다. 그러면 Likewise라는 연결어를 통해 순서는 (B) → (A)가 되는 것을 알 수 있다.

주어진 문장에서는 도식이 도움을 준다고 했다. 그리고 (C)에서는 역접 연결어 But과 함께 도식이 해로울 수 있다는 내용이 나온 다. 따라서 (B)와 (A)가 우리에게 도움이 되는 내용이라면 (C)의 앞에 와야 하고 우리에게 해가 되는 내용이라면 (C)의 뒤에 이어질 것이다. (A)의 내용을 보면 도식에 의존하는 것의 결과 '실제보다 더 정상'으로 보이게 된다고 했다. 이것은 실제 세상을 정확하게 보는 것이 아니므로 해가 되는 것이다. 따라서 (C) – (B) – (A) 순서가 된다.

한편 (B)의 첫 문장에는 지시사 this가 나오는데, this information about what's normal.이 곧 (C)의 마지막 문장에 언급 된 they tell you, in essence, what's typical or ordinary를 가리키므로 이 단서를 통해 (C) – (B) – (A) 순서를 정할 수도 있 다. 풀이기술 2 1

• Bear in mind [that schemata summarize the broad pattern of your experience, and so they tell you, in essence, what's typical or ordinary in a given situation.]
   → 'Bear A in mind'는 'A를 명심하다'란 뜻이다. 그런데 이 문장은 A에 해당하는 that절이 너무 길어서 문장의 뒤로 이동시킨 형태이다.

분명히, 도식적인 지식은 당신에게 도움을 준다. 즉 당신의 이해를 이끌어주고, 당신이 기억할 수 없는 것들을 재구성하게 해 준다. (C) 하지만 도식적인 지식은 또한 당신에게 해를 줄 수도 있는데, 인식과 기억에 오류를 조장하기 때문이다. 게다가, 도식에 의해서 발생하는 오류의 '유형들'은 상당히 예측 가능하다. 도식이 당신의 경험의 광범위한 유형을 요약해주고, 그래서 그것(도식)이 본질 적으로 주어진 상황에서 무엇이 전형적이거나 평범한 것인지 당신에게 말해준다는 점을 명심하라. (B) 그러므로, 도식에 대한 어떠 한 의존이든 그것은 어떤 것이 '정상적'인 것인지에 대한 이러한 정보에 의해 형성될 것이다. 따라서 어떤 상황이나 사건을 보면서 당신이 알아차리지 못하는 것이 있으면, 당신의 도식이 그 상황에서 일반적으로 무엇이 어울리는지에 관한 지식으로 이러한 '틈'을 채우도록 당신을 이끌어줄 것이다. (A) 마찬가지로, 당신이 기억할 수 없는 것이 있으면, 당신의 도식이 그 틈을 그 상황에서 어떤 것이 일반적인 것인지에 대한 지식으로 채워 줄 것이다. 결과적으로, 도식에 의존하는 것은 불가피하게 세상을 실제보다 더 '정상적 인' 것으로 보이게 할 것이고, 과거를 실제보다 더 '규칙적인' 것으로 보이게 할 것이다.

schematic 도식적인 / schema 도식, 스키마 (pl. schemata) / reliance 의존 / promote 주장하다, 촉진하다 / perception 인식, 지각

01 주어진 글 다음에 이어질 글의 순서로 가장 적절한 것은?

Evolution works to maximize the number of descendants that an animal leaves behind. Where the risk of death from fishing increases as an animal grows, evolution favors those that grow slowly, mature younger and smaller, and reproduce earlier.

(A) Surely these adaptations are good news for species hard-pressed by excessive fishing? Not exactly. Young fish produce many fewer eggs than large-bodied animals, and many industrial fisheries are now so intensive that few animals survive more than a couple of years beyond the age of maturity.

(B) This is exactly what we now see in the wild. Cod in Canada's Gulf of St. Lawrence begin to reproduce at around four today; forty years ago they had to wait until six or seven to reach maturity. Sole in the North Sea mature at half the body weight they did in 1950.

(C) Together this means there are fewer eggs and larvae to secure future generations. In some cases the amount of young produced today is a hundred or even a thousand times less than in the past, putting the survival of species, and the fisheries dependent on them, at grave risk.

① (A) − (C) − (B)　　　　② (B) − (A) − (C)
③ (B) − (C) − (A)　　　　④ (C) − (A) − (B)
⑤ (C) − (B) − (A)

02 주어진 글 다음에 이어질 글의 순서로 가장 적절한 것은?

A fascinating species of water flea exhibits a kind of flexibility that evolutionary biologists call adaptive plasticity.

(A) That's a clever trick, because producing spines and a helmet is costly, in terms of energy, and conserving energy is essential for an organism's ability to survive and reproduce. The water flea only expends the energy needed to produce spines and a helmet when it needs to.

(B) If the baby water flea is developing into an adult in water that includes the chemical signatures of creatures that prey on water fleas, it develops a helmet and spines to defend itself against predators. If the water around it doesn't include the chemical signatures of predators, the water flea doesn't develop these protective devices.

(C) So it may well be that this plasticity is an adaptation: a trait that came to exist in a species because it contributed to reproductive fitness. There are many cases, across many species, of adaptive plasticity. Plasticity is conducive to fitness if there is sufficient variation in the environment.

*spine: 가시 돌기 **conducive: 도움되는

① (A) − (C) − (B) ② (B) − (A) − (C)
③ (B) − (C) − (A) ④ (C) − (A) − (B)
⑤ (C) − (B) − (A)

Promoting attractive images of one's country is not new, but the conditions for trying to create soft power have changed dramatically in recent years. For one thing, nearly half the countries in the world are now democracies.

(A) Technological advances have led to a dramatic reduction in the cost of processing and transmitting information. The result is an explosion of information, and that has produced a "paradox of plenty." Plentiful information leads to scarcity of attention.

(B) In such circumstances, diplomacy aimed at public opinion can become as important to outcomes as traditional classified diplomatic communications among leaders. Information creates power, and today a much larger part of the world's population has access to that power.

(C) When people are overwhelmed with the volume of information confronting them, they have difficulty knowing what to focus on. Attention, rather than information, becomes the scarce resource, and those who can distinguish valuable information from background clutter gain power.

*clutter: 혼란

① (A) − (C) − (B)   ② (B) − (A) − (C)
③ (B) − (C) − (A)   ④ (C) − (A) − (B)
⑤ (C) − (B) − (A)

주어진 글 다음에 이어질 글의 순서로 가장 적절한 것은?

Organic farmers grow crops that are no less plagued by pests than those of conventional farmers; insects generally do not discriminate between organic and conventional as well as we do.

(A) However, most organic farmers have no choice but to rely on chemicals as necessary supplements to their operations. With pests often consuming up to 40 percent of the crops grown in the United States, they do so as a matter of course.

(B) They might refer to these substances as "botanical extracts." But according to Ned Groth, a senior scientist at Consumers Union, these toxins "are not necessarily less worrisome because they are natural."

(C) It is true that they are far more likely than conventional farmers to practice environmentally beneficial forms of biological control, and that they are also more likely to sensibly diversify their crops to reduce infestation.

*infestation: 횡행, 만연

① (A) − (C) − (B)　　　　② (B) − (A) − (C)
③ (B) − (C) − (A)　　　　④ (C) − (A) − (B)
⑤ (C) − (B) − (A)

주어진 글 다음에 이어질 글의 순서로 가장 적절한 것은?

> In spite of the likeness between the fictional and real world, the fictional world deviates from the real one in one important respect.

(A) The author has selected the content according to his own worldview and his own conception of relevance, in an attempt to be neutral and objective or convey a subjective view on the world. Whatever the motives, the author's subjective conception of the world stands between the reader and the original, untouched world on which the story is based.

(B) Because of the inner qualities with which the individual is endowed through heritage and environment, the mind functions as a filter; every outside impression that passes through it is filtered and interpreted. However, the world the reader encounters in literature is already processed and filtered by another consciousness.

(C) The existing world faced by the individual is in principle an infinite chaos of events and details before it is organized by a human mind. This chaos only gets processed and modified when perceived by a human mind.

*deviate: 벗어나다 **endow: 부여하다 ***heritage: 유산

① (A) − (C) − (B)　　　　② (B) − (A) − (C)
③ (B) − (C) − (A)　　　　④ (C) − (A) − (B)
⑤ (C) − (B) − (A)

06 주어진 글 다음에 이어질 글의 순서로 가장 적절한 것은?

> Culture operates in ways we can consciously consider and discuss but also in ways of which we are far less cognizant.

(A) In some cases, however, we are far less aware of why we believe a certain claim to be true, or how we are to explain why certain social realities exist. Ideas about the social world become part of our worldview without our necessarily being aware of the source of the particular idea or that we even hold the idea at all.

(B) When we have to offer an account of our actions, we consciously understand which excuses might prove acceptable, given the particular circumstances we find ourselves in. In such situations, we use cultural ideas as we would use a particular tool.

(C) We select the cultural notion as we would select a screwdriver: certain jobs call for a Phillips head while others require an Allen wrench. Whichever idea we insert into the conversation to justify our actions, the point is that our motives are discursively available to us. They are not hidden.

*cognizant: 인식하는 **discursively: 만연하게

① (A) − (C) − (B)　　　　② (B) − (A) − (C)
③ (B) − (C) − (A)　　　　④ (C) − (A) − (B)
⑤ (C) − (B) − (A)

주어진 글 다음에 이어질 글의 순서로 가장 적절한 것은?

The fossil record provides evidence of evolution. The story the fossils tell is one of change. Creatures existed in the past that are no longer with us. Sequential changes are found in many fossils showing the change of certain features over time from a common ancestor, as in the case of the horse.

(A) If multicelled organisms were indeed found to have evolved before single-celled organisms, then the theory of evolution would be rejected. A good scientific theory always allows for the possibility of rejection. The fact that we have not found such a case in countless examinations of the fossil record strengthens the case for evolutionary theory.

(B) The fossil record supports this prediction — multicelled organisms are found in layers of earth millions of years after the first appearance of single-celled organisms. Note that the possibility always remains that the opposite could be found.

(C) Apart from demonstrating that evolution did occur, the fossil record also provides tests of the predictions made from evolutionary theory. For example, the theory predicts that single-celled organisms evolved before multicelled organisms.

① (A) − (C) − (B)　　　　② (B) − (A) − (C)

③ (B) − (C) − (A)　　　　④ (C) − (A) − (B)

⑤ (C) − (B) − (A)

주어진 글 다음에 이어질 글의 순서로 가장 적절한 것은?

Experts have identified a large number of measures that promote energy efficiency. Unfortunately many of them are not cost effective. This is a fundamental requirement for energy efficiency investment from an economic perspective.

(A) And this has direct repercussions at the individual level: households can reduce the cost of electricity and gas bills, and improve their health and comfort, while companies can increase their competitiveness and their productivity. Finally, the market for energy efficiency could contribute to the economy through job and firms creation.

(B) There are significant externalities to take into account and there are also macroeconomic effects. For instance, at the aggregate level, improving the level of national energy efficiency has positive effects on macroeconomic issues such as energy dependence, climate change, health, national competitiveness and reducing fuel poverty.

(C) However, the calculation of such cost effectiveness is not easy: it is not simply a case of looking at private costs and comparing them to the reductions achieved.

*repercussion: 반향, 영향 **aggregate: 집합의

① (A) − (C) − (B)　　　　② (B) − (A) − (C)
③ (B) − (C) − (A)　　　　④ (C) − (A) − (B)
⑤ (C) − (B) − (A)

01 주어진 글 다음에 이어질 글의 순서로 가장 적절한 것은?

> To modern man disease is a biological phenomenon that concerns him only as an individual and has no moral implications. When he contracts influenza, he never attributes this event to his behavior toward the tax collector or his mother-in-law.

(A) Sometimes they may not strike the guilty person himself, but rather one of his relatives or tribesmen, to whom responsibility is extended. Disease, action that might produce disease, and recovery from disease are, therefore, of vital concern to the whole primitive community.

(B) Disease, as a sanction against social misbehavior, becomes one of the most important pillars of order in such societies. It takes over, in many cases, the role played by policemen, judges, and priests in modern society.

(C) Among primitives, because of their supernaturalistic theories, the prevailing moral point of view gives a deeper meaning to disease. The gods who send disease are usually angered by the moral offences of the individual.

*sanction: 제재

① (A) − (C) − (B) 　　　　② (B) − (A) − (C)
③ (B) − (C) − (A) 　　　　④ (C) − (A) − (B)
⑤ (C) − (B) − (A)

02 주어진 글 다음에 이어질 글의 순서로 가장 적절한 것은?

In economics, there is a principle known as the sunk cost fallacy. The idea is that when you are invested and have ownership in something, you overvalue that thing.

(A) Sometimes, the smartest thing a person can do is quit. Although this is true, it has also become a tired and played-out argument. Sunk cost doesn't always have to be a bad thing.

(B) This leads people to continue on paths or pursuits that should clearly be abandoned. For example, people often remain in terrible relationships simply because they've invested a great deal of themselves into them. Or someone may continue pouring money into a business that is clearly a bad idea in the market.

(C) Actually, you can leverage this human tendency to your benefit. Like someone invests a great deal of money in a personal trainer to ensure they follow through on their commitment, you, too, can invest a great deal up front to ensure you stay on the path you want to be on.

*leverage: 이용하다

① (A) − (C) − (B)　　　　　② (B) − (A) − (C)

③ (B) − (C) − (A)　　　　　④ (C) − (A) − (B)

⑤ (C) − (B) − (A)

주어진 글 다음에 이어질 글의 순서로 가장 적절한 것은?

Now many kinds of superior coffee beans are being decaffeinated in ways that conserve strong flavor. But the public suffers from a groundless fear of chemical decaffeination and prefers instead to buy water-processed decaf.

(A) The solvent comes into direct contact with them, carrying the caffeine with it. The drained solvent is then mixed with water, and the caffeine is drawn out to be sold.

(B) In the water process, however, no solvent touches the beans. After the beans are steamed, they are soaked in water, which removes the caffeine — along with all the soluble solids in the beans. The solution is drained off to a separate tank, where the caffeine is drawn out from it.

(C) Every process of decaffeination, whether chemical- or water-based, starts with steaming the green beans to loosen the bonds of caffeine. In the chemical process, a solvent circulates through the beans.

*solvent: 용매

① (A) − (C) − (B)
③ (B) − (C) − (A)
⑤ (C) − (B) − (A)

② (B) − (A) − (C)
④ (C) − (A) − (B)

04 주어진 글 다음에 이어질 글의 순서로 가장 적절한 것은?

> Anthropologist Brain Hare has done experiments with dogs, where he puts a piece of food under one of two cups, placed several feet apart. The dog knows that there is food to be had, but has no idea which of the cups holds the prize.

(A) This difference is in their cooperations with humans. Hare explains that primates are very good at using the cues of the same species. But they are not good at using human cues when you are trying to cooperate with them.

(B) In contrast, dogs pay attention to humans, when humans are doing something very human. Dogs aren't smarter than chimps, but they just have a different attitude toward people, and they are really interested in humans.

(C) Then, Hare points at the right cup, taps on it, and looks directly at it. What happens? The dog goes to the right cup virtually every time. Yet when Hare did the same experiment with chimpanzees, the chimps couldn't get it right. A dog will look at you for help, and a chimp won't.

① (A) − (C) − (B)
② (B) − (A) − (C)
③ (B) − (C) − (A)
④ (C) − (A) − (B)
⑤ (C) − (B) − (A)

주어진 글 다음에 이어질 글의 순서로 가장 적절한 것은?

Green products involve, in many cases, higher ingredient costs than those of mainstream products.

(A) They'd rather put money and time into known, profitable, high-volume products that serve populous customer segments than into risky, less-profitable, low-volume products that may serve current noncustomers. Given that choice, these companies may choose to leave the green segment of the market to small niche competitors.

(B) Even if the green product succeeds, it may cannibalize the company's higher-profit mainstream offerings. Given such downsides, companies serving mainstream consumers with successful mainstream products face what seems like an obvious investment decision.

(C) Furthermore, the restrictive ingredient lists and design criteria that are typical of such products may make green products inferior to mainstream products on core performance dimensions (e.g., less effective cleansers). In turn, the higher costs and lower performance of some products attract only a small portion of the customer base, leading to lower economies of scale in procurement, manufacturing, and distribution.

*segment: 조각 **cannibalize: 잡아먹다 ***procurement: 조달

① (A) − (C) − (B)　　　　② (B) − (A) − (C)
③ (B) − (C) − (A)　　　　④ (C) − (A) − (B)
⑤ (C) − (B) − (A)

주어진 글 다음에 이어질 글의 순서로 가장 적절한 것은?

Recently, a number of commercial ventures have been launched that offer social robots as personal home assistants, perhaps eventually to rival existing smart-home assistants.

(A) They might be motorized and can track the user around the room, giving the impression of being aware of the people in the environment. Although personal robotic assistants provide services similar to those of smart-home assistants, their social presence offers an opportunity that is unique to social robots.

(B) Personal robotic assistants are devices that have no physical manipulation or locomotion capabilities. Instead, they have a distinct social presence and have visual features suggestive of their ability to interact socially, such as eyes, ears, or a mouth.

(C) For instance, in addition to playing music, a social personal assistant robot would express its engagement with the music so that users would feel like they are listening to the music together with the robot. These robots can be used as surveillance devices, act as communicative intermediates, engage in richer games, tell stories, or be used to provide encouragement or incentives.

*locomotion: 이동 **surveillance: 감시

① (A) − (C) − (B)
② (B) − (A) − (C)
③ (B) − (C) − (A)
④ (C) − (A) − (B)
⑤ (C) − (B) − (A)

주어진 글 다음에 이어질 글의 순서로 가장 적절한 것은?

A firm is deciding whether to invest in shipbuilding. If it can produce at sufficiently large scale, it knows the venture will be profitable.

(A) There is a "good" outcome, in which both types of investments are made, and both the shipyard and the steelmakers end up profitable and happy. Equilibrium is reached. Then there is a "bad" outcome, in which neither type of investment is made. This second outcome also is an equilibrium because the decisions not to invest reinforce each other.

(B) Assume that shipyards are the only potential customers of steel. Steel producers figure they'll make money if there's a shipyard to buy their steel, but not otherwise. Now we have two possible outcomes — what economists call "multiple equilibria."

(C) But one key input is low-cost steel, and it must be produced nearby. The company's decision boils down to this: if there is a steel factory close by, invest in shipbuilding; otherwise, don't invest. Now consider the thinking of potential steel investors in the region.

*equilibrium: 균형

① (A) − (C) − (B)　　　　② (B) − (A) − (C)

③ (B) − (C) − (A)　　　　④ (C) − (A) − (B)

⑤ (C) − (B) − (A)

08 **주어진 글 다음에 이어질 글의 순서로 가장 적절한 것은?**

One of the toughest parts of isolation is a lack of an expressive exit. With anger, you can get mad at someone and yell. With sadness, you can cry. But isolation feels like being in a room with no way out.

(A) For people who cannot push themselves, however, support groups are a good cure for isolation. They offer the opportunity for connection in a safe and controlled way.

(B) And the longer you get stuck there, the harder it becomes to share the pain and sorrow. In isolation, hope disappears, despair rules, and you can no longer see a life beyond the invisible walls that imprison you.

(C) Some people find it helpful to work gently at driving themselves back into the world. In one case, a woman reported that after four miserable forced lunches with friends, she suddenly enjoyed the fifth one as she found herself laughing at a joke.

① (A) − (C) − (B)   ② (B) − (A) − (C)
③ (B) − (C) − (A)   ④ (C) − (A) − (B)
⑤ (C) − (B) − (A)

01 주어진 글 다음에 이어질 글의 순서로 가장 적절한 것은?

The most commonly known form of results-based pricing is a practice called contingency pricing, used by lawyers.

(A) Therefore, only an outcome in the client's favor is compensated. From the client's point of view, the pricing makes sense in part because most clients in these cases are unfamiliar with and possibly intimidated by law firms. Their biggest fears are high fees for a case that may take years to settle.

(B) By using contingency pricing, clients are ensured that they pay no fees until they receive a settlement. In these and other instances of contingency pricing, the economic value of the service is hard to determine before the service, and providers develop a price that allows them to share the risks and rewards of delivering value to the buyer.

(C) Contingency pricing is the major way that personal injury and certain consumer cases are billed. In this approach, lawyers do not receive fees or payment until the case is settled, when they are paid a percentage of the money that the client receives.

*intimidate: 위협하다

① (A) − (C) − (B)   ② (B) − (A) − (C)
③ (B) − (C) − (A)   ④ (C) − (A) − (B)
⑤ (C) − (B) − (A)

02 주어진 글 다음에 이어질 글의 순서로 가장 적절한 것은?

> Spatial reference points are larger than themselves. This isn't really a paradox: landmarks are themselves, but they also define neighborhoods around themselves.

(A) In a paradigm that has been repeated on many campuses, researchers first collect a list of campus landmarks from students. Then they ask another group of students to estimate the distances between pairs of locations, some to landmarks, some to ordinary buildings on campus.

(B) This asymmetry of distance estimates violates the most elementary principles of Euclidean distance, that the distance from A to B must be the same as the distance from B to A. Judgments of distance, then, are not necessarily coherent.

(C) The remarkable finding is that distances from an ordinary location to a landmark are judged shorter than distances from a landmark to an ordinary location. So, people would judge the distance from Pierre's house to the Eiffel Tower to be shorter than the distance from the Eiffel Tower to Pierre's house. Like black holes, landmarks seem to pull ordinary locations toward themselves, but ordinary places do not.

*asymmetry: 비대칭

① (A) (C) (B) ② (B) − (A) − (C)
③ (B) − (C) − (A) ④ (C) − (A) − (B)
⑤ (C) − (B) − (A)

Study without desire spoils the memory, and it retains nothing that it takes in.

목적 없는 공부는 기억에 해가 될 뿐이며, 머릿속에 들어논 어떤 것도 간직하지 못한다.　　　　　　　　— Leonardo da Vinci

Unit 01 밑줄 친 부분의 의미 추론

문제 유형

• 밑줄 친 _____가 다음 글에서 의미하는 바로 가장 적절한 것은?

풀이기술 2 2 밑줄 친 부분의 의미가 무엇인지 반드시 문맥 속에서 생각한다.

밑줄 친 부분은 대개 비유적이거나 함축적인 표현들이 많아서, 문자 그대로는 무슨 말인지 이해가 안 되는 경우가 많다. 하지만 이 문제 유형은 단순한 어휘 문제가 아니다. 어휘나 어구의 문맥 속에서의 의미를 묻는 것이다.

항상 그런 것은 아니지만 밑줄 친 부분이 글의 주제와 관련된 경우가 많으므로, 글의 주제를 생각하며 읽는 것이 도움이 될 때가 많다.

풀이기술 2 3 두 개의 대조 개념이 제시되고 그 중 하나에 밑줄인 경우가 많다.

밑줄 친 부분의 의미 추론 문제 지문에선 두 개의 개념이 대조되며, 그 중에서 하나에 밑줄이 있는 경우가 많다. 대조되는 두 개념을 A, B로 표시하며 지문을 읽어보자. 만약 밑줄 친 부분이 A에 해당하면, 밑줄 친 부분 자체가 무슨 의미인지 모르더라도 지문의 다른 A부분을 보고 답을 찾을 수 있다. 혹은 B와 반대되는 의미를 찾는 방식으로도 답을 찾을 수 있다.

시범 이 정답률 54%

밑줄 친 refining ignorance가 다음 글에서 의미하는 바로 가장 적절한 것은?

Although not the explicit goal, the best science can really be seen as refining ignorance. Scientists, especially young ones, can get too obsessed with results. Society helps them along in this mad chase. Big discoveries are covered in the press, show up on the university's home page, help get grants, and make the case for promotions. But it's wrong. Great scientists, the pioneers that we admire, are not concerned with results but with the next questions. The highly respected physicist Enrico Fermi told his students that an experiment that successfully proves a hypothesis is a measurement; one that doesn't is a discovery. A discovery, an uncovering — of new ignorance. The Nobel Prize, the pinnacle of scientific accomplishment, is awarded, not for a lifetime of scientific achievement, but for a single discovery, a result. Even the Nobel committee realizes in some way that this is not really in the scientific spirit, and their award citations commonly honor the discovery for having "opened a field up," "transformed a field,"or "taken a field in new and unexpected directions."

*pinnacle : 정점

① looking beyond what is known towards what is left unknown
② offering an ultimate account of what has been discovered
③ analyzing existing knowledge with an objective mindset
④ inspiring scientists to publicize significant discoveries
⑤ informing students of a new field of science

독해기술

밑줄 친 부분의 refine은 '정제하다, 제련하다'라는 의미이다. 단순히 '무지를 정제하다'라는 표현만으로는 무슨 의미인지 정확히 알 수 없기 때문에 전체 문맥 속에서 이 의미를 파악해야 한다. 풀이기술 2·2 글의 뒷부분을 보면 위대한 과학자는 '다음 질문'에 관심이 있다고 한다. 즉, '새로운 무지에 대한 발견(A discovery, an uncovering — of new ignorance)'을 원하는 것이다. 노벨상 수상에도 새로운 것에 대한 발견을 예우한다고 언급하고 있다. 그렇다면 '무지를 정제한다'는 것은 곧 내가 몰랐던 새로운 것을 알게 된다는 의미이다. 이런 의미에 해당하는 것은 ①이다.

• Big discoveries <u>are covered</u> in the press, <u>show up</u> on the university's home page, <u>help</u> get grants, and <u>make</u> the case for promotions.

→ 밑줄 친 동사 4개가 병렬로 연결되어 있다. 그리고 help의 목적어는 (to) get grants인데 to가 생략된 형태이다.

지문해석

비록 명백한 목표는 아닐지라도, 최고의 과학은 실제로 무지를 정제하는 것으로 간주될 수 있다. 과학자들, 특히 젊은 과학자들은 결과에 지나치게 집착할 수 있다. 사회는 이러한 미친 추격에서 그들을 돕는다. 커다란 발견들이 언론에서 보도되고, 대학 홈페이지에 나타나고, 보조금을 받는 것을 돕고, 승진을 위한 논거를 만들어 준다. 그러나 그것은 잘못되었다. 위대한 과학자들, 즉 우리가 존경하는 개척자들은 결과에 관심이 있는 것이 아니라 다음 문제에 관심이 있다. 매우 존경받는 물리학자인 Enrico Fermi는 자신의 학생들에게, 가설을 성공적으로 입증해주는 실험은 하나의 측정이며, 가설을 입증해주지 못하는 실험은 발견이라고 말했다. 새로운 무지에 대한 발견, 드러냄인 것이다. 과학적 성취의 절정인 노벨상은 일생동안 과학적 성취를 이룬 것 때문에 주어지는 것이 아니라, 단 하나의 발견, 하나의 결과 때문에 주어진다. 노벨상 위원회조차도 이것이 어떤 면에서 과학적 정신이 아니라는 것을 인식하고, 그들의 노벨상에 인용하는 문구는 흔히 "새로운 분야를 연 것", "분야를 바꾼 것", 또는 "새롭고 예기치 못한 방향으로 분야를 이끈 것"에 그 발견을 예우한다.

① 알려져 있는 것 너머 미지인 채로 남아있는 것을 바라보는 것
② 발견된 것에 대한 궁극적인 설명을 제공하는 것
③ 객관적 사고방식을 가지고 기존의 지식을 분석하는 것
④ 과학자들에게 영감을 주어 중요한 발견을 홍보하게 하는 것
⑤ 학생들에게 과학의 새로운 분야에 대해 알려주는 것

explicit 명백한 / refine 정제하다 / ignorance 무지 / promotion 승진 / physicist 물리학자 / experiment 실험 / hypothesis 가설 / measurement 측정 / accomplishment 성취 / citation 인용(구) / unexpected 예기치 못한

1등급 연습 문제

01 밑줄 친 make oneself public to oneself가 다음 글에서 의미하는 바로 가장 적절한 것은?

Coming of age in the 18th and 19th centuries, the personal diary became a centerpiece in the construction of a modern subjectivity, at the heart of which is the application of reason and critique to the understanding of world and self, which allowed the creation of a new kind of knowledge. Diaries were central media through which enlightened and free subjects could be constructed. They provided a space where one could write daily about her whereabouts, feelings, and thoughts. Over time and with rereading, disparate entries, events, and happenstances could be rendered into insights and narratives about the self, and allowed for the formation of subjectivity. It is in that context that the idea of "the self [as] both made and explored with words" emerges. Diaries were personal and private; one would write for oneself, or, in Habermas's formulation, one would <u>make oneself public to oneself</u>. By making the self public in a private sphere, the self also became an object for self-inspection and self-critique.

*disparate: 이질적인 **render: 만들다

① use writing as a means of reflecting on oneself
② build one's identity by reading others' diaries
③ exchange feedback in the process of writing
④ create an alternate ego to present to others
⑤ develop topics for writing about selfhood

밑줄 친 the role of the 'lion's historians'가 다음 글에서 의미하는 바로 가장 적절한 것은?

There is an African proverb that says, 'Till the lions have their historians, tales of hunting will always glorify the hunter'. The proverb is about power, control and law making. Environmental journalists have to play the role of the 'lion's historians'. They have to put across the point of view of the environment to people who make the laws. They have to be the voice of wild India. The present rate of human consumption is completely unsustainable. Forest, wetlands, wastelands, coastal zones, eco-sensitive zones, they are all seen as disposable for the accelerating demands of human population. But to ask for any change in human behaviour — whether it be to cut down on consumption, alter lifestyles or decrease population growth — is seen as a violation of human rights. But at some point human rights become 'wrongs'. It's time we changed our thinking so that there is no difference between the rights of humans and the rights of the rest of the environment.

① uncovering the history of a species' biological evolution
② urging a shift to sustainable human behaviour for nature
③ fighting against widespread violations of human rights
④ rewriting history for more underrepresented people
⑤ restricting the power of environmental lawmakers

밑줄 친 playing intellectual air guitar가 다음 글에서 의미하는 바로 가장 적절한 것은?

Any learning environment that deals with only the database instincts or only the improvisatory instincts ignores one half of our ability. It is bound to fail. It makes me think of jazz guitarists: They're not going to make it if they know a lot about music theory but don't know how to jam in a live concert. Some schools and work places emphasize a stable, rote-learned database. They ignore the improvisatory instincts drilled into us for millions of years. Creativity suffers. Others emphasize creative usage of a database, without installing a fund of knowledge in the first place. They ignore our need to obtain a deep understanding of a subject, which includes memorizing and storing a richly structured database. You get people who are great improvisers but don't have depth of knowledge. You may know someone like this where you work. They may look like jazz musicians and have the appearance of jamming, but in the end they know nothing. They're playing intellectual air guitar.

*rote-learned: 기계적으로 암기한

① acquiring necessary experience to enhance their creativity
② exhibiting artistic talent coupled with solid knowledge of music
③ posing as experts by demonstrating their in-depth knowledge
④ performing musical pieces to attract a highly educated audience
⑤ displaying seemingly creative ability not rooted in firm knowledge

밑줄 친 "view from nowhere"가 다음 글에서 의미하는 바로 가장 적절한 것은?

Our view of the world is not given to us from the outside in a pure, objective form; it is shaped by our mental abilities, our shared cultural perspectives and our unique values and beliefs. This is not to say that there is no reality outside our minds or that the world is just an illusion. It is to say that our version of reality is precisely that: *our* version, not *the* version. There is no single, universal or authoritative version that makes sense, other than as a theoretical construct. We can see the world only as it appears to us, not "as it truly is," because there is no "as it truly is" without a perspective to give it form. Philosopher Thomas Nagel argued that there is no "view from nowhere," since we cannot see the world except from a particular perspective, and that perspective influences what we see. We can experience the world only through the human lenses that make it intelligible to us.

*illusion: 환영

① perception of reality affected by subjective views
② valuable perspective most people have in mind
③ particular view adopted by very few people
④ critical insight that defeats our prejudices
⑤ unbiased and objective view of the world

05 밑줄 친 an empty inbox가 다음 글에서 의미하는 바로 가장 적절한 것은?

The single most important change you can make in your working habits is to switch to creative work first, reactive work second. This means blocking off a large chunk of time every day for creative work on your own priorities, with the phone and e-mail off. I used to be a frustrated writer. Making this switch turned me into a productive writer. Yet there wasn't a single day when I sat down to write an article, blog post, or book chapter without a string of people waiting for me to get back to them. It wasn't easy, and it still isn't, particularly when I get phone messages beginning "I sent you an e-mail *two hours ago*...!" By definition, this approach goes against the grain of others' expectations and the pressures they put on you. It takes willpower to switch off the world, even for an hour. It feels uncomfortable, and sometimes people get upset. But it's better to disappoint a few people over small things, than to abandon your dreams for <u>an empty inbox</u>. Otherwise, you're sacrificing your potential for the illusion of professionalism.

① following an innovative course of action
② attempting to satisfy other people's demands
③ completing challenging work without mistakes
④ removing social ties to maintain a mental balance
⑤ securing enough opportunities for social networking

밑줄 친 journey edges가 다음 글에서 의미하는 바로 가장 적절한 것은?

Many ancillary businesses that today seem almost core at one time started out as journey edges. For example, retailers often boost sales with accompanying support such as assembly or installation services. Think of a home goods retailer selling an unassembled outdoor grill as a box of parts and leaving its customer's mission incomplete. When that retailer also sells assembly and delivery, it takes another step in the journey to the customer's true mission of cooking in his backyard. Another example is the business-to-business service contracts that are layered on top of software sales. Maintenance, installation, training, delivery, anything at all that turns do-it-yourself into a do-it-for-me solution originally resulted from exploring the edge of where core products intersect with customer journeys.

*ancillary: 보조의, 부차적인 **intersect: 교차하다

① requiring customers to purchase unnecessary goods
② decreasing customers' dependence on business services
③ focusing more on selling end products than components
④ adding a technological breakthrough to their core products
⑤ providing extra services beyond customers' primary purchase

01 밑줄 친 "a link in a chain, a phase in a process"가 다음 글에서 의미하는 바로 가장 적절한 것은?

Psychologist Mihaly Csikszentmihalyi suggests that the common idea of a creative individual coming up with great insights, discoveries, works, or inventions in isolation is wrong. Creativity results from a complex interaction between a person and his or her environment or culture, and also depends on timing. For instance, if the great Renaissance artists like Ghiberti or Michelangelo had been born only 50 years before they were, the culture of artistic patronage would not have been in place to fund or shape their great achievements. Consider also individual astronomers: Their discoveries could not have happened unless centuries of technological development of the telescope and evolving knowledge of the universe had come before them. Csikszentmihalyi's point is that we should devote as much attention to the development of a domain as we do to the people working within it, as only this can properly explain how advances are made. Individuals are only "a link in a chain, a phase in a process," he notes.

*patronage 보호, 후원, 찬조

① Individuals' creativity results only from good fortune.
② Discoveries can be made only due to existing knowledge.
③ One's genius is a key element of a series of breakthroughs.
④ Individuals receive no credit for their creative achievements.
⑤ Individual creativity emerges only in its necessary conditions.

밑줄 친 send us off into different far corners of the library가 다음 글에서 의미하는 바로 가장 적절한 것은?

You may feel there is something scary about an algorithm deciding what you might like. Could it mean that, if computers conclude you won't like something, you will never get the chance to see it? Personally, I really enjoy being directed toward new music that I might not have found by myself. I can quickly get stuck in a rut where I put on the same songs over and over. That's why I've always enjoyed the radio. But the algorithms that are now pushing and pulling me through the music library are perfectly suited to finding gems that I'll like. My worry originally about such algorithms was that they might drive everyone into certain parts of the library, leaving others lacking listeners. Would they cause a convergence of tastes? But thanks to the nonlinear and chaotic mathematics usually behind them, this doesn't happen. A small divergence in my likes compared to yours can <u>send us off into different far corners of the library</u>.

*rut: 관습, 틀 **gem: 보석 ***divergence: 갈라짐

① lead us to music selected to suit our respective tastes
② enable us to build connections with other listeners
③ encourage us to request frequent updates for algorithms
④ motivate us to search for talented but unknown musicians
⑤ make us ignore our preferences for particular music genres

밑줄 친 don't knock the box가 다음 글에서 의미하는 바로 가장 적절한 것은?

By expecting what's likely to happen next, you prepare for the few most likely scenarios so that you don't have to figure things out while they're happening. It's therefore not a surprise when a restaurant server offers you a menu. When she brings you a glass with a clear fluid in it, you don't have to ask if it's water. After you eat, you don't have to figure out why you aren't hungry anymore. All these things are expected and are therefore not problems to solve. Furthermore, imagine how demanding it would be to always consider all the possible uses for all the familiar objects with which you interact. *Should I use my hammer or my telephone to pound in that nail?* On a daily basis, functional fixedness is a relief, not a curse. That's why you shouldn't even attempt to consider all your options and possibilities. You can't. If you tried to, then you'd never get anything done. So don't knock the box. Ironically, although it limits your thinking, it also makes you smart. It helps you to stay one step ahead of reality.

① Deal with a matter based on your habitual expectations.
② Question what you expect from a familiar object.
③ Replace predetermined routines with fresh ones.
④ Think over all possible outcomes of a given situation.
⑤ Extend all the boundaries that guide your thinking to insight.

밑줄 친 a cage model이 다음 글에서 의미하는 바로 가장 적절한 것은?

For a long time, tourism was seen as a huge monster invading the areas of indigenous peoples, introducing them to the evils of the modern world. However, research has shown that this is not the correct way to perceive it. In most places, tourists are welcome and indigenous people see tourism as a path to modernity and economic development. But such development is always a two-edged sword. Tourism can mean progress, but most often also means the loss of traditions and cultural uniqueness. And, of course, there are examples of 'cultural pollution', 'vulgarization' and 'phony-folk-cultures'. The background for such characteristics is often more or less romantic and the normative ideas of a former or prevailing authenticity. Ideally (to some) there should exist ancient cultures for modern consumers to gaze at, or even step into for a while, while travelling or on holiday. This is a cage model that is difficult to defend in a global world where we all, indigenous or not, are part of the same social fabric.

*indigenous: 토착의 **vulgarization: 상스럽게 함

① preserving a past culture in its original form for consumption
② restoring local cultural heritages that have long been neglected
③ limiting public access to prehistoric sites for conservation
④ confining tourism research to authentic cultural traditions
⑤ maintaining a budget for cultural policies and regulations

05 밑줄 친 "Garbage in, garbage out"이 다음 글에서 의미하는 바로 가장 적절한 것은?

Many companies confuse activities and results. As a consequence, they make the mistake of designing a process that sets out milestones in the form of activities that must be carried out during the sales cycle. Salespeople have a genius for doing what's compensated rather than what's effective. If your process has an activity such as "submit proposal" or "make cold call," then that's just what your people will do. No matter that the calls were to the wrong customer or went nowhere. No matter that the proposal wasn't submitted at the right point in the buying decision or contained inappropriate information. The process asked for activity, and activity was what it got. Salespeople have done what was asked for. "Garbage in, garbage out" they will delight in telling you. "It's not our problem, it's this dumb process."

① In seeking results, compensation is the key to quality.
② Salespeople should join in a decision-making process.
③ Shared understanding does not always result in success.
④ Activities drawn from false information produce failure.
⑤ Processes focused on activities end up being ineffective.

01 밑줄 친 whether to make ready for the morning commute or not이 다음 글에서 의미하는 바로 가장 적절한 것은?

Scientists have no special purchase on moral or ethical decisions; a climate scientist is no more qualified to comment on health care reform than a physicist is to judge the causes of bee colony collapse. The very features that create expertise in a specialized domain lead to ignorance in many others. In some cases lay people — farmers, fishermen, patients, native peoples — may have relevant experiences that scientists can learn from. Indeed, in recent years, scientists have begun to recognize this: the Arctic Climate Impact Assessment includes observations gathered from local native groups. So our trust needs to be limited, and focused. It needs to be very *particular*. Blind trust will get us into at least as much trouble as no trust at all. But without some degree of trust in our designated experts — the men and women who have devoted their lives to sorting out tough questions about the natural world we live in — we are paralyzed, in effect not knowing <u>whether to make ready for the morning commute or not</u>.

*lay: 전문가가 아닌 **paralyze: 마비시키다 ***commute: 통근

① questionable facts that have been popularized by non-experts
② readily applicable information offered by specialized experts
③ common knowledge that hardly influences crucial decisions
④ practical information produced by both specialists and lay people
⑤ biased knowledge that is widespread in the local community

밑줄 친 Flicking the collaboration light switch가 다음 글에서 의미하는 바로 가장 적절한 것은?

Flicking the collaboration light switch is something that leaders are uniquely positioned to do, because several obstacles stand in the way of people voluntarily working alone. For one thing, the fear of being left out of the loop can keep them glued to their enterprise social media. Individuals don't want to be — or appear to be — isolated. For another, knowing what their teammates are doing provides a sense of comfort and security, because people can adjust their own behavior to be in harmony with the group. It's risky to go off on their own to try something new that will probably not be successful right from the start. But even though it feels reassuring for individuals to be hyperconnected, it's better for the organization if they periodically go off and think for themselves and generate diverse — if not quite mature — ideas. Thus, it becomes the leader's job to create conditions that are good for the whole by enforcing intermittent interaction even when people wouldn't choose it for themselves, without making it seem like a punishment.

*intermittent: 간헐적인

① breaking physical barriers and group norms that prohibit cooperation
② having people stop working together and start working individually
③ encouraging people to devote more time to online collaboration
④ shaping environments where higher productivity is required
⑤ requiring workers to focus their attention on group projects

Unit 02 빈칸 추론

수능 영어영역의 빈칸 추론 유형은 애초에 완벽한 해석을 요구하는 것이 아니다. 빈칸 추론의 핵심은 지문 속의 단서를 활용하여 빈칸에 들어갈 내용을 찾는 것이다. 빈칸 추론 유형은 정답률이 가장 떨어지는 유형 중 하나이지만, 사실 훈련을 거치면 가장 깔끔하게 정답을 찾을 수 있는 유형이기도 하다. 빈칸에 들어갈 말을 '추론'해야 하는 것이니만큼 글에는 정답의 근거가 매우 명확하게 나타나 있기 때문이다. 그리고 지문의 내용을 완벽하게 이해하지 못하더라도, '일반화, 구체화, 재진술'의 세 가지 원리를 체득하면 여러분의 약점인 빈칸 추론을 여러분의 강점으로 만들 수 있다.

❶ 빈칸 추론 문제를 푸는 세 가지 원리

(1) 일반화

> **풀이기술 2 4** 주제/요지 부분에 빈칸이 있을 때, 뒷받침 문장의 내용을 일반화하여 빈칸에 채워 넣는다.

예제 01

> **다음 빈칸에 들어갈 가장 적절한 것을 고르시오.**
>
> 일확천금을 꿈꾸는 많은 사람들이 _____.
>
> 심리 싸움을 통해 큰돈을 따려는 사람들은 포커를 치고,
> 단순한 운을 믿고 잭팟을 노리는 사람들은 슬롯머신 앞에서 레버를 당기고,
> 속전속결로 거액을 벌고 싶은 사람들은 블랙잭 게임을 한다.
>
> ① 복권을 산다   ② 카드 게임을 한다   ③ 도박을 한다

위 예제에서 '일확천금을 꿈꾸는 많은 사람들'은 각각 '심리 싸움을 통해 큰돈을 따려는 사람들', '단순한 운을 믿고 잭팟을 노리는 사람들', '속전속결로 거액을 벌고 싶은 사람들'로 구체화되어 있다. 이것을 보고 빈칸의 내용도 각각 '포커를 치고', '슬롯머신 앞에서 레버를 당기고', '블랙잭 게임을 한다'로 구체화되어 있는 것을 눈치챌 수 있다. 이제 이 세 가지를 일반화시킬 수 있는 것을 선지에서 고르면 된다. '포커', '슬롯머신', '블랙잭'을 모두 포괄할 수 있는 것은 ③의 '도박'이다. 참고로 ②의 '카드 게임'은 '슬롯머신'을 포괄하지 못하므로 답이 될 수 없다.

(2) 구체화

풀이기술 2 5 뒷받침 문장에 빈칸이 있을 때, 주제/요지의 내용을 구체화하여 빈칸에 채워 넣는다.

예제 02

다음 빈칸에 들어갈 가장 적절한 것을 고르시오.

일확천금을 꿈꾸는 많은 사람들이 카지노에서 도박을 한다.

심리 싸움을 통해 큰돈을 따려는 사람들은 포커를 치고,
단순한 운을 믿고 잭팟을 노리는 사람들은 슬롯머신 앞에서 레버를 당기고,
속전속결로 거액을 벌고 싶은 사람들은 _____을(를) 한다.

① 인터넷 화투   ② 블랙잭 게임   ③ 경마

위 예제에서는 '일확천금을 꿈꾸는 많은 사람들이 카지노에서 도박을 한다'라는 일반적 진술에 대한 구체적 진술 부분에 빈칸이 위치해 있다. 따라서 '카지노에서 도박'이라는 일반적 개념에 대한 구체적 개념인 ②가 답이 된다. ①과 ③은 카지노에서 하는 도박이 아니므로 답이 될 수 없다.

(3) 재진술

풀이기술 2 6 같은 개념이 재진술되는 부분을 찾아 같은 의미가 되도록 빈칸에 채워 넣는다.

글에서는 어떤 개념을 독자가 잘 이해할 수 있도록 히기 위해 같은 개념을 여러 번 반복하여 서술하는 경우가 많다. 주제/요지 부분에 빈칸이 있을 때, 이것을 다시 서술하고 있는 부분을 찾아 같은 개념을 빈칸에 채워 넣으면 된다. 혹은 뒷받침 문장 부분에 빈칸이 있을 때에도, 뒷받침 문장 중에서 같은 내용을 다시 서술하고 있는 부분을 찾아 그것과 같은 것을 빈칸에 넣으면 된다.

예제 03

다음 빈칸에 들어갈 가장 적절한 것을 고르시오.

아버지는 돈을 걸고 따먹기를 다투는 것을 너무 좋아하신다. 아버지는 매일 밤마다 온라인에서 현금으로 화투를 치고, 3일에 한 번은 친구들과 집에서 점당 천 원을 걸고 화투를 치며, 주말이면 백 만원씩 들고 카지노에 가신다. 아버지는 정말로 _____에 빠져 계신다.

① 화투   ② 도박   ③ 포커

위 예제는 일반적 진술이 앞, 뒤에 모두 위치한 양괄식의 글이다. '아버지는 정말로 _____에 빠져 계신다.'는 첫 문장 '아버지는 <u>돈을 걸고 따먹기를 다투는 것</u>을 너무 좋아하신다.'를 다시 한 번 언급한 것에 불과한다. '돈을 걸고 따먹기를 다투는 것'과 같은 의미인 것을 선지에서 고르면 '② 도박'이다.

혹은 일반화의 원리를 이용해서 '온라인에서 현금으로 … 카지노에 가신다.'를 일반화하여 빈칸을 채워도 된다.

❷ 빈칸 추론 문제의 세 가지 주의점

 반드시 지문에 근거하여 추론한다.

첫째 빈칸 추론에서 주의할 점은 빈칸에 들어갈 내용은 반드시 지문에 근거하여 추론해야 한다는 점이다. 절대로 자신의 생각을 개입시키면 안 된다.

> **다음 빈칸에 들어갈 가장 적절한 것을 고르시오.**
> 우리 가족은 <u>게임</u>을 좋아한다.
> 네 식구가 모두 밤마다 모여앉아 _____ 밤이 새는 줄 모른다.
>
> ① 싸움을 하느라 　　　　② 이야기를 하느라 　　　　③ 윷놀이를 하느라

위 예제에서는 일반적 진술에 대한 구체적 진술에 빈칸이 위치해 있다. 빈칸의 근거는 본문의 일반적 진술인 '우리 가족은 <u>게임</u>을 좋아한다.'에서 찾아야 한다. 즉, 이 중에 '게임'에 대한 구체적 개념을 찾아 ③을 답으로 하면 된다.

그런데 만약 여기에 여러분의 생각이 개입되면 어떤 일이 벌어지는지 보자. 위 글에서 첫 문장을 읽고 나면 무심코 이렇게 생각할 수 있다. '가족이 게임을 좋아한다고? 게임에서 지면 기분이 나빠질 수 있지. 그럼 싸움도 발생할 수 있겠네?' 이런 생각을 거쳐 ①을 고르게 될 수 있다. 혹은 '가족이 게임을 좋아한다고? 그렇다면 게임에 대한 이야기도 자주 하겠네?'라는 식으로 생각하여 ②를 고를 수도 있다.

하지만 싸움이나 이야기에 대한 내용은 글에 없다. 글은 단지 '게임'에 대한 내용 뿐이고, 따라서 정답도 '게임'에 관련된 것을 골라야 한다.

여기선 쉬운 예제이기 때문에 여러분이 이런 실수를 한다는 것이 믿기지 않겠지만, 지문이 영어로 되어 있고 내용이 조금만 어려워지면 많은 학생들이 상상의 나래를 펼치며 자신의 생각을 근거로 하여 답을 고른다. 명심하자! 빈칸 추론은 철저하게 지문에 근거하여 답할 것!

둘째 빈칸 추론 문제가 조금 어렵게 출제되면 지문에 일반화, 구체화, 재진술이 주어지지 않을 수 있다. 대신 이 경우엔 '대립어'가 주어지므로, 이를 이용하여 문제를 풀면 된다. 대립어는 재진술의 반대 개념이다. 즉, 앞에 나왔던 개념과 같은 개념이 다시 반복되는 것이 아니라, 앞에 나왔던 것의 반대되는 개념이 나타나는 것이다.

예제 05

다음 빈칸에 들어갈 가장 적절한 것을 고르시오.

나는 매일 복권을 산다. 일확천금을 바라기 때문이다.
＿＿＿＿＿＿＿＿은 별로 좋아하지 않는다.

① 힘들이지 않고 단번에 많은 재물을 얻는 것
② 한 종류의 복권에 선 재산을 올인히는 것
③ 꾸준히 조금씩 돈을 모으는 것

위 문제의 경우 '~을 바란다'라는 진술 이후에 '~을 원한다, ~을 좋아한다, ~을 꿈꾼다'와 같은 재진술이 등장하지 않는다. 대신 반대 의미로 '~은 별로 좋아하지 않는다'라는 진술이 나온다.

(나는)	일확천금을	바란다.
	↕	↕
(나는)	＿＿＿＿＿＿은 별로 좋아하지 않는다.	

위와 같은 구조가 파악되면 답은 쉽게 고를 수 있다. 이 두 진술은 재진술 관계가 아니라 대립 관계이므로 빈칸에는 일확천금과 같은 의미를 고르는 것이 아니라 일확천금과 반대되는 의미, 즉 대립어를 고르면 된다. 따라서 정답은 ③이 된다.

셋째 최근 수능에서 재진술이나 대립어가 없는 문제가 간혹 등장하고 있다. 이런 경우 선지를 빈칸에 대입하여 어울리지 않는 것을 소거하는 방식으로 접근해야 한다. 주의할 점은, 모든 문제를 이런식으로 풀면 안 된다는 것이다. 선지를 빈칸에 대입하는 방식은 자신의 주관이 개입될 여지가 많기 때문에 가급적 지양해야 한다. 기본적으로는 재진술과 대립어를 찾는 방법이 우선이 되어야 하고, 재진술과 대립어가 없는 경우에만 대입 후 소거법을 사용해야 한다.

다음 빈칸에 들어갈 가장 적절한 것을 고르시오.

나는 요즘 큰 재정 위기에 직면했다. 그렇다고 해서 내가 _____은 아니다. 다만, 집을 살 때 대출을 받았는데, 금리가 올라서 높은 이자를 내느라 남는 돈이 없는 것이다.

① 열심히 노력하고 있는 것
② 돈을 못 벌고 있는 것
③ 친구가 없는 것

위 문제에서 빈칸은 '아니다'라고 했다. 즉 빈칸은 부정되고 있는 내용이다. 빈칸의 앞 문장이나 뒷 문장에서 부정되고 있는 내용이 없기 때문에, 재진술이나 대립어를 찾을 수가 없다. 이런 경우 선지를 대입해보고 어울리지 않는 것을 소거하는 방식으로 풀어야 한다.

①을 넣으면 필자가 노력을 하지 않고 있다는 말이 되는데, 본문 내용과 딱히 어울리지 않는다. ③을 넣으면 필자에게도 친구가 있다는 말인데, 마찬가지로 맥락에 어울리지 않는다.

②를 넣어보면, 필자가 돈을 벌기는 하고 있다는 말이 된다. 다만 돈을 벌고 있더라도 이자가 올라서, 이자를 내고 나면 남는 돈이 없기 때문에 재정 위기에 직면한 것이다. 이렇게 빈칸에 대입했을 때 가장 자연스러운 것은 ②이므로 정답은 ②가 된다.

시범이 정답률 51%

다음 빈칸에 들어갈 말로 가장 적절한 것은?

In the less developed world, the percentage of the population involved in agriculture is declining, but at the same time, those remaining in agriculture are not benefiting from technological advances. / The typical scenario in the less developed world is one in which a very few commercial agriculturalists are technologically advanced while the vast majority are incapable of competing. Indeed, this vast majority _____ because of larger global causes. / As an example, in Kenya, farmers are actively encouraged to grow export crops such as tea and coffee at the expense of basic food production. The result is that a staple crop, such as maize, is not being produced in a sufficient amount. The essential argument here is that the capitalist mode of production is affecting peasant production in the less developed world in such a way as to limit the production of staple foods, thus causing a food problem.

*staple: 주요한 **maize: 옥수수 ***peasant: 소농(小農)

주제문
주제문 구체화
예시

① have lost control over their own production
② have turned to technology for food production
③ have challenged the capitalist mode of production
④ have reduced their involvement in growing cash crops
⑤ have regained their competitiveness in the world market

독해기술

빈칸 문장의 연결어 indeed는 앞 내용에 대한 부연 설명 기능을 한다. this vast majority는 앞 문장의 the vast majority를 가리키므로, '경쟁할 수 없는(incapable of competing)'의 재진술이 빈칸에 들어가면 된다. 독해원리 0 3 선지 중에서 (소수의 상업적 농업 경영인들과) 경쟁할 수 없다는 부정적 의미는 ①뿐이다.
뒤쪽의 예시에서 단서를 찾아도 된다. this vast majority는 피해를 본 소작농(farmers, peasant)을 가리킨다. 이들은 '주요 식품의 생산이 제한되어 식품 문제가 야기'되었으므로, 이에 대한 재진술을 찾아도 ①이 된다.

• The essential argument here is that the capitalist mode of production is affecting peasant production in the less developed world in such a way as to limit the production of staple foods, thus causing a food problem.

→ in such a way as to-V는 'V와 같은 그런 방식으로'라는 의미이다.

지문해석

저개발 세계에서는 농업에 관련된 인구 비율은 감소하고 있지만, 이와 동시에 농업에 남아있는 사람들은 기술 발전의 혜택을 누리고 있지 못하다. 저개발 세계에서의 전형적인 시나리오는 아주 소수의 상업적 농업 경영인들이 기술적으로 발전해 있는 반면에 다수는 경쟁할 수 없다는 것이다. 사실, 이 대다수는 더 큰 세계적인 원인으로 인해 자신들의 생산에 대한 통제력을 잃게 되었다. 하나의 예시로서, Kenya에서 농부들은 차와 커피와 같은 수출 작물을 재배하도록 적극적으로 격려받는데, 이는 기초 식품의 생산을 희생시킨다. 이에 대한 결과는 옥수수와 같은 주요 작물이 충분한 양 만큼 생산되지 못한다는 것이다. 여기에서 본질적인 논점은 자본주의적 생산 방식이 저개발 세계 소작농의 생산에 영향을 미치는데, 이는 주요 식품의 생산을 제한하는 방식으로 이루어지고, 결국 식량 문제를 야기한다

① 자신들의 생산에 대한 통제력을 잃게 되었다
② 식량 생산을 위해 기술에 의존하게 되었다
③ 자본주의적 생산 방식에 도전하게 되었다
④ 현금(을 벌어들이는) 작물을 기르는 데 관여하는 것을 줄이게 되었다
⑤ 세계 시장에서 그들의 경쟁력을 다시 회복하게 되었다

agriculturalist 농업 경영인 / export 수출 작물 / at the expense of ~을 희생하여 / capitalist mode of production 자본주의적 생산 방식 / peasant 소작농 / turn to 의지하다 / competitiveness 경쟁력

01 다음 빈칸에 들어갈 말로 가장 적절한 것은?

　　Appearance creates the first impression customers have of food, and first impressions are important. No matter how appealing the taste, an unattractive appearance is hard to overlook. As humans, we do "eat with our eyes" because our sense of sight is more highly developed than the other senses. The sense of sight is so highly developed in humans that messages received from other senses are often ignored if they conflict with what is seen. Yellow candy is expected to be lemon-flavored, and if it is grape-flavored, many people _____. Strawberry ice cream tinted with red food coloring seems to have a stronger strawberry flavor than one that has no added food coloring, even when there is no real difference.

① cannot correctly identify the flavor
② will not favor the grape-flavored candy
③ can clearly sense the difference in flavor
④ will be instantly attracted to the grape flavor
⑤ will enjoy the subtle difference between them

다음 빈칸에 들어갈 말로 가장 적절한 것은?

Although there are numerous explanations for the fall of the Roman empire, the deeper cause lies in the declining fertility of its soil and the decrease in agricultural yields. Italy was densely forested at the beginning of Roman rule. By the end of the Roman Imperium, however, Italy had been stripped of forest cover. The timber was sold on the open market and the soil converted to crops and pastureland. The cleared soil was rich in minerals and nutrients and provided substantial production yields. Unfortunately, deforestation left the soil exposed to harsh weather. Wind blew across the barren landscapes and water ran down from the mountaintops and slopes, taking the soil with them. Overgrazing of livestock resulted in further deterioration of the soil. Consequently, Rome's _____ could not provide sufficient energy to maintain its infrastructure and the welfare of its citizens.

① dense forests
② climate changes
③ irrigation system
④ declining population
⑤ agricultural production

다음 빈칸에 들어갈 말로 가장 적절한 것은?

Over the past 60 years, as mechanical processes have replicated behaviors and talents we thought were unique to humans, we've had to change our minds about what sets us apart. As we invent more species of AI, we will be forced to surrender more of what is supposedly unique about humans. Each step of surrender — we are not the only mind that can play chess, fly a plane, make music, or invent a mathematical law — will be painful and sad. We'll spend the next three decades — indeed, perhaps the next century — in a permanent identity crisis, continually asking ourselves what humans are good for. If we aren't unique toolmakers, or artists, or moral ethicists, then what, if anything, makes us special? In the grandest irony of all, the greatest benefit of an everyday, utilitarian AI will not be increased productivity or an economics of abundance or a new way of doing science — although all those will happen. The greatest benefit of the arrival of artificial intelligence is that _____.

*replicate: 복제하다

① AIs will help define humanity
② humans could also be like AIs
③ humans will be liberated from hard labor
④ AIs could lead us in resolving moral dilemmas
⑤ AIs could compensate for a decline in human intelligence

04 다음 빈칸에 들어갈 말로 가장 적절한 것은?

The critic who wants to write about literature from a formalist perspective must first be a close and careful reader who examines all the elements of a text individually and questions how they come together to create a work of art. Such a reader, who respects the autonomy of a work, achieves an understanding of it by _____. Instead of examining historical periods, author biographies, or literary styles, for example, he or she will approach a text with the assumption that it is a self-contained entity and that he or she is looking for the governing principles that allow the text to reveal itself. For example, the correspondences between the characters in James Joyce's short story "Araby" and the people he knew personally may be interesting, but for the formalist they are less relevant to understanding how the story creates meaning than are other kinds of information that the story contains within itself.

*entity: 실체

① putting himself or herself both inside and outside it
② finding a middle ground between it and the world
③ searching for historical realities revealed within it
④ looking inside it, not outside it or beyond it
⑤ exploring its characters' cultural relevance

다음 빈칸에 들어갈 말로 가장 적절한 것은?

Over a period of time the buildings which housed social, legal, religious, and other rituals evolved into forms that we subsequently have come _____. This is a two-way process; the building provides the physical environment and setting for a particular social ritual such as traveling by train or going to the theater, as well as the symbolic setting. The meaning of buildings evolves and becomes established by experience and we in turn read our experience into buildings. Buildings arouse an empathetic reaction in us through these projected experiences, and the strength of these reactions is determined by our culture, our beliefs, and our expectations. They tell stories, for their form and spatial organization give us hints about how they should be used. Their physical layout encourages some uses and inhibits others; we do not go backstage in a theater unless especially invited. Inside a law court the precise location of those involved in the legal process is an integral part of the design and an essential part of ensuring that the law is upheld.

*empathetic: 공감할 수 있는

① to identify and relate to a new architectural trend
② to recognize and associate with those buildings' function
③ to define and refine by reflecting cross-cultural interactions
④ to use and change into an integral part of our environment
⑤ to alter and develop for the elimination of their meanings

다음 빈칸에 들어갈 말로 가장 적절한 것은?

    Some distinctions between good and bad are hardwired into our biology. Infants enter the world ready to respond to pain as bad and to sweet (up to a point) as good. In many situations, however, the boundary between good and bad is a reference point that changes over time and depends on the immediate circumstances. Imagine that you are out in the country on a cold night, inadequately dressed for the pouring rain, your clothes soaked. A stinging cold wind completes your misery. As you wander around, you find a large rock that provides some shelter from the fury of the elements. The biologist Michel Cabanac would call the experience of that moment intensely pleasurable because it functions, as pleasure normally does, to indicate the direction of _____ _____. The pleasant relief will not last very long, of course, and you will soon be shivering behind the rock again, driven by your renewed suffering to seek better shelter.

*shiver: 떨다

① a permanent emotional adjustment to circumstantial demands
② enhancing self-consciousness through physical suffering
③ a biologically significant improvement of circumstances
④ judging desirable and undesirable conditions impartially
⑤ a mentally pre-determined inclination for emotional stability

다음 빈칸에 들어갈 말로 가장 적절한 것은?

My friend was disappointed that scientific progress has not cured the world's ills by abolishing wars and starvation; that gross human inequality is still widespread; that happiness is not universal. My friend made a common mistake — a basic misunderstanding in the nature of knowledge. Knowledge is amoral — not immoral but morality neutral. It can be used for any purpose, but many people assume it will be used to further *their* favorite hopes for society — and this is the fundamental flaw. Knowledge of the world is one thing; its uses create a separate issue. To be disappointed that our progress in understanding has not remedied the social ills of the world is a legitimate view, but _____. To argue that knowledge is not progressing because of the African or Middle Eastern conflicts misses the point. There is nothing inherent in knowledge that dictates any specific social or moral application.

① to confuse this with the progress of knowledge is absurd
② to know the nature of knowledge is to practice its moral value
③ to remove social inequality is the inherent purpose of knowledge
④ to accumulate knowledge is to enhance its social application
⑤ to make science progress is to make it cure social ills

08 다음 빈칸에 들어갈 말로 가장 적절한 것은?

The entrance to a honeybee colony, often referred to as the dancefloor, is a market place for information about the state of the colony and the environment outside the hive. Studying interactions on the dancefloor provides us with a number of illustrative examples of how individuals changing their own behavior in response to local information _____. For example, upon returning to their hive honeybees that have collected water search out a receiver bee to unload their water to within the hive. If this search time is short then the returning bee is more likely to perform a waggle dance to recruit others to the water source. Conversely, if this search time is long then the bee is more likely to give up collecting water. Since receiver bees will only accept water if they require it, either for themselves or to pass on to other bees and brood, this unloading time is correlated with the colony's overall need of water. Thus the individual water forager's response to unloading time (up or down) regulates water collection in response to the colony's need.

*brood: 애벌레 **forager: 조달자

① allow the colony to regulate its workforce
② search for water sources by measuring distance
③ decrease the colony's workload when necessary
④ divide tasks according to their respective talents
⑤ train workers to acquire basic communication patterns

다음 빈칸에 들어갈 말로 가장 적절한 것은?

According to a renowned French scholar, the growth in the size and complexity of human populations was the driving force in the evolution of science. Early, small communities had to concentrate all their physical and mental effort on survival; their thoughts were focused on food and religion. As communities became larger, some people had time to reflect and debate. They found that they could understand and predict events better if they reduced passion and prejudice, replacing these with observation and inference. But while a large population may have been necessary, in itself it was not sufficient for science to germinate. Some empires were big, but the rigid social control required to hold an empire together was not beneficial to science, just as it was not beneficial to reason. The early nurturing and later flowering of science _____ to support original thought and freewheeling incentive. The rise in commerce and the decline of authoritarian religion allowed science to follow reason in seventeenth-century Europe.

*germinate: 싹트다, 발아하다

① prompted small communities to adopt harsh social norms
② resulted from passion and enthusiasm rather than inference
③ occurred in large communities with strict hierarchical structures
④ were solely attributed to efforts of survival in a small community
⑤ required a large and loosely structured, competitive community

10 다음 빈칸에 들어갈 말로 가장 적절한 것은?

Emma Brindley has investigated the responses of European robins to the songs of neighbors and strangers. Despite the large and complex song repertoire of European robins, they were able to discriminate between the songs of neighbors and strangers. When they heard a tape recording of a stranger, they began to sing sooner, sang more songs, and overlapped their songs with the playback more often than they did on hearing a neighbor's song. As Brindley suggests, the overlapping of song may be an aggressive response. However, this difference in responding to neighbor versus stranger occurred only when the neighbor's song was played by a loudspeaker placed at the boundary between that neighbor's territory and the territory of the bird being tested. If the same neighbor's song was played at another boundary, one separating the territory of the test subject from another neighbor, it was treated as the call of a stranger. Not only does this result demonstrate that _____, but it also shows that the choice of songs used in playback experiments is highly important.

*robin: 울새 **territory: 영역

① variety and complexity characterize the robins' songs
② song volume affects the robins' aggressive behavior
③ the robins' poor territorial sense is a key to survival
④ the robins associate locality with familiar songs
⑤ the robins are less responsive to recorded songs

다음 빈칸에 들어갈 말로 가장 적절한 것은?

A brilliant friend of mine once told me, "When you suddenly see a problem, something happens that you have the answer — before you are able to put it into words. It is all done subconsciously. This has happened many times to me." This feeling of knowing _____ is common. The French philosopher and mathematician Blaise Pascal is famous for saying, "The heart has its reasons that reason cannot know" The great nineteenth-century mathematician Carl Friedrich Gauss also admitted that intuition often led him to ideas he could not immediately prove. He said, "I have had my results for a long time; but I do not yet know how I am to arrive at them." Fittingly so, sometimes true genius simply cannot be put into words.

① the meaning of the feelings in your heart
② without being able to say how one knows
③ the way others solve the problems they face
④ how to use the right words to persuade others
⑤ someone that you have never met before in your life

다음 빈칸에 들어갈 말로 가장 적절한 것은?

   Research and development for seed improvement has long been a public domain and government activity for the common good. However, private capital started to flow into seed production and took it over as a sector of the economy, creating an artificial split between the two aspects of the seed's nature: its role as means of production and its role as product. This process gained pace after the invention of hybrid breeding of maize in the late 1920s. Today most maize seed cultivated are hybrids. The companies that sell them are able to keep the distinct parent lines from farmers, and the grain that they produce is not suited for seed saving and replanting. The combination guarantees that farmers will have to _____.
In the 1990s the extension of patent laws as the only intellectual property rights tool into the area of seed varieties started to create a growing market for private seed companies.

*maize: 옥수수

① buy more seed from the company each season
② use more chemical fertilizer than before
③ pioneer markets for their food products
④ increase the efficiency of food production
⑤ search for ways to maintain rural communities

01 다음 빈칸에 들어갈 말로 가장 적절한 것은?

The creativity that children possess needs to be cultivated throughout their development. Research suggests that overstructuring the child's environment may actually limit creative and academic development. This is a central problem with much of science instruction. The exercises or activities are devised to eliminate different options and to focus on predetermined results. The answers are structured to fit the course assessments, and the wonder of science is lost along with cognitive intrigue. We define cognitive intrigue as the wonder that stimulates and intrinsically motivates an individual to voluntarily engage in an activity. The loss of cognitive intrigue may be initiated by the sole use of play items with predetermined conclusions and reinforced by rote instruction in school. This is exemplified by toys, games, and lessons that are a(n) _____ in and of themselves and require little of the individual other than to master the planned objective.

*rote: 기계적인 암기

① end   ② input   ③ puzzle
④ interest   ⑤ alternative

02 다음 빈칸에 들어갈 말로 가장 적절한 것은?

Theorists of the novel commonly define the genre as a biographical form that came to prominence in the late eighteenth and nineteenth centuries _____ as a replacement for traditional sources of cultural authority. The novel, Georg Lukács argues, "seeks, by giving form, to uncover and construct the concealed totality of life" in the interiorized life story of its heroes. The typical plot of the novel is the protagonist's quest for authority within, therefore, when that authority can no longer be discovered outside. By this accounting, there are no objective goals in novels, only the subjective goal of seeking the law that is necessarily created by the individual. The distinctions between crime and heroism, therefore, or between madness and wisdom, become purely subjective ones in a novel, judged by the quality or complexity of the individual's consciousness

① to establish the individual character
② to cast doubt on the identity of a criminal
③ to highlight the complex structure of social consciousness
④ to make the objective distinction between crime and heroism
⑤ to develop the inner self of a hero into a collective wisdom

다음 빈칸에 들어갈 말로 가장 적절한 것은?

Young contemporary artists who employ digital technologies in their practice rarely make reference to computers. For example, Wade Guyton, an abstractionist who uses a word processing program and inkjet printers, does not call himself a computer artist. Moreover, some critics, who admire his work, are little concerned about his extensive use of computers in the art-making process. This is a marked contrast from three decades ago when artists who utilized computers were labeled by critics — often disapprovingly — as computer artists. For the present generation of artists, the computer, or more appropriately, the laptop, is one in a collection of integrated, portable digital technologies that link their social and working life. With tablets and cell phones surpassing personal computers in Internet usage, and as slim digital devices resemble nothing like the room-sized mainframes and bulky desktop computers of previous decades, it now appears that the computer artist is finally _____.

① awake   ② influential   ③ distinct
④ troublesome   ⑤ extinct

다음 빈칸에 들어갈 말로 가장 적절한 것은?

Recent evidence suggests that the common ancestor of Neanderthals and modern people, living about 400,000 years ago, may have already been using pretty sophisticated language. If language is based on genes and is the key to cultural evolution, and Neanderthals had language, then why did the Neanderthal toolkit show so little cultural change? Moreover, genes would undoubtedly have changed during the human revolution after 200,000 years ago, but more in response to new habits than as causes of them. At an earlier date, cooking selected mutations for smaller guts and mouths, rather than vice versa. At a later date, milk drinking selected for mutations for retaining lactose digestion into adulthood in people of western European and East African descent. _____. The appeal to a genetic change driving evolution gets gene-culture co-evolution backwards: it is a top-down explanation for a bottom-up process.

① Genetic evolution is the mother of new habits
② Every gene is the architect of its own mutation
③ The cultural horse comes before the genetic cart
④ The linguistic shovel paves the way for a cultural road
⑤ When the cultural cat is away, the genetic mice will play

05 **다음 빈칸에 들어갈 말로 가장 적절한 것은?**

   Development can get very complicated and fanciful. A fugue by Johann Sebastian Bach illustrates how far this process could go, when a single melodic line, sometimes just a handful of notes, was all that the composer needed to create a brilliant work containing lots of intricate development within a coherent structure. Ludwig van Beethoven's famous Fifth Symphony provides an exceptional example of how much mileage a classical composer can get out of a few notes and a simple rhythmic tapping. The opening da-da-da-DUM that everyone has heard somewhere or another _____ throughout not only the opening movement, but the remaining three movements, like a kind of motto or a connective thread. Just as we don't always see the intricate brushwork that goes into the creation of a painting, we may not always notice how Beethoven keeps finding fresh uses for his motto or how he develops his material into a large, cohesive statement. But a lot of the enjoyment we get from that mighty symphony stems from the inventiveness behind it, the impressive development of musical ideas.

*intricate: 복잡한 **coherent: 통일성 있는

① makes the composer's musical ideas contradictory
② appears in an incredible variety of ways
③ provides extensive musical knowledge creatively
④ remains fairly calm within the structure
⑤ becomes deeply associated with one's own enjoyment

다음 빈칸에 들어갈 말로 가장 적절한 것은?

As the structures of our world and the conditions of certainty have yielded to an avalanche of change, the extent of our longing for stable, definitive leadership _____ The fault lies not with leadership but rather with ourselves and our expectations. In the old days, leaders were supposed to make sense of chaos, to make certainty out of doubt, and to create positive action plans for the resolution of paradoxes. Good leaders straightened things out. Should chaos rear its ugly head, the leader was expected to restore normality immediately. But chaos is now considered normal, paradoxes cannot be resolved, and certainty is possible only to the level of high probability. Leadership that attempts to deliver in terms of fixing any of these can only fail. And that is exactly what is happening.

*an avalanche of: 많은, 쇄도하는

① can only be measured by our will to establish it
② has made traditional leadership more irreplaceable
③ can create viable action plans for restoring normality
④ has vastly reduced the probability of resolving paradoxes
⑤ has been exceeded only by the impossibility of finding it

다음 빈칸에 들어갈 말로 가장 적절한 것은?

One of the little understood paradoxes in communication is that the more difficult the word, the shorter the explanation. The more meaning you can pack into a single word, the fewer words are needed to get the idea across. Big words are resented by persons who don't understand them and, of course, very often they are used to confuse and impress rather than clarify. But this is not the fault of language; it is the arrogance of the individual who misuses the tools of communication. The best reason for acquiring a large vocabulary is that _____. A genuinely educated person can express himself tersely and trimly. For example, if you don't know, or use, the word 'imbricate,' you have to say to someone, 'having the edges overlapping in a regular arrangement like tiles on a roof, scales on a fish, or sepals on a plant.' More than 20 words to say what can be said in one.

① it keeps you from being long-winded
② you can avoid critical misunderstandings
③ it enables you to hide your true intentions
④ it makes you express yourself more impressively
⑤ you can use an easy word instead of a difficult one

08 **다음 빈칸에 들어갈 말로 가장 적절한 것은?**

Often in social scientific practice, even where evidence is used, it is not used in the correct way for adequate scientific testing. In much of social science, evidence is used only to affirm a particular theory — to search for the positive instances that uphold it. But these are easy to find and lead to the familiar dilemma in the social sciences where we have two conflicting theories, each of which can claim positive empirical evidence in its support but which come to opposite conclusions. How should we decide between them? Here the scientific use of evidence may help. For what is distinctive about science is the search for negative instances — the search for ways to falsify a theory, rather than to confirm it. The real power of scientific testability is negative, not positive. Testing allows us not merely to confirm our theories but to _____.

① ignore the evidence against them
② falsify them by using positive empirical evidence
③ intensify the argument between conflicting theories
④ weed out those that do not fit the evidence
⑤ reject those that lack negative instances

다음 빈칸에 들어갈 말로 가장 적절한 것은?

Temporal resolution is particularly interesting in the context of satellite remote sensing. The temporal density of remotely sensed imagery is large, impressive, and growing. Satellites are collecting a great deal of imagery as you read this sentence. However, most applications in geography and environmental studies do not require extremely fine-grained temporal resolution. Meteorologists may require visible, infrared, and radar information at sub-hourly temporal resolution; urban planners might require imagery at monthly or annual resolution; and transportation planners may not need any time series information at all for some applications. Again, the temporal resolution of imagery used should _____. Sometimes researchers have to search archives of aerial photographs to get information from that past that pre-date the collection of satellite imagery.

*meteorologist: 기상학자 **infrared: 적외선의

① be selected for general purposes
② meet the requirements of your inquiry
③ be as high as possible for any occasion
④ be applied to new technology by experts
⑤ rely exclusively upon satellite information

10 다음 빈칸에 들어갈 말로 가장 적절한 것은?

It is a common misconception among many musicians and non-musicians alike that _____. This is not surprising as it is natural to associate music with the sounds that create the melody, rather than with the quiet spaces between the notes. Because rests are silent, people often misinterpret these empty spaces as unimportant. But, imagine what would happen if a song was made up of only notes, and no rests. Aside from the fact that the "rests would be history" (pun intended), there would be a wall of sound with no reference point or discernible backbone to the music. This is because the spaces between the sounds provide a baseline and contrast for the piece, and give music structure and texture. In fact, it is a common saying among experienced musicians that a full measure of rest can hold more music than a full measure of blistering notes.

① notes are more important than rests
② rests provide a direct reference point to music
③ silence is no less meaningful than sound in music
④ melody is nothing more than a collection of sounds
⑤ structure and texture are the most crucial aspects of music

다음 빈칸에 들어갈 말로 가장 적절한 것은?

Cost estimates follow from time estimates simply by multiplying the hours required by the required labor rates. Beware of _____. For example, one major company has a policy that requires the following personnel in order to remove an electric motor: a tinsmith to remove the cover, an electrician to disconnect the electrical supply, a millwright to unbolt the mounts, and one or more laborers to remove the motor from its mount. That situation is fraught with inefficiency and high labor costs, since all four trades must be scheduled together, with at least three people watching while the fourth is at work. The cost will be at least four times what it could be and is often greater if one of the trades does not show up on time.

*fraught: ~으로 가득 찬

① inefficiency caused by poor working conditions
② difficulty in financing high labor costs in business
③ differences in labor skills when working in groups
④ coordination problems where multiple crafts are involved
⑤ mismatch between personnel and equipment in production

12 다음 빈칸에 들어갈 말로 가장 적절한 것은?

Researchers asked college student volunteers to think through a fantasy version of an experience (looking attractive in a pair of high-heeled shoes, winning an essay contest, or getting an A on a test) and then evaluated the fantasy's effect on the subjects and on how things unfolded in reality. When participants envisioned the most positive outcome, their energy levels, as measured by blood pressure, dropped, and they reported having a worse experience with the actual event than those who had conjured more realistic or even negative visions. To assess subjects' real life experiences, the researchers compared lists of goals that subjects had set for themselves against what they had actually accomplished and also relied on self-reports. "When we fantasize about it — especially when you fantasize something very positive — it's almost like you are actually living it," says one of the study's co-authors. That _____, draining the incentive to "get energized to go and get it," she explains. Subjects may be better off imagining how to surmount obstacles instead of ignoring them.

① prompts you into assessing the real life as it is
② turns a rosy dream into an actual accomplishment
③ renders your goal independent of the fantasy world
④ tricks the mind into thinking the goal has been achieved
⑤ deceives your mind into believing obstacles are insurmountable

01 **다음 빈칸에 들어갈 말로 가장 적절한 것은?**

The human species is unique in its ability to expand its functionality by inventing new cultural tools. Writing, arithmetic, science — all are recent inventions. Our brains did not have enough time to evolve for them, but I reason that they were made possible because _____.
When we learn to read, we recycle a specific region of our visual system known as the visual word-form area, enabling us to recognize strings of letters and connect them to language areas. Likewise, when we learn Arabic numerals we build a circuit to quickly convert those shapes into quantities — a fast connection from bilateral visual areas to the parietal quantity area. Even an invention as elementary as finger-counting changes our cognitive abilities dramatically. Amazonian people who have not invented counting are unable to make exact calculations as simple as, say, $6-2$. This "cultural recycling" implies that the functional architecture of the human brain results from a complex mixture of biological and cultural constraints.

*bilateral: 양측의 **parietal: 정수리(부분)의 ***constraint: 제약

① our brains put a limit on cultural diversity
② we can mobilize our old areas in novel ways
③ cultural tools stabilize our brain functionality
④ our brain regions operate in an isolated manner
⑤ we cannot adapt ourselves to natural challenges

02 다음 빈칸에 들어갈 말로 가장 적절한 것은?

Rules can be thought of as formal types of game cues. They tell us the structure of the test, that is, what should be accomplished and how we should accomplish it. In this sense, _____. Only within the rules of the game of, say, basketball or baseball do the activities of jump shooting and fielding ground balls make sense and take on value. It is precisely the artificiality created by the rules, the distinctive problem to be solved, that gives sport its special meaning. That is why getting a basketball through a hoop while not using a ladder or pitching a baseball across home plate while standing a certain distance away becomes an important human project. It appears that respecting the rules not only preserves sport but also makes room for the creation of excellence and the emergence of meaning. Engaging in acts that would be considered inconsequential in ordinary life also liberates us a bit, making it possible to explore our capabilities in a protected environment.

*inconsequential: 중요하지 않은

① rules prevent sports from developing a special meaning
② rules create a problem that is artificial yet intelligible
③ game structures can apply to other areas
④ sports become similar to real life due to rules
⑤ game cues are provided by player and spectator interaction

다음 빈칸에 들어갈 말로 가장 적절한 것은?

We understand that the segregation of our consciousness into present, past, and future is both a fiction and an oddly self-referential framework; your present was part of your mother's future, and your children's past will be in part your present. Nothing is generally wrong with structuring our consciousness of time in this conventional manner, and it often works well enough. In the case of climate change, however, the sharp division of time into past, present, and future has been desperately misleading and has, most importantly, hidden from view the extent of the responsibility of those of us alive now. The narrowing of our consciousness of time smooths the way to divorcing ourselves from responsibility for developments in the past and the future with which our lives are in fact deeply intertwined. In the climate case, it is not that _____. It is that the realities are obscured from view by the partitioning of time, and so questions of responsibility toward the past and future do not arise naturally.

*segregation: 분리 **intertwine: 뒤얽히게 하다 ***obscure: 흐릿하게 하다

① all our efforts prove to be effective and are thus encouraged
② sufficient scientific evidence has been provided to us
③ future concerns are more urgent than present needs
④ our ancestors maintained a different frame of time
⑤ we face the facts but then deny our responsibility

다음 빈칸에 들어갈 말로 가장 적절한 것은?

Like many errors and biases that seem irrational on the surface, auditory looming turns out, on closer examination, to be pretty smart. Animals like rhesus monkeys have evolved the same bias. This intentional error functions as an advance warning system, manned by the self-protection subself, providing individuals with a margin of safety when they are confronted with potentially dangerous approaching objects. If you spot a rhinoceros or hear an avalanche speeding toward you, auditory looming will motivate you to jump out of the way now rather than wait until the last second. The evolutionary benefits of immediately getting out of the way of approaching dangers were so strong that natural selection endowed us — and other mammals — with brains that _____. Although this kind of bias might inhibit economically rational judgment in laboratory tasks, it leads us to behave in a deeply rational manner in the real world. Being accurate is not always smart.

*avalanche: 눈사태

① intentionally see and hear the world inaccurately

② are geared to evaluate aural information precisely

③ deliberately make rational yet ineffective decisions

④ prompt us to overlook dangers without thinking rationally

⑤ accurately detect, but irrationally ignore, approaching dangers

다음 빈칸에 들어갈 말로 가장 적절한 것은?

Precision and determinacy are a necessary requirement for all meaningful scientific debate, and progress in the sciences is, to a large extent, the ongoing process of achieving ever greater precision. But historical representation puts a premium on a proliferation of representations, hence not on the refinement of one representation but on the production of an ever more varied set of representations. Historical insight is not a matter of a continuous "narrowing down" of previous options, not of an approximation of the truth, but, on the contrary, is an "explosion" of possible points of view. It therefore aims at the unmasking of previous illusions of determinacy and precision by the production of new and alternative representations, rather than at achieving truth by a careful analysis of what was right and wrong in those previous representations. And from this perspective, the development of historical insight may indeed be regarded by the outsider as a process of creating ever more confusion, a continuous questioning of _____, rather than, as in the sciences, an ever greater approximation to the truth.

*proliferation: 증식

① criteria for evaluating historical representations
② certainty and precision seemingly achieved already
③ possibilities of alternative interpretations of an event
④ coexistence of multiple viewpoints in historical writing
⑤ correctness and reliability of historical evidence collected

06 다음 빈칸에 들어갈 말로 가장 적절한 것은?

Journeys are the midwives of thought. Few places are more conducive to internal conversations than a moving plane, ship, or train. There is an almost peculiar correlation between what is in front of our eyes and the thoughts we are able to have in our heads: large thoughts at times requiring large views, new thoughts new places. Introspective reflections which are liable to stall are helped along by the flow of the landscape. The mind _____ when thinking is all it is supposed to do. The task can be as paralyzing as having to tell a joke or mimic an accent on demand. Thinking improves when parts of the mind are given other tasks, are charged with listening to music or following a line of trees.

① may be reluctant to think properly
② may focus better on future thoughts
③ can become confused by multitasking
④ is likely to be paralyzed by fear of new tasks
⑤ can be distracted from what is before the eyes

다음 빈칸에 들어갈 말로 가장 적절한 것은?

Unlike deviance in other settings, deviance in sports often involves _____ norms and expectations. For example, most North Americans see playing football as a positive activity. Young men are encouraged to 'be all they can be' as football players and to live by slogans such as "There is no 'I' in t-e-a-m." They are encouraged to increase their weight and strength, so that they can play more effectively and contribute to the success of their teams. When young men go too far in their acceptance of expectations to become bigger and stronger, when they are so committed to playing football and improving their skills on the field that they use muscle-building drugs, they become deviant. This type of 'overdoing-it-deviance' is dangerous, but it is grounded in completely different social dynamics from the dynamics that occur in the 'antisocial deviance' enacted by alienated young people who reject commonly accepted rules and expectations.

① a disciplined control of the desire to avoid
② wasted efforts and resources in establishing
③ ambitious attempts to get independent of and free from
④ a traditional approach of matching slogans and mottos with
⑤ an unquestioned acceptance of and extreme conformity to

다음 빈칸에 들어갈 말로 가장 적절한 것은?

The growth of academic disciplines and sub-disciplines, such as art history or palaeontology, and of particular figures such as the art critic, helped produce principles and practices for selecting and organizing what was worthy of keeping, though it remained a struggle. Moreover, as museums and universities drew further apart toward the end of the nineteenth century, and as the idea of objects as a highly valued route to knowing the world went into decline, collecting began to lose its status as a worthy intellectual pursuit, especially in the sciences. The really interesting and important aspects of science were increasingly those invisible to the naked eye, and the classification of things collected no longer promised to produce cutting-edge knowledge. The term "butterfly collecting" could come to be used with the adjective "mere" to indicate a pursuit of ＿＿＿＿＿ academic status.

*palaeontology: 고생물학 **adjective: 형용사

① competitive
② novel
③ secondary
④ reliable
⑤ unconditional

다음 빈칸에 들어갈 말로 가장 적절한 것은?

Grief is unpleasant. Would one not then be better off without it altogether? Why accept it even when the loss is real? Perhaps we should say of it what Spinoza said of regret: that whoever feels it is "twice unhappy or twice helpless." Laurence Thomas has suggested that the utility of "negative sentiments" (emotions like grief, guilt, resentment, and anger, which there is seemingly a reason to believe we might be better off without) lies in their providing a kind of guarantee of authenticity for such dispositional sentiments as love and respect. No occurrent feelings of love and respect need to be present throughout the period in which it is true that one loves or respects. One might therefore sometimes suspect, in the absence of the positive occurrent feelings, that _____. At such times, negative emotions like grief offer a kind of testimonial to the authenticity of love or respect.

*dispositional: 성향적인 **testimonial: 증거

① one no longer loves
② one is much happier
③ an emotional loss can never be real
④ respect for oneself can be guaranteed
⑤ negative sentiments do not hold any longer

10 **다음 빈칸에 들어갈 말로 가장 적절한 것은?**

Guys lost on unfamiliar streets often avoid asking for directions from locals. We try to tough it out with map and compass. Admitting being lost feels like admitting stupidity. This is a stereotype, but it has a large grain of truth. It's also a good metaphor for a big overlooked problem in the human sciences. We're trying to find our way around the dark continent of human nature. We scientists are being paid to be the bus-driving tour guides for the rest of humanity. They expect us to know our way around the human mind, but we don't. So we try to fake it, without asking the locals for directions. We try to find our way from first principles of geography ('theory'), and from maps of our own making ('empirical research'). The roadside is crowded with locals, and their brains are crowded with local knowledge, but we are too arrogant and embarrassed to ask the way. So we drive around in circles, _____ about where to find the scenic vistas that would entertain and enlighten the tourists.

① waiting for the local brains to inquire
② accumulating and examining the locals' knowledge
③ going against the findings of our empirical research
④ relying on passengers' knowledge and experience
⑤ inventing and rejecting successive hypotheses

다음 빈칸에 들어갈 말로 가장 적절한 것은?

When confronted by a seemingly simple pointing task, where their desires are put in conflict with outcomes, chimpanzees find it impossible to exhibit subtle self-serving cognitive strategies in the immediate presence of a desired reward. However, such tasks are mastered _____.
In one study, chimps were confronted by a simple choice; two plates holding tasty food items were presented, each with a different number of treats. If the chimp pointed to the plate having more treats, it would immediately be given to a fellow chimp in an adjacent cage, and the frustrated subject would receive the smaller amount. After hundreds and hundreds of trials, these chimps could not learn to withhold pointing to the larger reward. However, these same chimps had already been taught the symbolic concept of simple numbers. When those numbers were placed on the plates as a substitute for the actual rewards, the chimps promptly learned to point to the smaller numbers first, thereby obtaining the larger rewards for themselves.

① as immediate rewards replace delayed ones
② when an alternative symbol system is employed
③ if their desires for the larger rewards are satisfied
④ when material rewards alternate with symbolic ones
⑤ if the value of the number is proportional to the amount of the reward

12 다음 빈칸에 들어갈 말로 가장 적절한 것은?

Long before Walt Whitman wrote *Leaves of Grass*, poets had addressed themselves to fame. Horace, Petrarch, Shakespeare, Milton, and Keats all hoped that poetic greatness would grant them a kind of earthly immortality. Whitman held a similar faith that for centuries the world would value his poems. But to this ancient desire to live forever on the page, he added a new sense of fame. Readers would not simply attend to the poet's work; they would be attracted to the greatness of his personality. They would see in his poems a vibrant cultural performance, an individual springing from the book with tremendous charisma and appeal. Out of the political rallies and electoral parades that marked Jacksonian America, Whitman defined poetic fame in relation to the crowd. Other poets might look for their inspiration from the goddess of poetry. Whitman's poet sought ＿＿＿＿＿＿＿. In the instability of American democracy, fame would be dependent on celebrity, on the degree to which the people rejoiced in the poet and his work.

*rally: 집회

① a refuge from public attention
② poetic purity out of political chaos
③ immortality in literature itself
④ the approval of his contemporaries
⑤ fame with political celebrities

13 다음 빈칸에 들어갈 말로 가장 적절한 것은?

Mathematics will attract those it can attract, but it will do nothing to overcome resistance to science. Science is universal in principle but in practice it speaks to very few. Mathematics may be considered a communication skill of the highest type, frictionless so to speak; and at the opposite pole from mathematics, the fruits of science show the practical benefits of science without the use of words. But those fruits are ambivalent. Science as science does not *speak*; ideally, all scientific concepts are mathematized when scientists communicate with one another, and when science displays its products to non-scientists it need not, and indeed is not able to, resort to salesmanship. When science speaks to others, it is no longer science, and the scientist becomes or has to hire a publicist who dilutes the exactness of mathematics. In doing so, the scientist reverses his drive toward mathematical exactness in favor of rhetorical vagueness and metaphor, thus _____.

① degrading his ability to use the scientific language needed for good salesmanship
② surmounting the barrier to science by associating science with mathematics
③ inevitably making others who are unskillful in mathematics hostile to science
④ neglecting his duty of bridging the gap between science and the public
⑤ violating the code of intellectual conduct that defines him as a scientist

14 다음 빈칸에 들어갈 말로 가장 적절한 것은?

   Manufacturers design their innovation processes around the way they think the process works. The vast majority of manufacturers still think that product development and service development are always done by manufacturers, and that their job is always to find a need and fill it rather than to sometimes find and commercialize an innovation that _____.
Accordingly, manufacturers have set up market-research departments to explore the needs of users in the target market, product-development groups to think up suitable products to address those needs, and so forth. The needs and prototype solutions of lead users — if encountered at all — are typically rejected as outliers of no interest. Indeed, when lead users' innovations do enter a firm's product line — and they have been shown to be the actual source of many major innovations for many firms — they typically arrive with a lag and by an unusual and unsystematic route.

*lag: 지연

① lead users tended to overlook
② lead users have already developed
③ lead users encountered in the market
④ other firms frequently put into use
⑤ both users and firms have valued

Unit 03

요약문 완성

문제 유형

• 다음 글의 내용을 한 문장으로 요약하고자 한다. 빈칸 (A), (B)에 들어갈 말로 가장 적절한 것은?

풀이기술 30 요약문의 빈칸에는 지문에 있는 내용을 일반화한 것 또는 재진술한 것을 채워 넣는다.

요약문 완성 유형은 사실 빈칸 추론 문제 두 개를 한 문제에 넣어 놓은 것에 불과하다. 따라서 빈칸 추론 유형과 풀이 방법도 거의 동일하다. 빈칸 추론이 지문의 빈칸에 들어갈 말을 지문의 다른 부분에서 찾아내는 것이었다면, 요약문 완성은 요약문의 빈칸에 들어갈 말을 곧 바로 지문에서 찾아내는 것이다.

요약문 완성 문제를 풀 때는 빈칸 추론 문제를 풀 때와 마찬가지로 빈칸의 내용과 대응되는 부분을 지문에서 찾아 그 부분을 근거로 정답을 찾으면 된다. 그런데 사실 요약문 완성은 빈칸 추론보다 더 쉬운 유형이다. 빈칸 추론에서는 빈칸이 지문의 다른 내용을 구체화시킨 것일 수도 있고, 일반화시킨 것일 수도 있으며, 재진술한 것일 수도 있다. 그러나 요약문 완성 유형에서 요약문의 빈칸은 지문의 내용을 일반화시킨 것이거나 재진술한 것뿐이다. 요약된 내용이 지문의 내용보다 더 구체적일 수는 없기 때문이다.

요약문 완성을 좀 더 쉽게 풀 수 있는 한 가지 요령이 있다면, 요약문 완성 유형에서는 요약된 문장을 먼저 읽는 것이 좋다. 요약된 문장은 지문 전체의 내용을 한 문장으로 압축해 놓은 것이다. 비록 빈칸이 뚫려 있긴 하지만 이 문장이 지문의 전체 내용이 어떤 것인지에 대해 대략적이나마 알 수 있게 해주기 때문이다.

시범
이 정답률 75%

다음 글의 내용을 한 문장으로 요약하고자 한다. 빈칸 (A), (B)에 들어갈 말로 가장 적절한 것은?

 "Craftsmanship" may suggest a way of life that declined with the arrival of industrial society — but this is misleading. Craftsmanship names an enduring, basic human impulse, the desire to do a job well for its own sake. Craftsmanship cuts a far wider swath than skilled manual labor; it serves the computer programmer, the doctor, and the artist; parenting improves when it to practiced as a skilled craft, as does citizenship. In all these domains, craftsmanship focuses on objective standards, on the thing in itself. / Social and economic conditions, however, often stand in the way of the craftsman's discipline and commitment: schools may fail to provide the tools to do good work, and workplaces may not truly value the aspiration for quality. And though craftsmanship can reward an individual with a sense of pride in work, this reward is not simple. The craftsman often faces conflicting objective standards of excellence; the desire to do something well for its own sake can be weakened by competitive pressure, by frustration, or by obsession.

*swath: 구획

Craftsmanship, a human desire that has ___(A)___ over time in diverse contexts, often encounters factors that ___(B)___ its full development.

	(A)		(B)
①	persisted	········	limit
②	persisted	········	cultivate
③	evolved	········	accelerate
④	diminished	········	shape
⑤	diminished	········	restrict

요약문 (A)에 들어갈 내용은 장인정신이라는 인간의 욕망(desire)이 '시간이 지남에 따라(over time)' 어떤 속성을 보이는가에 대한 것이다. 본문에서 an enduring, basic human impulse와 'the desire to do a job well~'는 동격으로 연결되어 있다. 즉 desire의 속성에 '지속적인(enduring)'이 있으므로, (A)에 들어갈 단어는 'persisted(존속[지속]되었다)'가 된다.

글 중반의 however부터 내용이 전환되므로, however 뒤는 당연히 중요한 내용이다. 요약문에서는 장인정신이 완전한 발전을 (B) _____ 시키는 요소들을 마주한다고 했다. however 뒤에 나오는 '사회적, 경제적 조건들'은 곧 사회적 경제적 '요인들'과 같은 말이고, 장인정신의 수련과 전념은 장인정신의 발전을 의미한다. 그렇다면 '방해한다(stand in the way of)'와 같은 의미가 (B)에 들어가면 된다. 이는 선지에서 'limit, restrict(제한하다)'에 해당한다. 따라서 올바른 것끼리 짝지어진 정답은 ①이 된다.

'장인정신'은 산업 사회의 도래와 함께 쇠퇴한 삶의 방식을 암시할 수 있지만, 이것은 오해의 소지가 있다. 장인정신은 지속적이고 기본적인 인간의 충동, 즉 일 자체를 위해 그것을 잘 하고 싶은 욕망을 말한다. 장인정신은 숙련된 육체 노동보다 훨씬 더 넓은 구획을 가르는데 그것은 컴퓨터 프로그래머, 의사, 예술가에게 도움이 되고, 시민정신과 마찬가지로 숙련된 기술로서 그것이 실행될 때 양육은 향상된다. 이 모든 영역에서 장인정신은 객관적인 기준, 즉 그 자체의 것에 초점을 맞춘다. 그러나 사회적, 경제적 조건은 종종 장인의 수련과 전념을 방해하는데 즉 학교는 일을 잘하기 위한 도구를 제공하는 데 실패할 수 있고, 직장은 품질에 대한 열망을 진정으로 가치 있게 여기지 않을 수 있다. 그리고 비록 장인정신이 일에 대한 자부심으로 개인에게 보상을 줄 수 있지만, 이 보상은 간단하지 않다. 장인은 종종 우수성에 대한 상충되는 객관적 기준에 직면하며 어떤 일 자체를 위해 그것을 잘하려는 욕망은 경쟁적 압력, 좌절 또는 집착에 의해 약화될 수 있다.

→ 다양한 상황에서 시간이 지남에 따라 <u>존속되어</u> 온 인간의 욕망인 장인정신은 흔히 그 완전한 발전을 <u>제한하는</u> 요소들과 마주친다.

craftsmanship 장인정신 / decline 쇠퇴하다; 감소하다 / misleading 오해의 소지가 있는 / name 말하다, 명명하다 / enduring 지속적인 / impulse 충동 / for one's own sake ~ 자체를 위한 / manual 육체 노동의, 손으로 하는 / serve 도움이 되다, 기여하다 / parenting 양육, 육아 / craft 기술 / citizenship 시민정신 / domain 영역 / standard 기준 / stand in the way of ~을 방해하다 / discipline 수련; 규율 / commitment 전념 / aspiration 열망 / conflicting 상충하는 / obsession 집착 / diverse 다양한 / context 상황, 맥락 / persist 존속하다 / diminsh 줄어들다

01 다음 글의 내용을 한 문장으로 요약하고자 한다. 빈칸 (A), (B)에 들어갈 말로 가장 적절한 것은?

The impacts of tourism on the environment are evident to scientists, but not all residents attribute environmental damage to tourism. Residents commonly have positive views on the economic and some sociocultural influences of tourism on quality of life, but their reactions to environmental impacts are mixed. Some residents feel tourism provides more parks and recreation areas, improves the quality of the roads and public facilities, and does not contribute to ecological decline. Many do not blame tourism for traffic problems, overcrowded outdoor recreation, or the disturbance of peace and tranquility of parks. Alternatively, some residents express concern that tourists overcrowd the local fishing, hunting, and other recreation areas or may cause traffic and pedestrian congestion. Some studies suggest that variations in residents' feelings about tourism's relationship to environmental damage are related to the type of tourism, the extent to which residents feel the natural environment needs to be protected, and the distance residents live from the tourist attractions.

*tranquility: 고요함 **congestion: 혼잡

↓

Residents do not ___(A)___ tourism's environmental influences identically since they take ___(B)___ postures based on factors such as the type of tourism, opinions on the degree of protection, and their distance from an attraction.

	(A)		(B)
①	weigh	········	dissimilar
②	weigh	········	common
③	weigh	········	balanced
④	control	········	favorable
⑤	control	········	conflicting

다음 글의 내용을 한 문장으로 요약하고자 한다. 빈칸 (A), (B)에 들어갈 말로 가장 적절한 것은?

Time spent on on-line interaction with members of one's own, preselected community leaves less time available for actual encounters with a wide variety of people. If physicists, for example, were to concentrate on exchanging email and electronic preprints with other physicists around the world working in the same specialized subject area, they would likely devote less time, and be less receptive to new ways of looking at the world. Facilitating the voluntary construction of highly homogeneous social networks of scientific communication therefore allows individuals to filter the potentially overwhelming flow of information. But the result may be the tendency to overfilter it, thus eliminating the diversity of the knowledge circulating and diminishing the frequency of radically new ideas. In this regard, even a journey through the stacks of a real library can be more fruitful than a trip through today's distributed virtual archives, because it seems difficult to use the available "search engines" to emulate efficiently the mixture of predictable and surprising discoveries that typically result from a physical shelf-search of an extensive library collection.

*homogeneous: 동종의 **emulate: 따라 하다

↓

Focusing on on-line interaction with people who are engaged in the same specialized area can ___(A)___ potential sources of information and thus make it less probable for ___(B)___ findings to happen.

	(A)		(B)
①	limit	········	unexpected
②	limit	········	distorted
③	diversify	········	misleading
④	diversify	········	accidental
⑤	provide	········	novel

03 다음 글의 내용을 한 문장으로 요약하고자 한다. 빈칸 (A), (B)에 들어갈 말로 가장 적절한 것은?

Performance must be judged in terms of what is under the control of the individuals being evaluated rather than those influences on performance that are beyond their control. There can be broad, influential factors, sometimes of an economic nature, that hold down the performance of everyone being judged. One example is in sales. If there is a general downturn in the economy and products or services are not being purchased with the same frequency as in the previous year, sales could be down, for example, by an average of 15%. This 15% (actually -15%) figure would then represent "average" performance. Perhaps the best salesperson in the year had only a 3% drop in sales over the previous year. Thus, "good" performance in this situation is a smaller loss compared to some average or norm group.

↓

In performance evaluation, we should consider ___(A)___ factors affecting the individual's performance rather than ___(B)___ figures only.

	(A)		(B)
①	contextual	········	put aside
②	contextual	········	rely on
③	controllable	········	put aside
④	positive	········	ignore
⑤	positive	········	rely on

04 다음 글의 내용을 한 문장으로 요약하고자 한다. 빈칸 (A), (B)에 들어갈 말로 가장 적절한 것은?

Mobilities in transit offer a broad field to be explored by different disciplines in all faculties, in addition to the humanities. In spite of increasing acceleration, for example in travelling through geographical or virtual space, our body becomes more and more a passive non-moving container, which is transported by artefacts or loaded up with inner feelings of being mobile in the so-called information society. Technical mobilities turn human beings into some kind of terminal creatures, who spend most of their time at rest and who need to participate in sports in order to balance their daily disproportion of motion and rest. Have we come closer to Aristotle's image of God as the immobile mover, when elites exercise their power to move money, things and people, while they themselves do not need to move at all? Others, at the bottom of this power, are victims of mobility-structured social exclusion. They cannot decide how and where to move, but are just moved around or locked out or even locked in without either the right to move or the right to stay.

↓

In a technology and information society, human beings, whose bodily movement is less ____(A)____, appear to have gained increased mobility and power, and such a mobility-related human condition raises the issue of social ____(B)____.

	(A)		(B)
①	necessary	········	inequality
②	necessary	········	growth
③	limited	········	consciousness
④	desirable	········	service
⑤	desirable	········	divide

다음 글의 내용을 한 문장으로 요약하고자 한다. 빈칸 (A), (B)에 들어갈 말로 가장 적절한 것은?

Philip Kitcher and Wesley Salmon have suggested that there are two possible alternatives among philosophical theories of explanation. One is the view that scientific explanation consists in the *unification* of broad bodies of phenomena under a minimal number of generalizations. According to this view, the (or perhaps, a) goal of science is to construct an economical framework of laws or generalizations that are capable of subsuming all observable phenomena. Scientific explanations organize and systematize our knowledge of the empirical world; the more economical the systematization, the deeper our understanding of what is explained. The other view is the *causal/mechanical* approach. According to it, a scientific explanation of a phenomenon consists of uncovering the mechanisms that produced the phenomenon of interest. This view sees the explanation of individual events as primary, with the explanation of generalizations flowing from them. That is, the explanation of scientific generalizations comes from the causal mechanisms that produce the regularities.

*subsume: 포섭(포함)하다 **empirical: 경험적인

↓

Scientific explanations can be made either by seeking the _____(A)_____ number of principles covering all observations or by finding general _____(B)_____ drawn from individual phenomena.

	(A)		(B)
①	least	········	patterns
②	fixed	········	features
③	limited	········	functions
④	fixed	········	rules
⑤	least	········	assumptions

다음 글의 내용을 한 문장으로 요약하고자 한다. 빈칸 (A), (B)에 들어갈 말로 가장 적절한 것은?

"Why, in country after country that mandated seat belts, was it impossible to see the promised reduction in road accident fatalities?" John Adams, professor of geography at University College London, wrote in one of his many essays on risk. "It appears that measures that protect drivers from the consequences of bad driving encourage bad driving. The principal effect of seat belt legislation has been a shift in the burden of risk from those already best protected in cars, to the most vulnerable, pedestrians and cyclists, outside cars."

Adams started to group these counterintuitive findings under the concept of *risk compensation*, the idea that humans have an inborn tolerance for risk. As safety features are added to vehicles and roads, drivers feel less vulnerable and tend to take more chances. The phenomenon can be observed in all aspects of our daily lives. Children who wear protective gear during their games have a tendency to take more physical risks. Hikers take more risks when they think a rescuer can access them easily.

↓

> According to John Adams, the phenomenon that safety measures ___(A)___ careless driving may be accounted for by the notion that a greater sense of security ___(B)___ people to take more risks.

	(A)		(B)
①	contribute to	········	tempts
②	contribute to	········	forbids
③	discourage	········	tempts
④	discourage	········	forces
⑤	discourage	········	forbids

01 다음 글의 내용을 한 문장으로 요약하고자 한다. 빈칸 (A), (B)에 들어갈 말로 가장 적절한 것은?

The computer has, to a considerable extent, solved the problem of acquiring, preserving, and retrieving information. Data can be stored in effectively unlimited quantities and in manageable form. The computer makes available a range of data unattainable in the age of books. It packages it effectively; style is no longer needed to make it accessible, nor is memorization. In dealing with a single decision separated from its context, the computer supplies tools unimaginable even a decade ago. But it also diminishes perspective. Because information is so accessible and communication instantaneous, there is a diminution of focus on its significance, or even on the definition of what is significant. This dynamic may encourage policymakers to wait for an issue to arise rather than anticipate it, and to regard moments of decision as a series of isolated events rather than part of a historical continuum. When this happens, manipulation of information replaces reflection as the principal policy tool.

*retrieve: (정보를) 추출하다 **diminution: 감소

↓

Although the computer is clearly ____(A)____ at handling information in a decontextualized way, it interferes with our making ____(B)____ judgments related to the broader context, as can be seen in policymaking processes.

	(A)		(B)
①	competent	········	comprehensive
②	dominant	········	biased
③	imperfect	········	informed
④	impressive	········	legal
⑤	inefficient	········	timely

다음 글의 내용을 한 문장으로 요약하고자 한다. 빈칸 (A), (B)에 들어갈 말로 가장 적절한 것은?

From a cross-cultural perspective the equation between public leadership and dominance is questionable. What does one mean by 'dominance'? Does it indicate coercion? Or control over 'the most valued'? 'Political' systems may be about both, either, or conceivably neither. The idea of 'control' would be a bothersome one for many peoples, as for instance among many native peoples of Amazonia where all members of a community are fond of their personal autonomy and notably allergic to any obvious expression of control or coercion. The conception of political power as a *coercive* force, while it may be a Western fixation, is not a universal. It is very unusual for an Amazonian leader to give an order. If many peoples do not view political power as a coercive force, *nor as the most valued domain*, then the leap from 'the political' to 'domination'(as coercion), *and from there* to 'domination of women', is a shaky one. As Marilyn Strathern has remarked, the notions of 'the political' and 'political personhood' are cultural obsessions of our own, a bias long reflected in anthropological constructs.

*coercion: 강제 **autonomy: 자율 ***anthropological: 인류학의

It is ____(A)____ to understand political power in other cultures through our own notion of it because ideas of political power are not ____(B)____ across cultures.

	(A)		(B)
①	rational	………	flexible
②	appropriate	………	commonplace
③	misguided	………	uniform
④	unreasonable	………	varied
⑤	effective	………	objective

03 다음 글의 내용을 한 문장으로 요약하고자 한다. 빈칸 (A), (B)에 들어갈 말로 가장 적절한 것은?

Behavioral evidence for separate types of taste receptors comes from studies of the following type: Soak your tongue for 15 seconds in a sour solution, such as unsweetened lemon juice. Then try tasting some other sour solution, such as dilute vinegar. You will find that the second solution tastes less sour than usual. Depending on the concentrations of the lemon juice and vinegar, the second solution may not taste sour at all. This phenomenon, called adaptation, reflects the fatigue of receptors sensitive to sour tastes. Now try tasting something salty, sweet, or bitter. These substances taste about the same as usual. In short, you experience little cross-adaptation — reduced response to one taste after exposure to another. Evidently, the sour receptors are different from the other taste receptors. Similarly, you can show that salt receptors are different from the others and so forth.

↓

The fact that the intensity of a taste is ____(A)____ after trying the same taste, but not after trying a different taste, serves as evidence for the existence of ____(B)____ receptors for different tastes.

	(A)		(B)
①	increased	········	adaptive
②	increased	········	identical
③	decreased	········	sensitive
④	decreased	········	distinct
⑤	decreased	········	collective

다음 글의 내용을 한 문장으로 요약하고자 한다. 빈칸 (A), (B)에 들어갈 말로 가장 적절한 것은?

If someone were to say "Life is a cup of coffee," it is unlikely that you would have heard this expression before. But its novelty forces you to think about its meaning. The vehicle used, a cup of coffee, is a common object of everyday life and therefore easily perceivable as a source for thinking about that life. The metaphor compels you to start thinking of life in terms of the kinds of physical, social, and other attributes that are associated with a cup of coffee. For this metaphor to gain currency, however, it must capture the fancy of many other people for a period of time. Then and only then will its novelty have become worn out and will it become the basis for a new conceptual metaphor: *life is a drinking substance*. After that, expressions such as "life is a cup of tea, life is a bottle of beer, life is a glass of milk," will become similarly understandable as offering different perspectives on life.

↓

A new metaphor initially makes people ____(A)____ its meaning; if it loses its novelty later by gaining ____(B)____, it will give birth to similar types of metaphorical expressions.

	(A)		(B)
①	reflect on	········	sincerity
②	reflect on	········	popularity
③	depart from	········	popularity
④	depart from	········	morality
⑤	expand on	········	sincerity

01 다음 글의 내용을 한 문장으로 요약하고자 한다. 빈칸 (A), (B)에 들어갈 말로 가장 적절한 것은?

I believe mystery plays a fundamental role in experiencing the great things in life. If you can determine the chemicals that exist in a food or wine, does that help you understand why you like the taste? Do you think that being able to list all the reasons you love a person enables you to love that person more or differently? If something is beautiful to you, can you really explain why in a meaningful way? There are many sensations and feelings that we can experience but not fully define. Once we give up the belief that definition of these emotions is necessary or possible, we can actually experience them more completely because we have removed the analytical filter we use to find definitions.

↓

The attempt to ____(A)____ things in definite ways prevents us from ____(B)____ them deeply and completely.

	(A)		(B)
①	analyze	………	experimenting
②	analyze	………	appreciating
③	mystify	………	discovering
④	mystify	………	investigating
⑤	mystify	………	justifying

02 다음 글의 내용을 한 문장으로 요약하고자 한다. 빈칸 (A), (B)에 들어갈 말로 가장 적절한 것은?

With the rise of the social sciences, and especially the anthropology of the 1930s and thereafter, words like 'savage' and 'primitive' began to disappear from the vocabulary of cultural studies, along with the notion that the people who had once borne these labels represented a biologically less evolved form of humanity. Medical science could find no difference in the brains of the former primitives to account for their different behavior; colonists necessarily observed that yesterday's 'savage' might be today's shopkeeper, soldier, or servant. As humanity began to look more like a family of potential equals, Westerners had to accept that the behavior found in native cultures was not the distinctive feature of savage 'otherness' but the expression of a capacity that may exist, for better or for worse, in all of us.

*savage: 야만적인

↓

> Westerners came to admit that their view toward the ___(A)___ behavior found in native cultures was ___(B)___ .

	(A)		(B)
①	religious	········	righteous
②	distinctive	········	acceptable
③	different	········	righteous
④	religious	········	acceptable
⑤	distinctive	········	biased

CHAPTER 04

세부 내용 파악하기

Unit 01 내용 일치

문제 유형
• 다음 글에서 ~에 관한 내용과 일치하는 것은?
• ~에 관한 다음 글의 내용과 일치하지 <u>않는</u> 것은?

내용 일치 유형은 영문으로 작성된 글의 세부적인 내용을 올바르게 이해할 수 있는지 평가하는 유형이다. 이 유형의 문제를 푸는 데에는 지문의 논리적인 구조를 분석하고 정답의 근거를 찾는 사고력보다는 영문을 정확히 이해할 수 있는 능력이 더 중요하다. 따라서 영어의 문법, 구문, 어휘에 대한 지식이 매우 중요하다.

풀이기술 3 1 글을 먼저 읽기보다는 선지를 먼저 보고 하나씩 글과 맞춰 나간다.

이 유형의 문제를 풀 때에는 글을 먼저 읽는 것보다는 선지를 먼저 보고 하나씩 글과 맞춰 나가는 것이 좋다. 내용 일치 유형의 글에서는 내용 흐름의 순서와 선지의 순서가 동일하다. 따라서 글을 읽기 전에 선지 ①의 내용을 먼저 확인한 후 글을 읽다가 선지 ①에 해당하는 내용이 나오면 ① 옆에 이것이 맞는지 틀리는지 표시를 해 두고 ②로 넘어간다. 그러다가 ②쯤에서 지문의 내용과 확실히 일치하는 혹은 일치하지 않는 것이 확인되면 이것을 정답으로 확정하고 다음 문제로 넘어가면 된다.

내용 일치 유형에는 글의 내용과 '일치하는 것'을 묻는 문제와, '일치하지 않는 것'을 묻는 문제가 있다. 간혹 조급한 마음에 둘을 혼동하는 경우가 있는데, 이런 어처구니없는 실수로 점수를 까먹지 않도록 하자. 시험에서는 실수도 실력이다.

시범이 정답률 91%

William Buckland에 관한 다음 글의 내용과 일치하지 <u>않는</u> 것은?

　William Buckland (1784 - 1856) was well known as one of the greatest geologists in his time. ⓐ His birthplace, Axminster in Britain, was rich with fossils, and as a child, he naturally became interested in fossils while collecting them. In 1801, Buckland won a scholarship and was admitted to Corpus Christi College, Oxford. ⓑ He developed his scientific knowledge there while attending John Kidd's lectures on mineralogy and chemistry. ⓒ After Kidd resigned his position, Buckland was appointed his successor at the college. Buckland used representative samples and ⓓ large-scale geological maps in his lectures, which made his lectures more lively. ⓔ In 1824, he announced the discovery of the bones of a giant creature, and he named it *Megalosaurus*, or 'great lizard'. He won the prize from the Geological Society due to his achievements in geology.

① 태어난 곳은 화석이 풍부하였다.
② John Kidd의 강의를 들으며 자신의 과학 지식을 발전시켰다.
③ John Kidd의 사임 전에 그의 후임자로 임명되었다.
④ 자신의 강의에서 대축척 지질학 지도를 사용하였다.
⑤ 1824년에 거대 생물 뼈의 발견을 발표하였다.

독해기술

내용일치/불일치 문제는 선지를 먼저 보고 하나씩 글과 맞춰나가면 된다.

① : ⓐ와 일치하는 내용이다.
② : ⓑ와 일치하는 내용이다.
③ : ⓒ를 보면 Kidd가 사임한 후에 Buckland가 후임자로 임명되었다. 따라서 ③은 글의 내용과 일치하지 않는다.
④ : ⓓ와 일치하는 내용이다. 참고로 지도에서 scale은 '축척'을 의미한다.
⑤ : ⓔ와 일치하는 내용이다.

William Buckland(1784년 – 1856년)는 그의 시대에 가장 위대한 지질학자들 중 한 명으로 잘 알려져 있었다. 그의 출생지인 영국의 Axminster는 화석이 풍부했고, 어린 시절 그는 화석을 수집하면서 자연스럽게 화석에 관심을 갖게 되었다. 1801년 Buckland는 장학금을 받고 Oxford의 Corpus Christi College에 입학했다. 그는 John Kidd의 광물학과 화학 강의에 참석하는 동안 그곳에서 과학적 지식을 발전시켰다. Kidd가 자신의 직위를 사임한 후, Buckland가 대학에서 그의 후임자로 임명되었다. Buckland는 대표 표본과 대축적 지질도를 강의에 활용해 강의를 더욱 생동감 있게 만들었다. 1824년, 그는 거대한 생물의 뼈를 발견했다고 발표했고, 그는 그것을 *Megalosaurus*, 즉 '커다란 도마뱀'이라고 이름지었다. 그는 지질학에서의 업적으로 인해 지질학회로부터 상을 받았다.

geologist 지질학자 / **fossil** 화석 / **scholarship** 장학금 / **mineralogy** 광물학 / **appoint** 임명하다 / **successor** 후임자, 계승자 / **representative sample** 대표 표본

01 Great Salt Lake에 관한 다음 글의 내용과 일치하지 <u>않는</u> 것은?

The Great Salt Lake is the largest salt lake in the Western Hemisphere. The lake is fed by the Bear, Weber, and Jordan rivers and has no outlet. At the close of the Ice Age the entire region was submerged beneath a lake of meltwater, and overflow from the lake flowed into the Pacific Ocean through the Snake and Columbia rivers. The great climatic change the lake underwent and continued evaporation, exceeding the inflow of fresh water, reduced the lake to one-twentieth of its former size. The majority of salt in the Great Salt Lake is a remnant of dissolved salts that are present in all fresh water. As the water evaporated, the traces of dissolved salts were gradually concentrated in the shrinking lake.

① 서반구에서 가장 큰 소금호수이나.
② Bear 강, Weber 강, Jordan 강에서 물이 유입된다.
③ 전 지역이 물에 잠긴 적이 있다.
④ 심한 기후 변화와 계속된 증발로 크기가 줄었다.
⑤ 대부분의 소금은 바닷물이 증발하여 남은 것이다.

Georgia O'Keeffe에 관한 다음 글의 내용과 일치하지 <u>않는</u> 것은?

In her art, Georgia O'Keeffe clearly showed a pioneering spirit and an intensely individual style. At age twenty-seven, while teaching art in South Carolina, O'Keeffe began a series of simple, abstract charcoal drawings that expressed her own ideas and feelings. She sent these drawings to a friend in New York, who showed them to Alfred Stieglitz, the owner of the influential gallery 291. Stieglitz hailed them as the "purest, finest, sincerest things." O'Keeffe's greatest source of inspiration was nature. Her best-known paintings are large, extreme close-ups of flowers; the simplified and magnified views compel us to look at them in a new way and to discover their inner essence. At the same time, the paintings become abstract arrangements of color and line, light and shadow. While in New Mexico, she was also fascinated by the simple geometric grace of adobe churches and the majesty of the desert.

*adobe: 흙을 재료로 한 건축 양식의 일종

① 27세에 South Carolina에서 미술을 가르쳤다.
② 자신의 드로잉 작품들을 Stieglitz에게 보냈다.
③ 영감을 얻은 가장 큰 원천은 자연이었다.
④ 가장 잘 알려진 그림들은 클로즈업한 꽃 그림이다.
⑤ New Mexico에서 사막의 장엄함에 매료되었다.

03 **Gregorio Dati에 관한 다음 글의 내용과 일치하는 것은?**

Gregorio Dati was a successful merchant of Florence, who entered into many profitable partnerships dealing in wool, silk, and other merchandise. His career, however, especially early on, knew the vicissitudes characteristic of Renaissance business. For example, while he was en route to Spain as his enterprise's traveling partner, a role typical for young men, pirates robbed him of all his goods, including a consignment of pearls, and of his own clothes. His recovery from such losses followed in part from four successive marriages. Later in life, he was honored to serve a number of posts in the city government. Over the years he wrote a "diary," actually an occasional record in which he kept accounts of his commercial and family life. Men of his kind pioneered this form of writing about the public and private self.

*vicissitudes: 파란만장 **consignment: 위탁판매품

① Florence 상인으로서 성공하지 못했다.
② Spain으로 가는 길에 자신의 옷을 제외한 모든 것을 약탈당했다.
③ 네 번의 잇따른 결혼으로 경제적 손실을 입었다.
④ 인생 후반에 시 정부에서 다수의 직책을 맡았다.
⑤ 자신의 가족생활을 매일 기록한 일기를 썼다.

04 *Thistlegorm*에 관한 다음 글의 내용과 일치하지 <u>않는</u> 것은?

Packed full of artifacts and lying in the clear waters of the Red Sea, the *Thistlegorm* is perhaps the most famous of all shipwrecks for divers. Her fame comes at a price, however, with great numbers of divers crawling through the structure every day. The *Thistlegorm* first came to the attention of the global diving community in the 1950s, when she was discovered and filmed by Jacques Cousteau. Her location remained a secret until 1992, when she was rediscovered by recreational divers, and she has since become the most popular diving wreck in the entire Red Sea. The *Thistlegorm* was a World War II armed merchant vessel, 126m in length, carrying supplies to the British 8th Army in North Africa. Packed with machinery and weapons, she was spotted in the northern Red Sea by a German bomber on the 6th October 1941. Two bombs entered her Number Four hold, causing a huge explosion that cut her in half; she sank immediately with the loss of nine souls.

① Red Sea에 있다.
② Jacques Cousteau에 의해 촬영되었다.
③ 보급품을 수송하는 독일군 군함이었다.
④ 기계류와 무기를 싣고 있었다.
⑤ 폭격을 받고 가라앉았다.

01 야영지에서의 사진 촬영과 관련된 유의 사항으로 언급되지 <u>않은</u> 것은?

There are a few things to keep in mind if you want to get perfect shots while camping. Take pictures of your family. Nature shots can be really nice, but you'll be looking at those old family camp photos in ten years. Bring extra batteries. Most cameras use really special batteries and you may not be able to find them at a camp store. Temperature can affect your batteries and film. If you are taking pictures in chilly weather, your batteries may die. Don't throw them away. Just warm them up and you'll be ready to shoot again. Film does not like heat so try to keep your film in a cool spot. You can't take too many pictures, so bring lots of film.

① 주로 가족 사진을 찍는다.　　　② 여분의 배터리를 준비한다.
③ 추운 날씨에는 촬영을 삼간다.　　④ 필름을 서늘한 곳에 보관한다.
⑤ 충분한 양의 필름을 가져간다.

02 다음 'Harry Houdini'에 관한 내용과 일치하지 <u>않는</u> 것은?

Harry Houdini, whose given name was Erich Weiss, was born in Hungary, in 1874. When he was a child, his family immigrated to the United States. They were extremely poor, so Erich worked to help support the family. Beginning at age eight, Erich sold newspapers and shined shoes. Desperate to keep himself and his family from starving, Erich took any available job. As a teenager, though, he had a stroke of good fortune. He discovered his talent for magic and illusion. He demonstrated a remarkable ability to free himself from handcuffs. At this point Erich Weiss changed his name to Harry Houdini, after famous magician Robert Houdini. Soon the newly named magician became known worldwide.

① 이주민 가족의 자식이었다.　　　② 열 살이 되기 전에 돈벌이를 해야만 했다.
③ 수갑에서 탈출하는 것을 잘 하였다.　④ Erich, Harry, Robert라는 이름을 사용했다.
⑤ 세계적인 마술사가 되었다.

Unit 02   도표

문제 유형

• 다음 도표의 내용과 일치하지 <u>않는</u> 것은?

  도표 유형은 '내용 일치' 유형의 변형이다. 내용 일치 유형이 하나의 글에서 세부 내용을 확인하는 문제였다면, 도표 유형은 하나의 도표/그래프에서 세부 내용을 확인하는 문제이다.

 우선 도표의 제목을 보고 도표가 무엇에 관한 것인지 대략적으로만 파악한 뒤 선지를 읽으며 도표와 하나씩 맞추어 본다.

  도표 문제도 내용 일치 문제와 마찬가지로 도표부터 꼼꼼히 확인하며 시간을 낭비하고 있을 필요가 없다. 우선 도표의 제목을 보고 도표가 무엇에 관한 것인지 대략적으로만 파악한 뒤 선지를 읽으며 도표와 하나씩 맞추어 보면 된다.

● **도표 해석에 중요한 표현들**

| 증감을 나타내는 표현 |

  increase, decrease 뒤에 전치사 **by**가 쓰이면 증감의 '차'를 나타내고, **to**가 쓰이면 증감의 '결과'를 나타낸다.

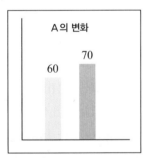

왼쪽 도표는 다음 두 가지 방법으로 표현할 수 있다.
1) A increased to 70.
2) A increased by 10. (60에서 70으로 증가했으므로)

| 선후를 나타내는 표현 |

'A follow B'는 A가 B를 따라간다는 뜻이다. 바꿔 말하면 B가 앞서 가고, A가 뒤에서 따라가는 꼴이다. 반면 'A is followed by B'는 A가 앞서 가고, B가 그 뒤를 따라간다는 의미이다.

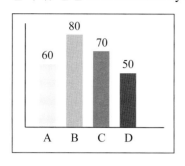

왼쪽 도표에서 가장 높은 것은 B이고, 그 다음은 C이므로 B가 C보다 앞서 있는 꼴이다.
따라서 B와 C의 관계는 다음과 같이 표현할 수 있다.
C follows B.
B is followed by C.
B is 80, followed by C.
C is 70, following B.

| 연속을 나타내는 표현 |

increase, decrease가 'continuously, continually, steadily'나 같은 표현과 아래 쓰이면 증가나 감소가 끊임없이 이어진다는 뜻이다.

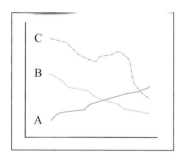

A와 B는 멈추지 않고 계속 증가 혹은 감소하므로 아래와 같이 표현할 수 있다.
A continuously increased.
B steadily decreased.
그런데 C는 처음에 비하면 끝은 분명 감소된 것이 맞지만 중간에 상승한 구간이 있으므로 아래와 같이 표현할 수 없다.
C continually decreased. (X)

| 비교 표현 |

배수는 다음과 같이 표현한다.
A는 B보다 [ ]배 많다. = A is [ ] larger than B.
　　　　　　　　　　= A is [ ] as large as B.
*twice(2배), three times(3배), four times(4배), …

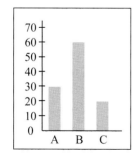

B is twice larger than A.
B is twice as large as A.
B is three times larger than C.
B is three times as large as C.

'가장 큰', '두 번째로 가장 큰'은 다음과 같이 표현한다.

B is the largest among the three.

A is the second largest among the three.

| 증가량과 절대치 |

어떤 기간 동안의 변화량을 고정된 특정 시기의 절대치와 혼동하지 말자.

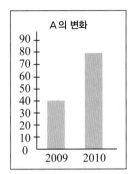

A in 2009 is 40.

A in 2010 is 80.

The increase in A between 2009 and 2010 is 40.

| 증가량과 증가율 |

증가량(the increase)과 증가율(the increase rate)을 혼동해선 안 된다. 증가량은 증가한 '수치'를 의미하고, 증가율은 증가한 '비율'을 의미한다.

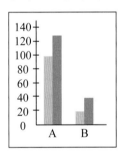

The increase in A is 30. (100 → 130)

The increase in B is 20. (20 → 40)

The increase in A is larger than that in B. (○)

The increase rate of A is 30%. (100 → 130)

The increase rate of B is 100%. (20 → 40)

The increase rate of A is larger than that of B. (×)

마지막으로, 퍼센트의 증가량과 증가율을 구분해 보자.

A increased 10% in 2020 from the previous year. (×)
A increased 10% point in 2020 from the previous year. (○)
A increased 20% in 2020 from the previous year. (○)

위 그래프는 2020년이 되었을 때, A의 비율이 전년도에 비해 50%에서 60%로 증가했음을 보여주고 있다. 이것을 A가 10% 증가했다고 말할 수 있을까? 그렇지 않다!

퍼센트는 '비율'을 나타낸다는 것을 명심하자. 50%의 10%는 얼마인가? 50%의 1/10(=10%)은 5%이다. 즉 50%에서 10%가 증가했다면 55%가 되어야 한다. 50%의 2/10(=20%)이 10%이므로, 50% → 60%으로 증가했다면, 10%가 아닌 20%가 증가한 것이다.

그렇다면 50%과 60% 사이의 숫자 10%는 어떻게 표현해야 할까? 통계에서 이것을 나타내는 것이 바로 '퍼센트 포인트(percent point)'이다. 줄여서 %p로 표현하기도 한다. 즉 50% → 60%이 된 것은, 10%가 증가한 것이 아니라, 10%p가 증가한 것이다.

2015학년도 수능에서 '퍼센트'와 '퍼센트 포인트'를 구분하지 않았다가 도표 문제에서 복수 정답이 인정된 사례가 있다.

정답률 94%

다음 도표의 내용과 일치하지 <u>않는</u> 것은?

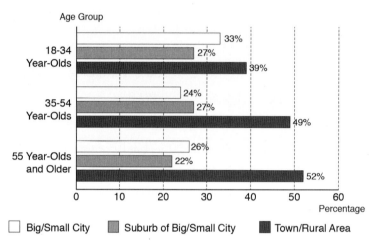

Americans' Preferred Type of Place to Live
(surveyed in 2020)

Note: Percentages may not sum to 100% due to rounding.

  The above graph shows the percentages of Americans' preferred type of place to live by age group, based on a 2020 survey. ① In each of the three age groups, Town/Rural Area was the most preferred type of place to live. ② In the 18−34 year-olds group, the percentage of those who preferred Big/Small City was higher than that of those who preferred Suburb of Big/Small City. ③ In the 35−54 year-olds group, the percentage of those who preferred Suburb of Big/Small City exceeded that of those who preferred Big/Small City. ④ In the 55 year-olds and older group, the percentage of those who chose Big/Small City among the three preferred types of place to live was the lowest. ⑤ Each percentage of the three preferred types of place to live was higher than 20% across the three age groups.

④ : 도표에서 '55 Year-olds and Older' 항목을 보면, Big/Small City가 26%, Suburb of Big/Small City가 22%, Town/Rural Area가 52%이므로, 비율이 가장 낮은 것은 Big/Small City가 아니라 Suburb of Big/Small City이다.

구문분석

• *Note*: Percentages may not sum to 100% due to rounding.

→ 동사 round에는 '반올림하다'라는 뜻이 있다. 이 문장에서 rounding은 '반올림'이라는 명사 의미이다.

지문해석

위의 그래프는 2020년 조사를 기반으로 하여 연령대별로 미국인이 선호하는 거주지 유형의 비율을 보여준다. 각각 세 연령대에서 읍내/시골 지역이 가장 선호되는 거주지 유형이었다. 18~34세 집단에서는 대도시/소도시를 선호하는 비율이 대도시/소도시 근교를 선호하는 비율보다 더 높았다. 35~54세 연령층에서는 대도시/소도시 근교를 선호하는 비율이 대도시/소도시를 선호하는 비율을 앞질렀다. 55세 이상 연령층에서는 세 가지 선호하는 거주지 유형 중에서 대도시/소도시를 선택한 비율이 가장 낮았다. 세 가지 선호하는 거주지 유형의 각각의 비율은 세 연령대에 걸쳐 20%보다 더 높았다.

survey 조사하다, (실문) 조사 / suburb 근교, 교외 / town 읍내 / rural 시골의 / due to ~ 때문에 / round 반올림하다

01   다음 도표의 내용과 일치하지 <u>않는</u> 문장은?

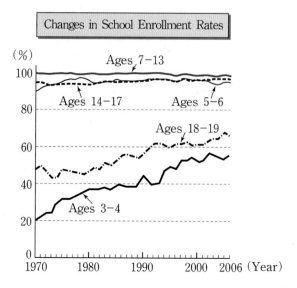

The above graph shows changes in school enrollment rates of the population ages 3−19 by age group from 1970 to 2006. ① The enrollment rates of all age groups were higher than 50 percent in 2006. ② Of all age groups, the enrollment rate for youth ages 7−13 was the highest during the entire period covered by the graph. ③ Of all age groups, the enrollment rate of children ages 5−6 increased the most from 1970 to 2006. ④ The overall change in the enrollment rate from 1980 to 1990 was smaller for youth ages 14−17 than for youth ages 18−19. ⑤ The lowest enrollment rate is seen in children ages 3−4 among all age groups for each year.

02 다음 도표의 내용과 일치하지 <u>않는</u> 문장은?

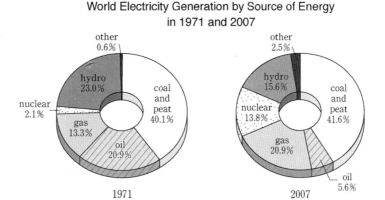

World Electricity Generation by Source of Energy
in 1971 and 2007

The graphs above show the percentage of world electricity generation by source of energy for 1971 and 2007. ① According to the graphs, the primary source of electricity generation in both 1971 and 2007 was coal and peat, accounting for over 40% of the total electricity generation. ② Oil showed the biggest decrease in electricity generation, which fell from 20.9% in 1971 to 5.6% in 2007. ③ The source that showed the biggest increase was nuclear, which rose from 2.1% in 1971 to 13.8% in 2007. ④ In 1971, hydro was the second biggest source of electricity generation, but in 2007, gas was the second biggest, accounting for more than 20% of the total electricity generation. ⑤ Besides coal and peat, hydro was the only source that accounted for more than 20% of the total electricity generation in both 1971 and 2007.

다음 도표의 내용과 일치하지 <u>않는</u> 문장은?

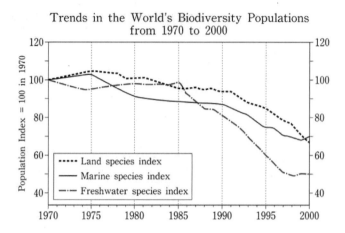

The graph shows the living species index from 1970 to 2000, which indicates trends in the world's biodiversity populations of species living in land, freshwater, and marine ecosystems. ① Compared to 1970, all the indexes fell by 30 to 50 percent in 2000. ② Between 1975 and 1980, while the marine species index declined, the freshwater species index increased. ③ In 1985 the freshwater species index was the highest, followed by the land species index and the marine species index. ④ The freshwater species index decreased the least compared to the other indexes between 1990 and 1995. ⑤ The marine species index, the highest among the three in 2000, indicated an increase between 1999 and 2000.

04 다음 도표의 내용과 일치하지 <u>않는</u> 문장은?

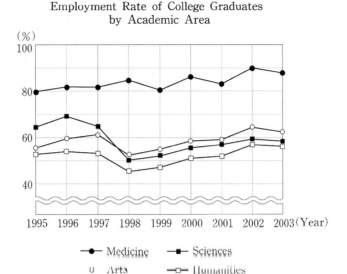

Employment Rate of College Graduates
by Academic Area

① Unlike other academic areas, Medicine showed a consistently higher employment rate for its college graduates.

② Only one academic area displayed an increase in its college graduates employment rate between 1997 and 1998.

③ From 1998 to 2000, the college graduates employment rate continuously increased in all areas except one.

④ From 2001 to 2002, the employment rate for college graduates rose in all academic areas.

⑤ All academic areas reached their peak in their college graduates employment rate in 2002.

다음 글의 밑줄 친 부분 중, 도표의 내용과 일치하지 <u>않는</u> 것은?

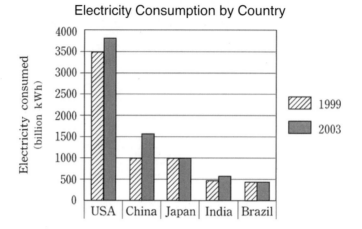

The above chart shows the electricity consumption in five countries in 1999 and 2003. Of the five countries, ① the United States consumed the greatest amount of electricity in both 1999 and 2003. China and Japan consumed the same amount of electricity in 1999, but ② four years later China's consumption increased by more than 500 billion kilowatt-hours while Japan's remained unchanged. ③ The increase in China's electricity consumption was the second largest among the five countries. ④ India's consumption increased to slightly over 500 billion kilowatt-hours in 2003, but ⑤ Brazil's remained below 500 billion kilowatt-hours.

01 다음은 2002년 12월과 2003년 12월, 우리나라의 직업별 인터넷 사용률을 나타낸 도표이다.
도표의 내용과 일치하지 <u>않는</u> 것은?

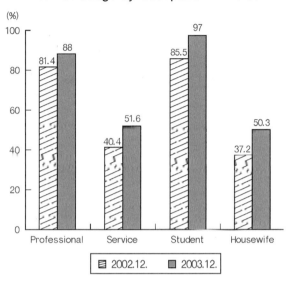

Internet Usage by Occupation in Korea

① Students in December 2003 showed a greater Internet usage rate than professionals in December 2003.

② The Internet usage rate for professionals was the second highest in December 2002, followed by that for people in the service industry.

③ The relative ranking of the Internet usage rates by occupation remained unchanged.

④ The increase in the Internet usage rate for housewives was greater than that for people in the service industry.

⑤ By December 2003, all four occupations had failed to show an increase in the Internet usage rate from a year earlier.

다음 도표의 내용과 일치하지 <u>않는</u> 문장은?

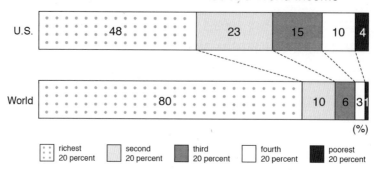

Distribution of United States and World Income

The above graph shows the distribution of income among all U.S. and world families. ① The economic gap between the rich and the poor in the world is far more noticeable than in the United States. ② The richest 20 percent of the U.S. families received about half the national income; the richest 20 percent of global population, however, received four-fifths of world income. ③ At the other extreme, the poorest 20 percent of U.S. population earned 4 percent of the national income; the poorest fifth of the world's people struggled to survive on just 1 percent of the global income. ④ The bottom 60 percent of the world's people received 10 percent of the world's income. ⑤ On the other hand, the bottom 60 percent of U.S. population enjoyed more than half the national income.

CHAPTER 05

전체 내용 파악하기

Unit 01 심경

문제 유형
• 다음 글에 드러난 ~의 심경 변화로 가장 적절한 것은?

본래 이 유형은 글의 분위기나 등장 인물의 심경을 파악하는 문제였으나, 최근 수능에선 '등장 인물의 심경 변화'를 묻는 유형으로 굳어졌다.

> **풀이기술 3 3** 글에서 글쓴이 혹은 등장 인물의 심경을 직접 알려주는 표현을 찾는다.

심경을 묻는 문제가 쉽게 출제되면 지문에 글쓴이 혹은 등장 인물의 심경을 직접 알려주는 'I was surprised ...', 'He was excited ...' 같은 표현이 나온다. 그러면 이런 표현을 보고 바로 답을 고르면 된다.

> **풀이기술 3 4** 심경을 직접 알려주는 표현이 없는 경우에는 인물의 말과 행동에서 심경을 유추한다.

하지만 이런 직접적인 표현이 없는 경우에는 글쓴이나 등장 인물의 말과 행동에서 심경을 유추해야 한다.

> **풀이기술 3 5** 인물의 말과 행동은 반드시 글의 시간, 배경 속에서 생각한다.

그런데 여기서 주의할 점은 심경 문제에서도 글의 시간과 배경 묘사가 매우 중요하다는 것이다. 시간이나 배경 자체에서 심경을 찾을 수는 없지만, 글쓴이나 등장 인물의 말과 행동은 그가 처한 상황, 즉 시간과 배경에 따라 전혀 다르게 해석될 수 있기 때문이다.

예를 들어, 똑같이 시계를 보는 행동이라도 잠에서 깼는데 아직도 밖이 컴컴하여 시계를 보는 것과 수능 시험장에서 아직 풀어야 할 문제가 10문제인데 시간이 5분 정도밖에 남지 않은 상황에서 자꾸 시계를 보는 것은 분명히 그 심정이 다르지 않겠는가. 따라서 글쓴이나 등장 인물의 말과 행동은 반드시 글의 시간, 배경 속에서 생각해 보아야 한다.

정답률 92%

다음 글에 드러난 Jamie의 심경 변화로 가장 적절한 것은?

Putting all of her energy into her last steps of the running race, Jamie crossed the finish line. To her disappointment, she had failed to beat her personal best time, again. Jamie had pushed herself for months to finally break her record, but it was all for nothing. Recognizing how she felt about her failure, Ken, her teammate, approached her and said, "Jamie, even though you didn't set a personal best time today, your performances have improved dramatically. Your running skills have progressed so much! You'll definitely break your personal best time in the next race!" After hearing his comments, she felt confident about herself. Jamie, now motivated to keep pushing for her goal, replied with a smile. "You're right! Next race, I'll beat my best time for sure!"

① indifferent → regretful
② pleased → bored
③ frustrated → encouraged
④ nervous → fearful
⑤ calm → excited

독해기술

Jamie는 달리기 경주에서 자신의 개인 최고 기록을 깨는 데 실패했지만, Ken이 격려해주는 말을 들은 후 다음 경주에서는 최고 기록을 깰 것이라고 미소를 지으며 대답하고 있다. 따라서 Jamie의 심경 변화로 가장 적절한 것은 '③ 좌절한 → 용기를 얻은'이다.
① 무관심한 → 후회하는 ② 기쁜 → 지루한 ④ 초조한 → 무서워하는 ⑤ 차분한 → 신이 난

지문해석

Jamie는 자신의 모든 에너지를 달리기 경주의 마지막 스텝에 쏟아부으면서 결승선을 통과했다. 실망스럽게도, 그녀는 자신의 개인 최고 기록을 깨는데 또 실패했다. Jamie는 기어코 자신의 기록을 깨기 위해 몇 달 동안 자신을 몰아붙였지만, 그것은 모두 수포로 돌아갔다. 그녀가 자신의 실패에 대해 어떻게 느끼는지 알아차린 그녀의 팀 동료인 Ken은 그녀에게 다가와 말했다. "Jamie, 비록 오늘 네가 개인 최고 기록을 세우지 않았지만 너의 경기력은 극적으로 향상되었어. 너의 달리기 기량이 아주 많이 발전했어! 다음 경주에서 너는 분명히 너의 개인 최고 기록을 깰 거야!" 그의 말을 들은 후, 그녀는 자신에 대해 자신감을 느꼈다. 이제 자신의 목표를 계속 밀고 나갈 의욕을 갖게 된 Jamie는 웃으며 대답했다. "네 말이 맞아! 다음 경주에서 나는 틀림없이 최고 기록을 깰 거야!"

dramatically 극적으로 / motivate 의욕을 갖게 하다 / indifferent 무관심한 / frustrated 초조한 / encouraged 용기를 얻은

01 다음 글에 나타난 Evelyn의 심경 변화로 가장 적절한 것은?

It was Evelyn's first time to explore the Badlands of Alberta, famous across Canada for its numerous dinosaur fossils. As a young amateur bone-hunter, she was overflowing with anticipation. She had not travelled this far for the bones of common dinosaur species. Her life-long dream to find rare fossils of dinosaurs was about to come true. She began eagerly searching for them. After many hours of wandering throughout the deserted lands, however, she was unsuccessful. Now, the sun was beginning to set, and her goal was still far beyond her reach. Looking at the slowly darkening ground before her, she sighed to herself, "I can't believe I came all this way for nothing. What a waste of time!"

① confused → scared   ② discouraged → confident
③ relaxed → annoyed   ④ indifferent → depressed
⑤ hopeful → disappointed

02 다음 글에 드러난 'I'의 심경 변화로 가장 적절한 것은?

Once again, I had lost the piano contest to my friend. When I learned that Linda had won, I was deeply troubled and unhappy. My body was shaking with uneasiness. My heart beat quickly and my face became reddish. I had to run out of the concert hall to settle down. Sitting on the stairs alone, I recalled what my teacher had said. "Life is about winning, not necessarily about winning against others but winning at being you. And the way to win is to figure out who you are and do your best." He was absolutely right. I had no reason to oppose my friend. Instead, I should focus on myself and my own improvement. I breathed out slowly. My hands were steady now. At last, my mind was at peace.

① grateful → sorrowful   ② upset → calm
③ envious → doubtful   ④ surprised → disappointed
⑤ bored → relieved

03 다음 글에 드러난 Nathan의 심경 변화로 가장 적절한 것은?

"Daddy!" Jenny called, waving a yellow crayon in her little hand. Nathan approached her, wondering why she was calling him. Jenny, his three-year-old toddler, was drawing a big circle on a piece of paper. "What are you doing, Sweetie?" Nathan asked with interest. She just kept drawing without reply. He continued watching her, wondering what she was working on. She was drawing something that looked like a face. When she finished it, Jenny shouted, "Look, Daddy!" She held her artwork up proudly. Taking a closer look, Nathan recognized that it was his face. The face had two big eyes and a beard just like his. He loved Jenny's work. Filled with joy and happiness, Nathan gave her a big hug.

*toddler: 아장아장 걷는 아이

① sorrowful → relieved
② frustrated → satisfied
③ worried → scared
④ curious → delighted
⑤ hopeful → disappointed

04 다음 글에 드러난 Natalie의 심경 변화로 가장 적절한 것은?

As Natalie was logging in to her first online counseling session, she wondered, "How can I open my heart to the counselor through a computer screen?" Since the counseling center was a long drive away, she knew that this would save her a lot of time. Natalie just wasn't sure if it would be as helpful as meeting her counselor in person. Once the session began, however, her concerns went away. She actually started thinking that it was much more convenient than expected. She felt as if the counselor were in the room with her. As the session closed, she told him with a smile, "I'll definitely see you online again!"

① doubtful → satisfied
② regretful → confused
③ confident → ashamed
④ bored → excited
⑤ thrilled → disappointed

01 다음 글에 드러난 'I'의 심경으로 가장 적절한 것은?

I packed the few things that I possessed, and I set out on a journey westward to my uncle's. I mourned both for my mother and the world I was leaving behind. Before I disappeared behind the hills, I turned and looked at my village for the last time. I could see the simple huts and the people going about their chores; the stream where I had splashed and played with the other boys; the maize fields and green pastures where the herds and flocks were lazily grazing. Above all else, my eyes rested on the simple hut where I had enjoyed my mother's love. It was this hut that I associated with all my happiness, with life itself, and I rued the fact that I had not kissed it before I left.

① sad and sorry ② moved and happy
③ upset and nervous ④ shocked and scared
⑤ bored and depressed

Unit 02

장문 독해

[41-42번] 장문

41번 문제 유형

• 윗글의 제목으로 가장 적절한 것은?

> **풀이기술 3 6** 중요한 내용들을 모아 종합적으로 제목을 생각한다.

41-42번 장문 독해의 지문은 1개의 긴 단락으로 나오기도 하고, 2~3개 단락으로 나뉘어 나오기도 한다.

단락이 1개인 경우, 첫 문장은 항상 중요하다. 그리고 글을 읽으며 역접, 예시 등이 나올 때 단락을 임의로 구분해보고, 중요한 내용들을 모아서 종합적으로 제목을 생각한다. 지문의 길이만 길 뿐이지, 풀이 방법은 기본적으로 Chapter 01 '주제/제목'에서 나온 것과 동일하다.

단락이 2개 이상인 경우, 각 단락의 첫 문장들을 모아보면 대체로 제목에 대한 윤곽이 잡힌다. 단, 첫 문장 뒤에 역접 연결어가 바로 나오는 경우, 역접 연결어 뒤에 있는 문장이 중요하다.

42번 문제 유형

• 밑줄 친 (a)~(e) 중에서 문맥상 낱말의 쓰임이 적절하지 않은 것은?

> **풀이기술 3 7** 반의어를 생각하며 글의 맥락에 맞는지 판단한다.

밑줄 친 단어의 의미가 문맥에 맞는지 판단할 때, 반의어를 통해 생각하면 도움이 된다. 가령 accurate에 밑줄이 있는 경우 accurate와 inaccurate 중에 무엇이 적절한지 생각해보는 것이다.

여기서 반의어를 반드시 영어로 생각할 필요는 없다. 한국어로 적당히 반대 의미가 될 만한 것을 떠올리며 판단하면 된다.

단, 항상 반의어를 생각할 수 있는 것은 아니다. 가령 '동굴'이란 말이 나오면, 동굴의 반의어가 무엇인지 생각하기는 쉽지 않다. 이런 경우엔 굳이 반의어를 생각할 필요 없이 맥락 속에서만 판단하면 된다.

[43-45번] 장문

43번 문제 유형

• 주어진 글 (A)에 이어질 내용을 순서에 맞게 배열한 것으로 가장 적절한 것은?

> **풀이기술 3 8** 주로 내용 위주로 순서를 생각한다.

기본적으로는 Chapter 03 '글의 순서'에서 설명한 풀이법과 동일하다. 단, 장문 독해의 순서 문제에선 단서(연결어, 지시사, 대명사, 관사, such)가 엄밀하게 사용되지 않는 경우가 많다. 지문 자체가 대체로 쉬운 편이므로, 내용 위주로 생각하며 순서를 맞춰보면 된다.

44번 문제 유형
- 밑줄 친 (a)~(e) 중에서 가리키는 대상이 나머지 넷과 다른 것은?

풀이기술 3 9   밑줄 친 부분이 나올 때마다 누구인지 간단히 표시해둔다.

만약 (a) he가 Jack이라면 간단하게 J라고 적어두고, (b) him이 Brian이라면 간단하게 B라고 적어두는 식으로 표시하며 글을 읽으면 된다.

45번 문제 유형
- 윗글에 관한 내용으로 적절하지 않은 것은?

풀이기술 4 0   43-44번 문제를 다 풀고나서 45번의 선택지를 본다.

단문 독해의 내용 일치 문제는 선지를 먼저 읽고 글을 보는 것이 좋다고 했다. 장문 독해의 내용 일치의 선택지 ①~⑤는 기본적으로 단락 (A) − (B) − (C) − (D) 순서대로 배열되어 있다. 하지만 (A) 뒤에서 (B)~(D)는 순서가 섞이게 되므로, 장문 독해에서 선택지를 먼저 보는 것은 효율적이지 않다.

43-45번 장문 독해는 기본적으로 43-44번 문제를 먼저 푼다. 43번과 44번의 답이 나왔다면 그 상태에서 지문을 더 읽지 말고 45번의 선택지를 확인한다. 대개는 여기서 45번도 풀리는 경우가 많다. 만약 45번의 선택지 중에 확인되지 않는 것이 남아 있다면, 이제 지문을 마저 다 읽고 나서 남은 선택지를 확인한다.

참고로 영어 영역을 푸는 데 시간이 모자라는 학생은 반드시 그래야 할 필요는 없지만, 가급적 43~45번 문제를 먼저 푸는 것이 좋다. 혹 나중에 시간이 없어 읽지도 못하고 찍어야 하는 문제가 생길 때 다른 유형의 문제들은 하나의 지문을 읽지 못하면 하나의 문제만 찍으면 되지만, 43~45번은 하나의 지문을 읽지 못하면 세 개의 문제를 연달아 찍어야 하기 때문이다. 최근들어 41~42번 문제에는 어려운 지문이 사용되는 경향이 있긴 하지만, 그래도 마지막 지문인 43~45번만큼은 수험생들의 부담을 덜어 주기 위해서인지 상대적으로 쉬운 내용의 지문이 사용된다. 게다가 다른 유형에 비해 대체적으로 문제의 난이도는 쉬운 편이다. 따라서 43~45번 문제를 읽어 보지도 못하고 찍는다면 여러모로 손해이다.

[01~02] 다음 글을 읽고 물음에 답하시오.

As a couple start to form a relationship, they can be seen to develop a set of constructs about their own relationship and, in particular, how it is similar or different to their parents' relationship. The couple's initial disclosures involve them forming constructs about how much similarity there is between them and each other's families. What each of them will remember is selective and (a) coloured by their family's constructs system. In turn it is likely that as they tell each other their already edited stories, there is a second process of editing whereby what they both hear from each other is again (b) interpreted within their respective family of origin's construct systems. The two sets of memories — the person talking about his or her family and the partner's edited version of this story — go into the 'cooking-pot' of the couple's new construct system. Subsequently, one partner may (c) randomly recall a part of the other's story as a tactic in negotiations: for example, Harry may say to Doris that she is being 'bossy — just like her mother'. Since this is probably based on what Doris has told Harry, this is likely to be a very powerful tactic. She may protest or attempt to rewrite this version of her story, thereby possibly adding further material that Harry could use in this way. These exchanges of stories need not always be (d) employed in such malevolent ways. These reconstructed memories can become very powerful, to a point where each partner may become confused even about the simple (e) factual details of what actually did happen in their past.

*malevolent: 악의 있는

윗글의 제목으로 가장 적절한 것은?

① Family Stories Disclose a Couple's True Faces
② Shaping a Couple: Reconstructing Family Stories
③ Reconstructing the Foundation of Family Reunion
④ Reconstruction of Love: Recalling Parents' Episodes
⑤ Beyond Couples' Problems: Reconstructing Harmony

독해기술

글 전체를 대표하는 하나의 문장(주제문)이 있지 않기 때문에 제목 파악이 힘들 수 있다. 글에서는 같은 내용이 계속 반복되고 있는데, 이를 인식해야 주제를 파악할 수 있다. 한 커플이 서로 가족 이야기를 할 때, 상대방은 이것을 '선택적(selective)'으로 기억하고 그 이야기는 '채색(colored)'된다고 언급하고 있다. 여기서 '채색'은 곧 '편집(edited)', '재구성(reconstructed)'과 같은 개념이다. 즉 커플은 서로의 가족 이야기를 선별하여 채색/편집/재구성 한다는 내용이므로 ②가 이 글의 제목으로 적절하다. 독해원리 0 3

① 가족 이야기는 커플의 진짜 면모를 드러낸다.
② 커플 형성하기 : 가족 이야기 재구성하기
③ 가족 재회 기반 재구성하기
④ 사랑의 재구성 : 부모의 일화 상기하기
⑤ 커플들의 문제점을 넘어서 : 조화 재구성하기

밑줄 친 (a)~(e) 중에서 문맥상 낱말의 쓰임이 적절하지 않은 것은?

① (a)   ② (b)   ③ (c)
④ (d)   ⑤ (e)

독해기술

어휘 문제는 반의어를 생각하며 읽으면 정답을 찾기 쉽다. 풀이기술 3 7 (c) 부분을 보면 상대방의 이야기 일부를 회상하는 것은 '협상에서의 전술'로써 그렇게 한다는 내용이다. 따라서 전술로 사용하기 위한 것이라면 '무작위로(randomly)'가 아니라 '체계적으로(systematically)' 회상하는 것이 적절하다.

참고로 (a)의 coloured는 colored의 영국식 철자이다.

구문분석

• The couple's initial disclosures involve them forming constructs about how much similarity there is between them and each other's families.
→ involve(수반하다)의 목적어가 forming이고, them은 동명사 forming의 의미상의 주어이다.

한 커플이 관계를 형성하기 시작할 때, 그들이 자신들의 관계와, 특별히 그것이 그들의 부모의 관계와 어떻게 비슷하거나 다른지에 대해 일련의 구성 개념을 발전시키는 모습이 보일 수 있다. 그 커플의 처음의 담화는, 그들이 자신과 각자의 가족들 사이에 얼마나 많은 유사점이 있는지에 대한 구성 개념을 형성하는 것을 수반한다. 그들 각자가 기억하게 될 것은 선별적이고, 그들 가족의 구성 개념 체계에 의해 채색된다. 결국 그들이 각자에게 자신들의 이미 편집된 이야기를 들려줄 때 두 번째 편집 과정이 있게 되는데, 그것에 의하여 그들 둘이 서로에게서 듣는 내용이 그들 각자의 원가족의 구성 개념 체계 내에서 다시 해석된다. 자신의 가족에 관해 이야기하는 사람과 이 이야기를 파트너가 편집한 버전이라는 두 세트의 기억이 그 커플의 새로운 구성 개념 시스템이라는 '요리용 냄비'로 들어간다. 그 이후, 한 파트너가 상대방의 이야기 일부분을 무작위로(→ 체계적으로) 상기하여 협상 전술로 쓸 수도 있다. 예를 들어 Harry는 Doris에게 그녀가 '그녀의 어머니처럼 남을 쥐고 흔들고' 있다고 말할 수도 있다. 이것은 아마 Doris가 Harry에게 했던 말을 바탕으로 하고 있기 때문에, 이것은 매우 강력한 전술이 될 가능성이 있다. 그녀는 이의를 제기하거나 자신의 이야기의 이 버전을 다시 쓰려고 시도할 수도 있는데, 그렇게 함으로써 어쩌면 Harry가 이런 식으로 이용할 수도 있을 더 나아간 자료를 추가하게 될 수도 있다. 이야기들을 이렇게 주고받는 것이 항상 그러한 악의 있는 방식으로 이용될 필요는 없다. 이러한 재구성된 기억들은 매우 강력할 수 있어서, 각 파트너가 그들의 과거에 실제 정말로 일어났던 일의 간단한 사실적 세부사항에 대해서조차 혼란스러워하는 지경까지 이를 수 있다.

construct 구성 개념, 생각, 구조물 / initial 처음의 / disclosure 터놓은 이야기, 폭로 / whereby 그것에 의해, 그렇게 함으로써 / subsequently 그 후, 계속해서 / tactic 전술 / negotiation 협상 / bossy 남을 쥐고 흔드는 / reconstructed 재구성된 / thereby 그것에 의해, 그렇게 함으로써

(A)   On May 29th there was a heavy rain but the sun came out the next day. Driving back from the village, ⓐ I stopped the car because a small woodchuck was traveling along the road, its belly almost flat to the gravel. I got out, ⓑ took off my sweater, threw it over the woodchuck and wrapped him in it, then put him on the floor of the car while I drove home. I guessed the rain had washed out his burrow. If I hadn't come along (a) he would have eventually died of starvation. Rescuing him, I felt as large as Fate.

*woodchuck: 마멋(다람쥣과의 짐승)

(B)   Very shortly the carton seemed too small. I offered him a nest made of a covered box, bedded with straw and ⓒ with a round doorway cut in the front. He knew instantly that a hole spells home, and (b) he dashed inside. Every time I came to feed him, he jumped into my lap as eagerly as ever. As the months passed, the chuck grew bigger and bigger. My husband remarked that if I didn't do something soon, I would be chased around for the rest of my days by a 15-pound woodchuck begging for milk.

(C)   At home I put him in the bathtub and my husband found a large carton. (c) He put cat litter in the bottom and straw on top of that. When I put the chuck in, he gratefully burrowed into the straw. ⓓ I made a mixture of milk and baby cereal for him. When I gave it to the chuck, he ate it greedily. (d) He accepted me quickly. If I put my hand in the carton, he nibbled my fingers. It became clear that I was imprinting the woodchuck and vice versa.

*imprint: 강하게 인상지우다

(D)   I decided to put him in a new burrow. I found a hole along the wall of our orchard, put the chuck near it and left him. I continued to visit him with his milk. Each time (e) he greeted me joyfully, drank greedily, and tried persistently to follow me back into the house. The parting came unexpectedly. I went away on a brief trip. ⓔ When I came back, I saw no sign of him. In the spring when I see a large, handsome woodchuck playing on the grass, I will hope that it is he.

 정답률 82%

주어진 글 (A)에 이어질 내용을 순서에 맞게 배열한 것으로 가장 적절한 것은?

① (B) − (D) − (C)　　　　② (C) − (B) − (D)

③ (C) − (D) − (B)　　　　④ (D) − (B) − (C)

⑤ (D) − (C) − (B)

독해기술

지문에서 파랑색 화살표는 내용의 흐름을, 빨강색 화살표는 지칭 대상을 표시한 것이다.

우선 (A)의 마지막 부분을 보면 필자가 마멋을 구해서 집으로 데려온 내용이 나온다. 그 뒤에는 큰 상자(a large carton)로 마멋의 집을 만들어주는 (C)가 이어지는 것이 자연스럽다. 그 다음엔 (C)에 나온 a large carton을 the carton으로 지칭하고 있는 (B)가 이어지면 되고, (B)의 마지막에선 이렇게 계속 기르다간 마멋이 평생 자신을 졸졸 쫓아다니지 않을까 걱정했으므로 새로운 굴(a new burrow)에다 풀어준다는 내용의 (D)가 마지막으로 이어지면 된다. 따라서 답은 ②가 된다.

정답률 94%

밑줄 친 (a)～(e) 중 가리키는 대상이 나머지 넷과 다른 것은?

① (a)　　　　② (b)　　　　③ (c)

④ (d)　　　　⑤ (e)

독해기술

(a), (b), (d), (e)는 전부 마멋을 가리키는데, (c)는 마멋의 집을 만들어주고 있는 사람으로 앞 문장에 있는 my husband이다.

주어진 글의 'I'에 관한 내용과 일치하지 <u>않는</u> 것은?

① 운전 중 마멋을 발견하고 차를 세웠다.

② 스웨터를 벗어 마멋을 감쌌다.

③ 마멋에게 둥근 출입구가 있는 둥지를 마련해 주었다.

④ 우유와 유아용 시리얼의 혼합물을 만들었다.

⑤ 여행에서 돌아온 직후에 마멋을 다시 볼 수 있었다.

독해기술

글의 내용과 하나씩 선지를 맞춰 보자.

① : ⓐ와 일치하는 내용이다.

② : ⓑ와 일치하는 내용이다.

③ : ⓒ와 일치하는 내용이다.

④ : ⓓ와 일치하는 내용이다.

⑤ : ⓔ를 보면 여행에서 돌아왔을 때 그의 흔적이 없었다고 했다. 따라서 글의 내용과 일치하지 않는다.

구문분석

- 〈Rescuing him〉, I felt as large as Fate.
  - → 〈 〉는 분사구문이다. 즉 '그를 구해주면서 나는 ~라고 느꼈다'라는 뜻이다.
  - → felt 뒤의 large는 보어이다. 즉 'I=large'라고 느낀 것이다. fate를 대문자로 쓴 것은, 단순히 운명이라는 뜻보다는 '운명의 신' 정도의 의미로 쓴 것이다. 즉 마멋을 구해주면서 내 자신이 운명의 신이 된 것 마냥 그렇게 큰 존재로 느껴졌다는 뜻이다.
- I offered him a nest made of a covered box, 〈bedded with straw〉 and [with a round doorway cut in the front.]
  - → 〈 〉와 [ ]는 모두 a covered box를 수식하는 분사구문이다. 특히 [ ] 부분은 'with A B' 형태의 독립분사구문인데, 'a round doorway가 cut in the front되어 있는' 정도로 해석하면 된다.
- He knew instantly that a hole spells home, and he dashed inside.
  - → spell은 기본적으로 '어떤 단어의 철자를 말하다'라는 의미의 타동사 혹은 '철자가 ~이다'라는 의미의 자동사로 쓰인다. 여기 서는 후자의 의미로, 직역하자면 '구멍'의 철자가 집이다'라는 뜻이다. 즉 마멋은 구멍을 보는 순간 그것이 집이라는 것을 알았 다는 뜻이다.

지문해석

(A) 5월 29일에는 많은 비가 왔지만 다음 날은 해가 나왔다. 마을에서 운전하며 돌아오는 길에, 배가 거의 자갈에 달라붙어 있을 것 같은 작은 마멋이 길을 따라 움직이고 있어 차를 세웠다. 나는 나와서 내 스웨터를 벗고, 그것을 그 마멋에게 던져 그것으로 마 멋을 감싸고, 그러고 나서 내가 운전하여 집에 오는 동안, 그(마멋)를 차 바닥에 두었다. 나는 비에 마멋의 굴(은신처)이 휩쓸려 갔을 것이라고 생각했다. 내가 지나가지 않았다면, 그것은 결국 굶주려 죽었을 것이다. 그것을 구조하며, 나는 운명과 같은 것을 느꼈다.

(C) 집에서 나는 그것을 욕조에 넣고 남편은 큰 상자를 찾았다. 그는 점토를 그 바닥에 넣고 그 위에 짚을 깔았다. 내가 그 마멋을 안에 놓았을 때, 그것은 기꺼이 짚 안으로 파고 들어갔다. 나는 그것을 위해 우유와 유아용 시리얼 혼합물을 만들었다. 내가 그 것을 마멋에게 가져다주었을 때, 그것(마멋)은 게걸스럽게 그것을 먹었다. 그것은 나를 빠르게 받아들였다. 내가 내 손을 그 상 자로 넣으면, 그것은 나의 손가락을 조금씩 물어뜯었다. 내가 그 마멋을 내 마음에 새기고 반대로 그 마멋 또한 나를 그 마음에 새기고 있다는 것이 확실해졌다.

(B) 곧, 그 상자는 매우 작아졌다. 나는 짚을 깔아 잠자리를 만들고 앞쪽에 동그란 출입구를 뚫어놓은 지붕이 있는 상자로 만들어진 둥지를 그것에게 제공했다. 그것은 곧 한 개의 구멍이 집이란 것을 알았고, 그것은 안으로 돌진했다. 내가 그것에게 먹이를 주러 갈 때마다, 그것은 나의 무릎으로 여느 때 못지않게 열심히 뛰어올랐다. 몇 개월이 지나자, 그 마멋은 점점 더 커졌다. 남편은 내가 곧 뭔가 행동을 취하지 않으면, 내가 앞으로 남은 나날 동안에 우유를 달라고 조르는 15파운드 짜리 마멋에게 쫓겨 다닐 것이라고 말했다.

(D) 나는 그것을 새로운 은신처에 두기로 결심했다. 나는 우리의 과수원 담을 따라 작은 구멍 하나를 발견했고, 그 마멋을 그 근처에 두고 떠났다. 나는 우유를 가지고 그것을 계속하여 찾아갔다. 매번 그것은 나를 즐겁게 반기고, 게걸스럽게 마시고, 집으로 가는 나를 끈덕지게 따라오려고 했다. 헤어짐은 뜻밖에 왔다. 나는 짧은 여행을 갔다. 내가 돌아왔을 때, 나는 그것의 흔적을 보지 못했다. 봄이 되어 잔디밭에서 커다랗고 잘생긴 마멋이 놀고 있는 것을 보게 되면, 나는 그것이 그 마멋이기를 바랄 것이다.

gravel 자갈 / burrow 굴, 은신처; (굴을) 파다 / starvation 굶주림 / carton 큰 상자 / cat litter 고양이 배설용 상자에 까는 점토 / nibble 조금씩 물어뜯다 / orchard 과수원

[01~02] 다음 글을 읽고, 물음에 답하시오.

There is evidence that even very simple algorithms can outperform expert judgement on simple prediction problems. For example, algorithms have proved more (a) accurate than humans in predicting whether a prisoner released on parole will go on to commit another crime, or in predicting whether a potential candidate will perform well in a job in future. In over 100 studies across many different domains, half of all cases show simple formulas make (b) better significant predictions than human experts, and the remainder (except a very small handful), show a tie between the two. When there are a lot of different factors involved and a situation is very uncertain, simple formulas can win out by focusing on the most important factors and being consistent, while human judgement is too easily influenced by particularly salient and perhaps (c) irrelevant considerations. A similar idea is supported by further evidence that 'checklists' can improve the quality of expert decisions in a range of domains by ensuring that important steps or considerations aren't missed when people are feeling (d) relaxed. For example, treating patients in intensive care can require hundreds of small actions per day, and one small error could cost a life. Using checklists to ensure that no crucial steps are missed has proved to be remarkably (e) effective in a range of medical contexts, from preventing live infections to reducing pneumonia.

*parole: 가석방 **salient: 두드러진 ***pneumonia: 폐렴

01 윗글의 제목으로 가장 적절한 것은?

① The Power of Simple Formulas in Decision Making
② Always Prioritise: Tips for Managing Big Data
③ Algorithms' Mistakes: The Myth of Simplicity
④ Be Prepared! Make a Checklist Just in Case
⑤ How Human Judgement Beats Algorithms

02 밑줄 친 (a)~(e) 중에서 문맥상 낱말의 쓰임이 적절하지 <u>않은</u> 것은?

① (a)　　　　② (b)　　　　③ (c)
④ (d)　　　　⑤ (e)

Classifying things together into groups is something we do all the time, and it isn't hard to see why. Imagine trying to shop in a supermarket where the food was arranged in random order on the shelves: tomato soup next to the white bread in one aisle, chicken soup in the back next to the 60-watt light bulbs, one brand of cream cheese in front and another in aisle 8 near the cookies. The task of finding what you want would be (a) time-consuming and extremely difficult, if not impossible.

In the case of a supermarket, someone had to (b) design the system of classification. But there is also a ready-made system of classification embodied in our language. The word "dog," for example, groups together a certain class of animals and distinguishes them from other animals. Such a grouping may seem too (c) abstract to be called a classification, but this is only because you have already mastered the word. As a child learning to speak, you had to work hard to (d) learn the system of classification your parents were trying to teach you. Before you got the hang of it, you probably made mistakes, like calling the cat a dog. If you hadn't learned to speak, the whole world would seem like the (e) unorganized supermarket; you would be in the position of an infant, for whom every object is new and unfamiliar. In learning the principles of classification, therefore, we'll be learning about the structure that lies at the core of our language.

03 윗글의 제목으로 가장 적절한 것은?

① Similarities of Strategies in Sales and Language Learning
② Classification: An Inherent Characteristic of Language
③ Exploring Linguistic Issues Through Categorization
④ Is a Ready-Made Classification System Truly Better?
⑤ Dilemmas of Using Classification in Language Education

04 밑줄 친 (a)~(e) 중에서 문맥상 낱말의 쓰임이 적절하지 <u>않은</u> 것은?

① (a)   ② (b)   ③ (c)
④ (d)   ⑤ (e)

Climate change experts and environmental humanists alike agree that the climate crisis is, at its core, a crisis of the imagination and much of the popular imagination is shaped by fiction. In his 2016 book *The Great Derangement*, anthropologist and novelist Amitav Ghosh takes on this relationship between imagination and environmental management, arguing that humans have failed to respond to climate change at least in part because fiction (a) <u>fails</u> to believably represent it. Ghosh explains that climate change is largely absent from contemporary fiction because the cyclones, floods, and other catastrophes it brings to mind simply seem too "improbable" to belong in stories about everyday life. But climate change does not only reveal itself as a series of (b) <u>extraordinary</u> events. In fact, as environmentalists and ecocritics from Rachel Carson to Rob Nixon have pointed out, environmental change can be "imperceptible"; it proceeds (c) <u>rapidly</u>, only occasionally producing "explosive and spectacular" events. Most climate change impacts cannot be observed day-to-day, but they become (d) <u>visible</u> when we are confronted with their accumulated impacts.

Climate change evades our imagination because it poses significant representational challenges. It cannot be observed in "human time," which is why documentary filmmaker Jeff Orlowski, who tracks climate change effects on glaciers and coral reefs, uses "before and after" photographs taken several months apart in the same place to (e) <u>highlight</u> changes that occurred gradually.

*anthropologist: 인류학자 **catastrophe: 큰 재해 ***evade: 피하다

05 윗글의 제목으로 가장 적절한 것은?

① Differing Attitudes Towards Current Climate Issues
② Slow but Significant: The History of Ecological Movements
③ The Silence of Imagination in Representing Climate Change
④ Vivid Threats: Climate Disasters Spreading in Local Areas
⑤ The Rise and Fall of Environmentalism and Ecocriticism

06 밑줄 친 (a)~(e) 중에서 문맥상 낱말의 쓰임이 적절하지 <u>않은</u> 것은?

① (a)　　　　② (b)　　　　③ (c)
④ (d)　　　　⑤ (e)

[07～08] 다음 글을 읽고, 물음에 답하시오.

Once an event is noticed, an onlooker must decide if it is truly an emergency. Emergencies are not always clearly (a) labeled as such; "smoke" pouring into a waiting room may be caused by fire, or it may merely indicate a leak in a steam pipe. Screams in the street may signal an attack or a family quarrel. A man lying in a doorway may be having a coronary — or he may simply be sleeping off a drunk.

A person trying to interpret a situation often looks at those around him to see how he should react. If everyone else is calm and indifferent, he will tend to remain so; if everyone else is reacting strongly, he is likely to become alert. This tendency is not merely blind conformity; ordinarily we derive much valuable information about new situations from how others around us behave. It's a (b) rare traveler who, in picking a roadside restaurant, chooses to stop at one where no other cars appear in the parking lot.

But occasionally the reactions of others provide (c) accurate information. The studied nonchalance of patients in a dentist's waiting room is a poor indication of their inner anxiety. It is considered embarrassing to "lose your cool" in public. In a potentially acute situation, then, everyone present will appear more (d) unconcerned than he is in fact. A crowd can thus force (e) inaction on its members by implying, through its passivity, that an event is not an emergency. Any individual in such a crowd fears that he may appear a fool if he behaves as though it were.

*coronary: 관상 동맥증 **nonchalance: 무관심, 냉담

07 윗글의 제목으로 가장 적절한 것은?

① Do We Judge Independently? The Effect of Crowds
② Winning Strategy: How Not to Be Fooled by Others
③ Do Emergencies Affect the Way of Our Thinking?
④ Stepping Towards Harmony with Your Neighbors
⑤ Ways of Helping Others in Emergent Situations

08 밑줄 친 (a)～(e) 중에서 문맥상 낱말의 쓰임이 적절하지 <u>않은</u> 것은?

① (a) ② (b) ③ (c)
④ (d) ⑤ (e)

(A) "Hailey, be careful!" Camila yelled uneasily, watching her sister carrying a huge cake to the table. "Don't worry, Camila," Hailey responded, smiling. Camila relaxed only when Hailey had safely placed the cake on the party table. "Dad will be here shortly. What gift did (a) <u>you</u> buy for his birthday?" Camila asked out of interest. "Dad will be surprised to find out what it is!" Hailey answered with a wink.

(B) "Dad, these glasses can help correct your red-green color blindness," said Hailey. He slowly put them on, and stared at the birthday presents on the table. Seeing vivid red and green colors for the first time ever, he started to cry. "Incredible! Look at those wonderful colors!" He shouted in amazement. Hailey told him in tears, "Dad, I'm glad you can now finally enjoy the true beauty of rainbows and roses. Red represents love and green represents health. You deserve both." Camila nodded, seeing how happy (b) <u>her</u> gift of the glasses had made their dad.

(C) "Happy birthday! You're fifty today, Dad. We love you!" Camila said before (c) <u>her sister</u> handed him a small parcel. When he opened it, he discovered a pair of glasses inside. "Hailey, Dad doesn't have eyesight problems," Camila said, puzzled. "Actually Camila, I recently found out he has long been suffering from color blindness. He's kept it a secret so as not to worry us," Hailey explained.

(D) "I bet (d) <u>you</u> bought a wallet or a watch for him," Camila said. In reply, Hailey answered, "No. I bought something much more personal. By the way, there's something (e) <u>you</u> should know about Dad..." They were suddenly interrupted by the doorbell ringing. It was their dad and they were overjoyed to see him. "My lovely ladies, thank you for inviting me to your place for my birthday." He walked in joyfully, hugging his daughters. They all walked into the dining room, where he was greeted with a rainbow-colored birthday cake and fifty red roses.

09 주어진 글 (A)에 이어질 내용을 순서에 맞게 배열한 것으로 가장 적절한 것은?

① (B) - (D) - (C)
② (C) - (B) - (D)
③ (C) - (D) - (B)
④ (D) - (B) - (C)
⑤ (D) - (C) - (B)

10 밑줄 친 (a)~(e) 중에서 가리키는 대상이 나머지 넷과 다른 것은?

① (a)   ② (b)   ③ (c)
④ (d)   ⑤ (e)

11 윗글에 관한 내용으로 적절하지 <u>않은</u> 것은?

① Hailey는 생일 케이크를 테이블로 무사히 옮겨 놓았다.
② 아버지는 생일 선물로 받은 안경을 직접 써 보았다.
③ Hailey는 아버지가 색맹이라는 사실을 최근에 알게 되었다.
④ Hailey와 Camila는 아버지의 집을 방문하였다.
⑤ 아버지는 자신의 나이와 똑같은 수의 장미를 받았다.

(A)   In the gym, members of the taekwondo club were busy practicing. Some were trying to kick as high as they could, and some were striking the sparring pad. Anna, the head of the club, was teaching the new members basic moves. Close by, her friend Jane was assisting Anna. Jane noticed that Anna was glancing at the entrance door of the gym. She seemed to be expecting someone. At last, when Anna took a break, Jane came over to (a) her and asked, "Hey, are you waiting for Cora?"

(B)   Cora walked in like a wounded soldier with bandages on her face and arms. Surprised, Anna and Jane simply looked at her with their eyes wide open. Cora explained, "I'm sorry I've been absent. I got into a bicycle accident, and I was in the hospital for two days. Finally, the doctor gave me the okay to practice." Anna said excitedly, "No problem! We're thrilled to have you back!" Then, Jane gave Anna an apologetic look, and (b) she responded with a friendly pat on Jane's shoulder.

(C)   Anna answered the question by nodding uneasily. In fact, Jane knew what her friend was thinking. Cora was a new member, whom Anna had personally invited to join the club. Anna really liked (c) her. Although her budget was tight, Anna bought Cora a taekwondo uniform. When she received it, Cora thanked her and promised, "I'll come to practice and work hard every day." However, unexpectedly, she came to practice only once and then never showed up again.

(D)   Since Cora had missed several practices, Anna wondered what could have happened. Jane, on the other hand, was disappointed and said judgingly, "Still waiting for her, huh? I can't believe (d) you don't feel disappointed or angry. Why don't you forget about her?" Anna replied, "Well, I know most newcomers don't keep their commitment to the club, but I thought that Cora would be different. She said she would come every day and practice." Just as Jane was about to respond to (e) her, the door swung open. There she was!

12 주어진 글 (A)에 이어질 내용을 순서에 맞게 배열한 것으로 가장 적절한 것은?

① (B) − (D) − (C)
② (C) − (B) − (D)
③ (C) − (D) − (B)
④ (D) − (B) − (C)
⑤ (D) − (C) − (B)

13 밑줄 친 (a)~(e) 중에서 가리키는 대상이 나머지 넷과 다른 것은?

① (a) ② (b) ③ (c)
④ (d) ⑤ (e)

14 윗글에 관한 내용으로 적절하지 <u>않은</u> 것은?

① Anna는 신입 회원에게 태권도를 가르쳤다.
② Anna와 Jane은 Cora를 보고 놀라지 않았다.
③ Anna는 Cora에게 태권도 도복을 사 주었다.
④ Cora는 여러 차례 연습에 참여하지 않았다.
⑤ Anna는 Cora를 대다수의 신입 회원과 다를 것이라 생각했다.

Part 2 문제풀이의 기술에 수록된 문제 출처

CHAPTER 01 주제 찾기

Unit 01 주제/제목	문제 출처
1등급 시범 문제 01	2023학년도 9월 모의
1등급 시범 문제 02	2023학년도 수능
1등급 연습 문제 01	2017학년도 수능
1등급 연습 문제 02	2023학년도 수능
1등급 연습 문제 03	2023학년도 6월 모의
1등급 연습 문제 04	2014학년도 수능
1등급 연습 문제 05	2016학년도 수능
1등급 연습 문제 06	2022학년도 9월 모의
1등급 실전 문제 01	2021학년도 수능
1등급 실전 문제 02	2018학년도 9월 모의
1등급 실전 문제 03	2021학년도 수능
1등급 실전 문제 04	2021학년도 9월 모의
1등급 실전 문제 05	2022학년도 수능
1등급 실전 문제 06	2011학년도 9월 모의
1등급 고난이도 문제 01	2011학년도 수능
1등급 고난이도 문제 02	2019학년도 9월 모의

Unit 02 요지/주장	문제 출처
1등급 시범 문제 01	2023학년도 수능
1등급 시범 문제 02	2023학년도 9월 모의
1등급 연습 문제 01	2023학년도 수능
1등급 연습 문제 02	2022학년도 수능
1등급 연습 문제 03	2014학년도 예비평가 B형
1등급 연습 문제 04	2021학년도 9월 모의
1등급 연습 문제 05	2022학년도 수능
1등급 연습 문제 06	2006학년도 수능
1등급 실전 문제 01	2023학년도 6월 모의
1등급 실전 문제 02	2022학년도 9월 모의
1등급 실전 문제 03	2007학년도 4월 모의
1등급 실전 문제 04	2010학년도 6월 모의
1등급 실전 문제 05	2023학년도 6월 모의
1등급 실전 문제 06	2011학년도 6월 모의
1등급 고난이도 문제 01	2007학년도 3월 모의
1등급 고난이도 문제 02	2004학년도 4월 모의

Unit 03 글의 목적	문제 출처
1등급 시범 문제 01	2010학년도 수능
1등급 연습 문제 01	2023학년도 수능
1등급 연습 문제 02	2022학년도 수능
1등급 연습 문제 03	2009학년도 9월 모의
1등급 연습 문제 04	2013학년도 수능
1등급 실전 문제 01	2007학년도 수능
1등급 실전 문제 02	2005학년도 9월 모의

CHAPTER 02 통일성 · 응집성 · 일관성

Unit 01 관계 없는 문장 고르기	문제 출처
1등급 시범 문제 01	2015학년도 수능
1등급 연습 문제 01	2023학년도 수능
1등급 연습 문제 02	2009학년도 수능
1등급 연습 문제 03	2020학년도 수능
1등급 연습 문제 04	2010학년도 9월 모의
1등급 연습 문제 05	2013학년도 수능
1등급 연습 문제 06	2010학년도 수능
1등급 실전 문제 01	2020학년도 6월
1등급 실전 문제 02	2021학년도 6월
1등급 실전 문제 03	2011학년도 수능
1등급 실전 문제 04	2012학년도 6월 모의

Unit 03 문장 삽입	문제 출처
1등급 시범 문제 01	2019학년도 9월 모의
1등급 연습 문제 01	2013학년도 수능
1등급 연습 문제 02	2013학년도 수능
1등급 연습 문제 03	2017학년도 수능
1등급 연습 문제 04	2023학년도 수능
1등급 연습 문제 05	2023학년도 수능
1등급 연습 문제 06	2015학년도 수능
1등급 연습 문제 07	2014학년도 9월 모의
1등급 연습 문제 08	2022학년도 수능
1등급 실전 문제 01	2018학년도 6월 모의

1등급 고난이도 문제 06	2011학년도 수능
1등급 고난이도 문제 07	2011학년도 9월 모의
1등급 고난이도 문제 08	2022학년도 6월 모의
1등급 고난이도 문제 09	2017학년도 수능
1등급 고난이도 문제 10	2013학년도 9월 모의
1등급 고난이도 문제 11	2014학년도 9월 모의
1등급 고난이도 문제 12	2016학년도 수능
1등급 고난이도 문제 13	2014학년도 수능
1등급 고난이도 문제 14	2023학년도 6월 모의

Unit 03 요약문 완성	문제 출처
1등급 시범 문제 01	2023학년도 수능
1등급 연습 문제 01	2017학년도 수능
1등급 연습 문제 02	2018학년도 수능
1등급 연습 문제 03	2016학년도 수능
1등급 연습 문제 04	2023학년도 6월 모의
1등급 연습 문제 05	2022학년도 수능
1등급 연습 문제 06	2013학년도 수능
1등급 실전 문제 01	2022학년도 9월 모의
1등급 실전 문제 02	2021학년도 수능
1등급 실전 문제 03	2012학년도 6월 모의
1등급 실전 문제 04	2011학년도 6월 모의
1등급 고난이도 문제 01	2008학년도 9월 모의
1등급 고난이도 문제 02	2008학년도 수능

CHAPTER 04 세부 내용 파악하기

Unit 01 내용 일치	문제 출처
1등급 시범 문제 01	2023학년도 6월 모의
1등급 연습 문제 01	2013학년도 수능
1등급 연습 문제 02	2014학년도 6월 모의
1등급 연습 문제 03	2013학년도 수능
1등급 연습 문제 04	2014학년도 예비평가 B형
1등급 실전 문제 01	2004학년도 10월 모의
1등급 실전 문제 02	2005학년도 4월 모의

Unit 02 도표	문제 출처
1등급 시범 문제 01	2023학년도 수능
1등급 연습 문제 01	2009학년도 수능
1등급 연습 문제 02	2012학년도 수능
1등급 연습 문제 03	2014학년도 예비평가 B형
1등급 연습 문제 04	2006학년도 6월 모의
1등급 연습 문제 05	2006학년도 수능
1등급 실전 문제 01	2005학년도 6월 모의
1등급 실전 문제 02	2008학년도 3월 모의

CHAPTER 05 전체 내용 파악하기

Unit 01 심경	문제 출처
1등급 시범 문제 01	2023학년도 수능
1등급 연습 문제 01	2022학년도 수능
1등급 연습 문제 02	2021학년도 수능
1등급 연습 문제 03	2023학년도 9월 모의
1등급 연습 문제 04	2022학년도 6월 모의
1등급 실전 문제 01	2011학년도 3월 모의

Unit 02 장문 독해	문제 출처
1등급 시범 문제 01 ~ 02	2019학년도 9월 모의
1등급 시범 문제 03 ~ 05	2013학년도 수능
1등급 연습 문제 01 ~ 02	2023학년도 수능
1등급 연습 문제 03 ~ 04	2022학년도 수능
1등급 연습 문제 05 ~ 06	2023학년도 9월 모의
1등급 연습 문제 07 ~ 08	2023학년도 6월 모의
1등급 연습 문제 09 ~ 11	2023학년도 수능
1등급 연습 문제 12 ~ 14	2022학년도 수능

Never give up!

Carpe diem!

Part 3
정답 & 문제분석

Answers & Explanations

Unit 01 주제 / 제목

1등급 연습 문제   01 ③   02 ②   03 ②   04 ①   05 ①   06 ③

01

정답률
73%

The precision of the lines on the map, the consistency with which symbols are used, the grid and/or projection system, the apparent certainty with which place names are written and placed, and the legend and scale information all give the map an aura of scientific accuracy and objectivity. Although subjective interpretation goes into the construction of these cartographic elements, the finished map appears to express an authoritative truth about the world, separate from any interests and influences. The very trust that this apparent objectivity inspires is what makes maps such powerful carriers of ideology. However unnoticeably, maps do indeed reflect the world views of either their makers or, more probably, the supporters of their makers, in addition to the political and social conditions under which they were made. Some of the simple ideological messages that maps can convey include: This land is and has long been ours; here is the center of the universe; if we do not claim this land, the enemies you most fear will.

― 통념

― 진실(요지)

― 요지 구체화

독해기술

이 글은 통념과 진실 구조를 취하고 있다. 통념과 진실 구조에서는 진실 부분에서 주제를 찾아야 한다. **분석기술 1 0**

지도에는 과학적 정확성과 객관성이 있으므로 지도는 권위 있는 진리를 표현한다는 것이 통념이다. 하지만 필자가 제시하는 진실은, 겉으로 보이는 객관성에 의해 생겨나는 신뢰가 지도를 강력한 이념의 운반체로 만들어준다는 것이다. 이러한 통념과 진실을 그대로 표현하고 있는 선지는 '③ 지도의 객관성(=통념) 아래에 놓여있는 이념들(=진실)'이다. **풀이기술 0 1**

참고로 이 글에서 apparent가 두 번 사용되는데, apparent는 보어로 쓰일 때는 '분명한'이란 뜻이지만, 수식어로 쓰일 때는 '겉보기에 ~인'이란 뜻이다. 즉 apparent certainty와 apparent objectivity는 분명한 확실성과 분명한 객관성이 아니라, '(실제로는 그렇지 않지만) 겉보기에 확실해 보이는 것', '겉보기에 객관적으로 보이는 것'으로 해석해야 한다. 이를 제대로 해석한다면 이 글이 통념과 진실 구조인 것을 더 쉽게 파악할 수 있다.

오답피하기

① (9%) : 신뢰할 수 있는 지도에서 나오는 권위는 글에서 통념에 해당하는 부분이다.

구문분석

• the consistency with which symbols are used
• the apparent certainty with which place names are written and placed,
• the political and social conditions under which they were made.

→ '명사 + 전치사 + which + S + V' 구조에서는 '전치사 + which' 부분을 무시하고 'S + V한 명사'로 해석해도 된다. 즉 '상징[기호]들이 사용되는 일관성', '이름이 쓰이고 배치되는 (겉보기의) 확실성', '그들이 만들어지는 정치적, 사회적 상황'으로 해석하면 된다.

• However unnoticeably, maps do indeed reflect the world views of either their makers or, more probably, the supporters of their makers, in addition to the political and social conditions under which they were made.

→ '그러나'를 의미하는 however는 뒤에 반드시 comma가 찍힌다. 이 글에서는 이미 앞 문장 'The very trust that...' 부분에서 글의 흐름이 바뀌어 '진실' 부분이 나오므로, 이 문장을 역접으로 이해하면 안 된다. 여기서의 however unnoticeably는 no matter how unnoticeably의 뜻으로, '아무리 눈에 띄지 않을지라도'라고 해석해야 한다.

지문해석

지도상에서 선의 정확도, 기호 사용의 일관성, 격자와[또는] 투사 시스템, 장소의 이름이 쓰이고 배치되는 겉보기의 확실성, 범례 및 축척 정보, 이 모든 것들은 지도에 과학적 정확성과 객관성이라는 분위기를 부여한다. 비록 주관적 해석이 이러한 지도 제작 요소의 구성으로 들어가기는 하지만, 완성된 지도는 어떠한 이해 관계나 영향과는 별개로, 세상에 대한 권위 있는 진실을 표현하는 것처럼 보인다. 이러한 겉으로 보이는 객관성이 고무시키는 바로 그 신뢰가 지도를 매우 강력한 이념의 운반체로 만들어주는 것이다. 아무리 눈에 띄지 않을지라도, 지도는 그 지도가 만들어지는 정치적, 사회적 상황에 더해 지도 제작자의 혹은 지도 제작자의 후원자들의 세계관을 정말로 반영한다. 지도가 진딜힐 수 있는 단순한 이념석 메시지의 일부는 다음과 같다: 이 땅은 우리의 땅이며, 오랫동안 그래왔다; 이곳이 우주의 중심이다; 만약 우리가 이 땅이 우리 것이라 주장하지 않으면, 당신이 가장 두려워하는 적들이 이 땅을 자신의 것이라 주장할 것이다.

① 신뢰할 수 있는 지도에서 나오는 권위
② 지도에 의해 유발되는 정치적, 사회적 갈등들
③ 지도의 객관성 아래에 놓여있는 이념들
④ 지도를 정확하게 만드는데 필수적인 조건들
⑤ 지도 제작의 창의성을 주관적으로 정의하기

precision 정확도 / **consistency** 일관성 / **grid** 격자 / **projection system** 투사 시스템 (실제 지형을 평면상에 표현하는 것) / **apparent** 분명한; 겉보기에 ~인 / **legend** (지도의) 범례; 전설 / **scale** (지도의) 축척; 규모; 비늘 / **authoritative** 권위 있는 / **inspire** 고무시키다, 영감을 주다 / **carrier** 운반체 / **unnoticeably** 눈에 띄지 않게 / **idcological** 이념적인 / **convey** 전달하다, 나르다 / **claim** (자신의 것이라고) 주장하다 / **derived from** ~에서 비롯된 / **trustworthy** 신뢰할 수 있는 / **beneath** ~의 아래에

02

정답률 68%

An important advantage of disclosure, as opposed to more aggressive forms of regulation, is its flexibility and respect for the operation of free markets. / Regulatory mandates are blunt swords; they tend to neglect diversity and may have serious unintended adverse effects. For example, energy efficiency requirements for appliances may produce goods that work less well or that have characteristics that consumers do not want. / Information provision, by contrast, respects freedom of choice. If automobile manufacturers are required to measure and publicize the safety characteristics of cars, potential car purchasers can trade safety concerns against other attributes, such as price and styling. If restaurant customers are informed of the calories in their meals, those who want to lose weight can make use of the information, leaving those who are unconcerned

요지

대조 (A-규제)

대조 (B-공개)

about calories unaffected. / Disclosure does not interfere with, and should even promote, the autonomy (and quality) of individual decision-making. ⟩ 요지 재진술

첫 문장에서 대조를 통해 공개(disclosure)가 규제(regulation)보다 좋다고 말하고 있음을 파악하면 전체 흐름이 잡힌다. 각각 예시를 통해 규제의 단점과 공개의 장점을 설명하고, 마지막에 요지를 재진술하며 공개의 장점을 다시 말하고 있다. **독해원리 03** **독해원리 04** 따라서 글의 주제는 공개의 장점을 말하고 있는 ②가 된다.
본문에서 information provision = publicize = inform이 전부 disclosure의 재진술임을 파악하는 것이 핵심이다. 그래야 선지의 publicizing information도 마찬가지로 disclosure의 재진술임을 알 수 있다.

오답피하기

① (6%) : make public information accessible to customers 부분은 '공개(disclosure)'의 재진술이다. 하지만 ①은 정보를 공개하는 단계(steps)를 말하고 있으므로 주제가 아니다.

구문분석

- If automobile manufacturers are required to measure and publicize the safety characteristics of cars, potential car purchasers can trade safety concerns against other attributes, such as price and styling.
  → trade는 흔히 'trade A for B' 형태로 쓰여, 'A와 B를 교환하다(A를 주고 B를 받음)'라는 뜻이 된다. 그런데 'trade (off) A against B' 형태로 쓸 경우, 'A와 B를 비교하다'라는 뜻이 된다.
- Disclosure does not interfere with, and should even promote, the autonomy (and quality) of individual decision-making.
  → 여기서의 should는 '의무(∼해야 한다)'가 아니라 '추측(∼일 것이다)'의 뜻으로 쓰였다.

지문해석

더 공격적인 형태의 규제와 반대로, 공개의 중요한 이점은 자유 시장의 운영에 대한 유연성과 존중이다. 규제 명령은 무딘 칼인데 그것은 다양성을 무시하는 경향이 있고 의도하지 않은 심각한 역효과를 초래할 수 있다. 예를 들어, 가전제품의 에너지 효율 요구 사항은 덜 잘 작동하거나 소비자가 원하지 않는 특성을 가진 제품을 생산할 수도 있다. 대조적으로 정보 제공은 선택의 자유를 존중한다. 자동차 제조업체가 자동차의 안전 특성을 측정하고 홍보해야 하는 경우, 잠재적인 자동차 구매자는 가격 및 스타일과 같은 다른 속성과 안전 문제를 교환할 수 있다. 음식점 손님들에게 식사의 칼로리를 알려주면, 살을 빼고 싶은 사람들은 그 정보를 이용할 수 있고, 칼로리에 대해 무관심한 사람들은 영향을 받지 않는다. 공개는 개인 의사 결정의 자율성(및 품질)을 방해하지 않으며, 심지어 촉진할 것이다.
① 고객이 공공 정보에 접근할 수 있도록 하는 단계
② 자유로운 선택을 보장하기 위해 정보를 공개하는 것의 이점
③ 기업들이 자유 시장에서 이익을 늘리기 위한 전략들
④ 현재 산업 동향을 파악하고 분석해야 할 필요성
⑤ 다양화된 시장이 합리적인 고객 선택에 미치는 영향

disclosure 폭로, 드러냄 / as opposed to ∼와는 대조적으로 / aggressive 공격적인, 적극적인 / regulation 규제 / flexibility 유연성 / respect 존중 / operation 작용 / regulatory 규제의, 규제하는 / blunt 무딘 / diversity 다양성 / unintended 의도하지 않은 / requirement 요건, 요구 사항 / appliance 가전제품 / manufacturer 제조업체 / publicize 알리다 / attribute 특성; ∼의 탓으로 돌리다 / unaffected 영향을 받지 않는 / interfere 방해하다

Considerable work by cultural psychologists and anthropologists has shown that there are indeed large and sometimes surprising differences in the words and concepts that different cultures have for describing emotions, as well as in the social circumstances that draw out the expression of particular emotions. / → 측면A

However, those data do not actually show that different cultures have different emotions, if we think of emotions as central, neurally implemented states. / → 측면B

As for, say, color vision, they just say that, despite the same internal processing architecture, how we interpret, categorize, and name emotions varies according to culture and that we learn in a particular culture the social context in which it is appropriate to express emotions. / → 측면A

However, the emotional states themselves are likely to be quite invariant across cultures. / → 측면B

In a sense, we can think of a basic, culturally universal emotion set that is shaped by evolution and implemented in the brain, / → 측면A

but the links between such emotional states and stimuli, behavior, and other cognitive states are plastic and can be modified by learning in a specific cultural context. → 측면A

독해기술

이 글은 좀 특이한 구조의 글이다. 보통은 역접 연결어가 나오면 그 뒷부분에 중요한 내용이 제시된다. 그런데 이 문제에서는 상황이 약간 다르다. 측면A는 '문화마다 감정을 묘사하는 단어나 개념이 다르다(문화마다 감정을 표현하는 방식이 다르다)'는 것이고, 이에 대조되는 측면B는 '문화 간에도 감정 자체는 동일하다'이다. 동일한 말을 동일한 구조로 두 번 반복하고 있다.

그런데 마지막 문장에선 순서를 바꿔서 '측면B but 측면A' 순서로 설명하고 있다. 즉 감정 자체는 보편적이지만(=측면B), 감정 상태와 자극/행동/다른 인지 상태 간의 연결고리는 바뀌기 쉬우며 수정될 수 있다(=측면A. 감정을 표현하는 방식은 문화마다 다르다)는 것이다. 마지막에 말한 것이 가장 중요하다고 보이 측면A를 주제라고 판단할 수 있으나, 사실 앞에서 역접을 통해 측면B를 두 번이나 제시했기 때문에, 측면A와 B 중에서 무엇이 더 중요한가(무엇이 주제인가)를 판단하기는 약간 애매하다. 어쩔 수 없이 선지 소거법으로 접근해야 하나.

먼저, 측면B를 주제라고 생각하고 선지를 보자. 측면B는 감정 상태가 동일하다는 것이므로 ④의 universally defined emotions 가 이에 해당한다. 하지만 이 글은 '문화' 간에 감정이 동일한 것이지 '학문 분야(academic disciplines)' 간에 동일한 것이 아니다. 그렇다면 측면A를 주제라고 생각하고 선지를 보자. 측면A는 문화마다 감정의 표현 방식이 다르다는 것이므로, '② culturally constructed representation of emotions'가 이 내용을 정확하게 담고 있다.

구문분석

- As for, say, color vision, they just say [that, despite the same internal processing architecture, how we interpret, categorize, and name emotions varies according to culture] and [that we learn (in a particular culture) the social context in which it is appropriate to express emotions.]
  → [ ]와 [ ]가 병렬로 연결되어 있고, 두 번째 [ ]에서, 전치사구 in a particular culture에 괄호를 한 후, 그 뒤에 있는 the social context를 learn의 목적어로 파악해야 한다.

지문해석

문화 심리학자들과 인류학자들의 주목할 만한 연구는 특정한 감정의 표현을 끌어내는 사회적 상황뿐만 아니라 다른 문화들이 감정을 묘사하기 위해 가지고 있는 단어와 개념에 실제로 크고 때로는 놀라운 차이가 있다는 것을 보여주었다. 그러나 만약 우리가 감정을 중추 신경의, 즉 신경적으로 실행되는 상태라고 생각한다면, 그 데이터들은 실제로 다른 문화들이 다른 감정들을 가지고 있다는 것을 보여주지 않는다. 색 식별에 대해서 말하자면, 그 데이터들은 단지, 체내의 동일한 처리 구조에도 불구하고, 우리가 어떻게 감정을 해석하고 분류하고 이름을 붙이는지는 문화에 따라 다르며, 우리는 감정을 표현하는 것이 적절한 사회적 맥락을 특정한 문화 내에서 배운다고 말해줄 뿐이다. 그러나 감정 상태 자체는 문화 전반에 걸쳐 상당히 변하지 않을 가능성이 있다. 어떤 의미에서, 우리는 진화에 의해 형성되고 뇌에서 구현되는 기본적이고 문화적으로 보편적인 감정 모음을 생각할 수 있지만, 그러한 감정 상태와 자극, 행동, 그리고 다른 인지 상태 사이의 연결은 바뀌기 쉬우며 특정한 문화적 맥락에서 학습함으로써 수정될 수 있다.

① 감정과 행동 사이의 필수적인 연관성
② 문화적으로 구성되는 감정 표현
③ 세계 공용어를 통해 거짓으로 묘사되는 감정
④ 학문 분야 간에 보편적으로 정의되는 감정
⑤ 인식이 문화적 맥락을 학습하는 데 미치는 광범위한 영향

considerable 주목할 만한, 상당한 / psychologist 심리학자 / central 중추 신경의 / neurally 신경으로 / implement 실행[시행]하다 / draw out 끌어내다 / as for ~에 관하여 / architecture 구조; 건축 / categorize 범주화하다 / vary 다르다, 다양하다 / invariant 불변의, 변함없는 / universal 보편적인 / evolution 진화, 발전 / plastic 바뀌기 쉬운, 가소성의 / modify 수정하다 / global language 세계 공용어

04

The names of pitches are associated with particular frequency values. Our current system is called A440 because the note we call 'A' that is in the middle of the piano keyboard has been fixed to have a frequenacy of 440 Hz. This is entirely arbitrary. We could fix 'A' at any frequency, such as 439 or 424; different standards were used in the time of Mozart than today. Some people claim that the precise frequencies affect the overall sound of a musical piece and the sound of instruments. Led Zeppelin, a band popular in the 70s, often tuned their instruments away from the modern A440 standard to give their music an uncommon sound, and perhaps to link it with the European children's folk songs that inspired many of their compositions. Many purists insist on hearing baroque music on period instruments, both because the instruments have a different sound and because they are designed to play the music in its original tuning standard, something that purists deem important.

→ 주제문

→ 예시

독해기술

'A'라는 음이 440Hz라는 진동수를 가졌다는 것은 도입부이고, 글의 주제문은 이 진동수는 임의로 규정한 것이므로, A라는 음을 439 혹은 424와 같은 다른 진동수를 갖도록 다시 정의하더라도 무방하다는 문장이다. 아래쪽에는 440이 아닌 다른 기준에 맞추어 음악을 연주한 예시로 Mozart와 Led Zeppelin이 나오고, 각 시대의 기준에 맞게 연주해야 한다는 순수주의자들의 주장도 언급되어 있다. 즉 'A'라는 음의 현대 기준이 440Hz이긴 하지만, 이것은 임의로 정한 것이고 변할 수 있다는 것이므로 제목은 '① 'A'가 항상 440Hz에 맞춰져야 하는가?'가 된다.

오답피하기

② (13%) : 현대의 기준에 따르면 'A' 음은 440Hz의 진동수를 갖는 음인데, 이 440이란 수치가 임의로 정한 수치라는 것이지, 현

대의 음악계의 추세 자체가 '임의적 조율'인 것은 아니다. 만약 ②를 제목으로 한다면 글의 내용은 정해진 기준이 없이 임의대로 조율하는 것이 현재의 추세라는 내용이어야 한다. 하지만 주어진 글에 따르면 현대에는 분명 440Hz라는 기준이 정해져 있다.

- Our current system is called A440 / because the note [(that) we call (　) 'A' ⟨that is in the middle of the piano keyboard⟩] has been fixed to have a frequency of 440 Hz.
  → call이란 동사는 뒤에 목적어와 목적보어가 따라오며 '~를 ~라고 부르다'라는 의미를 갖는다. because절에서 the note 뒤에 [　]가 수식어로 붙어 있는데, 이는 목적격 관계대명사가 생략된 관계대명사절이다. call 뒤에 목적어가 빠져 있으며, 'A'는 목적보어에 해당한다. 그리고 ⟨　⟩ 부분은 'A'를 수식하고 있다.

음 높이의 이름들은 특정한 진동수 값과 연관되어 있다. 우리의 현재 시스템은 A440이라고 불리는데, 피아노 건반의 중앙에 있는, 우리가 'A'라고 부르는 음이 440Hz의 진동수를 갖도록 고정되었기 때문이다. 이것은 완전히 임의적이다. 우리는 'A'라는 음을 가령 439혹은 424와 같은 어떠한 진동수에도 고정시킬 수 있다. Mozart의 시대는 오늘날과는 다른 표준이 사용되었다. 어떤 사람들은 정확한 진동수들이 한 곡의 전반적인 소리와 악기들의 소리에 영향을 준다고 주장한다. 70년대에 인기 있던 밴드인 Led Zeppelin은 종종 그들의 음악에 평범하지 않은 소리를 주기 위해, 그리고 아마도 그들의 음악을 그들의 작곡에 많은 영감을 준 유럽 동요들과 연결시키기 위해 그들의 악기들을 현재의 A440 표준과는 다르게 조율했다. 많은 순수주의자들은 바로크 시대의 음악을 그 시대의 악기로 들어야 한다고 주장한다. 그 이유는 (그 당시의) 악기들은 (현재와는) 다른 소리를 가지고 있기 때문이기도 하고, 그 악기들은 본래의 조율 기준에 맞추어 음악을 연주하도록 고안되었기 때문이기도 한데, 이것은 순수주의자들이 중요하다고 간주하는 사항이다.
② 임의적 조율: 음악에서의 새로운 경향
③ 진동수 값을 정확하게 측정하는 방법
④ 음악가들은 어떻게 음 높이의 차이를 감지해 내는가?
⑤ 불안정한 음 높이: 음악에서의 공통된

pitch 음의 높이 / associated 연상되는; 연관되는 / frequency 빈도; 진동수 / note 음, 음표 / arbitrary 임의적인 / tune 음을 맞추다 / purist 순수주의자 / baroque 바로크 시대의, 바로크 양식의 / period 기간, 시기; 시대적인 / deem 간주하다

05

정답률 60%

When we remark with surprise that someone "looks young" for his or her chronological age, we are observing that we all age biologically at different rates. Scientists have good evidence that this apparent difference is real. It is likely that age changes begin in different parts of the body at different times and that the rate of annual change varies among various cells, tissues, and organs, as well as from person to person. Unlike the passage of time, biological aging resists easy measurement. What we would like to have is one or a few measurable biological changes that mirror all other biological age changes without reference to the passage of time, so that we could say, for example, that someone who is chronologically eighty years old is biologically sixty years old. This kind of measurement would help explain why one eighty-year-old has so many more youthful qualities than does another eighty-year-old, who may be biologically eighty or even ninety years old.

도입부: 실제 나이와 생물학적 나이가 다르다

주제문: 우리는 생물학적 나이를 반영하는 거울(생물학적 나이의 측정 방법)을 갖고 싶어한다.

그 측정 방법으로 할 수 있는 일

글의 전반부는 도입부로, 생활 연령(chronological age, 시간 경과에 따른 연령)은 생물학적 연령과 다르다는 점을 이야기한다. 주제문은 중간에 나오는데, 우리가 가지고 싶어하는 것은 시간 경과에 따른 생활 연령이 아니라, 시간의 경과에 관계없이 생물학적으로 얼마나 늙었는지를 알 수 있는 방법(measurement)이다. 이 방법을 생물학적 나이를 비춰주는 거울(mirror)에 비유해 표현하였다. 따라서 글의 주제는 '우리가 갖길 원하는, 생물학적 나이를 비춰주는 거울' 정도로 표현할 수 있고 [풀이기술 01], 이를 제목으로 표현한 것은 '① 생물학적 노화를 비춰주는 거울을 찾아서'가 된다. [풀이기술 05] 글의 뒷부분은, 이러한 거울을 가지고 있으면 어떤 사람의 생활 연령은 동일할지라도 더 늙어 보이는 것과 더 젊어 보이는 것을 생물학적 연령을 통해 설명할 수 있다는 내용이다.

오답피하기

④ (27%) : 글의 내용은 생물학적 노화를 측정하는 방법을 우리가 가지고 싶어 한다(we would like to have)는 것이고, 실제 생물학적 노화가 어떤 식으로 이루어지는지, 그 '비밀'은 이 글에 언급되어 있지 않다.

구문분석

• When we remark (with surprise) [that someone "looks young" for his or her chronological age,] / we are observing that we all age biologically at different rates.
→ [ ] 부분이 remark의 목적어이다
→ 'look young for one's age'는 '〜의 나이에 비해 어려 보인다'라는 뜻이다.

• What we would like to have is one or a few measurable biological changes / [that mirror all other biological age changes / without reference to the passage of time], 〈so that we could say, for example, that someone who is chronologically eighty years old is biologically sixty years old.〉
→ [ ] 부분은 관계대명사절로, mirror가 '〜을 반영하다, (표면에 상을) 비추다'라는 의미의 동사로 사용되었다.
→ 〈 〉 부분은 부사절이며, so that은 '〜하기 위하여'라는 의미이다.

지문해석

우리가 어떤 사람에게 그의 생활 연령(시간 경과에 따른 연령)에 비해 "어려 보인다"고 놀라면서 말할 때, 우리는 우리 모두가 각기 다른 생물학적인 속도로 나이가 든다는 점을 관측하고 있는 것이다. 과학자들은 겉으로 보이는 이러한 차이가 진짜라는 좋은 증거를 가지고 있다. 나이의 변화는 각기 다른 시기에 신체의 서로 다른 부위에서 시작될 것이며, 매년 변하는 속도는 사람들뿐만 아니라 다양한 세포, 조직, 기관마다 다를 것이다. 시간의 경과와 달리 생물학적 노화는 쉬운 측정을 거부한다. 우리가 갖고 싶어하는 것은 시간 경과에 관계없이 모든 다른 생물학적 나이 변화들을 반영하는 하나 혹은 몇 개의 측정 가능한 생물학적 변화이다. 그것을 통해 우리는 가령, 생활 연령(시간 경과에 따른 연령)이 80세인 어떤 사람이 생물학적으로는 60세라고 말할 수 있을 것이다. 이러한 종류의 측정 방법은 80세인 한 사람이 생물학적으로 80세, 또는 심지어 90세인 또 다른 80세인 사람보다 왜 훨씬 더 많은 젊음의 특성을 가지고 있는지 설명하는데 도움 줄 것이다.

① 생물학적 노화를 비춰주는 거울을 찾아서
② 현대에 느린 노화의 이유들
③ 생활 연령을 추측하는 몇 가지 팁들
④ 생물학적 노화의 비밀들이 공개되다
⑤ 젊음의 분수를 찾기

remark 언급하다, 말하다 / chronological age 생활 연령 (시간 경과에 따른 연령) / apparent 겉으로 보이는 / vary 다양하다 / tissue (세포들로 이루어진) 조직 / organ (인체 내의) 장기, 기관 / passage of time 시간의 경과 / measurement 측정, 측량 / measurable 측정 가능한 / mirror 거울; 반영하다, 비추다 / without reference to 〜에 관계없이 / disclose 밝히다, 드러내다

06
정답률
69%

The world has become a nation of laws and governance that has introduced a system of public administration and management to keep order. With this administrative management system, urban institutions of government have evolved to offer increasing levels of services to their citizenry, provided through a taxation process and/or fee for services (e.g., police and fire, street maintenance, utilities, waste management, etc.). / Frequently this has displaced citizen involvement. / Money for services is not a replacement for citizen responsibility and public participation. Responsibility of the citizen is slowly being supplanted by government being the substitute provider. Consequentially, there is a philosophical and social change in attitude and sense of responsibility of our urban-based society to become involved. The sense of community and associated responsibility of all citizens to be active participants is therefore diminishing. Governmental substitution for citizen duty and involvement can have serious implications. This impedes the nations of the world to be responsive to natural and man-made disasters as part of global preparedness.

— 도입
— 요지(문제점)
— 요지 구체화

독해기술

도입부의 내용은 정부가 시민들에게 세금이나 요금을 걷어서 서비스를 제공한다는 것이고, 이것이 시민의 참여를 대체해버렸다는 것이 요지이다. 뒷부분에서는 요지의 내용을 구체화하여 계속 되풀이하고 있다. 요지를 그대로 제목으로 만든 것이 ③이다. 참고로 이 글은 '문제점과 해결책' 구조의 변형으로, '문제점'만 제시하고 끝나는 글이다. **분석기술 1 1**

오답피하기

① : 지문에 '시민의 책임(citizen responsibility)'이나 '정부(government)'란 단어가 자주 등장하다보니 ①을 정답으로 생각할 수 있다. 이 제목은 영어 속담인 'A sound mind in a sound body (건강한 신체에 건전한 정신이 깃든다.)'를 변형한 것인데, 여기서 sound는 good의 의미이다. 이 글은 정부의 역할이 커져 시민의 책임이 감소한다는 내용이므로, 정부와 시민의 책임을 둘 다 good이라고 말하는 것은 글의 내용과 다르다.

구문분석

- Consequentially, there is a philosophical and social change in attitude and sense of responsibility of our urban-based society [to become involved].
  → [ ]는 sense of responsibility를 수식한다. 즉, '참여해야 한다는 책임 의식'에 변화가 생겼다는 뜻이다.
- This impedes ⟨the nations of the world⟩ [to be responsive to natural and man-made disasters] as part of global preparedness.
  → ⟨ ⟩가 [ ]하는 것을 방해한다는 뜻이다. 보통 keep, prevent, forbid… 등의 '막다, 방해하다' 동사는 뒤에 from ~ing 형태를 써야 한다고 알고 있는데 항상 그렇지는 않다. 가령 forbid만 하더라도 from ~ing와 to V 형태를 둘 다 쓸 수 있다. impede도 일반적으로는 from ~ing 형태가 주로 쓰이나 to V 형태도 가능하다.

지문해석

세계는 질서를 유지하기 위해 공공 행정과 관리 시스템을 도입한 법과 통치의 나라가 되었다. 이러한 행정 관리 시스템을 통해, 정부의 도시 기관들은 시민들에게 과세 과정 그리고/또는 서비스(예: 치안 및 소방, 도로 유지/보수, 공익사업, 쓰레기 관리 등)에 대한 수수료를 통해 제공되는 서비스의 수준을 높이도록 진화했다. 종종 이것은 시민들의 참여를 대체했다. 서비스를 위해 지불한 돈은 시민의 책임과 공적인 참여를 대체하는 것이 아니다. 시민의 책임은 정부가 대체 제공자가 되는 것에 의해 서서히 대체되고 있다. 결과적으로 우리 도시를 기반으로 하는 우리 사회가 참여해야 한다는 태도와 책임의식에서 철학적, 사회적 변화가 있다. 따라서 모든 시민이 적극적인 참여자가 되어야 한다는 공동체 의식과 관련된 책임감이 감소하고 있다. 시민의 의무와 참여에 대한 정부의 대체는 심각한 영향을 미칠 수 있다. 이것은 세계 각국이 전반적인 준비 태세의 일환으로 자연재해와 인재에 대응하는 것을 방해한다.

① 건전한 정부에서 건전한 시민의 책임감(이 깃든다.)

② 없는 것보다는 항상 더 낫다: 현대 정부의 역할

③ 시민 참여 감소: 정부 서비스의 대가

④ 현대 사회에서 세계 시민권이 중요한 이유는 무엇인가?

⑤ 도시기반 사회의 공공성 극대화 방안

governance 통치 / administration 행정 / urban 도시의 / institution 기관 / citizenry (일반) 시민 / taxation 과세 / maintenance 유지, 보수 / utility (가스, 수도, 전화, 전기 등의) 공익사업 / displace 대체하다 / involvement 참여 / replacement 대체 / substitute 대체자[물] / consequentially 결과적으로 / diminish 줄어들다, 감소하다 / substitution 대신함, 대체 / implication 영향 / responsive 반응[대응]하는 / global 전반적인 / preparedness 준비 태세

1등급 실전 문제

01 ③   02 ②   03 ②   04 ①   05 ①   06 ①

01

정답률

62%

Difficulties arise when we do not think of people and machines as collaborative systems, but assign whatever tasks can be automated to the machines and leave the rest to people. / This ends up requiring people to behave in machine-like fashion, in ways that differ from human capabilities. We expect people to monitor machines, which means keeping alert for long periods, something we are bad at. We require people to do repeated operations with the extreme precision and accuracy required by machines, again something we are not good at. When we divide up the machine and human components of a task in this way, we fail to take advantage of human strengths and capabilities but instead rely upon areas where we are genetically, biologically unsuited. Yet, when people fail, they are blamed.

요지

요지 구체화

독해기술

첫 문장에서 제시한 요지를 구체화하여 계속 설명하고 있다. 인간과 기계를 협력적인 시스템이 아니라 별개의 시스템으로 생각하여 서로 다른 과제를 할당할 때 문제가 생긴다는 것이다. 이 내용을 담고 있는 선지는 ③이다.

오답피하기

① : 약점을 극복하는 내용이 아니다.

② : 기계와 인간이 함께 일하지 않고 서로 다른 과제를 할당할 때의 문제점을 다룬 글이다.

④ : 인간이 기계 자동화를 계속 추구한다는 내용은 글과 관련이 없다.

⑤ : 인간의 행동이 기계의 성과에 미치는 영향은 글에 언급되지 않았다.

구문분석

- Difficulties arise when we do not think of people and machines as collaborative systems, but assign whatever tasks can be automated to the machines and leave the rest to people.
  → 명사절로 사용된 'whatever + N' 형태는 'any N that'으로 쪼개서 이해하면 쉽다. 즉 whatever tasks can be automated 는 any tasks that can be automated와 같은 구조이다.

지문해석

사람과 기계를 협업 시스템으로 생각하지 않고 자동화할 수 있는 작업이 무엇이든 그것을 기계에 할당하고 나머지는 사람에게 맡길 때 어려움이 발생한다. 이것은 결국 사람들이 기계와 같은 방식으로, 즉 인간의 능력과 다른 방식으로 행동하도록 요구하게 된다. 우리는 사람들이 기계를 감시하기를 기대하는데, 이는 오랜 기간 동안 경계를 유지하는 것을 의미하며, 우리는 이것을 잘 하지 못한다. 우리는 사람들이 기계에 의해 요구되는 극도의 정밀도와 정확도로 반복적인 작업을 하도록 요구하는데, 이 역시 우리가 잘 하지 못하는 것이다. 우리가 이런 식으로 어떤 과제의 기계적 요소와 인간의 요소를 구분할 때, 우리는 인간의 강점과 능력을 이용하지 못하고 대신 유전적으로, 생물학적으로 적합하지 않은 영역에 의존하게 된다. 하지만 사람들이 실패할 때, 그들은 비난을 받는다.

① 실패를 피하기 위해 인간의 약점을 극복하는 것의 어려움

② 기계와 인간이 함께 일하도록 하는 것의 혜택

③ 자동화된 시스템에서 부적합한 업무를 인간에게 할당하는 것의 문제점

④ 인간이 기계 자동화를 계속 추구하는 이유

⑤ 인간의 행동이 기계의 성능에 미치는 영향

arise 발생하다 / collaborative 협동하는 / assign 할당하다 / automate 자동화하다 / the rest 나머지 / end up -ing 결국 ~하게 되다 / behave 행동하다 / monitor 감시하다 / keep alert 경계를 유지하다 / precision 정밀함 / accuracy 정확성 / component 구성요소 / take advantage of ~을 이용하다 / genetically 유전적으로 / unsuited 부적합한

02

정답률
41%

Some psychologists believe that insight is the result of a restructuring of a problem after a period of non-progress where the person is believed to be too focused on past experience and get stuck. A new manner to represent the problem is suddenly discovered, leading to a different path to a solution heretofore unpredicted. It has been claimed that no specific knowledge, or experience is required to attain insight in the problem situation. As a matter of fact, one should break away from experience and let the mind wander freely. Nevertheless, experimental studies have shown that insight is actually the result of ordinary analytical thinking. The restructuring of a problem can be caused by unsuccessful attempts in solving the problem, leading to new information being brought in while the person is thinking. The new information can contribute to a completely different perspective in finding a solution, thus producing the Aha! Experience.

통념

진실(주제문)

정답률이 41%였는데, 이와 거의 비슷한 비율(39%)이 3번을 선택했다. 오답이었던 3번을 선택하는 가장 큰 이유는, 주제문을 제대로 찾지 못했기 때문이다. 가장 마지막 문장을 주제문으로 착각하면, 이 문장과 비슷한 어휘들이 많이 사용된 3번 선지가 매우 매력적인 정답으로 보인다.

주제문을 먼저 찾아보도록 하자. 첫 문장의 Some psychologists believe에서 이미 느낌이 와야 한다. 필자는 '통념'을 먼저 제시하고 있다. 그러면 '진실'이 나오는 부분이 주제문이 된다. 중간에 As a matter of fact (=in fact) 부분을 주제문으로 착각하기 쉽다. As a matter of fact (=in fact)는 통념과 진실 구조에서 진실 부분을 드러내는 역접 연결어 역할을 하기도 하지만, 부연 설명의 기능을 하기도 한다. 앞 문장에서 구체적인 경험이 필요하지 않다고 했고, 이 문장에서도 경험으로부터 벗어나야 한다고 했으므로, 이 부분은 역접이 아니라 부연 설명이라는 것을 파악해야 한다.

그 다음 문장에 드디어 역접 연결어 nevertheless가 등장한다. As a matter of fact가 역접 기능이 아니었으므로, 이 문장이 주제문일 수밖에 없다. 이 문장이 주제문이라는 생각을 갖고 선지를 살펴보면 ②를 쉽게 고를 수 있다.

참고로 이 글에서의 통념은 '통찰력은 정체 상태 이후에 (우연히) 얻어진다'라는 것이고, 이에 대한 반박으로 제시하는 진실은 '통찰력은 정상적인 분석적 사고 이후에 얻어진다'라는 것이다.

③ (39%) : 마지막 문장 때문에 ③을 고르기 쉬운데, 마지막 문장은 주제문이 아닐뿐만 아니라 마지막 문장과 ③번 선지 내용이 일치하지도 않는다. 마지막 문장에선 '새로운 정보'가 '새로운 관점'에 기여하여, 그 결과 '아하!의 경험(=통찰력)'이 생긴다는 것인데, ③번 선지는 '통찰력'이 '새로운 관점 형성'에 기여한다는 것이므로, 기여하는 방향이 반대로 되어 있다. Aha! Experience가 '통찰력'의 재진술임을 파악하는 것도 중요하다.

• The restructuring of a problem can be caused by unsuccessful attempts in solving the problem, leading to new information being brought in while the person is thinking.
→ lead to는 '초래하다'라는 의미이고, being brought in은 동명사, new information은 동명사의 의미상의 주어이다. 즉 '새로운 정보가 들어오는 것을 초래하다'로 해석한다.

어떤 심리학자들은 통찰력은 어떤 사람이 과거의 경험에 너무 집중해서 거기에서 빠져나오지 못해 생기는 정체 상태 후에 문제를 재구성한 것의 결과라고 믿는다. 그 문제를 나타내는 새로운 방식이 갑작스럽게 발견되어, 지금까지는 예측되지 않았던 해결책으로 가는 다른 길로 이어진다. 어떠한 특정한 지식이나 경험도 이 문제 상황에서 통찰력을 얻기 위해 필요하지 않다고 주장되어 왔다. 사실은 어떤 이는 경험으로부터 벗어나고 사고가 자유롭게 돌아다니도록 해야 한다. 그럼에도 불구하고 실험적인 연구들은 통찰력이란 사실 평범한 분석적 사고의 결과라는 점을 보여준다. 문제의 재구성은 그 문제를 해결하려는 성공적이지 않은 시도로부터 생겨날 수 있고, 그것은 그 사람이 생각하고 있는 동안 새로운 정보가 들어오는 것을 초래한다. 새로운 정보는 완전히 다른 관점에서 문제를 해결하는데 도움이 될 수 있고, 그리하여 아하! 체험을 이끌어낼 수 있다.

① 창의적 사고를 할 때 경험의 불리한 점들
② 통찰력을 얻을 때 분석적 사고의 중요성
③ 새로운 관점을 형성할 때 통찰력의 기여
④ 분석적 사고로부터 통찰력을 분리시킬 필요성
⑤ 경험으로부터 심층적인 지식을 얻는 것의 어려움

insight 통찰력 / restructure 재구성하다 / specific 특정한 / attain 얻다, 획득하다 / wander 돌아다니다 / analytical 분석적인 / contribute to ~에 기여하다 / significance 의미; 중요성 / in-depth 심층적인

People don't usually think of touch as a temporal phenomenon, but it is every bit as time-based as it is spatial. / You can carry out an experiment to see for yourself. Ask a friend to cup his hand, palm face up, and close his eyes. Place a small ordinary object in his palm — a ring, an eraser, anything will do — and ask him to identify it without moving any part of his hand. He won't have a clue other than weight and maybe overall size. Then tell him to keep his eyes closed and move his fingers over the object. He'll most likely identify it at once. By allowing the fingers to move, you've added time to the sensory perception of touch. / There's a direct analogy between the fovea at the center of your retina and your fingertips, both of which have high acuity. Your ability to make complex use of touch, such as buttoning your shirt or unlocking your front door in the dark, depends on continuous time-varying patterns of touch sensation.

통념과진실(요지)

실험

요지 구체화

독해기술

첫 문장에서 통념과 진실 구조를 통해 바로 요지를 제시한다. **분석기술 1 0** 촉각이 시간적 현상이라는 것이다. 뒤쪽에선 실험을 통해 이를 뒷받침하는데, 첫 문장의 요지만으로 제목을 ②로 유추할 수 있다.

오답피하기

① : 촉각이 시간적 현상이라는 내용이 전혀 들어 있지 않다.
③ : 이 글은 촉각에 대한 글이지 오감 전체에 대한 글이 아니다. 또한 in a timely manner는 '시기적절하게'라는 의미로, 시간적 현상과는 상관없는 표현이다.
④ : 촉각(touch)과 시간(time)이란 단어가 둘 다 들어 있어서 헷갈릴 수 있다. 다만 이 글은 '시간의 개념을 형성하는 것'과는 아무 상관이 없다.
⑤ : 촉각을 통해 지식을 촉진한다는 것은 글의 내용과 관련이 없다.

구문분석

• People don't usually think of touch as a temporal phenomenon, but it is every bit as time-based as it is spatial.
→ every bit은 as ~ as 원급비교를 강조한 표현이다. '그것(촉각)이 공간적인 것만큼, 동등한 정도로 시간적이기도 하다'는 의미이다.

• Ask a friend to cup his hand, palm face up, and close his eyes.
→ palm face up은 '손바닥(palm)이 위로 향한 채로(face up)'라는 의미이다.

지문해석

사람들은 보통 촉각을 시간적 현상으로 생각하지 않지만, 그것은 공간적인 만큼 모든 면에서 시간에도 기반하고 있다. 직접 확인하기 위해 실험을 수행할 수 있다. 친구에게 손을 컵 모양으로 오므리고, 손바닥을 위로 향하게 한 다음 눈을 감으라고 해 보라. 그의 손바닥에 작은 평범한 물건 — 반지, 지우개, 뭐든지 괜찮다 — 을 올려두고, 그의 손의 어떤 부분도 움직이지 않고 그것을 식별하도록 그에게 요청해 보라. 그는 무게와 전체적인 크기 외에는 아무것도 모를 것이다. 그리고 나서 그에게 눈을 감은 채로 그 물체 위로 손가락을 움직이라고 말하라. 그는 아마 즉시 그것의 정체를 알아낼 것이다. 손가락이 움직이게 함으로써, 여러분은 촉각이라는 감각적 지각에 시간을 더했다. 망막의 중심에 있는 중심와(窩)와 손가락 끝 사이에는 직접적인 유사점이 있는데, 그것 둘 다 높은 예민함을 가지고 있다. 어두운 곳에서 셔츠 단추를 잠그거나 현관문을 여는 것과 같은 복잡한 촉각 사용 능력은 촉각이라는 감각의 지속적인, 시간에 따라 변하는 패턴에 의존한다.

① 촉각과 움직임: 인간의 두 가지 중요한 요소
② 시간이 중요하다: 촉각의 숨겨진 본질
③ 오감을 적시에 사용하는 방법
④ 시간 개념 형성에 있어서 촉각의 역할
⑤ 지식의 증진을 위한 놀라운 촉각의 기능

temporal 시간의 / every bit 전적으로 / spatial 공간적인 / cup 손을 컵 모양으로 동그랗게 모아 쥐다 / identify 알아내다, 식별하다 / clue 단서 / sensory 감각적인 / perception 지각, 인지 / acuity 예민함 / time-varying 시간에 따라 달라지는

04

정답률 58%

　　The discovery that man's knowledge is not, *and never has been*, perfectly accurate has had a humbling and perhaps a calming effect upon the soul of modern man. The nineteenth century, as we have observed, was the last to believe that the world, as a whole as well as in its parts, could ever be perfectly known. We realize now that this is, and always was, impossible. We know within limits, not absolutely, even if the limits can usually be adjusted to satisfy our needs. / Curiously, from this new level of uncertainty even greater goals emerge and appear to be attainable. Even if we cannot know the world with absolute precision, we can still control it. Even our inherently incomplete knowledge seems to work as powerfully as ever. In short, we may never know precisely how high is the highest mountain, but we continue to be certain that we can get to the top nevertheless.

〉 도입

〉 요지

독해기술

글의 앞부분에서 현대인들은 인간의 지식이 완벽할 수 없다는 것을 깨달았다고 했다. 하지만 이것 자체가 요지가 아니다. 왜냐하면 중간 부분부터 이를 바탕으로 새로운 사실을 제시하기 때문이다. 즉, 인간의 이러한 불완전함으로부터 달성 가능한 새로운 목표가 나타났는데, 이는 바로 세상을 통제할 수 있다는 것이다.

여기서 세상을 통제한다는 것이 무슨 말인지 약간 애매하다. 다만 마지막 문장을 보면, 이것을 '정상에 도달할 수 있다는 것을 확신한다'라는 비유로 표현하고 있다. 즉 지식의 끝이 어디인지는 몰라도, 그곳에 도달할 수 있다는 확신을 갖고 계속 나아간다는 것이다. 이러한 비유를 그대로 제목으로 나타낸 것이 ①이다.

오답피하기

② : 이 글은 비유적으로 산의 정상을 향해 나아가는 것이지, 산을 넘어가는(over) 것은 아니다.
③ : 부분을 전체로 통합한다는 내용은 글에 없다.
④ : 함께 살아간다는 내용은 글에 없다.
⑤ : 지식 기반 사회의 양면성은 글에 없는 내용이다.

• Summits Yet to Be Reached: An Onward Journey to Knowledge

→ yet to-V 는 '아직 ~않다'로 해석한다. 즉 Summits Yet to Be Reached는 '아직 도달하지 않은[못한] 정상'이란 뜻이다.

지문해석

인간의 지식이 완벽하게 정확한 것은 아니며, 결코 그랬던 적도 없다는 발견은 현대인의 영혼에 겸손하게 하는, 그리고 아마도 진정시키는 효과를 주었다. 우리가 관찰한 바와 같이, 19세기는 부분적으로만이 아니라 전체적으로도 세계가 완벽하게 알려질 수 있다고 믿는 마지막 세기였다. 우리는 이것이 불가능하며, 항상 불가능했다는 것을 이제 깨달았다. 우리는 한계 내에서 아는 것이지, 비록 그 한계는 대개 우리의 요구를 만족시키기 위해 조정될 수는 있을지라도 절대적으로 아는 것이 아니다. 의아하게도, 이 새로운 수준의 불확실성에서 훨씬 더 큰 목표가 나타나고 달성 가능한 것으로 보인다. 우리가 절대적인 정확성으로 세상을 알 수 없더라도, 우리는 여전히 그것을 통제할 수 있다. 우리의 본질적으로 불완전한 지식조차도 그 어느 때만큼이나 강력하게 작용하는 것처럼 보인다. 요컨대, 우리는 가장 높은 산이 얼마나 높은지 결코 정확하게 알지 못할 수도 있지만, 그럼에도 불구하고 우리는 계속해서 정상에 오를 수 있다고 확신한다.

① 아직 도달하지 못한 정상: 지식을 향해 계속 나아가는 여정
② 산을 넘어: 성공을 향한 단 하나의 거대한 발걸음
③ 부분들을 하나의 전체로 통합하기: 완벽으로 가는 길
④ 불확실성의 시대에 함께 사는 방법
⑤ 지식 기반 사회의 두 얼굴

humble 겸손한; 겸손하게 하다 / adjust 조정하다 / attainable 달성 가능한 / precision 정확, 정밀 / inherently 본질적으로 / summit 정상, 꼭대기 / integrate 통합하다

05

정답률 54%

Mending and restoring objects often require even more creativity than original production. / The preindustrial blacksmith made things to order for people in his immediate community; customizing the product, modifying or transforming it according to the user, was routine. Customers would bring things back if something went wrong; repair was thus an extension of fabrication. / With industrialization and eventually with mass production, making things became the province of machine tenders with limited knowledge. / But repair continued to require a larger grasp of design and materials, an understanding of the whole and a comprehension of the designer's intentions. / "Manufacturers all work by machinery or by vast subdivision of labour and not, so to speak, by hand," an 1896 *Manual of Mending and Repairing* explained. "But all repairing *must* be done by hand. We can make every detail of a watch or of a gun by machinery, but the machine cannot mend it when broken, much less a clock or a pistol!"

> 요지
> 과거
> 현재
> 요지 재진술
> 인용을 통한 뒷받침

독해기술

첫 문장에서 물건을 고치고 복원하는 것이 최초로 제작하는 것보다 더 많은 창의력이 필요하다고 했다. 과거에서 현재로 넘어오며 물건 제작은 기계가 담당하게 되었지만, 수리는 여전히 수작업으로 해야 한다는 글이다.

정답인 ①번 선지를 보면, '기계로 제작하는 것'과 대조된 '손으로 수리하는 것'을 '현대의 대장장이(Modern Blacksmith)'로 비유하였고, 이들의 역할이 '수리(Repair)'이다.

오답피하기

② : 수리 기술이 발전한 역사는 글에 언급되지 않았다.

③ : 창의적인 수리공이 되는 방법을 다룬 글이 아니다.

④ : 이 글은 '제조'와 달리 '수리'는 아직도 수리공이 손으로 해야 한다는 내용이지, 수리하는 과정을 다룬 글이 아니다.

⑤ : 과거를 고친다는 것은 글의 내용과 전혀 무관하다.

구문분석

- We can make every detail of a watch or of a gun by machinery, but the machine cannot mend ⟨it⟩ when broken, much less ⟨a clock or a pistol⟩!"
  - → 긍정문에선 much more, 부정문에선 much less를 사용하는데, '~는 말할 것도 없이'로 번역된다. 말할 것도 없다는 것은 당연하다는 말인데, much more는 '당연한 긍정', much less는 '당연한 부정'을 뜻한다. 이 글에서 기계는 ⟨it(=every detail)⟩을 수리할 수 없다고 했는데, much less 뒤에 나오는 ⟨a clock or a pistol⟩는 당연히 수리할 수 없다는 뜻이다.

지문해석

물체를 수리하고 복원하는 것은 종종 최초 제작보다 훨씬 더 많은 창의력을 필요로 한다. 산업화 이전의 대장장이는 그의 가까이에 사는 마을 사람들을 위해 주문에 따라 물건을 만들었고, 제품을 주문 제작하는 것, 즉 사용자에 따라 수정하거나 변형시키는 것은 일상적이었다. 고객은 문제가 발생하면 물건을 다시 가져오므로 수리는 제작의 연장선상에 있었다. 산업화와 함께, 그리고 결국 대량 생산과 함께, 물건을 만드는 것은 제한된 지식을 지닌 기계 관리자의 영역이 되었다. 그러나 수리는 계속해서 설계와 재료에 대한 더 큰 이해, 전체에 대한 이해, 설계자의 의도에 대한 이해를 요구했다. 1896년의 수선 및 수리 매뉴얼은 "제조업자들은 모두 기계나 방대한 분업에 의해 일하며, 말하자면 손으로 하는 것이 아니다"라고 설명했다. "하지만 모든 수리는 손으로 해야 한다. 우리는 기계로 시계나 총의 모든 세부 사항을 만들 수 있지만, 고장 났을 때 기계는 그것(모든 세부사항)을 고칠 수 없으며, 시계나 권총은 말할 것도 없다!"

① 여전히 현대 대장장이에게 남겨져 있는 것: 수리의 기술

② 수리 기술의 발전 과정에 관한 역사적 개괄

③ 창의적인 수리공이 되는 방법: 조언과 아이디어

④ 수리 과정: 만들고, 수정하고, 변형하라!

⑤ 산업화가 우리의 부서진 과거를 고칠 수 있을까?

mend 고치다 / restore 복원하다 / original 최초의, 원래의 / blacksmith 대장장이 / make ~ to order 주문에 따라 ~을 만들다 / immediate 인접한, 가까운 / customize 주문 제작하다 / modify 수정하다 / transform 변형하다 / extension 연장, 확장 / fabrication 제작 / grasp 이해 / subdivision by labour 분업 / much less ~는 말할 것도 없이

06
정답률
46%

ⓐ Until recently, it was generally assumed that the first humans took a → 통념
northerly route to leave the African continent, walking into the Middle
East and then spreading out from there. ⓑ However, mtDNA analysis → 진실
now suggests the exodus may have proceeded via a more southerly route.
ⓒ In 2005, an international team of researchers announced that an isolated
group living in Malaysia appeared to be the descendants of humans who left
Africa around 65,000 years ago. ⓓ According to the researchers, climatic
change underway at the time would have made a southerly route easier.
ⓔ The genetic evidence suggests perhaps as few as several hundred → 근거
individuals went first to India, then Southeast Asia and Australasia. ⓕ If
correct, this would explain why humans appear to have reached Australia
around 50,000 years ago, while the oldest human remains in Europe — a
jawbone found in Romania — are only around 35,000 years old.

지문구조
통념 최근까지 최초의 인류는 아프리카 대륙을 떠나기 위해 북쪽 길을 택했다고 추정되었다.
진실 그러나 mtDNA 분석은 보다 남쪽 길을 통해 나아갔음을 시사한다.

독해기술
최근까지는 최초의 인류가 아프리카 대륙을 떠날 때 북쪽 길을 택했다고 추정했으나(통념) mtDNA 분석은 보다 남쪽의 길을 택
했음을 시사한다고 한다. (진실) ⓒ~ⓕ는 보다 남쪽의 길을 택했다는 내용을 뒷받침해 주는 구체적인 연구 결과들이다. 따라서 이
글의 주제는 '초기 인류가 아프리카 대륙을 떠나 나아간 방향'이 되고, 이것을 포괄할 수 있는 제목은 '① Out of Africa: Which
Way?(아프리카를 떠나서: 어느 방향인가?)'이다.

오답씌하기
② (23%) : Asia에 대한 것은 ⓔ에서 딱 한 번 언급되고, 그나마 그것도 Southeast Asia and Australasia라고 언급되어 있다. 따
라서 글의 제목으로 Asians가 나오는 것은 너무 구체적일뿐더러, Asians가 첫 번째 인류인가 하는 내용은 글에 전혀 언급되어 있
지 않다.

구문분석
• The genetic evidence suggests / perhaps as few as several hundred individuals went first to India, then Southeast
  Asia and Australasia.
  → 여기서 suggest는 '제안하다'가 아니라 '암시하다, 시사하다'라는 의미이다.
  → as few as several hundred individuals는 '수백 명밖에 안 되는 적은 수'라는 의미이다.

지문해석
최근까지, 최초의 인류는 아프리카 대륙을 떠나기 위해 북쪽의 길을 택했고, 중동으로 걸어 들어가 그곳에서부터 뻗어져나갔다고
일반적으로 추정되었다. 그러나 미토콘드리아 DNA 분석은 현재 이 대이동이 좀 더 남쪽의 길을 통해서 진행되었을지도 모른다는
점을 시사한다. 2005년에는, 국제적인 연구팀이 말레이시아에 사는 한 고립된 부족이 약 65,000년 전에 아프리카를 떠난 인간의
후손인 것처럼 보인다고 발표했다. 이 연구자들에 의하면, 그 당시에 진행중이던 기후 변화는 남쪽 길을 더 쉽게 만들었을 거라고

한다. 유전적 증거는 아마도 겨우 몇 백 명 정도가 처음에는 인도로, 그 다음에는 동남아시아로, 그리고 오스트랄라시아로 갔을 것이라는 점을 시사한다. 만약 옳다면, 이것은 유럽에서 가장 오래된 인간의 유적인 루마니아에서 발견된 턱뼈가 고작 35,000년 정도 밖에 되지 않았는데 비해 왜 인간이 약 50,000년 이전에 호주에 도달했던 것처럼 보이는지를 설명해 줄 것이다.

① 아프리카를 떠나서 : 어느 방향인가?
② 아시아인들이 최초의 인류인가?
③ 미토콘드리아 DNA 분석이 얼마나 믿을 만한가?
④ 고대 아프리카에서의 기후 변화
⑤ 인류의 유전적 진화

assume 추정하다 / continent 대륙 / exodus 이주, 이동 / isolate 고립시키다, 격리하다 / descendant 후손, 자손 / underway 진행 중인 / genetic 유전적인 / remain 유물, 유적; 남다 / jawbone 턱뼈

1등급 고난이도 문제　　01 ⑤　　02 ①

01
정답률 33%

　　Richard Dawkins and John Krebs argued that although in some circumstances ⓐ it might be appropriate to describe animal signals as transferring information, in many other, perhaps most, cases there would be such a conflict of interest between signaller and receiver that ⓑ it is more accurate to describe the signaller as attempting to 'manipulate' the receiver rather than just inform it. For example, an angler fish that dangles a worm-like bit of skin in front of a small fish and catches it because the smaller fish snaps at the 'worm' can certainly be said to have carried out a successful manipulation of its prey. In this case, if information has been transferred, it is most definitely false.

　　잘못된 생각
　　주제문
　　올바른 생각

독해기술

첫 문장은 길이가 대단히 긴데, 바로 다음 문장에서 예시가 등장하며 그 예시로 글이 끝난다. 따라서 첫 문장이 주제문이다. 이 주제문에는 다음 두 내용이 담겨 있다.

분석기술 0 4

　ⓐ : 어떤 경우에는 동물들의 신호가 정보를 전달한다고 설명하는 것이 적절할지 모른다.
　ⓑ : (하지만) 대부분의 경우에는 신호를 보내는 동물이 신호를 받는 동물을 '속이려고' 시도한다는 설명이 더 정확하다. 즉 필자의 요지는, '동물들이 신호를 보내는 것을 보면 겉보기엔 ⓐ일지 모르지만 실제로는 ⓑ이다.'라는 것이다. 제목은 주제보다 다소 포괄적일 수 있다. 위 주제문을 다소 포괄적으로 압축한 것은 '⑤ 동물들의 메시지: 겉보기와는 다르다'이다.

오답피하기

④ (52%) : ④는 대단히 매력적인 오답이다. 무려 50%가 넘는 학생들이 이것을 골랐다. 하지만 ④는 매우 잘 파놓은 함정이다. 이 글이 말하는 것은 '신호를 보내는 동물'이 '신호를 받는 동물'을 속이는 경우이다. 따라서 ④와 같은 형태를 제목으로 하려면 Tricking the Signaller가 아니라, Tricking the Receiver가 되어야 한다.

- Richard Dawkins and John Krebs argued / that ⟨although in some circumstances it might be appropriate to describe animal signals as transferring information⟩, [in many other, (perhaps most), cases / there would be such a conflict of interest between signaller and receiver / that it is more accurate to describe the signaller as attempting to 'manipulate' the receiver rather than just inform it].
  - → Dawkins와 Krebs이 주장한 내용이 that부터 시작하여 문장 끝까지이다.
  - → 이 that절은 다시 종속절(부사절) ⟨ ⟩와 주절 [ ]로 나뉜다.
  - → [ ] 부분에서, 'in many other cases(다른 많은 경우에는)'라는 전치사구 사이에 'perhaps most(아마도 대부분)'가 삽입되어 있는 형태이다.
  - → [ ] 부분에 'such A that B' 용법이 쓰이고 있다. 여기서 that 이하 내용은 '결과'의 의미이다. 즉 'A와 같은 것이 있다. 그래서 B하다'라고 해석한다.
  - → rather than은 manipulate와 inform을 연결한다. 즉 단순히 inform it 하기보다는 manipulate the receiver하려고 시도한다는 의미이다.
  - → inform은 '알리다, 정보를 전달하다'라는 뜻인데, inform의 목적어는 정보를 받는 대상이다. 즉, inform it은 'it(=the receiver)에게 (정보를) 전달하다'라는 의미이다. 참고로 전달되는 정보의 내용까지 표현할 땐 'inform A of B (A에게 B를 알리다)', 'inform A that S + V (A에게 that S + V를 알리다)' 형태로 사용한다.
- For example, an angler fish (that dangles a worm-like bit of skin / in front of a small fish and catches it / because the smaller fish snaps at the 'worm') can certainly be said to have carried out a successful manipulation of its prey.
  - → an angler fish가 주어이고 ( )는 이를 수식하는 관계대명사절, 그리고 can (certainly) be said to have carried out이 동사이다.
  - → ( ) 안에서 동사 dangles와 catches가 접속사 and로 연결되어 있다.
  - → 'S can be said to-V'는 'S가 V한다고 말할 수 있다'라는 의미이다. 그런데 to-V 자리에 to have ~ed 형태가 쓰이면 'S가 V했다고 말할 수 있다'라는 의미가 된다. 즉 여기에선 '먹잇감에게 성공적인 속임수를 썼다고 말할 수 있다'라는 의미이다.

Richard Dawkins와 John Krebs는 비록 몇몇 상황에서 동물의 신호가 정보를 전달하는 것으로 설명하는 것이 적합할지도 모르지만, 다른 많은 상황에서, 어쩌면 대부분의 경우에, 전달자와 수신자 사이에 이해관계의 갈등이 있어서, 전달자가 단지 수신자에게 통지한다기보다는 수신자를 '속이려고' 시도한다고 설명하는 편이 보다 정확하다고 주장했다. 예를 들어, 벌레같이 생긴 피부 조각을 달고서 조그만 물고기 앞에 있는 아귀가, 그 작은 물고기가 '벌레'를 덥석 물어서 그것(작은 물고기)을 잡아채는 것은 먹잇감에게 성공적인 속임수를 썼다고 확실히 말할 수 있다. 이 경우, 정보가 전해졌지만, 거의 완전히 거짓인 것이다.

① 작은 물고기가 더 똑똑한가?
② 말하는 동물들: 사실인가 거짓인가?
③ 동물 세계에서의 협력
④ 조작: 송신자를 속이기
⑤ 동물들의 메시지: 겉보기와는 다르다

appropriate 적합한, 특유의 / **describe** 묘사하다, 설명하다 / **transfer** 옮기다, 이동시키다 / **interest** 이익, 이해관계 / **manipulate** 조종하다; 다루다; 속이다 / **inform** 알려주다 / **angler fish** 아귀 / **snap** 덥석 물다 / **carry out** 실행하다

1950s critics separated themselves from the masses by rejecting the 'natural' enjoyment afforded by products of mass culture through judgments based on a refined sense of realism. For example, in most critics championing Douglas Sirk's films' social critique, self-reflexivity, and, in particular, distancing effects, there is still a refusal of the 'vulgar' enjoyments suspected of soap operas. This refusal again functions to divorce the critic from an image of a mindless, pleasure-seeking crowd he or she has actually manufactured in order to definitively secure the righteous logic of 'good' taste. It also pushes negative notions of female taste and subjectivity. Critiques of mass culture seem always to bring to mind a disrespectful image of the feminine to represent the depths of the corruption of the people. The process of taste-making operated, then, to create hierarchical differences between the aesthete and the masses through the construction of aesthetic positions contrary to the perceived tasteless pleasures of the crowd.

> 주제문
> 예시
> 주제문 구체화

독해기술

이 글에서 비평가가 대중을 계속 무시하고 있는 것을 파악해야 한다. 첫 문장에서 비평가는 대중으로부터 자신을 분리시켰다고 했다. 예시에서도 비평가들은 '아무 생각 없는 대중의 이미지'를 자신들이 직접 만들어낸 후, 그 이미지로부터 자신들을 분리(divorce)시켰다는 내용이 등장한다. 마지막 부분에서도 심미주의자(=비평가)와 대중들 사이에 위계적 차이를 만들어 내어 자신들은 고상한 취향을 가졌다고 드높이고, 대중들은 고상한 취향을 모르는 저속한 즐거움만 찾는 존재라고 깎아내렸다. 이렇게 비평가와 대중이 서로 반대 입장이라는 것만 파악하면 ①번의 critics' negative view on popular tastes에서 바로 답을 찾을 수 있다. 단, 여기서 주의할 점은 popular가 '인기 있는'이라는 의미 외에도 '대중의'라는 의미로도 쓰인다는 것을 알아야 한다. 한편 마지막의 its effects는 '취향에서의 위계적 차이가 만들어진 것'을 말한다.

오답피하기

⑤ : 이 글은 비평가가 대중들을 무시하는 내용을 담고 있다. 비평가가 대중의 '세련된 취향(refined tastes)'을 알아본다는 것은 이 글의 내용과 반대되는 내용이다. 글 마지막에 있는 tasteless pleasures of the crowd라는 표현을 통해 ⑤번 선지를 제거할 수 있어야 한다.

구문분석

- This refusal again functions to divorce the critic from an image of a mindless, pleasure-seeking crowd 《(that) he or she has actually manufactured in order to definitively secure the righteous logic of 'good' taste.》
  → 관계대명사절 〈 〉가 수식하는 것은 crowd가 아니라 an image이다. 비평가(he or she)가 대중(crowd)를 만들어 낸 것이 아니라, 아무 생각 없이 즐거움만 추구하는 대중의 '이미지'를 만들어 낸 것이다.
- The process of taste-making operated, then, to create hierarchical differences between the aesthete and the masses through the construction of aesthetic positions contrary to the perceived tasteless pleasures of the crowd.
  → 여기서 to create는 결과 용법으로 해석하는 것이 자연스럽다. 즉 취향 만들기의 과정이 작동하여, 그 결과 취향에서의 위계적 차이를 만들어낸 것이다.

지문해석

1950년대 비평가들은 사실주의의 고상한 의식에 기초한 판단을 통해 대중문화의 산물들이 제공하는 '자연적인' 즐거움을 거부함으로써 스스로를 대중들과 분리시켰다. 예를 들어, Douglas Sirk의 영화 속에 있는 사회 비평, 자기 반영성, 그리고 특히 거리두기 효과를 옹호하는 대부분의 비평가들에게는, 연속극에 있을 것이라 의심되는 '저속한' 즐거움에 대한 거부가 여전히 있다. 이러한 거부는 다시, '좋은' 취향에 대한 정당한 논리를 분명하게 확보하기 위해 사실은 비평가가 만들어낸 아무 생각 없는 즐거움만 찾는 대중의 이미지로부터 비평가를 분리시키는 기능을 한다. 그것은 또한 여성의 취향과 주관성이라는 부정적인 개념을 밀어붙인다. 대중문화의 비평들은 항상 사람들의 타락의 깊이를 나타내기 위해 여성성에 대한 경멸적 이미지를 떠올려주는 것처럼 보인다. 그래서, 취향을 만들어내는 과정이 작용하여, 군중의 인지된 취향이 없는 즐거움과는 정반대인 미학적 입장을 만들어 내는 것을 통해, 심미주의자들과 대중 사이에 위계상의 차이를 만들어냈다.

① 대중의 취향에 대한 비평가들의 부정적 견해와 그것의 결과들

② 연속극과 영화에 있는 문화적 위계에 대한 비판

③ 대중화된 문화적 산물이 대중에게 미치는 부작용

④ 문화적 분리에 대한 대중의 저항과 그것의 기원들

⑤ 대중의 세련된 취향을 확인하고자 하는 비평가들의 경향

afford 제공하다 / refined 고상한 / champion 옹호하다 / critique 비평 / self-reflexivity 자기 반영성 / distance 거리를 두다 / suspect 의심하다 / subjectivity 주관성 / feminine 여성의 / corruption 타락 / hierarchical 계층의, 계급의 / aesthete 심미주의자

01

정답률 78%

Urban delivery vehicles can be adapted to better suit the density of urban distribution, which often involves smaller vehicles such as vans, including bicycles. / The latter have the potential to become a preferred 'last-mile' vehicle, particularly in high-density and congested areas. / In locations where bicycle use is high, such as the Netherlands, delivery bicycles are also used to carry personal cargo (e.g. groceries). / Due to their low acquisition and maintenance costs, cargo bicycles convey much potential in developed and developing countries alike, such as the *becak* (a three-wheeled bicycle) in Indonesia. / Services using electrically assisted delivery tricycles have been successfully implemented in France and are gradually being adopted across Europe for services as varied as parcel and catering deliveries. / Using bicycles as cargo vehicles is particularly encouraged when combined with policies that restrict motor vehicle access to specific areas of a city, such as downtown or commercial districts, or with the extension of dedicated bike lanes.

도입
요지
예시 1
예시 2
예시 3
부연

독해기술

첫 문장은 도입부이고, 두 번째 문장에서 밀도가 높고 혼잡한 지역에서 자전거가 운송 수단으로써 선호된다는 요지를 제시한 후, 네덜란드, 인도네시아를 포함한 선진국과 개도국, 프랑스의 예시를 들고 있다. 마지막 문장은 자전거를 운송 수단으로 사용하는 것이 언제 더욱 장려되는지 말해주는, 요지에 대한 부연 설명이다. 따라서 정답은 '도시(밀도 높고 혼잡한 지역)', '자전거', '효율적인 배송 수단'이란 개념이 모두 포함된 ①이 된다.

오답피하기

② : 이 글은 배송 수단으로써의 자전거에 대한 글이지 통근 수단에 대한 글이 아니다.

③ : 자전거의 경제적 단점은 언급되지 않았다.

④ : 이 글은 배송 수단으로써의 자전거에 대한 글이므로, '다양한 용도'는 너무 포괄적이다.

⑤ : 이 글에서 전기 자전거는 프랑스와 유럽 전역에만 해당한다.

지문해석

도시 배달 차량은 도시 배치의 밀집 상태에 더 적합하도록 개조될 수 있는데, 이는 종종 밴과 같은 더 작은 운송 수단을 포함하며, 특히 자전거를 포함한다. 후자(자전거)는 특히 밀도가 높고 혼잡한 지역에서 선호되는 '마지막 마일(최종 단계)' 차량이 될 잠재력이 있다. 네덜란드와 같이 자전거 사용이 많은 지역에서는 배달 자전거가 개인 화물(예를 들면 식료품)을 운반하는 데도 사용된다. 낮은 구매 및 유지 비용 때문에 화물 자전거는 선진국에서 그리고 인도네시아의 베크(세 바퀴 자전거)와 같이 개발도상국에서 똑같이 많은 잠재력을 전달한다. 전기 보조 배달용 세발자전거를 이용한 서비스는 프랑스에서 성공적으로 구현되었고 소포나 음식 배달처럼 다양한 서비스를 위해 유럽 전역에서 점진적으로 채택되고 있다. 자전거를 화물 운송 수단으로 사용하는 것은 도심이나 상업 지구와 같은 도시의 특정 지역에 대한 자동차 접근을 제한하는 정책과 결합되거나 전용 자전거 도로의 확장과 함께 결합될 때 특히 권장된다.

urban 도시의 / **vehicle** 차량; 운송 수단 / **density** 밀도 / **distribution** 배치, 분포 / **congested** 혼잡한 / **cargo** 짐, 화물 / **acquisition** 매입, 습득 / **maintenance** 유지 / **convey** 전달하다, 운반하다 / **assist** 보조하다 / **implement** 시행하다 / **gradually** 점진적으로 / **adopt** 채택하다 / **encourage** 장려하다, 권장하다 / **combine** 결합하다 / **restrict** 제한하다 / **access** 접근 / **commercial district** 상업 지구 / **extension** 확장 / **dedicated** 전용의

02
정답률
89%

Environmental hazards include biological, physical, and chemical ones, along with the human behaviors that promote or allow exposure. / Some environmental contaminants are difficult to avoid (the breathing of polluted air, the drinking of chemically contaminated public drinking water, noise in open public spaces); in these circumstances, exposure is largely involuntary. / Reduction or elimination of these factors may require societal action, such as public awareness and public health measures. / In many countries, the fact that some environmental hazards are difficult to avoid at the individual level is felt to be more morally egregious than those hazards that can be avoided. / Having no choice but to drink water contaminated with very high levels of arsenic, or being forced to passively breathe in tobacco smoke in restaurants, outrages people more than the personal choice of whether an individual smokes tobacco. These factors are important when one considers how change (risk reduction) happens.

독해기술

도입부에서 환경 위험 요인(environmental hazards)이 무엇인지 소개하고, 일부 환경 오염 물질은 피하기 어렵다는 것을 문제점으로 제시했다. 그 후 이러한 요인들을 감소하거나 제거하는 데에는 사회적 조치가 필요함을 해결책으로 제시하는 글이다. 일부 환경적 위험 요인이 개인 수준에서 피하기 어렵다는 것이 도덕적으로 더 나쁘다는 것은 문제점에 대한 구체화이며, 그 뒤에 이어서 개인이 피하기 어려운 환경적 요인들의 예시를 제시하고 있다. 이러한 환경적 요인들은 개인 수준에서 피할 수 없으므로 사회적 조치를 통해 줄이거나 제거해야 한다는 것이 요지이다. 따라서 정답은 ①이 된다.

오답피하기

② : 보상에 대한 내용은 언급되지 않았다.
③ : 개인적 대응과 사회적 대응에 대한 개념이 전혀 포함되지 않았다.
④ : 예방에 대해서는 글에 언급되지 않았다.
⑤ : 인접 국가들과의 협력은 글에 언급되지 않았다.

구문분석

• Having no choice but to drink water contaminated with very high levels of arsenic, or being forced to passively breathe in tobacco smoke in restaurants, outrages people more than the personal choice of whether an individual smokes tobacco.

→ 'have no choice but to-V' 형태는 '~할 수밖에 없다'의 뜻이다. 이 표현에서는 반드시 to-V 형태가 사용된다.

→ outrage는 '격분, 분노'라는 의미의 명사도 있지만, 여기에선 '격분[분노]하게 만들다'라는 동사로 사용되었다.

지문해석

환경적 위험 요인에는 생물학적, 물리적, 화학적 위험 요인과 함께 노출을 촉진하거나 허용하는 인간의 행동이 포함된다. (오염된 공기의 호흡, 화학적으로 오염된 공공 식수의 음용, 개방된 공공장소에서의 소음과 같은) 일부 환경 오염 물질은 피하기가 어렵고, 이러한 상황에서 노출은 대부분 자기도 모르게 이루어진다. 이러한 요소를 줄이거나 제거하려면 대중의 인식 및 공중 보건 조치와 같은 사회적 조치가 필요할 수 있다. 많은 국가에서 일부 환경적 위험 요인이 개인 차원에서 피하기 어렵다는 사실은 피할 수 있는 위험보다 도덕적으로 더 매우 나쁜 것으로 느껴진다. 매우 높은 수준의 비소로 오염된 물을 마실 수밖에 없거나, 식당에서 담배 연기를 수동적으로 들이마실 수밖에 없는 것은, 개인이 담배를 피울지 말지에 대한 개인적인 선택보다 사람들을 더 화나게 한다. 이러한 요소들은 변화(위험 감소)가 어떻게 일어나는지를 고려할 때 중요하다.

hazard 위험 (요인) / promote 조장하다, 촉진하다 / exposure 노출, 폭로 / contaminant 오염 물질 / involuntary 자기도 모르게 하는 / reduction 감소 / elimination 제거 / societal 사회의 / awareness 인식 / measure 조치 / have no choice but to do ~할 수밖에 없다 / passively 수동적으로 / breathe 들이쉬다

03
정답률
49%

Music is an art that depends on re-creation. When you look at a painting, a piece of sculpture, or a building, you experience exactly what the artist created without involving an intervening person. Not so with music. Someone must bring it to life; it requires an intermediary. A few compositions exist only on discs or tape, and in such cases there is no performing intermediary. In some types of music, such as jazz, the performer is the creator of the music because, to a degree, it is made up as the performer goes along. However, in most cases even composers can't remember or express their own music completely. They can't play several instruments at once, and they can't perform their music if they are not physically present. So other performers are needed.

→ 필자의 주장이 직접적으로 드러나는 부분

독해기술

글의 전반부에서, '반드시 ~해야 한다'라는 의미의 조동사 must를 이용하여 주장을 직접적으로 드러내고 있다. 누군가(= 연주자)가 음악에 생기를 불어 넣어야 한다는 것이 필자의 주장, 즉 글의 요지가 되고, 이와 같은 의미를 그대로 쓴 선지가 ①이다. **풀이기술 07**

구문분석

• Not so with music.

→ '그렇게'의 의미를 가진 so로, 'I think so. (나도 그렇게 생각해요)'에서의 so와 같은 so이다. 즉 이 문장은 '음악에 대해서는 그렇지 않다'라는 의미이다.

• Someone must bring it to life; it requires an intermediary.

→ 'bring ~ to life'라는 표현은 '~에 활기[생기]를 불어넣다'라는 의미이다. 즉 음악이란 그 자체로서 생기를 가질 수 없기에, 생기를 불어넣어 줄 중재자(= 연주자)가 필요하다는 뜻이다.

음악은 재창조에 의존하는 예술이다. 여러분이 그림이나 조각상, 건물을 볼 때, 여러분은 중간에 개입하는 사람의 참여가 없이 정확히 예술가가 만든 것을 경험한다. 음악은 그렇지 않다. 누군가가 그것에 생명을 불어넣어야 한다. 음악은 중개인을 필요로 한다. 소수의 곡들은 오로지 디스크나 테이프로 존재하고, 이 경우는 연주하는 중개자가 없다. 재즈와 같은 종류의 어떤 음악은 연주자가 음악의 창조자이기 때문에 어느 정도까지는 연주자가 하는 대로 만들어진다. 그러나 대부분의 경우 작곡가라도 스스로의 음악을 완벽하게 기억하거나 표현해내지 못한다. 그들은 한꺼번에 여러 악기를 연주하지 못하고, 만일 그들이 물리적으로 현존하지 않는다면 그들의 음악을 연주할 수가 없다. 그러므로 다른 연주자들이 필요한 것이다

① 음악은 연주자들에 의해 생명을 얻는다.
② 청자의 이해가 음악을 완성한다.
③ 작곡가들은 음악의 진짜 창조자들이다.
④ 아무것도 없는 것에서 음악을 만드는 작곡가들은 드물다.
⑤ 음악은 해석하는 청중에게 달렸다.

sculpture 조각상 / **intervene** 개입하다, 사이에 끼다 / **composition** (음악, 미술의) 작품 / **intermediary** 중개인, 중재자 / **to a degree** 어느 정도까지는, 다소는 / **physically** 물리적으로

04
정답률
73%

Given the right conditions, entrepreneurship can be fully woven into the fabric of campus life, greatly expanding its educational reach. / One study showed that, within the workplace, peers influence each other to spot opportunities and act on them: the more entrepreneurs you have working together in an office, the more likely their colleagues will catch the bug. / A study of Stanford University alumni found that those "who have varied work and educational backgrounds are much more likely to start their own businesses than those who have focused on one role at work or concentrated in one subject at school." / To cultivate an entrepreneurial culture, colleges and universities need to offer students a broad choice of experiences and wide exposure to different ideas. They are uniquely positioned to do this by combining the resources of academic programming, residential life, student groups, and alumni networks.

도입
인용1
인용2
요지

후반부에서 need to라는 표현을 통해 필자의 요지가 직접적으로 드러난다. 이 문장이 요지인 것을 파악하면 정답은 ②로 쉽게 나온다. 이 글에서 인용1의 경우 대학교가 아니라 직장에 관한 내용이라 요지를 직접적으로 뒷받침하고 있지 않다. 다만 도입부에서도 campus life라는 표현을 썼고, 인용2와 요지 부분이 전부 대학교에 대한 내용이므로, 요지를 고를 때도 대학교에 관련된 내용으로 골라야 한다.

① : 한 분야에 집중하라는 것은 글의 요지와 정반대이다.
③ : 기업가 정신은 좋은 직장을 얻는 것이 아니라 자신의 사업을 시작하는 것을 의미한다. 본문의 start their own businesses가 기업가 정신에 해당한다.

④ : 기업가 정신과 관련이 없는 선지이다. 또한 '다양한'이란 개념은 글의 요지와 일치하지만 소모임 활동은 글에 언급되지 않았다.
⑤ : '경험과 생각의 폭을 넓혀야 한다.'가 글의 요지에 해당하기 때문에 정답으로 착각할 수 있다. 다만 이것의 목적은 학업 성취를 위한 것이 아니라 기업가적 문화를 배양하기 위한 것이다.

구문분석

• 〈Given the right conditions〉, entrepreneurship can be fully woven into the fabric of campus life, greatly expanding its educational reach.
  → 〈 〉는 분사구문으로, if(혹은 when) it is given the right conditions의 의미이다.
• One study showed that, within the workplace, peers influence each other to spot opportunities and act on them: 〈the more entrepreneurs〉 you have (working together in an office), 〈the more likely〉 their colleagues will catch the bug.
  → 'the + 비교급' 구문이 사용되었다. ( )는 entrepreneurs를 수식한다. 즉 'the + 비교급' 구문의 앞부분은 '한 사무실 내에서 함께 일하고 있는 기업가들을 더 많이 가질수록'이란 뜻이다.
  → 〈the more likely〉에서의 likely는 부사로 사용되었다. 즉 원래 'their colleagues will likely catch~'의 구조이다. 해석은 '~할 가능성이 더 크다'로 하면 된다.
  → catch the bug는 '병에 걸리다' 혹은 '흥미/관심을 가지다'라는 의미의 숙어이다. 여기서는 문맥상 '기업가 정신을 갖다'를 의미한다.

지문해석

적절한 조건이 주어진다면 기업가 정신은 캠퍼스 생활의 구조에 완전히 짜여져 들어가 그것의 교육적 범위를 크게 넓힐 수 있다. 한 연구는 직장 내에서 동료들이 기회를 발견하고 그들에게 행동하기 위해 서로 영향을 미친다는 것을 보여주었다. 사무실에서 더 많은 기업가들이 함께 일할수록, 그들의 동료들이 기업가 정신을 갖는 것에 흥미를 보일 가능성이 더 크다. 스탠포드 대학 동문들을 대상으로 한 연구는 "다양한 직업과 학력을 가진 사람들이, 직장에서 한 역할에 집중하거나 학교에서 한 과목에 집중한 사람들보다 자신의 사업을 시작할 가능성이 훨씬 높다"는 것을 발견했다. 기업가적인 문화를 배양하기 위해, 대학들은 학생들에게 폭넓은 경험 선택권과 다양한 아이디어를 폭넓게 접할 기회를 제공할 필요가 있다. 그것들은 학업 프로그램, 주거 생활, 학생 그룹 및 동문 네트워크의 자원을 결합하여 이를 수행할 수 있는 독특한 위치에 있다.

fabric 구조; 직물 / **peer** 동료, 또래 / **catch the bug** 병에 걸리다; 흥미/관심을 가지다 / **cultivate** 경작하다 / **exposure** 접근, 노출 / **residential** 주거의

05
정답률
83%

One of the most common mistakes made by organizations when they first consider experimenting with social media is that they focus too much on social media tools and platforms and not enough on their business objectives. / The reality of success in the social web for businesses is that creating a social media program begins not with insight into the latest social media tools and channels but with a thorough understanding of the organization's own goals and objectives. / A social media program is not merely the fulfillment of a vague need to manage a "presence" on popular social networks because "everyone else is doing it." "Being in social media" serves no purpose in and of itself. In order to serve any purpose at all, a social media presence

통념

진실(요지)

요지 구체화

must **either solve a problem for the organization and its customers or result in an improvement of some sort (preferably a measurable one)**. In all things, purpose drives success. The world of social media is no different.

독해기술

조직이 소셜 미디어 프로그램을 만들 때 '소셜 미디어 도구와 플랫폼' 자체에 중점을 두는 것이 통념이며, 조직의 사업 목표에 중점을 두어야 한다는 것이 필자가 제시하는 진실, 즉 요지이다. 따라서 답은 ③이 된다.

분석기술
1 0

오답피하기

① : 소셜 미디어 자체가 중요하지 않다는 것이 글의 요지이다.
② : 사회적 가치와 요구에 대한 내용은 글에 없다.
④ : 글과 전혀 관련 없는 내용이다.
⑤ : 소셜 미디어 자체가 중요하지 않다는 것이 글의 요지이다.

구문분석

• "Being in social media" serves no purpose in and of itself.
  → 'in and of itself'는 '그 자체로는'이라는 뜻의 재귀대명사의 관용 표현이다.

지문해석

조직이 소셜 미디어로 실험하는 것을 처음 고려할 때 가장 흔히 저지르는 실수 중 하나는 소셜 미디어 도구와 플랫폼에 너무 중점을 두고, 조직 자체의 사업 목표에는 충분히 중점을 두지 않는다는 것이다. 기업을 위한 소셜 웹에서의 성공의 현실은 소셜 미디어 프로그램을 만드는 것이, 최신 소셜 미디어 도구와 채널에 대한 통찰력에서가 아니라 조직 자체의 목적과 목표에 대한 철저한 이해에서 시작된다는 것이다. 소셜 미디어 프로그램은 그저 "다른 사람들이 모두 하고 있기 때문에" 인기 있는 소셜 네트워크에서 "존재"를 관리해야 하는 막연한 필요성의 충족이 아니다. "소셜 미디어에 있는 것"은 그 자체로는 아무 쓸모도 없다. 조금이라도 어떤 쓸모가 있기 위해서는 소셜 미디어싱의 손재는 소식과 고객을 위해 문제를 해결하거나 어떤 종류의 개선(측정 가능한 것이 바람직하다)을 가져야 한다. 어떤 일이든, 목적이 성공을 주도한다. 소셜 미디어의 세계도 다르지 않다.

objective 목표 / **thorough** 철저한 / **fulfillment** 이행, 충족 / **vague** 애매한, 막연한 / **in and of itself** 그 자체로는 / **preferably** 될 수 있으면, 가급적 / **measurable** 측정 가능한

06

정답률
77%

Disharmony enters our relationships when we try to impose our values on others by wanting them to live by what we feel is "right," "fair," "good," "bad," and so on. If they do not accept our values, we become annoyed and angry. However, we must realize that no one is obligated to change just to meet our expectations of how we feel they should act. People may disturb or anger us, but the fact that not everyone objects to their behavior indicates that the problem is probably ours. We need to see things as they are, not as we would like them to be.

문제점
문제점 재진술
해결책(= 주장)
근거
해결책 재진술

문제점	우리의 가치관을 남에게 강요할 때 부조화가 생겨난다.
	(=문제점 재진술 : 만약 타인이 우리의 가치관을 받아들이지 않으면 우리는 짜증나고 화가 난다.)
해결책(=주장)	그러나 누구도 우리의 가치관에 따라 변해야 할 의무는 없다는 것을 깨달아야 한다.
근거	사람들이 우리를 화나게 할지라도, 모든 사람이 그들의 행동에 반대하는 것이 아니라는 사실은 어쩌면 우리 자신이 문제일지도 모른다는 사실을 암시한다.
해결책 재진술	우리는 사물을 우리가 원하는 대로가 아니라 있는 그대로 보아야 한다.

독해기술

타인에게 자신의 가치관을 강요할 때 부조화가 생긴다는 문제 현상에 대해 필자는 누구도 우리의 가치관에 따라 변해야 할 의무는 없다는 사실을 깨달아야 한다고 주장한다. 이는 다시 말하면 자신의 가치관을 남에게 강요하지 말라는 뜻이다. 따라서 답은 ③이 된다.

지문에서 impose our values on others라는 표현이 다음과 같이 구체화되는 것을 파악하면 더욱 정확하게 독해할 수 있다.

impose our values on others
우리의 가치관을 타인에게 강요한다

wanting them to live by what we feel is "right," "fair," "good," "bad," and so on.
남들이 우리가 느끼기에 '옳고', '공정하고', '좋고', '나쁜' 것에 맞추어 살기를 원한다

is obligated to change just to meet our expectations of how we feel they should act.
그들이 어떻게 행동해야 하는가에 대한 우리의 기대에 부응하기 위해 변해야 한다

구문분석

- Disharmony enters our relationships / when we try to impose our values on others / by wanting them to live by what we feel is "right," "fair," "good," "bad," and so on.
  → 관계대명사 뒤에 'A + think/say/believe/guess/feel'과 같은 표현이 삽입되어 들어가 'A가 생각하기에/말하기에/믿기에/추측하기에/느끼기에'라는 의미를 만들어 낼 수 있다. 즉 what is right은 '옳은 것'이라는 의미이지만, what we feel is right는 '우리가 느끼기에 옳은 것'이라는 의미이다.
- However, we must realize / that no one is obligated to change / just to meet our expectations of [how we feel they should act.]
  → 여기서 we feel도 삽입되어 들어간 것이다. how they should act는 '그들이 어떻게 행동해야 하는지'라고 해석하지만, how we feel they should act는 '우리가 느끼기에 그들이 어떻게 행동해야 하는지'라고 해석한다.
  → [ ] 부분은 의문사 how로 시작하는 의문사절이고, 전치사 of의 목적어 역할을 하는 명사절이다. 참고로 our expectations of는 '~에 대한 우리의 기대'라고 해석한다.
- We need to see things as they are, / not as we would like them to be.
  → see things as they are는 '사물을 있는 그대로 보다'라는 뜻이다. 이때 be동사는 '있다/존재하다'라는 뜻의 완전자동사이다.
  → 'would like O to-V'는 'O가 V하길 원한다'는 뜻이다. see things as we would like them to be는 '사물을 우리가 원하는 대로 보다'라는 뜻이다.

지문해석

우리가 '옳다', '공평하다', '좋다', '나쁘다'고 생각하는 것에 맞추어 다른 사람들이 살기를 바라면서 그들에게 우리의 가치를 강요하려고 할 때 부조화가 우리의 관계에 들어온다. 만약 그들이 우리의 가치를 받아들이지 않는다면, 우리는 짜증을 내게 되고 화가 나게 된다. 그러나 단지 그들이 행동해야 한다고 생각하는 방식의 기대를 충족시키기 위해서 어느 누구도 바뀔 의무는 없다는 것을 우리는 깨달아야 한다. 사람들은 우리를 방해하거나 화나게 할 수도 있지만 모든 사람이 그들의 행동에 반대하지는 않는다는 사실은 아마 문제가 우리에게 있을 수도 있다는 사실을 암시한다. 우리는 사물을 우리가 원하는 대로가 아니라 있는 그대로 봐야 한다.

disharmony 부조화 / impose A on B A에게 B를 부과하다, 강요하다 / live by ~에 맞추어 살아가다 / fair 공평한 / annoy 괴롭히다 / obligate ~에게 의무를 지우다 / meet (기대·필요·요구 등을) 충족시키다 / expectation 예상, 기대 / disturb 방해하다 / anger 화나게 하다; 화, 분노 / object to ~에 반대하다

1등급 실전 문제　　　01 ①　　02 ①　　03 ③　　04 ⑤　　05 ②　　06 ②

01
정답률
63%

Often overlooked, but just as important a stakeholder, is the consumer who plays a large role in the notion of the privacy paradox. Consumer engagement levels in all manner of digital experiences and communities have simply exploded — and they show little or no signs of slowing. / There is an awareness among consumers, not only that their personal data helps to drive the rich experiences that these companies provide, but also that sharing this data is the price you pay for these experiences, in whole or in part. / Without a better understanding of the what, when, and why of data collection and use, the consumer is often left feeling vulnerable and conflicted. / "I love this restaurant-finder app on my phone, but what happens to my data if I press 'ok' when asked if that app can use my current location?" Armed with tools that can provide them options, the consumer moves from passive bystander to active participant.

　　도입
　　전개
　　요지
　　요지 구체화

독해기술

도입부에서는 디지털 경험과 공동체에서 소비자의 참여 수준이 크게 증가했다는 내용을 제시한다. 그 후 소비자들 사이에서, 그들이 얻는 풍부한 경험에 대한 대가가 그들의 데이터를 공유하는 것임을 인식한다고 설명한다. 그 다음 문장에서 일종의 문제점이 제시되는데, 자신의 개인 정보의 어떤 내용이 언제, 왜 수집되고 이용되는지 이해하지 못하면 취약하고 갈등을 겪는다고 했다. 이 문제점 속에 내포된 해결책은, 소비자들은 자신의 개인정보의 어떤 내용이 언제, 왜 수집되고 이용되는지 이해해야 한다는 것이다. 그 다음 문장의 인용구는 자신의 개인정보의 어떤 내용이 언제, 왜 수집되고 이용되는지를 생각해보고 있는 소비자의 모습이며, 마지막 문장에서, 이런 점을 생각/이해하는 소비자를 '수동적 방관자'가 아니라 '능동적 참여자'라고 말하고 있다.

요지를 정리하자면, 자신의 개인정보의 어떤 내용이 언제, 왜 수집되고 이용되는지 이해해야 능동적 참여자가 된다는 것이고, 이는 선지에서 ①에 해당한다.

오답피하기

② : 이 글의 중심 소재인 개인정보와 관련 없는 내용이다.

③ : 이 글의 중심 소재인 개인정보와 관련 없는 내용이다.

④ : 글에서 '~ is the price you pay for these experiences ~' 때문에 ④를 많이 골랐다. 오답률이 18%나 된다. 그런데 ④는 글의 내용과 일치하긴 하지만 글의 요지가 아니다. 무엇보다도, 글의 중심 소재인 '개인정보'를 언급하지 않은 선지이기 때문에 요지가 될 수 없다.

⑤ : 이 글은 풍부한 경험에 대한 대가로 그들의 데이터를 회사와 공유해야 한다는 내용이지, 이 개인정보가 '유출'된다는 것은 언급되지 않았다.

구문분석

• ⟨Often overlooked, but just as important a stakeholder,⟩ is [the consumer who plays a large role in the notion of the privacy paradox.]
→ 보어가 도치된 구문이다. 앞부분의 ⟨ ⟩가 보어이며, [ ]가 주어이다.
→ just as important a stakeholder는 문맥상 뒤에 (as companies)가 생략되어 있다. 즉 소비자들도 회사들만큼 중요한 이해관계자라는 의미이다.
→ 문맥상 '개인정보 역설'은 회사로부터 소비자들이 얻는 풍부한 경험의 대가로 그들의 개인정보를 회사와 공유해야 한다는 사실을 의미한다.

지문해석

종종 간과되지만 (회사들에) 못지않게 중요한 이해관계자는 개인정보 보호 역설의 개념에서 큰 역할을 하는 소비자이다. 모든 방식의 디지털 경험과 공동체에서 소비자의 참여 수준은 그야말로 폭발적으로 증가했으며, 둔화될 기미는 거의 보이지 않는다. 소비자들 사이에서는 그들의 개인 데이터가 이러한 회사들이 제공하는 풍부한 경험을 촉진하는 데 도움이 될 뿐만 아니라, 이 데이터를 공유하는 것이 전체적으로든 부분적으로든, 이러한 경험에 대해 지불하는 대가라는 인식이 있다. 정보 수집 및 이용의 내용과 시기 및 이유를 더 잘 이해하지 못하면 소비자는 종종 취약하고 갈등을 겪는다는 느낌을 받게 된다. "내 휴대폰에 있는 식당 검색 앱이 좋긴 하지만, 그 앱이 내 현재 위치를 이용할 수 있는지 묻는 질문에 '확인'을 누르면 내 정보는 어떻게 되는 걸까?" 그들에게 선택권을 제공할 수 있는 도구로 무장한 소비자는 수동적 방관자에서 능동적 참여자로 이동한다.

overlook 간과하다 / paradox 역설 / engagement 참여, 관여 / awareness 인식 / in whole or in part 전체로든 부분으로든 / conflicted 갈등을 겪는 / current 현재의 / location 위치 / armed with ~로 무장한 / bystander 방관자

02
정답률
58%

Historically, the professions and society have engaged in a negotiating process intended to define the terms of their relationship. / At the heart of this process is the tension between the professions' pursuit of autonomy and the public's demand for accountability. Society's granting of power and privilege to the professions is premised on their willingness and ability to contribute to social well-being and to conduct their affairs in a manner consistent with broader social values. / It has long been recognized that the expertise and privileged position of professionals confer authority and power that could readily be used to advance their own interests at the expense of those they serve. / As Edmund Burke observed two centuries ago, "Men are qualified for civil liberty in exact proportion to their disposition to put moral chains upon their own appetites." Autonomy has never been a one-way street and is never granted absolutely and irreversibly.

도입
요지
문제점
요지 구체화

전문직과 사회는 그들의 관계 조건을 규정하고자 협상해왔다고 했다. 그 협상 과정의 핵심에 있는 '전문직의 자율성 추구와, 책임성에 대한 공공의 요구 사이의 긴장'이 글에서 가장 중요한 내용이다. 즉 전문직이 사회적 책임을 다한다는 전제 하에 전문직에 자율성을 부여했다는 것이다. 이에 해당하는 선지는 ①이다.

'문제점' 부분이 말하고 있는 것은, 전문직에 부여된 전문지식과 특권(=자율성)이 사회적 책임을 다하지 않고 자신의 이득을 증진시키기 위해 사용된다는 점이다. 마지막 부분에서도 시민의 자유(=자율성)을 얻으려면 자신의 욕구를 도덕적으로 구속해야 한다(=사회적 책임을 다해야 한다)고 말하고 있다. 자율성이 일방통행이 아니라는 것은 사회가 전문직에 무조건적으로 자율성을 부여하는 것이 아니라, 전문직도 사회에 책임을 다해야 한다는 것이다.

오답피하기

② : 'It has long been recognized ~' 부분과 내용은 일치하지만 글의 요지가 아니다. 이 글은 '자율성'과 '사회적 책임'이 가장 중요한 소재이다.

구문분석

- ⟨At the heart of this process⟩ is [the tension between the professions' pursuit of autonomy and the public's demand for accountability.]
  → 부사어구 ⟨ ⟩가 문두에 위치하고, 주어 [ ]가 뒤에 위치된 도치구문이다.

지문해석

역사적으로 전문직과 사회는 그들의 관계 조건을 정의하고자 의도된 협상 과정에 참여해 왔다. 이 과정의 핵심은 전문직의 자율성 추구와 책임에 대한 대중의 요구 사이의 긴장이다. 사회가 전문직에 권력과 특권을 부여하는 것은 사회 복지에 기여하고 더 넓은 사회적 가치와 일치하는 방식으로 그들의 업무를 수행하려는 의지와 능력을 전제로 한다. 전문가의 전문성과 특권적 지위는 그들이 봉사하는 사람들을 희생시키면서 그들 자신의 이익을 증진시키는 데 쉽게 사용될 수 있는 권위와 권력을 부여한다는 것이 오랫동안 인식되어 왔다. Edmund Burke가 2세기 전에 말했듯이, "인간은 자신의 욕구를 도덕적으로 구속하고자 하는 그들의 성향에 정확히 비례하여 시민적 자유를 누릴 자격이 있다." 자율성은 결코 일방통행이 아니었고 결코 절대적이고 불가역적으로 주어지는 것이 아니다.

engage in ~에 참여하다 / tension 긴장 / accountability 책임 / grant 부여하다, 주다 / willingness 자발성, 기꺼이 하기 / contribute to ~에 기여하다 / consistent with ~과 일치하는 / expertise 전문성, 전문지식 / confer 주다, 수여하다 / readily 쉽게 / advance 향상시키다, 증진시키다 / at the expense of ~을 희생시키면서 / observe 말하다 / qualify 자격을 주다 / in proportion to ~에 비례하여 / disposition 성향 / irreversibly 뒤집을 수 없게, 불가역적으로

03

정답률
51%

I was once a professional violinist. I've played on many violins, and ⓐ they all respond differently. ⓑ The key, I've discovered, to releasing an instrument's most beautiful sound is to know it so well that you simply understand what it responds to and what it doesn't; which strings need tenderness and which withstand force; how fast or hard to draw the bow. How one violin responds won't necessarily be like any other. Each has its own personality. Ⓐ People respond the same way. Ⓑ Their beauty needs to be released, not extracted, and the only way to know how they respond is to listen carefully and behold their true nature.

근거(비교) ⓐ 바이올린이 악기마다 모두 다르게 반응한다.

ⓑ 악기에서 가장 아름다운 소리를 내는 방법은 악기에 대해 잘 알아서 무엇에 반응하고 무엇에 반응하지 않는지 이해하는 것이다.

주장 Ⓐ 사람도 사람마다 모두 다르게 반응한다.

Ⓑ 사람의 아름다움은 드러나야 하는데, 그 사람이 어떻게 반응하는지 알 수 있는 유일한 방법은 조심스럽게 듣고 그들의 진정한 본성을 바라보는 것이다.

독해기술

필자는 사람을 바이올린에 비교하고 있다. 자신의 경험을 통해 바이올린에서 아름다운 소리를 이끌어 내는 방법을 설명하고, 사람도 이와 마찬가지 방법으로 사람의 아름다움을 이끌어 낼 수 있다고 주장하고 있다. 즉, 이 글에서 바이올린에 대한 내용은 일화이고, 뒷부분의 내용이 일화를 통한 필자의 주장이다. 따라서 Ⓐ, Ⓑ 부분에서 답을 찾아야 한다.

사람도 바이올린처럼 제각기 반응하는 방식이 다른데, 바이올린처럼 사람의 아름다움을 드러내기 위해서는 그 사람이 무엇에 반응하는지 알아야 한다. 그리고 그렇게 할 수 있는 유일한 방법은 '조심스럽게 듣고 그들의 진정한 본성을 바라보는 것이다.'이다. 이것이 바로 글의 요지다. 이와 같은 내용을 진술하고 있는 것은 ③이다.

③ 본성을 이해하면   대상의 진정한 가치를 알 수 있다
  =조심스럽게 듣고 그들의 진정한 본성을 바라보면   =사람의 아름다움이 드러난다

오답피하기

① : ①의 오답률이 26%나 된다. Each (violin) has its own personality.와 Ⓐ People respond the same way. 부분을 보면 분명히 ①도 맞는 내용이기 때문에 ①을 선택한 것이다. 하지만 ①은 글의 최종적인 결론(=주장, 요지)이 아니다.

② : 작곡가에 대한 내용은 언급되지 않았다.

④ : 지문의 내용을 통해 유추할 수 있는 내용이지만 ①과 마찬가지로 글의 요지는 아니다.

⑤ : 성격을 바꾸는 것은 지문에 언급되지 않은 내용이다.

구문분석

• The key, I've discovered, (to releasing an instrument's most beautiful sound) is [to know it so well / that you simply understand ⟨what it responds to and what it doesn't⟩; ⟨which strings need tenderness and which withstand force⟩; ⟨how fast or hard to draw the bow⟩].

→ 'The key(열쇠)'는 '~하는 방법'에 대한 비유적인 의미인데, '~하는' 부분은 to부정사가 아니라 '전치사 to + N/~ing' 형태로 쓴다. 그래서 (   ) 부분은 to release가 아니라 to releasing으로 되어 있다.

→ 이 문장은 'The key to doing A is to do B' 형태인데, 'A하는 열쇠(방법)는 B하는 것이다'로 해석한다.

→ 여기서 'so A that S + V' 부분은 '매우 A해서 S + V할 정도가 되다'로 해석한다.

→ understand의 목적어로 ⟨   ⟩ 세 개가 연결되어 있다. semi-colon(;)은 '즉, 다시 말해서'라는 의미 외에 열거의 기능을 할 수 있다.

지문해석

나는 한때 전문적인 바이올리니스트였다. 나는 많은 바이올린을 연주했는데, 그것들은 모두 다르게 반응한다. 내가 찾아낸 악기의 가장 아름다운 소리를 내는 열쇠는, 여러분이 그 악기를 매우 잘 알아서 그 악기가 무엇에 반응하고 무엇에 반응하지 않는지를, 어떤 현들이 부드러움을 필요로 하고 어떤 현들이 힘을 견뎌내는지를, 바이올린 활을 얼마나 빠르게 혹은 얼마나 세게 그어야 하는지를 이해하는 것이다. 어떤 바이올린이 반응하는 방식이 다른 바이올린이 반응하는 방식과 꼭 같지는 않다. 각각이 개성을 지니고 있다. 사람들도 같은 방식으로 반응한다. 사람들의 아름다움은 끄집어내지는 것이 아니라 자연스럽게 흘러나오게 할 필요가 있다. 그리고 사람들이 어떻게 반응하는가를 아는 유일한 방법은 사람들의 말을 주의 깊게 듣고 그들의 진정한 본성을 관조하는 것이다.

respond (to) (~에) 반응하다 / release 풀어놓다, 방출하다 / instrument 악기 / string 줄, 현 / tenderness 부드러움 / withstand 저항하다, 견디다 / draw the bow (바이올린의) 활을 긋다

04
정답률 67%

Composers describe their private world through the use of sound. ⓐ Making such a description concrete and detailed requires not just inspiration but certain practical tools and skills. ⓑ No matter what style of music you write, you need to understand dynamics and speed, the uses of harmony and rhythm. ⓒ You also need to know the range and capabilities of instruments, the possibilities of the human voice, and the problems of acoustics. ⓓ You need to be able to devise a blueprint that communicates to your musicians what it is you want to hear. ⓔ A young composer who takes a shortcut in this technical training in his rush to play the role of a composer will dry up very fast. ⓕ If you learn the proper techniques, then the passion, if it is genuine, will come through.

> 도입
> 주장
> certain practical tools and skills의 구체화
> 근거
> 주장 재진술

지문구조

주장	작곡가는 영감뿐만 아니라 certain practical tools and skills가 필요하다.
근거	테크닉 훈련을 대충 하는 젊은 작곡가는 매우 빠르게 말라 버릴 것이다.
주장 재진술	적절한 테크닉을 배운다면 열정은 전달될 것이다.

독해기술

필자는 ⓐ에서 작곡가는 certain practical tools and skills가 필요하다고 주장하며, certain practical tools and skills가 무엇인지 ⓑ, ⓒ, ⓓ에서 자세히 설명하고 있다. 그리고 이것이 필요한 이유를 ⓔ에서 설명한다. ⓔ와 ⓕ의 this technical training과 the proper techniques는 모두 certain practical tools and skills를 바꿔 말한 것이다. 작곡가가 certain practical tools and skills가 필요하다는 것과 상응하는 것을 선지에서 고르면 ⑤이다.   풀이기술 07

오답피하기

① (21%) : 연주자와의 의사소통에 대한 내용은 구체적 진술인 ⓓ에서 언급된 내용이다. 게다가 ⓓ에서도 연주자와 의사소통을 '자주' 해야 한다는 내용은 없다.

구문분석

• No matter what style of music you write, you need to understand dynamics and speed, the uses of harmony and rhythm.
  → no matter what으로 시작하는 절이 부사절로 쓰이면 '무엇이/무엇을 ~하든지'라는 의미가 된다.
     No matter what style of music you write : 당신이 무슨 스타일의 음악을 작곡하든지
• You need to be able to devise a blueprint / that communicates to your musicians [what it is you want to hear.]
  → [ ] 부분이 communicates의 목적어이다.
  → 'What do you want to hear?'와 같은 의문문에서, 의문사 'what'을 'it is ~ that' 강조용법을 통해 강조하면 다음과 같다. : 'What is it that you want to hear?' 원래는 강조되는 어구가 it is와 that 사이에 있어야 하지만 의문문이므로 의문사 what이

문두로 나가고 it과 is가 도치된 것이다. 이 문장에서는 이 부분이 communicates의 목적어 역할을 하는 간접의문문이므로, 어순이 다시 평서문 어순이 되어 [what it is (that) you want to hear]가 된 것이다.

지문해석

작곡가들은 소리를 사용하여 그들 개인의 세계를 묘사한다. 그러한 묘사를 구체적이고 상세하게 하는 것은 단지 영감뿐만 아니라 특정한 실용적인 도구와 기술 또한 필요로 한다. 당신이 어떤 종류의 음악을 작곡하든지, 당신은 강약과 속도, 화음과 리듬의 사용을 이해할 필요가 있다. 또한 당신은 악기의 음역과 성능, 인간 목소리의 가능성, 음향 시설의 문제점을 알 필요가 있다. 당신은 당신의 음악가들에게 당신이 듣고 싶은 것이 무엇인가를 전달할 청사진을 고안할 필요가 있다. 작곡가의 역할을 하고자 하는 성급함에 이러한 기술적 훈련에서 지름길을 가는 젊은 작곡가들은, 아주 빠르게 사라져 버린다. 만일 당신이 적절한 기술을 배운다면, 열정은, 만약 그것이 진실한 것이라면, 전해질 것이다.

concrete 구체적인 / detailed 상세한 / inspiration 영감 / practical 실용적인 / dynamic (음악의) 강약법 / range 범위, (악기의) 음역 / capabilities 능력, 역량 / acoustics 음향 시설 / devise 고안하다 / blueprint 청사진 / communicate 전달하다 / shortcut 지름길 / proper 적절한 / genuine 진짜의 / come through 전해지다

05

정답률 71%

Consider two athletes who both want to play in college. One says she has to work very hard and the other uses goal setting to create a plan to stay on track and work on specific skills where she is lacking. Both are working hard but only the latter is working smart. / It can be frustrating for athletes to work extremely hard but not make the progress they wanted. What can make the difference is drive — utilizing the mental gear to maximize gains made in the technical and physical areas. / Drive provides direction (goals), sustains effort (motivation), and creates a training mindset that goes beyond simply working hard. Drive applies direct force on your physical and technical gears, strengthening and polishing them so they can spin with vigor and purpose. While desire might make you spin those gears faster and harder as you work out or practice, drive is what built them in the first place.

도입
요지
요지 구체화

독해기술

도입부에서는 두 명의 서로 다른 선수들을 예시로 들어, 목표를 설정하고 열심히 한 선수가 성공한다고 말하고 있다. 그 다음 부분에서 직접적으로 요지를 제시하는데, 이 두 선수 사이에서 차이를 만들어낸 것이 바로 '추진력(drive)'이라는 것이다. 이것을 그대로 말하고 있는 선지가 ②이다.

오답피하기

① : 장점 극대화는 글에 언급되지 않았다.
③ : 목표의 기간(단기적, 장기적)은 글에 언급되지 않았다.
④ : the mental gear와 physical areas라는 표현은 있지만, 육체적 훈련과 정신적 훈련의 균형을 언급한 것은 전혀 없다. 이 글의 핵심은 육체, 정신이 아니라 '추진력(drive)'이다.
⑤ : 계획을 수정하라는 것은 언급되지 않았다.

• Consider two athletes who both want to play in college. [One] says [she] has to work very hard and ⟨the other⟩ uses goal setting to create a plan to stay on track and work on specific skills where she is lacking.

→ 두 명의 운동선수 중에서, [One]과 [she]가 같은 한 명이고, ⟨the other⟩가 다른 한 명이다.

지문해석

둘 다 대학에서 뛰고 싶어 하는 두 명의 운동선수를 생각해 보라. 한 명은 자신이 매우 열심히 해야 한다고 말하고, 다른 한 명은 계획대로 계속 전진하고 자신이 부족한 특정 기술을 연마할 계획을 세우기 위해 목표 설정을 이용한다. 둘 다 열심히 하고 있지만 후자만이 현명하게 하고 있다. 운동선수들이 매우 열심히 하지만 그들이 원하는 진전을 이루지 못하는 것은 좌절감을 줄 수 있다. 차이를 만들 수 있는 것은 추진력, 즉 기술 및 신체 영역에서 이루어진 이점을 극대화하기 위해 정신적 장치를 활용하는 것이다. 추진력은 방향(목표)을 제공하고, 노력(동기부여)을 유지시키며, 단순히 열심히 일하는 것을 넘어서는 훈련의 마음가짐을 만든다. 추진력은 신체적 및 기술적 장치에 직접적인 힘을 가하여 그것들이 활력과 목적을 가지고 회전할 수 있도록 그것들을 강화하고 다듬는다. 욕망은 여러분이 운동하거나 연습할 때 그러한 장치를 더 빠르고 더 열심히 회전하게 만들 수 있지만, 애초에 그것들을 만든 것은 추진력이다.

athlete 운동선수 / stay on track 계획대로 전진하다 / progress 진전, 진보 / drive 추진력 / utilize 활용하다 / gear 장치, 장비 / maximize 극대화하다 / sustain 유지시키다 / mindset 마음가짐, 사고방식, 태도 / strengthen 강화하다 / polish 다듬다 / in the first place 애초에

06

정답률 60%

Science, of course, is an indispensable source of information for the contemporary writer. It is, furthermore, a necessary part of his highly technological environment. Thus it is also an inevitable component of his sensibility and a decisive, even if often unrecognized, component of his creative imagination. But science is not in itself an elemental well-spring of literature. Even the most refined and precise research data are only raw materials which may or may not become literature. For whatever becomes a work of art of any kind does so as a result of an act of creation, an act of artistic composition, an act involving the art of make- believe. Scientific statements or remarks as such, even when they are valid, reliable, and comprehensive, are not literature.

도입
주장
주장 구체화
근거
주장 재진술

지문구조

주장	과학 그 자체로는 문학의 기본적인 원천이 아니다.
└ 구체화	가장 정제되고 정확한 연구 자료도 문학의 원료일 뿐이다.
근거	예술이 되는 모든 것은 창조 행위의 결과로서 그렇게 된다.
주장 재진술	과학적인 진술과 소견은 그 자체로는 문학이 아니다.

이 글에서 전반부는 도입부이고 But 이하부터 필자의 주장이 시작된다. 필자의 주장은 '과학(정보)은 그 자체로는 문학이 아니다'라는 것이다. 글에 나타난 표면적인 진술은 이것뿐이지만 '문학이 되는 모든 것은 창조 행위의 결과'라는 근거로부터 '과학도 창조 행위가 있어야 문학이 된다'는 또 다른 결론을 이끌어 낼 수 있다. 따라서 답은 ②이다. 이 글에서의 주장은 '행동하라!'식 주장이 아니라 '인정하라!'식 주장이다. **분석기술 07** 주장을 찾는 문제는 항상 '행동하라!'식 주장만 찾으면 되지만 요지를 묻는 문제는 이처럼 '인정하라!'식 주장을 찾는 문제가 나올 수 있다.

- For [whatever becomes a work of art of any kind] does so / as a result of an act of creation, an act of artistic composition, an act involving the art of make-believe.

  → whatever절이 부사절일 때에는 'no matter what(무엇이 ~한다 할지라도)'의 의미이고, 명사절일 때에는 'anything that(~라면 무엇이나)'의 의미이다. 여기에서는 does so의 주어 역할을 하는 명사절이므로 anything that으로 해석한다. 그리고 anything은 기본적으로 all의 의미이다. 따라서 [　] 부분은 '어떤 종류의 예술 작품이 되는 모든 것'이라고 해석한다.

  → does so는 직역하면 '그렇게 하다/되다'라는 의미로, 앞에 나온 동사 표현을 똑같이 반복하는 대신 사용하는 표현이다. 즉 여기서 does so는 becomes a work of art of any kind라는 의미이다. 그리고 does so 뒤에 'as a result of ...'가 바로 이어지는데, 이는 '~의 결과로'라고 해석한다.

물론 과학은 동시대의 작가에게 없어서는 안 될 정보의 원천이다. 더욱이 그것은 그의 고도로 기술적인 환경에서 필수적인 부분이다. 따라서 과학은 그의 감수성에서 필연적인 요소이기도 하고, 비록 종종 인식되지 않기는 하지만, 그의 창의적인 상상력의 결정적인 요소이다. 그러나 과학은 그 자체로서는 문학의 기본적인 원천이 아니다. 가장 정제되고 정확한 연구 자료조차도 문학이 될 수도 있고 되지 않을 수도 있는 원료일 뿐이다. 왜냐하면 어떤 종류의 예술 작품이 될 수 있는 모든 것은 창조의 행위, 예술적인 구성의 행위, 가장의 기술을 수반하는 행위의 결과로 그렇게 되기 때문이다. 과학적인 진술과 소견 그 자체만으로는 그것들이 타당하고, 믿을 수 있고, 그리고 포괄적이라고 할지라도 문학이 아니다.

indispensable 필수 불가결한 / contemporary 현대의, 동시대의 / inevitable 피할 수 없는; 필연의 / component 구성 요소 / sensibility 감수성, 지각 / decisive 결정적인 / elemental 기본적인, 요소의 / in itself 그 자체로는 / well-spring 수원, 원천 / refined 정제된 / precise 정확한 / composition 구성 / make-believe 가장, 거짓, 흉내 / as such 그 자체로, 그것만으로 / valid 타당한 / reliable 믿을 만한 / comprehensive 포괄적인

01

정답률
49%

Every reporter knows the importance of building relationships with sources. That's especially true when dealing with sources such as the military, who →요지 have a deep suspicion of the press. One excellent way to overcome, or at least minimize, that distrust is by visiting when you don't want anything from them. Marines, for instance, spend lots of time training before they ship out. 근거(예시) That rarely makes a good news story, but they appreciate it if you show up and watch them conduct exercises. They'll be more likely to keep you in mind when it comes time to decide which reporters to take on real missions.

지문구조

수세	취재 대상과 솧은 관계를 유지하는 것의 중요성 (importance of building relationships with sources.)
요지	취재 대상과 좋은 관계를 유지하는 것은 군대와 같이 언론에 깊은 불신을 가진 대상을 상대할 땐 특별히 중요하다.

독해기술

이 글은 importance of building relationships with sources에 관한 글이고, 이에 대한 필자의 생각은 군대와 같이 언론에 깊은 불신을 가진 대상을 상대할 때 이것(=지속적인 관계를 유지하는 것)이 특별히 중요하다는 것이다. 뒷부분에는 예시가 등장하므로 이 부분이 주제문이고 곧 요지이다. **분석기술 04** 이 문장 속에 숨겨진 '행동하라!'식 주장은 ⑤이다. **분석기술 07** (~를 유지하는 것이 중요하다. = ~를 유지하라!) 뒷부분에서는 해병대를 방문하는 것을 취재 대상과 지속적인 관계를 유지하는 것의 예로 들며 주장을 뒷받침하고 있다.

오답피하기

① (13%) : 그럴듯한 말이지만 지문에는 전혀 언급되지 않은 내용이다.

② (26%) : if you show up and watch them conduct exercises 부분을 보고 ②를 고르는 경우가 있는데, 이것은 visiting when you don't want anything from them에 대한 구체적 진술일 뿐이고, 이것을 하는 이유도 결국은 building relationships with sources하기 위해서이다. 즉 if you show up and watch them conduct exercises는 현장에서 직접 확인하고 보도하라는 의미가 아니라, 그들에게 자주 방문하여 지속적인 관계를 유지하라는 의미이다.

구문분석

- One excellent way to overcome, or at least minimize, that distrust is by visiting when you don't want anything from them.
  - → 여기서 that은 관계대명사나 접속사가 아니라 지시(형용)사 that이다. that distrust는 '그 불신'이라는 의미다.
- They'll be more likely to keep you in mind / when it comes time to decide [which reporters to take] / on real missions.
  - → 'when it comes time to-V'는 '~할 때가 되면'이란 뜻의 표현이다.
  - → [ ]는 decide의 목적어로, '어떤 기자들을 데려갈지'라고 해석한다.

모든 기자들은 취재원과의 관계를 잘 맺는 것의 중요성을 알고 있다. 그것은 언론에 대한 뿌리 깊은 불신을 갖고 있는 군대와 같은 취재원을 다룰 경우 특히 중요하다. 그러한 불신을 극복하거나 아니면 적어도 최소화하는 아주 좋은 방법은 그들로부터 원하는 것이 없을 때 방문하는 것이다. 예를 들면, 해병대는 배를 타고 밖으로 나가기 전에 훈련을 하면서 많은 시간을 보낸다. 그것은 거의 좋은 뉴스거리가 되지 않지만 당신이 그곳에 가서 그들이 훈련하는 모습을 지켜본다면 감사해 할 것이다. 그들이 실제 임무에 어느 기자들을 데리고 갈지를 결정할 때가 되면 그들이 당신을 염두에 두게 될 가능성이 더 높다.

source 정보원, 취재원 / **deal with** 다루다 / **military** 군대 / **suspicion** 의심, 불신 / **the press** 언론 / **overcome** 극복하다 / **minimize** 최소화하다 / **distrust** 불신 / **Marine** 해병대 / **ship out** 출항하다 / **rarely** 좀처럼 ~않다 / **appreciate** 감사하다 / **conduct** 지도하다, 지휘하다

02
정답률 60%

The word "natural" appears in large letters across many cans and boxes of food. But this word, and others like it, sometimes give shoppers false ideas about the food inside. Even though laws require that all food labels give truthful information, this does not always happen. The word "natural" has not been defined by the FDA, the agency in charge of food labels. So any food maker can use the word on a package. Even the worst junk food is certain to have something natural in it. So the makers of these foods can use "natural" on their packages. Consumers should read labels carefully and write letters of complaint to the FDA whenever they come across products that are not truly natural. Everyone in the marketplace can help to make truth in labeling work effectively.

> 문제점 구체화
> 문제점
> 문제점의 원인
> 해결책(= 주장)

지문구조

문제점   대부분의 식품의 레이블에 올바른 정보를 기입하도록 법으로 규정하고 있으나 이것이 항상 지켜지지는 않는다.
해결책(주장)   소비자들은 식품의 레이블을 잘 읽어 보고 잘못된 정보가 있다면 FDA에 편지로 항의해야 한다.

독해기술

'문제점과 해결책' 구조의 글로, 해결책 부분에서 필자의 주장을 찾을 수 있다. [분석기술 1] 해결책 부분과 같은 의미인 것을 고르면 정답은 ⑤가 된다.

오답피하기

④ (31%) : Consumers should read labels carefully 부분을 보고 많은 학생들이 ④를 답으로 골랐다. 그런데 해결책 부분에는 이 내용과 함께 and write letters of complaint to the FDA가 언급되어 있다. 필자의 주장이 'A and B'인데 여기서 A만 기술하면 너무 구체적이 된다. 그리고 더욱 중요한 것은, Consumers should read labels carefully에서 labels는 식품이 담긴 캔이나 박스에 붙어 있는 성분 함량표를 말한다. 과연 이것을 '제품 설명서'라고 할 수 있을까? 글의 내용을 제대로 파악했다면 ④는 Consumers should read labels carefully와도 관련 없는 내용이라는 것을 알 수 있었을 것이다.

구문분석

구문분석

• Everyone in the marketplace can help to make truth in labeling work effectively.

→ 사역동사 make 뒤에 truth가 목적어, 동사원형인 work가 목적보어로 쓰였다.

→ work는 '일하다'라는 의미만 있는 것이 아니라, '영향을 미치다, 작용하다, 효과가 있다'와 같은 의미가 있다.

지문해석

대부분의 식품의 캔과 상자에는 'natural'이라는 단어가 커다란 글자로 쓰여 있다. 하지만 이 단어는, 이와 비슷한 다른 단어들처럼, 이따금씩 구매자에게 내용물에 관한 잘못된 생각을 전달한다. 비록 법이 모든 식품의 내용 표시가 진실한 정보를 제공할 것을 요구하고 있을지라도, 언제나 그렇게 되고 있지는 않다. 'natural'이라는 단어는 음식 내용 표시의 책임 기관인 FDA에 의해 정의되어 있지 않다. 그래서 어떤 식품 제조업자라도 포장지에 이 단어를 사용할 수 있다. 심지어 최악의 불량 식품조차 그 안에 무언가 천연 물질이 들어 있는 것은 틀림없다. 그래서 이런 음식물 제조업자도 포장에 'natural'을 사용할 수 있다. 소비자는 내용물 표시를 주의 깊게 읽어서 진정한 자연산이 아닌 상품을 볼 때마다 FDA에 민원을 넣어야 한다. 시장의 모든 사람들이 내용물 표시 작업에서 진실이 효과적으로 작용하도록 도울 수 있다.

appear 나타나다, 보이다 / natural 천연의 / shopper 구매자 / false 잘못된 / define 규정짓다, 정의를 내리다 / agency 기관 / in charge of ~의 책임을 맡은 / package 포장지 / junk food 불량 식품 / be certain to-V 반드시[꼭] ~히디 / complaint 불평, 민원 / whenever ~한 때민 헌세마 / come across 마수치다 / marketplace 시상

01

정답률 98%

To whom it may concern,

My name is Michael Brown. I have been a bird-watcher since childhood. I have always enjoyed watching birds in my yard and identifying them by sight and sound. Yesterday, I happened to read an article about your club. I was surprised and excited to find out about a community of passionate bird-watchers who travel annually to go birding. / I would love to join your club, but your website appears to be under construction. I could not find any information except for this contact email address. I would like to know how to sign up for the club. / I look forward to your reply.

Sincerely,

Michael Brown

(필자가 글을 쓴 목적)

독해기술

클럽에 가입하고 싶으나 웹사이트가 공사 중이라 클럽 가입 방법을 알 수 없으니 이메일을 통해 클럽 가입 방법을 문의하고 있다. 따라서 답은 ①이 된다.

구문분석

• To whom it may concern
→ 편지글의 첫 줄에 흔히 사용하는 표현으로, 수신자의 이름을 정확히 모를 때 쓰는 표현이다. 우리말로 하자면 '관계자 귀하'라는 뜻이다.

지문해석

관계자 귀하

제 이름은 Michael Brown입니다. 저는 어렸을 때부터 조류 관찰자였습니다. 저는 항상 마당에서 새들을 관찰하고 모습과 소리로 새들을 식별하는 것을 즐겼습니다. 어제 우연히 당신의 클럽에 대한 기사를 읽었습니다. 저는 매년 조류 관찰을 하러 여행하는 열정적인 조류 관찰자들의 공동체에 대해 알게 되어 놀랍고 흥분되었습니다. 저는 귀하의 클럽에 가입하고 싶지만, 당신의 웹사이트는 공사 중인 것 같습니다. 이 연락처 이메일 주소 외에 다른 정보를 찾을 수 없습니다. 클럽에 가입하는 방법을 알고 싶습니다. 당신의 답장 기다리겠습니다.

Michael Brown 드림

identify 식별하다, 알아보다 / **happen to-V** 우연히 ~하다 / **passionate** 열정적인 / **annually** 매년

02

Dear Ms. Green,

My name is Donna Williams, a science teacher at Rogan High School. I am planning a special workshop for our science teachers. We are interested in learning how to teach online science classes. I have been impressed with your ideas about using internet platforms for science classes. / Since you are an expert in online education, I would like to ask you to deliver a special lecture at the workshop scheduled for next month. / I am sure the lecture will help our teachers manage successful online science classes, and I hope we can learn from your insights. I am looking forward to hearing from you.

Sincerely,

Donna Williams

→ 필자가
글을 쓴 목적

독해기술

밑줄 부분에 'I would like to-V(~하고 싶다)'라는 표현을 통해 목적을 드러내고 있다. 자신이 속한 학교 교사들을 위한 워크숍에서 특강을 해달라고 요청하고 있으므로 정답은 ②이다.

지문해석

Green 씨께

저는 Rogan 고등학교의 과학 교사인 Donna Williams라고 합니다. 저는 우리학교의 과학 선생님들을 위한 특별한 워크숍을 계획하고 있습니다. 저희는 온라인 과학 수업을 가르치는 방법을 배우는 데 관심이 있습니다. 저는 과학 수업에 인터넷 플랫폼을 사용하는 것에 대한 귀하의 아이디어에 감명을 받았습니다. 귀하가 온라인 교육 전문가이기에, 저는 다음 달 워크숍에 귀하가 특강을 해주시기를 부탁드리고자 합니다. 저는 그 강의가 저희 선생님들이 성공적인 온라인 과학 수업을 운영하는 데 도움이 될 것이라고 확신하고, 저희가 귀하의 통찰력으로부터 배울 수 있기를 바랍니다. 답장 기다리겠습니다.

Donna Williams 드림

workshop 워크숍, 연수회 / impressed 감명을 받은 / deliver a special lecture 특강을 하다 / scheduled 예정된 / manage 해내다, 성공하다

03

ⓐ The stories you will read here are based on facts from eyewitness accounts. ⓑ They have been collected from a wide variety of employees and organizations across the United States. ⓒ The names and, in some cases, genders have been changed to protect the identities of the individuals. ⓓ These accounts are only a small sampling of general practices currently in operation in American Business, and do not reflect an experience within any particular company. ⓔ While these stories expose the darker side of American Business, this book does not offer legal advice. Any reader who feels she or he needs legal advice should consult legal counsel.

독해기술

세부 사항을 종합하여 글의 목적을 찾아야 하는 유형이다.
ⓐ 여기서 읽게 될 이야기는 목격자의 서술을 토대로 만들어진 것이다.
ⓑ 미국 전역의 다양한 피고용자들과 기관들로부터 수집한 것이다.
ⓒ 개인 정보를 보호하기 위해 이름과 성별이 바뀌어 있다.
ⓓ 이 이야기들은 일반적인 관행의 작은 샘플일 뿐 특정 회사의 내부 경험을 반영하지 않는다.
ⓔ 이 이야기들은 American Business의 어두운 면을 보여주지만 법률적 조언을 제공해 주지는 않는다.
이를 바탕으로 판단해 볼 때 이 글은 어떤 책의 특징을 설명하고 있다는 것을 알 수 있다. 특히 The stories, These accounts, these stories, Any reader와 같은 표현에 유의하면 이 글의 목적이 ①이란 것은 더욱 쉽게 알 수 있다.

오답피하기

④ : ⓔ를 보면 이 책은 법률적 조언은 제공하지 않으며, 이것이 필요한 사람은 법률 고문에게 상담을 받아야 한다고 되어 있다.

구문분석

• These accounts are only a small sampling of general practices currently in operation in American Business, and do not reflect an experience / within any particular company.
→ 이 문장에 쓰인 account는 '이야기'라는 뜻이다.
→ 이 문장에 쓰인 practice는 '관행, 관습'이란 뜻이고 practices currently in operation은 '현재 시행중인 관행'이란 뜻이다.

지문해석

여기에서 여러분이 읽게 될 이야기는 목격자의 서술에 의한 사실에 기초한 것이다. 그것들은 미국 전역의 아주 다양한 피고용자들과 기관들으로부터 수집된 것이다. 개인의 신분을 보호하기 위해 이름과 어떤 경우에는 성별도 바꿨다. 이 이야기들은 단지 미국의 사업체에서 현재 일어나고 있는 일반적인 관행 중에서 단지 작은 샘플에 불과하며, 어떤 특정한 회사 내부의 경험을 반영하지는 않는다. 이 이야기들이 미국의 사업체의 어두운 면을 드러내고 있지만, 이 책은 법률적인 조언을 제공하지는 않는다. 법률적인 조언이 필요하다고 느끼는 독자는 변호사의 자문을 구하는 것이 좋다.

eyewitness 목격자 / account 서술, 설명, 이야기 / a variety of 다양한 / gender 성별 / identity 신분, 정체성 / practice 관행 / in operation 시행 중인 / reflect 반영하다 / expose 드러내다 / legal 법률적인 / consult ~의 의견을 듣다 / counsel 법률 고문, 변호사

04

정답률 85%

As you are well aware, a great tragedy took place in our city last week. Some faulty electrical wiring led to a fire breaking out and eventually destroying an entire block of homes in the suburbs. From the very beginning it was fanned by strong winds, but it would not have spread so far and so quickly, if our firefighters had been able to arrive at the scene in time. Our city has only one fire station located downtown. Would you please establish a new fire station in our area, since you are mayor of our city? We are in urgent need of one. I look forward to your response.

→ 필자의 의견이 직접적으로 드러나는 부분

Would you please~? 라는 표현은 상대방에게 정중하게 요청을 할 때 사용되는 표현이다. 이 표현을 통해 이 글의 독자, 즉 시장에게 소방서 신설을 요청하고 있으며, 바로 뒷문장에서도 we are in urgent need of one이라는 표현을 통해 소방서가 필요하다고 이야기하고 있다. 따라서 답은 쉽게 ①을 고를 수 있다.

오답피하기

⑤ (11%) : 글의 전반부만 보고 화재가 발생했으니 소방관을 보내달라는 내용으로 오해하지 않도록 주의하자. 글의 목적은 글의 뒷부분에서 분명히 드러난다.

구문분석

- ~, but it(=the fire) would not have spread so far and so quickly, if our firefighters had been able to arrive at the scene in time.
  - → 가정법 과거완료 표현이다. 즉 실제로는 소방수들이 제시간에 도착하지 못했고, 그래서 화재가 빠르게 멀리 퍼져버렸다는 뜻을 내포한다.
- Would you please establish a new fire station in our area, since you are mayor of our city?
  - → 여기서 since는 '~이래로'란 뜻이 아니라 '~이니까, ~이기 때문에'라는 뜻의 '이유'를 나타내는 접속사이다. 즉 당신이 시장이니까 새로운 소방서를 만들어 줄 수 있겠냐는 의미이다
- We are in urgent need of one
  - → 여기서 one은 앞 문장에 있는 a new fire station을 의미한다. 즉 새로운 소방서가 필요하다는 의미이다.

지문해석

당신도 잘 인지하고 있듯이, 커다란 비극이 지난주 우리 도시에 발생했습니다. 몇몇 결함이 있는 전선이 화재를 발생하게 만들었고 결국 교외에 있는 한 블록의 집을 전부 파괴했습니다. 애초부터 강한 바람에 의해 불이 거세졌지만, 만일 우리 소방관들이 그 장소에 제때 도착할 수 있었더라면 불길은 그렇게 멀리, 빠르게 번지지는 않았을 것입니다. 우리 도시에는 시내에 있는 소방서 하나밖에 없습니다. 당신은 우리 시의 시장이시니, 우리 지역에 소방서를 하나 새로이 설립해 주시겠습니까? 우리에게는 소방서가 긴급히 필요합니다. 지난 당신의 답변을 고대합니다.

tragedy 비극, 비극적 사건 / faulty 흠[결함]이 있는, 불완전한 / electrical wiring 전선 / fan 거세게 하다 / mayor 시장 / look forward to ~을 기대하다

01

정답률
55%

Thank you for sending your poems to this publishing house. I have had the opportunity to look them over, and I feel that they show considerable promise, despite your youth and lack of experience in this genre. There is still much room for development, however, and I am afraid they are not yet appropriate for publishing in any of our current poetry journals. You indicate in your cover letter that you intend to follow a literary career. Please allow me to offer my best wishes for your future literary efforts.

인사말

글의 요지

인사말

독해기술

첫 부분과 마지막 부분은 상투적인 인사말이고, 중간에 글을 쓴 목적이 제시되는 전형적인 중괄식 유형의 편지글이다. however가 포함된 문장에서 이 글의 목적이 ①이란 것을 알 수 있다.   풀이기술 0 9

글의 목적 문제가 중괄식 형태의 글로 출제되면 정답률이 떨어지는 경향이 있다. 중괄식이라는 것을 모른 채 글의 앞이나 뒤 일부만 읽고 풀 경우 틀리기 쉽기 때문이다. 정답의 근거를 확실히 찾아서 정말로 더 이상 읽을 필요가 없는 경우가 아니라면 전체 내용을 다 읽는 것이 기본이다.

구문분석

• There is still much room for development.

→ a room은 '방'이지만, room이 불가산명사로 쓰이면 '공간'이란 뜻을 갖고, 더 추상적으로 '~할 여지'라는 뜻도 갖는다. much room for development는 '향상될 여지'라는 뜻이다.

지문해석

귀하의 시를 이 출판사에 보내주신 것에 대해 감사를 표합니다. 제가 그것들을 살펴볼 기회를 가졌는데, 귀하의 젊음과 이 장르에서의 경험의 부족에도 불구하고 그 시들이 상당한 가능성을 보여준다고 느끼고 있습니다. 하지만 아직 발전해야할 부분이 많이 있기에, 유감스럽게도 현재 저희가 시를 싣고 있는 어떤 잡지에도 출판하기에는 아직 적절하지 않다고 생각합니다. 귀하는 소개서에서 문학을 직업으로 삼고 싶다는 점을 언급하고 있습니다. 앞으로 귀하의 문학적인 노력에 행운이 함께 하기를 바랍니다.

poem 시 / publishing house 출판사 / look over 살펴보다, 검토하다 / considerable 상당한 / promise 전망 / despite ~에도 불구하고 / lack 부족 / genre 장르 / room 여지 / appropriate 적절한 / current 현재의 / journal 정기 간행물 / indicate 지적하다, 말하다 / literary 문학의

02

정답률
59%

Thank you for coming to the interview on Friday afternoon for the assistant sales manager position. I was enormously impressed by your professionalism, enthusiasm, and commitment to your work. I knew the decision I would have to make would be difficult and it has been. However, I have made that decision, and I am afraid that I cannot offer you the position at this time. I do hope that you will keep in touch with the personnel department manager and that you will apply again next time. The company plans to employ a large number of persons for the sales department next year. Thank you again for your interest in the Hankook Corporation.

> 글의 요지

독해기술

이 글 역시 중괄식으로 구성되어 있다. 앞부분은 인사말이고, however 다음 부분에서부터 글의 목적이 드러난다. 풀이기술 09

I cannot offer you the position at this time.과 I hope (…) you will apply again next time. 부분을 보면 필자는 면접을 본 사람에게 지금은 자리를 줄 수 없지만 다음 해에 다시 도전해 보라는 말을 전하기 위해 이 글을 쓴 것이다. 따라서 이 글의 목적은 '① to notify'가 된다.

오답피하기

② : 이 글이 지원자를 고용할 수 없어 미안하다고 사과하기 위한 글이라는 것은 지나친 비약이다. 이 글 어디에도 사과를 의미하는 표현이 없다.

③ : 첫 문장의 'Thank you for …' 부분만 보고 ③을 답으로 했다면 너무 성급했다. 글을 읽을 땐 전체적인 구조 파악을 통해 글의 주제/요지가 무엇인지 정확히 아는 것이 중요하다.

구문분석

• I knew the decision [(that) I would have to make] would be difficult and it has been (difficult).

→ decision 뒤에는 make의 목적어 역할을 하는 관계대명사가 생략되어 있다.

→ it has been 뒤에는 difficult가 생략되어 있다.

지문해석

금요일 오후에 있었던 판매 담당 부지배인 자리에 대한 면접에 응해 주신 것에 대해 감사드립니다. 저는 당신의 일에 대한 전문성, 열의, 헌신에 대단히 감명을 받았습니다. 제가 해야 할 결정이 어려운 결정이란 것을 알고 있었고, 그것은 실제로 어려웠습니다. 그러나 저는 결정을 내렸습니다. 이번에 귀하를 채용할 수 없을 것 같습니다. 진심으로 당신이 인사 담당자와 연락을 유지하고, 다음에 다시 응시하길 바랍니다. 우리 회사는 내년에 판매부에 많은 인원을 채용할 계획입니다. 한국 회사에 가져 주신 귀하의 관심에 다시 한 번 감사드립니다.

① 통지하기 위해 　② 사과하기 위해 　③ 감사하기 위해 　④ 대접하기 위해 　⑤ 초대하기 위해

enormously 엄청나게 / impress 감명을 주다 / enthusiasm 열정 / commitment 헌신 / keep in touch with ~와 연락을 유지하다 / interest 관심 / corporation 회사

Unit 01 통일성 – 관계 없는 문장 고르기

1등급 연습 문제   01 ③   02 ②   03 ③   04 ③   05 ②   06 ④

01
정답률 82%

Actors, singers, politicians and countless others recognise the power of the human voice as a means of communication beyond the simple decoding of the words that are used. Learning to control your voice and use it for different purposes is, therefore, one of the most important skills to develop as an early career teacher. ① The more confidently you give instructions, the higher the chance of a positive class response. ② There are times when being able to project your voice loudly will be very useful when working in school, and knowing that you can cut through a noisy classroom, dinner hall or playground is a great skill to have. ③ In order to address serious noise issues in school, students, parents and teachers should search for a solution together. ④ However, I would always advise that you use your loudest voice incredibly sparingly and avoid shouting as much as possible. ⑤ A quiet, authoritative and measured tone has so much more impact than slightly panicked shouting.

독해기술

첫 두 문장에서 이 글의 주제는 '소통의 수단으로서 (교사의) 목소리의 힘'인 것을 알 수 있다. ①과 ⑤의 경우 목소리(voice)가 직접적으로 언급되진 않았지만, '더 자신감있게 지시를 전달하다'와 '어조(tone)'가 목소리에 관련된 표현임을 인식해야 한다. ③은 학교의 소음 문제를 다루고 있으므로 교사의 목소리와는 무관하다.

구문분석

• The more confidently you give instructions, the higher the chance of a positive class response (is).
  → 'the + 비교급' 구문에서 be동사는 흔히 생략된다. 문장 끝에 is가 생략되어 있다.

지문해석

배우, 가수, 정치인 및 수많은 다른 사람들은 사용되는 단어의 단순한 해독을 넘어 인간 목소리의 힘을 의사소통의 수단으로 인식한다. 그러므로 여러분의 목소리를 조절하고 다른 목적으로 사용하는 법을 배우는 것은 경력 초기의 교사로서 개발해야 할 가장 중요한 기술 중 하나이다. 여러분이 더 자신감 있게 지시를 내릴수록, 긍정적인 학급 반응이 나올 가능성이 더 높아진다. 목소리를 크게 낼 수 있는 것이 학교에서 일할 때 매우 유용할 때가 있고, 시끄러운 교실, 저녁 식사장 또는 운동장을 (목소리로) 가를 수 있다는 것을 아는 것은 가져야 할 좋은 기술이다. (학교 내 심각한 소음 문제를 해결하기 위해서는 학생, 학부모, 교사가 함께 해결책을 찾아야 한다.) 하지만, 나는 가장 큰 목소리는 놀랍도록 드물게 쓰고, 가능한 한 소리 지르는 것을 피하라고 조언하고 싶다. 조용하고 권위적이며 신중한 어조는 약간 당황한 고함보다 훨씬 더 큰 효과를 가진다.

politician 정치인 / **countless** 수많은 / **means** 수단 / **decode** (암호를) 해독하다 / **instruction** 지시 / **address** 대처하다 /

incredibly 놀랍도록 / sparingly 드물게, 인색하게 / authoritative 권위가 있는 / measured 침착한 / tone 어조 / panicked 당황한

02

정답률
79%

Roman doll-makers continued to use technology developed by the Egyptians and Greeks, but in line with the artistic sensibilities of their culture, they were constantly trying to make dolls more elegant and beautiful. ① One doll, found near Prati in Rome, was made of ivory and lay beside her owner who had died at the age of eighteen. ② The huge growth in the understanding of civilization raised awareness of other important roles of trade. ③ Next to the doll was a small box, also made of ivory, containing tiny combs and a silver mirror. ④ The doll had rings on her fingers and held a tiny key, which unlocked the box. ⑤ Like children today, the younger members of Roman civilization would have dressed and undressed their dolls, and decorated their hair and fingers according to the latest fashions.

주제문

구체적 진술(예시)

독해기술

이 문제는 핵심어의 반복을 통해 풀 수 있는 문제다. 첫 문장에서 이 글이 Roman dolls에 대한 내용이라는 것을 알 수 있다. ①에 Rome에서 발견된 one doll이 언급되고 ③, ④, ⑤ 모두 이 doll과 관련된 내용이다. 그런데 ②에는 doll에 대한 내용이 전혀 나와 있지 않다. 풀이기술 1-1

구문분석

- Next to the doll was a small box, also made of ivory, containing tiny combs and a silver mirror.
  → next to the doll이라는 전치사구가 문두로 나오고 주어와 동사가 도치된 형태이다. 해석은 도치된 어순 그대로 하는 것이 좋다. : '그 인형 옆에는 / 있었나 / 작은 상자가. / 마찬가지로 상아로 만들어진 / 작은 빗과 은거울을 담고 있는'
- Like children today, the younger members of Roman civilization would have dressed and undressed their dolls, and decorated their hair and fingers /according to the latest fashions.
  → 'would have ~ed'는 과거에 대한 강한 추측으로, '~했음이 틀림없다, 틀림없이 ~했을 것이다'로 해석한다.

지문해석

로마의 인형 제작자들은 이집트인들과 그리스인들에 의해 개발되었던 기술을 계속해서 사용했지만, 그들 문화의 예술적 감수성과 조화하여 인형을 보다 우아하고 아름답게 만들려고 끊임없이 노력했다. 로마의 Prati 근처에서 발견된 한 인형은 상아로 만들어졌고 18세의 나이에 죽은 그것의 주인 옆에 놓여 있었다. (문명에 대한 이해가 참으로 커지면서 무역의 다른 중요한 역할에 대한 인식이 생기게 되었다.) 그 인형 옆에는 역시 상아로 만들어진 작은 상자가 있었는데 작은 빗들과 은으로 만든 거울이 들어 있었다. 그 인형은 손가락에 반지를 끼고 있었고 작은 열쇠를 쥐고 있었는데, 그것은 그 상자의 자물쇠를 여는 열쇠였다. 오늘날의 아이들처럼, 로마 문명의 보다 어린 구성원들은 그들의 인형에 옷을 입히고 벗겼을 것이고 최신 유행에 따라 그것들의 머리와 손가락을 장식했음이 틀림없다.

in line with ~와 조화하여 / sensibility 감수성 / constantly 끊임없이 / elegant 우아한 / be made of ~로 만들어지다 / ivory 상아(색) / lie 놓여 있다 / beside ~옆에 / owner 주인 / awareness 인식 / tiny 작은 / comb 머리빗 / unlock 자물쇠를 열다 / decorate 장식하다 / according to ~에 따라

Although commonsense knowledge may have merit, it also has weaknesses, not the least of which is that it often contradicts itself. For example, we hear that people who are similar will like one another ("Birds of a feather flock together") but also that persons who are dissimilar will like each other ("Opposites attract"). ① We are told that groups are wiser and smarter than →모순의 예 individuals ("Two heads are better than one") but also that group work inevitably produces poor results ("Too many cooks spoil the broth"). ② Each of these contradictory statements may hold true under particular conditions, but without a clear statement of when they apply and when they do not, aphorisms provide little insight into relations among people. ③ That is why we heavily depend on aphorisms whenever we face difficulties and challenges in the long journey of our lives. ④ They provide even less guidance in situations where we must make decisions. ⑤ For example, when facing a choice that entails risk, which guideline should we use — "Nothing ventured, nothing gained" or "Better safe than sorry"?

독해기술

첫 문장에서 이 글의 주제는 '상식적인 지식(=격언, 속담)의 약점인 모순'임을 알 수 있다. 다른 선지들은 모두 상식적인 지식의 약점이나 모순을 다루고 있는데, ③은 상식적인 지식을 오히려 긍정적으로 말하고 있으므로 정답이 된다. 참고로 윗글에서 commonsense knowledge와 aphorism은 재진술 관계이다.

오답피하기

④ (20%) : 모순이라는 말이 직접적으로 언급되지 않았지만, even less guidance가 첫 문장(주제문)의 weakness에 해당하는 것을 파악해야 한다. 물론 정답인 ③번 문장을 제외하고 나면, 주어인 they가 these contradictory statements을 가리키므로 ④도 모순적인 격언에 대한 내용임을 알 수 있다.

구문분석

• Although commonsense knowledge may have merit, it also has weaknesses, not the least of which is that it often contradicts itself.
→ 'not the least of ~'는 직역하면 '최소가 아닌 것'이지만 일반적으로 '매우 중요한 것'이라는 뜻으로 사용된다. not the least of which는 '그 중에서 매우 중요한 것은'이란 뜻이다.

지문해석

상식적인 지식에 장점이 있을 수 있지만 단점도 있는데, 그 중에서도 가장 중요한 것은 그것이 종종 모순된다는 것이다. 예를 들어, 우리는 비슷한 사람들이 서로를 좋아할 것이라는 말('유유상종')을 듣지만, 닮지 않은 사람들이 서로를 좋아할 것이라는 말('정반대인 사람들은 서로에게 끌린다')도 듣는다. 우리는 집단이 개인보다 더 현명하고 똑똑하다는 말('두 사람의 지혜가 한 사람의 지혜보다 낫다')을 듣지만, 집단 작업이 불가피하게 나쁜 결과를 낳는다는 말('요리사가 너무 많으면 수프를 망친다')도 듣는다. 이러한 모순된 진술들은 특정한 상황에서는 사실일 수 있지만, 언제 적용되고 언제 적용되지 않는지에 대한 명확한 진술이 없다면, 격언은 사람들 사이의 관계에 대한 통찰력을 거의 제공하지 못한다. (그것이 우리가 인생의 긴 여정에서 어려움과 도전에 직면할 때마다 격언에 크게 의존하는 이유이다.) 그것들은 우리가 결정을 내려야 하는 상황에서는 그야말로 거의 아무런 지침도 제공하지 못한다. 예를 들어, 위험을 수반하는 선택에 직면할 때, 우리는 '모험하지 않으면 얻는 것이 없다' 또는 '나중에 후회하는 것보다 조심하는 것이 낫다' 중에 어떤 지침을 사용해야 하는가?

commonsense 상식적인 / merit 장점 / contradict 모순되다 / flock 모이다 / dissimilar 닮지 않은 / inevitably 불가피하게 / spoil 망치다 / broth 수프 / contradictory 모순된 / statement 말, 진술 / hold true 사실이다, 진실이다 / venture 모험하다

04

정답률 79%

There are some areas of mathematics where long, unpleasant but basically routine calculations have to be done, and there are some good computer programs for doing them. ① Thus, computers can be very useful time-saving devices, sometimes so much so that they enable mathematicians to discover results that they could not have discovered on their own. ② Nevertheless, the kind of help that computers can provide is very limited. ③ One point that deserves to be made is that the lack of women in mathematics is another statistical phenomenon. ④ If it happens that your problem, or more usually sub problem, is one of the small minority that can be solved by a long and repetitive search, then well and good. ⑤ If, on the other hand, you are stuck and need a bright idea, then, in the present state of technology, a computer will be no help whatsoever.

구체적 진술 1 (수학에서 컴퓨터의 활용)

구체적 진술 2 (수학에서 컴퓨터의 한계)

독해기술

이 글의 주제는 구체적 진술 1과 2를 종합한 '수학에 있어서 컴퓨터의 활용과 한계'이다.

이 문제에서는 주제와 관련되지 않은 내용을 찾으면 된다. 첫 문장은 수학에서 컴퓨터가 활용될 수 있다는 것을 설명한다. ①과 ④는 이것을 뒷받침하는 내용이다. ②는 컴퓨터에는 한계가 있다는 설명이고, ⑤가 이것을 뒷받침한다. 반면 ③은 주제와 전혀 관련이 없는 내용이다. **풀이기술 1 0**

구문분석

• Thus, computers can be very useful time-saving devices, sometimes so much / so that they enable mathematicians to discover results that they could not have discovered on their own.

→ sometimes so much는 useful을 수식한다. '때때로 굉장히 많이 유용하다'는 뜻이다.

→ so that은 '그래서, 그러므로'라는 의미로, 결과를 나타낸다.

→ 'could not have ~ed'는 '~하지 못했을 것이다'라고 해석한다.

→ results that they could not have discovered on their own. : 그들 스스로는 발견하지 못했을 결과들

지문해석

수학에는 길고, 귀찮지만 기본적으로 늘 계산을 해야만 하는 분야가 있고, 그것을 해내는 몇몇 좋은 컴퓨터 프로그램들이 있다. 그러므로 컴퓨터는 아주 유용한 시간 절약 장치이며, 때때로 대단히 유용해서 수학자들이 스스로는 발견하지 못했을 결과를 발견하도록 해주기도 한다. 그럼에도 불구하고 컴퓨터가 제공해줄 수 있는 도움은 아주 제한적이다. (지적할 만한 가치가 있는 한 가지 요점은 수학에서 여성들의 부족함은 또 하나의 통계적 현상이라는 것이다.) 만약 당신의 문제 또는 보다 일반적으로 하위 문제가 오랜 시간의 반복적인 탐색에 의해 풀릴 수 있는 그런 몇 안 되는 문제들 중 하나라면, 그렇다면 상관없다. 반면에 만약 당신이 궁지

에 빠져서 훌륭한 아이디어가 필요하다면, 현재 기술의 상태에서는 컴퓨터가 전혀 도움이 되지 못할 것이다.

unpleasant 기분 나쁜, 싫은 / routine 일상의, 판에 박힌 / calculation 계산 / time-saving 시간을 절약하는 / device 장치 / on their own 그들 스스로 / deserve ~을 받을 가치가 있다 / phenomenon 현상 / sub-problem 하위 문제 / minority 소수 / repetitive 반복적인 / (all) well and good (구어) 좋다; 할 수 없다(비꼬는 또는 마지못한 승인·동의를 나타냄) / be stuck (교통·어려운 문제 등에) 막히다 / whatsoever (=whatever) 「부정적인 문중에서」 조금의 ~도 (없는)

05

정답률 69%

ⓐ Apologies often fail. One reason apologies fail is that the "offender" and the "victim" usually see the event differently. Examining personal narratives, researchers have found that those who cause harm tend to minimize the offense — probably to protect themselves from shame and guilt. They also tend to downplay the consequences of their actions. ① These tendencies can inflame the anger of the hurt person, who, in contrast, may see an offense as bigger than it really is. ② When sincere apologies are offered in an ordinary human relationship, they are readily accepted by the victims and reconciliations ensue. ③ Those who are hurt tend to see the act as one with severe consequences and as part of an ongoing pattern that is inexcusable and immoral. ④ Each person has his or her own truth, and there is distortion on both sides. ⑤ Therefore, to apologize sincerely we must first listen attentively to how the other person really feels about what happened — not simply assert what we think happened.

(방주) 문제점

(방주) 문제점에 대한 뒷받침 문장

(방주) 해결책(요지)

독해기술

이 글은 전형적인 문제점과 해결책 구조의 글이다. 첫 문장에서 문제점을 제시하고, 그 다음부터 그 문제점이 발생하는 이유를 제시한다. 그리고 마지막에 결론으로 그러한 문제점을 해결하는 해결책을 제시하고 있다. **분석기술 1 1** 이러한 글의 구조가 보인다면, ①~⑤ 중에 문제점에 대한 내용이 아닌 것을 찾아내면 된다. 다른 것은 전부 사과가 실패하는 내용인데, ②에서는 사과가 받아들여지고 화해가 뒤따른다는 내용이 나온다. 따라서 ②가 답이 된다.

일반적으로 이 유형의 글은 '주제문'과 관련 없는 내용을 고르면 답이 되지만 **풀이기술 1 0**, 이 문제는 출제 원리를 조금 변형시켰다. 구체적 진술과 일반적 진술은 상대적 개념이라는 것을 이 책의 첫 부분인 **독해원리 0 1** 에서 강조했고, **분석기술 0 4** 부분에서도 또한 번 언급한 적이 있었다. 이 문제에서는 흐름상 관계 없는 문장을 골라낼 때, 글에서 가장 일반적인 진술인 주제문(해결책 부분)과 관련 없는 문장을 고르는 것이 아니다. 글의 전체적인 구조를 볼 때 이 글에서 가장 일반적 진술이라고 볼 수는 없지만, 사과가 실패하는 이유를 제시한 ①~④ 부분에 대해서는 더 일반적 진술인 '문제점' 부분을 기준으로 하여 이것과 관련되지 않은 것을 골라내는 문제이다. 즉 이 글의 구조도를 그려 보자면 아래의 지문구조와 같다

지문구조

문제점(ⓐ) ──────▶ 해결책(⑤)
  │ (뒷받침)
①, ③, ④

④ (17%) : 이 선지에서 Each person has his or her own truth라는 말 때문에 서로 진실된 사과를 한다는 의미로 오해하여 '문제점' 부분과 관련이 없는 것으로 잘못 파악하기 쉽다. 여기서 중요한 단어는 own이다. 즉 진짜 진실이 아니라, 두 당사자가 서로 자기들만의 진실을 따로따로 가지고 있다는 것이다. 그래서 바로 다음 문장에 '왜곡(distortion)'이 존재한다는 내용이 이어지는 것이다. 즉 ④는 "문제점"에 해당하는 내용이 맞다.

• Those who are hurt tend to see the act [as one with severe consequences] and [as part of an ongoing pattern / that is inexcusable and immoral.]
→ 여기서 one은 an act를 의미한다. 즉 상대방의 행위(the act, 여기선 문맥상 감정을 상하게 하는 행위(the offense)를 의미함)를 '심각한 결과를 초래하는 행위'로 간주하는 경향이 있다는 뜻이다.

사과는 종종 실패하기 마련이다. 사과가 실패하는 한 가지 원인은 '가해자'와 '피해자'가 대개 사건을 다르게 바라보기 때문이다. (사건에 대한) 개인의 서술을 조사해 보았을 때, 연구자들은 해를 끼친 사람들이, 아마도 수치심과 죄책감으로부터 그들 스스로를 보호하기 위해, 잘못을 최소화하려는 경향이 있다는 것을 알아냈다. 그들은 또한 그들의 행동에 대한 결과를 대단치 않게 여기는 경향이 있었다. 이러한 경향성은 피해를 입은 사람에게 분노를 자아내게 할 수도 있는데, 그들은 정반대로 피해를 실제보다 더 과장되게 비리볼 수도 있다. (진심어린 사과가 일반적인 인간관계에서 제공될 때, 그것(사과)들은 피해자들에게 쉽게 받아들여지고 화해가 이어진다.) 상처를 입은 사람들은 그러한 행위를 심각한 결과가 있는 것으로 바라보고, 용서할 수 없으며 부도덕적인, 여전히 진행 중인 패턴의 일부로 바라보는 경향이 있다. 각자는 스스로만의 진실을 가지고 있고, 양자 모두에게 왜곡이 있는 것이다. 그러므로 진심으로 사과하기 위해서는 우리는 단순히 우리가 생각하기에 발생한 것을 주장하는 것이 아니라 다른 사람이 발생한 사건에 대해 실제로 어떻게 느끼는지 우선적으로 주의 깊게 들어야만 한다.

offender 범죄자, 남의 감정을 해치는 사람 / **guilt** 죄책감, 유죄 / **downplay** 대단치 않게 생각하다 / **consequence** 결과; 중요함 / **inflame** 격앙시키다, 악화시키다 / **sincere** 진실된, 진정한 / **reconciliation** 화해 / **ensue** 잇달아 일어나다 / **inexcusable** 용서할 수 없는 / **distortion** 왜곡, 찌그러짐

06

정답률 73%

Most of you experience urges when trying to break a habit and these can → 문제점
be hard to resist unless you find something else to do instead, and best of all, → 해결책(주장)
something that uses the same part of the body — even the same muscles.
① If the habit involves your hands, as when pulling out hair, then try to
occupy them in some other way. ② Playing with a toy or opening and
closing your fists for a couple of minutes might be an answer. ③ The habit
of scratching can be replaced with rubbing in some lotion or patting with the
palm of the hand. ④ If the itches, however, do not disappear, stop scratching
and take the medicine. ⑤ One 35-year-old woman who used to rub her eyes
with her hands until they became sore and infected found it helpful to put on
make-up when she was tempted to rub.

예시1

예시2

첫 문장은 다음과 같은 구조로 되어 있다.

문제점   습관을 깨는 것은 어렵다

해결책   다른 할 일을 찾아야 한다. 특히 몸의 같은 부분(특히 같은 근육)을 사용하는 것을 찾아야 한다.

그리고 다음 문장부터는 습관을 깨기 위해 몸의 같은 부분을 사용하는 다른 할 일에 대한 구체적 진술이 나올 것을 예측할 수 있다.

확인해 보면 구체적 진술도 이 주제문과 같이 '문제점 → 해결책' 구조로 이루어져 있다는 것을 알 수 있다.   **분석기술 1 1**

	문제점	해결책
예시1	① If the habit involves your hands	then try to occupy them in some other way. ↓ 구체화 ② Playing with a toy or opening and closing your fists
예시2	③ The habit of scratching ⑤ One 35-year-old woman who used to rub her eyes with her hands	rubbing in some lotion or patting with the palm of the hand. ↓ 구체화 put on make-up when she was tempted to rub.

④에서도 해결책(stop scratching and take the medicine)이 제시되어 있긴 하지만 이것은 '특히 몸의 같은 부분(특히 같은 근육)을 사용하는' 해결책이 아니며, 문제점(itches) 역시 습관과 관련된 문제점이 아니다.   **풀이기술 1 0**

- One 35-year-old woman [who used to rub her eyes / with her hands / until they became sore and infected] found it helpful ⟨to put on make-up⟩ / when she was tempted to rub.
  - → [ ] 부분은 관계대명사절로, 35-year-old woman을 수식하고 있다. it이 가목적어, ⟨ ⟩ 부분이 진목적어로, '⟨ ⟩ 하는 것이 도움이 된다는 것을 발견했다'라는 의미이다.

당신들 대부분은 습관을 없애려고 시도할 때 충동을 겪으며, 만일 당신이 대신할 다른 어떤 것, 가장 좋은 것은 몸의 동일한 부분과 심지어 동일한 근육을 사용하는 어떤 것인데, 이것을 발견하지 않으면 이 충동들은 견디기 힘들 수 있다. 만약 그 습관이 머리카락을 잡아당길 때처럼 당신의 손과 관련된 것이라면, 그 손을 어떤 다른 방법으로 사용하려고 시도해 보라. 장난감을 가지고 놀거나 당신의 주먹을 몇 분 동안 쥐었다 폈다 하는 것이 해답이 될 수 있다. 긁는 습관은 로션으로 문지르거나 손바닥으로 가볍게 두드리는 것으로 대체될 수 있을 것이다. (하지만, 만약 그 가려움이 사라지지 않는다면, 긁는 것을 멈추고 약을 복용하라.) 자신의 눈을 쓰라리고 종종 감염이 될 때까지 손으로 비비곤 했던 35세의 한 여성은 (눈을) 비비고 싶은 충동이 생길 때 화장을 하는 것이 도움이 된다는 것을 발견했다.

urge 충동 / resist 저항하다 / unless ~하지 않으면 / involve 수반하다 / pull out 잡아당기다, 뽑아내다 / occupy 종사시키다, 일 시키다 / fist 주먹 / scratch 긁다 / rub 비비다 / pat 두드리다 / palm 손바닥 / itch 가려움 / sore 아픈, 피부가 까진 / infected 감염된 / put on make-up 화장하다 / tempt 유혹하다

01

정답률
61%

When a dog is trained to detect drugs, explosives, contraband, or other items, the trainer doesn't actually teach the dog how to smell; the dog already knows how to discriminate one scent from another. Rather, the dog is trained to become emotionally aroused by one smell versus another. ① In the step-by-step training process, the trainer attaches an "emotional charge" to a particular scent so that the dog is drawn to it above all others. ② And then the dog is trained to search out the desired item on cue, so that the trainer can control or release the behavior. ③ This emotional arousal is also why playing tug with a dog is a more powerful emotional reward in a training regime than just giving a dog a food treat, since the trainer invests more emotion into a game of tug. ④ As long as the trainer gives the dog a food reward regularly, the dog can understand its "good" behavior results in rewards. ⑤ From a dog's point of view, the tug toy is compelling because the trainer is "upset" by the toy.

독해기술

①의 앞부분에서 이 글의 주제는 '개의 훈련 과정에서 냄새에 의한 감정적 흥분'임을 알 수 있다. 선지에서 '감정적 흥분'에 대한 내용이 없는 것을 고르면 된다. 이는 ②와 ④에 해당한다.

②의 경우 '감정'이란 표현은 들어있지 않지만, 감정적 흥분을 활용하는 훈련 과정의 일부이다. ③에서는 특별한 먹이(food treat)를 주는 것보다 당기기 게임(playing tug)이 더 강력한 감정적 보상이 된다고 했다. 그렇다면 특별한 먹이를 주는 것은 그다지 감정적 보상이 되지 못한다. 그런데 ④는 특별한 먹이 보상에 대해서만 설명하고 있으므로 주제에서 벗어난다.

구문분석

• In the step-by-step training process, the trainer attaches an "emotional charge" to a particular scent so that the dog is drawn to it above all others.
→ 여기서 charge는 '흥분'을 뜻하는 단어로, 일반적으로 'emotional charge (감정적 흥분)' 형태로 사용된다. 문제를 풀 때 charge의 이러한 세부적인 의미를 모르더라도 emotional이란 단어를 통해 감정에 관한 표현이란 것만 인식하면 충분하다.

오답피하기

⑤ (13%) : upset이 감정을 나타내는 단어이므로 ⑤는 주제와 관련이 있는 문장이다.

지문해석

개가 마약, 폭발물, 밀수품, 또는 다른 물건들을 탐지하도록 훈련을 받을 때, 조련사는 실제로 개에게 냄새 맡는 법을 가르치지 않는데 개는 이미 한 냄새를 다른 냄새와 구별하는 방법을 알고 있다. 오히려, 개는 한 냄새와 대조된 다른 냄새로 인해 감정적으로 흥분하도록 훈련된다. 단계별 훈련 과정에서, 조련사는 특정한 냄새에 '감정적인 흥분'을 부여하여 개가 다른 무엇보다도 그것에 끌리도록 한다. 그런 다음, 그 개는 조련사가 개의 행동을 통제하거나 발산할 수 있도록 신호에 따라 바라는 품목을 찾아내도록 훈련된다. 이러한 감정적인 흥분은 또한 개와 함께 당기기 놀이를 하는 것이 단순히 특별한 먹이를 주는 것보다 더 강력한 감정적 보상인 이유이기도 하다. 왜냐하면 조련사는 당기기 놀이에 더 많은 감정을 투입하기 때문이다. (조련사가 개에게 정기적으로 먹이 보상을 해주는 한, 개는 자신의 '좋은' 행동이 보상으로 이어진다는 것을 이해할 수 있다.) 개의 관점에서 보면, 그 당기기 장난감은 조련사가 장난감에 의해 '흥분하기' 때문에 흥미진진하다.

detect 탐지하다, 찾다 / explosive 폭발물 / discriminate 구별하다 / scent 냄새 / arouse 자극하다, 각성시키다 / emotional charge 감정적인 흥분 / drawn to ~에 끌리는 / search out ~을 찾아내다 / on cue 신호에 따라 / release 발산하다, 방출하다 / arousal 자극, 흥분 / regime 관리 체계 / treat 특별한 것, 대접, 한 턱 / invest 투입하다, 쏟다 / point of view 관점 / upset 흥분한, 화가 난

02

정답률 64%

One of the most widespread, and sadly mistaken, environmental myths is that living "close to nature" out in the country or in a leafy suburb is the best "green" lifestyle. Cities, on the other hand, are often blamed as a major cause of ecological destruction — artificial, crowded places that suck up precious resources. / Yet, when you look at the facts, nothing could be farther from the truth. ① The pattern of life in the country and most suburbs involves long hours in the automobile each week, burning fuel and pumping out exhaust to get to work, buy groceries, and take kids to school and activities. ② City dwellers, on the other hand, have the option of walking or taking transit to work, shops, and school. ③ The larger yards and houses found outside cities also create an environmental cost in terms of energy use, water use, and land use. ④ This illustrates the tendency that most city dwellers get tired of urban lives and decide to settle in the countryside. ⑤ It's clear that the future of the Earth depends on more people gathering together in compact communities.

통념

진실(요지)

요지 구체화

독해기술

nothing could be farther from the truth라는 표현을 통해, 앞부분의 통념을 뒤집은 진실이 글의 요지임을 알 수 있다. ▶ 분석기술 1 0
즉, 시골이나 교외 지역에 사는 것이 오히려 생태계를 파괴하며, 도시에 사는 것이 친환경적이라는 것이 글의 요지가 된다. 선지에서 이 내용과 관련이 없는 것을 고르면 된다.
① : 시골과 교외 지역이 대기오염을 일으킨다는 내용이므로 요지에 부합한다.
② : 도시에서는 걷거나 대중교통을 이용할 수 있어 친환경적이라는 내용이므로 요지에 부합한다.
③ : 도시 바깥(=시골과 교외 지역)은 환경적 대가를 치러야 한다는 내용이므로 요지에 부합한다.
④ : 환경과 아무 관련이 없는 내용이므로 정답이 된다.
⑤ : compact communities가 문맥상 도시를 가리키는 표현이다. 도시에 사는 것이 친환경적이므로 지구의 미래가 더 많은 사람들이 도시에 함께 모이는 것에 달려 있다는 것은 요지에 부합한다.

구문분석

• Yet, when you look at the facts, nothing could be farther from the truth.
→ nothing could be farther from the truth는 뒤에 (than that)이 생략된 하나의 관용구이다. 직역하면 '그것(앞 문장)보다 진실에서부터 더 먼 것은 없다'가 되는데, 이는 곧 '앞 문장이 진실에서 가장 멀다(=앞 문장은 전혀 진실이 아니다)'라는 의미이다.

가장 널리 퍼져 있고 슬프게도 잘못 알려진 환경에 대한 근거 없는 통념 중 하나는, 시골이나 잎이 무성한 교외에서 '자연과 가까이' 사는 것이 최고의 '친환경적인' 생활 방식이라는 것이다. 반면에 도시들은 귀중한 자원을 빨아먹는 인위적이고 붐비는 장소로서 종종 생태학적 파괴의 주요 원인으로 비난받는다. 하지만 사실들을 살펴보면, 그것은 전혀 진실이 아니다. 시골과 대부분의 교외 지역에서의 생활양식은 직장에 가고, 식료품을 사고, 아이들을 학교와 활동에 데려가기 위해 연료를 소모하고 배기가스를 내뿜으며 매주 자동차 안에서 긴 시간을 보내는 것을 포함한다. 반면에 도시 거주자들은 직장, 상점, 학교로 걸어가거나 대중교통을 선택할 수 있다. 도시 밖에서 발견되는 더 큰 마당과 집들은 또한 에너지 사용, 물 사용 및 토지 사용 측면에서 환경적인 대가를 치르게 한다. (이는 대부분의 도시 거주자들이 도시 생활에 싫증을 느끼고 시골에 정착하기로 결심하는 경향을 잘 보여준다.) 지구의 미래는 더 많은 사람들이 밀집된 공동체에 함께 모이는 것에 달려 있다는 것은 분명하다.

mistaken 잘못된 / myth 근거 없는 통념, 잘못된 믿음; 신화 / ecological 생태계[학]의, 생태상의 / suck up ~을 빨아먹다[빨아들이다] / exhaust 배기가스; 다 써버리다 / dweller 거주자 / transit 대중교통 / in terms of ~의 관점에서 / illustrate 보여주다 / settle 정착하다 / gather 모이다

03

정답률 40%

Consider the following implication involving the role of social bonds and affection among group members. If strong bonds make even a single dissent less likely, the performance of groups and institutions will be impaired. ① A study of investment clubs showed that the worst-performing clubs were built on affective ties and were primarily social, while the best-performing clubs limited social connections and focused on making money. ② Dissent was far more frequent in the high-performing clubs. ③ The low performers usually voted unanimously, with little open debate. ④ As illustrated in the study, the high performers placed more importance on social bonds than the low performers, resulting in their high rate of success. ⑤ The central problem is that the voters in low-performing groups were trying to build social cohesion rather than to produce the highest returns

주제문

구체적 진술
(worst-performing과
best-performing의
대조)

글의 흐름을 묻는 문제는 글의 주제문과 관련되지 않은 문장을 고르면 된다. 풀이기술 1 0 반드시 그런 것은 아니지만 이 유형의 문제에서는 대개 첫 문장이 주제문인 경우가 많다. 즉 ①~⑤ 중에서 첫 문장을 뒷받침하지 않는 문장을 고르도록 출제하는 것이 대부분이다.

이 문제도 첫 두 문장이 주제문으로, 여기에서 글의 요지가 드러난다. '만약 dissent(반대, 이의)가 적어지면 strong bonds(강한 유대감)와 affection(애정)이 손해가 된다(impaired)'는 것이 요지이다.

글에는 best-performing과 worst-performing이라는 개념이 반복적으로 등장한다. 즉 '유대감과 애정 많은 곳에서 성과가 안 나오고(worst-performing), 유대감과 애정이 적은 곳에서 성과가 잘 나온다(best-performing)'는 내용이 계속 반복되고 있다. 독해원리 0 3

① : affective ties가 있었던 동아리는 가상 성과가 적었고, social connections를 제한시켰던 동아리는 가장 성과가 좋았다는 내용이므로 주제문과 같은 내용이다.

② : dissent가 적으면 손해가 된다는 것이 요지이므로, 성과가 좋은 동아리에서 dissent가 빈번했다는 것은 주제문과 같은 내용이다.

③ : 30%나 되는 오답이 나왔다. 여기서 'voted unanimously(만장일치로 표결하다)'는 '이의(dissent)가 없다'는 뜻이다. '성과가 좋지 않은 사람들(low performers)은 만장일치로 표결했다'는 것은 'dissent가 적으면 손해가 된다'라는 주제문과 같은 내용이다. 만약 여기서 unanimously라는 단어를 몰랐더라도 with little open debate를 이용해서 파악할 수도 있다. 즉 열린 토론이 거의 없었다는 것을 보고 dissent가 거의 없었다는 것을 파악해낼 수 있다.

④ : 유대감과 애정이 많은 곳에서 성과가 안 나온다는 것이 주제문의 내용이다. 그런데 ④는 the high performs가 social bonds를 중요시 했다는 내용이므로 주제문과는 정반대되는 내용이다.

⑤ : 성과가 안 나왔던 그룹은 social cohesion(사회적 단결력)을 만들려 했다는 내용이므로 주제문과 같은 내용이다.

구문분석

• The high performers placed more importance on social bonds than the low performers (　), [resulting in their high rate of success].
  → (　) 부분에는 placed importance on social bonds가 생략된 것이다. 일반동사 (placed)를 사용한 표현이므로 조동사 do를 이용하여 'did' 형태로 이 내용을 받을 수도 있고, 이처럼 완전히 생략할 수도 있다. 동일한 어구가 반복되기 때문이다.
  → [　] 부분은 결과를 나타내는 분사구문이다.

지문해석

집단 구성원들 사이의 사회적 결속과 애정의 역할과 관련하여, 다음 내용이 함축하고 있는 의미를 고려해 보아라. 만일 강한 결속이 단 하나의 반대조차도 덜 발생하게 만든다면, 집단과 단체의 성과는 손해를 입을 것이다. 투자 동아리들에 관한 한 연구는 최악의 성과를 내는 동아리가 정서적인 유대를 바탕으로 세워졌고 주로 사교적이었던 반면, 최고의 성과를 내는 동아리는 사교적 관계를 제한했고 돈 버는 데만 주력했다는 점을 보여주었다. 의견 불일치는 높은 성과를 내는 동아리에서 더 빈번하게 있었다. 성과가 낮은 사람들은 대부분 공개적인 토론이 거의 없이 만장일치로 투표했다. (연구에서 예시된 바와 같이, 높은 성과를 내는 사람들은 낮은 성과를 내는 사람보다 사회적 결속에 더 큰 중요성을 두었으며, 이는 더 높은 성공률이라는 결과를 낳았다.) 주된 문제는 성과가 낮은 그룹의 투표자들은 높은 수익을 생산하기보다 사회적 응집력을 구축하려고 노력하고 있었다는 점이다.

implication 내포, 함축 / affection 애정 / dissent n. 반대, 이의 v. 의견을 달리하다 / unanimously 만장일치의 / place importance on A A를 강조하다 / cohesion 단결, 응집력 / return 수익(률)

04
정답률 41%

Since the 1980's, zoos have strived to reproduce the natural habitats of their animals, replacing concrete floors and steel bars with grass, rocks, trees, and pools of water. These environments may simulate the wild, but the animals do not have to worry about finding food, shelter, or safety from predators. ① While this may not seem like such a bad deal at first glance, the animals experience numerous complications. [주제문] ② And yet, most of the complications were settled with no delay in order to ensure the animals' health and safety. ③ The zebras live constantly in fear, smelling the lions in the nearby Great Cats exhibit every day and finding themselves unable to escape. ④ There is no possibility of migrating or of storing food for the winter, which must seem to promise equally certain doom to a bird or bear. [뒷받침 문장] ⑤ In short, zoo life is utterly incompatible with an animal's most deeply-rooted survival instincts. [주제문 재진술]

①이 나오기 전까지는 아직 흐름이 보이지 않는다. ①의 내용은, 이것(동물원이 자연을 모방한 것)이 얼핏 보기엔 나쁘지 않아 보이지만 동물들은 문제점(complications)을 겪는다는 것이다. 만약 ②~⑤에서 이런 동물원의 장점이 등장하면 ①이 답일 것이고, ②~⑤에서 계속 단점이 이어지다 어느 한 문장에 장점이 나오면 그것이 답일 것이다.

②를 보면 역접 연결어 yet으로 내용이 전환되며, 이러한 문제점들이 즉각 해결된다고 나와 있다. 그런데 ③, ④는 전부 동물들이 어려움을 겪는다는 구체적인 내용으로, ①을 뒷받침한다. 즉 ①이 주제문이고, ③, ④가 뒷받침 문장이며, ⑤는 주제문에 대한 재진술이다. 정답은 주제문과 관련되지 않은 ②가 된다. 풀이기술 1 0

구문분석

• Since the 1980's, zoos have strived to reproduce the natural habitats of their animals, replacing concrete floors and steel bars with grass, rocks, trees, and pools of water.

→ 'replace A with B'를 '대체하다'라고만 알고 있으면 무엇이 무엇을 대체하는지 정확한 의미를 알 수 없다. 이는 'A를 버리고 B를 대신 쓰다'라는 의미이다. 반면 비슷한 의미의 'substitute A for B'는 'A를 대신 쓰다 / B를 버리고'라는 전혀 반대의 의미이다.

지문해석

1980년대 이후로 동물원들은 콘크리트 바닥과 쇠창살을 풀, 암석, 나무, 물웅덩이로 내제하면서 동물들의 자연 서식지를 재현하려 노력해 왔다. 이런 환경들은 야생을 흉내 낸 것일 수 있지만, 동물들은 먹이와 잠자리, 포식동물로부터의 안선에 대해 걱정할 필요가 없다. 얼핏 보면 이것은 그리 나쁜 거래처럼 보이지 않을 수도 있지만, 동물들은 수많은 복잡한 문제들을 경험한다. (그렇지만, 대부분의 복잡한 문제들은 동물들의 건강과 안전을 보장하기 위해 지체 없이 해결이 되었다.) 얼룩말은 큰 고양이과 전시장 옆에 살고 있는 사자의 냄새를 매일 맡으면서 도망갈 수 없는 자신들의 처지를 발견하고, 항상 두려움 속에서 산다. 철따라 이동을 하거나 겨울을 대비해서 음식을 저장할 수 있는 가능성이 전혀 없는데, 그것은 새나 곰에게는 분명 똑같이 파멸을 약속하는 것처럼 보일 것임에 틀림없다. 간략히 말하자면, 동물원 생활은 동물들의 가장 깊이 뿌리박혀 있는 생존 본능과 완전히 맞지 않는 것이다.

strive 노력하다 / reproduce 재현하다, 복제하다 / simulate 흉내 내다 / predator 포식동물 / complication 복잡함, 곤란한 사정 / ensure 보장하다 / exhibit 전시장 / incompatible 맞지 않는, 양립할 수 없는 / instinct 본능

01
정답률
59%

> **But** now rock radio is in seemingly terminal decline and MTV doesn't show many music videos anymore.

Once upon a time, there was only one way to launch a hit album: radio. Nothing else reached as many people, as often. Getting on a radio playlist was difficult, but once a song was in heavy rotation on the radio, it had a high probability of selling. Then, in the 1980s, came MTV, which became the second way to create a hit. (①) It had even more limited capacity for new music, but its influence over a generation was unparalleled. (②) For the music labels, those were good times; it was a brutally competitive business, but it was a business they knew. (③) They understood the rules, and they could earn their keep by working them. (④) So how to market music? (⑤) Labels know the answer lies online, tapping the word-of-mouth forces that are replacing traditional marketing in creating demand, but they're still trying to figure out exactly how best to do it.

독해기술

우선 주어진 문장을 보면 역접 연결어 But으로 시작하며, radio가 쇠퇴하고 있고, MTV도 더 이상 뮤직비디오를 많이 보여주지 않는다고 되어 있다. 그렇다면 주어진 문장 앞부분에는 radio와 MTV가 잘 나가는 내용, 뒷부분에는 그렇지 않은 내용이 있으면 된다. (풀이기술 1 4)

글의 초반에는 앨범 판매를 촉진하는 방식으로 radio를 언급하고, 그 이후에는 MTV를 언급한다. ①의 뒷부분에서, limited capacity를 보고 부정적인 내용이 나오는 것으로 착각하면 안 된다. MTV가 새로운 음악을 틀어주는 것에서는 좀 더 제한적이었지만, 그래도 그 영향력은 대단히 컸다(unparalleled)고 되어 있다. 즉 아직까진 내용의 흐름에 문제가 없다. ② 이하도 마찬가지로, brutally competitive라는 표현을 보고 부정적인 내용으로 착각하면 안 된다. 비록 대단히 경쟁적인 시장이었지만, radio와 MTV라는 시장에선 사업이 어떻게 돌아가는지 음반사들이 알고 있으므로 그들에겐 radio와 MTV는 좋은 수단이었다는 의미이다. ③ 이후에도 radio와 MTV가 음반 판매에 좋은 수단인 이유가 언급되어 있다. 즉 여기까지 내용의 흐름은 잘 이어진다. 그런데 ④ 뒤에서 갑자기 '그렇다면 어떻게 음악을 팔 것인가?'라는 질문이 나온다. ④ 이전까지 radio와 MTV를 이용해서 음반을 잘 팔았다고 되어 있는데, 갑자기 음반을 어떻게 팔 것인지 묻고 있으므로 내용의 흐름이 끊어진다. (풀이기술 1 5) 여기에 주어진 문장을 집어넣으면, radio가 쇠퇴하고, MTV가 뮤직비디오를 잘 방영해 주지 않는다는 내용으로 흐름이 전환되고, 그 이후에 질문과 답변 구조를 통해 ⑤에서 새로운 홍보 방식을 언급하는 것으로 전체적인 흐름이 잘 이어진다.

구문분석

• Once upon a time, there was only one way to launch a hit album: radio. Nothing else reached as many people, as often.

→ 원급 비교 구문의 as ~ as 중에서, 이 문장에 쓰인 두 개의 as는 둘 다 첫 번째 as이다. 즉 as many people과 as often 뒤에

는 as radio가 공통적으로 생략되어 있다. 즉 라디오만큼 많은 사람들에게 다가가고, 또 라디오만큼 빈번하게 다가가는 다른 매체는 없었다(nothing else)는 뜻이다.

- They understood the rules, and they could earn their keep by working them.
  → keep은 명사로 '먹고 사는 데 필요한 것들; 생활비'라는 뜻이 있다. 그리고 여기서 them은 the rules를 지칭하는데, 규칙들을 work한다는 것은 그 규칙대로 일을 한다는 뜻이다. 이 문맥에서 rules란 radio나 MTV를 통해 음반이 홍보되고 판매되는 방식을 뜻하는데, 음반 회사들은 이러한 방식을 이해하고 있었고, 그러한 방식대로 일을 함으로써 그들의 생계를 유지할 수 있었다는 뜻이다.

지문해석

옛날에는 인기 앨범을 발매하는 방법은 하나뿐이었다. 바로 라디오이다. 다른 아무것도 그만큼 사람들에게 많이, 자주 접해지지 않았기 때문이다. 라디오 재생 목록에 올라가는 것은 어려웠지만, 일단 라디오에서 자주 들리게 되면, 팔릴 가능성이 높아졌다. 그리고 1980년대가 되어, 인기를 만드는 두 번째 방법이 되었던 MTV가 출범했다. 이는 신곡에 대해 더욱 제한된 수용 능력을 가졌지만, 세대를 걸쳐 끼친 영향은 비할 바가 못되었다. 음반사들에게는, 그때가 좋은 시절이었다. 그것은 극도로 경쟁적인 사업이었지만, 그들이 알고 있는 사업이었다. 그들은 규칙을 이해했고, 그것을 활용함으로써 돈을 벌 수가 있었다. 그러나 록을 들려주는 라디오는 이제 말기에 들어 쇠퇴하는 것으로 보이고, MTV는 더 이상 많은 뮤직비디오를 보여주지 않는다. 그렇다면 어떻게 음반 사업을 할 것인가? 음반사들은 온라인에 해답이 있음을 알고, 수요를 창출하는데 있어서 전통적인 음반 사업을 대체하고 있는 구전적인 힘을 이용하지만, 그들은 여전히 어떻게 해야 가장 잘 할 수 있을지 알아내려고 노력중이다.

terminal 손을 쓸 수 없는, 말기의 / **in heavy rotation** 자주, 아주 많이 / **unparalleled** 비할 데 없는 / **brutally** 야만스럽게 / **competitive** 경쟁을 하는, 경쟁력 있는 / **tap** 타진하다, 이용하다 / **word-of-mouth** 구전의

02

정답률
55%

> Despite such evidence of favoritism toward handsome politicians, follow-up research demonstrated that voters did not realize their bias.

Research has shown that we automatically assign to good-looking individuals such favorable traits as talent, kindness, honesty, and intelligence. (①) Furthermore, we make these judgements without being aware that physical attractiveness plays a role in the process. (②) Some consequences of this unconscious assumption that "good-looking equals good" scare me. (③) For example, a study of the 1974 Canadian federal elections found that attractive candidates received more than two and a half times as many votes as unattractive candidates. (④) In fact, 73 percent of Canadian voters surveyed denied in the strongest possible terms that their votes had been influenced by physical appearance; only 14 percent even allowed for the possibility of such influence. (⑤) Voters can deny the impact of attractiveness on electability all they want, but evidence has continued to confirm its troubling presence.

독해기술

주어진 문장에 힌트가 될 만한 지시사/대명사, 연결어가 없으므로 내용의 흐름을 가지고 판단해야 한다. 우선 글의 첫 문장과 ① 문

장은 잘 생긴 외모가 우리에게 미치는 일반적인 영향을 말하고 있다. 두 문장 모두 we를 주어로 하고 있다는 것을 잘 확인해야 한다. 그런데 주어진 문장에서 편견을 깨닫지 못하는 사람들은 we가 아니라 voters이다. 즉 주어진 문장은 일반적 진술 부분이 아닌, 구체적 진술인 예시 부분에 들어가야 한다. 따라서 선거에 대한 예시가 나오기 전까지인 ①~③은 일단 답이 될 수 없다. ③ 뒷문장은 잘 생긴 정치인이 더 많이 득표했다는 결과를 서술했을 뿐이다. in fact는 추가 설명을 할 때 사용할 수 있는데, ④ 이후를 보면 73퍼센트의 투표자들이 외모에 의해 그들의 선택이 영향 받았다는 사실을 부정했다는 말이 나온다. 이것은 투표자들의 그들의 편견을 깨닫지 못했다는 사실, 즉 주어진 문장에 대한 구체적 진술이다. 따라서 답은 ④가 된다.

풀이기술 1 3

오답피하기

⑤ (22%) : 물론 구체적 진술이 먼저 나오고 뒤에 일반적 진술이 나올 수도 있다. 그런데 여기에서 주어진 문장의 앞부분에는 such evidence of favoritism이라는 표현이 나오는데, 이것이 ③ 뒤쪽 내용을 가리킨다. 따라서 정답은 ④만 가능하다.

구문분석

- In fact, 73 percent of Canadian voters (surveyed) denied ⟨in the strongest possible terms⟩ [that their votes had been influenced by physical appearance]; only 14 percent even allowed for the possibility of such influence.
  - → ( ) 부분은 동사가 아니라 voters에 대한 수식어이다. 즉 voters (who are) surveyed를 줄여 쓴 것으로, '조사된 투표자들'이란 뜻이다. denied가 동사이고, [ ] 부분이 목적어에 해당한다. terms에는 '용어, 말'이란 뜻이 있으며, ⟨ ⟩는 '가장 강력한 어투/말투로' 정도로 해석하면 된다.
  - → allow for는 '허락하다'가 아니라 '~을 감안하다, 참작하다'란 의미이다. 즉 14%의 사람들만이 그런 영향력이 존재할 가능성을 감안했다는 뜻이다.
- Voters can deny [the impact of attractiveness on electability] ⟨all they want⟩, but evidence has continued to confirm its troubling presence.
  - → impact는 '충격, 영향'이란 의미인데, 충격, 영향을 주는 주체는 소유격이나 'of + N' 형태로 표현하고, 충격, 영향을 받는 대상은 'on + N'으로 표현한다. 즉 [ ] 부분은 '외모(attractiveness, (신체적) 매력)가 선출 가능성에 미치는 영향'이란 의미이다.
  - → ⟨ ⟩ 부분은 all (that) they want에서 that이 생략된 것으로, 본래 all은 명사이지만 영어에선 명사가 흔히 부사로 사용되는 경우가 많다. 여기에서도 ⟨ ⟩ 부분은 부사로 사용되어, '원하는 만큼 마음껏 부정할 수 있다'는 의미를 만든다.

지문해석

연구에 따르면 우리는 잘생긴 사람에게 재능, 친절함, 정직, 지성과 같은 호의적인 특성들을 자동으로 부여한다는 점이 밝혀졌다. 게다가, 우리는 신체적인 매력이 이러한 과정에 한몫을 한다는 점을 인지하지 않고도 이러한 판단을 내린다. '잘생긴 인상이 좋은 것이다'라는 이 무의식적인 추정의 어떤 결론들은 나를 두렵게 한다. 예를 들어, 1974년 캐나다 연방 선거에 대한 연구는 호감형인 후보자가 비호감형인 후보자보다 2.5배 더 많은 표를 얻었다고 밝혀냈다. 잘생긴 정치인들을 향한 치우친 애정에 대한 그와 같은 증거에도 불구하고, 후속 연구는 유권자들이 자신들의 편견을 깨닫지 못했다는 것을 보여주었다. 사실, 조사를 받은 73퍼센트의 캐나다 유권자들은 그들의 표심이 신체적 외모에 의해 영향을 받았다는 점을 가능한 한 강력한 어조로 부인했다. 단지 14퍼센트만이 이러한 영향력의 가능성을 인정했다. 유권자들은 선출 가능성에 있어서 외모의 영향을 그들이 원하는 만큼 최대한 부인할 수 있겠지만, 증빙 자료들이 그것의 성가신 존재를 계속해서 확인해왔다.

favoritism 치우친 사랑, 편애 / follow-up 뒤따르는, 계속하는 / demonstrate 입증하다, 보여주다 / bias 편견, 선입관 / assign 부여하다, 할당하다 / trait 특성, 특색 / consequence 영향(력), 결과 / unconscious 의식이 없는; 무의식의 / term 말투, 말씨 / appearance 외모, 겉보기

03

정답률
57%

> Most readers of reports and papers are reading the documents because they are interested in, and know something about, the subject.

What is the best order for a report, paper or other technical document? Of course, it must be logical; but that means simply that the paper must have connection and sequence, and a variety of orders is possible under this heading. Too many writers interpret the term *logical* to mean chronological, and it has become habitual to begin reports and papers with careful reviews of previous work. (①) Usually, this is tactically weak. (②) Therefore, to rehearse to them the findings of previous work is simply to bore them with unnecessary reminders. (③) The interesting thing for them is the new information — the new findings and conclusions. (④) So it is usually best to start with those pieces of information. (⑤) To give a long chronological account of work or procedures is normally appropriate *only* when the essential point of the paper is the chronological sequence.

독해기술

주어진 문장에 지시사/대명사, 연결어가 전혀 없다. 이때는 지문 내에서 지시사/대명사 혹은 연결어를 찾아 활용한다. 글을 읽으면서 지시사/대명사 혹은 연결어의 흐름이 부자연스러운 곳을 찾아보자. ①번 뒷 문장에서의 this는 앞에 있는 '이전 연구의 검토로 보고서와 논문을 시작하는 습관'을 가리키며, 이것이 전술적으로 약하다는 것은 흐름이 자연스럽다. 그런데 ②번 다음 문장에서, '그러므로(therefore)'라는 연결어 뒤에 them이란 대명사가 나오는데, 일단 앞 문장엔 them으로 가리킬 대명사가 없으며, 그 앞 문장을 살펴보더라도 them으로 가리킬 수 있는 사람은 many writers밖에 없다. 이전 연구의 결과들을 반복(rehearse)해주는 대상은 writers가 아니라 readers여야 한다. 따라서 주어진 문장을 ②번 자리에 넣으면, them이 주어진 문장의 most readers를 가리키게 되어 흐름이 자연스럽게 이어진다.

구문분석

- Therefore, to rehearse (to them) [the findings of previous work] is simply to bore them with unnecessary reminders.
  - → 여기서 rehearse는 '예행연습하다'라는 의미가 아니라 '반복하다(=repeat)'라는 의미이다. 그런데 뒤에 전치사구 to them이 먼저 보이므로 이것에 괄호를 하고, 그 뒤에 있는 [ ] 부분을 목적어로 파악해야 한다.
- Most readers of reports and papers are reading the documents because they are interested in, and know something about, [the subject].
  - → 뒤에 있는 [the subject]는 전치사 in과 about의 공통적인 목적어이다.

지문해석

보고서, 논문 또는 기타 기술 문서에 가장 적합한 글쓰기 순서는 무엇일까? 물론 그것은 논리적이어야 한다. 하지만 이것이 의미하는 바는 단순히 그 논문이 연결고리와 순서를 가져야 한다는 것뿐인데, 이러한 방침(=연결고리와 순서를 가져야 한다) 하에선 다양한 순서가 가능하다. 너무 많은 저자들은 '논리적'이라는 용어를, '연대순'을 의미하는 것으로 해석하여, 보고서와 논문을 이전 연구에 대한 꼼꼼한 검토로 시작하는 것이 습관이 되어 버린다. 대개 이것은 좋지 않은 전술이다. 보고서와 논문의 대부분의 독자들은 그들이 그 주제에 대해 관심이 있고, 무언가를 알고 있기 때문에 그 문서들을 읽는 것이다. 그러므로 그들에게 이전 연구의 결과를 반복해주는 것은 단지 그들을 불필요한 내용으로 지루하게 만들 뿐이다. 그들에게 흥미로운 것은 새로운 정보, 즉 새로운 발견과 새로운 결론이다. 그러므로 대개는 이러한 정보(새로운 정보)로 시작하는 것이 가장 좋다. 연구나 절차들에 대해 연대순의 긴 설명을 해주는 것은 그 논문의 요점이 연대순을 밝히는 것일 때에만 적절하다.

paper 종이; 논문; 신문 / **sequence** 순서 / **a variety of** 다양한 / **habitual** 습관적인 / **tactically** 전술적으로 / **rehearse** 리허설[예행연습]하다; 반복하다 / **reminder** (과거를) 생각나게 하는 것 / **account** 설명 / **procedure** 절차

04
정답률 55%

There's a reason for that: traditionally, park designers attempted to create such a feeling by planting tall trees at park boundaries, building stone walls, and constructing other means of partition.

Parks take the shape demanded by the cultural concerns of their time. Once parks are in place, they are no inert stage — their purposes and meanings are made and remade by planners and by park users. Moments of park creation are particularly telling, however, for they reveal and actualize ideas about nature and its relationship to urban society. (①) Indeed, what distinguishes a park from the broader category of public space is the representation of nature that parks are meant to embody. (②) Public spaces include parks, concrete plazas, sidewalks, even indoor atriums. (③) Parks typically have trees, grass, and other plants as their central features. (④) When entering a city park, people often imagine a sharp separation from streets, cars, and buildings. (⑤) What's behind this idea is not only landscape architects' desire to design aesthetically suggestive park spaces, but a much longer history of Western thought that envisions cities and nature as antithetical spaces and oppositional forces.

독해기술

주어진 문장에서 사용할 수 있는 단서는 지시사 that과 such a feeling이라는 표현이다. **풀이기술 1 4** There's a reason for that 라는 표현을 통해 주어진 문장은 무언가에 대한 이유를 제시하고 있음을 알 수 있는데, 이것보다는 such a feeling을 단서로 활용하는 것이 더 쉽다. 어떤 느낌을 표현하고 있는 것을 찾으면 되기 때문이다.

단, 본문에 feeling이란 단어가 직접적으로 사용되지 않아서 난이도가 높아졌다. ④ 뒤에서, 사람들은 도시 공원에 들어갈 때, 'a sharp separation from~ (~로부터의) 뚜렷한 분리[단절]'을 상상한다고 했는데, 이것을 가리키는 것이 such a feeling이다. 따라서 정답은 ⑤가 된다.

또한 그런 날카로운 분리를 상상하는(=느끼는) 이유가 바로 주어진 문장에서 설명하고 있는, '공원 설계자들이 ~함으로써 그런 느낌을 만들어 내려고 시도'했기 때문이다.

오답피하기

④ (32%) : ④를 선택한 오답이 많이 나왔는데, ④의 앞 문장에는 such a feeling으로 가리킬 만한 표현이 없다.

- What's behind this idea is not only 〈landscape architects' desire to design aesthetically suggestive park spaces〉, but (also) [a much longer history of Western thought that envisions cities and nature as antithetical spaces and oppositional forces].
  → 'not only A but also B' 구조에서 also는 흔히 생략된다. 〈 〉, [ ]가 각각 A, B에 해당한다.

공원은 그들 시대의 문화적 관심사가 요구하는 형태를 취한다. 일단 공원이 자리를 잡으면, 그것은 비활성화된 단계가 아니다. 즉 그것의 목적과 의미는 계획자들과 공원 사용자들에 의해 만들어지고 다시 만들어진다. 그러나 공원을 조성하는 순간들은 특별히 의미가 있는데, 자연과 그것이 도시 사회에 미치는 관계에 대한 생각을 드러내고 실현시키기 때문이다. 실제로, 공원을 더 넓은 범주의 공공 공간과 구별하는 것은 공원이 구현하고자 하는 자연의 표현이다. 공공 공간에는 공원, 콘크리트 광장, 보도, 심지어 실내 아트리움도 포함된다. 일반적으로 공원은 나무, 잔디, 그리고 다른 식물들을 그들의 중심 특징으로 가지고 있다. 도시 공원에 들어갈 때, 사람들은 종종 거리, 자동차, 그리고 건물들로부터 뚜렷한 분리를 상상한다. 거기에는 이유가 있는데 전통적으로 공원 설계자들은 공원 경계에 키가 큰 나무를 심고, 돌담을 쌓고, 다른 칸막이 수단을 건설함으로써 그러한 느낌을 만들려고 시도했다. 이 생각의 배후에는 미적인 암시가 있는 공원 공간을 설계하려는 조경가들의 욕망뿐만 아니라 도시와 자연을 대조적인 공간과 반대 세력으로 상상하는 서양 사상의 훨씬 더 긴 역사가 있다.

inert 비활성[불활성]의 / representation 표현, 묘사 / embody 구현하다, 상징하다 / partition 칸막이 / landscape architect 조경기 / suggestive (~를) 연상시키는 / envision 상상하다, 마음속에 그리다 / oppositional 반대의

05

정답률 56%

> It may be easier to reach an agreement when settlement terms don't have to be implemented until months in the future.

Negotiators should try to find ways to slice a large issue into smaller pieces, known as using *salami tactics*. (①) Issues that can be expressed in quantitative, measurable units are easy to slice. (②) For example, compensation demands can be divided into cents-per-hour increments or lease rates can be quoted as dollars per square foot. (③) / When working to fractionate issues of principle or precedent, parties may use the time horizon (when the principle goes into effect or how long it will last) as a way to fractionate the issue. (④) / Another approach is to vary the number of ways that the principle may be applied. (⑤) For example, a company may devise a family emergency leave plan that allows employees the opportunity to be away from the company for a period of no longer than three hours, and no more than once a month, for illness in the employee's immediate family.

방법1

방법2

방법3

주어진 문장에 단서로 사용할 연결어나 지시사/관사가 없기 때문에 어려운 문제이다. 또한 글을 쭉 읽어보면 내용의 단절도 느껴지지 않기 때문에 더더욱 어려워진다. 지문 내의 연결어와 내용을 통해 풀어야 한다.

우선 첫 문장에서 문제를 더 작은 조각으로 나누는 방법을 찾아야 한다고 했다. 그런데 주어진 문장은 문제를 더 작은 조각으로 나누는 내용이 아니므로 ①은 정답이 될 수 없다. ① 뒤를 보면 정량적이고 측정 가능한 단위로 표현될 수 있는 문제가 나누기(slice) 쉽다고 했으므로, 첫 문장에서 문제를 작은 조각으로 나눈다고 한 것과 내용과 잘 이어진다.

그 다음은 ② 뒤의 예시가 정량적이고 측정 가능한 것인지 확인해야 한다. 시간당 센트 증가(cents-per-hour increments)나 평방 피트당 달러(dollars per square foot)가 이에 해당한다. 따라서 ②에서도 내용의 단절이 없다.

③ 뒤에서는 시간 지평(time horizon)을 사용할 수 있다고 했으므로, 앞에 언급된 것과는 다른 두 번째 방법이다. 괄호 속 내용을 보면 '원칙이 언제 효력을 발휘할지'라는 내용이 있는데, 이는 주어진 문장에서 합의 조건이 '향후 몇 개월 뒤에 실행'된다는 것과 같은 내용이다. 따라서 정답은 ④가 된다.

나머지 뒷부분도 확인해보자. ④ 뒤에서 Another approach라는 표현이 나오므로 이제 세 번째 방법이 제시되고 있다. 이번에는 원칙이 적용되는 방법의 수를 다양화시킨다고 했다. 그 뒤의 예시를 보면, '세 시간 이내, 한 달에 한 번 이내'로 휴가를 갈 수 있다고 한다. 그렇다면 세 시간 이내의 시간을 한 달 중 아무 때나 원할 때 사용할 수 있는 것이므로 원칙이 적용되는 방법이 여러 가지가 있는 것이다. 따라서 ⑤에는 내용의 단절이 없다.

오답피하기

③ (13%) : 지문에서는 ③ 뒤에서 처음으로 시간에 대한 언급(time horizon)이 나온다. 그렇다면 시간에 대한 내용이 들어 있는 주어진 문장을 ③에 넣어야 할지 ④에 넣어야 할지 헷갈릴 수 있다. 그런데 주어진 문장에서 '향후 몇 개월(until months in the future)'이라는 표현은 시간 지평에 대한 구체적 개념으로, 하나의 예시가 된다. 따라서 주어진 문장은 ③이 아니라 ④에 들어가야 한다.

⑤ (22%) : ⑤ 뒤에서도 'a period of no longer than ~'와 같은 시간 표현이 나오기 때문에 ⑤도 정답으로 생각할 수 있다. 하지만 ⑤는 두 가지 이유에서 답이 될 수 없다. 먼저 쉽게 판별할 수 있는 방법은, 주어진 문장에선 '향후 몇 개월(until months in the future)까지 이행될 필요가 없다(=향후 몇 개월 뒤에 이행된다)'라고 했는데, ⑤ 뒤의 내용은 '한 달에 한 번 이내(no more than once a month)'이므로 시점이 맞지 않는다.

또한 '세 시간 이내, 한 달에 한 번 이내'라는 것은 한 달 중 아무 때나 원할 때 휴가를 사용할 수 있는 것이므로 바로 앞 문장의 vary the number of ways에 딱 맞는 예시가 되어 ⑤에서는 내용 흐름의 단절이 느껴지지 않는다.

구문분석

• It may be easier to reach an agreement when [settlement terms don't have to be implemented until months in the future].

→ not A until B는 직역하면 'B까지 A하지 않다'이지만, 'B시점에 비로소 A하다'로 해석하는 것이 더 정확하다. 그래서 이 문장의 [ ] 부분도 정확히 해석하면 '향후 몇 개월 뒤에 비로소 이행되면 된다'가 된다. (좀 더 구체적인 예를 들자면, 지금 당장 1억원을 달라고 하면 합의가 이루어지기 힘들지라도, 몇 개월 뒤에 1억원을 달라고 하면 합의가 더 쉬워질 수 있다는 것이다.)

지문해석

협상가들은 '살라미 전술'을 사용하는 것으로 알려진, 큰 문제를 더 작은 조각으로 나누는 방법을 찾으려고 노력해야 한다. 정량적이고 측정 가능한 단위로 표현될 수 있는 문제는 쉽게 자를(나눌) 수 있다. 예를 들어, 보상 요구는 시간당 센트 증가로 나누거나, 임대료는 평방 피트당 달러로 시세를 매길 수 있다. 원칙이나 관례의 쟁점을 세분화하는 작업을 할 때, 당사자들은 그 쟁점을 세분화하는 방법으로 시간 지평(원칙이 언제 효력을 발휘할 것인지 또는 얼마나 오래 지속될 것인지)을 사용할 수 있다. 합의 조건이 향후 몇 개월까지 이행될 필요가 없을 때(=몇 개월 뒤에 비로소 이행되면 될 때) 합의에 도달하는 것이 더 쉬울 수 있다. 또 다른 접근법은, 원칙이 적용될 수 있는 방법의 수를 다양화하는 것이다. 예를 들어, 회사는 직원의 직계 가족의 질병으로 인해 직원이 세 시간 이내, 한 달에 한 번 이내의 기간 동안 회사를 비울 수 있는 기회를 제공하는 가족 비상 휴가 계획을 고안할 수 있다.

settlement 합의 / implement 이행하다, 실행하다 / negotiator 협상가 / slice 나누다, 자르다 / compensation 보상 / lease rates 임대료 / quote 시세를 매기다; 인용하다 / precedent 관례, 전례 / time horizon 시간 지평 / devise 고안하다 / leave plan 휴가 계획

> They also rated how generally extroverted those fake extroverts appeared, based on their recorded voices and body language.

Some years ago, a psychologist named Richard Lippa called a group of introverts to his lab and asked them to act like extroverts while pretending to teach a math class. (①) Then he and his team, with video cameras in hand, measured the length of their strides, the amount of eye contact they made with their "students," the percentage of time they spent talking, and the volume of their speech. (②) Then Lippa did the same thing with actual extroverts and compared the results. (③) He found that although the latter group came across as more extroverted, some of the fake extroverts were surprisingly convincing. (④) It seems that most of us know how to fake it to some extent. (⑤) Whether or not we're aware that the length of our strides and the amount of time we spend talking and smiling mark us as introverts and extroverts, we know it unconsciously.

독해기술

주어진 문장의 대명사 they와 연결어 also를 단서로 들어갈 곳을 파악한다. 우선 they는 평가(rate)를 하는 사람들이므로 내용상 실험 대상자(introverts 혹은 extroverts)가 아니라 실험을 행하는 사람들이어야 한다. 첫 번째 문장에선 한 명의 심리학자만 등장하고, ① 뒤에서 he and his team이란 표현을 통해 복수명사가 등장한다. 그리고 ①의 뒷 문장에서 'measured(측정했다)'란 표현이 있으므로, 실험의 과정으로서 '측정하다'와 '평가하다'는 열거/첨가의 연결어 also로 자연스럽게 연결될 수 있다.

한편, 주어진 문장은 'fake extroverts(가짜 외향적인 사람들)'를 대상으로 실험한 내용인데, ② 뒷부분을 보면 'actual extroverts(실제 외향적인 사람들)'와 실험한 내용이 나오므로, 주어진 문장은 실험 대상자가 바뀌기 전인 ②에 들어가면 된다.

구문분석

• They also rated [⟨how generally extroverted⟩ those fake extroverts appeared], / based on their recorded voices and body language.
→ [　] 부분은 rate의 목적어 자리에 들어간 간접의문문이다. 즉 ⟨　⟩ 부분이 의문사이고, those fake extroverts가 주어, appeared가 동사이다.
→ based on은 '~에 기초하여/근거하여'라는 의미이다.

지문해석

몇 년 전에, Richard Lippa라는 심리학자는 내성적인 사람들 한 그룹을 그의 실험실로 불렀고 그들에게 수학 수업을 가르치는 척하는 동안 외향적인 사람들인 것처럼 행동하라고 요청했다. 그리고 그와 그의 팀은, 손에 비디오카메라를 가진 채로, 그들의 걸음걸이의 길이, 그들이 그들의 "학생"들과 눈을 마주친 정도, 그들이 이야기하는데 소비한 시간의 비율, 그리고 그들의 목소리의 크기를 측정했다. 그들은 또한 가짜 외향적인 사람들이 얼마나 일반적으로 외향적으로 보이는지를 그들의 녹음된 목소리와 몸짓 언어를 통해 평가했다. 그리고 Lippa는 실제 외향적인 사람들과 같은 것을 반복했고 결과를 비교했다. 그는 비록 후자 그룹이 더 외향적인 인상을 주었지만, 가짜 외향적인 사람들 중 일부가 놀랍게도 설득력이 있다는 것을 알게 되었다. 우리 대부분은 어느 정도의 범위까지 연기를 할 수 있는 것처럼 보인다. 우리의 걸음걸이의 길이와 우리가 말하는데 쓰는 시간의 양과 웃음 짓는 것이 우리가 내향적 그리고 외향적인 사람들임을 표시해주는 것임을 인식하든 그렇지 않든, 우리는 무의식적으로 그것을 알고 있다.

extrovert 외향적인 사람 / **psychologist** 심리학자 / **introvert** 내성적인 사람 / **stride** 걸음걸이; 성큼성큼 걷다 / **volume** 음량 / **latter** 후자 / **convincing** 설득력 있는 / **to some extent** 어느 정도는(=to some degree) / **mark** 표시하다 / **unconsciously** 무의식적으로

07

> The experimenter then changed the context so that the participants had to do a subtly different task.

By changing the focus or context of a task, we can get renewed energy even when we feel that we are completely out of energy. To demonstrate this, a psychologist asked people to take part in what she called 'semi-free tasks'. The tasks included drawing, repeatedly writing 'ababababababab...', or reading a short poem. (①) The participants were asked to do these tasks until they felt exhausted. (②) Those drawing were asked to redraw their last picture to demonstrate how quickly they could draw. (③) Those writing 'abab' were asked to sign their name and address. (④) In this new context their fatigue disappeared. (⑤) This phenomenon of creating a second wind can be seen in action at airports where security officers rotate around different stations to stop routine-induced fatigue from settling in.

독해기술

주어진 문장에서 이용할 단서는 then이란 연결어이다. 즉 어떤 작업을 하고 있다가, 맥락을 바꿔서 다른 일을 하도록 하게 했으므로, 하는 일이 바뀌는 부분을 지문 내에서 찾으면 된다. ② 전까지는 기존에 시킨 일(그림 그리기와 'abab...' 쓰기)을 그대로 하는 내용이고, ② 다음부터 요구한 작업 내용이 바뀐다. 따라서 답은 ②가 된다.

구문분석

- Those 〈(who are) drawing〉 were asked to redraw their last picture to demonstrate how quickly they could draw.
  Those 〈(who are) writing 'abab'〉 were asked to sign their name and address.
  → 〈   〉 부분은 모두 who are가 생략되어 있는 관계대명사절로, those를 수식하고 있다. 여기서 those는 지시사가 아니라, '~한 사람들'이란 의미이다.

지문해석

작업의 집중도나 맥락을 바꿈으로써 우리는 우리가 완전히 에너지가 다 떨어졌다고 느낄 때조차도 새로워진 에너지를 얻을 수 있다. 이것을 입증하기 위해서 한 심리학자가 사람들에게, 'semi-free tasks'라고 그녀가 불렀던 것에 참여하도록 요청했다. 그 작업에는 그림을 그리거나, 반복적으로 'ababababababab...'라고 쓰거나, 혹은 짧은 시를 읽는 것 등이 있었다. 참여자들은 그들이 지쳤다고 느낄 때까지 이러한 작업들을 하도록 요구받았다. 그 후에 실험자는 참여자들이 미묘하게 다른 일을 해야 하도록 맥락을 바

꾸었다. 그림을 그리는 사람들은 그들이 얼마나 빠르게 그릴 수 있는지를 입증하기 위해 마지막에 그린 그림을 다시 그리라고 요구받았다. 'abab'를 쓰는 사람들은 그들의 이름과 주소를 적도록 요구받았다. 이 새로운 맥락에서 그들의 피로는 사라졌다. 공항에서 보안 경비원들은 매일의 일상에 의해 유도되는 피로가 자리 잡는 것을 막기 위하여 다른 역들을 순환하는데, 이곳에서 이렇게 새로운 활력을 만드는 현상이 작용하고 있는 것이 관측될 수 있다.

context 문맥, 맥락 / **participant** 참여자 / **subtly** 미묘하게 / **renewed** 재개된, 새로워진 / **out of energy** 에너지가 다 떨어진 / **fatigue** 피로 / **phenomenon** 현상 / **second wind** 새로운 활력 / **in action** 활동하는, 작용하는 / **security officer** 공안 경찰, 경비원 / **-induced** ~에 의해 유발된 / **settle in** 자리 잡다, 정착하다

08
정답률 48%

> As long as the irrealism of the silent black and white film predominated, one could not take filmic fantasies for representations of reality.

Cinema is valuable not for its ability to make visible the hidden outlines of our reality, but for its ability to reveal what reality itself veils — the dimension of fantasy. (①) This is why, to a person, the first great theorists of film decried the introduction of sound and other technical innovations (such as color) that pushed film in the direction of realism. (②) Since cinema was an entirely fantasmatic art, these innovations were completely unnecessary. (③) And what's worse, they could do nothing but turn filmmakers and audiences away from the fantasmatic dimension of cinema, potentially transforming film into a mere delivery device for representations of reality. (④) But sound and color threatened to create just such an illusion, thereby destroying the very essence of film art (⑤) As Rudolf Arnheim puts it, "The creative power of the artist can only come into play where reality and the medium of representation do not coincide."

독해기술

주어진 문장에 단서로 사용할 연결어나 지시사/대명사가 없어서 어려운 문제이다. 지문 내의 단서와 내용을 바탕으로 풀어야 한다. 풀이기술 1 6

첫 문장을 보면 영화가 가치 있는 이유는 환상의 차원을 드러내는 능력 때문이라고 했다. ① 뒤의 '그러므로(That is why)'로 내용이 이어지는지 확인해보자. ① 뒤에서 최초의 위대한 영화 이론가들은, 영화를 사실주의 쪽으로 밀어붙이는 소리와 색채 같은 기술혁신을 비난했다고 했으므로 내용이 잘 이어진다. 이 두 문장에서 '영화의 비현실주의(무성, 흑백) = 좋음 vs. 영화의 현실주의(소리, 색채) = 안 좋음' 이렇게 대조되고 있음을 파악해야 한다.

② 뒤의 these innovations는 앞 문장의 sound and other technical innovations (such as color)를 가리키고, 이것을 부정적(unnecessary)으로 말하고 있으므로 내용이 잘 이어진다.
③ 뒤의 they는 앞 문장의 these innovations를 가리키고, 이것들은 영화 제작자들과 관객들을 환상(=비현실주의=좋은 것)으로부터 멀어지게 하며, 영화를 현실 묘사를 위한 단순한 전달 장치로 변형시킨다고 부정적으로 말하고 있으므로 내용이 잘 이어진다.
이 글은 '환상, 비현실주의 = 좋은 것', '현실 = 안 좋은 것'임을 언급하고 있다는 것을 기억하자.

④ 뒤에서는 역접 연결어 But이 사용되었다. 그런데 그 뒤의 내용을 보면 sound and color가 영화 예술의 본질을 파괴했다고 부정적으로 말하고 있다. 즉 But이 나왔는데 내용의 흐름이 바뀌지 않으므로 ④에서 내용상 단절이 발생한다. 마지막 확인을 위해 주어진 문장을 ④에 넣어보자. 주어진 문장은 무성(silent) 흑백 영화의 비현실주의가 지배하는 한, 영화적 환상을 현실 묘사로 착각할 수 없으므로 무성 흑백 영화가 좋다는 내용이다. 그러면 ④ 뒤에서 But을 통해 sound and color는 그러한 착각, 즉 영화가 현실을 묘사(representations of reality)한다는 착각을 만들어 내기 때문에 좋지 않다는 내용으로, 앞 문장과 대조를 이루게 된다. 따라서 답은 ④로 확정된다.

⑤ 뒤의 인용구를 보면 현실과 묘사의 매체가 일치하지 않아야 예술가의 창의적 힘이 발휘된다고 했다. 현실과 묘사의 매체가 일치하지 않는 경우가 곧 무성 흑백 영화를 말하는 것이다. 앞 문장의 '소리와 색채 = 부정적'이라는 개념에 이어, '무성 흑백 영화=긍정적'이라고 말하는 것이므로 내용이 잘 이어진다.

구문분석

• As long as the irrealism of the silent black and white film predominated, one could not take filmic fantasies for representations of reality.
  → 'take A for B' 혹은 'mistake A for B'는 'A를 B로 착각하다'라는 뜻이다. 이 문제를 풀기 위해서 반드시 알고 있어야 할 매우 중요한 표현이다.

• And what's worse, they could do nothing but turn filmmakers and audiences away from the fantasmatic dimension of cinema, potentially transforming film into a mere delivery device for representations of reality.
  → 'do nothing but + R(동사원형)'은 '오직 R만 하다(오직 R만 할 뿐이다)'라는 의미의 표현이다.

지문해석

영화는 우리 현실의 숨겨진 윤곽을 보이게 만드는 능력 때문이 아니라 현실 자체가 가리고 있는 것, 즉 환상의 차원을 드러내는 능력 때문에 가치가 있다. 이것이 최초의 위대한 영화 이론가들이 영화를 사실주의의 방향으로 밀어냈던 소리와 (색채와 같은) 다른 기술 혁신들의 도입을 이구동성으로 비난한 이유이다. 영화는 전적으로 환상적인 예술이었기 때문에, 이러한 혁신들은 완전히 불필요했다. 그리고 설상가상으로, 그것들은 잠재적으로 영화를 현실 묘사를 위한 단순한 전달 장치로 변화시키면서 영화 제작자들과 관객들을 영화의 환상적인 차원에서 멀어지게 할 뿐이었다. 무성 흑백 영화의 비현실주의가 지배하는 한, 영화적 환상을 현실 묘사로 착각할 수 없었다. 그러나 소리와 색채는 바로 그러한 착각을 일으키겠다고 위협하여 영화 예술의 바로 그 본질을 파괴했다. Rudolf Arnheim이 말했듯이, "예술가의 창의적 힘은 현실과 묘사의 매체가 일치하지 않는 곳에서만 발휘될 수 있다."

predominate 지배하다 / representation 묘사 / veil 가리다 / dimension 차원 / to a person 이구동성으로, 전원 모조리 (=to a man) / introduction 도입; 소개 / innovation 혁신 / realism 사실주의, 현실주의 / potentially 잠재적으로 / transform 변형시키다 / illusion 착각, 환상 / come into play 작동하다 / coincide 일치하다

01

정답률
42%

The net effect of this was that, although customers benefited, the banks lost out as their costs increased but the total number of customers stayed the same.

In mature markets, breakthroughs that lead to a major change in competitive positions and to the growth of the market are rare. (①) Because of this, competition becomes a zero sum game in which one organization can only win at the expense of others. (②) However, where the degree of competition is particularly intense a zero sum game can quickly become a negative sum game, in that everyone in the market is faced with additional costs. (③) As an example of this, when one of the major high street banks in Britain tried to gain a competitive advantage by opening on Saturday mornings, it attracted a number of new customers who found the traditional Monday-Friday bank opening hours to be a constraint. (④) However, faced with a loss of customers, the competition responded by opening on Saturdays as well. (⑤) In essence, this proved to be a negative sum game.

독해기술

주어진 문장에서 찾아야 할 첫 번째 단서는 this이다. [풀이기술 1 4] this의 결과로 은행은 손해(lost out)를 보았다는 내용이다. 또한 banks라는 구체적인 예시가 등장하는 것도 중요한 힌트이다. ③ 뒤의 예시에서 banks가 나오기 전까지 앞 문문엔 banks가 없으므로, 정답은 ④와 ⑤중에서 골라야 한다.

③ 뒤의 내용은 은행이 토요일 오전에 문을 열어서 많은 새로운 고객들을 끌어 모았다고 했으므로, 이것의 결과가 손해(lost out)가 되면 어색하다. 새로운 고객들을 끌어 모았다면 이득이 되어야 하기 때문이다. 그런데 ④ 뒤를 보면 다른 경쟁자들도 똑같이 토요일에 문을 열었다는 내용이 나온다. 따라서 주어진 문장을 ⑤에 넣으면, 이것(경쟁자들도 토요일에 문을 연 것)의 결과 은행들은 비용만 증가하고, 전체 고객수는 동일하여 손해를 보았다는 내용이 자연스럽게 이어진다.

구문분석

• In mature markets, breakthroughs [that lead ⟨to a major change in competitive positions⟩ and ⟨to the growth of the market⟩] are rare.
→ [ ] 부분이 긴 수식어이고, lead to(초래하다) 표현에서 to가 병렬로 이어져 있다.

지문해석

충분히 발달한 시장에서는, 경쟁적인 지위에 있어서의 중요한 변화와 시장의 성장으로 이어지는 획기적인 발전은 흔치 않다. 이러한 점 때문에 경쟁은 한 조직만이 다른 조직들을 희생하여 이길 수 있는 제로섬 게임이 된다. 하지만, 경쟁이 특히 극심해지는 정도에 이른다면 제로섬 게임은 빠르게 시장에 있는 모두가 추가적인 비용을 마주하게 되는 네거티브 섬 게임이 될 수 있다. 한 가지 예로, 영국의 주요 시내 중심가의 은행이 경쟁 우위를 차지하려 토요일 아침에 문을 열었을 때, 이는 기존의 전통적인 월요일에서 금요일까지의 은행 영업을 제약으로 느낀 꽤 많은 새로운 고객들을 끌어 모았다. 하지만, 경쟁 상대는 고객의 수가 줄어들자 똑같이 토요일에도 문을 여는 것으로 응답했다. 이것의 최종적인 효과는, 비록 고객들은 혜택을 받았지만, 은행들은 비용은 증가했지만 고객의 수는 그대로 유지되었기 때문에 손해를 보았다는 것이다. 본질에 있어서, 이것은 네거티브 섬 게임으로 결론났다.

net 최종적인 / lose out 손해를보다 / breakthrough 돌파구, 획기적인 발전 / negative sum game 참가자 모두가 손해를 보는 게임 / competitive advantage 경쟁 우위 / constraint 제약

02
정답률 40%

There are also clinical cases that show the flip side of this coin.

Humans can tell lies with their faces. Although some are specifically trained to detect lies from facial expressions, the average person is often misled into believing false and manipulated facial emotions. One reason for this is that we are "two-faced." By this I mean that we have two different neural systems that manipulate our facial muscles. (①) One neural system is under voluntary control and the other works under involuntary control. (②) There are reported cases of individuals who have damaged the neural system that controls voluntary expressions. (③) They still have facial expressions, but are incapable of producing deceitful ones. (④) The emotion that you see is the emotion they are feeling, since they have lost the needed voluntary control to produce false facial expressions. (⑤) These people have injured the system that controls their involuntary expressions, so that the only changes in their demeanor you will see are actually willed expressions.

독해기술

주어진 문장의 연결어 also와 the flip side of this coin이 단서가 된다. 풀이기술 1 4 flip side는 동전의 반대 면을 나타내는 표현이므로, 글에서 내용이 반대로 전환되는 부분에 주어진 문장을 넣으면 된다. 풀이기술 1 5
① 뒤에서 voluntary control과 involuntary control 두 가지가 소개되고, ② 뒤에서는 voluntary 부분의 통제를 상실한 사례가 먼저 언급된다. 오답이 ④ (26%)에 많이 나왔는데, ④ 뒷부분에서 they have lost the needed voluntary control을 통해 알 수 있듯이 여전히 voluntary control을 상실한 사례에 대한 내용이다. ⑤ 뒤를 보면 involuntary expression을 통제하는 시스템에 부상을 입은 사람들이 나오므로 주어진 문장은 ⑤에 들어가야 한다.

구문분석

• The emotion 〈that you see〉 is the emotion 〈they are feeling〉, since they have lost the needed voluntary control to produce false facial expressions.
→ 〈   〉 두 개는 각각 주어와 보어에 대한 수식어이다.

사람은 그들의 얼굴로 거짓말을 할 수 있다. 비록 어떤 사람들은 얼굴 표정으로부터 거짓말을 탐지해내도록 특별히 훈련되어 있지만, 보통 사람은 종종 거짓되고 조작된 얼굴 감정을 믿도록 현혹당한다. 이것의 한 가지 이유는 우리가 '두 얼굴'을 가지고 있기 때문이다. 이것을 가지고 내가 의미하는 것은, 우리는 우리의 얼굴 근육을 조종하는 두 개의 다른 신경 체계를 가지고 있다는 것이다. 하나의 신경 체계는 자발적인 통제 하에 있고 다른 하나는 비자발적인 통제 하에서 작동한다. 자발적인 표정을 통제하는 신경계에 손상을 입은 사람들에 대한 보고된 사례들이 있다. 그들은 여전히 얼굴 표정을 가지고 있지만, 거짓된 표정을 만들어내지 못한다. 당신이 보는 감정은 그들이 실제 느끼는 감정이다. 왜냐하면 그들은 거짓된 얼굴 표정을 만들어내기 위해 필요한 자발적 통제를 상실했기 때문이다. 그 동전의 이면을 보여주는 임상 사례도 있다. 이 사람들은 그들의 비자발적 표정을 통제하는 시스템에 손상을 입었고, 그래서 여러분이 보게 될 그들의 표정에서의 유일한 변화는 실제로 자발적인 표정이다.

clinical 임상의, 냉담한 / flip side 다른 면, 뒷면, 이면 / specifically 분명히, 명확하게 / facial expression 표정 / mislead 현혹하다, 오도하다 / manipulate 조작하다 / neural 신경의 / deceitful 속이는 / willed 자발적인, 자신의 의지로 결정된

03
칭킵품
40%

> On top of the hurdles introduced in accessing his or her money, if a suspected fraud is detected, the account holder has to deal with the phone call asking if he or she made the suspicious transactions.

Each new wave of technology is intended to enhance user convenience, as well as improve security, but sometimes these do not necessarily go hand-in-hand. For example, the transition from magnetic stripe to embedded chip slightly slowed down transactions, sometimes frustrating customers in a hurry. (①) Make a service too burdensome, and the potential customer will go elsewhere. (②) This obstacle applies at several levels. (③) Passwords, double-key identification, and biometrics such as fingerprint-, iris-, and voice recognition are all ways of keeping the account details hidden from potential fraudsters, of keeping your data dark. (④) But they all inevitably add a burden to the use of the account. (⑤) This is all useful at some level — indeed, it can be reassuring knowing that your bank is keeping alert to protect you — but it becomes tiresome if too many such calls are received.

주어진 문장에 단서로 사용할 연결어나 지시사/관사가 없어서 어려운 문제이다. 이 문제를 제대로 풀기 위해서는 두 가지를 정확하게 파악해야 한다.

첫째, 주어진 문장의 his or her와 he or she가 둘 다 이 문장 내에 있는 the account holder를 가리키고 있음을 인식해야 한다. 특히 the account holder 보다 his or her라는 표현이 먼저 나오는데, his or her가 the account holder가 아닌 다른 사람을 지칭한다고 착각하고 본문에서 찾으려 한다면 오답이 나올 수밖에 없다. 전치사구나 부사절 속의 대명사는 주절의 명사를 가리킬 수 있다. 즉 his or her money는 앞 문장에 있는 명사를 가리키는 것이 아니라, 뒤에 나오는 주절의 주어 the account holder를 가리키고 있는 것이다.

둘째, 본문에는 사소하지만 아주 확실한 단서가 주어져 있다. 바로 마지막 문장에 있는 such calls이다. '그러한 전화'라는 표현은 앞에 '전화'가 언급되어 있어야 사용할 수 있는 표현이다. ⑤ 앞에는 '전화'에 대한 내용이 없고, 주어진 문장에는 the phone call이라는 표현이 있으므로, 주어진 문장은 ⑤에 들어가야 한다. 〔풀이기술 1 ~ 5〕 참고로 'such + 명사' 표현은 대명사가 아니므로 앞 문장의 명사와 단/복수가 일치할 필요가 없다.

[오답피하기]
④ (34%) : 주어진 문장에 account holder라는 표현이 있고, ④의 앞 문장에서 account라는 단어가 처음 나오다보니 정답을 ④로 착각하기 쉽다.

[지문해석]
각각의 새로운 기술 물결은 보안을 개선할 뿐만 아니라 사용자의 편의성을 향상시키기 위한 것이지만, 때때로 이것들이 반드시 함께 진행되는 것은 아니다. 예를 들어 마그네틱 띠에서 내장형 칩으로의 전환은 거래(의 속도)를 약간 늦추었는데, 때로는 바쁜 고객을 좌절시켰다. 서비스를 너무 부담스럽게 만들면 잠재 고객이 다른 곳으로 갈 것이다. 이런 장애물은 여러 수준에서 적용된다. 비밀번호, 이중 키 확인, 지문, 홍채 및 음성 인식과 같은 생체 인식은 모두 잠재적 사기꾼으로부터 계정 세부 정보를 숨겨 주는, 즉 여러분의 데이터를 비밀로 유지하는 방법이나. 그러나 그것들은 모두 계좌 사용에 부담을 가중시킬 수밖에 없다. 자신의 돈에 접근하는 데 도입된 장애물 외에도, 만약 의심스러운 사기가 포착되면, 계좌 소유자는 의심스러운 거래를 했는지 묻는 전화 통화를 응대해야 한다. 이것은 어느 정도 도움이 되며, 실제로 여러분의 은행이 여러분을 보호하기 위해 경계를 늦추지 않고 있다는 것을 알게 되어 안심이 될 수 있지만, 그러한 전화를 너무 많이 받으면 귀찮아진다.

hurdle 장애물; 난관, 장애 / **embedded** 내장형의; 박힌 / **transaction** 거래 / **burdensome** 부담스러운 / **identification** 식별 / **biometrics** 생체 인식(지문, 홍채 등 생체 정보를 이용한 인증 방식) / **iris** 홍채 / **fraudster** 사기꾼 / **reassuring** 안심시키는 / **tiresome** 귀찮은, 성가신

04

정답률 41%

> **This** makes sense from the perspective of information reliability.

The dynamics of collective detection have an interesting feature. Which cue(s) do individuals use as evidence of predator attack? In some cases, when an individual detects a predator, its best response is to seek shelter. (①) Departure from the group may signal danger to nonvigilant animals and cause what appears to be a coordinated flushing of prey from the area. (②) Studies on dark-eyed juncos (a type of bird) support the view that nonvigilant animals attend to departures of individual group mates but that the departure of multiple individuals causes a greater escape response in the nonvigilant individuals. (③) If one group member departs, it might have done so for a number of reasons that have little to do with predation threat. (④) If nonvigilant animals escaped each time a single member left the group, they would frequently respond when there was no predator (a false alarm). (⑤) On the other hand, when several individuals depart the group at the same time, a true threat is much more likely to be present.

이 문제는 ①~⑤ 어디에서도 내용의 흐름이 명확하게 단절되지 않는다. 따라서 주어진 문장에서 말하고 있는 '정보 신뢰성 (information reliability)'의 관점에서 이치에 맞는 것'이 무엇인지 내용을 생각하며 글을 읽어야 한다.

'정보 신뢰성'에 해당하는 내용은 ② 뒤에 나온다. 여러 마리의 새가 이탈하면 경계하지 않고 있던 새들 사이에서 더 큰 이탈 반응을 일으킨다는 내용이 '정보 신뢰성'의 관점에서 이치에 맞는 것이고, '정보 신뢰성의 관점'이 무엇인지 부연하는 내용이 ③ 뒤부터 끝까지 이어진다. 즉 한 마리만 이탈하면 이것은 포식자가 있다는 정보에 대해 신뢰성이 낮으므로 굳이 같이 도망할 필요가 없고, 여러 마리가 동시에 이탈할 때는 포식자가 있다는 정보의 신뢰성이 높으므로 같이 도망가는 것이 이치에 맞다는 것이다. 따라서 정답은 ③이 된다.

④ (26%) : ④의 앞 내용, 즉 포식자 위협과 관계가 없는 다른 이유로 한 마리가 이탈한다는 것은 정보 신뢰성의 관점에서 이치에 맞는 내용이라고 하기엔 어울리지 않는다.

- Studies on dark-eyed juncos (a type of bird) support the view [that nonvigilant animals attend to departures of individual group mates] but [that the departure of multiple individuals causes a greater escape response in the nonvigilant individuals.]
  → 밑줄 친 that 두 개는 모두 동격 접속사로, the view에 대한 동격이다.
  → 타동사 attend는 '참석하다'란 뜻이지만 자동사로 attend to 형태로 쓰이면 '~에 주의를 기울이다(=pay attention to)'의 뜻이다.

- If nonvigilant animals escaped each time a single member left the group, they would frequently respond when there was no predator (a false alarm).
  → each time은 '~할 때마다'라는 의미의 접속사로 쓰였는데 whenever, every time과 같은 의미이다.

집단적 탐지의 역학은 흥미로운 특성을 가지고 있다. 개체들은 어떤 단서(들)를 포식자 공격의 증거로 사용하는가? 어떤 경우에는 어떤 개체가 포식자를 발견할 때, 가장 좋은 반응은 피난하는 것이다. 무리로부터의 이탈은 경계하지 않는 동물들에게 위험 신호를 보내서 그 구역에서 조직화되어 날아오르는 것으로 보이는 것을 유발할 수 있다. (새의 한 종류인) 검은 눈 검은방울새에 대한 연구는 경계하지 않는 동물들이 무리 동료들의 이탈에 주의를 기울이지만, 여러 개체들의 이탈은 경계하지 않는 동물에게 더 큰 도망 반응을 일으킬 수 있다는 견해를 뒷받침한다. 이것은 정보 신뢰성의 관점에서 타당하다. 만약 무리의 구성원 하나가 이탈한다면, 그것은 포식 위협과 거의 관련이 없는 여러 가지 이유로 그렇게 했을 수 있다. 만약 경계하지 않는 동물들이 단 하나의 구성원이 무리를 떠날 때마다 도망간다면, 그들은 포식자가 없는 (가짜 경보인) 때에도 자주 반응할 것이다. 반면에, 여러 개체가 동시에 집단을 떠날 때, 진정한 위협이 존재할 가능성이 훨씬 더 높다.

make sense 이치에 맞다, 타당하다 / **perspective** 관점 / **reliability** 신뢰성 / **dynamics** 역학 / **detection** 탐지 / **feature** 특징 / **shelter** 피난처; 은신처 / **departure** 이탈, 떠남, 출발 / **coordinate** 조직화하다 / **flushing** 물로 씻어 내림; (새가) 푸드덕 날아오름 / **junco** 검은방울새(의 일종) / **have little to do with** ~과 관계가 거의 없다

So, when someone is threatening to go to war, or trying to convince us and mounting a huge public relations campaign to justify it, the news media have a responsibility to question everything.

It's important that the media provide us with diverse and opposing views, so we can choose the best available options. Let's take the example of going to war. (①) War should be a last resort, obviously, undertaken when all other options have failed. (②) They should be providing the most intense scrutiny on our behalf, so the public can see the other side of things. (③) Otherwise, we may be drawn into unnecessary wars, or wars fought for reasons other than those presented by governments and generals. (④) Most of the time, the media fail to perform this crucial role. (⑤) Even the large, so-called 'liberal' American media have admitted that they have not always been watchdogs for the public interest, and that their own coverage on some major issues "looks strikingly one-sided at times."

독해기술

일단 주어진 문장의 접속사 so를 이용하여 인과관계를 파악한다. [풀이기술 1 4] 글의 첫 문장에서, 언론은 우리에게 다양하고 상반된 견해를 제공해야 한다고 했으므로, 그 결과 주어진 문장 속에 있는 '언론은 모든 것에 의문을 제기할 책임이 있다'라는 것으로 내용이 이어질 수 있다.

그리고 또 다른 단서는 지문 속에 있다. ② 뒤에서 대명사 They가 받을 것이 앞 문장에 없다. 앞 문장에서 복수명사는 options뿐인데, 이것을 주어로 하면 의미가 맞지 않는다. 따라서 이곳에서 내용 흐름이 끊어지게 된다. [풀이기술 1 5] 반면 they가 주어진 문장의 the news media를 지칭하면 내용이 자연스럽게 이어진다. 따라서 주어진 문장은 ②에 들어가는 것이 적절하다. 참고로 media는 복수 형태이고, medium이 단수 형태이다.

구문분석

• Otherwise, we may be drawn into unnecessary wars, or wars [(which are) fought / for reasons / other than those 〈presented by governments and generals.〉]

→ [ ]는 wars를 수식하고 있다. other than은 '~을 제외하고' 혹은 '~가 아닌'이란 뜻이다. 여기선 후자의 의미로 쓰였다. those는 reasons를 받고 있는데, 정부나 장군들이 제시한 이유가 아닌 다른 이유를 위해 싸우고 있는 전쟁이란 뜻이다.

지문해석

우리가 최고의 선택을 할 수 있도록 언론이 우리에게 다양하고 상반되는 견해를 제공해야 하는 것은 중요하다. 전쟁을 일으키는 것을 예로 들어보자. 전쟁은 분명히 다른 모든 선택사항이 다 실패했을 때 취해지는 최후의 수단이 되어야 한다. 그러므로 누군가가 전쟁을 일으키겠다고 위협하거나, 전쟁을 정당화하기 위해 우리를 설득하려고 애쓰고 대대적인 홍보 캠페인을 벌일 때 뉴스 매체는 모든 것에 의문을 품을 책임을 가지고 있다. 그들은 대중이 상황의 이면을 볼 수 있도록 우리를 대신하여 가장 면밀한 조사를 제공해야 한다. 그렇지 않으면 우리는 불필요한 전쟁 혹은 정부와 장군들이 제시한 것과는 다른 이유를 위해 싸워진 전쟁 속으로 끌려 들어갈 것이다. 대부분의 경우 언론은 이 중요한 역할을 수행하지 않는다. 심지어 거대한, 소위 '진보적' 미국 언론조차도 그들이 항상 공공의 이익을 위한 감시기관인 것은 아니었다고 인정했다. 그리고 몇 개의 주요 쟁점들에 대한 그들의 보도가 "때때로는 두드러지게 편파적으로 보였다"는 것도 인정했다.

go to war 전쟁을 일으키다 / mount 시작하다; 올라가다 / public relation 홍보 / a last resort 최후의 수단 / on our behalf 우리를 대신하여 / liberal 진보의; 자유민주의 / watchdog 감시인, 감시 단체 / public interest 공익 / coverage 보도 / strikingly 두드러지게 / one-sided 편파적인 / at times 가끔은, 때로는

06
정답률
40%

> In particular, they define a group as two or more people who interact with, and exert mutual influences on, each other.

In everyday life, we tend to see any collection of people as a group. (①) However, social psychologists use this term more precisely. (②) It is this sense of mutual interaction or inter-dependence for a common purpose which distinguishes the members of a group from a mere aggregation of individuals. (③) For example, as Kenneth Hodge observed, a collection of people who happen to go for a swim after work on the same day each week does not, strictly speaking, constitute a group because these swimmers do not interact with each other in a structured manner. (④) By contrast, a squad of young competitive swimmers who train every morning before going to school *is* a group because they not only share a common objective (training for competition) but also interact with each other in formal ways (e.g., by warming up together beforehand). (⑤) It is this sense of people coming together to achieve a common objective that defines a "team".

독해기술

사실 매우 쉬운 문제인데, 단서를 생각하지 않고 그냥 읽으면 정답을 놓칠 수 있다. 주어진 문장에선 대명사 they가 단서로 주어져 있다. [풀이기술 16] 한편 글에서는 ② 뒤에 지시사 this를 통해 'this sense of mutual interaction~'이란 표현이 나오는데, 이것이 가리킬 만한 내용은 앞부분에 전혀 등장하지 않았다. 따라서 ②에서 내용상 확연한 단절이 존재한다.

주어진 문장을 ②에 넣어보면 주어진 문장의 they는 앞 문장의 social psychologists를 가리키고, ② 뒤의 'this sense of mutual interaction~'는 주어진 문장의 who interact with, and exert mutual influences on, each other를 가리키므로 내용이 잘 이어진다.

오답피하기

③ (24%) : this sense of mutual interaction이라는 표현에서 this라는 지시사가 있으므로, interaction에 관한 내용인 주어진 문장은 this sense of mutual interaction이라는 표현 뒤가 아니라 앞에 나와야 한다.

구문분석

• It is [this sense of mutual interaction or inter-dependence for a common purpose] which distinguishes the members of a group from a mere aggregation of individuals.
→ it is와 which가 강조용법으로 사용되었다. 본래 강조용법은 it is와 that을 사용하는 것이 원칙이나, 강조되는 것이 사람일 땐 who(m)이 사용되고, 강조되는 것이 사물일 땐 which가 사용되기도 한다. 여기서 which를 관계대명사로 해석하여

a common purpose를 수식하는 것으로 파악하면 의미가 이상해진다. it is ~ which를 강조법으로 파악하고, 주어인 [   ]가
강조되고 있음을 인식해야 이 문장을 제대로 해석할 수 있다.

- It is [this sense of people coming together to achieve a common objective] that defines a "team".
  → 이 문장은 it is ~ that 강조용법이 사용되었다. 주어인 [   ]가 강조되고 있다.

지문해석

일상생활에서, 우리는 어떤 사람들의 무리이든 하나의 집단으로 보는 경향이 있다. 그러나 사회 심리학자들은 이 용어를 더 정확하게 사용한다. 특히, 그들은 서로에게 상호 작용을 하고, 상호 영향력을 발휘하는 두 명 이상의 사람들을 집단으로 정의한다. 공동의 목적을 위한 바로 이러한 서로의 상호 작용 또는 상호 의존감이 하나의 집단의 구성원들을 단순한 개인의 집합과 구별해준다. 예를 들어, Kenneth Hodge가 진술한 바와 같이, 매주 일과 후 같은 날에 수영을 하러 가는 사람들의 모임은 엄밀히 말하면 집단을 구성하지 않는데, 왜냐하면 이 수영하러 가는 사람들은 서로 구조적인 방식으로 상호 작용하지 않기 때문이다. 대조적으로, 매일 아침 학교에 가기 전에 훈련하는, 경쟁하는 어린 수영 선수들은 공동의 목표(경기를 위한 훈련)를 공유할 뿐만 아니라 공식적인 방식(예를 들어 미리 함께 워밍업을 함)으로 서로 상호 작용하기 때문에 집단이다. '팀'을 정의하는 것은 바로 공통의 목표를 달성하기 위해 함께 모인다는 이러한 생각이다.

social psychologist 사회 심리학자 / precisely 정확하게 / mutual 서로의, 상호의 / observe 관찰하다; 준수하다; 진술하다, 말하다 / objective 목표; 객관적인

1등급 고난이도 문제   01 ⑤   02 ①   03 ⑤   04 ⑤

01
정답률 29%

Even so, it is not the money *per se* that is valuable, but the fact that it can potentially yield more positive experiences.

→ 돈 그 자체가 가치 있는 것이 아니다

Money — beyond the bare minimum necessary for food and shelter — is nothing more than a means to an end. Yet so often we confuse means with ends, and sacrifice happiness (end) for money (means). It is easy to do this when material wealth is elevated to the position of the ultimate end, as it so often is in our society. (①) This is not to say that the accumulation and production of material wealth is in itself wrong. (②) Material prosperity can help individuals, as well as society, attain higher levels of happiness. (③) Financial security can liberate us from work we do not find meaningful and from having to worry about the next paycheck. (④) Moreover, the desire to make money can challenge and inspire us. (⑤) Material wealth in and of itself does not necessarily generate meaning or lead to emotional wealth.

→ 돈은 가치가 있다

→ 돈 그 자체가 가치 있는 것이 아니다

문제 해결을 위해 주어진 문장을 제대로 해석하는 것이 가장 중요하다. (구문분석 참조) 주어진 문장은 우선 역접(even so: 그렇다고 하더라도)으로 시작하며, 가치 있는 것은 돈 그 자체가 아니라고 했다. 즉 돈은 가치 있다는 내용이 먼저 나오다가, 주어진 문장을 넣은 이후부터는 흐름이 바뀌어 돈 그 자체가 가치있는 것이 아니라는 내용이 나와야 한다.

글을 읽어보면 ①의 뒷부분에서 '물질적 부의 축적과 생산 그 자체가 잘못된 것은 아니다'라고 한 후에 계속해서 돈의 가치를 이야기하고 있다. material wealth, material prosperity, financial security가 전부 '돈(money)'에 대한 재진술이라는 것을 파악해야 한다. 그런데 ⑤의 뒷부분을 보면 물질적 부 그 자체가 반드시 좋은 것이 아니라고 말하고 있다. 따라서 ⑤의 자리에 주어진 문장이 들어가야 여기서부터 내용의 흐름이 바뀌어 자연스러운 글이 된다.

구문분석

• Even so, [it is] not ⟨the money *per se*⟩ [that] is valuable, but ⟨the fact that it can potentially yield more positive experiences.⟩
  → even so는 '그렇다고 하더라도, 그렇기는 하지만'이라는 의미이다.
  → it is ~ that 강조 용법이 사용되었으며, 주어를 강조한 형태이다. 그런데 주의할 것은, 'it is not ⟨주어1⟩ that 동사 but ⟨주어2⟩'의 구조로 쓰여 있는데, ⟨주어1⟩은 부정되었고, 사실 ⟨주어2⟩를 강조한 것이다. 즉 가치 있는 것은 ⟨the money *per se*⟩가 아니며 ⟨the fact that⟩ 이후의 것이나 의미가 비교를 두면 접속사이다

지문해석

돈은, 음식과 주거에 필요한 최소한의 것 이상으로는, 목적을 달성하기 위한 수단에 불과하다. 그러나 매우 흔하게 우리는 수단과 목적을 혼동하여 돈(수단)을 위해 행복(목적)을 희생시킨다. 우리 사회에서 매우 흔히 볼 수 있듯이, 물질적인 부가 궁극적인 목적으로 그 위치가 상승될 때 그렇게 하기가 쉽다. 이것은 물질적 부의 축적과 생산이 그 자체로서 잘못됐다고 말하는 것이 아니다. 물질적인 풍요는 사회뿐만 아니라 개인에게도 더 높은 수준의 행복을 얻도록 도와줄 수 있다. 경제적 안정은 우리가 의미 있다고 생각하지 않는 일로부터, 또한 다음 월급에 대해 걱정해야 하는 일로부터 우리를 자유롭게 해 줄 수 있다. 게다가 돈을 벌고자 하는 욕망은 우리에게 도전 정신을 심어 주고, 영감을 줄 수 있다. 그렇다고 하더라도, 가치가 있는 것은 돈 그 자체가 아니라 돈이 잠재적으로 긍정적인 경험을 만들 수 있다는 것이다. 물질적 부가 그 자체로는 반드시 의미를 만들거나 감정적인 풍요로움을 가져오는 것은 아니다

even so 그렇다고 하더라도, 그렇기는 하지만 / means 수단 / end 목적 / accumulation 축적 / prosperity 번영, 번성, 번창 / attain 이루다, 획득하다 / financial security 경제적 안정(감) / liberate 자유롭게(벗어나게) 해 주다 / in and of itself 그 자체는

However, recent success in the packaged-cookie market suggests that these may not be the only, or perhaps even the most important, reasons.

Why eat a cookie? Some reasons might be to satisfy your hunger, to increase your sugar level, or just to have something to chew on. (①) It appears that cookie-producing companies are becoming aware of some other influences and, as a result, are delivering to the market products resulting from their awareness. (②) These relatively new product offerings are usually referred to as 'soft' or 'chewy' cookies, to distinguish them from the more typical crunchy varieties. (③) Why all the fuss over their introduction? (④) Apparently much of their appeal has to do with childhood memories of sitting on the back steps devouring those melt-in-your-mouth cookies that were delivered by Mom straight from the oven, while they were still soft. (⑤) This emotional and sensory appeal of soft cookies is apparently at least as strong as are the physical cravings that the product satisfies.

독해기술

주어진 문장에 대조 혹은 강조를 나타내는 연결어 However가 있고, these라는 지시어가 있다. 이것을 이용해 정답의 근거를 찾을 수 있다. **풀이기술 4** 여기서 these는 유일한 이유 혹은 가장 중요한 이유가 아닐지도 모른다고 했으므로 these는 reasons를 지칭한다. 즉 먼저 앞에 reasons가 언급된 이후에 주어진 문장이 나와야 한다. 한편, these가 유일한 이유 혹은 가장 중요한 이유가 아니라고 했으므로, 주어진 문장 이후에 가장 중요한 이유가 등장할 것이다. 즉 여기서 However는 강조를 위해 사용된 것이다.

글을 보면 먼저 질문을 던져 주의를 환기시키고, 스스로 그에 대해 답변을 해 나가는 전형적인 '질문과 답변' 구조의 글이다. **분석기술 1 2** 두 번째 문장에서 some reasons라는 표현이 나온다. 그리고 세 개의 이유가 언급되어 있다.

여기에서 세 개의 이유를 먼저 언급하고, 그 뒤에 진짜 중요한 이유를 제시하기 위해 연결어 However를 사용하며, these로 이 세 개의 reasons를 지칭하면 ①은 깔끔한 정답이 된다.

오답피하기

② (17%) : ② 뒤에 나오는 These relatively new product offerings는 바로 앞 문장의 products resulting from their awareness를 지칭하며 내용이 자연스럽게 연결되어 있다.

③ (29%) : ③ 뒤의 'their introduction(그것들의 새로운 도입)'은 바로 앞 문장의 These relatively new product offerings를 지칭하며 내용이 자연스럽게 연결되어 있다.

구문분석

- It appears that cookie-producing companies are becoming aware of some other influences and, as a result, are delivering (to the market) products resulting from their awareness.
  → 두 개의 동사 are becoming과 are delivering이 and로 연결되어 있다.
  → deliver는 타동사이다. 그런데 뒤에 전치사구 to the market이 먼저 나오고, 목적어는 그 뒤에 위치해 있다. 여기서 deliver의 목적어는 'products (which are) resulting from their awareness (그들이 어떤 다른 영향력들을 인식한 것에서 기인한 제품들)'이다. 목적어 products에 수식어가 달려 덩어리가 커져 전치사구와 위치를 바꾼 것이다.

- This emotional and sensory appeal of soft cookies is apparently at least as strong as [are the physical cravings that the product satisfies.]
  - → 원급 비교나 비교급 비교 표현에서, as나 than 뒤에 흔히 도치가 발생한다. as 뒷부분에서 the physical cravings that the product satisfies가 주어인데, 이것이 너무 길다 보니 동사 are와 위치를 바꾼 것이다.

왜 쿠키를 먹는가? 몇 가지 이유는 아마도 당신의 배고픔을 만족시키기 위해서, 당신의 혈당량을 증가시키기 위해서, 또는 단지 씹어 먹을 거리가 있기 때문일 테다. 그러나 포장 쿠키 시장에서 최근의 성공은 이것들이 아마 유일한, 혹은 심지어 가장 중요한 요인은 아닐지도 모른다는 점을 시사한다. 쿠키 제조 회사들은 어떤 다른 영향들을 알아차리고 있으며, 그 결과로, 그들의 이러한 인식에서 기인한 상품을 시장에 내어 놓는 것처럼 보인다. 이러한 상대적으로 새로운 상품 제공은, 그것들을 더욱 전형적인 바삭한 종류로부터 구별하기 위해, 대개 '부드러운' 또는 '쫄깃한' 쿠키들로 언급된다. 왜 이러한 소개에 소란을 떠는 것일까? 언뜻 보기에 이들 매력의 상당 부분은 뒤 계단에 앉아서 어머니께서 오븐에서 바로 가져다준 아직 부드러운, 입에서 녹는 쿠키를 게걸스럽게 먹던 어린 시절의 기억과 관련이 있다. 부드러운 쿠키에 대한 이 감정적이고 감각적인 매력은 명백하게 적어도 그 상품이 만족시켜주는 신체적인 갈망만큼이나 강하다.

chew on 씹다, 깨물어 바수다 / result from ~에서 유래하다, ~의 결과로서 발생하다 / awareness 인지, 깨달음 / be referred to as 이라니 주리나 / distinguish A from B A를 B와 구별이다 / crunchy 바삭한 / fuss 괜한 소란 / have to do with ~와 관련이 있다 / devour 게걸스럽게 먹다, 먹어 치우다 / sensory 지각의, 감각의 / craving 갈망, 염원

03

Retraining current employees for new positions within the company will also greatly reduce their fear of being laid off.

예시3

Introduction of robots into factories, while employment of human workers is being reduced, creates worry and fear. / (①) It is the responsibility of management to prevent or, at least, to ease these fears. / (②) For example, robots could be introduced only in new plants rather than replacing humans in existing assembly lines. / (③) Workers should be included in the planning for new factories or the introduction of robots into existing plants, so they can participate in the process. (④) It may be that robots are needed to reduce manufacturing costs so that the company remains competitive, but planning for such cost reductions should be done jointly by labor and management. / (⑤) Since robots are particularly good at highly repetitive simple motions, the replaced human workers should be moved to positions where judgment and decisions beyond the abilities of robots are required.

문제점
해결책(요지)
예시1
예시2
예시3

주어진 문장에 연결어 also가 있긴 하지만, 이는 별로 도움이 안 된다. 왜냐하면 ② 뒤에서부터 글 끝까지 계속 예시들이 나오기 때문에, also만 가지고는 주어진 문장이 어디에 들어가야 할지 알기 어렵다.

이 문제는 지문 내에서 관사 the가 포함된 the replaced human workers와 be moved to positions라는 표현을 통해 풀어야 하는 문제이다.

첫 문장에서 문제점을 제시하고, ① 뒤에서 해결책(요지)를 제시한다. 즉 경영진이 노동자들의 해고에 대한 두려움을 예방하거나 완화해야 한다는 것이다. 그 다음 ②부터 경영진이 취해야 할 행동들이 열거된다. 로봇을 새로운 공장에만 도입하라는 것이 첫 번째 방법이다.

③ 뒤부터 두 번째 방법이 나온다. 즉 노동자들을 계획에 포함시키라는 것으로, 이 내용은 ④ 뒷문장 'planning ~ should be done jointly by labor and management.'까지 이어진다.

그 다음 ⑤ 뒤를 보면 정관사 the를 사용한 '그 대체된 인간 노동자들(the replaced human workers)'이라는 표현이 나오는데, 앞 문장에는 인간 노동자가 대체되었다는 내용이 없다. 따라서 ⑤에서 흐름상 단절이 발생한다. **풀이기술 1 5** 주어진 문장을 ⑤에 넣어보자. 현재의 직원들을 새로운 직책을 위해 재훈련시킨다고 했으므로, 이 현재의 직원들은 로봇에 대체되어 다른 새로운 직책으로 이동한 것이다. 그리고 그 새로운 직책이 ⑤ 뒤에 나오는 'positions where~'이다. 따라서 정답은 ⑤가 된다.

구문분석

• It may be that robots are needed to reduce manufacturing costs so that the company remains competitive, but planning for such cost reductions should be done jointly by labor and management.
→ 'it may be that'은 '～일지 모른다, ～일 수도 있다'라는 의미의 표현이다.

지문해석

인간 노동자들의 고용이 줄어들고 있는 가운데, 공장에 로봇을 도입하는 것은 걱정과 두려움을 만들어낸다. 이러한 두려움을 예방하거나 적어도 완화하는 것은 경영진의 책임이다. 예를 들어, 로봇은 기존 조립 라인에서 인간을 대체하기보다는 새로운 공장에만 도입될 수 있다. 노동자들은 새로운 공장을 계획하거나 기존 공장에 로봇을 도입하는 과정에 포함되어야 하는데, 그 결과 그들은 그 과정에 참여할 수 있다. 회사가 경쟁력을 유지할 수 있도록 제조비용을 줄이기 위해 로봇이 필요할 수도 있지만, 그러한 비용 절감을 위한 계획은 노사가 공동으로 해야 한다. 회사 내 새로운 직책을 위해 현재 직원들을 재교육하는 것 또한 해고에 대한 두려움을 크게 줄일 것이다. 로봇은 특히 반복성이 높은 단순한 동작을 잘하기 때문에 대체된 인간 노동자들은 로봇의 능력을 넘어선 판단과 결정이 필요한 위치로 이동해야 한다.

lay off 정리해고하다 / **introduction** 도입; 소개 / **management** 관리; 경영(진) / **replace** 대체하다 / **existing** 기존의 / **competitive** 경쟁력이 있는 / **repetitive** 반복적인

04

정답률
33%

Personal stories connect with larger narratives to generate new identities.

　The growing complexity of the social dynamics determining food choices makes the job of marketers and advertisers increasingly more difficult. / ⟩ 도입
(①) In the past, mass production allowed for accessibility and affordability of products, as well as their wide distribution, and was accepted as a sign of progress. / ⟩ 과거
(②) Nowadays it is increasingly replaced by the fragmentation of consumers among smaller and smaller segments that are supposed to reflect personal preferences. ⟩ 현재(통념)
(③) Everybody feels different and special and expects products serving his or her inclinations. (④) / In reality, these supposedly individual preferences end up overlapping with emerging, temporary, always changing, almost tribal formations solidifying around cultural sensibilities, social identifications, political sensibilities, and dietary and health concerns. ⟩ 진실(요지)

(⑤) These consumer communities go beyond national boundaries, feeding
on global and widely shared repositories of ideas, images, and practices.

독해기술

이 문제는 주어진 문장에는 활용할 단서가 전혀 없고, 정답인 ⑤ 뒤의 These consumer communities가 앞 문장의 tribal formations를 가리킨다고 볼 여지가 있기 때문에 흐름의 단절도 느껴지지 않아서 매우 어려운 문제이다.

이 문제 해결의 핵심은 ④ 뒤의 연결어 In reality(=In fact)를 통해 내용이 전환되는 것을 파악할 수 있는지의 여부이다.

과거에는 제품이 대량 생산되었으나 현재에는 소비자가 단편화되어 모두가 각자의 기호에 맞는 제품을 기대한다는 것이 ④ 이전까지의 내용이다. 그런데 ④ 뒤를 보면 개인적 선호라고 생각되는 것들은 통념이고, 사실은(In reality) 사람들의 선호들이 다 비슷하다는 것이 요지이다.

주어진 문장의 '개인적 이야기가 더 큰 이야기와 연결된다(Personal stories connect with larger narratives)'는 것이 '개인적 선호라고 생각되는 이런 것들이 거의 부족적인 형성물과 겹쳐지게 된다(these supposedly individual preferences end up overlapping with ~ almost tribal formations)'와 같은 의미이다. 그러면 주어진 문장은 ④ 혹은 ⑤에 위치해야 하는데, 지문에서 연결어 In reality부터 내용의 전환이 시작되므로, 주어진 문장은 ⑤에 들어갈 수밖에 없다. 그리고 ⑤ 뒤의 These consumer communities는 주어진 문장의 new identities를 가리키게 된다.

구문분석

• Personal stories connect with larger narratives [to generate new identities].
➜ 이 문장에서 [ ] 부분은 to부정사의 결과 용법으로 해석하는 것이 자연스럽다.

지문해석

음식 선택을 결정하는 사회적 역학의 증가하는 복잡성은 마케팅 담당자와 광고주의 일을 점점 더 어렵게 만든다. 과거에 대량 생산은 제품의 광범위한 유통을 가능하게 했을 뿐만 아니라 제품에 접근하고 구매 비율을 감당할 수 있게 했으며, 발전의 신호로 받아들여졌다. 오늘날 그것은 개인의 선호를 반영해야 하는 점점 더 작은 규모의 부문들 사이에서 소비자 단편화에 의해 대체되고 있다. 모든 사람들은 서로 다르고 특별하다고 느끼고 자신의 상황에 맞는 제품을 기대한다. 사실, 개인적 선호라고 생각되는 이런 것들은 결국 문화적 감성, 사회적 정체성, 정치적 감성, 그리고 식생활과 건강에 관한 관심을 중심으로 확고해지는, 최근에 생겨나고, 일시적이며, 항상 변화하고, 거의 부족적인 형성물과 겹쳐지게 된다. 개인적인 이야기는 더 큰 이야기와 연결되며, 새로운 정체성을 생성한다. 이러한 소비자 집단은 국가 경계를 넘어 개념, 이미지, 관습의 전 세계의 널리 공유된 저장소로 인해 더 강화된다.

dynamics 역학 / mass production 대량 생산 / accessibility 접근 가능성; 입수할 수 있음 / affordability 구매 비용을 감당할 수 있음 / distribution 유통 / segment 부문, 부분 / inclination 기호, 성향 / supposedly 생각하건대, 아마 / overlap 겹치다 / emerging 최근 생겨난 / temporary 일시적인 / tribal 부족의, 종족의 / solidify 굳어지다, 확고해지다 / sensibility 감성, 감수성 / social identification 사회 정체성 / boundary 경계 / feed on ~을 먹고 살다; ~때문에 더 강화되다

1등급 연습 문제 01 ② 02 ② 03 ② 04 ④ 05 ⑤ 06 ③ 07 ⑤ 08 ⑤

01

정답률
54%

Evolution works to maximize the number of descendants that an animal leaves behind. Where the risk of death from fishing increases as an animal grows, evolution favors those that grow slowly, mature younger and smaller, and reproduce earlier

(A) Surely these adaptations are good news for species hard-pressed by excessive fishing? Not exactly. Young fish produce many fewer eggs than large-bodied animals, and many industrial fisheries are now so intensive that few animals survive more than a couple of years beyond the age of maturity.

(B) This is exactly what we now see in the wild. Cod in Canada's Gulf of St. Lawrence begin to reproduce at around four today; forty years ago they had to wait until six or seven to reach maturity. Sole in the North Sea mature at half the body weight they did in 1950.

(C) Together this means there are fewer eggs and larvae to secure future generations. In some cases the amount of young produced today is a hundred or even a thousand times less than in the past, putting the survival of species, and the fisheries dependent on them, at grave risk.

(A) + (B)

독해기술

주어진 글은 어업으로 인해 사망 위험이 큰 곳에서 물고기들은 자손의 수를 최대화하기 위해 몸집이 작은 상태에서(=아직 낚을 가치가 없는 작은 크기에서) 번식을 해버리는 쪽으로 진화한다는 것이다. ⟨풀이기술 1 7⟩

이 문제를 많이 틀린 이유는 아마도 (A)의 these adaptations가 가리키는 것이 주어진 글로 착각했기 때문일 것이다. these라는 지시사는 복수를 가리켜야 한다. ⟨풀이기술 1 8⟩ 주어진 글에는 여러 가지 적응 형태가 나와 있지는 않다. 따라서 (A)를 건너뛰고 (B)를 읽어본다.

(B)에도 지시사 This가 나온다. (B)의 내용은 Cod와 Sole이라는 물고기를 통해 주어진 글의 예를 들어주고 있으므로 (B)가 먼저 이어지기에 적합하다. ⟨풀이기술 1 9⟩ 그리고 (B)에는 Cod와 Sole의 두 가지 적응 사례가 나와 있으므로, 이것을 (A)의 these adaptations가 가리킬 수 있다.

마지막 (C)에서는 Together라는 표현이 나왔으므로, 앞서 말한 (B)와 (A)를 함께 묶어 설명하는 것으로 파악하여 가장 마지막에 위치시키면 된다.

구문분석

• Young fish produce many fewer eggs than large-bodied animals, and many industrial fisheries are now so intensive that few animals survive more than a couple of years beyond the age of maturity.

→ so ~ that 구문 (매우 ~해서 ~하다)이 사용된 문장이다. 여기서 어장들이 매우 집약적 (intensive)이라는 것은, 물고기를 너무 많이 잡는다는 의미로 이해하면 된다.

- In some cases the amount of young produced today is a hundred or even a thousand times less than in the past, putting [the survival of species, and the fisheries dependent on them,] at grave risk.
  → putting으로 시작하는 분사구문의 구조로 [　]가 목적어, at grave risk가 목적보어이다. 즉 [　]을 큰 위험에 처하게 한다는 의미이다.
- Sole in the North Sea mature at half the body weight they did in 1950.
  → did는 동사 mature를 받는 대동사이다. 즉 1950년에 성인기에 도달했던 몸무게의 절반 몸무게로 오늘날 성인기에 도달한다는 의미이다.

지문해석

진화는 동물이 남기는 자손의 수를 최대화하는 쪽으로 작동한다. 동물이 자라면서 어업으로 인한 사망 위험이 증가하는 상황에서 진화는 천천히 자라고, 더 젊고 작은 상태에서 성인기가 되고, 조기에 번식하는 동물을 선호한다. (B) 이것이 정확히 우리가 지금 야생에서 보는 것이다. 캐나다의 Gulf of St. Lawrence에 사는 대구(cod)라는 물고기는 오늘날에는 약 4살쯤에 번식하기 시작한다. 40년 전에 그들은 성숙에 도달하기 위해 6~7살까지 기다려야 했다. 북해의 서대기(sole)라는 물고기는 1950년에 그러했던 것의 절반 몸무게인 상태에서 성인기에 도달한다. (A) 분명히 이러한 적응이 과도한 어획으로 어려움을 겪는 종에게 좋은 소식이 될까? 꼭 그렇긴 않다. 이런 물고기는 대체 튼튼하다 훨씬 처음 안는 남으며, 많은 상업적 어장의 시체 매우 집약적이며 세부가 가득 많이 잡아서) 성인기가 되는 나이보다 몇 년늘 더 사는 능놀는 거의 없다. (C) 이것을 합치면 미래 세대를 확보이기 위한 번식 유충의 수가 더 적다는 것을 의미한다. 어떤 경우에는 오늘날 만들어지는 새끼들의 양은 과거보다 100배에서 심지어 1,000배가 적어서, 종의 생존과 그 종에 의지하는 어장들을 큰 위험에 처하게 한다.

maximize 최대화하다 / **descendant** 자손 / **leave behind** (뒤에) 남기다 / **favor** 선호하다, 좋아하다 / **mature** 성숙해지다, 성인기에 도달하다 / **reproduce** 번식하다; 복제하다 / **adaptation** 적응 / **hard-pressed** 압박당한, 시달리는 / **excessive** 과도한 / **fishery** 어장 / **maturity** 성인기, 성숙 / **cod** (어류) 대구 / **sole** (어류) 서대기 / **put ~ at risk** ~를 위험에 처하게 하다

02

정답률
60%

A fascinating species of water flea exhibits a kind of flexibility that evolutionary biologists call adaptive plasticity.

(A) That's a clever trick, because producing spines and a helmet is costly, in terms of energy, and conserving energy is essential for an organism's ability to survive and reproduce. The water flea only expends the energy needed to produce spines and a helmet when it needs to.

(B) If the baby water flea is developing into an adult in water that includes the chemical signatures of creatures that prey on water fleas, it develops a helmet and spines to defend itself against predators. If the water around it doesn't include the chemical signatures of predators, the water flea doesn't develop these protective devices.

(C) So it may well be that this plasticity is an adaptation: a trait that came to exist in a species because it contributed to reproductive fitness. There are many cases, across many species, of adaptive plasticity. Plasticity is conducive to fitness if there is sufficient variation in the environment.

주어진 글 바로 다음에 (A)가 오기에는 아직 'clever trick(영리한 묘책)'이라고 부를만한 내용이 없다. (B)의 경우 내용상 이어질 수 있다. (C)의 경우 this plasticity가 주어진 글의 adaptive plasticity를 가리킬 수는 있으나, So로 연결되기에는 아직 주어진 글에 별다른 내용이 없어서 연결이 어색하다. 따라서 (B)가 가능성이 가장 높으므로 (B)를 먼저 읽는다.

그 다음 (A)의 지시사 That이 (B)의 내용은 가리킨다. 즉, 포식자가 있는 경우에만 머리 투구와 가시 돌기를 발달시키는 것이 영리한 묘책이라는 것이다.

그 다음 마지막으로 (C)에서 연결어 So를 통해 글의 결론을 내고 있다. 즉, 이 가소성이 (진화적) 적응이라는 것이 결론이다. 참고로, 주어진 글에서부터 이미 plasticity라는 단어가 등장하기 때문에 (C)의 this plasticity는 별다른 단서가 되지 못한다.

⑤ (22%) : 주어진 글에 plasticity라는 단어가 있고 (C)에 this plasticity가 있기 때문에 (C)가 가장 먼저 오는 것으로 착각할 수 있다. 하지만 (C)에는 So라는 연결어가 단서로 존재한다. 주어진 글과 (C)는 내용상 So로 연결되지 않는다.

• So it may well be that this plasticity is ⟨an adaptation⟩: ⟨a trait that came to exist in a species because it contributed to reproductive fitness.⟩
  → it may well be that은 '아마 ～일 것이다'라는 뜻이다.
  → 여기서 콜론(:)은 동격으로 사용되었다. ⟨　⟩와 ⟨　⟩를 동격으로 연결해주고 있다.

물벼룩이라는 매력적인 종은 진화생물학자들이 '적응적 가소성'이라고 부르는 일종의 유연성을 보여준다. (B) 만약 새끼 물벼룩이 물벼룩을 잡아먹는 생물의 화학적인 (고유한) 특징을 포함하는 물 속에서 성체로 발달하고 있다면, 그것은 포식자로부터 자신을 방어하기 위해 머리 투구와 가시 돌기를 발달시킨다. 만약 그 주변의 물이 포식자의 화학적 특징을 포함하지 않는다면, 물벼룩은 이러한 보호 장치를 발달시키지 않는다. (A) 그것은 영리한 묘책이다. 왜냐하면 가시 돌기와 머리 투구를 만드는 것은 에너지 측면에서 비용이 많이 들고, 에너지를 보존하는 것은 유기체의 생존과 번식 능력에 필수적이기 때문이다. 물벼룩은 오직 필요할 때만 가시 돌기와 머리 투구를 만드는 데 필요한 에너지를 소모한다. (C) 따라서 이 가소성은 아마도 적응일 것이다. 즉, 이 가소성은 생식의 적합성에 기여하기 때문에 생물 종에 존재하게 된 특징이다. 많은 종에 걸쳐 적응적 가소성의 많은 사례가 있다. 환경에 충분한 차이가 있다면 가소성은 적합성에 도움이 된다.

fascinating 매력적인, 매혹적인 / water flea 물벼룩 / flexibility 유연성 / adaptive plasticity 적응적 가소성 / helmet 머리 투구, 헬멧 / in terms of ～의 관점에서 / conserve 보존하다 / organism 유기체 / reproduce 생식하다; 재생산하다 / signature (고유성을 잘 나타내는) 특징, 서명 / predator 포식자 / may well 아마 ～일 것이다 / trait 특성, 특징 / fitness 적합성 / sufficient 충분한 / variation 차이, 변화

Promoting attractive images of one's country is not new, but the conditions for trying to create soft power have changed dramatically in recent years. For one thing, nearly half the countries in the world are now democracies.

(A) Technological advances have led to a dramatic reduction in the cost of processing and transmitting information. The result is an explosion of information, and that has produced a "paradox of plenty." Plentiful information leads to scarcity of attention.

(B) In such circumstances, diplomacy aimed at public opinion can become as important to outcomes as traditional classified diplomatic communications among leaders. Information creates power, and today a much larger part of the world's population has access to that power.

(C) When people are overwhelmed with the volume of information confronting them, they have difficulty knowing what to focus on. Attention, rather than information, becomes the scarce resource, and those who can distinguish valuable information from background clutter gain power.

독해기술

명시적인 단서는 (B)의 such 외에는 없어서 다소 어려운 문제이다. 여론(public opinion)을 향한 외교가 중요한 상황은 주어진 문장이 democracies를 가리킨다. **풀이기술** 즉 주어진 글 뒤에 (B)가 먼저 이어지는 것을 결정하고, 그 다음 (A)와 (C)는 다른 단서가 없으므로 내용을 통해서 순서를 판단해야 한다.

(A)에 '정보의 폭발'이 나오고, (C)에는 사람들이 '정보의 양에 압도된다'라는 말이 나온다. 이 둘은 같은 의미이다. (A)에서 기술 발달의 결과로 정보의 폭발이 생겨난다고 했으므로 (A)가 먼저 오고, 그 이후 (C)에서 사람들이 이러한 정보의 폭발에 압도당하는 상황을 설명하는 것이 적절하다.

참고로 '소프트 파워'와 같은 용어가 무엇을 의미하는지는 이 글을 통해서는 정확하게 알 수 없다. 글의 순서를 정하면 되므로 세부 내용까지 완벽하게 이해하는 데 너무 많은 시간을 뺏기지 않도록 주의해야 한다.

구문분석

• In such circumstances, ⟨diplomacy aimed at public opinion⟩ can become as important to outcomes as [traditional classified diplomatic communications among leaders].

→ ⟨ ⟩와 [ ]가 원급 비교구문으로 연결된 문장이다. [ ]가 결과에 중요한 것만큼 ⟨ ⟩도 결과에 중요하다는 의미이다.

지문해석

자신의 국가에 대한 매력적인 이미지를 홍보하는 것이 새로운 것은 아니다. 하지만 소프트파워를 만들어 내고자 노력하는 환경은 최근 몇 년간 극적으로 바뀌었다. 한 예로, 전 세계 국가의 거의 절반이 현재 민주 국가이다. (B) 그러한 상황에서, 여론을 향한 외교는 지도자들 사이에서 전통적인 비밀 외교 소통만큼이나 결과에 중요해질 수 있다. 정보는 권력을 만들어 내고, 오늘날 세계 인구의 훨씬 더 큰 부분이 그 권력에 접근할 수 있다. (A) 기술적 진보는 정보를 처리하는 것과 전달하는 비용에서 극적인 감소를 초래했다. 그 결과로 정보의 폭발이 생겨났고, 그것은 '풍요의 역설'을 만들어 내었다. 풍요로운 정보는 주의력 부족을 초래한다. (C) 사람들은 그들에게 직면해 있는 정보의 양에 압도될 때, 그들은 무엇에 집중해야 할지 알기 어려워한다. 정보라기보다는 주의력이 부족한 자원이 되고, 배경의 혼란으로부터 가치 있는 정보를 구분할 수 있는 사람이 권력을 얻는다.

attractive 매력적인 / **dramatically** 크게, 극적으로 / **diplomacy** 외교 / **aimed at** ~을 향한, 목표로 한 / **classified** 분류된; 비밀의 / **have access to** ~에 접근할 수 있다 / **transmit** 전달하다, 전송하다 / **paradox of plenty** 풍요의 역설 / **scarcity** 부족 / **confront** 직면하다

04

정답률
64%

Organic farmers grow crops that are no less plagued by pests than those of conventional farmers; insects generally do not discriminate between organic and conventional as well as we do.

(A) However, most organic farmers have no choice but to rely on chemicals as necessary supplements to their operations. With pests often consuming up to 40 percent of the crops grown in the United States, they do so as a matter of course.

(B) They might refer to these substances as "botanical extracts." But according to Ned Groth, a senior scientist at Consumers Union, these toxins "are not necessarily less worrisome because they are natural."

(C) It is true that they are far more likely than conventional farmers to practice environmentally beneficial forms of biological control, and that they are also more likely to sensibly diversify their crops to reduce infestation.

독해기술

우선 주어진 문장에 물질들(substances)은 언급된 것이 없으므로 (B)가 제일 먼저 올 수는 없다. (풀이기술 1·8) (A)와 (C)를 보면, 유기농 농부들이 환경적으로 이롭게 농사짓는다는 내용((C)의 내용)과 화학물질을 쓸 수밖에 없다는 내용((A)의 내용)이 대조를 이룬다. (A)에 역접 연결사 However가 있으므로 (C) – (A) 순서가 된다. 그리고 (B)에 있는 these substances가 (A) chemicals를 지칭하므로, 답은 ④ (C) – (A) – (B)가 된다. (풀이기술 1·9)

구문분석

• Organic farmers grow crops / that are no less plagued by pests than those of conventional farmers;
   → 동사 plague는 '괴롭히다'라는 의미이다. no less plagued than라는 비교구문은 '~보다 덜 괴롭힘 받을 것도 없는', 즉 '~와 마찬가지로 똑같이 괴롭힘 받는'이란 의미이다.

• It is true [**that** they are far more likely (than conventional farmers) to practice environmentally beneficial forms of biological control,] and [**that** they are also more likely to sensibly diversify their crops to reduce infestation.]
   → 두 개의 that절이 진주어이다. 그리고 be likely to(~일 가능성이 있다, ~일 것이다) 표현이 비교급으로 쓰여 be more likely to가 되고, 비교 대상인 than 이하가 중간에 끼어 들어간 형태이다. 문장구조를 파악할 때는 be likely to 표현을 중심으로 파악한다.

유기농 농부들은 전통적 농부들의 농작물하고 똑같이 해충에 의해 괴롭힘 받는 농작물을 기른다. 곤충들은 우리들이 구분하는 것처럼 일반적으로 유기농과 전통적인 농작물을 잘 구분하지 못한다. (C) 그들(유기농 농부들)은 전통적 농부들보다 환경적으로 이로운 형태의 생물학적 통제력을 행사한다는 점과, 횡행을 줄이기 위해 그들의 농작물을 현명하게 다양화시킨다는 점은 사실이다. (A) 그러나 대부분의 유기농 농부들은 그들의 작업에 꼭 필요한 보충제로서 화학물질에 의존할 수밖에 없다. 해충들이 미국에서 길러지는 농작물의 40%까지를 먹어치우기 때문에, 그들(유기농 농부들)은 당연히 그렇게 하는 것이다. (B) 그들은 이러한 물질들을 '식물학적 추출물'이라고 부른다. 하지만 Consumers Union의 원로 과학자인 Ned Groth에 따르면, 이러한 독소들은 "그것들이 자연물질이라고 해서 반드시 덜 걱정스러운 것은 아니다".

plague 전염병; 괴롭히다 / pest 해충 / supplement 보충물, 보충제; 보충하다 / consume 소모하다; 먹다 / botanical 식물의 / extract 발췌; 추출물; 추출하다 / toxin 독소 / worrisome 걱정스럽게 만드는 / beneficial 유익한, 이로운 / diversify 다양화하다

05

정답률 67%

In spite of the likeness between the fictional and real world, the fictional world deviates from the real one in one important respect.

(A) The author has selected the content according to his own worldview and his own conception of relevance, in an attempt to be neutral and objective or convey a subjective view on the world. Whatever the motives, the author's subjective conception of the world stands between the reader and the original, untouched world on which the story is based.

(B) Because of the inner qualities with which the individual is endowed through heritage and environment, the mind functions as a filter; every outside impression that passes through it is filtered and interpreted. However, the world the reader encounters in literature is already processed and filtered by another consciousness.

(C) The existing world faced by the individual is in principle an infinite chaos of events and details before it is organized by a human mind. This chaos only gets processed and modified when perceived by a human mind.

독해기술

주어진 글 뒤에 (A)가 먼저 이어지기에는 the author가 지칭하는 것이 누구인지 명확하지 않다. (B)도 마찬가지로 the mind가 가리키는 것이 무엇인지 명확하지 않다. (C)를 읽어보면 a human mind라는 표현이 나온다. 'a + 명사' 뒤에 'the + 명사'가 이어져야 하기 때문에, (C) – (B) 순서가 된다.
(C) – (B)가 기존의 세계, 즉 현실 세계에 대한 설명이고, (B)의 However 뒤부터 문학의 세계, 즉 허구의 세계에 대한 설명이다. (B)의 마지막에 another consciousness라는 표현이 나오는데, 이것이 문학에서 독자가 접하는 세계를 처리하고 여과하는 존재이므로, 곧 문학의 저자를 말한다. 즉, (A)의 The author를 지칭하고 있으므로 (B) – (A) 순서가 된다. 따라서 정답은 (C) – (B) – (A) 순서이다.

• 〈Whatever the motives (are)〉, the author's subjective conception of the world stands between the reader and the original, untouched world on which the story is based.

→ -ever절에서 be동사는 흔히 생략된다. Whatever the motives (are)에서 are가 생략된 형태이다.

지문해석

허구의 세계와 현실 세계의 유사성에도 불구하고, 허구의 세계는 한 가지 중요한 점에서 현실 세계에서 벗어난다. (C) 개인이 직면한 기존(현실)의 세계는 원칙적으로는 인간의 마음에 의해 조직되기 전에는 사건들과 세부 사항들의 무한한 혼돈 상태이다. 이 혼돈은 인간의 정신에 의해 인식될 때만 처리되고 수정된다. (B) 개인이 유산과 환경을 통해 부여받는 내적 특성 때문에 그러한 정신은 그것을 통과하는 모든 외부 인상이 걸러지고 해석되는 여과기 역할을 한다. 그러나 문학에서 독자가 접하는 세계는 이미 다른 의식에 의해 처리되고 여과되어 있다. (A) 작가는 중립적이고 객관적이려는, 또는 세계에 대한 주관적인 견해를 전달하려는 시도에서 자신의 세계관과 적절성에 대한 자신의 개념에 따라 내용을 선정했다. 동기가 무엇이든 간에, 세계에 대한 작가의 주관적인 개념은 독자와 이야기의 기반이 되는 원래의 손대지 않은 세계 사이에 존재한다.

likeness 유사성 / **fictional** 가상의, 허구의 / **relevance** 적절성, 타당성 / **neutral** 중립적인 / **untouched** 본래 그대로의 / **function** 기능하다 / **encounter** 접하다, 마주치다 / **consciousness** 의식 / **existing** 기존의 / **in principle** 원칙적으로는, 이론상으로는 / **infinite** 무한한 / **modify** 수정하다

06
정답률
57%

Culture operates in ways we can consciously consider and discuss but also in ways of which we are far less cognizant.

(A) In some cases, however, we are far less aware of why we believe a certain claim to be true, or how we are to explain why certain social realities exist. Ideas about the social world become part of our worldview without our necessarily being aware of the source of the particular idea or that we even hold the idea at all.

(B) When we have to offer an account of our actions, we consciously understand which excuses might prove acceptable, given the particular circumstances we find ourselves in. In such situations, we use cultural ideas as we would use a particular tool.

(C) We select the cultural notion as we would select a screwdriver: certain jobs call for a Phillips head while others require an Allen wrench. Whichever idea we insert into the conversation to justify our actions, the point is that our motives are discursively available to us. They are not hidden.

독해기술

주어진 글에서는 문화가 작동하는 두 가지 방식, 즉 우리가 의식하는 방식과 의식하지 못하는 방식을 소개하고 있다. 주어진 글의 마지막 부분이 우리가 '의식하지 못하는(far less cognizant)' 방식이고, (A)도 마찬가지로 의식 못하는 방식이다. 그런

데 (A)는 역접 연결어 however가 있으므로 (A)가 첫 번째가 될 수 없다. <kbd>풀이기술 1 8</kbd>

(B)는 우리가 '의식적으로(consciously)' 한다는 내용이므로, 우선 (B)가 먼저 올 수 있다. (C)가 가장 먼저 올 수 없는 것은 아니나, (B) 뒤에 도구를 사용하듯이 문화적 아이디어를 사용한다고 했고, 이 도구의 예시가 (C)에 제시되고 있으므로 (B) – (C) 순서가 타당하다. <kbd>풀이기술 1 9</kbd>

(B) – (C)에서 의식적인 방식을 이야기했으니, 마지막으로 (A)에서 역접 연결어 however와 함께 무의식적인 방식을 이야기하면 순서가 자연스럽게 이어진다. 즉, 정답은 (B) – (C) – (A)가 된다.

구문분석

• When we have to offer an account of our actions, we consciously understand 〈which excuses might prove acceptable〉, given the particular circumstances (that) we find ourselves in.
  → which는 의문형용사이고, 〈 〉는 간접의문문이다.
  → 여기서 prove는 자동사로, '증명하다'가 아니라 '~로 판명되다'란 뜻이다.
  → given은 '~을 고려하면'이란 의미로, considering과 같은 의미이다.
  → circumstances 뒤에는 관계대명사 that이 생략되어 있다.

지문해석

문화는 우리가 의식적으로 고려하고 논의할 수 있는 방식뿐만 아니라, 우리가 훨씬 덜 인지하는 방식으로도 작동된다. (B) 우리가 우리의 행동에 대한 설명을 제시해야 할 때, 우리는 우리가 처한 특정한 상황을 고려할 때 어떤 변명이 용인되는 것으로 판명될 수 있는지를 의식적으로 이해한다. 그런 상황에서 우리는 특정한 도구를 사용하는 것처럼 문화적인 아이디어를 사용한다. (C) 우리는 스크루드라이버를 선택할 때와 마찬가지로 문화적 개념을 선택한다. 특정 작업에는 필립스 헤드(십자 드라이버 헤드)가 필요하고 다른 작업에는 앨런 랜치(육각 랜치)가 필요하다. 우리의 행동을 정당화하기 위해 대화에 어떤 생각을 삽입하든, 요점은 우리의 동기가 우리에게 만연하게 이용 가능하다는 것이다. 그것들은 숨겨져 있지 않다. (A) 그러나 어떤 경우에, 우리는 왜 우리가 어떤 주장이 사실이라고 믿는지, 또는 어떤 사회적 현실이 존재하는 이유를 어떻게 우리가 설명해야 하는지에 대해 훨씬 덜 알고 있다. 사회적 세계에 대한 생각은 우리가 특정한 생각의 근원에 대해서, 혹은 심지어 우리가 그 생각을 갖고 있다는 것조차 반드시 알고 있지 않은 상태에서도 우리 세계관의 일부가 된다.

claim 주장 / **account** 설명 / **excuse** 변명 / **given** 고려하면 / **notion** 개념 / **screwdriver** 스크루드라이버 / **Phillips head** 십자 흠이 있는 나사 머리 / **Allen wrench** 육각 랜치(단면이 육각형으로 된 소형 ㄴ자형의 래치)

07

정답률 56%

The fossil record provides evidence of evolution. The story the fossils tell is one of change. Creatures existed in the past that are no longer with us. Sequential changes are found in many fossils showing the change of certain features over time from a common ancestor, as in the case of the horse.

(A) If multicelled organisms were indeed found to have evolved before single-celled organisms, then the theory of evolution would be rejected. A good scientific theory always allows for the possibility of rejection. The fact that we have not found such a case in countless examinations of the fossil record strengthens the case for evolutionary theory.

(B) The fossil record supports this prediction — multicelled organisms are found in layers of earth millions of years after the first appearance of single-celled organisms. Note that the possibility always remains that the opposite could be found.

(C) Apart from demonstrating that evolution did occur, the fossil record also provides tests of the predictions made from evolutionary theory. For example, the theory predicts that single-celled organisms evolved before multicelled organisms.

독해기술

주어진 글 뒤에 (A)가 이어질 수 없는 것은 아니지만, 갑자기 다세포와 단세포 유기체가 언급되는 것은 자연스럽진 않다. 주어진 글에 this prediction으로 가리킬 만한 내용이 없으므로 (B)는 먼저 올 수 없다. **풀이기술** 주어진 글이 화석 기록이 제공해주는 것/말해주는 것에 대한 내용이므로, (C)에서 also를 통해 화석 기록이 또 다른 것을 제공해준다는 내용은 잘 이어진다. 따라서 (C)가 주어진 문장 다음으로 가장 먼저 온다.

(C)의 예시에서 예측에 대한 내용이 언급되므로, (B)의 this prediction이라는 표현으로 자연스럽게 이어진다.

(B)의 내용은 다세포 유기체가 단세포 유기체보다 수백만 년 뒤에 나타났다는 것이므로, (B)의 마지막에 있는 the opposite을 (A)에 있는 가정, 즉 다세포 생물이 단세포 생물보다 먼저 진화했을 경우를 가정한 것과 잘 이어진다. 따라서 정답은 (C) − (B) − (A)가 된다.

구문분석

• The story the fossils tell is one of change.
  → 'one of + 복수명사' 형태일 때는 '~중에서 하나'란 뜻이지만, 이 문장은 이런 형태가 아니다. 여기서의 one은 대명사로서, one of change는 a story of change라는 의미이다.
• Creatures existed in the past [that are no longer with us].
  → 관계대명사절 [ ]의 선행사는 Creatures이다.
• Note that the possibility always remains [that the opposite could be found].
  → 동격절 [ ]의 선행사는 the possibility이다.

지문해석

화석 기록은 진화의 증거를 제공한다. 화석들이 말하는 이야기는 변화의 이야기이다. 더 이상 우리와 함께하지 않는 생명체들이 과거에는 존재했다. 말의 경우에서처럼 시간이 지남에 따라 공통 조상으로부터 특정 특징의 변화를 보여주는 많은 화석에서 순차적인 변화가 발견된다. (C) 진화가 실제로 일어났다는 것을 증명하는 것 외에도, 화석 기록은 진화론으로부터 만들어진 예측에 대한 테스트를 제공한다. 예를 들어, 이 이론은 단세포 생물이 다세포 생물보다 먼저 진화했다고 예측한다. (B) 화석 기록은 이러한 예측을 뒷받침한다. 즉, 다세포 생물은 단세포 생물이 처음 출현한 수백만 년 후에 지구의 층에서 발견된다. 그 반대가 발견될 가능성도 항상 남아 있다는 점에 주목하라. (A) 만약 다세포 생물이 단세포 생물보다 먼저 진화했다는 것이 정말로 밝혀진다면, 진화론은 거부될 것이다. 좋은 과학 이론은 항상 거부의 가능성을 허용한다. 우리가 화석 기록에 대한 수많은 조사에서 그러한 사례를 발견하지 못했다는 사실은 진화론을 위한 논거를 강화한다.

fossil 화석 / sequential 일련의 / multicelled 다세포의 / organism 생물, 유기체 / single-celled 단세포의 / reject 거부하다 / countless 수많은 / examination 조사 / strengthen 강화하다 / appearance 출현 / demonstrate 입증하다

Experts have identified a large number of measures that promote energy efficiency. Unfortunately many of them are not cost effective. This is a fundamental requirement for energy efficiency investment from an economic perspective.

(A) And this has direct repercussions at the individual level: households can reduce the cost of electricity and gas bills, and improve their health and comfort, while companies can increase their competitiveness and their productivity. Finally, the market for energy efficiency could contribute to the economy through job and firms creation.

(B) There are significant externalities to take into account and there are also macroeconomic effects. For instance, at the aggregate level, improving the level of national energy efficiency has positive effects on macroeconomic issues such as energy dependence, climate change, health, national competitiveness and reducing fuel poverty.

(C) However, the calculation of such cost effectiveness is not easy: it is not simply a case of looking at private costs and comparing them to the reductions achieved.

독해기술

주어진 글에서 '비용 효율적인(cost effective)' 것이 기본적인 필요조건이라고 했다. ⬛풀이기술⬛ 이 개념을 (C)에서 such cost effectiveness라는 표현으로 가리키고 있다. 따라서 (C)가 먼저 와야 한다.

(C) 뒤에서 cost effectiveness를 계산하는 것은 단순히 'a case of looking at private costs~'가 아니라고 했다. 이것에 이어지는 내용이 (B)에 나오는 significant externalities와 macroeconomic effects이다. private costs빈 을 것이 아니라, 중요한 '외부 효과(significant externalities)'와 '거시 경제적 효과(macroeconomic effects)'도 고려해야 한다는 것이다.

그리고 (A)의 this가 (B)의 예시 내용을 가리킨다. (B)의 예시에서는 at the aggregate level이란 표현이 나오는데, 이것과 이어지는 표현이 (A)의 at the individual level이다. 즉 국가의 에너지 효율을 높이면 총체적 차원에서도 여러 가지 긍정적 영향을 미치고, 이것은 곧 개인적 차원에서도 긍정적인 영향을 미치게 되는 것이다.

따라서 정답은 (C) − (B) − (A)가 된다.

구문분석

• There are significant externalities ⟨to take into account⟩ and there are also macroeconomic effects.

→ 'take ~ into account'는 '~을 고려하다'라는 의미의 표현으로, 'take ~ into consideration'과 동의어이다. ⟨ ⟩는 externalities를 수식하고 있다.

지문해석

전문가들은 에너지 효율을 촉진하는 많은 조치들을 찾아냈다. 불행하게도 그들 중 많은 수가 비용 효율적이지 않다. 이는 경제적 관점에서 에너지 효율을 위한 투자에 근본적인 필요조건이다. (C) 그러나 이러한 비용 효율성의 계산은 쉽지 않다. 단순히 사적비용을 살펴보고 그것을 달성된 절감액과 비교하는 경우가 아니기 때문이다. (B) 고려해야 할 상당한 외부 효과가 있으며 거시 경제 효과도 있다. 예를 들어, 총체적 수준에서 국가의 에너지 효율 수준을 높이는 것은 에너지 의존성, 기후 변화, 건강, 국가 경쟁력 및 연료 빈곤 감소와 같은 거시 경제 문제에 긍정적인 영향을 미친다. (A) 그리고 이것은 개인적 차원에서 직접적인 영향을 미친다. 즉, 가정은 전기 및 가스 요금을 줄이고 그들의 건강과 안락함을 증진시킬 수 있는 반면, 기업은 자체 경쟁력과 생산성을 높일 수 있다. 결국, 에너지 효율 시장은 일자리와 기업 창출을 통해 경제에 기여할 수 있는 것이다.

measure 조치, 대책 / promote 증진하다, 촉진하다 / efficiency 효율 / cost effective 비용 효율적인[비용대비 효율이 높은] / fundamental 근본적인 / perspective 관점 / household 가정 / gas bill 가스 요금 / competitiveness 경쟁력 / productivity 생산성 / contribute to ~에 기여하다 / externality 외부 효과 / take ~ into account ~을 고려하다 / macroeconomic 거시 경제의 / dependence 의존도, 의존(성) / calculation 계산 / reduction 절감(액), 감소(량)

1등급 실전 문제   01 ④   02 ②   03 ④   04 ④   05 ⑤   06 ②   07 ⑤   08 ③

01
정답률
37%

To modern man disease is a biological phenomenon that concerns him only as an individual and has no moral implications. When he contracts influenza, he never attributes this event to his behavior toward the tax collector or his mother-in-law.

(A) Sometimes they may not strike the guilty person himself, but rather one of his relatives or tribesmen, to whom responsibility is extended. Disease, action that might produce disease, and recovery from disease are, therefore, of vital concern to the whole primitive community.

(B) Disease, as a sanction against social misbehavior, becomes one of the most important pillars of order in such societies. It takes over, in many cases, the role played by policemen, judges, and priests in modern society.

(C) Among primitives, because of their supernaturalistic theories, the prevailing moral point of view gives a deeper meaning to disease. The gods who send disease are usually angered by the moral offences of the individual.

독해기술

2018 수능에서 가장 정답률이 낮았던 문제로, 심지어 빈칸 추론 문제들보다 정답을 고르기가 어려웠던 문제이다. 글의 순서 문제를 풀 때의 단서들이 너무도 분명한데, 많은 학생들이 이를 인식하지 못하고 틀려버렸다.

주어진 글에서 사람은 모두 단수(modern man, tax collector, mother-in-law)로 표현되어 있다. 따라서 (A)의 they를 보고 (A)가 주어진 글 다음에 오지 않음을 파악할 수 있다. 풀이기술 1 8 그 다음 (B)가 중요한데, such societies를 단서로 인식했는지가 이 문제의 핵심이다. such는 '그러한'이란 의미이므로 앞에 나온 것을 가리킨다. 주어진 글에는 '사회'라는 의미의 표현이 없으므로 (B)도 주어진 글에 이어질 수 없다.

따라서 주어진 글 다음은 (C)로 시작해야 한다. 참고로 (C)의 their는 (C) 문장 내에 있는 primitives를 가리킨다.

(C) 끝에도 '사회'라는 의미가 등장하지 않으므로 (A)가 다음으로 이어진다. (A)에서 they는 guilty person의 친척이나 부족민을 공격(strike)하는 존재이므로 (C)의 the gods를 가리킨다. 마지막으로, (A)의 끝에 the whole primitive community를 (B)의 such societies로 가리킬 수 있다.

구문분석

• Sometimes they may not strike [the guilty person himself], but rather [one of his relatives or tribesmen], ⟨to whom responsibility is extended⟩.

 → [ ]와 [ ]가 not A but rather B 형태의 병렬구조이다. ⟨ ⟩ 부분은 one을 수식한다.

지문해석

현대인에게 질병은 그를 오직 개인으로서만 관련시키고, 어떤 도덕적 함의를 지니지는 않는 생물학적 현상이다. 그가 감기에 걸릴 때, 그는 이 일을 세금 징수원이나 자신이 잘못을 향한 자신의 행동 탓으로 돌리지 않는다. (원) 원시인들 사이에서는, 그들의 초자연적인 생각 때문에 만연한 도덕적 관점이 질병에 더 심화된 의미를 부여한다. 질병을 보내는 신들은 주로 개인이 도덕적 범위에 위가 난다. (A) 때때로 그들은 죄를 저지른 사람이 아닌, 오히려 책임이 확장되어서 그의 친척이나 부족민 중 한 명은 덮칠 수도 있다. 실병, 실명은 인요킬 수 있는 행동, 그리고 질병으로부터의 회복은 따라서 원시 사회에 엄청나게 중요한 관심사였다. (B) 질병은, 사회적으로 문제되는 행동에 대한 제제로서, 그와 같은 사회에서 질서의 가장 중요한 부분으로 작용한다. 많은 경우에 그것은 현대 사회의 경찰관, 판사, 그리고 사제가 맡는 역할을 떠맡는다.

implication 함의 / contract 계약하다; (병에) 걸리다 / attribute A to B A를 B의 탓으로 돌리다 / vital concern 중요한 관심사 / pillar 기본적인 부분 / theory 이론; 생각, 의견 / prevailing 만연한 / offence 범죄

02
정답률
47%

In economics, there is a principle known as the sunk cost fallacy. The idea is that when you are invested and have ownership in something, you overvalue that thing.

(A) Sometimes, the smartest thing a person can do is quit. Although this is true, it has also become a tired and played-out argument. Sunk cost doesn't always have to be a bad thing.

(B) This leads people to continue on paths or pursuits that should clearly be abandoned. For example, people often remain in terrible relationships simply because they've invested a great deal of themselves into them. Or someone may continue pouring money into a business that is clearly a bad idea in the market.

(C) Actually, you can leverage this human tendency to your benefit. Like someone invests a great deal of money in a personal trainer to ensure they follow through on their commitment, you, too, can invest a great deal up front to ensure you stay on the path you want to be on.

주어진 글 뒤에는 사실 (A)~(C) 모두가 가능할 수 있다. 따라서 다른 선택지끼리의 순서를 조합해봐야 한다.

(A)의 경우 둘째 문장부터, 매몰 비용을 긍정적으로 말하고 있다.(Sunk cost doesn't always have to be a bad thing.)

(B)의 경우 매몰 비용 오류에 대한 구체적인 설명을 하고 있다.

(C)의 경우 this human tendency를 긍정적으로(to your benefit) 활용할 수 있다는 내용이다.

그렇다면 주어진 글 뒤에는 (B)를 통해 매몰 비용 오류에 대한 구체적인 설명이 먼저 이어지고, (A)를 통해 매몰 비용이 항상 나쁜 것은 아니라고 내용을 전환시키고, 매몰 비용에 대한 긍정적인 점을 (C)에서 설명하는 것이 가장 자연스럽다. 따라서 정답은 (B) – (A) – (C)가 된다.

③ (23%) : (B)가 매몰 비용에 대한 부정적 설명이고, (C)가 긍정적으로 활용하는 내용이며, 더군다나 (C)에 'Actually(=in fact)'라는 연결어가 있다보니, (B) 다음에 (C)가 이어지는 것으로 착각할 수 있다. 하지만 부정에서 긍정으로 전환되는 내용이 (A)에 있기 때문에, (A)가 (C)보다 먼저 와야 한다.

경제학에는 '매몰 비용 오류'로 알려진 원칙이 있다. 여러분이 어떤 것에 투자를 하고 소유권을 갖게 되면, 여러분은 그것의 가치를 과대평가하게 된다는 생각이다. (B) 이것은 사람들이 분명히 버려야 할 경로나 추구를 계속하도록 이끈다. 예를 들어, 사람들은 단지 그들이 그들에게 많은 자신을 투자했다는 이유로 종종 끔찍한 관계를 유지한다. 혹은 어떤 사람은 시장에서 분명히 나쁜 아이디어인 사업에 계속해서 돈을 쏟아부을지도 모른다. (A) 때때로, 사람이 할 수 있는 가장 똑똑한 일은 그만두는 것이다. 비록 이것이 사실이지만, 그것은 또한 식상하고 효력이 떨어진 주장이 될 수 있다. 매몰 비용이 항상 나쁜 것만은 아니다. (C) 사실, 여러분은 이러한 인간적인 성향을 여러분에게 이롭게 활용할 수 있다. 누군가가 그들의 약속을 끝까지 완수하기 위해 많은 돈을 개인 트레이너에게 투자하는 것처럼, 여러분 역시 여러분이 있고 싶은 경로에 확실히 있기 위해 선지급으로 많은 것(돈)을 투자할 수 있다.

principle 원리, 원칙 / sunk cost 매몰 비용 / fallacy 오류 / ownership 소유권 / overvalue 지나치게 중시하다, 과대평가하다 / quit 중지하다; 단념, 포기 / played-out 효력이 떨어진, 낡은 / argument 주장 / pursuit 일, 추구 / abandon 그만두다, 버리다 / pour 쏟아붓다 / follow through on ~을 완수하다 / commitment 약속, 전념 / up front 선지급으로, 선불로

03

정답률
55%

Now many kinds of superior coffee beans are being decaffeinated in ways that conserve strong flavor. But the public suffers from a groundless fear of chemical decaffeination and prefers instead to buy water-processed decaf.

(A) The solvent comes into direct contact with them, carrying the caffeine with it. The drained solvent is then mixed with water, and the caffeine is drawn out to be sold.

(B) In the water process, however, no solvent touches the beans. After the beans are steamed, they are soaked in water, which removes the caffeine — along with all the soluble solids in the beans. The solution is drained off to a separate tank, where the caffeine is drawn out from it.

(C) Every process of decaffeination, whether chemical- or water-based, starts with steaming the green beans to loosen the bonds of caffeine. In the chemical process, a solvent circulates through the beans.

독해기술

주어진 글 다음에 (A)에서 갑자기 The solvent와 them이 나오는 것은 어색하다.

(B)를 보면 연결어 however와 함께 In the water process가 나오는데, 주어진 글에 chemical decaffeination와 water-processed decaf가 언급된 것으로 보아 이 글은 각각의 과정을 대조하며 설명하고 있는 것이며, (B)는 그 중 water process에 대한 내용임을 알 수 있다. 그런데 (B)에선 In the water process가 however와 함께 언급되므로, (B) 앞에 chemical process에 대한 내용이 나온 후 (B)가 이어지는 것이 자연스럽다.

(C)를 보면 In the chemical process라는 표현으로 chemical process에 대한 내용이 먼저 언급된다. 그리고 (A)에서 The solvent와 them이 (C)의 마지막 문장과 연결된다. 이렇게 (C) – (A)에서 chemical process에 대한 설명이 끝나고 (B)에서 water process에 대한 내용이 이어지면 전체적인 흐름이 자연스럽다.

구문분석

- Every process of decaffeination, whether (it is) chemical- or water-based, starts with steaming the green beans to loosen the bonds of caffeine.
  → 'whether A or B'는 'A이든지 B이든지'라는 뜻인데, 여기서 whether 뒤에는 'it(=process of decaffeination) is'가 생략되어 있다. 해석은 다음과 같다.
  Every process of decaffeination, / whether chemical- or water-based, / starts with …
  : 모든 카페인 제거 과정은 / 그것이 화학적 처리든지 물 처리든지 / ~로 시작한다.

지문해석

이제 많은 종류의 고급 커피콩이 강한 향을 보존하는 방식으로 카페인이 제거되고 있다. 그러나 대중은 화학적 카페인 제거에 대해 근거 없는 두려움으로 고통 받고 있으며 대신에 물로 처리된 무카페인 제품을 구매하는 것을 선호한다. (C) 모든 카페인 제거 과정은, 화학물질을 기초로 하는 것이든 물을 기초로 하는 것이든, 카페인의 결합력을 느슨하게 하기 위해 녹색 콩을 찌는 것으로부터 시작한다. 화학적 처리에서는 용매가 콩 사이로 순환한다. (A) 그 용매는 그것들과 직접적으로 접촉하여 뇌며 카페인을 가지고 간다. 빠져나가 용매는 그 후 물과 혼합되고, 그 카페인은 추출되어 팔린다. (B) 그러니 물을 이용한 처리에서는 어떠한 용매도 콩에 닿지 않는다. 콩을 찐 후에 콩을 물로 흠뻑 적시게 되는데 그것이 콩에 들어 있는 모든 용해성 고체와 함께 카페인을 제거한다. 이 용액은 분리된 수조로 빠지는데 그 곳에서 카페인이 그것으로부터 추출된다.

superior 고급의, 우등의 / decaffeinate 카페인을 제거하다 / conserve 보존하다 / flavor 향 / public 대중, 사람들 / groundless 근거 없는 / fear 두려움 / chemical decaffeination 화학적 카페인 제거 / water-processed 물로 처리된 / drained 물이 빠진 / draw out 꺼내다, 뽑아내다 / steam 찌다, 증기를 쐬다 / soak 적시다 / soluble 녹는 / solid 고체 / solution 용액 / drain (off) 물을 빼다 / loosen 느슨하게 하다 / bond 결합(력) / circulate 순환하다

Anthropologist Brain Hare has done experiments with dogs, where he puts a piece of food under one of two cups, placed several feet apart. The dog knows that there is food to be had, but has no idea which of the cups holds the prize.

(A) This difference is in their cooperations with humans. Hare explains that primates are very good at using the cues of the same species. But they are not good at using human cues when you are trying to cooperate with them.

(B) In contrast, dogs pay attention to humans, when humans are doing something very human. Dogs aren't smarter than chimps, but they just have a different attitude toward people, and they are really interested in humans.

(C) Then, Hare points at the right cup, taps on it, and looks directly at it. What happens? The dog goes to the right cup virtually every time. Yet when Hare did the same experiment with chimpanzees, the chimps couldn't get it right. A dog will look at you for help, and a chimp won't.

독해기술

우선 주어진 문장에는 (A)의 This difference로 가리킬 만한 것이 없다. 그리고 (B)의 dogs pay attention to humans와 대조적으로 연결될 내용도 없다. [풀이기술 1 8] 그런데 (C)를 보면 연결어 'Then(그러고 나서)'가 있다. 주어진 문장과 (C)가 이 연결어로 연결되는지 살펴보자. 주어진 문장에서 Brain Hare는 개를 가지고 실험을 하기 위해 두 개의 컵 중 하나 아래에 음식을 놓는다. '그러고 나서' 올바른 컵을 가리키고 두드리고 똑바로 쳐다본다는 (C)의 내용은 주어진 문장의 실험 내용을 계속해서 이어 설명하는 것이므로 자연스럽게 연결된다.

그리고 (C)의 마지막 문장에 A dog은 도움을 구하기 위해 당신을 바라보지만 a chimp는 그렇게 하지 않는다고 한다. 이것을 (A)의 This difference로 지칭하면 매우 자연스럽게 연결된다.

이렇게 개와 침팬지는 서로 다른 반응을 보이는데, (A)에서 먼저 primates(영장류, 즉 침팬지)에 대한 설명을 한다. 그 후에 대조적으로 (B)에서 개에 대한 설명이 나오면 내용의 연결이 매우 자연스럽다.

구문분석

• Anthropologist Brain Hare has done experiments with dogs, 〈where he puts a piece of food under one of two cups, (placed several feet apart)〉.

→ 여기서 〈 〉는 experiments를 수식한다. where는 항상 장소에 대해서만 쓰는 것이 아니다. 여기에서는 그 실험 내용을 설명한다.

→ ( )는 two cups를 수식하고 있다.

지문해석

인류학자인 Brain Hare가 개를 이용한 실험을 했는데, 그 실험에서 그는 음식 한 조각을 서로 몇 피트 떨어져 있는 두 개의 컵 중 하나 아래에 둔다. 개는 먹을 음식이 그곳에 있다는 것은 알지만 어느 컵에 그 상이 있는지는 모른다. (C) 그러고 나서 Hare는 맞는 컵을 지목하고 그것을 톡톡 두드리고 그것을 똑바로 쳐다본다. 무슨 일이 일어날까? 개는 거의 매 번 맞는 컵으로 간다. 그러나 Hare가 침팬지로 같은 실험을 했을 때 침팬지들은 그것을 제대로 알아 채지 못했다. 개는 도움을 청하기 위해 당신을 쳐다보지만, 침팬지는 그렇게 하지 않는 것이다. (A) 이 차이는 그것들이 인간과 하는 협동에 있다. Hare는 영장류가 같은 종의 단서를 이용하는 데 아주 능숙하다고 설명한다. 그러나 그것들은 당신이 그것들과 협동하려고 시도할 때 인간이 주는 단서를 이용하는 데에는 익숙하지 않다. (B) 대조적으로, 개들은 인간이 매우 인간다운 행동을 할 때 인간에게 주목한다. 개들이 침팬지보다 영리하지는 않지만, 그것들은 인간에 대해 다른 태도를 갖고 있고, 인간에게 정말 관심이 많다.

anthropologist 인류학자 / **cooperation** 협동 / **primate** 영장류 / **virtually** 거의

05
정답률 42%

Green products involve, in many cases, higher ingredient costs than those of mainstream products.

(A) They'd rather put money and time into known, profitable, high-volume products that serve populous customer segments than into risky, less-profitable, low-volume products that may serve current noncustomers. Given that choice, these companies may choose to leave the green segment of the market to small niche competitors.

(B) Even if the green product succeeds, it may cannibalize the company's higher-profit mainstream offerings. Given such downsides, companies serving mainstream consumers with successful mainstream products face what seems like an obvious investment decision.

(C) Furthermore, the restrictive ingredient lists and design criteria that are typical of such products may make green products inferior to mainstream products on core performance dimensions (e.g., less effective cleansers). In turn, the higher costs and lower performance of some products attract only a small portion of the customer base, leading to lower economies of scale in procurement, manufacturing, and distribution.

독해기술

주어진 문장은 green products의 단점을 이야기하고 있다. 풀이기술 1 7

(A)의 They는 돈과 시간을 투입하는 주체이므로 사람이나 회사가 되어야 한다. 주어진 글에는 They가 가리킬 대상이 없으므로 (A) 가 가장 먼저 올 수는 없다. 풀이기술 1 8

(B)의 첫 문장에는 별다른 단서가 없으므로 (B)는 가장 먼저 올 수도 있고 아닐 수도 있다.

(C)는 연결어 Furthermore를 통해 green products의 단점을 추가하고 있으며, such products가 주어진 글의 green products 를 가리킬 수 있으므로, (C)가 가장 먼저 온다.

(C)의 마지막 문장까지 (A)의 they가 가리킬 대상이 나오지 않는다. 따라서 (B)가 이어져야 한다. 내용상으로도 (B)는 green product의 단점을 계속 설명하고 있다. (B)의 마지막 문장에 드디어 (A)의 they로 가리킬 수 있는 companies라는 표현이 나온다. 풀이기술 1 9 따라서 정답은 (C) – (B) – (A)가 된다.

② (23%) : (B)가 가장 먼저 오지 못할 이유가 없었으므로, (B) – (A) 순서를 정한 뒤 마지막에 (C)를 두는 것으로 착각할 수 있다. 그런데 이런 순서로 하기에는 (C)의 such products가 가리키는 표현, 즉 product에 대한 내용이 (A)의 마지막 문장에는 나와 있지 않다.

구문분석

• They'd rather 〈put money and time into known, profitable, high-volume products that serve populous customer segments〉 than [(put money and time) into risky, less-profitable, low-volume products that may serve current noncustomers.]

→ would rather A than B는 'B보다는 차라리 A를 하고 싶어한다'라는 뜻이다. 〈 〉와 [ ]가 A와 B에 해당하며, B 부분에서 A와 중복된 표현인 put money and time은 생략되어 있다.

지문해석

많은 경우, 친환경 제품은 주류 제품보다 더 높은 원료비를 수반한다. (C) 게다가 이러한 제품의 전형적인 제한 성분 목록과 디자인 기준은 친환경 제품을 핵심 성능 차원(예를 들어, 덜 효과적인 세척제)에서 주류 제품보다 더 열등하게 만들 수 있다. 결과적으로, 일부 제품의 더 높은 비용과 더 낮은 성능은 고객층의 오직 적은 부분만 끌어들여 조달, 제조 및 유통에서 더 낮은 규모의 경제를 초래한다. (B) 친환경 제품이 성공하더라도, 그것은 회사의 고수익 주류 제품을 잠식할 수도 있다. 그러한 부정적인 면을 고려할 때, 성공적인 주류 제품으로 주류 소비자들 요구를 충족하는 회사들은 마치 명백한 투자 결정처럼 보이는 것에 직면한다. (A) 그들은 현재 비고객층의 요구를 충족할 수 있는 위험하고 수익성이 낮은 소량의 제품보다는, 많은 고객층의 요구를 충족하는, 이미 알려져 있고 수익성 높은 다량의 제품에 돈과 시간을 투자하고 싶어 한다. 그러한 선택을 고려하면, 이 회사들은 시장의 친환경 부문을 소규모 틈새 경쟁자들에게 남기는 것을 선택할 수 있다.

involve 수반하다 / ingredient cost 원료비, 재료비 / mainstream 주류의 / populous 다수의, 인구가 많은 / niche (시장의) 틈새 / offering 제품, 팔 물건 / downside 부정적인 면 / restrictive 제한하는 / ingredient 성분 / criterion 기준 (*pl.* criteria) / inferior 더 열등한 / core 핵심의 / dimension 차원 / e.g. 예를 들어 (=for example) / attract 유인하다, 매혹하다 / portion 부분 / customer base 고객층 / economies of scale 규모의 경제 / distribution 유통, 분배

06

정답률 47%

Recently, a number of commercial ventures have been launched that offer social robots as personal home assistants, perhaps eventually to rival existing smart-home assistants.

(A) They might be motorized and can track the user around the room, giving the impression of being aware of the people in the environment. Although personal robotic assistants provide services similar to those of smart-home assistants, their social presence offers an opportunity that is unique to social robots.

(B) Personal robotic assistants are devices that have no physical manipulation or locomotion capabilities. Instead, they have a distinct social presence and have visual features suggestive of their ability to interact socially, such as eyes, ears, or a mouth.

(C) For instance, in addition to playing music, a social personal assistant robot would express its engagement with the music so that users would feel like they are listening to the music together with the robot. These robots can be used as surveillance devices, act as communicative intermediates, engage in richer games, tell stories, or be used to provide encouragement or incentives.

주어진 글 뒤에 (A)와 (B)가 가능할 수 있다. (A)의 They가 주어진 글의 social robots를 가리킬 수 있으며, (B)는 별다른 단서가 없다. (C)는 assistant robot이 할 수 있는 일의 예를 들고 있는데, 주어진 글에서는 social robots이 하는 일을 소개하고 있지 않으므로, (C)가 먼저 오는 것은 자연스럽지 않다.

주어진 글에서 많은 벤처 기업들이 social robots을 제공한다고 했는데, social robots이 무엇인지 설명해주고 있는 (B)가 먼저 오는 것이 가장 자연스럽다. (생소한 개념이 가장 앞에 온다.)

(B)는 이러한 로봇들이 사회적 실제감과 시각적 특성을 가지고 있다는 내용이지, 이 로봇들이 하는 일을 설명하지 않았으므로, 바로 (C)의 예시가 연결될 수는 없다. 한편 (A)의 they가 (B)의 personal robotic assistants를 지칭하면 (B) – (A)는 자연스럽게 이어진다.

(A)에서는 로봇 도우미들이 독특한 서비스를 제공한다고 했다. 이 서비스의 예시를 (C)에서 설명하고 있으므로, 정답은 (B) – (A) – (C)가 된다.

③ (31%) : (B) – (C)가 이어지는 것으로 생각하는 오답이 많이 나왔다. 그런데 (B)는 a distinct social presence와 visual features에 대한 내용이므로, (C)의 내용인 로봇들이 하는 일(서비스)과는 예시 관계가 아니다.

• Recently, a number of commercial ventures have been launched ⟨that offer social robots as personal human assistants⟩, perhaps eventually to rival existing smart-home assistants.
→ 세계대명사전 ( )의 기관사는 commercial ventures이다.

최근에 소셜 로봇을 개인 가정 도우미로 제공하는 많은 상업적 벤처 기업들이 진출해 왔는데, 아마도 결국에는 기존의 스마트홈 도우미와 경쟁하게 될 것이다. (B) 개인용 로봇 도우미는 신체 조작이나 이동 능력이 없는 장치이다. 대신, 그들은 뚜렷한 사회적 존재감을 가지고 있고 눈, 귀 또는 입과 같은 사회적 상호작용 능력을 암시하는 시각적 특징을 가지고 있다. (A) 그것들은 동력화될 수 있고 사용자를 방 안에서 추적할 수 있어, 환경 내의 사람들을 감지한다는 인상을 준다. 개인용 로봇 도우미는 스마트홈 도우미와 유사한 서비스를 제공하지만, 그들의 사회적 존재감은 소셜 로봇에게만 독특한 기회를 제공한다. (C) 예를 들어, 음악을 연주하는 것 외에도, 소셜 개인용 도우미 로봇은 사용자들이 로봇과 함께 음악을 듣는 것처럼 느낄 수 있도록 음악과의 교감을 표현한다. 이 로봇들은 보안 감시 장치로 사용되거나, 의사소통 매개체로 작용할 수 있으며, 더 다채로운 게임에 참여하거나, 이야기를 들려주거나, 격려나 동기를 제공하는 데 사용될 수 있다.

commercial 상업적인 / venture 벤처 기업 / launch 진출하다, 시작하다 / assistant 도우미, 보조 장치 / rival ~와 경쟁하다 / existing 기존의 / motorize 동력화하다 / track 추적하다 / impression 인상 / presence 존재(감) / manipulation 조작, 조종 / distinct 뚜렷한 / feature 특징 / suggestive of ~을 암시하는 / engagement 참여; 교감 / intermediate 매개체 / incentive 동기, 유인

> A firm is deciding whether to invest in shipbuilding. If it can produce at sufficiently large scale, it knows the venture will be profitable.

(A) There is a "good" outcome, in which both types of investments are made, and both the shipyard and the steelmakers end up profitable and happy. Equilibrium is reached. Then there is a "bad" outcome, in which neither type of investment is made. This second outcome also is an equilibrium because the decisions not to invest reinforce each other.

(B) Assume that shipyards are the only potential customers of steel. Steel producers figure they'll make money if there's a shipyard to buy their steel, but not otherwise. Now we have two possible outcomes — what economists call "multiple equilibria."

(C) But one key input is low-cost steel, and it must be produced nearby. The company's decision boils down to this: if there is a steel factory close by, invest in shipbuilding; otherwise, don't invest. Now consider the thinking of potential steel investors in the region.

독해기술

지문 내용이 매우 어렵기 때문에 완벽하게 이해하려고 하지 말고 순서를 정하는데 집중해야 한다. 주어진 글 뒤에 (A)~(C)가 모두 이어질 수 있기 때문에 문제가 더욱 어려워진다.

먼저 가장 쉽게 순서를 정할 수 있는 것은 (B) – (A)이다. 왜냐하면 (B)의 두 번째 문장에서 two possible outcomes를 제시한 뒤 (A)에서 a "good" outcome과 a "bad" outcome을 제시하기 때문이다. [풀이기술 19] 그렇다면 (C)를 가장 앞에 둘 것인지, 가장 뒤에 둘 것인지만 결정하면 된다.

(C)의 마지막 문장을 보면 '이제 ~을 고려해보라'라는 명령법으로 끝난다. 그런데 명령문이 계속 이어지도록 구성되려면 (C)가 가장 마지막에 올 수는 없다. [풀이기술 20] 따라서 (C)를 가장 앞으로 보낸 (C) – (B) – (A)가 정답이 된다.

지문해석

한 회사가 조선업에 투자할지 여부를 결정하고 있다. 만약 그것이 충분히 큰 규모로 생산할 수 있다면, 그것은 그 (사업상의) 모험이 수익성이 있을 것이라는 것을 안다. (C) 하지만 한 가지 핵심 투입 요소는 저가의 강철이고, 그것은 근처에서 생산되어야 한다. 이 회사의 결정은 결국 다음과 같다. 근처에 강철 공장이 있다면 조선업에 투자하고, 그렇지 않으면 투자하지 말라. 이제 이 지역에 있는 잠재적인 철강 투자자들의 생각을 고려해 보라. (B) 조선소가 강철의 유일한 잠재적 고객이라고 가정하라. 강철 생산자들은 그들의 강철을 구입할 수 있는 조선소가 있다면 돈을 벌 것이고, 그렇지 않으면 돈을 벌지 못할 것이라고 생각한다. 이제 우리는 경제학자들이 '복수 균형'이라고 부르는 두 가지 가능한 결과를 갖게 된다. (A) '좋은' 결과가 있는데, 그 결과 내에서는 두 가지 유형의 투자가 모두 이뤄지고, 조선소와 제강업자 모두 결국 이득을 얻고 만족하게 된다. 균형이 이루어지는 것이다. 그 다음 '나쁜' 결과가 있는데, 그 결과 내에서는 (둘 중) 어떤 투자 형태도 이루어지지 않는다. 이 두 번째 결과 또한 균형이 이루어진 것인데, 왜냐하면 투자하지 않겠다는 결정이 서로를 강화하기 때문이다.

shipbuilding 조선(업) / **sufficiently** 충분히 / **venture** (사업상의) 모험 / **profitable** 수익성이 있는, 이득이 되는 / **outcome** 결과 / **shipyard** 조선소 / **steelmaker** 제강업자 / **reinforce** 강화하다 / **figure** 생각하다 / **boil down to** ~ 결국 ~로 요약되다

One of the toughest parts of isolation is a lack of an expressive exit. With anger, you can get mad at someone and yell. With sadness, you can cry. But isolation feels like being in a room with no way out.

(A) For people who cannot push themselves, however, support groups are a good cure for isolation. They offer the opportunity for connection in a safe and controlled way.

(B) And the longer you get stuck there, the harder it becomes to share the pain and sorrow. In isolation, hope disappears, despair rules, and you can no longer see a life beyond the invisible walls that imprison you.

(C) Some people find it helpful to work gently at driving themselves back into the world. In one case, a woman reported that after four miserable forced lunches with friends, she suddenly enjoyed the fifth one as she found herself laughing at a joke.

독해기술

주어진 글에서 isolation은 출구가 없는 방에 있는 것과 같은 느낌이라는 내용이 나오는데, 이는 (B)에서 연결사 And와 there라는 지시사를 통해 이어진다.

(A)와 (C)는 isolation을 겪는 사람들에 대한 설명이다. (C)에서 work gently at driving themselves back into the world하는 Some people과 (A)의 people who cannot push themselves가 서로 대조되는데, 대조를 나타내는 연결어 however가 (A)에 있으므로 (C) 다음에 (A)가 오는 것이 적절하다. **풀이기술 2 0** 따라서 전체적인 순서는 (B) − (C) − (A)가 된다.

구문분석

- And the longer you get stuck there, the harder it becomes ( ) to share the pain and sorrow.
  → '더 ∼ 할수록 더 ∼ 하다'란 뜻으로 'the + 비교급, the + 비교급'의 구문이다.
  → the longer에서 long은 부사로 쓰였으며, the harder에서 hard는 becomes의 보어 자리에 있던 형용사이다.

지문해석

고립 상태가 주는 가장 힘든 것 중 하나는 표현의 출구가 없다는 것이다. 화가 나면 당신은 누군가에게 화를 내고 소리를 지를 수 있다. 슬프면 당신은 울 수 있다. 하지만 고립 상태는 출구가 없는 방 안에 있는 것과 같다. (B) 그리고 그곳에 오랫동안 갇혀 있을수록 고통과 슬픔을 함께하는 것은 더 힘들어진다. 고립 상태에서는 희망은 사라지고 절망이 지배하며, 당신은 더 이상 자신을 가두는 눈에 보이지 않는 벽 너머로 삶을 바라볼 수 없게 된다. (C) 일부 사람들은 서서히 세상 속으로 자기 자신을 몰고 가는 일을 하는 것이 도움이 된다는 것을 발견한다. 한 사례에서, 어떤 여성은 친구들과 강제로 네 번의 괴로운 점심 식사를 한 후에 다섯 번째 점심 식사에서 어떤 농담을 듣고 갑자기 웃게 되면서 그 식사를 즐기게 되었다고 전했다. (A) 그러나 자신을 억지로 밀어붙일 수 없는 사람들에게는 후원 집단이 고립 상태에 대한 좋은 치료법이 된다. 그들은 안전하고 통제된 방식으로 교제의 기회를 제공한다.

tough 힘든 / isolation 고립, 분리, 고독 / lack 부족 / expressive exit 표현의 출구 / mad at ∼에 화가 난 / yell 소리 지르다 / with no way out 나가는 길 없이 / push 밀다, 밀어 나아가게 하다 / cure 치료법, 치료제 / despair 절망 / rule 지배하다 / imprison 가두다 / drive 몰고 가다 / miserable 비참한, 괴로운 / forced 강요된 / joke 농담

01

정답률
34%

The most commonly known form of results-based pricing is a practice called contingency pricing, used by lawyers.

(A) Therefore, only an outcome in the client's favor is compensated. From the client's point of view, the pricing makes sense in part because most clients in these cases are unfamiliar with and possibly intimidated by law firms. Their biggest fears are high fees for a case that may take years to settle.

(B) By using contingency pricing, clients are ensured that they pay no fees until they receive a settlement. In these and other instances of contingency pricing, the economic value of the service is hard to determine before the service, and providers develop a price that allows them to share the risks and rewards of delivering value to the buyer.

(C) Contingency pricing is the major way that personal injury and certain consumer cases are billed. In this approach, lawyers do not receive fees or payment until the case is settled, when they are paid a percentage of the money that the client receives.

독해기술

주어진 글에 contingency pricing이라는 생소한 개념이 제시되었다. 이런 경우 대체로 생소한 개념에 대해 설명하는 내용이 가장 먼저 위치해야 한다. 따라서 (C)가 주어진 문장 다음에 온다.

그 다음 순서를 결정하기 위한 핵심은 (A)의 연결어 Therefore이다. (C)의 마지막 내용은 변호사들은 소송이 해결될 때까지 수수료나 지불금을 받지 않고, 의뢰인이 돈을 받게 되면 그 금액의 일정 비율을 받는다고 했다. 이것의 결과가 (A)에서 말하고 있는 의뢰인에게 유리한 결과만 보수가 지불된다는 것이다. 다시 말하면 의뢰인이 소송에서 질 경우, 변호사에게는 보수가 지불되지 않는 것이다. 따라서 (C) 뒤에는 (A)가 온다.

(A)의 뒷부분을 보면 의뢰인들의 가장 큰 두려움이 언급되었다. 일종의 '문제점 − 해결책' 구조로서, 의뢰인이 갖는 두려움을 해결하기 위한 해결책으로서 contingency pricing을 사용하는 것이고, (B)에서 이를 통해 의뢰인들은 합의금을 받을 때까지는 돈을 낼 필요가 없도록 보장받는다고 했다. 따라서 전체 순서는 (C) − (A) − (B)가 된다.

지문해석

결과 기반 가격 책정의 가장 흔히 알려진 형태는, 변호사들이 사용하는 '승소 시 보수 약정' 이라고 불리는 관행이다. (C) 승소 시 보수 약정은 개인 상해 및 특정 소비자 소송에 대해 비용이 청구되는 주요 방식이다. 이 방식에서 변호사는 소송이 해결될 때까지 수수료나 지불금을 받지 않고, 소송이 해결되었을 때 의뢰인이 받는 금액의 일정 비율을 받는다. (A) 따라서 의뢰인에게 유리한 결과만 보수가 지불된다. 의뢰인의 관점에서 보자면, 이러한 소송의 의뢰인 대부분이 법률 사무소에 익숙하지 않고, 아마도 겁을 먹을 수 있다는 부분적인 이유로, 그 가격 책정은 타당하다. 그들의 가장 큰 두려움은, 해결하는 데 수년이 걸릴 수도 있는 소송에 대한 높은 수수료이다. (B) 승소 시 보수 약정을 사용함으로써 의뢰인은 합의금을 받을 때까지 수수료를 지불하지 않도록 보장받는다. 승소 시 보수 약정의 이런 경우와 기타 경우에서 서비스의 경제적 가치는 서비스 전에 결정하기 어렵고, 공급자는 구매자에게 가치를 전달하는 행위의 위험과 보상을 공유하도록 해주는 가격을 개발한다.

contingency pricing 승소 시 보수 약정 / compensate 보상하다; 보수[급여]를 지불하다 / make sense 이치에 맞다, 타당하다 / settle 해결하다, 합의를 보다 / settlement 합의; 합의금 / injury 상해, 부상 / bill 청구하다 / payment 지불금

02

정답률 35%

Spatial reference points are larger than themselves. This isn't really a paradox: landmarks are themselves, but they also define neighborhoods around themselves.

(A) In a paradigm that has been repeated on many campuses, researchers first collect a list of campus landmarks from students. Then they ask another group of students to estimate the distances between pairs of locations, some to landmarks, some to ordinary buildings on campus.

(B) This asymmetry of distance estimates violates the most elementary principles of Euclidean distance, that the distance from A to B must be the same as the distance from B to A. Judgments of distance, then, are not necessarily coherent.

(C) The remarkable finding is that distances from an ordinary location to a landmark are judged shorter than distances from a landmark to an ordinary location. So, people would judge the distance from Pierre's house to the Eiffel Tower to be shorter than the distance from the Eiffel Tower to Pierre's house. Like black holes, landmarks seem to pull ordinary locations toward themselves, but ordinary places do not.

독해기술

주어진 글 뒤에 (A)가 연결되는 것에는 문제가 없다. (B)는 This asymmetry of distance estimates(이러한 거리 추정의 비대칭)를 가리킬 만한 것이 주어진 글에 없기 때문에 가장 먼저 올 수 없다. (C)는 'The remarkable finding(주목할 만한 발견)'을 소개하고 있는데, 주어진 글과 이어지기엔 어색하다. 따라서 (A)가 가장 먼저 온다.

(A)의 마지막 부분에서, 연구자들은 학생들에게 거리 추정을 해보라고 요청했다. 아직 거리 추정의 결과를 제시하지 않았으므로, (B)의 This asymmetry of distance estimates라는 말이 나올 수 없다. 한편 (C)의 The remarkable finding은 연구원들이 발견한 내용을 소개하고 있으므로 (A) – (C) 순서가 된다.

(C)의 내용은 전부 두 거리 사이에서 길이를 다르게 추정한다는 내용이므로 이것을 (B)의 This asymmetry of distance estimates가 가리킬 수 있다. 따라서 글의 순서는 (A) – (C) – (B)가 된다.

구문분석

• This asymmetry of distance estimates violates the most elementary principles of Euclidean distance, [that the distance from A to B must be the same as the distance from B to A.]
  → 여기서 that은 동격 접속사이고, [ ]의 선행사는 the most elementary principles이다.

공간 기준점(공간적으로 기준이 되는 장소)는 자기 자신보다 더 크다. 이것은 그다지 역설적이지 않은데, 랜드마크는 그 자체이기도 하지만, 또한 자기 자신 주변 지역을 규정하기도 한다. (A) 많은 캠퍼스에서 반복되어 온 한 전형적인 예에서, 연구원들은 먼저 학생들에게서 캠퍼스 랜드마크 목록을 수집한다. 그리고 나서 그들은 다른 그룹의 학생들에게 쌍으로 이루어진 장소들 사이의 거리를, 즉 캠퍼스에 있는 어떤 장소에서 랜드마크까지, 혹은 어떤 장소에서 평범한 건물까지의 거리를 추정해보라고 요청한다. (C) 주목할 만한 결과는, 평범한 장소에서 랜드마크까지의 거리가 랜드마크에서 평범한 장소까지의 거리보다 더 짧다고 추정된다는 것이다. 그래서 사람들은 Pierre의 집에서 에펠탑까지의 거리가 에펠탑에서 Pierre의 집까지의 거리보다 짧다고 추정할 것이다. 블랙홀처럼, 랜드마크들은 평범한 장소들을 자기 자신을 향해 끌어당기는 것처럼 보이지만, 평범한 장소들은 그렇지 않다. (B) 이러한 거리 추정에 관한 비대칭성은 유클리드의 가장 기본적인 원칙인 A에서 B까지의 거리가 B에서 A까지의 거리와 같아야 한다는 것을 위반한다. 그렇다면, 거리에 대한 추정은 반드시 일관성이 있는 것은 아니다.

spatial 공간의 / reference point 기준점 / define 정의하다, 규정하다 / paradigm 전형적인 예; 패러다임 / estimate 추정하다; 추정(치) / ordinary 평범한, 보통의 / violate ~에 위배되다; ~을 위반하다 / coherent 일관성이 있는 / remarkable 주목할 만한

Unit 01 밑줄 친 부분의 의미 추론

1등급 연습 문제

01 ① 02 ② 03 ⑤ 04 ⑤ 05 ② 06 ⑤

01

정답률
68%

Coming of age in the 18th and 19th centuries, the personal diary became a centerpiece in the construction of a modern subjectivity, at the heart of which is the application of reason and critique to the understanding of world and self, which allowed the creation of a new kind of knowledge. Diaries were central media through which enlightened and free subjects could be constructed. They provided a space where one could write daily about her whereabouts, feelings, and thoughts. Over time and with rereading, disparate entries, events, and happenstances could be rendered into thoughts and narratives about the self, and allowed for the formation of subjectivity. It is in that context that the idea of "the self [as] both made and explored with words" emerges. Diaries were personal and private; one would write for oneself, or, in Habermas's formulation, one would make oneself public to oneself. By making the self public in a private sphere, the self also became an object for self-inspection and self-critique.

독해기술

밑줄 친 부분에 어려운 단어는 없다. 다만 '자신'을 자기 자신에게 상계끌히으로 밝혀나가기 무슨 의미인지는 문맥을 봐야만 알 수 있다. 첫번째 밑줄 친 부분은 Habermas의 표현에 따, 그 뒤에 있는 write for oneself와 같은 의미다. 또한 밑줄친 부분에서 making the self public in a private sphere가 곧 밑줄 친 부분과 같은 의미인데, 이것을 함으로써 자신은 '자기 점검과 자기 비판의 대상'이 된다고 했다.
즉 정답은 '자기 자신을 위해 (글을) 쓰다'와 '자기 점검과 자기 비판의 대상이 되다'에 해당하는 내용을 찾으면 된다. 자기 자신을 위해 글을 쓰며 스스로를 점검하고 비판하는 것이 의미하는 것은 ① (글을 자신을 되돌아보는 수단으로 사용하는 것)이 알맞다.

오답피하기

② (12%) : 자기 자신을 위해 글을 쓰는 것이므로, 다른 사람의 일기를 읽는 것은 글의 내용과 관련이 없다.

구문분석

• Coming of age in the 18th and 19th centuries, the personal diary became a centerpiece in the construction of a modern subjectivity, [at the heart of which is ⟨the application of reason and critique to the understanding of world and self⟩, which allowed the creation of a new kind of knowledge.]
→ at the heart of which는 장소를 나타내는 전치사구이므로 뒤에서 도치가 발생했다. ⟨ ⟩ 부분이 주어이다.

18세기와 19세기에 완전히 발달하게 된 개인 일기는 현대의 주관성을 구축하는 데 중심이 되었는데, 그 중심에는 세계와 자아에 대한 이해에 이성과 비판의 적용이 있었고, 새로운 종류의 지식을 창조할 수 있게 해주었다. 일기는 그것을 통해 계몽되고 자유로운 주체가 구성될 수 있는 중심 매체였다. 그것은 한 명의 사람이 자신의 행방, 감정, 생각에 대해 매일 쓸 수 있는 공간을 제공했다. 시간이 지남에 따라 그리고 다시 읽음으로써, 이질적인 항목, 사건 및 우연이 자신에 관한 통찰력과 이야기로 만들어질 수 있었으며, 주관성의 형성을 가능하게 했다. '말을 통해 만들어지고 또한 탐구되는 (것으로의) 자아'라는 개념이 나타나는 것은 바로 그러한 맥락에서다. 일기는 개인적이고 사적인 것이었다. 사람들은 자신을 위해 쓰곤 했는데, Habermas의 명확한 표현을 빌리면, 자신을 자기 자신에게 공개적으로 만들곤 했다. 사적 영역에서 자아를 공개함으로써, 자아는 또한 자기 점검과 자기 비판의 대상이 되었다.

① 글을 자신을 되돌아보는 수단으로 사용하곤
② 타인의 일기를 읽음으로써 자신의 정체성을 세우곤
③ 글 쓰는 과정에서 의견을 교환하곤
④ 다른 사람에게 제시하기 위한 대체 자아를 만들곤
⑤ 자아에 관한 글을 쓰기 위한 주제를 개발하곤

come of age 성년이 되다; (무엇이) 발달한 상태가 되다 / centerpiece 중심 / whereabouts 행방, 소재 / happenstance 우연 / narrative 이야기 / formulation 명확한 표현

02

정답률 63%

There is an African proverb that says, 'Till the lions have their historians, tales of hunting will always glorify the hunter'. The proverb is about power, control and law making. Environmental journalists have to play the role of the 'lion's historians'. They have to put across the point of view of the environment to people who make the laws. They have to be the voice of wild India. The present rate of human consumption is completely unsustainable. Forest, wetlands, wastelands, coastal zones, eco-sensitive zones, they are all seen as disposable for the accelerating demands of human population. But to ask for any change in human behaviour — whether it be to cut down on consumption, alter lifestyles or decrease population growth — is seen as a violation of human rights. But at some point human rights become 'wrongs'. It's time we changed our thinking so that there is no difference between the rights of humans and the rights of the rest of the environment.

환경 기자들이 밑줄 친 '사자의 역사가 역할'을 해야 한다고 말한 뒤에, 다음 두 문장에 이어서 계속 'they(환경 기자들)'가 해야 하는 일을 언급하고 있으므로, 이 부분이 모두 밑줄 친 부분의 의미와 같은 내용이 된다. 즉 '사자의 역사가 역할'은 '법을 제정하는 사람들에게 환경에 관한 견해를 이해시키는 것'이며, 또한 '인도 야생 자연의 목소리(대변자)가 되는 것'이다. 이처럼 환경을 보호하는 역할에 해당하는 것은 '② 자연을 위해서 (환경 파괴 없이) 지속 가능한 인간 행위로의 변화를 촉구하는 것'이다.

③ fighting against widespread violations of human rights (14%) : 본문을 보면, 환경을 위해 행동 변화를 요구하는 것이 인권을 침해하는 것으로 보일 수 있으나 어느 시점부터 인권 자체가 옳지 않은 것이라고 말하고 있다(human rights become 'wrongs'). 인권만 챙기다가 환경을 파괴하게 되면 인권이 오히려 'wrongs'라는 것이다. '사자의 역사가 역할'은 인권이 아닌 환경을 보호하는 역할이므로, 인권을 보호하는 역할에 해당하는 ③은 오답이다.

⑤ (14%) : '사자의 역사가 역할'은 환경을 보호하는 역할이므로, 환경 입법가들의 힘을 제한한다는 ⑤는 정답과는 정반대 의미가 된다.

구문분석

• It's time we changed our thinking so that there is no difference between the rights of humans and the rights of the rest of the environment.

→ 'it is time (that) S + V' 구조에서 V에는 'should + 동사원형' 혹은 '과거시제'가 온다. 따라서 이 부분을 해석할 때 changed를 과거 의미로 해석하면 안 되고, should change의 의미로 해석해야 한다.

지문해석

'사자들이 자신들의 역사가들을 갖게 될 때까지 사냥 이야기는 언제나 사냥꾼을 찬미할 것이다.'라는 아프리카 속담이 있다. 그 속담은 권력, 지배, 법률 제정에 관한 것이다. 환경 기자들은 '사자의 역사가' 역할을 수행해야 한다. 그들은 법을 제정하는 사람들에게 환경에 관한 견해를 이해시켜야 한다. 그들은 인도 야생 자연의 대변자이어야 한다. 현재 인간의 소비율은 전적으로 지속 불가능하다. 숲, 습지, 황무지, 연안 지역, 환경 민감 지대는 모두 인간이 기속화되고 있는 뉴가를 위해 마음대로 쓸 | 있는 지역이 되고 있어 서나 │헤지만 인간 행동에서의 ㅗ 이에 버하는 사 나라 것으 ㅗ니이 사띠는 쓰이는 개이ㄷ ㅔㅔ'ㅔ'ㅔ'ㅔ 이네 시네, ㅏㅜ ㅎ 가ㄹ ㄹ어이 기ㅔ ㅔ 이 바 쓰ㅔ씨 때 내 양바ㅜ 대사ㅓ, ㄱㄱ니 이' ㅔ'시니에쎄든 인신의 권리가 '놓지 않을 것'이 되디 이제는 인신의 권리와 나머지 환경이 권리 시이에 ㅈㅣ이가 싫는 무니의 사고를 변화시켜야 할 때이다.

① 한 종의 생물학적 진화의 역사를 밝히는 것
② 자연을 위해서 (환경 파괴 없이) 지속 가능한 인간 행위로의 변화를 촉구하는 것
③ 인권에 대한 만연한 침해에 맞서 싸우는 것
④ 대변해 주는 사람이 별로 없는 사람들의 역사를 다시 쓰는 것
⑤ 환경법 제정자들의 권력을 제한하는 것

glorify 찬미하다 / put across ~을 이해시키다 / unsustainable 지속 불가능한 / wetland 습지 / wasteland 황무지, 불모지 / coastal 연안[해안]의 / disposable 마음대로 쓸 수 있는 / accelerate 가속화되다 / cut down on ⌐을 줄이나 / violation 침해, 위반

03
섭답률
72%

Any learning environment that deals with only the database instincts or only the improvisatory instincts ignores one half of our ability. It is bound to fail. It makes me think of jazz guitarists: They're not going to make it if they know a lot about music theory but don't know how to jam in a live concert. Some schools and workplaces emphasize a stable, rote-learned database. They ignore the improvisatory instincts drilled into us for millions of years. Creativity suffers. Others emphasize creative usage of a database, without installing a fund of knowledge in the first place. They ignore our need to obtain a deep understanding of a subject, which includes memorizing and storing a richly structured database. You get people who are great improvisers but don't have depth of knowledge. You may know someone like this where you work. They may look like jazz musicians and have the appearance of jamming, but in the end they know nothing. They're playing intellectual air guitar.

████ 즉응서 본능 Ⅱ
해당하는 표현

████ 지식, 이론에
해당하는 표현

첫 문장에서 database instincts 혹은 improvisatory instincts는 우리 능력의 절반에만 해당된다고 했다. 이러한 즉흥 연주적 본능을 A 라고 하고, 다른 절반에 해당하는 것을 B 라고 분류해보자. [풀이기술 2 3] 넷째 줄에서 music theory는 B에 해당한다. 그러면 문맥상 바로 뒤에 나오는 how to jam이 A에 해당한다. 참고로 jam은 재즈의 즉흥 연주를 의미하는데, 이런 전문 용어는 모르는 게 당연하다. jam이 무엇인지 모르더라도 A, B 대조를 파악하며 읽기만 하면 충분하다.

이 글은 학습에서 A(즉흥적 본능)와 B(지식, 이론)가 모두 중요하다는 내용이다. 마지막 부분을 보면 '재즈 뮤지션처럼 보이고 즉흥 연주를 하는 모습을 지니고 있을지 모르지만, 결국 그들은 아무것도 모른다'고 했다. 즉 A만 가지고 있고 B는 없는 것이다. 이런 사람들이 playing intellectual air guitar한다고 했다. air guitar가 무엇인지 몰라도 된다. 이들은 결국 A만 있고 B가 없는 사람들이다. ⑤번 선지에서 seemingly creative ability가 A에 해당하고, firm knowledge가 B에 해당한다. 즉 ⑤는 'A는 가지고 있지만 B가 없다'는 의미이므로 정답이 된다.

② (7%) : solid knowledge는 B에 해당하는 것인데, 이것을 보여준다고 했으므로 오답이다.
③ (10%) : in-depth knowledge도 B에 해당하는 것인데, 이것을 보여준다고 했으므로 오답이다.

데이터베이스에 근거한 직감만을 혹은 즉흥적인 직감만을 다루는 어떤 학습 환경이든 우리 능력의 절반은 무시한다. 그것은 반드시 실패하게 마련이다. 그것은 내게 재즈 기타리스트를 떠올리게 한다. 만약 음악 이론에 대해 많이 알고 있더라도, 라이브 콘서트에서 즉흥 연주하는 법을 모른다면, 그들은 성공하지 못할 것이다. 일부 학교와 직장에서는 안정적이고, 기계적으로 암기한 데이터베이스를 강조한다. 그들은 수백만 년 동안 우리에게 주입되어 온 즉흥적인 직감을 무시한다. 창의력이 악화된다. 다른 곳들(학교와 직장)에서는 애초에 지식의 축적을 정착시키지 않고 창의적인 데이터베이스의 사용을 강조한다. 그들은 풍부하게 구조화된 데이터베이스를 암기하고 저장하는 것을 포함하여, 어떤 주제에 대한 깊은 이해를 얻고 싶어하는 우리의 욕구를 무시한다. 여러분은 훌륭한 즉흥 연주자이지만 깊이 있는 지식은 없는 사람들을 얻게 된다. 여러분은 여러분이 일하는 곳에서 이런 사람을 알고 있을지도 모른다. 그들은 재즈 뮤지션처럼 보이고 즉흥 연주를 하는 모습을 지니고 있을지 모르지만, 결국 그들은 아무것도 모른다. 그들은 지적으로 기타 연주 흉내를 내고 있는 것이다.
① 자신들의 창의력을 향상시키기 위해 필요한 경험을 습득하고 있는
② 탄탄한 음악 지식과 결합된 예술적 재능을 드러내고 있는
③ 자신들의 심층 지식을 보여줌으로써 전문가인 체하고 있는
④ 고학력 청중을 끌어들이기 위해 음악 작품을 공연하고 있는
⑤ 확고한 지식에 뿌리를 두지 않고 겉보기에만 창의적인 능력을 보여주고 있는

deal with ~을 다루다 / instinct 직감, 본능 / improvisatory 즉흥의, 즉석의 / be bound to 반드시 ~하다, 반드시 ~하게 마련이다 / jam (재즈에서) 즉흥 연주를 하다 / drill ~ into... …에게 ~을 주입시키다 / install 설치하다; 정착하게 하다 / fund of knowledge 지식의 축적 / improviser 즉흥 연주자 / intellectual 지적인 / air guitar 기타 연주 흉내(록 음악 등을 들으며 기타를 치는 것처럼 흉내 내는 것)

04

정답률 60%

Our view of the world is not given to us from the outside in a pure, objective form; it is shaped by our mental abilities, our shared cultural perspectives and our unique values and beliefs. This is not to say that there is no reality outside our minds or that the world is just an illusion. It is to say that our version of reality is precisely that: *our* version, not *the* version. There is no single, universal or authoritative version that makes sense, other than as a theoretical construct. We can see the world only as it appears to us, not "as it truly is," because there is no "as it truly is" without a perspective to give it form. Philosopher Thomas Nagel argued that there is no "view from nowhere," since we cannot see the world except from a particular perspective, and that perspective influences what we see. We can experience the world only through the human lenses that make it intelligible to us.

▨ 객관적 관점에 해당하는 표현

▨ 주관적 관점에 해당하는 표현

독해기술

위 글은 세계관에 대해 '빅픽처' 형태와 섞어서 형태를 대조하고 있다. 우리가 가진 세계관은 '순수하고 객관적인' 형태로 외부에서 주어진 것이 아니라, '우리의 정신 능력, 우리의 공유된 문화적 관점, 그리고 우리의 독특한 가치관과 신념에 의해 형성'된 것이라고 말하고 있는데, 이것이 곧 '주관적'이란 의미이다.

현실에 대한 '우리의 버전'도 곧 주관적 버전임을 의미하고, 세상을 객관적인 '있는 그대로(as it truly is)'의 모습으로 볼 수 없고, '우리에게 보이는 모습(as it appears to us)', 즉 주관적인 모습으로만 볼 수 있는 것이다.

밑줄 친 부분인 view from nowhere를 직역하면, '어디에서도 오지 않은 관점', 즉 '입장이 없는 관점'이다. 이 말이 무슨 말인지 이해가 안 되어도 상관없다. 이것을 A라고 해 보자. 철학자 Thomas Nagel의 주장에 따르면 A가 없다고 한다. 왜냐하면 우리는 '특정한 관점'으로만 볼 수 있기 때문이다. 이 '특정한 관점'이 곧 우리가 가진 주관적인 관점을 의미하므로, A는 '객관적 관점'을 의미한다. 그러면 '주관적 관점'은 B로 분류하면 된다. 선지에서 '객관적 관점'이란 의미를 찾으면 ⑤ 편견이 없으면서 객관적인 세계관'이 된다. 풀이기술

①의 subjective views ②의 perspective most people have in mind, ③의 an attitude that is adopted by very few people은 모두 주관적인 관점을 의미하여 ④는 극과 적적 편견이 있다.

구문분석

- It is to say that our version of reality is precisely that: our version, not the version.
  → our version과 the version이 대조되어 있다. 현실에 대한 '우리의 버전'은 말 그대로 '우리의 버전', 즉 주관적인 버전이라는 것이지, '바로 그 버전(the version)', 즉 어떤 하나의 객관적인 의미로서의 버전이 아니라는 것이다.

- There is no [single, universal or authoritative version that makes sense], other than ⟨as a theoretical construct⟩.
  → 'no(없다) ~ other than(제외하고)'은 이중부정 구조를 만든다. ⟨이론적 구성물로서⟩를 제외하면 [이치에 맞는 단일하거나, 보편적이거나 또는 권위 있는 버전]이 없다는 것은 이론적 구성물로서의 버전만 존재한다는 의미이다. 여기서 '이론적 구성물'은 객관적인 세계관이 아니라, 우리 각자가 만들어낸 주관적인 세계관을 의미한다.

지문해석

우리의 세계관은 순수하고 객관적인 형태로 외부에서 우리에게 주어지는 것이 아니다. 그것은 우리의 정신 능력, 우리의 공유된 문화적 관점, 그리고 우리의 독특한 가치관과 신념에 의해 형성된다. 이것은 우리의 정신 바깥에 현실이 존재하지 않는다거나 세계는 환영에 불과하다고 말하는 것이 아니다. 그것은 우리가 지닌 현실 버전은 바로 그것, 즉 '우리의' 버전이지 (유일한) '바로 그' 버전은 아니라고 말하는 것이다. 이론적 구성물로서를 제외하면, 이치에 맞는 단일하거나, 보편적이거나 또는 권위 있는 버전은 없다. 우리는 세계를 '있는 그대로'가 아니라, 그것이 우리에게 보이는 대로만 볼 수 있는데, 왜냐하면 세계에 형태를 부여하는 관점 없이

'있는 그대로'란 없기 때문이다. 철학자 Thomas Nagel은 '입장이 없는 관점'은 없다고 주장했는데, 왜냐하면 우리는 특정한 관점으로부터 보는 경우를 제외하고는 세계를 볼 수 없고, 그 관점이 우리가 보는 것에 영향을 미치기 때문이다. 우리는 세계를 우리가 이해할 수 있게 만드는 인간의 렌즈를 통해서만 세계를 경험할 수 있다.

① 주관적인 견해에 영향을 받는 현실 인식
② 대부분의 사람이 염두에 두고 있는 가치 있는 관점
③ 극소수의 사람이 채택하는 특정한 견해
④ 우리의 편견을 물리치는 비판적 통찰
⑤ 편견이 없으면서 객관적인 세계관

pure 순수한 / **perspective** 관점 / **precisely** 정확하게 / **universal** 보편적인 / **authoritative** 권위 있는, 권위적인 / **theoretical construct** 이론적 구성물 / **intelligible** (쉽게) 이해할 수 있는

05
정답률 59%

The single most important change you can make in your working habits is to switch to creative work first, reactive work second. This means blocking off a large chunk of time every day for creative work on your own priorities, with the phone and e-mail off. I used to be a frustrated writer. Making this switch turned me into a productive writer. Yet there wasn't a single day when I sat down to write an article, blog post, or book chapter without a string of people waiting for me to get back to them. It wasn't easy, and it still isn't, particularly when I get phone messages beginning "I sent you an e-mail *two hours ago...*!" By definition, this approach goes against the grain of others' expectations and the pressures they put on you. It takes willpower to switch off the world, even for an hour. It feels uncomfortable, and sometimes people get upset. But it's better to disappoint a few people over small things, than to abandon your dreams for an empty inbox. Otherwise, you're sacrificing your potential for the illusion of professionalism.

■ 창조적인 일에 해당하는 표현

■ 대응적인 일에 해당하는 표현

독해기술
이 글은 A〈창조적인 일(creative work)〉와 B〈대응적인 일(reactive work)〉가 대조되어 있다. 'B보다 A를 우선시하라'는 것이 이 글의 요지이다.

전화나 이메일은 상대방에게 답신을 해야 하므로 대응적인 일의 예시이고, 기사나 블로그 게시글 혹은 책의 한 챕터를 쓰는 것은 창조적인 일의 예시이다.

'세상에 대한 스위치를 끈다(switch off the world)'는 표현은 대응적인 일을 우선시하지 말라는 것이다.

밑줄 친 부분이 있는 문장은 '빈 수신함(empty inbox)'을 위해 '자신의 꿈(your dream)'을 포기하지 말라는 문장이다. '자신의 꿈'이 창조적인 일에 해당하므로, '빈 수신함'은 대응적인 일에 해당한다. 선지에서, '대응적인 일'에 해당하는 것을 찾으면 '② 다른 사람들의 요구를 충족하려고 시도하는 것'이 된다.

참고로 inbox는 이메일의 '수신함(받은 편지함)'을 의미한다. 이것이 비어있다는 것은 문맥상 받은 편지가 없다는 말이 아니라, 받은 편지에 다 답장을 하여 아직 답장하지 않은 채로 남아 있는 편지가 없다는 의미이다.

오답피하기
① (9%) : '혁신적인 행동 과정'은 A〈창조적인 일〉에 해당한다.

- Yet there wasn't [a single day when I sat down to write an article, blog post, or book chapter] without ⟨a string of people waiting for me to get back to them⟩.
  → 'not ~ without'은 이중부정 구조를 만든다. ⟨ ⟩ 없이 [ ]한 날이 없다는 것은, 매일마다 ⟨ ⟩가 있었다는 의미이다.

지문해석

여러분이 일하는 습관에서 만들어낼 수 있는 단 한 가지 가장 중요한 변화는 창조적인 일을 먼저 하고 대응적인 일은 그 다음에 하는 쪽으로 전환하는 것이다. 이것은 전화기와 이메일을 끈 채로, 여러분 자신의 우선순위에 따라 창조적인 작업을 위해 매일 많은 시간을 차단한다는 것을 의미한다. 나는 좌절감을 느끼는 작가였다. 이렇게 전환하자 나는 생산적인 작가로 변신했다. 하지만 내가 기사나 블로그 게시글 혹은 책의 한 챕터를 쓰려고 앉을 때마다 여러 명의 사람들이 내가 그들에게 답장을 주기를 기다리지 않은 날은 단 하루도 없었다. 그것은 쉽지 않았고, 특히 "'2시간 전에' 이메일을 보냈어요...!"라고 시작하는 전화 메시지를 받을 때는 아직도 쉽지 않다. 당연히, 이러한 접근 방식은 다른 사람들의 기대와 그들이 여러분에게 가하는 압박에 맞지 않는다. 단 한 시간 동안이라도 세상에 대한 스위치를 끄는 데는 의지가 필요하다. 그것은 불편한 느낌이 들고, 때로 사람들이 기분 상하기도 한다. 그러나 빈 수신함을 위해 자신의 꿈을 포기하는 것보다, 사소한 것에 대해 몇 사람을 실망하게 하는 것이 낫다. 그렇게 하지 않으면, 여러분은 전문성이라는 환상을 위해 자신의 잠재력을 희생하고 있는 것이다.

① 혁신적인 핸드 괴전을 띠그는 것
② 미그 시킬ᄆ ᅵ ᆷ━ ━━ᄉᄉᄑ이 ᅵ ᄀᆯ ᄀ
③ ᄃᄌ저ᄋ ᄋ으ᄉᄉ 없이 얀ᄉ이ᄂ 것
④ ᄉᄉᄉᄇ ᄑᄉᄇ ᄇᄉᄆ기 씨ᄒ ᄉᄒ헉 ᄋᄃᄀ ᄌ거ᄒᄂ 섯
⑤ 소셜 네트워킹을 위해 충분한 기회를 확보하는 것

switch to ~로 전환하다, 바꾸다 / reactive 대응적인 / block off ~을 차단하다 / chunk 많은 양, 덩어리 / article 기사, 글 / blog post 블로그 게시글 / a string of 일련의 / by definition 당연히, 분명히 / go against the grain of ~에 맞지 않다, ~에 거스르다 / illusion 환상

06

Many ancillary businesses that today seem almost core at one time started out as journey vague.) For example, retailers often boost sales with accompanying support such as assembly or installation services. Think of a home goods retailer selling an unassembled outdoor grill as a box of parts and leaving its customer's mission incomplete. When that retailer also sells assembly and delivery, it takes another step in the journey to the customer's true mission of cooking in his backyard. / Another example is the business-to-business service contracts that are layered on top of software sales. Maintenance, installation, training, delivery, anything at all that turns do-it-yourself into a do-it-for-me solution originally resulted from exploring the edge of where core products intersect with customer journeys.

독해기술

첫 문장에서, 많은 '보조 사업'들이 '여정의 가장자리'로 시작되었다고 언급하고 있다. 그리고 이것이 무슨 의미인지 두 개의 예시를 통해 알려주고 있다.
첫 번째 예시에서, '야외 그릴'이 고객의 기본적인 구매 사항이고, '조립과 배달'은 보조 사업에 해당한다.

두 번째 예시에서, '소프트웨어'가 고객의 기본적인 구매 사항이고, '유지, 설치, … 등'이 보조 사업이다.

즉 보조 사업을 A 라고 고객의 기본적인 구매 사항을 B 라고 하면 A에 해당하는 것들이 밑줄 친 부분인 '여정의 가장자리'이고, 이런 의미를 함축하고 있는 것은 ⑤번 선지의 extra services이다. 풀이기술 2 3

지문해석

오늘날 거의 핵심적인 것으로 보이는 많은 보조 사업들이 한 때는 여정의 가장자리로 시작되었다. 예를 들어, 소매업자들은 종종 조립 또는 설치 서비스와 같은 지원을 동반하여 판매를 북돋운다. 가정용품 소매업자가 조립되지 않은 야외 그릴을 부품 상자로 판매하고 고객의 임무를 미완성으로 내버려 둔다고 생각해 보라. 그 소매업자가 조립과 배달도 판매할 때, 그것은 그 고객이 자신의 뒤뜰에서 요리하는 자신의 진정한 임무를 향한 여정에서 또 하나의 발걸음을 내딛는 것이다. 또 다른 예는 소프트웨어 판매에 더해 층층이 쌓이는 기업 간 서비스 계약이다. 유지, 설치, 교육, 배달, 손수 하는 것을 대신 해주는 해결책으로 바꿔주는 것은 무엇이든 원래 핵심 제품이 고객의 여정과 교차하는 지점의 가장자리를 탐색하는 데서 비롯되었다.

① 고객들에게 불필요한 상품을 구매하도록 요구하는 것
② 비즈니스 서비스에 대한 고객의 의존을 줄이는 것
③ 구성 요소보다 최종 제품 판매에 더 집중하는 것
④ 그들의 핵심 제품에 기술의 획기적 발전을 추가하는 것
⑤ 고객의 기본적인 구매 이상의 추가 서비스를 제공하는 것

retailer 소매업체, 소매업자 / boost 북돋우다 / accompany 동반하다 / assembly 조립; 모임 / installation 설치 / home goods 가정용품 / incomplete 미완성의 / contract 계약(서) / layer 층층이 쌓다

1등급 실전 문제   01 ⑤   02 ①   03 ①   04 ①   05 ⑤

01
정답률
56%

Psychologist Mihaly Csikszentmihalyi suggests that the common idea of a creative individual coming up with great insights, discoveries, works, or inventions in isolation is wrong. Creativity results from a complex interaction between a person and his or her environment or culture, and also depends on timing. For instance, if the great Renaissance artists like Ghiberti or Michelangelo had been born only 50 years before they were, the culture of artistic patronage would not have been in place to fund or shape their great achievements. Consider also individual astronomers: Their discoveries could not have happened unless centuries of technological development of the telescope and evolving knowledge of the universe had come before them. Csikszentmihalyi's point is that we should devote as much attention to the development of a domain as we do to the people working within it, as only this can properly explain how advances are made. Individuals are only "a link in a chain, a phase in a process," he notes.

개인의 창의력에 해당하는 표현

창의력에 필요한 조건에 해당하는 표현

첫 문장에서 언급된 a creative individual를 A라고 하자. 그러면 다음 문장의 a person은 A가 되고, his or her environment or culture가 그에 대한 대조적 개념인 B가 된다. 창의력은 A가 혼자 하는 것이 아니라 A와 B의 복잡한 상호작용에서 나온다는 것이다.

밑줄 친 부분의 a link가 A, a chain이 B이며, a phase가 A, a process가 B를 의미한다. 즉 A는 고립된 채로 단독으로 존재하는 것이 아니라 B 속에 존재한다는 의미인데, 이 의미를 나타내는 선지가 '⑤ 개인의 창의성은 오직 창의력에 필요한 조건에서만 나타난다'이다. ⑤번 선지에서 Individual creativity가 A이고, its necessary conditions가 B에 해당한다. ①, ③, ④의 경우 A의 개념은 들어 있지만, B의 개념이 들어있지 않다.

구문분석

- Csikszentmihalyi's point is that we should devote as much attention to the development of a domain as we [do] to the people working within it, 〈as only this can properly explain how advances are made.〉
  → as ~ as 원급 비교구문이 사용되었다. [do]는 대동사로, devote attention을 의미한다. 'as much ~ as'는 동등한 양을 의미하므로, 우리가 the people working within it에게 주의를 기울이는 것만큼, 동등한 양의 주의를 the development of a domain에도 기울여야 한다는 의미이다.
  → 〈 〉 부분의 as는 because를 의미하는 접속사이다.

지문해석

심리학자 Mihaly Csikszentmihalyi는 창의적인 개인이 혼자서 위대한 통찰력, 발견물, 작품 또는 발명품을 생각해낸다는 일반적인 생각이 틀렸다는 점을 시사한다. 창의력은 어떤 사람과 그의 환경 또는 문화 사이의 복잡한 상호 작용에서 비롯되며, 그것은 또한 시기에 따라 달라진다. 예를 들어, Ghiberti나 Michelangelo와 같은 르네상스 시대의 위대한 예술가들이 그들이 실제 태어난 시기보다 고작 50년만 일찍 태어났다면, 그들의 위대한 업적에 자금을 제공하거나 구체화해 줄 예술 후원의 문화가 아직 자리를 잡지 않았을 것이다. 또한 개별적인 천문학자들을 생각해 보라. 여러 세기에 걸친 망원경의 기술적인 발전과 우주에 관한 진화하는 지식이 그들 이전에 먼저 생기지 않았다면 그들의 발견은 발생할 수 없었을 것이다. Csikszentmihalyi의 요점은, 우리가 어떤 분야에서 일하는 사람들에게 주의를 기울이는 것만큼 그 분야의 발전에도 주의를 기울여야 한다는 것인데, 이는 단지 이것만이 진보가 어떻게 만들어지는지를 적절히 설명할 수 있기 때문이다. 개인은 단지 '사슬의 한 연결 고리, 과정의 한 단계'일 뿐이라고 그는 언급한다.

① 개인이 창의력은 그의 환경에서 비롯된다

② 발견은 단지 기존의 지식 때문에 이루어질 수 있다.

③ 시대의 르네상스는 일부의 예기적인 학설이 해신 요소이다

④ 개인은 자신의 창의적인 업적에 대해 인정을 받지 못한다.

⑤ 개인의 창의력은 오직 창의력에 필요한 조건에서만 나타난다.

come up with ~을 생각해내다, (해답 등을) 찾아내다 / **insight** 통찰력 / **in isolation** 홀로 / **fund** 자금을 제공하다 / **individual** 개개[각각]의 / **astronomer** 천문학자 / **devote** (노력 · 시간 · 돈을) ~에 바치다[기울이다] / **domain** (지식 · 사상 · 활동 따위의) 분야[영역] / **properly** 적절히 / **phase** 단계, 국면

You may feel there is something scary about an algorithm deciding what you might like. Could it mean that, if computers conclude you won't like something, you will never get the chance to see it? Personally, I really enjoy being directed toward new music that I might not have found by myself. I can quickly get stuck in a rut where I put on the same songs over and over. That's why I've always enjoyed the radio. But the algorithms that are now pushing and pulling me through the music library are perfectly suited to finding gems that I'll like. My worry originally about such algorithms was that they might drive everyone into certain parts of the library, leaving others lacking listeners. Would they cause a convergence of tastes? But thanks to the nonlinear and chaotic mathematics usually behind them, this doesn't happen. A small divergence in my likes compared to yours can send us off into different far corners of the library.

독해기술

이 글의 필자가 지닌 걱정은, '알고리즘이 모든 사람들을 라이브러리의 특정한 부분으로 몰아 넣고 나머지 부분은 듣는 사람이 적은 상태가 되게 만들 수 있다는 것'이었다. 요약하자면, 모든 사람이 똑같이 특정 음악만 듣는 것이다. 그러나 비선형적이고 불규칙적인 수학 덕분에 이런 일은 일어나지 않고, 이와 대조적인 현상인 '우리를 (음악) 라이브러리의 저 멀리 떨어진 구석들로 보내는' 일이 일어난다. 즉 모든 사람이 취향에 따라 각자 다른 음악을 듣는 것이다. 이에 해당하는 선지는 '① 우리를 각자의 취향에 맞게 선곡된 음악으로 이끌다'이다.

오답피하기

⑤ (13%) : 글의 내용은 알고리즘이 우리로 하여금 각자의 취향에 맞는 음악을 들을 수 있게 해준다는 내용이므로, 우리의 선호를 무시하게 만든다는 것은 글의 내용과 정반대이다.

지문해석

당신은 당신이 좋아할 만한 것을 결정하는 알고리즘에 뭔가 무서운 것이 있다고 느낄지도 모른다. 만약 컴퓨터가 당신이 무언가를 좋아하지 않을 것이라고 결론을 내린다면, 당신은 그것을 볼 기회를 결코 갖지 못할 것이라는 뜻일까? 개인적으로, 나는 혼자서는 찾을 수 없었을 새로운 음악 쪽으로 안내받는 것을 매우 즐긴다. 나는 같은 노래를 반복해서 넣는 틀에 금방 갇힐 수 있다. 그것이 내가 항상 라디오를 즐겨 듣는 이유이다. 하지만 지금 음악 라이브러리를 통해 나를 밀고 당기고 있는 알고리즘은 내가 좋아할 만한 보석을 찾는 데 완벽하게 적합하다. 원래 그러한 알고리즘에 대한 나의 걱정은 그것들이 모든 사람들을 라이브러리의 특정 부분으로 몰아넣고 나머지 부분은 듣는 사람이 적은 상태가 되게 만들 수 있다는 것이었다. 그것은 취향의 수렴을 일으킬 것인가? 하지만 보통 그것들의 뒤에 있는 비선형적이고 불규칙적인 수학 덕분에, 이런 일은 일어나지 않는다. 당신이 좋아하는 것과 비교하여 내가 좋아하는 것의 작은 갈라짐이 우리를 (음악) 라이브러리의 저 멀리 떨어진 구석들로 보낼 수 있다.

① 우리를 각자의 취향에 맞게 선곡된 음악으로 이끌다
② 우리가 다른 청취자들과 관계를 맺을 수 있게 하다
③ 알고리즘에 대한 업데이트를 자주 요청하도록 우리에게 권하다
④ 재능은 있지만 무명인 음악가들을 찾도록 우리에게 동기를 부여하다
⑤ 특정 음악 장르에 대한 우리의 선호를 무시하게 만든다.

conclude 결론 짓다 / **get stuck in** ~에 갇히다 / **suited to** ~에 적합한 / **lacking** 부족한, ~이 모자라는 / **convergence** 수렴 / **nonlinear** 비선형인 / **chaotic** 불규칙적인, 혼돈된

By expecting what's likely to happen next, you prepare for the few most likely scenarios so that you don't have to figure things out while they're happening. It's therefore not a surprise when a restaurant server offers you a menu. When she brings you a glass with a clear fluid in it, you don't have to ask if it's water. After you eat, you don't have to figure out why you aren't hungry anymore. All these things are expected and are therefore not problems to solve. Furthermore, imagine how demanding it would be to always consider all the possible uses for all the familiar objects with which you interact. *Should I use my hammer or my telephone to pound in that nail?* On a daily basis, functional fixedness is a relief, not a curse. That's why you shouldn't even attempt to consider all your options and possibilities. You can't. If you tried to, then you'd never get anything done. So don't knock the box. Ironically, although it limits your thinking, it also makes you smart. It helps you to stay one step ahead of reality.

▨ 습관적인 기대에 해당하는 표현

▨ 모든 것을 고려하는 것에 해당하는 표현

[독해기술]

우리는 일반적으로 'A〈다음에 일어날 일이 무엇일지 예상〉'하여 상황을 쉽게 처리한다고 했다. 'B〈가능한 모든 용도를 고려하는 것〉'은 힘든(demanding) 일이므로, 다음에 일어날 일을 예상하는 것과 대조적 개념이다.

뒷부분에서도, 'B〈여러분의 모든 선택과 가능성을 고려하려고 시도〉'하면 안 되고, 그럴 수도 없다고 했다. '모든 선택과 가능성을 고려하려고 시도하지 말라'는 것과 밑줄 친 부분인 '상자를 두드리지 말라'는 것이 같은 의미이다.

부정어인 don't까지 포함해서 밑줄이 쳐져 있음에 유의해야 한다. '상자를 두드리는 것'이 B에 해당하는 개념이므로, 이것을 하지 말라는 것은 반대로 A를 하라는 의미이다.

선지에서 A에 해당하는 것은 '① 여러분의 습관적인 기대에 근거하여 일을 처리하라'이다.

[오답피하기]

④ (20%) : 모든 가능한 결과에 대해 숙고하라는 것은 B에 해당하는 내용이다. 즉 밑줄 친 빈칸에 'Don't를 빼고 knock the box'의 의미를 고른다면 ④가 된다.

[지문해석]

다음에 무슨 일이 일어날 것인지 예상함으로써, 여러분은 그것들이 일어나는 동안에 상황 파악을 할 필요가 없도록 하기 위해 가장 가능성이 높은 몇 가지 시나리오에 대비한다. 그러므로 식당 종업원이 여러분에게 메뉴를 제공하는 것은 놀라운 일이 아니다. 그녀가 투명한 액체가 든 유리잔을 가져다주면, 여러분은 그것이 물인지 물어볼 필요가 없다. 밥을 먹고 나면, 왜 더 이상 배가 고프지 않은지 알 필요가 없다. 이 모든 것들은 예상된 것이고 따라서 해결할 문제가 아니다. 게다가, 여러분이 상호작용하는 모든 친숙한 물체에 대해 가능한 모든 용도를 항상 고려하는 것이 얼마나 어려운 일인지 상상해 보라. "저 못을 박기 위해 나의 망치나 전화기 중에 어느 것을 사용해야 할까?" 매일 살아가는 데 있어 기능적 고정성은 저주가 아니라 안도이다. 그렇기 때문에 여러분은 여러분의 모든 선택과 가능성을 고려하려고 시도해서는 안 된다. 그럴 수도 없다. 여러분이 그렇게 하고자 한다면, 여러분은 어느 것도 끝낼 수 없을 것이다. 그러니 상자를 두드리지 말라. 아이러니하게도, 비록 그것이 여러분의 생각을 제한하지만, 그것은 또한 여러분을 똑똑하게 만들어 준다. 그것은 여러분이 현실보다 한 발 앞서도록 도와준다.

① 여러분의 습관적인 기대에 근거하여 일을 처리하라.

② 익숙한 물체에서 기대하는 것에 의문을 품으라.

③ 미리 결정된 일상을 새로운 일상으로 교체하라.

④ 주어진 상황에서 일어날 수 있는 모든 결과에 대해 숙고하라.
⑤ 여러분의 사고를 통찰력으로 이끄는 모든 경계를 확대하라.

figure out ~을 알아내다 / **fluid** 액체 / **relief** 안도(감) / **curse** 저주

04

정답률
58%

For a long time, tourism was seen as a huge monster invading the areas of indigenous peoples, introducing them to the evils of the modern world. However, research has shown that this is not the correct way to perceive it. In most places, tourists are welcome and indigenous people see tourism as a path to modernity and economic development. But such development is always a two-edged sword. Tourism can mean progress, but most often also means the loss of traditions and cultural uniqueness. And, of course, there are examples of 'cultural pollution', 'vulgarization' and 'phony-folk-cultures'. The background for such characteristics is often more or less romantic and the normative ideas of a former or prevailing authenticity. Ideally (to some) there should exist ancient cultures for modern consumers to gaze at, or even step into for a while, while travelling or on holiday. This is a cage model that is difficult to defend in a global world where we all, indigenous or not, are part of the same social fabric.

독해기술

This is a cage model이란 표현의 지시어 This를 통해 cage model은 앞 문장의 내용임을 알 수 있다. 즉 '여행하면서 혹은 휴일에 응시하거나 혹은 심지어 잠시라도 들어가 볼 수 있는 고대 문화가 존재해야 한다'라는 내용이 cage model이다. 이를 그대로 설명한 선지는 '① 과거의 문화를 소비를 위해 원형 그대로 보존하는 것'이다.

오답피하기

② (7%) : 무시(방치)되었던 유산을 '복원'한다는 내용은 글에서 언급되지 않았다.

구문분석

• Ideally (to some) there should exist 〈ancient cultures for modern consumers to gaze at, or even step into for a while, while travelling or on holiday〉.
→ 'there is + 〈N〉' 구조는 〈N〉이 주어이며, '〈N〉이 존재한다'라는 의미이다. 여기서는 is 대신 should exist를 사용하여 '〈N〉이 존재해야 한다'라는 의미가 된다.
→ to some은 문맥상 '어떤 사람들(some people)'일 수도 있고, '어떤 관념들(some ideas)'일 수도 있는데, 문제풀이와는 아무 상관이 없다.

지문해석

오랫동안 관광은 원주민들에게 현대 세계의 악을 소개하면서 그들의 지역을 침략하는 거대한 괴물로 여겨졌다. 하지만, 연구는 이것이 관광을 인식하는 올바른 방법이 아니라는 것을 보여주었다. 대부분의 장소에서 관광객들은 환영을 받으며 원주민들은 관광을 현대화와 경제 발전의 길로 본다. 그러나 그러한 발전은 항상 양날의 칼이다. 관광은 발전을 의미할 수 있지만, 대부분 전통과 문화적 독특성의 상실을 의미하기도 한다. 그리고, 물론, '문화 오염', '상스럽게 함', '가짜 민속 문화'와 같은 예가 있다. 그러한 특징들의

배경은 종종 다소 낭만적이고 이전 또는 지배적인 진정성에 대한 규범적 관념이다. 이상적으로 (어떤 관념들에게는) 현대 소비자들이 여행 중이나 휴가 중에 잠시 구경하거나 심지어 발을 들여놓을 수 있는 고대 문화가 존재해야 한다. 이것은 <u>우리 모델</u>인데, 그것은 원주민이든 아니든 우리 모두가 같은 사회 구조의 일부인 지구촌 세계에서 방어하기 어려운 것이다.

① 과거의 문화를 소비하기 위해 그것을 원형으로 보존하는 것

② 오랫동안 방치되어 온 지역 문화유산을 복원하는 것

③ 보존을 위해 선사시대 유적지에 대한 대중의 접근을 제한하는 것

④ 관광 연구를 진정한 문화적 전통에 국한시키는 것

⑤ 문화 정책 및 규정에 대한 예산을 유지하는 것

invade 침범하다 / perceive 인식하다 / modernity 현대적인 것, 현대적임 / two-edged sword 양날의 칼 / uniqueness 독특성 / phony-folk-culture 가짜 민속 문화 / characteristic 특징 / normative 규범적인 / prevailing 지배적인 / authenticity 진정성, 진실성 / gaze at ~을 응시하다 / cage 우리 / fabric 직물; 구조

05

처다률

Many companies confuse activities and results. As a consequence, they make the mistake of designing a process that sets out milestones in the form of activities that must be carried out during the sales cycle. Salespeople have a genius for doing what's compensated rather than what's effective. If your process has an activity such as "submit proposal" or "make cold call," then that's just what your people will do. No matter that the calls were to the wrong customer or went nowhere. No matter that the proposal wasn't submitted at the right point in the buying decision or contained inappropriate information. The process asked for activity, and activity was what it got. Salespeople have done what was asked for. "Garbage in, garbage out" they will delight in telling you, "It's not our problem, it's this dumb process."

첫 문장에서 많은 회사들이 activities와 results를 혼동한다고 언급하고 있다. 전체 글의 내용을 보면 results가 중요한 것인데, activities를 강조하는 것이 문제점이라는 것이다. activities를 요구하면 직원들은 results를 내는 것이 아니라 그저 activities만 할 뿐이라는 것이다. 밑줄 친 Garbage in, garbage out의 문자 그대로의 의미는 쓰레기를 넣으면 쓰레기가 나온다는 것으로 '콩 심은 데 콩나고 팥 심은 데 팥난다'는 뜻이다. 이것을 표현한 신지가 '⑤ 활동에만 집중한 과정은 결국 비효과적이 될 것이다'이다.

구문분석

• No matter [that the calls were to the wrong customer or went nowhere].
  → 'no matter [that ~]'은 '[   ]이 상관없다, 중요하지 않다'라는 의미이다.

지문해석

많은 회사들이 활동과 결과를 혼동한다. 결과적으로, 그들은 판매 주기 동안 수행되어야 하는 활동의 형태로 획기적인 일을 제시하는 과정을 설계하는 실수를 범한다. 판매원들은 효과적인 것보다는 보상받는 것을 하는 데 재능이 있다. 만약 당신의 과정에 "제안 제출하기" 또는 "임의의 권유 전화 걸기"와 같은 활동이 있는 경우, 그것이 바로 당신의 직원들이 하게 될 일이다. 전화가 잘못된 고객에게 걸렸거나, 아무 성과를 보이지 못했어도 문제가 되지 않는다. 제안이 구매 결정의 적절한 시점에 제출되지 않았거나 부적절한 정보가 포함되어 있더라도 문제가 되지 않는다. 그 과정은 활동을 요구했을 뿐이고, 활동은 그것[과정]으로 인한 것이었다. 판

매원들은 요구된 일을 했을 뿐이다. 그들은 당신에게 "쓰레기를 넣으면, 쓰레기가 나옵니다(콩 심은 데 콩 나고 팥 심은 데 팥 나지요). 그것은 우리의 문제가 아니라, 이 바보 같은 과정 때문이에요."라고 말하며 즐거워할 것이다.

① 성과를 추구함에 있어, 보상이 질의 핵심이다.

② 판매원들은 의사 결정 과정에 참여해야 한다.

③ 공유된 이해가 항상 성공으로 이어지는 것은 아니다.

④ 잘못된 정보에서 도출된 활동은 실패를 낳는다.

⑤ 활동에 초점을 맞춘 과정은 결국 효과적이지 않다.

confuse 혼란시키다, 혼동하다 / activity 활동 / consequence 결과 / milestone 획기적인 일 / compensate 보상하다 / proposal 제안 / cold call (상품·서비스 등의 판매를 위한) 임의의 권유 전화 / inappropriate 부적절한 / delight in ~을 즐기다

1등급 고난이도 문제   01 ②   02 ②

01

정답률
37%

Scientists have no special purchase on moral or ethical decisions; a climate scientist is no more qualified to comment on health care reform than a physicist is to judge the causes of bee colony collapse. The very features that create expertise in a specialized domain lead to ignorance in many others. In some cases lay people — farmers, fishermen, patients, native peoples — may have relevant experiences that scientists can learn from. Indeed, in recent years, scientists have begun to recognize this: the Arctic Climate Impact Assessment includes observations gathered from local native groups. So our trust needs to be limited, and focused. It needs to be very *particular*. Blind trust will get us into at least as much trouble as no trust at all. But without some degree of trust in our designated experts — the men and women who have devoted their lives to sorting out tough questions about the natural world we live in — we are paralyzed, in effect not knowing whether to make ready for the morning commute or not.

■ 일반인으로부터 배우는 것에 해당하는 표현

■ 전문 분야에 관한 지식에 해당하는 표현

독해기술

전문가라고 해서 모든 것을 다 아는 것이 아니고, 전문가들도 A〈일반인으로부터 배우는 것〉가 있다고 했다. 그러므로 전문가들을 신뢰할 때는 매우 구체적(particular)이어야 한다는 것, 즉 그들의 B〈전문 분야에 관한 지식〉에 대해서만 신뢰해야 한다는 것이 이 글의 요지이다.

밑줄 친 부분은, 전문가들에 대한 신뢰가 없으면 우리가 알 수 없는 지식이다. 바꿔 말하면, 전문가들을 신뢰할 때 우리가 알 수 있는 지식, 즉 B〈전문가들이 제공하는 지식〉인 것이다. 선지에서 이러한 B에 해당하는 것은 '② 전문화된 전문가들에 의해 제공된 쉽게 적용할 수 있는 정보'이다.

풀이기술
2   3

① (17%) : 비전문가들이 제시한 지식은 A에 해당한다.

④ (26%) : 전문가와 일반인 모두에 의해 만들어진 지식은 A와 B 모두에 해당하므로 오답이다.

구문분석

- Scientists have no special purchase on moral or ethical decisions; a climate scientist is no more qualified to comment on health care reform than a physicist is (qualified) to judge the causes of bee colony collapse.

  → 'A is no more B than C is D' 구문으로, 'A is B'와 'C is D'가 모두 부정되는 구문이다. 우리말로 번역하면 'A가 B가 아닌 것은 C가 D가 아닌 것과 마찬가지다'가 된다. 이 문장의 경우 'a climate scientist is not qualified to ~'는 'a physicist is not qualified to ~'와 마찬가지라는 뜻이다. 즉 기후 과학자가 의료 개혁에 대해 논평할 자격이 없는 것은, 물리학자가 꿀벌 집단 붕괴의 원인을 판단할 자격이 없는 것과 마찬가지라는 의미로, 전문가라고 해서 모든 것을 다 아는 것이 아니라는 뜻이다.

  → 첫 문장의 purchase의 의미 파악이 매우 어렵다. 일반적으로 purchase는 '구입, 구매'를 뜻하는데, 이 문장에서는 어울리지 않는 의미이다. 단어의 의미는 사전적 정의보다 문맥상의 의미가 더 중요하다. 뒷부분에서 기후 과학자가 의료 개혁에 대해 논평할 자격이 없다고 했으므로, 첫 문장에서 과학자가 갖지 못한 것은 '자격' 정도로 파악하면 된다.

- Blind trust will get us into at least as much trouble as no trust at all (will get us into trouble).

  → as ~ as 원급 비교 구문이다. 문장 끝에는 will get us into trouble이 생략되어 있다. 즉 no trust at all이 우리를 곤경에 처하게 하는 것만큼, 맹목적 믿음도 우리를 같은 정도의 곤경에 처하게 하므로 주의해야 한다는 의미이다.

전문해석

과학자들은 도덕적이거나 윤리적인 결정에 대해 특별한 자격이 없다. 즉 기후 과학자가 의료 개혁에 대해 논평할 자격이 없는 것은, 물리학자가 꿀벌 집단 붕괴의 원인을 판단할 자격이 없는 것과 마찬가지다. 전문화된 영역에서 전문 지식을 만들어 내는 바로 그 특징이 다른 많은 영역에서의 무지로 이어진다. 어떤 경우에는 농부, 어부, 환자, 원주민 등 전문가가 아닌 사람들이 과학자들이 배울 수 있는 관련 경험을 가지고 있을 수도 있다. 실제로, 최근 몇 년 동안, 과학자들은 이것을 인식하기 시작했다: 북극 기후 영향 평가는 지역 토착 집단에게서 수집된 관찰을 포함한다. 따라서 우리의 신뢰는 제한적이고 초점이 맞춰질 필요가 있다. 그것은 매우 '특정할' 필요가 있다. 맹목적인 신뢰는 최소한 신뢰가 전혀 없는 것만큼이나 우리를 문제에 봉착하게 할 것이다. 하지만 우리가 살고 있는 자연 세계에 대한 어려운 질문들을 처리하는 데 그들의 삶을 바쳐온 우리의 지정된 전문가들에 대한 어느 정도의 신뢰가 없다면, 우리는 마비되어 사실상 아침 출근 준비를 해야 할지 말아야 할지를 알지 못할 것이다.

① 비전문가에 의해 제수되어 의심스러운 지식

② 전문화된 전문가들에 의해 세공될 수에 서볼 가능한 정보

③ 구부말 결심에 서비 영향을 미치지 않는 일반 상식

④ 전문가와 일반인 모두에 의해 만들어진 실용적인 지식

⑤ 지역 사회에 널리 퍼져 있는 편향된 지식

qualified 자격이 있는 / physicist 물리학자 / colony 집단, 군체 / collapse 붕괴 / feature 특징 / expertise 전문성, 전문 지식 / domain 영역 / ignorance 무지 / Arctic 북극의 / assessment 평가 / designate 지정하다; 임명하다 / devote 바치다 / biased 편향된

02
정답률 39%

Flicking the collaboration light switch is something that leaders are uniquely positioned to do, because several obstacles stand in the way of people voluntarily working alone. For one thing, the fear of being left out of the loop can keep them glued to their enterprise social media. Individuals don't want to be — or appear to be — isolated. For another, knowing what their teammates are doing provides a sense of comfort and security, because people can adjust their own behavior to be in harmony with the group. It's risky to go off on their own to try something new that will probably not be successful right from the start. But even though it feels reassuring for individuals to be hyperconnected, it's better for the organization if they periodically go off and think for themselves and generate diverse — if not quite mature — ideas. Thus, it becomes the leader's job to create conditions that are good for the whole by enforcing intermittent interaction even when people wouldn't choose it for themselves, without making it seem like a punishment.

■ 홀로 일하는 것에 해당하는 표현

■ 과잉 연결되는 것에 해당하는 표현

독해기술

flick이란 단어는 '(버튼, 스위치를) 탁[획] 누르다[돌리다]'라는 의미로, 스위치를 켠다는 의미와 끈다는 의미가 둘 다 가능하다. 즉 협업의 스위치를 '켠다'는 것인지 '끈다'는 것인지 문맥을 통해 판단해야 한다.

첫 문장의 뒷부분에서, 장애물들이 사람들이 자발적으로 'A〈홀로 일하는 것〉'하는 것을 방해한다고 했다. 즉 A는 긍정적 개념인데, 장애물들에 의해 방해를 받고 있다는 것이다. 그렇다면 리더가 '협업의 스위치를 획 눌러야 한다'는 것은, 직원들이 A를 할 수 있게 만들어 주어야 한다는 것이고, '협업'은 A〈홀로 일하는 것〉의 반대 개념이 되며, flick은 스위치를 '끈다'는 의미가 된다. 즉 리더는 협업의 스위치를 '꺼서' 직원들이 홀로 일하게 만들어주어야 한다는 것이다.

뒷부분에서도 같은 내용이 반복된다. 'A〈홀로 벗어나는 것(go off on their own)〉'는 위험하고, 'B〈과잉 연결되는 것(to be hyperconnected)〉'는 안심이 될 수 있지만, 그래도 'A〈(조직을) 벗어나 스스로 생각(go off and think for themselves)〉'가 더 좋다는 것이다.

그래서 리더의 역할은 '간헐적으로 일어나는 상호작용을 시행하는 것(enforcing intermittent interaction)'이 되는데, 이 부분의 의미 파악도 주의해야 한다. intermittent라는 단어를 놓치고 enforcing interaction만 보면, 마치 협동을 권장하는 것처럼(즉, B를 권장하는 것처럼) 보일 수 있다. 하지만 '간헐적인(intermittent)'은 '지속적인(continuous)'의 반대 의미이다. 즉 '간헐적인 상호작용을 시행'하라는 것은, 지속적으로 상호작용하지 못하게 하라는 말이고, 즉 B가 아닌 A를 하게 만들라는 의미이다.

선지에서 A에 해당하는 것은 '② 사람들이 함께 일하는 것을 멈추고 개인적으로 일을 시작하도록 하는 것'이다.

오답피하기

① (19%) : 협력을 못하게 하는 물리적 장벽과 그룹 규범을 '만드는 것'이라면 정답이 될 수 있다. 하지만 ①은 그러한 장벽과 규범을 '깨는 것(breaking)'이라고 했으므로, 정답과는 정반대 의미가 된다.

③ (6%) : 협업을 더 하게 만드는 것이므로 B에 해당한다.

⑤ (24%) : 그룹 프로젝트는 협업과 같은 개념이므로 B에 해당한다.

구문분석

• Flicking the collaboration light switch is something that leaders are uniquely positioned to do, because several obstacles stand in the way of people voluntarily working alone.

→ 'stand/get in the way of'는 '~을 방해하다'라는 의미이다.

협업의 전등 스위치를 휙 누르는 것은 지도자들이 고유하게 해야 하는 위치에 있는 것이다. 왜냐하면 여러 장애물들이, 자발적으로 혼자 일하는 사람들을 방해하기 때문이다. 우선, 상황을 잘 모르고 혼자 남겨진다는 두려움은 그들이 계속 기업의 소셜미디어에 매달리게 할 수 있다. 사람들은 고립되거나, 고립된 것처럼 보이는 것을 원치 않는다. 또 다른 이유로는, 그들의 팀 동료들이 무엇을 하고 있는지 아는 것은 편안함과 안정감을 제공한다. 왜냐하면 사람들은 그들 자신의 행동을 그 그룹과 조화를 이루도록 조정할 수 있기 때문이다. 아마도 처음부터 성공적이지 않을 어떤 새로운 것을 시도하기 위해 홀로 벗어나는 것은 위험하다. 그러나 사람들이 과잉 연결되는 것이 안심이 되더라도, 그들이 주기적으로 (조직을) 벗어나 스스로 생각하여, 그다지 성숙하지는 않더라도 다양한 아이디어를 창출한다면 조직에 더 좋다. 따라서, 사람들이 그것을 스스로 선택하지 않을 때에도, 처벌처럼 보이게 하지 않으면서 간헐적으로 일어나는 상호작용을 시행함으로써, 전체에게 유익한 여건을 조성하는 것이 리더의 일이 된다.

① 협력을 못하게 하는 물리적 장벽과 그룹 규범을 깨는 것
② 사람들이 함께 일하는 것을 멈추고 개인적으로 일을 시작하도록 하는 것
③ 사람들이 온라인 협업에 더 많은 시간을 할애하도록 장려하는 것
④ 더 높은 생산성이 요구되는 환경을 형성하는 것
⑤ 직원들이 그룹 프로젝트에 주의를 집중하도록 요구하는 것

flick (스위치를) 휙 누르다 / collaboration 협업, 협동 / obstacle 장애(물) / stand in the way of 방해하다 / out of the loop 상황을 잘 모르는 / enterprise 기업 / isolated 고립된 / adjust 조정하다 / go off 자리를 벗어나다 / hyperconnected 과잉 연결되다 / intermittently 간헐적으로 / mature 성숙한, 무르익은 / enforce 시행하다 / prohibit 금지하다 ~하게 해 주

| 01 ① | 02 ⑤ | 03 ① | 04 ④ | 05 ② | 06 ③ | 07 ① | 08 ① |
| 09 ⑤ | 10 ④ | 11 ② | 12 ① |

01
정답률
68%

Appearance creates the first impression customers have of food, and first impressions are important. No matter how appealing the taste, an unattractive appearance is hard to overlook. As humans, we do "eat with our eyes" because our sense of sight is more highly developed than the other senses. The sense of sight is so highly developed in humans that messages received from other senses are often ignored if they conflict with what is seen. Yellow candy is expected to be lemon-flavored, and if it is grape-flavored, many people _____. Strawberry ice cream tinted with red food coloring seems to have a stronger strawberry flavor than one that has no added food coloring, even when there is no real difference.

독해기술

빈칸 앞 문장의 내용을 보면, 다른 감각 기관에서 오는 메시지들이 눈에 보이는 것과 다를 때, 그 메시지들(다른 감각 기관에서 오는 메시지들)은 무시된다고 했다. 빈칸 문장에서는 눈에서부터 오는 메시지를 통해 노란색 사탕이 레몬 맛일 것이라고 예상했는데 실제 맛(=다른 감각 기관에서 오는 메시지)이 포도 맛인 상황이다. 앞 문장에 따르면 다른 감각 기관에서 오는 메시지는 무시되어야 하므로, 입에서 느낀 메시지인 '포도 맛'은 무시되어야 한다. 선지 중에서 이렇게 맛이 무시된다는 내용은 '① 그 맛이 무슨 맛인지 올바르게 알아보지 못한다'뿐이다. 풀이기술 2 6

오답피하기

② (14%) : 포도 맛 사탕을 좋아하지 않는다는 의미는 일단 포도 맛을 느끼긴 한다는 뜻이다. 글의 내용에 따르면 눈이 아닌 다른 감각 기관에서 오는 메시지는 무시되어야 하므로 포도 맛은 느껴지지 않아야 한다.

③ (7%) : 눈에서부터 오는 메시지(레몬 맛)와 입에서부터 오는 메시지(포도 맛)를 분명하게 구분할 수 있다는 것은 두 가지 맛을 모두 잘 느낀다는 뜻이다. 글 내용에 따르면 포도 맛은 느껴지지 않아야 한다.

구문분석

- Appearance creates the first impression 〈(that) customers have / of food〉, and first impressions are important.
  → 〈 〉부분은 the first impression을 수식하는 관계대명사절이다. 즉 have 뒤에 목적어가 빠져 있는 불완전한 문장이고, 여기서 of는 about(~에 대하여)의 뜻이다.
- 〈No matter how appealing the taste (is)〉, an unattractive appearance is hard to overlook.
  → no matter로 시작하는 양보절에서 be동사는 흔히 생략된다. 이 문장에서 〈 〉부분은 끝에 is가 생략되어 있는 것으로, '맛이 아무리 끌린다 할지라도'라는 의미이다.

지문해석

겉모습은 고객들이 음식에 대해 갖는 첫인상을 만들어내는데, 첫인상들은 중요하다. 맛이 아무리 끌린다 할지라도, 못생긴 겉모습은 눈감아주기 어렵다. 인간으로서 우리는 '눈으로 먹는다'. 왜냐하면 우리의 시각은 다른 감각들보다 훨씬 더 고도로 발달되어 있기 때문이다. 시각은 인간에게서 대단히 발달되어 있어서, 다른 감각에서 오는 메시지들이 만약 눈에 보이는 것과 대립된다면 그 메시지들은 종종 무시되어 버린다. 노란색 사탕은 레몬 맛일 것이라고 예상되는데, 만약 이것이 포도 맛이라면, 많은 사람들은 <u>그 맛을 올바르게 인식하지 못한다</u>. 빨간 식용 색소로 색깔을 낸 딸기 아이스크림은, 실제로는 차이가 없을 때에도 식용 색소가 첨가되지 않은 것보다 딸기 맛이 더 강한 것처럼 보인다.

① 그 맛을 올바르게 알아보지 못한다.

② 포도 맛 캔디를 선호할 수 없을 것이다.

③ 맛의 차이를 분명하게 감지할 수 있다

④ 포도 맛에 즉시 끌리게 될 것이다.

⑤ 그것들 사이의 미묘한 차이를 즐길 것이다.

first impression 첫인상 / **appealing** 매력적인 / **overlook** 간과하다. 눈감아주다 / **tinted with** ~의 색깔이 넣어진 / **food coloring** 식품 착색제, 식용 색소

02

정답률
57%

Although there are numerous explanations for the fall of the Roman empire, the deeper cause lies in the declining fertility of its soil and the decrease in agricultural yields. Italy was densely forested at the beginning of Roman rule. By the end of the Roman Imperium, however, Italy had been stripped of forest cover. The timber was sold on the open market and the soil converted to crops and pastureland. The cleared soil was rich in minerals and nutrients and provided substantial production yields. Unfortunately, deforestation left the soil exposed to harsh weather. Wind blew across the barren landscapes and water ran down from the mountaintops and slopes, taking the soil with them. Overgrazing of livestock resulted in further deterioration of the soil. Consequently, Rome's _____ could not provide sufficient energy to maintain its infrastructure and the welfare of its citizens.

(여백 주석) 주제문 / 구체적 진술 / 주제문 재진술

[지문구조]

주제문	로마제국이 멸망한 주요 원인은 토지 생산성 감퇴와 추수량의 감소이다.
구체적 진술	〈토지 생산성 감퇴와 추수량의 감소〉의 원인
주제문 재진술	농작물 생산(량)이 로마의 기반과 복지를 떠받칠 만큼 충분치 못했다.

[독해기술]

첫 문장에 원인과 결과가 나타난다. 필자에 따르면 로마 멸망(결과)의 원인은 토지 생산성 감퇴와 추수량의 감소이다. 두 번째 문장부터는 이 원인에 대한 2차 원인(토지 생산성 감퇴와 추수량의 감소가 발생한 원인)을 설명한다. 그리고 마지막 문장에서 다시 한 번 주제문의 [원인 – 결과]가 재진술되고 있다.

마지막 문장에서 Consequently가 나와서 '결과'만 있는 것으로 착각할 수 있는데, 전체적인 구조를 보자면 [토지 생산성 감퇴와 추수량의 감소 → 로마 멸망]이라는 인과관계를 하나의 '결과'로 보고, 중간의 구체적 진술 부분이 이에 대한 원인, 그리고 마지막 부분이 다시 '결과'인 셈이다.

이제 답을 찾아보자. 첫 문장에서 the fall of the Roman empire는 마지막 문장에서 'to maintain its infrastructure and the welfare of its citizens(을 하지 못했다)'는 것으로 재진술되어 있다. 그리고 원인 부분의 재진술을 찾아 빈칸에 넣으면 되는데, 여기서 주의할 점이 있다. the declining fertility of its soil and the decrease in agricultural yields가 통째로 빈칸에 들어가는

것이 아니다. 빈칸을 포함한 하나의 의미 덩어리인 '_____ could not provide sufficient energy'가 통째로 원인 부분에 대한 재진술이다. '토지 생산성 감퇴와 추수량 감소'가 '농업 생산량(agricultural production)이 충분한 에너지를 제공하지 못했다(=농업 생산량이 부족했다)'로 재진술되어 있는 것이다. 풀이기술 2 6

오답피하기

① (17%) : stripped of forest cover, deforestation같은 표현을 볼 때 로마의 숲은 황폐화되어 있다. 따라서 로마의 숲이 'dense forests(빽빽한 삼림)'라는 것은 내용에 맞지 않는다.

구문분석

- By the end of the Roman Imperium, however, / Italy had been stripped of forest cover.
  → strip은 '벗겨내다'라는 의미로, 'strip A of B' 형태로 쓰일 경우 'A에게서 B를 벗겨내다, 빼앗아가다'의 의미가 된다. 이를 수동태로 표현한 이 문장을 직역하면 '이탈리아는 덮고 있는 숲(forest cover)이 벗겨짐 당했다'가 된다.
- Unfortunately, deforestation left the soil exposed to harsh weather.
  → 'leave O ~ed/adj.' 형태는 'O를 ~인 상태로 만들다, 내버려두다'의 의미이다. 즉 삼림 파괴가 토양을 거친 날씨에 그대로 노출되도록 만들었다는 의미이다.

지문해석

비록 로마제국의 멸망에 대해 여러 가지의 해석이 있지만, 더욱 깊은 이유는 토지의 생산성 감퇴와 추수량의 감소에 있다. 이탈리아는 로마시대 초기에는 숲이 빽빽하게 울창했다. 그러나 로마제국 말기에 이탈리아는 숲이 전체적으로 파괴되었다. 목재는 공개 시장에서 판매되었고, 땅은 목장과 농작물을 지을 곳으로 바뀌었다. 땅은 잡초 없이 무기물과 영양이 풍부하였으며 상당한 생산 추수량을 제공했다. 불행하게도 삼림 파괴로 인해 땅이 가혹한 날씨에 노출되었다. 넓은 불모지를 가로지르며 바람이 불었고, 물은 산꼭대기와 비탈에서 흙과 함께 흘러내렸다. 가축의 과도 방목은 토양의 노후화를 야기했다. 그 결과로, 로마의 농업 생산은 로마 시민의 복지와 로마국가의 기반을 유지시킬 만한 충분한 힘을 제공할 수 없었다.

① 빽빽한 숲
② 기후 변화
③ 관개수로 체계
④ 감소하는 인구
⑤ 농업 생산

numerous 수많은 / explanation 해설, 설명 / decline 감소하다, 줄어들다 / fertility 비옥함, 생식력 / yield 산출(량), 생산(량) / imperium 주권, 지배권; 초대국 / strip A of B A에게서 B를 벗겨내다 / timber 목재, 수목 / convert 변환하다, 바꾸다 / crop 수확, 농작물 / pastureland 농장, 목초지 / mineral 무기질, 광물 / nutrient 영양분 / deforestation 삼림 파괴 / expose 노출시키다, 드러내다 / harsh 가혹한, 심한, 격한 / barren 불모의, 메마른, 불모지, 황무지, 임신을 못하는 / slope 산비탈, 경사면 / infrastructure (사회, 경제적) 기반, 기초 구조

Over the past 60 years, as mechanical processes have replicated behaviors and talents we thought were unique to humans, we've had to change our minds about what sets us apart. As we invent more species of AI, we will be forced to surrender more of what is supposedly unique about humans. Each step of surrender — we are not the only mind that can play chess, fly a plane, make music, or invent a mathematical law — will be painful and sad. We'll spend the next three decades — indeed, perhaps the next century — in a permanent identity crisis, continually asking ourselves what humans are good for. If we aren't unique toolmakers, or artists, or moral ethicists, then what, if anything, makes us special? In the grandest irony of all, the greatest benefit of an everyday, utilitarian AI will not be increased productivity or an economics of abundance or a new way of doing science — although all those will happen. The greatest benefit of the arrival of artificial intelligence is that _____.

AI가 초래한
정체성의 위기

AI가 주는 이점 :
정체성 확립

독해기술

인공지능이 주는 이점이 무엇인지를 찾아 빈칸에 넣어야 한다. 앞에서부터 계속 재진술되고 있는 내용은, '우리를 구분시키는 것이 무엇인가', '오직 인간에게만 주어진 것들 중 더 많은 것을 내줘다', '정체성 위기 속에서, 인간이 무엇을 잘하는지에 대한 질문을 하다'에 해당하는 것은 '① 인공지능은 인간성을 정의하는데 도움이 될 것이다'이다.

참고로 앞부분에서는 '정체성의 위기(identity crisis)'와 같은 부정적인 표현이 사용되었기 때문에 이것이 왜 이점(benefit)인지 헷갈릴 수도 있다. 이것을 이점이라고 할 수 있는 이유는 '가장 큰 아이러니(the grandest irony)'라는 표현 때문이다. 정체성의 위기가 곧 인간성을 다시 정의하게 해주는 이득이 된다는 것이 '아이러니'인 것이다.

구문분석

• Over the past 60 years, as mechanical processes have replicated behaviors and talents (( ) we thought were unique to humans), we've had to change our minds about what sets us apart.

↳ ( ) 부분은 선행사 behaviors and talents를 수식하고 있다. 그런데 잘 생각해보면 구조가 조금 이상해보일 것이다. 이는 주격 관계대명사 that이 ( ) 자리에 생략되어 있기 때문이다. we thought는 삽입절인데, 이렇게 주격 관계대명사 뒤에 삽입절이 오는 경우 주격 관계대명사가 생략될 수 있다.

지문해석

지난 60년 동안, 기계식 공정이 우리가 생각하였을 때 오직 인간에게만 있는 행동과 재능을 복제해왔기 때문에, 우리는 우리를 구분시키는 것에 대한 우리의 생각을 바꿔야만했다. 우리가 더 많은 종의 AI(인공지능)를 발명하면서, 우리는 오직 인간에게만 주어진 것들 중 더 많은 것을 내줘야만 할 것이다. 매번 항복하는 단계, 즉 우리가 체스를 둘 수 있고, 비행기를 날릴 수 있고, 음악을 만들 수 있고, 또는 수학 법칙을 발명할 수 있는 유일한 존재가 아니라는 것은 고통스럽고 슬플 것이다. 우리는 앞으로 미래의 30년 사실, 아마도 앞으로 다가올 한 세기를 영구적인 정체성 위기 속에서 보내며, 계속해서 우리 자신에게 인간이 무엇을 잘하는지에 대한 질문을 할 것이다. 우리가 유일한 도구 제작자나 예술가, 또는 도덕 윤리학자가 아니라면, 대체 무엇이 우리를 특별하게 만드는 것인가? 가장 큰 아이러니는, 일상적이고 실용적인 AI의 가장 큰 장점은, 비록 그 모든 것이 일어나기는 할 것이지만, 증진된 생산성이나 풍요의 경제학, 또는 과학을 행하는 새로운 방식이 아닐 것이다. 인공 지능의 도입으로 초래되는 가장 큰 이점은 바로 AI가 인간성을 정의하는데 도움이 될 것이라는 것이다.

① AI가 인간성을 정의하는데 도움이 될 것이라는

② 인간도 AI처럼 될 수 있다는

③ 인간은 중노동으로부터 해방될 것이라는

④ AI는 우리를 도덕적 딜레마의 해결로 이끌 수 있다는

⑤ AI가 인간 지능의 쇠퇴를 보상할 수 있다는

replicate 복제하다 / **surrender** 항복하다; 양도 / **permanent** 영구적인 / **ethicist** 윤리학자 / **utilitarian** 실용적인 / **liberate** 해방시키다 / **compensate for** ～에 대해 보상하다

04
정답률
47%

The critic who wants to write about literature from a formalist perspective must first be a close and careful reader who examines all the elements of a text individually and questions how they come together to create a work of art. Such a reader, who respects the autonomy of a work, achieves an understanding of it by _____. Instead of examining historical periods, author biographies, or literary styles, for example, he or she will approach a text with the assumption that it is a self-contained entity and that he or she is looking for the governing principles that allow the text to reveal itself. For example, the correspondences between the characters in James Joyce's short story "Araby" and the people he knew personally may be interesting, but for the formalist they are less relevant to understanding how the story creates meaning than are other kinds of information that the story contains within itself.

독해기술

빈칸 문장의 의미를 뒷문장에서 예를 들어 설명하고 있다. 예시는 내용이 같아야 하므로, 빈칸 뒷문장이 가장 중요한 단서가 된다. 즉 형식주의적 관점에서 문학에 관해 보려면 'A〈역사적 시기나 작가의 전기, 또는 문학적 양식〉'를 검토하는 대신, 'B〈글은 자족적인 실체이며, 그 글이 스스로를 드러내도록 해주는 지배적 원칙이 있다고 추정〉'하며 글에 접근한다고 했다. 이러한 내용과 어울리는 선지는 ④이다. ④에서 looking inside it이 B, outside it or beyond it이 A의 일반화이다.

오답피하기

① (19%) : both inside and outside it은 A와 B 둘 다에 해당한다. 정답은 A가 아닌 B에만 해당해야 한다.

지문해석

형식주의적 관점에서 문학에 대해 쓰고자 하는 비평가는 우선 글의 모든 요소를 개별적으로 검토하고, 그것들이 어떻게 한데 모여 예술 작품을 만들어내는지에 대해 의문을 제기하는 면밀하고 신중한 독자여야 한다. 작품의 자율성을 존중하는 그러한 독자는, 그것의 외부나 그것을 넘어서가 아니라, 그것의 내부를 들여다봄으로써 그것에 대한 이해를 달성한다. 예를 들어 역사적 시기나 작가의 전기, 또는 문학적 양식을 검토하는 대신, 그 사람은 글이 자족적인 실체이며, 자신은 그 글이 스스로를 드러내도록 해주는 지배적 원칙을 찾고 있다는 추정으로 글에 접근할 것이다. 예를 들어, James Joyce의 단편 소설 'Araby'의 등장 인물들과 그가 개인적으로 알았던 사람들 사이의 관련성은 흥미로울 수 있지만, 그 형식주의자에게 그것들은 그 이야기가 그 안에 포함하고 있는 다른 종류의 정보보다 이야기가 의미를 만들어내는 방식을 이해하는 데 덜 관련되어 있다.

① 그 사람 자신을 그것의 안과 밖 모두에 놓음

② 그것과 세계 사이의 중간 지점을 찾음

③ 그 안에서 드러난 역사적 사실을 찾아봄

④ 그것의 외부나 그것을 넘어서가 아니라 그것의 내부를 들여다 봄

⑤ 그것의 등장 인물들의 문화적 관련성을 탐구함

formalist 형식주의의; 형식주의자 / perspective 관점 / element 요소 / autonomy 자율성 / biography 전기 / literary 문학적인 / assumption 추정 / self-contained 자족적인 / reveal 드러내다 / correspondence 관련성 / relevant 관련된

05

정답률 53%

Over a period of time the buildings which housed social, legal, religious, and other rituals evolved into forms that we subsequently have come ⟩ 요지 _____. This is a two-way ⟩ process; the building provides the physical environment and setting for a particular social ritual such as traveling by train or going to the theater, as well as the symbolic setting. The meaning of buildings evolves and becomes established by experience and we in turn read our experience into buildings. Buildings arouse an empathetic reaction in us through these projected experiences, and the strength of these reactions is determined by our culture, our beliefs, and our expectations. They tell stories, for their form and spatial organization give us hints about how they should be used. Their physical ⟩ 요지 재진술 layout encourages some uses and inhibits others; we do not go backstage in ⟩ a theater unless especially invited. Inside a law court the precise location of ⟩ 예시 those involved in the legal process is an integral part of the design and an essential part of ensuring that the law is upheld.

이 문제는 2017학년도 수능에서 지문의 내용이 가상 난해했음에도 불구하고, 4개의 빈칸 추론 문제(11~14번)에 비해서 ~ 정답률이 높게로 기저 나있다. 수능에서 이런 심도 있는의 지문이 출제되면 보통 정답률은 30%를 넘기가 쉽지 않다. 하지만 이 문제의 정답률이 상대적으로 높았던 이유는, 지문에 비해 선지가 쉽고, 매력적인 오답이 없었기 때문이다.

문제풀이를 위해 철저하게 재진술의 관점에서 검토해보자. 일단 빈칸 앞에는 관계대명사 that이 있고, 빈칸 부분을 포함한 부분이 forms를 수식한다. 즉 건물들이 어떠한 '형태(forms)'로 발달했다는 것이다. 이 '형태'에 대한 재진술이 보일 때까지 글을 읽어 나간다. 중간 부분의 내용이 굉장히 난해하지만 형태에 대한 이야기가 없으므로 문제풀이에는 아무런 쓸모가 없다. 글의 후반부에 가면 드디어 forms와 비슷한 표현이 보인다. 즉 their form and spatial organization이다. 건물들의 형태와 공간적 구성은 우리에게 '그 건물들이 어떻게 사용되어야 하는지'에 대한 힌트를 준다고 한다. 빈칸에는 how they should be used와 관련된 내용이 필요하다. 다음 문장에 힌트 하나가 더 있다. 'Their physical layout(건물들의 물리적 배치)'도 결국은 형태(forms)를 의미하는 표현이다. 이는 'some uses(어떠한 쓰임새)'는 장려하고, others(=other uses)는 억제한다고 한다. 이 use라는 표현은 앞에 나온 how they should be used와 똑같은 말이다. 즉 '쓰임새'라는 표현에 대한 재진술을 선지에서 찾아본다. 이에 대한 재진술이 최소 2개가 보이면 문제가 매우 어려워지지만, 선지에선 하나뿐이다. 선지에서 '쓰임새'에 대한 재진술이 될 수 있는 표현은 '② those buildings function'밖에 없다.

참고로 이 글의 요지는, 우리는 건물의 형태를 보고 그 형태를 건물의 기능과 연관짓는다는 것이다. 빈칸 뒤에 나오는 '양방향(two-way) 과정'이라는 것은, 우리의 경험을 바탕으로 건물의 의미가 확립되기도 하고(The meaning ~ becomes established by experience), 반대로 우리가 건물에서 의미를 읽어내기도 하는 것(we in turn read our experience into buildings)을 말한다.

여기서 건물의 '의미'라는 것을 건물의 기능(혹은 쓰임새)라고 보면 전체 흐름이 보다 명확해진다. 건물의 형태와 기능을 연관지을 때, 우리는 경험적으로 어떤 형태의 건물을 어떠한 용도로 사용했으니 이러한 형태를 이러한 용도와 연관짓기도 하고, 반대로 어떤 형태를 보고 이런 기능이 있겠구나 하고 읽어내기도(연관짓기도) 한다.

그런데 어차피 다시 나오지 않을 지문을 가지고 내용을 완벽하게 이해하려 애쓰는 것은 별로 도움이 되지 않는다. 수능 빈칸 추론 문제풀이의 원칙인 '재진술'을 찾아내는 것만 철저하게 연습하면 된다.

오답피하기

선지를 검토해보면 매력적인 오답이 전혀 없다. 즉, '쓰임새(use)'에 대한 재진술이 될 만한 표현이 전혀 보이지 않는다.
① (7%) : '건축에서의 새로운 추세(a new architectural trend)'는 건물의 쓰임새(use)와 관계가 없다.
③ (15%) : '문화 간의 상호작용 (cross-cultural interactions)'는 건물의 쓰임새(use)와 관계가 없다.
④ (18%) : '우리 환경의 필수적인 일부(an integral part of our environment)'는 건물의 쓰임새(use)와 관계가 없다.
⑤ (8%) : '의미의 제거(the elimination of their meanings)'는 건물의 쓰임새(use)와 관계가 없다.

구문분석

- Over a period of time the buildings (which housed social, legal, religious, and other rituals) evolved into forms {that we subsequently have come to recognize (   ) and associate (   ) with those buildings' function}.
  → 빈칸 문장의 구조를 파악하지 못하면 모든 것이 헛수고가 되어 버린다. forms 뒤에 관계대명사 that이 있고, 그 뒷부분에는 동사 recognize와 associate의 목적어 자리가 비어있다.
  → 여기서 house는 '~을 하는 장소가 되다'라는 의미의 동사이고, come to V는 '~하게 되다'라는 뜻이다.
  → 즉 이 문장을 영어 어순대로 직독직해하면 이렇게 된다. "일정 기간 동안 사회적, 법률적, 종교적 및 기타 의식들이 행해진 장소였던 건물들은 어떠한 형태로 발전했는데, 우리는 나중에 그 형태를 인식하고, 그 형태를 그 건물의 기능과 연관시키게 되었다."
- The meaning of buildings evolves and becomes established by experience and we in turn read our experience into buildings.
  → read의 의미가 상당히 어려울 수 있다. 우리의 직관으로는 '~로부터' 의미를 읽어내야 하는데, 전치사가 into가 있기 때문이다. 'read A into B'라는 표현은, '원래 B에 없는 A라는 의미를 B 속에 집어넣어 읽는다'라는 의미이다. 즉 'read A into B'는 'A라는 의미를 B에 부여하다' 혹은 'A라는 의미를 B로부터 읽어내다' 정도로 의역할 수 있다.
  → in turn이 two-way process를 파악하는 핵심이다. in turn은 순서(turn)가 바뀌는 것을 말한다. 즉 우리의 경험에 의해 건물의 의미가 확립되는 경우가 있다면, 순서가 바뀌어서, 우리가 건물에서부터 경험을 읽어내는 경우도 있다는 것이다.

지문해석

일정 기간 동안 사회적, 법률적, 종교적 및 기타 의식들이 행해진 장소가 되었던 건물들은 어떠한 형태로 발전했는데, 우리는 나중에 그 형태를 인식하고, 그 건물들의 기능과 연관시키게 되었다. 이는 양방향 과정이다. 건물은 상징적 무대만이 아니라 기차로 여행하거나 극장에 가는 것과 같은 특정 사회적 의식을 위한 물리적 환경과 무대를 제공한다. 건물의 의미는 발달하여 경험에 의해 확립되고, 다시 우리는 우리의 경험을 건물에 부여한다. 건물은 이러한 투영된 경험을 통해 우리 안에서 공감할 수 있는 반응을 불러일으키며, 이러한 반응의 힘은 우리의 문화, 우리의 신념 및 우리의 기대에 의해 결정된다. 건물들은 마치 이야기를 한다고 볼 수 있는데, 왜냐하면 그들의 형식과 공간 조직은 그들이 어떻게 사용돼야 하는지에 대한 힌트를 우리에게 주기 때문이다. 그들의 물리적 배치는, 어떤 쓰임새는 장려하고, 다른 쓰임새는 억제한다. 우리는 특별히 초대받지 않는 한 연극의 뒷무대로는 가지 않는다. 법원 내부에는 법적 절차에 관련된 사람들의 정확한 위치는 디자인의 필수적인 부분이며 법이 유지되는 것을 보장하는 데 필수적인 부분이다.
① 확인하고 새로운 건축학의 경향과 연관있게
② 인식하고 그 건물들의 기능과 연관시키게
③ 문화 간의 상호작용을 반영함으로써 규정하고 세련시키게
④ 사용하고 우리 환경의 필수적인 부분으로 변화시키게
⑤ 그것들의 의미를 제거하기 위해 변형시키고 발전시키게

house 보관하다, 수용하다; ~를 하는 장소가 되다 / ritual 의식 / evolve 발달하다; 진화하다 / subsequently 이후에, 나중에 / setting 배경, 무대 / established 확립된 / read A into B A를 B에서 읽어내다; A라는 의미를 B에 부여하다 / arouse 불러 일으키다 / projected 투사된, 투영된; 예상된 / spatial 공간의 / layout 배치 / integral 필수적인 / uphold 유지시키다, 옹호하다

06
정답률
52%

Some distinctions between good and bad are hardwired into our biology. Infants enter the world ready to respond to pain as bad and to sweet (up to a point) as good. In many situations, however, the boundary between good and bad is a reference point that changes over time and depends on the immediate circumstances. Imagine that you are out in the country on a cold night, inadequately dressed for the pouring rain, your clothes soaked. A stinging cold wind completes your misery. As you wander around, you find a large rock that provides some shelter from the fury of the elements. The biologist Michel Cabanac would call the experience of that moment intensely pleasurable because it, like others, its pleasure normally does to indicate the direction of _____. The pleasant relief will not last very long, of course, and you will soon be shivering behind the rock again, driven by your renewed suffering to seek better shelter.

주제문

예시

독해기술
역접 연결어 however 뒤에서 주제문이 나온다. 좋고 나쁨의 경계는 절대적인 것이 아니라 시간의 흐름에 따라, 그리고 상황에 따라 변하는 기준점이라는 것이 글의 요지이다. 'Imagine that~'이란 부분은 예시를 제시하고 있다. 따라서 주제문에 대한 구체화가 빈칸에 들어가야 하다. 풀이기술

예시의 내용에는 고통스러운 상황이 먼저 등장한다. 그러다가 피난처 바위를 발견하면서 고통에 쓴 것이 즐거움으로 바뀐다. 글의 요지는 좋고 나쁨이 계속 변하는 것이므로, 빈칸 뒤를 보면 그 즐거움은 곧 다시 고통으로 바뀐다는 내용이 이어진다. 이것은 좋고 나쁨이 시간에 따라 변하는(a reference point that changes over time) 예시이다. 그런데 구체화에는 한 가지 포인트가 더 있다. '당면한 상황(the immediate circumstances)'이라는 부분이다. 빈칸에는 이 포인트의 구체화가 들어가면 된다. 선지 중에서 당면한 상황에 대한 내용은 '③ 생물학적으로 상황에 대한 상당한 개선'이다.

오답피하기
① (15%) : 환경(circumstantial)이란 단어가 있지만, '영구적(permanent)'이란 표현을 보고 바로 정답에서 배제한다.
② (11%) : 즐거움으로 바뀐 상황이므로 '고통(suffering)'이라는 말은 흐름상 맞지 않다.
④ (12%) : 고통스런 경험이 즐거운 경험으로 바뀌는 것이므로, 상황을 '공정하게(impartially)' 판단하는 것이 아니다.
⑤ (10%) : 좋고 나쁨이 상황에 따라 변하고 있으므로 '감정적인 안정(stability)'이란 표현은 적합하지 않다.

구문분석
• Infants enter the world / [ready to respond ⟨to pain as bad⟩ and ⟨to sweet (up to a point) as good⟩].
→ [ ] 부분은 분사구문이다. 즉 '~인 채로'로 해석하면 된다.
→ ⟨ ⟩와 ⟨ ⟩가 병렬로 이어져 있다. 전치사 as 뒤에는 being이 생략되고 형용사가 오는 경우가 흔하다.

좋음과 나쁨 사이의 몇 가지 구분은 우리의 생명 활동 안에 타고난 속성이다. 어린 아이의 경우 고통은 나쁘다고 반응하고 (어느 정도까지는) 달콤함은 좋다고 반응할 준비가 된 상태로 세상에 나온다. 하지만 많은 경우 좋음과 나쁨의 경계는 시간이 흐름에 따라 변하는 기준점이며, 당면한 상황에 의해서 결정된다. 추운 밤중에 쏟아지는 비에 맞지 않은 옷을 입고 흠뻑 젖은 채로 시골에서 밖에 나와 있다고 상상해 보라. 살을 찌르는 차가운 바람으로 고통이 극에 달할 것이다. 당신은 주변을 돌아다니다 격렬한 비로부터 피난처를 제공하는 커다란 바위를 발견한다. 생물학자인 Michel Cabanac은 그 순간의 경험을 대단히 즐겁다고 했는데, 그 이유는 즐거움이 대개 그렇듯 그것은 <u>생물학적으로 상황에 대한 상당한 개선</u>의 방향을 보여주는 기능을 하기 때문이다. 물론 그 즐거운 안도감은 그리 오래 지속되지는 않을 것이고, 당신은 곧 바위 뒤에서 다시 몸을 떨게 될 것이며, 새로워진 고통으로 인해 결국 더 좋은 피난처를 찾으려고 할 것이다.

① 상황적 요구에 대한 영구적인 감정의 적응
② 신체적 고통을 통한 자의식의 향상
③ 생물학적으로 상황에 대한 상당한 개선
④ 바람직한 상황과 바람직하지 않은 상황을 공정하게 판단하기
⑤ 감정적인 안정을 위해 정신적으로 미리 결정되어 있는 성향

hardwired 타고난, 굳어진, 고정된 / **boundary** 경계, 분계선 / **reference point** (계층, 평가의) 기준점 / **immediate** 당면한, 즉각적인 / **inadequately** 부적절하게 / **soak** 흠뻑 적시다 / **stinging** 찌르는, 쏘는 / **misery** 고통 / **wander around** 이리저리 돌아다니다 / **shelter** 피난처 / **fury** 격렬, 맹위 / **intensely** 강렬하게, 격하게; 열정적으로 / **pleasurable** 즐거운 / **indicate** 보여주다, 가리키다 / **relief** 안도, 안심 / **renewed** 새로워진 / **adjustment** 조절, 적응 / **self-consciousness** 자의식 / **impartially** 공정하게 / **inclination** 성향, 경향

07

정답률
61%

My friend was disappointed that scientific progress has not cured the world's ills by abolishing wars and starvation; that gross human inequality is still widespread; that happiness is not universal. My friend made a common mistake — a basic misunderstanding in the nature of knowledge. Knowledge is amoral not immoral — but morality neutral. It can be used for any purpose, but many people assume it will be used to further *their* favorite hopes for society — and this is the fundamental flaw. Knowledge of the world is one thing; its uses create a separate issue. To be disappointed that our progress in understanding has not remedied the social ills of the world is a legitimate view, but _____. To argue that knowledge is not progressing because of the African or Middle Eastern conflicts misses the point. There is nothing inherent in knowledge that dictates any specific social or moral application

> 통념
> 진실
> 통념
> 진실
> 통념
> 진실

일단 글의 구조가 통념과 진실 구조인 것을 판단해야 한다. _{분석기술 10} 사람들이 가진 통념은, '지식의 진보가 사회적 해악을 치료한다'는 것이다. 하지만 필자가 제시하는 진실은, '지식은 도덕적으로 중립적이다'라는 것이다. 지식 자체는 어떠한 용도로도 사용될 수 있으므로, 사회적 해악을 치유하거나 초래하는 것으로 지식의 진보/퇴보를 판단할 수 없다는 것이다.

필자는 빈칸 문장 앞에서 다시 사람들의 통념을 재진술한다. 지식의 진보가 사회적 해악을 치유해야 한다고 생각하고, 실제로 그렇지 않아서 실망하는 사람들의 통념에 대해, 그들이 그렇게 생각하는 것도 나름 타당(legitimate)하다고 필자는 말한다. 하지만 빈

칸 앞에는 역접 연결어 but이 있으므로, 빈칸 부분에는 필자의 요지, 즉 지식 자체는 중립적이라는 말이 나와야 한다. 이 요지는 바로 다음 문장에서도 재진술된다. '아프리카나 중동 지역의 갈등(=해결되지 않은 사회적 해악)으로 인해 지식이 진보하지 않고 있다'라는 사람들의 통념은 '잘못된 것(misses the point)'이라고 요지를 되풀이하고 있다.

선지 중에서 이렇게 통념을 바로잡고 진실을 제시하는 선지를 찾으면 '① 이것을 지식의 진보와 혼동하는 것은 터무니없다.'가 된다. 여기서 '이것(this)'은 앞 문장에 제시된 사람들의 통념, 즉 '지식의 진보가 사회적 해악을 치료하는 것'을 가리킨다. 이는 실제 '지식의 진보(the progress of knowledge)와는 상관이 없다(=지식의 진보가 사회적 해악을 치료하지 못했다고 해서 지식이 진보하지 않은 것은 아니다.)'는 것이다.

오답피하기

오답 선지들은 전부 통념에 대한 내용이다. 지식을 증가시키는 것이 사회적 문제를 해결한다는 내용은 모두 통념에 해당하므로 답이 될 수 없다.

② : 글의 요지는 지식이 도덕적으로 중립적이라는 것이므로, '지식의 도덕적 가치(its moral value)'를 실행하는 것은 불가능하다.

③ : 지식 자체는 도덕적으로 중립적이므로, 사회적 불평등을 제거하는 것은 지식의 목적과 관계가 없다. 지문에서 빈칸 앞에 '통념'이 제시되고, 역접 연결어 뒤에 빈칸이 있으므로 빈칸에는 '진실'이 들어가야 한다. 이를 파악하지 못하고 빈칸에 '통념'을 넣으면 ③을 고르게 된다.

④ : 지식을 축적한다고 해도 지식은 도덕적으로 중립적이므로 사회적 적용을 시킬 수 없다.

⑤ : 지식은 중립적이므로 과학적 진보(=지식의 진보)는 사회적 해악을 치료할 수 없다.

구문분석

- Knowledge of the world is one thing; its uses create a separate issue.
  → 본래 'A is one thing; B is another. (A와 B는 별개이다)' 형태의 구문에 살짝 변화를 준 형태이다. 세상의 지식이 one thing이고, 지식의 쓰임은 a separate issue(=another thing)이라고 했으므로, 즉 '지식과 지식의 쓰임은 별개이다'라는 뜻이 된다.

지문해석

내 친구는 과학적 진보가 전쟁과 기아를 없앰으로써 세상의 해악들을 치유하지 않았다는 사실, 거대한 인간의 불평등이 여전히 널리 퍼져있다는 사실, 그리고 행복은 보편적이지 않다는 사실에 실망하였다. 내 친구는 흔한 실수를 할 것이었다. 즉, 지식의 본질에 대한 기본적 오해를 했다. 지식이란 도덕성이 없다, 즉 비도덕적인 것이 아니라 도덕성에 무관심하다. 지식은 어떠한 목적으로도 사용될 수 있다. 그래서 많은 사람들은 그들이 사회를 위한 가상 좋아하는 희망을 발전시키기 위해 지식이 사용될 것이라고 생각한다. 그리고 이것은 근본적인 결함이다. 세상의 지식과 그 지식의 쓰임은 별개이다. 이해에서의 우리의 진보가 세상의 사회적 해악들을 치료하지 않았다는 사실에 실망하는 것은 타당한 견해이다. 하지만 이것을 지식의 진보와 혼동하는 것은 터무니없다. 아프리카나 중동의 갈등 때문에 지식이 진보하지 않고 있다고 주장하는 것은 요점을 놓치는 것이다. 지식에 내재되어 있는 것 중에는 어떠한 구체적인 사회적 혹은 도덕적 적용에 영향을 주는 어떤 것도 있지 않다.

① 이것을 지식의 진보와 혼동하는 것은 터무니없다.

② 지식의 본질을 아는 것은 지식의 도덕적 가치를 실행하는 것이다.

③ 사회적 불평등을 제거하는 것은 지식에 내재되어 있는 목적이다.

④ 지식을 축적하는 것은 지식의 사회적 적용을 증가시킨다.

⑤ 과학을 진보시키는 것은 과학이 사회적 해악을 치료하도록 만드는 것이다.

ill 아픈; 병, 해악 / abolish 없애다, 폐지하다 / starvation 기아 / gross 총체의, 거대한 / inequality 불평등 / widespread 널리 퍼진 / amoral 도덕성이 없는 / immoral 비도덕적인 / morality 도덕성 / neutral 중립적인 / further 발전시키다; 심층적인, 추가적인 / fundamental 근본적인 / flaw 결점, 결함 / remedy 치료(약), 해결책; 바로잡다, 치료하다 / legitimate 적당한; 합법적인 / inherent 내재하는 / application 지원; 적용 / absurd 터무니없는 / accumulate 축적하다

The entrance to a honeybee colony, often referred to as the dancefloor, is a market place for information about the state of the colony and the environment outside the hive. Studying interactions on the dancefloor provides us with a number of illustrative examples of how individuals changing their own behavior in response to local information ＿＿＿＿＿＿＿＿＿＿. For example, upon returning to their hive honeybees that have collected water search out a receiver bee to unload their water to within the hive. If this search time is short then the returning bee is more likely to perform a waggle dance to recruit others to the water source. Conversely, if this search time is long then the bee is more likely to give up collecting water. Since receiver bees will only accept water if they require it, either for themselves or to pass on to other bees and brood, this unloading time is correlated with the colony's overall need of water. Thus the individual water forager's response to unloading time (up or down) regulates water collection in response to the colony's need.

독해기술

빈칸의 의미에 대해 바로 뒤에 예시가 나오는데, 이 예시가 글 끝까지에 이어진다. 예시 속에서는 Conversely를 통해 서로 상반되는 사례를 제시하고, 마지막에서 Thus를 통해 일반화시킨다.

물을 가져온 벌은 물을 받는 벌을 찾는 시간이 짧으면, 다른 벌들을 모집하여 물이 있는 곳으로 데려가고, 물을 받는 벌을 찾는 시간이 길면 물을 가지러 가는 것을 포기한다고 했다. 이를 일반화한 것이 마지막 문장에 있는 '물 수집(량)을 조절하다(regulate water collection)'이다. 선지에서 이와 같은 의미를 찾으면 '① 군집이 그것의 노동력을 조절할 수 있게 하다'가 된다.

오답피하기

② (23%) : 글의 내용은 군집의 필요에 따라 물을 더 가져오기도 하고, 그렇지 않기도 하는 것이므로 '물이 있는 곳을 찾는다(search for water sources)'고 말하는 ②는 오답이다. 또한 글에는 거리를 측정한다는 내용도 전혀 없다.

③ (16%) : 글의 내용은 꿀벌 군집이 필요에 따라 작업량(물을 가져오는 것)을 늘리기도 하고 줄이기도 한다는 것이므로 작업량을 줄인다고만 말하는 ③은 오답이다.

구문분석

- Studying interactions on the dancefloor provides us with a number of illustrative examples of [how individuals (changing their own behavior in response to local information) allow the colony to regulate its workforce.]
  → 선행사가 생략된 관계부사절 [ ]에서, individuals가 주어, allow가 동사인 구조이다.
- For example, 〈upon returning to their hive〉 honeybees (that have collected water) search out a receiver bee to unload their water to within the hive.
  → 'upon ~ing'는 '~하자마자'라는 뜻이다. honeybees가 주어, search out이 동사인 구조이다.

지문해석

종종 댄스플로어라고 불리는 꿀벌 군집의 입구는 군집의 상태와 벌집 밖의 환경에 대한 정보를 교환하기 위한 시장이다. 댄스플로어에서의 상호작용을 연구하는 것은 우리에게 지엽적인 정보에 반응하여 그것들 자신의 행동을 바꾸는 개체들이 어떻게 <u>군집이 그것의 노동력을 조절할 수 있게</u> 하는지에 대한 많은 예증이 되는 예들을 제공한다. 예를 들어, 물을 가져온 꿀벌들이 벌집으로 돌아오자마자, 자신들의 물을 벌집 안으로 넘겨주기 위해 물을 받을 벌을 찾는다. 만약 이 탐색 시간이 짧으면, 그 돌아오는 벌은 물이 있는 곳으로 데려갈 다른 벌들을 모집하기 위해 8자 춤을 출 가능성이 더 높다. 반대로, 만약 이 탐색 시간이 길면 그 벌은 물을 가지러 가는 것을 포기할 가능성이 더 높다. 물을 받는 벌들은 자신들을 위해서든 다른 벌들과 애벌레들에게 전해주기 위해서든, 물이 필요할 때만 물을 받아들일 것이기 때문에, 이러한 물을 넘겨주는 시간은 군집의 전반적인 물 수요와 상관관계가 있다. 따라서 (시간이 늘어나든 줄어들든) 물을 넘겨주는 시간에 대한 개별적인 물 조달자의 반응은 군집의 수요에 맞춰 물 수집(량)을 조절한다.

① 군집이 그것의 노동력을 조절할 수 있게 하는지
② 거리를 측정하여 물이 있는 곳을 찾는지
③ 필요할 때 군집의 작업 부담을 줄이는지
④ 자신들 각자의 재능에 따라 일을 나누는지
⑤ 기본적인 의사소통 형태를 습득하도록 일벌들을 훈련하는지

colony (꿀벌 등의) 군집, 집단 / **illustrative** 예증이 되는 / **regulate** 조절하다 / **unload** 넘겨주다, (짐을) 내리다 / **waggle dance** 8자 춤(꿀벌이 꽃, 물 등의 방향과 거리를 동료에게 알리는 동작)

09

정답률 57%

According to a renowned French scholar, the growth in the size and complexity of human populations was the driving force in the evolution of science. Early, small communities had to concentrate all their physical and mental effort on survival; their thoughts were focused on food and religion. As communities became larger, some people had time to reflect and debate. They found that they could understand and predict events better if they reduced passion and prejudice, replacing these with observation and inference. ⓐ But while a large population may have been necessary, in itself it was not sufficient for science to germinate. ⓑ Some empires were big, but the rigid social control required to hold an empire together was not beneficial to science just as it was not beneficial to reason. The early nurturing and later flowering of science _____ _____ to support original thought and freewheeling incentive. The rise in commerce and the decline of authoritarian religion allowed science to follow reason in seventeenth-century Europe.

독해기술

이 문제는 2015학년도 수능에서 어려웠던 문제로, 정답률이 58%에 불과했다. 하지만 다른 문제와 마찬가지로 이 문제 역시 재진술과 대립어의 조합을 통해 정답을 찾아낼 수 있다. 이 문제는 정답의 단서가 되는 재진술과 대립어의 조합이 감히 '아름답다'라고 표현하고 싶을 정도로 정말 좋은 문제이다. 정신을 집중하고 단서를 잘 찾아보자.

빈칸 문장에 들어갈 내용은 '과학의 육성과 꽃피움'에 대한 내용이다. 일단 ⓐ 문장에 있는 '과학의 싹틈(germinate)'이 곧 '과학의 육성(nurturing)과 꽃피움(flowering)'의 재진술인 것을 먼저 파악해야 한다. 모두 '과학의 발달'을 의미하기 때문이다. 그리고 ⓐ 문장에서 과학의 발달을 위해서는 일단 '많은 인구(a large population)'가 필요하다고 했다. 그런데 이것만으로는 충분치 않다고 했으므로, 과학의 발달을 위해선 '많은 인구' 이외에 다른 무엇이 더 필요하다는 것을 추론해야 한다. 더 필요한 것이 무엇인지 추론하기에 앞서, 일단 선지 중에 '많은 인구'의 재진술이 들어있는 것을 먼저 찾는다. 물론 이 단서 하나만 가지고도 답을 찾을 수 있으면 문제가 너무 쉬워지므로, '많은 인구'의 재진술이 있는 선지는 적어도 두 개 이상일 것이다. 선지를 잘 살펴보면 역시 ③에도 '(과학의 발달은) 큰 공동체에서 발생(occurred in large communities)했다'는 내용이 있고, ⑤에도 '(과학의 발달은) 큰 공동체를 필요로 했다(required a large ~ community)'라는 내용이 있다.

이제 과학 발달을 위해서는 '많은 인구(=큰 공동체)' 외에 다른 무엇이 또 필요한지, 그 두 번째 단서를 찾아보자. 그런데 선지 ③과 ⑤를 잘 비교해 보면, 두 선지에 대립어가 있음을 알 수 있다. ③에는 '엄격한 계층 구조(strict hierarchical structures)'가 있고, ⑤에는 '느슨한 구조(loosely structured)'가 있으므로, 이 둘은 반대 의미이다. 이제 본문 ⓐ 문장 뒤쪽 내용에서 과학의 발달을 위해선 사회 구조가 엄격해야 하는지, 느슨해야 하는지만 찾으면 된다. ⓑ 문장을 보면 '엄격한 사회 통제(the rigid social control)'는 과학에 이롭지 않다고 했다. 그렇다면 과학의 발달에 필요한 두 번째 것은 이것의 반대 개념, 즉 '느슨한 구조(loosely structured)'가 된다. 풀이기술 2 8 지문의 내용이 아무리 어려울지라도 정답의 단서는 이렇게 명백하게 본문 속에 잘 드러나 있다. 그 단서를 찾아내는 훈련만 하면 지문 내용의 난이도에 관계없이 이처럼 정답을 찾아낼 수 있다.

오답피하기

①, ④ : 본문의 ⓐ 문장에서 과학의 발달은 많은 인구(큰 공동체)가 필요하다고 했으므로, 작은 공동체에 대한 이야기를 하는 ①과 ④는 내용의 흐름과 관련이 없다.

③ : 본문에서 사람들은 걱정과 선입견을 줄이고 그것을 관측과 추론으로 대체할 때 미래를 더 잘 예측할 수 있다는 것을 발견했다고 되어 있다. 따라서 과학의 발달이 추론이 아닌 격정/열정 때문이라는 것은 본문과는 반대되는 내용임을 알 수 있다.

구문분석

- They found that they could understand and predict events better / if they reduced <u>passion and prejudice</u>, replacing <u>these</u> with observation and inference.
  - → 'replace A with B'는 'A를 B로 대체하다'라는 의미이다. 그리고 these는 passion and prejudice를 가리킨다. 즉 passion and prejudice를 observation and inference로 대체한다는 의미이다.
- Some empires were big, but the rigid social control (required to hold an empire together) was not beneficial to science, just as it was not beneficial to reason.
  - → (   ) 부분은 the rigid social control을 수식하고 있다.
  - → 여기서 just as는 '~인 것과 마찬가지로'라는 의미이다.

지문해석

어느 저명한 프랑스 학자에 따르면, 인구의 규모와 복잡성의 증가는 과학 발달의 원동력이었다. 초기에 작은 공동체들은 그들의 모든 신체적, 정신적 노력을 생존에 집중해야 했다. 그들의 생각은 강제로 음식과 종교에 맞춰졌다. 공동체들이 커짐에 따라, 어떤 사람들은 생각하고 토론할 시간을 갖게 되었다. 그들은 만약 격정과 선입견을 줄이고, 그것들을 관측과 추론으로 대체한다면 사건들을 더 잘 이해하고 예측할 수 있을 것이라고 생각했다. 그러나 많은 인구가 필요했을지는 모르지만, 과학이 싹트기에 많은 인구 그 자체로 충분하지는 않았다. 어떤 왕국들은 규모가 컸지만, 그 왕국을 결합하기 위해 요구되는 엄격한 사회적 통제는 이성 발달에 이롭지 않은 것처럼 과학에도 이롭지 않았다. 과학의 초기 육성과 후기의 꽃피움은 독창적인 생각과 자유분방한 장려책을 지지해 줄 <u>크고 느슨한 구조를 가진, 경쟁력 있는 공동체를 필요로 했다.</u> 상업의 성장과 권위주의적 종교의 쇠퇴는 17세기 유럽에서 과학이 이성을 따르도록 해주었다.

① 작은 공동체들이 가혹한 사회적 규범들을 채택하도록 촉발시켰다.
② 추론보다는 격정과 열정으로부터 생겨났다.
③ 엄격한 계층적 구조를 가진 큰 공동체들 속에서 발생했다.
④ 전적으로 작은 공동체 속에서 생존하고자 한 노력 때문이다.
⑤ 크고 느슨한 구조를 가진, 경쟁력 있는 공동체를 필요로 했다.

renowned 유명한 / driving force 원동력 / evolution 발달; 진화 / reflect 반영하다; 숙고하다 / passion 열정; 격정 / inference 추론 / in itself 그 자체로서 / rigid 엄격한 / hold ~ together 결합하다 / beneficial 이로운 / reason 이성 / nurturing 양육 / flowering 개화 / original 독창적인 / freewheeling 자유분방한 / incentive 장려책 / commerce 상업 / authoritarian 권위주의적인 / prompt 촉발시키다 / norms 규범 / be attributed to ~ 때문이다 / competitive 경쟁력 있는

Emma Brindley has investigated the responses of European robins to the songs of neighbors and strangers. Despite the large and complex song repertoire of European robins, they were able to discriminate between the songs of neighbors and strangers. When they heard a tape recording of a stranger, they began to sing sooner, sang more songs, and overlapped their songs with the playback more often than they did on hearing a neighbor's song. As Brindley suggests, the overlapping of song may be an aggressive response. However, this difference in responding to neighbor versus stranger occurred only when the neighbor's song was played by a loudspeaker placed at the boundary between that neighbor's territory and the territory of the bird being tested. If the same neighbor's song was played at another boundary, one separating the territory of the test subject from another neighbor, it was treated as the call of a stranger. Not only does this result demonstrate that _____, but it also shows that the choice of songs used in playback experiments is highly important.

독해기술

유럽 울새에 대한 연구와 관련하여 역접 연결어 However 뒤부터 중요한 내용이 나온다. 같은 노래소리에 대해, 어디에서 들리는 지에 따라 울새의 반응이 달라진다는 것이다. 빈칸에 들어갈 내용은 이 결과가 보여주는 내용이므로, '울새가 장소를 친숙한 노래와 연관시킨다'는 ④가 정답이 된다.

오답피하기

① (18%) : 다양성과 복잡성이 울새 노래의 특징이라는 것은 앞에 나온 연구 결과와는 아무 상관이 없다.

② (22%) : 노래의 소리 크기는 글에 전여 언급되어 있지 않다.

⑤ (14%) : 빈약한 밀도 지식이나 생존에 대한 것은 글의 내용과 무관하다.

구문분석

• If the same neighbor's song was played at another boundary, one 〈separating the territory of the test subject from another neighbor〉, it was treated as the call of a stranger.
  → another boundary와 one은 동격 comma로 연결되어 있고 〈　〉이 one을 수식하는 구조이다. one은 부정대명사로서, a boundary를 의미한다.

지문해석

Emma Brindley는 이웃 새와 낯선 새의 노래에 대한 유럽 울새가 보이는 반응을 조사했다. 유럽 울새의 크고 복잡한 노래 목록에도 불구하고, 그것은 이웃 새와 낯선 새의 노래를 구별할 수 있었다. 낯선 새의 녹음 테이프를 들었을 때, 그들은 이웃 새의 노래를 들었을 때보다 더 빨리 부르기 시작했고, 더 많은 노래를 불렀으며, 더 자주 자신의 노래를 재생된 노래와 겹치게 불렀다. Braindley가 시사하는 바와 같이, 노래를 겹치게 부르는 것은 공격적인 반응일 수도 있다. 그러나 이웃 새와 낯선 새에 대한 반응의 이러한 차이는, 이웃 새의 영역과 실험 대상이 되고 있는 그 새의 영역 사이의 경계에 놓인 확성기로 이웃 새의 노래를 틀었을 때만 발생했다. 같은 이웃 새의 노래를 다른 경계, 즉 실험 대상의 영역을 또 다른 이웃 새의 영역과 구분하는 경계에서 틀었을 경우, 그것은 낯선 사람의 부름으로 취급되었다. 이 결과는 울새가 장소를 친숙한 노래와 연관시킨다는 것을 보여줄 뿐만 아니라, 또한 재생 실험에 사용되는 노래의 선택이 매우 중요하다는 것을 보여준다.

① 다양성과 복잡성이 울새 노래의 특징이다.
② 노래의 크기가 울새의 공격적인 행동에 영향을 미친다.
③ 울새의 빈약한 영토 감각이 생존의 열쇠이다.
④ 울새가 장소를 친숙한 노래와 연관시킨다.
⑤ 울새는 녹음된 노래에 덜 반응한다.

repertoire 연주 곡목, 목록 / overlap 겹치게 하다 / playback (녹음, 통화) 재생, 재생된 내용 / aggressive 공격적인 / boundary 경계 / associate 연관시키다 / locality 장소

11
정답률 55%

ⓐ A brilliant friend of mine once told me, "When you suddenly see a problem, something happens that you have the answer — before you are able to put it into words. ⓑ It is all done subconsciously. ⓒ This has happened many times to me." ⓓ This feeling of knowing _____ is common. ⓔ The French philosopher and mathematician Blaise Pascal is famous for saying, "The heart has its reasons that reason cannot know" ⓕ The great nineteenth-century mathematician Carl Friedrich Gauss also admitted that intuition often led him to ideas he could not immediately prove. ⓖ He said, "I have had my results for a long time; but I do not yet know how I am to arrive at them." ⓗ Fittingly so, sometimes true genius simply cannot be put into words.

> 도입 : ⓐ
> 주제문 : ⓓ
> 구체적 진술 (예시)
> 주제문 재진술

지문구조

주제문	ⓓ : 친구가 해 준 이야기를 일반화
구체적 진술(예시)	ⓔ, ⓕ, ⓖ : Pascal과 Gauss의 예시
주제문 재진술	ⓗ : 예시를 다시 일반화

독해기술

우선 친구가 필자에게 해 준 하나의 이야기로 시작을 한다. 그리고 ⓓ를 통해 친구의 이야기를 일반화시킨다. 우선 친구가 자신이 여러 번 겪었다고 말해 주는 내용은 다음과 같다.

'you have the answer — before you are able to put it into words. It is all done subconsciously.'

필자는 이것을 일반화하여, '그런 일이 너한테만 그런 것이 아니라 실제로도 많이 일어난다'라고 '인정하라!'식 주장을 펼친다.

그리고 그 아래에서 Pascal과 Gauss의 예를 들어 자신의 주장을 뒷받침한다. ⟨분석기술 08⟩

친구의 말을 일반적인 진술로 바꾼 필자의 주장은 다음과 같다.

'This feeling of knowing _____ is common.'

일단 여기서 지시어 This가 사용된 것으로 보아, This feeling of knowing은 앞에 나온 어떤 feeling을 지칭한다는 것을 알 수 있다. 그렇다면 '이러한 알고 있다는 느낌(This feeling of knowing)'은 친구의 말 중에서 어떤 부분을 가리킬까? '말로 할 수 있기도 전에 이미 답을 아는 것 (you have the answer — before you are able to put it into words.)', 바로 이 부분이다.

그렇다면 빈칸은 어떤 부분을 가리킬까? '이것은 전부 잠재 의식 속에서 일어난다.(It is all done subconsciously.)' 바로 이 부분이다. 이제 선지에서 이와 같은 의미인 것을 찾기만 하면 된다.

'sub + conscious'은 'conscious 아래', 즉 잠재 의식 속에서 일어난다는 것은 그것을 의식하지 못한다는 의미이다. 선지에서 이와 같은 의미인 것은 '② 자신이 어떻게 알고 있는지 말할 수가 없이(without being able to say how one knows)'이다.

① (24%) : ①은 '네 마음속의 감정들의 의미'라는 뜻의 명사구이다. 만약 ①이 답이 된다면 빈칸 앞의 knowing이 '~ing 절'이고, ①이 곧 knowing의 목적어가 되는 것이다. 그렇다면 This feeling of knowing the meaning of the feelings in your heart는 '당신의 마음속의 감정들이 무슨 의미인지 알고 있다는 이러한 느낌'이라는 의미이다.

즉 빈칸에 ②가 아니라 ①을 넣게 되면, This feeling of knowing과 빈칸이 분리되지 않고, 빈칸이 knowing의 목적어가 되어 'this feeling of [   ]'라는 의미의 어구가 만들어진다. 그렇다면 앞의 @, ⓑ, ⓒ가 곧 [knowing the meaning of the feelings in your heart]라는 뜻인데, @, ⓑ, ⓒ의 내용은 마음속의 감정의 의미를 아는 것과는 아무런 관련이 없다.

여기서 또 한 가지 파악해야 하는 것은 바로 the feelings이다. feeling이 복수로 쓰이고 있다는 것은 앞에 언급된 어떤 느낌을 지칭하는 것이 아니란 뜻이다. 만약 그랬다면 단수로 썼을 것이다. the feelings of your heart, 즉 '네 마음속의 감정/기분'이라는 의미가 되고, this feeling이 바로 '(앞에 언급된) 이러한 느낌'이라는 의미이다.

구문분석

• He said, "I have had my results for a long time; but I do not yet know [how I am to arrive at them]."
  → 여기서 am to는 소위 'be to'용법이라 불리는 것인데 이는 일종의 조동사로서, will, can, should와 같은 의미를 갖는다. 여기서는 should의 의미로 사용되었다. [   ] 부분은 다음과 같이 해석된다. [내가 어떻게 그런 결론들에 도달해야 하는지]

지문해석

한 때는 한 똑똑한 친구가 네게 이긴 말을 했니, "네가 석사기 듀세를 박서할 때 이럼 일이 생긴다, 네가 이미 답을 아는 거야, 그 말을 빈칸 내지면 수 있기도 전에 말이야, 이미 너는 잠재적으로 알게 되지, 나에게 여러 번 이런 일이 있었어." 자신이 어떻게 알게 되는지 말할 수도 없이 알게 되는 이러한 느낌은 흔하다. 프랑스 철학자이자 수학자인 Blaise Pascal은 다음과 같은 말로 유명하다. "사람의 마음은 이성으로는 알 수 없는 이유들을 가지고 있다." 19세기 위대한 수학자 Carl Friedrich Gauss는 마찬가지로 인정했다. 직관이 종종 그로 하여금 곧바로 증명할 수 없는 생각들을 떠올리도록 이끌었다고. 그는 이렇게 말했다. "나는 오랫동안 결론들을 내왔다. 그러나 나는 아직 내가 어떻게 그 결론들에 도달해야 하는지 알지 못한다." 당연하게도 때때로 진정한 천재성은 단순히 말로 표현될 수 없다.

① 네 마음속 감정들의 의미
② 어떻게 알게 되는지 말할 수 없는 채로
③ 다른 사람들이 그들에게 직면한 문제들을 해결하는 방법
④ 나을 설득하기 위해 을미를 디이크 사용하는 방법
⑤ 당신의 삶에서 진히 민나본 적이 없는 사람

brilliant 똑똑한 / subconsciously 잠재적으로 / philosopher 철학자 / mathematician 수학자 / reason [C] 이유; [UC] 이성 / admit 인정하다 / intuition 직관 / lead A to B A를 B로 이끌다 / arrive at 떠올리다 / fittingly so 당연하게 / genius 천재; 천재성
*[C] = Countable noun(가산명사) / [UC] = Uncountable noun(불가산명사)

Research and development for seed improvement has long been a public domain and government activity for the common good. However, private capital started to flow into seed production and took it over as a sector of the economy, creating an artificial split between the two aspects of the seed's nature: its role as means of production and its role as product. This process gained pace after the invention of hybrid breeding of maize in the late 1920s. Today most maize seed cultivated are hybrids. The companies that sell them are able to keep the distinct parent lines from farmers, and the grain that they produce is not suited for seed saving and replanting. The combination guarantees that farmers will have to _____. In the 1990s the extension of patent laws as the only intellectual property rights tool into the area of seed varieties started to create a growing market for private seed companies.

→ 〈주제문〉
민간 자본이 들어와 시장을 창출함

→ 시장을 창출함

독해기술

글의 요지는 앞부분의 역접 연결어 However를 통해 드러난다. 종자 개량을 위한 연구 및 개발은 본래 공공의 영역이자 정부의 활동이었으나, 민간 자본이 들어와 경제의 한 부문이 되었다는, 즉 시장이 만들어졌다는 것이 글의 요지이다.

빈칸 문장의 주어는 the combination이다. 일단 이것이 가리키는 바는 앞 문장에 있는 두 가지, 즉 '농부들로부터 잡종 씨앗의 혈통(parent line)을 숨기는(keep) 것'과 '잡종은 종자용 저장과 다시 심기에 적합지 않다'는 것을 파악해야 한다. 이 의미는 농부들이 이 씨앗을 가지고 농사를 지어 재배할 수 없다는 뜻이다. 그러면 농부들은 어떻게 해야 할까? 글의 요지인 '시장이 만들어졌다'는 것이 가장 중요한 재진술의 단서이다. 풀이기술 2 6 글의 마지막에도 시장이 만들어졌다는 내용이 또 나온다.

씨앗이 '경제의 한 부문(a sector of the economy)'이 되고, 씨앗을 위한 '시장(market)'이 만들어졌다면, 농부들이 해야 할 일은 시장에서부터 물건을 구입하는, 즉 '① 계절마다 그 회사로부터 더 많은 종자를 사다'가 된다.

오답피하기

② (8%) : 비료는 글의 요지와 관련이 없다. 또한 잡종은 저장과 다시 심기에 적합하지 않은 품종이므로 비료를 써봐야 쓸모가 없다.

③ (20%) : 대명사 their가 farmers라는 것을 파악하지 못하면 이 선지를 고르기 쉽다. 글의 요지는 민간 자본이 들어와 시장이 창출되었다는 것이므로, 농부들의 생산품을 위한 시장을 개척한다는 것은 글의 내용과 관련이 없다.

④ (18%) : 잡종은 저장과 다시 심기에 적합하지 않으므로 생산 효율을 증가시킬 수 없다.

⑤ (6%) : 농촌을 유지하는 것은 글의 내용과 아무 관련이 없다.

구문분석

• In the 1990s / the extension [(of patent laws / as the only intellectual property rights tool) 〈into the area of seed varieties〉] started to create a growing market for private seed companies.

→ 문장의 주어는 extension이고, 동사가 started이다.

→ 'the extension (of A) 〈into B〉'는 A가 B로 확장된 것을 의미한다.

지문해석

종자 개량을 위한 연구 및 개발은 오랜 시간 동안 공익을 위한 공공의 영역이자 정부의 활동이었다. 하지만 민간 자본이 종자 생산으로 흘러 들어오기 시작했고, 경제의 한 부문으로서 그것을 장악하게 되었으며, 그 결과 종자의 특성의 두 측면을 인위적으로 나누게 되었다. 그것은 생산 수단으로서의 종자의 역할과 제품(생산물)으로서의 종자의 역할이다. 이 과정은 1920년대 말에 옥수수의 잡종 번식이 발명된 이후 속도가 붙었다. 오늘날 재배되는 대부분의 옥수수 종자는 잡종이다. 그것들을 파는 회사들은 독특한 부모 계통(혈통)을 농부들로부터 숨길 수 있으며, 이러한 회사들이 생산한 곡물은 종자용으로 보관했다가 다시 심기에는 적합하지 않다. 그러한 결합은 농부들이 계절마다 그 회사로부터 더 많은 종자를 사도록 보장해준다. 1990년대에 유일한 지적 재산권 도구로서의 특허법이 종자 변종의 영역까지 확장되면서, 민간 종자 회사를 위한 시장은 성장하기 시작했다.

① 계절마다 그 회사로부터 더 많은 종자를 사다
② 이전보다 더 많은 화학 비료를 쓰다
③ 그들의 음식 생산품을 위한 시장을 개척하다
④ 음식 생산의 효율성을 증가시키다
⑤ 농촌을 유지할 방법들을 찾다

common good 공익 / flow into ~로 흘러들다, 유입되다 / sector 부문 / take over 인수하다, 장악하다 / artificial 인공(인조)의, 인위적인 / hybrid 잡종 / breeding 번식 / replanting 다시 심기 / patent 특허 / intellectual property right 지적재산권 / fertilizer 비료 / pioneer 개척하다 / rural community 농촌

1등급 실전 문제

| 01 ① | 02 ① | 03 ⑤ | 04 ③ | 05 ② | 06 ⑤ | 07 ① | 08 ④ |
| 09 ② | 10 ① | 11 ④ | 12 ④ | | | | |

01

정답률 45%

The creativity that children possess needs to be cultivated throughout their development. Research suggests that overstructuring the child's environment may actually limit creative and academic development. This is a central problem with much of science instruction. The exercises or activities are devised to eliminate different options and to focus on predetermined results. The answers are structured to fit the course assessments, and the wonder of science is lost along with cognitive intrigue. We define cognitive intrigue as the wonder that stimulates and intrinsically motivates an individual to voluntarily engage in an activity. The loss of cognitive intrigue may be initiated by the sole use of play items with predetermined conclusions and reinforced by rote instruction in school. This is exemplified by toys, games, and lessons that are a(n) ＿＿＿＿＿＿＿ in and of themselves and require little of the individual other than to master the planned objective.

요지 (해결책)

문제점

독해기술

이 문제는 EBS 연계 지문이었음에도 불구하고 2017학년도 수능에서 오답률 3위를 기록한 문제였다. 연계 지문인데도 이렇게 오답률이 높은 이유는, 많은 학생들이 선지 어휘의 의미를 제대로 파악하지 못했기 때문이다.

우선 이 글은 아이의 환경을 과도하게 조직하면 창의적, 학업적 발달이 제한된다는 내용이다. 여기서 '과도하게 조직한다'라는 것의 구체화는, '이미 결정된 결과(predetermined results)'를 갖는 활동이고, 이는 뒤에서 다시 한 번 '이미 결정된 결론(predetermined conclusions)'으로 재진술되어 있다. 이미 결과/결론이 결정된 활동을 하면 창의성과 흥미가 발달될 수 없다는

것이다. 이것의 예시를 제시하는 것이 빈칸 문장이다. 즉 빈칸에는 predetermined results/conclusions의 재진술을 찾으면 되는데, 이는 선지에서 '① end'에 해당한다. [풀이기술 2.6] 그런데 여기서 end를 보고 그 의미를 '끝'밖에 떠올리지 못하면 정답을 찾지 못하고 다른 선지에서 헤매다 틀리게 된다. 여기서의 end는 means(수단)와의 대조적 표현으로, '목적'을 의미한다. 그 자체로(in and of themselves) 목적이 되는 활동은 이미 결과/결론이 정해진 활동인 것이다.

구문분석

• This is exemplified by toys, games, and lessons that are an end in and of themselves and require little of the individual other than to master the planned objective.
  → 'A exemplify B' 표현은 'A가 B의 예시가 되다'라는 뜻으로, 이것이 수동태가 되어 'B be exemplified by A' 형태가 되면 'B의 예시는 A이다'로 해석한다.
  → in and of oneself는 흔히 사용되는 표현으로, '그 자체로'를 의미한다.
  → 요구하다(demand, require, ask)라는 의미의 동사 뒤에서 of는 '~에게'로 해석한다.
  → other than은 '~을 제외하고'라는 의미이다.
  → 즉 이 문장의 뒷부분은 '계획된 목표를 숙달하는 것 외에는 개인에게 거의 아무것도 요구하지 않는다'라는 의미이다

지문해석

아이들이 가지고 있는 창조성은 발달 과정 내내 길러져야 할 필요가 있다. 연구에 따르면 아이의 환경을 과도하게 구성하는 것은 창의적이고 학업적인 발전을 사실 제한시킬지 모른다. 이것은 과학 교육의 많은 부분에서 핵심적인 문제이다. 연습이나 활동들은 여러 가지 선택을 없애고 미리 결정된 결과에 초점을 맞추도록 고안되어 있다. 정답은 과정 평가에 알맞도록 구성되어 있으며, 과학의 경이로움은 인지적 흥미로움과 함께 사라져 버린다. 우리는 인지적 흥미로움을 '개인이 활동에 자발적으로 참여하도록 자극하고 본질적으로 동기를 부여하는 경이로움'이라고 정의한다. 인지적 흥미로움의 상실은 미리 결정된 결론을 가진 놀이 항목만을 사용하는 것에 의해 시작될 수 있고, 학교에서의 기계적인 암기에 의해 강화될 수 있다. 이것의 예시는 그 자체가 <u>목적</u>이며, 계획된 목표를 숙달하는 것을 제외하곤 개인에게 요구하는 것이 거의 없는 장난감, 게임 및 수업 등이 있다.
① 목적 ② 투입 ③ 퍼즐 ④ 관심 ⑤ 대안

cultivate 경작하다; 기르다, 함양하다 / overstructure 과도하게 구조화하다 / instruction 지시; 교육 / predetermined 미리 결정된 / assessment 평가 / cognitive 인지적인, 인지의 / intrigue 흥미로움; 음모, 모의 / intrinsically 본질적으로 / engage in 참여하다 / initiate 시작하다, 개시하다 / sole 유일한 / examplify ~의 예시가 되다 / / in and of themselves 그 자체로 / other than ~을 제외하고 / objective 목표 / end 끝; 목적 / input 투입 / alternative 대안

02

정답률 44%

Theorists of the novel commonly define the genre as a biographical form that came to prominence in the late eighteenth and nineteenth centuries _____ as a replacement for traditional sources of cultural authority. The novel, Georg Lukacs argues, "seeks, by giving form, to uncover and construct the concealed totality of life" in the interiorized life story of its heroes. The typical plot of the novel is the protagonist's quest for authority within, therefore, when that authority can no longer be discovered outside. By this accounting, there are no objective goals in novels, only the subjective goal of seeking the law that is necessarily created by the individual. The distinctions between crime and heroism, therefore, or between madness and wisdom, become purely subjective ones in a novel, judged by the quality or complexity of the individual's consciousness.

주제문

주제문 구체화

이 글은 지문 전체를 모두 이해하고 정답을 고르라고 출제된 문제가 아니다. 철저하게 재진술과 대립어의 관점에서 이 문제를 해결해야 한다.

먼저, 빈칸에 들어갈 선택지를 보면 전부 to부정사 형태로 '~하기 위하여'라는 의미이다. 빈칸이 포함된 문장의 주절의 동사는 '그 장르를 전기의 형태로 정의했다'이다. 즉 빈칸에 들어갈 내용은, 그 장르를 전기의 형태로 정의한 목적이 들어가는 것이다. 일단 '전기의 형태'라는 것에서 힌트를 얻을 수 있는데, 전기의 형태는 개인의 일대기를 쓰는 것이므로 이것이 individual character에 해당한다. 따라서 ①이 들어가야 한다.

뒷부분에서도 계속해서 '주인공들(its heroes)의 내면화된 삶의 이야기', '주인공(the protagonist)의 권위 탐구', '주관적인 목표(subjective goal)', '개인(individual)'이라는 표현이 등장하는데, 전부 individual character의 재진술이 되는 표현들이다.

한편, 빈칸 문장에서 개인의 특성은 '문화적 권위의 전통적 원천의 대체물이라고 했는데 그렇다면 개인의 특성과 '문화적 권위의 전통적 원천'은 서로 대립어가 된다. 뒷부분에서 권위를 외부에서 찾을 수 없을 때 주인공 내부에서 찾는다고 했으므로, '외부(outside)'가 문화적 권위의 전통적 원천이 되며, 객관적 목표가 없을 때 개인에 주관적 목표가 있다고 했으므로 (외부에 존재하는) '객관적 목표'도 역시 문화적 권위의 전통적 원천에 해당한다.

② : 글 마지막에 '범죄와 영웅주의의 차이'라는 표현이 나오는데, 이는 범죄자의 정체를 의심하는 것과는 아무런 관련이 없다.
③ : 이 글은 계속해서 '개인'에 대해 말하고 있으므로, 개인과 상대적 개념인 '사회(social)'이 들어가는 ③은 오답이다.
④ : 이 글은 '개인', 즉 '주관적'에 대해 말하고 있으므로 객관적(objective)이 쓰인 ④는 오답이다.
⑤ : '집단의(collective)'라는 표현도 '개인'과 반대 개념이므로 ⑤도 오답이다.

소설의 이론가들은 공통적으로 그 장르를 18세기 말과 19세기에 두드러졌던 전기의 형식으로 규정하는데, 이는 문화적 권위의 전통적인 원천에 대한 대체물로 개인적 특성을 확립하기 위해서이다. Georg Lukács는 소설은 "형식을 제공함으로써" 주인공들의 내면화된 삶의 이야기에서 "삶의 숨겨진 전체를 드러내고 구성하기를 추구한다."고 주장한다. 따라서 소설의 전형적 줄거리는, 그 권위를 외부에서는 더이상 발견할 수 없을 때, 주인공이 자신의 내부에서 하는 권위 탐구이다. 이 설명에 의하면 소설에는 객관적 목표가 없으며, 반드시 개인에 의해 만들어지는 법칙을 찾는 주관적 목표만 있을 뿐이다. 그러므로 범죄와 영웅주의, 혹은 광기와 지혜의 차이가 소설에서는 순전히 주관적인 것이 되고 이는 개인적 의식이 독신이나 복잡성에 의해 판단된다.

① 개인적 독신을 완비하기 위해
② 범죄자의 정체에 의심을 더지기 위해
③ 어떤 사회의 닉납된 전체를 밝혀내기 위해
④ 범죄와 영웅주의의 객관적 구분을 만들어내기 위해
⑤ 영웅의 내적 자아를 집단적 지혜로 발달시키기 위해

biographical 전기의, 전기체의 / **prominence** 두드러짐, 탁월 / **replacement** 대체물 / **seek to do** ~을 추구하다 / **uncover** 드러내다, 폭로하다 / **construct** 구성하다, 건설하다 / **conceal** 숨기다 / **interiorize** 내면화하다 / **plot** 줄거리, 구성 / **protagonist** 주인공 / **quest** 탐구, 탐색 / **accounting** 설명, 회계 / **distinction** 차이, 구별 / **heroism** 영웅적 행위 / **complexity** 복잡성 / **consciousness** 의식, 자각

Young contemporary artists who employ digital technologies in their practice rarely make reference to computers. For example, Wade Guyton, an abstractionist who uses a word processing program and inkjet printers, does not call himself a computer artist. Moreover, some critics, who admire his work, are little concerned about his extensive use of computers in the art-making process. This is a marked contrast from three decades ago when artists who utilized computers were labeled by critics — often disapprovingly — as computer artists. For the present generation of artists, the computer, or more appropriately, the laptop, is one in a collection of integrated, portable digital technologies that link their social and working life. With tablets and cell phones surpassing personal computers in Internet usage, and as slim digital devices resemble nothing like the room-sized mainframes and bulky desktop computers of previous decades, it now appears that the computer artist is finally _____.

독해기술

앞부분에서 디지털 기술을 사용하는 현대의 젊은 예술가들은 컴퓨터를 거의 언급하지 않는다고 했다. 또한 Wade Guyton는 자신을 컴퓨터 예술가라고 부르지 않는다. 즉 '컴퓨터'나 '컴퓨터 예술가'는 더 이상 사용되지 않는 개념이 된 것이다.

빈칸 문장에서도, 인터넷 사용에 있어서 태블릿 컴퓨터와 휴대 전화가 개인용 컴퓨터를 능가하고, 얇은 디지털 기기들이 데스크톱 컴퓨터를 전혀 닮지 않았다고 했다.

'컴퓨터 예술가'가 어떻게 되었는지 묻고 있는 빈칸 부분에는, 앞서 언급된 '거의 언급되지 않는다, 불리지 않는다, 능가당하다, 닮은 것이 없다'에 해당하는 단어를 고르면 된다. 따라서 '⑤ 소멸한, 멸종한'이 알맞다.

오답피하기

② (26%) : 컴퓨터 예술가가 영향력이 있다는 것은 컴퓨터 예술가가 소멸한 것으로 보인다는 말과는 정반대 의미이다.

구문분석

•〈With tablets and cell phones surpassing personal computers in Internet usage〉, and [as slim digital devices resemble nothing like the room-sized mainframes and bulky desktop computers of previous decades], it now appears that the computer artist is finally extinct.

→ 〈 〉는 독립분사구문이고, [ ]는 as로 시작하는 부사절이며, 밑줄 친 부분이 주절이다.

지문해석

자기 일에 디지털 기술을 사용하는 젊은 현대 예술가들은 컴퓨터를 거의 언급하지 않는다. 예를 들어, 워드 프로세싱 프로그램과 잉크젯 프린터를 사용하는 추상파 화가 Wade Guyton은 자신을 컴퓨터 예술가라고 부르지 않는다. 게다가, 그의 작품을 높이 평가하는 일부 비평가들은 그가 예술을 만드는 과정에서 컴퓨터를 광범위하게 사용하는 것에 대해 거의 신경 쓰지 않는다. 이것은 컴퓨터를 사용하는 예술가들이 비평가들에 의해 — 종종 못마땅하게 — 컴퓨터 예술가로 분류되었던 30년 전과는 현저한 대조를 이룬다. 현재 세대의 예술가들에게 컴퓨터, 혹은 더 적절하게는 노트북은 그들의 사회 생활과 직장 생활을 연결하는 일련의 통합된 휴대용 디지털 기술 중 하나이다. 태블릿 컴퓨터와 휴대 전화가 인터넷 사용에서 개인용 컴퓨터를 능가하고, 얇은 디지털 기기들이 지난 수십 년간 방 크기의 중앙 컴퓨터와 부피가 큰 데스크톱 컴퓨터와 전혀 닮지 않았으므로, 이제 그 컴퓨터 예술가는 마침내 소멸한 것으로 보인다.

① 깨어 있는　② 영향력 있는　③ 뚜렷이 다른　④ 골칫거리의　⑤ 소멸한, 멸종한

contemporary 현대의 / make reference to ～을 언급하다 / abstractionist 추상파 화가 / inkjet 잉크젯식 / extensive 광범위한 / marked 뚜렷한 / utilize 활용하다 / label 명명하다, 이름을 붙이다 / disapprovingly 탐탁지 않게 / appropriately 적절히 / integrate 통합하다 / portable 휴대 가능한, 들고 다닐 수 있는 / surpass 능가하다 / mainframe 중앙 컴퓨터 / bulky 부피가 큰

04

정답률 41%

　　Recent evidence suggests that the common ancestor of Neanderthals and modern people, living about 400,000 years ago, may have already been using pretty sophisticated language. If language is based on genes and is the key to cultural evolution, and Neanderthals had language, then why did the Neanderthal toolkit show so little cultural change? Moreover, ⓐ genes would undoubtedly have changed during the human revolution after 200,000 years ago, but more in response to new habits than as causes of them. ⓑ For an illustration, cooking selected mutations for smaller guts and mouths, rather than vice versa. ⓒ At a later date, milk drinking selected for mutations for retaining lactose digestion into adulthood in people of western European and East African descent. _____. The appeal to a genetic change driving evolution gets gene-culture co-evolution backwards: it is a top-down explanation for a bottom-up process.

독해기술

우선 ⓐ의 의미를 제대로 파악하는 것이 핵심이다. 유전자가 변화한 것은 틀림없는데, 그 변화가 습관의 원인으로서가 아니라, 새로운 습관에 반응해서 발생했다는 것이다. 이 문장이 어려운 이유는, 약 20만 년 전 이후에 있었던 유전자는 틀림없이 변화하고, 그 유전자 변화에 따라 새로운 습관이 생겨난다가 생각하기 쉬우나, 그런데 왜냐하면 그 원래는 의미가 아니라, 유전자 변화가 새로운 습관을 만드는 원인(causes of them)이 아니라, 새로운 습관이 먼저 생겨나고, 그에 대한 반응으로 (in response to new habits) 유전자가 변화했다는 것이다. 이 문장은 구조 자체도 복잡하고 내용도 어렵기 때문에 필자는 ⓑ와 ⓒ에서 친절하게 그 예시를 늘어주고 있다. 즉 ⓐ가 제대로 이해되지 않았다면, ⓑ, ⓒ를 통해 그 의미를 이해해볼 수 있다. 〔분석기술 04〕

먼저 ⓑ를 보면, 요리(cooking)가 더 작은 창자와 입을 갖는 쪽으로의 변화를 초래했다고 한다. vice versa는 '반대로'라는 의미인데, 즉 창자와 입이 작아져서 요리를 하기 시작한 것이 아니라, 본래 큰 고기를 뜯어먹다가 고기를 잘게 잘라 요리해서 먹다 보니 입과 창자도 작아지는 쪽으로 진화했다는 것이다. 여기서 요리(cooking)가 바로 ⓐ의 new habits에 대한 예시이고, 더 작은 창자와 입이 유전자 변화의 예시이다.

ⓒ의 예시도 같은 내용이다. 본래 인간은 신생아 시절에는 어머니의 모유를 먹고 자라다가, 치아가 나게 되면 더 이상 모유를 먹을 필요가 없으므로, 젖을 떼는 시기부터는 우유의 주요 성분 중 하나인 젖당(lactose)을 소화시키기 위한 젖당 분해 효소도 더 이상 만들어지지 않는다. (그래서 실제로 동양인 성인들은 우유를 잘 소화시키지 못하는 경우가 많다.) 그런데 서유럽과 동아프리카에서는 낙농업이 발달했기 때문에, 이 지역의 사람들은 어머니의 젖을 뗀 이후에도 계속해서 소나 양의 젖을 마셨다. 이렇게 우유를 마시는 식습관 때문에 이 지역 사람들의 유전자가 변화하여 젖당을 소화시키는 효소를 젖을 뗀 이후에도 계속 보유하는 쪽으로 진화가 발생했다는 내용의 예시이다. 물론 이러한 배경지식이 없다면 ⓒ의 내용을 파악하기는 조금 힘들 수 있다. 하지만 필자가 ⓐ에 대한 예시로 ⓑ와 ⓒ를 들고 있다는 점을 파악하면, ⓑ의 예시가 대단히 쉬운 내용이므로 이를 통해 ⓐ와 ⓒ도 같은 맥락이라는 것을, 즉 새로운 습관이 먼저 생겨났고 그것이 유전자 변화를 초래한다는 내용을 파악할 수 있다. 이것이 바로 구조를 통한 독해의 힘이다.

빈칸에는 이러한 ⓐ와 같은 내용, 혹은 ⓑ, ⓒ를 일반화한 내용이 들어가면 된다. ③에서 '문화라는 말(cultural horse)' 은 '새로운 습관(new habits)'의 재진술이다. 문화라는 말이 유전자라는 마차 앞에 놓여있다는 말은, 문화가 유전자를 끌고 간 다는 뜻이 된다. 즉 새로운 습관(문화)이 먼저이고, 그 이후에 유전자 변화가 따라간다는 것이므로 ⓐ~ⓒ의 내용과 같은 의미 이다.

오답피하기

① (19%) : 유전자 진화가 새로운 습관의 어머니라는 말은 새로운 습관보다 유전자 변화가 먼저라는 의미이므로 정답과는 정반대 의 의미이다. 역시나 정답과 정반대인 선지의 오답률이 가장 높다.
② (18%) : 이 선지에는 '새로운 습관' 혹은 '문화의 변화'에 대한 이야기가 없이 유전자 이야기만 하고 있으므로 답이 될 수 없다.
④ (10%) : 이 글은 유전자와 문화(혹은 습관)의 변화를 다룬 글이지, 언어가 미치는 영향을 다룬 것은 아니다.
⑤ (10%) : 이 글은 문화가 먼저 변화하고 그 이후에 유전자 변화가 따른다는 내용이므로, '문화라는 고양이(cultural cat)'가 없는 상황에 대한 이야기가 나오면 안 된다.

구문분석

• At a later date, milk drinking selected for mutations for retaining lactose digestion into adulthood in people of western European and East African descent.
  → select는 대개 타동사로 사용된다. 이 문장의 바로 앞 문장에서도 select는 타동사로 사용되었다. select for라고 쓴 것을 틀 렸다고 볼 수는 없지만, 앞 문장과 같은 맥락, 같은 구조가 이어지는 점을 고려할 때 select for보다는 타동사 select를 쓰는 것이 더 나은 표현으로 보인다. 이 문장을 해석할 때에도 앞 문장과 같은 맥락, 같은 구조로 보고 그냥 select의 의미로 파악 하면 간단하다. 즉, '우유를 마시는 행위는 ~쪽으로의 변화를 선택했다(=초래했다)'.

• The appeal to [a genetic change 〈driving evolution〉] gets gene-culture co-evolution backwards: it is a top-down explanation for a bottom-up process.
  → 〈 〉는 a genetic change에 대한 수식어이다. 즉 [ ] 부분은 '진화를 일으키는 유전자 변화'라는 의미인데, 이것에 호소한다 는 것은 '진화를 일으키는 유전자 변화만 생각하는 것' 정도로 의역해 볼 수 있다. 즉 유전자 변화만 생각하는 것은 유전자와 문화가 공동으로 진화한다는 개념을 역행한다는 것이다. 다시 말하면, 상향식 과정(습관이 먼저 변화했고 그 이후에 유전자가 변화)을 하향식으로 설명(유전자가 먼저 변화했고 그 이후에 습관이 변화)하는 것이다.

지문해석

최근의 증거는 400,000 전에 살았던 네안데르탈인과 현대인의 공통적인 조상이 꽤나 정교한 언어를 이미 사용했을지도 모른다는 점을 제시한다. 만일 언어가 유전자에 기반하고, 문화적 진화에 필수적인 요소이며, 네안데르탈인이 언어를 가지고 있었다면, 왜 네 안데르탈인의 도구들은 거의 문화적 변화를 보여주지 못하는 것인가? 더 나아가, 유전자는 200,000년 전 이후로 인류의 혁명 동 안 당연히 변화해 왔을 것이나, 그것들의 원인으로서가 아니라 새로운 습관에 대한 반응으로서 변화했을 것이다. 옛날에는 요리 방 식이, 그 반대(큰 창자와 큰 입을 위한 진화)라기보다는, 작은 창자와 입을 위한 진화를 선택했다. 나중에는, 우유 섭취가 서부 유럽 과 동부 아프리카 후예의 사람들에게 있어서 성인기까지 락토오스 소화를 보유하기 위한 진화를 선택했다. 문화적인 말이 유전적 인 수레 앞에 온다. 진화를 이끄는 유전적인 변화에 대한 호소는, 유전자와 문화가 상호 진화를 역행하게 한다. 이는 상향식 과정에 대한 하향식 설명이다.
① 유전적인 진화는 새로운 습관의 어머니이다.
② 모든 유전자는 그 자신의 변화의 설계자이다.
③ 문화적인 말이 유전적인 수레 앞에 온다.
④ 언어적인 삽이 문화적인 길로 가는 도로를 포장한다.
⑤ 문화적인 고양이가 없을 때, 유전적인 쥐가 왕 노릇을 한다

suggest 제안하다, 시사하다 / sophisticated 세련된 / gene 유전자 / evolution 진화 / toolkit 도구 세트 / undoubtedly 의심할 여 지없이 / revolution 혁명 / mutation 변화 / gut 창자 / vice versa 거꾸로, 반대로 / retain 유지하다 / digestion 소화 / top-down 하향식의 / bottom-up 상향식의

Development can get very complicated and fanciful. A fugue by Johann Sebastian Bach illustrates how far this process could go, when a single melodic line, sometimes just a handful of notes, was all that the composer needed to create a brilliant work containing lots of intricate development within a coherent structure. Ludwig van Beethoven's famous Fifth Symphony provides an exceptional example of how much mileage a classical composer can get out of a few notes and a simple rhythmic tapping. The opening da-da-da-DUM that everyone has heard somewhere or another ▨▨▨▨▨▨▨▨▨▨▨▨▨▨▨▨▨▨▨▨▨▨▨▨▨▨▨▨▨ throughout not only the opening movement, but the remaining three movements, like a kind of motto or a connective thread. Just as we don't always see the intricate brushwork that goes into the creation of a painting, we may not always notice how Beethoven keeps finding fresh uses for his motto or how he develops his material into a large, cohesive statement. But a lot of the enjoyment we get from that mighty symphony stems from the inventiveness behind it, the impressive development of musical ideas.

독해기술

앞부분의 예시를 보면, Bach의 푸가 전개부는 '단 하나의 멜로디 라인', 때로는 '몇 개의 음'만 가지고 훌륭한 작품을 만들었다고 했다. Beethoven의 5번 교향곡도 '몇 개의 음과 단순하며 리듬감 있는 두드림'으로 많은 이익(mileage)을 얻어냈다고 했다.

빈칸 문장에 있는 '다 ─ 다 ─ 다 ─ 덤'이 같은 ▨로 묶이는 개념이다. 앞부분에서 ▨는 단순히 '훌륭한 작품을 만들어냈다(create a brilliant work)'와 '많은 이익을 얻었다(get much mileage)'라고 표현되어 있는데, 선지에서 이런 내용은 없다. 따라서 단서를 뒤에서 찾아야 한다.

빈칸문장 뒤에 다 ─ 다 ─ 다 ─ 덤이 A kind of motto처럼 나타나며, 이후 the motto를 '계속 새롭게 사용'하며 그의 재료를 거내아고 응집력 있는 진술로 신개'했다고 했다.

'다 ─ 다 ─ 다 ─ 덤'과 같은 단순한 멜로디 라인 혹은 몇 개의 음에 불과한 것을 '계속 새롭게 사용'하고 '거대하고 응집력있는 진술로 전개'한다는 것은 선지에서 '② 엄청나게 다양한 방식으로 나타난다'에 해당한다.

지문해석

전개부는 매우 복잡하고 별날 수가 있다. Johann Sebastian Bach의 푸가는 하나의 멜로디 라인, 때로는 단지 몇 개의 음이 그 작곡가가 일관된 구조 내에서 많은 복잡한 전개부를 포함하는 훌륭한 작품을 만들기 위해 필요한 전부였을 때, 이 과정이 얼마나 멀리 갈 수 있는지(얼마나 효과적일 수 있는지) 보여준다. Ludwig van Beethoven의 유명한 5번 교향곡은 클래식 작곡가가 몇 개의 음과 단순하며 리듬감 있는 두드림으로 얼마나 많은 이익을 얻어낼 수 있는지에 대한 이례적일 정도로 우수한 예를 제공한다. 모든 사람들이 어디선가 들어본 시작 부분의 다 ─ 다 ─ 다 ─ 덤은 일종의 반복 악구나 연결 끈처럼, 시작 악장뿐만 아니라 나머지 3악장 내내 엄청나게 다양한 방식으로 나타난다. 우리가 그림 작품 하나를 완성하는 데 들인 복잡한 붓놀림을 항상 볼 수 있는 것이 아니듯이, Beethoven이 자신의 반복 악구를 어떻게 계속 새롭게 사용하는 것을 찾는지 또는 그의 재료를 거대하고 응집력 있는 진술로 어떻게 전개하는지를 항상 알아보지는 못할 수도 있다. 그러나 그 강력한 교향곡에서 우리가 얻는 즐거움의 많은 부분은 그 이면의 독창성, 즉 음악적 아이디어의 인상적인 전개에서 비롯된다.

① 작곡가의 음악적 아이디어를 모순되게 만든다
② 엄청나게 다양한 방식으로 나타난다
③ 광범위한 음악적 지식을 창의적으로 제공한다

④ 구조 내에서 상당히 조용하게 남아 있다

⑤ 자기 자신의 즐거움과 깊이 관련된다

development 전개; 전개부 / complicated 복잡한 / fanciful 별난, 기상천외한, 공상적인 / illustrate 보여주다 / a handful of 소수의 / note 음, 음표 / brilliant 훌륭한 / exceptional 이례적일 정도로 우수한; 예외적인 / mileage 이익 / movement 악장 / motto 반복 악구 / material 재료, 제재 / inventiveness 독창적임

06

정답률 34%

As the structures of our world and the conditions of certainty have yielded to an avalanche of change, the extent of our longing for stable, definitive leadership _____. The fault lies not with leadership but rather with ourselves and our expectations. In the old days, leaders were supposed to make sense of chaos, to make certainty out of doubt, and to create positive action plans for the resolution of paradoxes. Good leaders straightened things out. Should chaos rear its ugly head, the leader was expected to restore normality immediately. But chaos is now considered normal, paradoxes cannot be resolved, and certainty is possible only to the level of high probability. Leadership that attempts to deliver in terms of fixing any of these can only fail. And that is exactly what is happening.

현재 / 과거 / 현재

독해기술

글은 크게 in the old days를 통해 과거의 이야기를 하는 부분과, 'But chaos is now...'를 통해 현재 이야기를 하는 부분으로 나눌 수 있다. 그런데 첫 문장에서는 접속사 as와 현재완료 have yielded를 통해 사정이 어떻게 변해왔는지를 설명하고 있으므로 빈칸에 들어갈 내용은 현재 부분에서 찾아야 한다. 후반부를 보면 '리더십은 실패한다(leadership ~ can only fail)'고 되어 있다. 따라서 빈칸에 들어갈 내용도 리더십이 실패한다는 내용이 들어가야 한다. 풀이기술 2 6 선지 ⑤에서 동사 'A exceed B'는 'A가 B를 초과하다'라는 의미이므로, 수동태로 'A be exceeded by B'라고 하면 'A보다 B가 더 많다'라는 의미가 된다. 즉 ⑤를 빈칸에 넣으면, '리더십을 갈망하는 정도'보다 '리더십을 찾는 것의 불가능성'이 더 높다는 의미이므로, 리더십을 찾는 것이 불가능하다는 뜻이고, 즉 리더십이 실패한다는 것과 같은 의미가 된다.

오답피하기

④ (30%) : 후반부에 '역설은 해결될 수 없다(paradoxes cannot be resolved)'라는 내용이 있어서 ④를 고르기 쉽다. 그런데 후반부에서 역설이 해결될 수 없다는 것은 현재의 상황을 설명하는 부분일 뿐이다. 만약 빈칸에 ④를 넣게 되면 빈칸이 있는 문장의 우리가 리더십을 갈망하는 것이 역설을 해결할 가능성을 줄였다는 의미가 되는데, 우리가 리더십을 바라는 것과 역설을 해결할 가능성이 줄어드는 것 사이에는 인과관계가 없다.

구문분석

• Should chaos rear its ugly head, / the leader was expected to restore normality immediately.

→ 문장이 should로 시작하는데 끝에 물음표가 없다면 이는 의문문이 아니라 if 생략 도치 구문이다. 즉 'if + S + should + V' 형태에서 if 생략 후 'should + S + V' 형태로 도치시킨 것이다. if절에서의 should는 '혹시라도'로 해석한다.

• Leadership ⟨that attempts to deliver / in terms of fixing any of these⟩ can only fail.

→ ⟨ ⟩ 부분이 주어 leadership을 수식하는 수식어이다. 여기서 deliver는 '배달하다'의 의미가 아니라 '(사람들의 기대대로 결과를) 내놓다'라는 의미의 자동사로 쓰였다.

우리 세상의 구조들과 확실함을 가진 상황들이 쇄도하는 변화에 굴복해 왔기 때문에, 안정되고 확정적인 리더십에 대한 우리의 갈망의 정도를 넘어서는 것은 그것을 찾는 것이 불가능하다는 점뿐이다. 잘못은 리더십에 있는 것이 아니라, 오히려 우리 스스로와 우리의 기대에 있다. 옛날에는, 리더들은 혼돈을 이해하고, 의심에서 확실한 것을 만들어내며, 역설을 해결하기 위한 긍정적 행동계획을 만들어내야 했다. 좋은 리더들은 상황을 바로잡는다. 만약 혹시라도 혼돈이 추악한 머리를 쳐든다면, 리더가 즉시 정상을 회복시킬 것이라고 기대되었다. 그러나 이제 혼돈은 정상으로 간주되고, 역설은 해결될 수 없으며, 확실성은 오직 높은 가능성의 수준까지만 가능하다. 이런 것들을 바로잡는 것의 관점에서 결과를 내놓으려 시도하는 리더십은 오직 실패할 뿐이다. 그리고 바로 그것이 현재 발생하고 있는 일이다.

① 그것을 확립하기 위한 우리의 의지에 의해서만 평가될 수 있다
② 전통적인 지도력을 더 대체할 수 없도록 만들었다
③ 정상으로 되돌리기 위한 실행 가능한 행동 계획을 만들 수 있다
④ 모순들이 해결될 가능성을 상당히 감소시켰다.
⑤ 넘어서는 것은 그것을 찾는 것이 불가능하다는

certainty 확실성 / longing for ~를 향한 갈망, 열망 / paradox 역설 / straighten out 바로잡다 / rear 기르다 / resolve 해결하다; 결심하다 / probability 가능성, 개연성 / deliver 배달하다 (결과를) 내놓다 / in terms of ~의 관점에서 / fix 고치다, 수리하다 / viable 실행 가능한

07
정답률
39%

One of the little understood paradoxes in communication is that the more difficult the word, the shorter the explanation. The more meaning you can pack into a single word, the fewer words are needed to get the idea across. ⓐ Big words are resented by persons who don't understand them and, of course, very often they are used to confuse and impress rather than clarify. ⓑ But this is not the fault of language; it is the arrogance of the individual who misuses the tools of communication. ⓒ The best reason for acquiring a large vocabulary is that _____. ⓓ A genuinely educated person can express himself tersely and trimly. ⓔ For example, if you don't know, or use, the word 'imbricate,' you have to say to someone, 'having the edges overlapping in a regular arrangement like tiles on a roof, scales on a fish, or sepals on a plant.' ⓕ More than 20 words to say what can be said in one.

→ 주제문
→ 주제문 재진술
어려운 단어의 잘못된 사용
어려운 단어의 올바른 사용

주제문　　　　단어가 어려울수록 설명은 짧아진다.
주제문 재진술　한 단어에 의미를 더 많이 집어넣을수록, 더 적은 단어로 생각을 전달할 수 있다.
구체적 진술　　ⓐ, ⓑ : 어려운 단어를 잘못 사용한 경우 – 혼동을 주고 관심을 끌기 위해 사용
　　　　　　　ⓒ~ⓕ : 어려운 단어를 제대로 사용한 경우 – 장황해지는 것을 막기 위해 사용

주제문에서 알 수 있는 이 글의 요지는 '어려운 단어를 쓰면 원하는 것을 더 짧게 표현할 수 있다'이다. 뒤에 이어지는 구체적 진술은 크게 둘로 나눌 수 있는데, 먼저 ⓐ와 ⓑ에서는 어려운 단어를 잘못 사용하는 경우를 보여주고 있다. 더 적은 단어로 생각을 전달하기 위해서가 아니라 to confuse, and impress를 위해 어려운 단어가 쓰이는 것은 잘못된 사용이라고 말하고 있다.

ⓒ부터가 요지를 직접적으로 뒷받침한다. 'a large vocabulary를 익혀야 하는 이유'라고 했는데, 여기서 a large vocabulary는 ⓐ의 big words에 대한 재진술이다. 즉 빈칸에는 어려운 단어를 익혀야 하는 이유가 들어가면 된다.

주제문에서 어려운 단어를 쓰면 '설명이 더 짧아진다'고 했다. 또 주제문의 재진술에서 '더 적은 단어로 생각을 전달한다'고 했다. 이에 대한 재진술인 것은 '① 장황해지는 것을 막아준다(it keeps you from being long-winded)'이다. ▰ⓓ에서도 재진술을 확인할 수도 있다. '간결하고 단정하게 표현한다'는 것도 결국 이와 똑같은 의미이다.

참고로 이 지문은 어휘 수준이 다소 높아 단순히 머릿속에 있는 어휘력만 가지고 승부하려 하면 제대로 독해하기도, 제대로 문제를 풀기도 힘들다. 이런 글은 지문의 구조를 파악하고 '재진술' 관계를 파악하며 독해해야 한다. ▰

가령 ⓐ에서 big words라는 단어가 나왔다. 이것을 표면적인 의미 그대로 '커다란 단어'라고 해석한다면 당연히 말이 안 된다. 그렇다면 여기서 bid words는 무엇일까? ⓐ를 마저 보면, 'who don't understand them(=big words)'라는 표현이 나온다. 즉 big words는 사람들이 이해하지 못하는 대상이다. 이것을 보고 big words가 바로 첫 문장에서 언급한 the more difficult the word, 즉 '어려운 단어'라는 것을 이해할 수 있어야 한다! 물론 두 번째 문장의 a single word도 마찬가지로 '어려운 단어'라는 의미이다.

ⓒ에서는 a large vocabulary라는 표현이 나온다. 이는 '풍부한 어휘(력)'이라는 의미인데, 이것도 반드시 이 글의 맥락 속에서 의미를 파악해야 한다. 이 글은 어려운 단어를 사용하는 것에 대해 말하고 있으므로, 'reason for acquiring a large vocabulary(풍부한 어휘력을 가지고 있어야 하는 이유)'는 '어려운 단어까지도 알고 있어야 하는 이유'라는 의미이다.

ⓓ에서는 tersely and trimly라는 표현이 나왔는데, trim(ly)은 크게 어렵지는 않은 단어이지만 terse(ly)는 다소 생소할 것이다. 하지만 이 둘이 and로 연결된 것으로 보아 일단은 trimly와 비슷한 의미라고만 인식한 채로 글을 읽어나가면 된다.

만약 trimly라는 단어도 몰랐다면 어떻게 해야 할까? 그래서 필자는 바로 뒤에서 예를 들어준다. 여기서 한 가지 주의할 점이 있는데, '예시'를 사용하는 이유는 독자의 이해를 돕기 위해서라는 점을 잊어선 안 된다는 점이다. 이 점을 망각하고 무작정 ⓔ를 해석하려 들면 매우 난감해진다. 예시는 보통 이해하기 쉬워야 하는데, ⓔ에 사용된 어휘나 표현이 지문의 다른 부분보다 오히려 더 어렵기 때문이다.

이 글의 내용을 이해하는 데에는 ⓔ에 사용된 imbricate, arrangement, sepals 등과 같은 단어들은 몰라도 아무런 상관이 없다. 필자가 이 예시를 든 이유는 express himself tersely and trimly를 보다 구체적으로 보여주기 위해서이다. 즉, 길고 장황한 설명 대신 imbricate라는 단어 하나만 써도 된다는 것을 보여주기 위한 것이지, imbricate의 의미가 무엇인지 이해시키기 위한 것이 아니다. 실제 이 예시 부분을 독해할 때는 '[imbricate]란 단어를 모르거나 안 쓰면 [having … a plant]라고 써야 한다'라고만 해석하고 넘어가면 되는 것이다. 마지막 문장 ⓕ를 보면 이것이 더욱 명확해진다.: More than 20 words to say what can be said in one.

이 문제의 마지막 복병은 선지 ①에 있는 'long-winded(장황한, 설명이 긴)'라는 단어이다. 이 단어를 알고 있다면 좋겠지만, 만약 그렇지 않다면 ②~⑤가 답이 아니라는 확실한 근거를 찾은 뒤 결론적으로 ①을 답으로 하는 최후의 전략을 사용해볼 수 있다.

②와 ③은 지문의 내용과 관련이 전혀 없으므로 지문의 내용을 어느 정도 이해했다면 이것을 고르지는 않을 것이다. 아래 [오답피하기]를 통해 ④와 ⑤가 왜 답이 될 수 없는지를 확실하게 파악해 보자.

오답피하기

④ (20%) : 선지에 정반대 내용이 있으면 오답률이 높다. ④는 필자가 ⓐ, ⓑ를 통해 어려운 단어를 잘못 사용한 예로 들어 준 내용이다. 이는 정답과는 정반대의 내용이다.

⑤ (26%) : 마찬가지로 필자의 요지와는 정반대되는 내용이다. 필자는 어려운 단어를 쓰면 적은 단어로도 생각을 전달할 수 있으므로, 여러 개의 쉬운 단어 대신에 하나의 어려운 단어를 써야 한다고 말하고 있다. 어려운 단어 대신 쉬운 단어를 쓴다는 ⑤는 요지와 정반대되는 내용이다.

구문분석

- the more difficult the word (is), the shorter the explanation (is).
  → [the 비교급 S + V, the 비교급 S + V (~할수록 더 ~하다)] 구조에서 동사가 be동사일 경우 흔히 생략한다.
- 'having the edges [overlapping in a regular arrangement like (tiles on a roof), (scales on a fish), or (sepals on a plant.)]'
  → [ ] 부분이 edges를 수식하고, 세 개의 ( )가 like 뒤에서 병렬로 연결되어 있다.

→ overlap은 '겹치다'라는 의미로, 'the edges overlapping ~'은 '(똑같은 모양이) 계속 겹쳐지는 모서리'라는 의미가 된다. 한편 a regular arrangement는 '규칙적인 배열'이라는 의미이다.

→ 즉 이 문장의 의미는 다음과 같다. '지붕의 타일, 물고기 비늘, 꽃받침처럼 똑같은 모양이 규칙적으로 배열로 겹쳐지는 모서리들을 가지고 있는 것.' 그리고 이 모든 의미를 한 단어에 담은 것이 바로 imbricate이다.

지문해석

의사소통에서 거의 이해되지 않는 역설 중의 하나는, 단어가 어려워질수록 설명은 더 짧아진다는 것이다. 한 단어에 더 많은 의미를 집어넣을수록, 생각을 전달하는 데 더 적은 단어가 필요하게 된다. 어려운 단어들은 그것들을 이해하지 못하는 사람들에 의해 분노를 사고, 물론, 매우 자주 그 말들은 명료하게 하기보다는 혼란을 주고 관심을 끄는데 사용된다. 그러나 이것은 언어의 잘못이 아니다. 그건 의사소통 도구를 잘못 사용하는 사람의 오만이다. 풍부한 어휘를 습득하는 최고의 이유는 이것이 당신을 당황해지는 것으로부터 막아 주기 때문이다. 정말로 교육받은 사람이라면 스스로를 간결하고 깔끔하게 표현할 수 있다. 예를 들어, 만약 당신이 'imbricate'라는 단어를 모르거나 사용하지 않는다면, 당신은 누군가에게 '지붕 위의 타일이나 물고기의 비늘, 또는 식물의 꽃받침처럼 규칙적인 배열로 겹쳐지는 모서리들을 가지고 있는 것'이라고 말해야 한다. 한 단어로 말할 수 있는 것을 위해 20개 이상의 단어로 말해야 한다.

① 이것이 당신을 당황해지는 것으로부터 막아준다
② 당신은 비밀이 거래를 막아줄 수 없다
③ 그것은 당신의 진실된 의도를 숨길 수 있도록 만다.
④ 그것은 당신 자세을 더 인상적으로 표현하게 만든다.
⑤ 당신은 어려운 단어 대신 쉬운 단어를 사용할 수 있다.

paradox 역설 / **get across** 전달시키다, 이해시키다 / **big word** (과시용으로 쓰는) 어려운 단어, 긴 단어 / **arrogance** 거만, 오만 / **tersely** 간결하게 / **trimly** 깔끔히, 단정하게 / **imbricate** a.(잎, 비늘, 기와 등이) 겹친 v.비늘 모양으로 겹치다 / **overlap** 겹치다 / **sepal** 꽃받침(식물 구조) / **long-winded** 길고 지루한, 장황한

08

Often in social scientific practice, even where evidence is used, it is not used in the correct way for adequate scientific testing. In much of social science, evidence is used only to affirm a particular theory — to search for the positive instances that uphold it. But these are easy to find and lead to the familiar → 문제점
dilemma in the social sciences where we have two conflicting theories, each of which can claim positive empirical evidence in its support but which come to opposite conclusions. How should we decide between them? Here the → 해결책(요지)
scientific use of evidence may help. For what is distinctive about science is the search for negative instances — the search for ways to falsify a theory, rather than to confirm it. The real power of scientific testability is negative, not positive. Testing allows us not merely to confirm our theories but to _____.

지문구조

문제점   사회과학에서는, 각각 뒷받침하는 증거들을 가지고 있는 두 개의 이론이 정반대의 결론을 도출하여 어떤 이론을 선택해야 할지 알 수 없는 딜레마가 존재한다.

해결책   어떤 이론의 긍정적인 증거가 아닌 부정적인 증거를 찾으면 된다.

특정 이론을 뒷받침하기 위해 긍정적 증거만 찾는 행위의 문제점이 세 번째 문장에 등장한다. 글에 문제점이 언급되면 뒤에 해결책이 나올 가능성이 높으며, 해결책이 나오면 그 부분이 필자의 주장이 된다. 분석기술 1 1 더 읽어보면 실제로 바로 뒤에서 질문-답변 형태로 해결책을 제시하는데, 그 내용은 특정 이론을 부정하는 근거들을 찾으라는 것이며 이 부분이 글의 요지이다.

이 해결책 부분에서 to confirm it은 positive와 to confirm our theories로 재진술 되고 있다. 독해원리 0 3 또한 해결책 부분에서 the search for negative instances — the search for ways to falsify a theory 부분은 to confirm it의 대립어이다. 독해원리 0 4 이 대립어는 negative로 재진술되며 다시 빈칸 부분으로 재진술된다. 이 재진술된 어구들도 각각 대립관계를 이루게 되는데, 이를 도식화하면 다음과 같다.

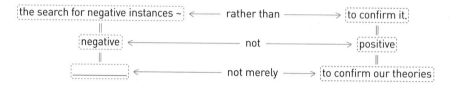

이러한 논리 구조를 고려할 때, 빈칸에 가장 적절한 것은 '④ weed out those that do not fit the evidence(증거에 부합하지 않는 이론을 제거)'가 된다.

② (18%) : falsify them은 맞는 말이지만, positive empirical evidence가 아니라, 그 반대의 개념인 negative evidence를 찾음으로써 이론들을 falsify하는 것이다.

③ (19%) : 대립되는 이론들 사이에서 intensify the argument한다는 것은 지문의 내용과 아무런 관련이 없다.

• Here the scientific use of evidence may help. / For [what is distinctive about science] is the search for negative instances — the search for ways to falsify a theory, rather than to confirm it.

→ 여기서 help는 자동사로, '도움이 된다'라는 의미이다.

→ 대등접속사 for는 [S + V, for S + V.] 형태로 절을 연결하는 것이 원칙이나, 이 문장에서처럼 for절이 독립적으로 쓰이는 경우도 흔하다. 즉 여기서의 for는 '왜냐하면'으로 해석한다.

→ [   ] 부분이 주어이고, 동사 is의 보어가 the search for negative instances인데, 이 어구의 의미를 다시 한 번 더 구체적으로 설명해 주는 부분이 'the search for ways to~' 부분이다.

사회과학적 관행에서, 심지어 증거가 사용되는 분야라 할지라도, 그 증거가 적절한 과학적 검증을 위해 올바르게 사용되지 않는 경우가 자주 있다. 사회과학의 많은 경우에, 증거는 오로지 특정 이론을 확인하기 위해서만 쓰인다. 즉, 그 이론을 뒷받침하는 긍정적인 예시를 찾기 위해 쓰이는 것이다. 하지만 이런 증거들은 쉽게 발견되고, 사회과학에서 친숙한 딜레마를 초래한다. 그 딜레마란, 우리에게 두 개의 상충되는 이론이 있고, 각각의 이론을 뒷받침하는 긍정적인 경험적 증거가 있는데, 그 이론들이 각자 정반대의 결론을 도출하는 것이다. 그렇다면 우리는 둘 중에 어떤 이론을 채택해야 하는가? 이런 상황에서, 증거를 과학적으로 사용하는 것이 도움이 될 수 있다. 왜냐하면 과학의 뚜렷한 특징은 부정적인 예를 찾는 것이기 때문이다. 즉, 어떤 이론을 확인하기보다는, 그 이론이 틀리다는 것을 입증하는 방법을 찾는 것이다. 과학적 검증 가능성의 진정한 효력은 긍정에 있지 않고, 부정에 있다. 실험은 단지 우리의 이론을 확신하게만 해 주는 것이 아니라, 증거에 맞지 않는 것들을 제거하도록 해 준다.

① 그들에 반하는 증거를 무시하다

② 긍정적인 실증적 증거를 사용하여 그것들을 위조하다

③ 부딪치는 이론들 사이에 논쟁을 강화하다

④ 증거에 맞지 않는 것들을 제거하다

⑤ 부정적인 사례가 부족한 것들을 거절하다.

practice 관습, 행동, 실천 / adequate 적절한 / affirm 확인하다 / uphold 받치다, 지지하다 / lead to 초래하다, 결과를 내다 / dilemma 딜레마, 진퇴양난 / conflict 대립하다, 대비하다, 부딪히다 / empirical 경험의, 실험에 의한 / in support (of) ~를 지지하는 / falsify 왜곡하다, 거짓임을 증명하다 / confirm 확정하다, 사실임을 증명하다 / testability 검증 가능성, 시험 용이성 / merely 단지, 그저 / weed out 제거하다, 뽑아버리다

09
정답률 43%

Temporal resolution is particularly interesting in the context of satellite remote sensing. The temporal density of remotely sensed imagery is large, impressive, and growing. Satellites are collecting a great deal of imagery as you read this sentence. / However, most applications in geography and environmental studies do not require extremely fine-grained temporal resolution. / Meteorologists may require visible, infrared, and radar information at sub-hourly temporal resolution; urban planners might require imagery at monthly or annual resolution; and transportation planners may not need any time series information at all for some applications. / Again, the temporal resolution of imagery used should _____. / Sometimes researchers have to search archives of aerial photographs to get information from that past that pre-date the collection of satellite imagery.

② meet the requirement of your inquiry

도입 (시간 해상도 소개)
주제문
주제문 뒷받침(예시)
누제문 재느님
주제문 뒷받침

독해기술

이 문제는 빈칸이 뒤에 있는 문제이다. 기출 수능 해설강의 중에 temporal resolution이 무엇인지 설명하는데 치중하는 해설강의가 있다면 쌩 무시하자. temporal resolution이란 표현은 아마도 평생 다시 볼 일이 없을 것이다. 이 나때에 쓸데없어 우리가 다른 수능이나 무의고사에서 다시 만날 수 있는 것은 이 문제의 풀이원지인 '일반화'이다.

temporal resolution이 무엇인지 이해하는 것은 문제풀이에 아무 상관이 없으므로 이를 줄여서 TR이라 부르기도 하자. 빈칸 앞부분에는 '분류'가 나온다. 그리고 빈칸 문장의 again은 앞의 내용을 반복하겠다는 뜻이다. 즉 앞에 분류가 나온 것을 모아서 일반화시키면 된다고 필자가 친절히 보여주고 있다.

분류에선 meteorologists, urban planners, transportation planners가 차례로 나온다. 이 각각의 분야에 어떤 차이가 있는지를 보면, 첫 번째 분야에선 sub-hourly라는 TR이 필요하고, 두 번째 분야에선 monthly or annual TR이 필요하며, 세 번째에선 어떠한 시간의 흐름(time series)도 필요없다고 한다. sub-hourly에서 sub-는 아래(down)을 의미하므로, 이것은 한 시간 이하의 단위를 말하는 것인데, 이를 몰라도 hourly, monthly, annual, (not need) any time series (시간마다, 월마다, 연마다, 상관없음) 정도만 구분하면 충분하다. 결국 연구 분야에 따라 TR의 시간 단위가 서로 다르게 필요하다는 것이다. 선지에서 이를 찾으면 ②이다. '당신의 연구 분야(your inquiry)'는 meteorologists, urban planners, transportation planners의 일반화이고, '요구 사항에 맞아야 한다(should meet the requirements)'는 hourly, monthly, annual, (not need) any time series와 같은 다양한 요구 사항을 일반화한 것이다.

참고로 본래 해상도(resolution)라는 것은 화면이나 이미지에서의 정밀도를 말한다. 사진의 해상도가 높다는 것은, 같은 면적을 더 많은 알갱이(전문용어로 픽셀(pixel)이라고 한다)로 표현하여 사진이 더 깨끗하고 선명하게 보이는 것을 의미한다. 그렇다면 시간적 해상도라 함은 얼마만큼의 시간 간격을 두고 사진을 찍었는지를 의미하는 것이다. 즉 시간적 해상도가 높으면 매우 짧은 시간 단위로(가령 1분에 1장씩) 사진을 많이 찍은 것이고, 시간적 해상도가 낮으면 매우 긴 시간 단위로(가령 1시간에 1장씩) 사진을 찍는 것이다.

본래 해상도라는 것이 알갱이의 크기로 나타나는 것이므로, 본문에 fine-grained(고운 입자로 된)라는 표현이 나온다. fine-grained temporal resolution은 입자가 고운 시간적 해상도이므로, 분 단위나 초 단위만큼 짧은 시간 간격을 두고 많은 사진을 찍은 것을 의미한다.

또한 time series information같은 표현을 괜히 '시계열 정보'같은 전문 용어를 써서 설명할 필요도 없다. 그냥 시간(time)이 순서대로(series) 정리된 정보라고만 이해하면 충분하다.

오답피하기

① (17%) : 각각의 연구 분야에 맞아야 하므로 '일반적 목적(general purpose)'은 정답과는 정반대 의미이다.

③ (14%) : 각각의 연구 분야에 맞는 TR이 필요하므로 무조건 높은 것이 좋은 게 아니다.

④ (7%) : 새로운 기술과는 아무런 관련이 없다.

⑤ (19%) : 글에 satellite라는 단어와 information라는 단어가 여러 번 나오므로 ⑤번 선지를 선택하기 쉽다. 하지만 글의 내용은 TR은 각각의 연구 분야에 따라 달라지는 것이므로 오로지 위성 정보에만 의존한다는 ⑤는 잘못된 내용이다.

구문분석

• Again, the temporal resolution of imagery (which is) used should meet the requirements of your inquiry.

→ used는 동사가 아니고 수식어이다. 즉 imagery를 (which is) used 형태로 수식하고 있다.

• Sometimes researchers have to search archives of aerial photographs to get information from that past (that pre-date the collection of satellite imagery).

→ 선행사 that past를 관계대명사절이 수식하고 있는 형태이다. that past는 the past (그 과거)와 같은 형태로 보면 된다.

→ pre-date는 '~보다 앞서다'라는 뜻이다. 즉 인공위성 이미지가 수집된 것보다 더 앞선 과거를 의미한다.

지문해석

시간 해상도는 위성 원격 탐사라는 맥락에서 특별히 흥미롭다. 원격으로 탐지되는 이미지의 시간적 밀도는 크고 인상적이며 점점 증가한다. 위성은 여러분이 이 문장을 읽는 동안에도 많은 양의 이미지를 수집하고 있다. 그러나 지리학이나 환경 연구에 적용하는 것의 대부분은 극도로 미세한 시간 해상도를 필요로하지 않는다. 기상학자들은 가시적, 적외선 및 레이더 정보를 시간당 시간 해상도 이하로 필요로 할 수 있다. 도시 계획가들은 월간 또는 연간 해상도로 이미지를 필요로 할 수 있다. 그리고 운송 계획자는 일부 적용 사항에 대해서는 시간적 순서에 대한 정보가 전혀 필요하지 않을 수도 있다. 다시 말하면, 사용되는 이미지의 시간 해상도는 <u>당신의 연구의 요구 사항에 맞아야</u> 한다. 연구자들은 때때로 위성 이미지의 수집에 앞서는 과거로부터의 정보를 얻기 위해 항공 사진 보관소를 뒤져야 할 때도 있다.

① 일반적인 목적을 위해 선택되어야

② 당신의 연구의 요구 사항에 맞아야

③ 어떤 경우든 가능한 한 높아야

④ 전문가에 의해 새로운 기술에 적용되어야

⑤ 오직 위성의 정보에만 의존해

resolution 해상도; 결의안, 결심 / **context** 맥락, 문맥 / **remote sensing** 원격 탐사 / **density** 밀도 / **fine-grained** 결이 고운, 입자가 고운 / **sub-hourly** 1시간 이하 마다 / **times series** 시계열(시간 연속) / **archive** 기록 보관소 / **aerial** 항공의 / **pre-date** ~보다 앞서다 / **inquiry** 조사, 탐구; 질문 / **exclusively** 배타적으로, 오로지 / **rely upon** ~에 의존하다

10

정답률
50%

It is a common [misconception] among many musicians and non-musicians → 통념
alike that _____. This is not surprising as it is natural
to associate music with the sounds that create the melody, rather than with
the quiet spaces between the notes. Because rests are silent, people often
[misinterpret] [these empty spaces as unimportant]. But, imagine what would
happen if a song was made up of only notes, and no rests. Aside from the
fact that the "rests would be history" (pun intended), there would be a wall
of sound with no reference point or discernible backbone to the music. This
is because the spaces between the sounds provide a baseline and contrast for
the piece, and give music structure and texture. In fact, it is a common saying → 주제문(진실)
among experienced musicians that a full measure of rest can hold more music
than a full measure of blistering notes.

이 문제는 재진술을 파악하는 것 자체는 어렵지 않은데, 실수로 빈데 의미를 고르지 일루고 무의재아 하는 문세이니ㅏ. 빝난 근지
구조 자체가 진행적인 '통념과 진실' 구조이니. 무선 살못된 통념이 눈두에 나온다. 즉 빈칸 부분에 들어갈 내용이 살못된 통념
(misconception)이라는 것에 유의해야 한다. 글을 읽다 보면, 사람들이 종종 '~라고 잘못 해석한다(misinterpret)'라는 말이 나
온다. 즉 misinterpret 뒤에 있는 내용이 사람들이 잘못 생각하는 내용이므로, 이 부분과 같은 의미가 빈칸에 들어가면 된다. 즉
빈칸에는 'these empty spaces as unimportant(빈 공백은 중요하지 않다)'와 재진술인 내용을 고르면 된다. 이는 선지에서
'① notes are more important than rests(쉬는 부분(=empty spaces)보다 음이 연주되는 것이 더 중요하다)'와 같은 의미이다.

③ : 이 선지의 의미는 '침묵(silence)은 음악에서 소리만큼 중요하다'이다. 이것은 통념이 아니라 '진실' 부분에 해당하며, 정답과는
정반대되는 의미이다. 정답과 정반대의 의미가 선지에 있으면 대부분 우답률이 높다

구문분석

- Aside from the fact that the "rests would be history" (pun intended), there would be a wall of sound with no
reference point or discernible backbone to the music.
  → pun이란 것은 쉽게 말해 말장난인데, 발음이 같은 것을 이용해 두 가지 의미를 내포시키는 것이다. rest의 의미가 '나머지'란
  의미도 있고 '쉼표'란 의미도 있음을 이용해서 두 가지 의미를 내포시킨 것이다. 즉 rests would be history의 한 가지 의미
  는, '쉼표는 역사가 될 것이다.(= 쉼표는 잊혀질 것이다)'이고, 다른 의미는 '그 나머지는 역사가 될 것이다(=나머지는 모두가
  다 안다. 그러니 굳이 말할 필요가 없다)'라는 뜻이다. 이 부분은 크게 중요한 내용은 아니니 이해하지 못했더라도 문제 푸는
  데 아무런 지장이 없다.
- In fact, it is a common saying / among experienced musicians [that a full measure of rest can hold more music
than a full measure of blistering notes].
  → it은 가주어이고 that절은 진주어이다. 즉 숙련된 음악가들 사이에서 [   ]라는 말은 일반적이란 의미이다.
- silence is no less meaningful than sound in music.
  → no less meaningful than은 직역하면 '~보다 덜 중요할 것이 없다'라는 의미로, '둘 다 마찬가지로 중요하다'는 의미이다.
- melody is nothing more than a collection of sounds.
  → nothing more than은 no more than과 마찬가지로, 직역하면 '~보다 나을 것은 없다'라는 의미이다. 의역하면 '겨우 ~에
  불과하다'라는 의미가 된다.

'음'이 '쉬는 부분'보다 더 중요하다는 것은 많은 음악가와 음악가가 아닌 사람들 모두에게 있어서 흔한 잘못된 생각이다. 이것은 전혀 놀랍지가 않은데 왜냐하면 음악을 멜로디를 만들어 내는 음과 연관 짓는 것은 당연하기 때문이다. 음들 사이의 소리 없는 공간에 연관 짓는 것 보다는. (즉 사람들은, 음악이라고 하면 멜로디를 만드는 '음'들을 생각하지, 멜로디 사이의 소리가 없는 부분을 생각하지 않는다는 말이다) 왜냐하면 쉬는 부분은 소리가 없으며, 사람들은 종종 이러한 빈 부분들을 중요하지 않다고 잘못 해석하기 때문이다. 그러나, 만약 노래가 쉬는 부분이 전혀 없이 음으로만 구성되어져 있다면 무슨 일이 일어날지 상상해 보아라. "쉼표는 역사가 될 것이다.(=쉼표는 잊혀질 것이다)" (말장난이 의도됨)라는 사실을 제외하더라도, 참조점이 없는, 분별할 수 있는 음악에 주요 부분이 없는 소리의 벽이 생길 것이다. 왜냐하면 음(소리) 사이의 공간은 곡에 대한 기초와 대조를 제공하고, 음악의 구조와 질감을 주기 때문이다. 실제로, 완전한 쉬는 부분 한 소절이 맹렬한 음의 완전한 한 소절보다 더 많은 음악을 담을 수 있다는 것은 숙련된 음악가들 사이에서는 일반적인 격언이다.

① '음'이 '쉬는 부분'보다 더 중요하다

② 휴지(休止)는 음악에 직접적인 기준점을 제공한다

③ 침묵은 음악의 소리만큼 의미 있다

④ 선율은 소리의 모임에 지나지 않다

⑤ 구조와 질감은 음악의 가장 중요한 면이다

A and B alike A, B 둘 다 마찬가지로 / **associate A with B, rather than with C** A를 B와 연관 짓다, C와 연관 짓기 보다는(원래는 associate A with B 구문으로 자주 쓰이나 이 경우에는 rather than with C가 붙은 것뿐이다.) / **note** 음, 음표 / **misinterpret** 잘못 해석하다 / **be made up of** ~로 구성되어지다(=be composed of) / **rest** 쉬는 부분, 쉼표 / **aside from** ~외에도(=apart from) / **pun** 말장난 / **reference point** 참조점 / **discernible backbone to the music** 그 음악에 구별 가능한 근간, 중요 부분(우리 몸을 지탱해주는 가장 중요한 뼈인 척추에서 파생된 뜻) / **(결과) this is because (원인)** 왜냐하면 / **baseline** 기준점, 기초 / **contrast** 대조 / **texture** 질감 / **It is a common saying that...** ...은 일반적인 격언이다. / **experienced musicians** 숙련된 음악가들 / **measure** 소절(박자의 가장 작은 단위) / **blistering** 맹렬한

11
정답률
45%

Cost estimates follow from time estimates simply by multiplying the hours required by the required labor rates. Beware of _____. → 주제문

For example, one major company has a policy that requires the following personnel in order to remove an electric motor: a tinsmith to remove the cover, an electrician to disconnect the electrical supply, a millwright to unbolt the mounts, and one or more laborers to remove the motor from its mount. That situation is fraught with inefficiency and high labor costs, since all four trades must be scheduled together, with at least three people watching while the fourth is at work. The cost will be at least four times what it could be and is often greater if one of the trades does not show up on time. → 예시

빈칸 뒤에 예시가 나오므로, 예시의 내용을 일반화하여 빈칸에 넣으면 된다. *풀이기술 2 4* 빈칸 앞에는 '~를 조심하라(beware)'라는 말이 있으므로, 빈칸에는 무언가 안 좋은 내용이 들어갈 것을 미리 유추해 볼 수 있다.

그 다음 예시의 내용을 보면 a tinsmith, an electrician, a millwright, one or more laborers가 각각 다른 일을 하는데, 한 번에 일정이 잡혀 있어서(scheduled together) 비효율적이고 인건비도 많이 든다는 의미이다. 이러한 문제를 일반화하면 '④ 여러 가지 기술이 연관되어 있을 때 협동의 문제'이다.

③ : 이 선지도 예시의 내용과 비슷해 보일 수 있다. 하지만 ④가 problems임을 명백히 보여주는 반면, ③은 단순히 '차이'라고만 말할 뿐이다. 예시의 내용은 필요한 기술이 다른데 한 번에 작업을 시켜서 협동에 문제가 생기는 것이며, 이런 문제를 조심해야 한다는 것이다. 따라서 단순히 '차이를 조심하라'라고만 하는 것은 너무 추상적이다.

⑤ : 사람과 장비가 잘못 매치되었다는 것은 글의 내용과는 무관하다.

구문분석

- That situation is fraught with inefficiency and high labor costs, since all four trades must be scheduled together, [with at least three people watching while the fourth is at work].
  → [ ] 부분은 일종의 독립분사구문으로, 동시 동작의 의미이다. 즉 '네 번째 사람이 일하는 동안 적어도 세 명은 그냥 구경만 하는 채로'라는 의미이다.

- The cost will be at least four times [what it could be] and is often greater if one of the trades does not show up on time.
  → 배수 표현은 명사 앞에 붙을 수 있다. 즉 'A is four times the size of B'라고 하면 'A가 B의 네 배 크다'라는 뜻이다. 즉 비용은 원래 들 수 있는 액수보다 네 배가 더 많을 것이라는 것이나.

지문해석

비용 견적은 시간 견적이 나온 이후에 따라 나온다. 필요한 시간에 필요한 노동 비용(임금)을 곱함으로써. 여러 가지 기술들이 연관되어 있을 때 협동의 문제를 주의해라. 예를 들면, 한 큰 회사가 전동 모터를 제거하기 위해서 다음과 같은 인력들을 요구하는 방침을 가지고 있다 : 덮개를 제거할 수 있는 양철공, 전기 공급을 끊을 수 있는 전기 기술자, 받침대를 제거할 수 있는 기계 기술자, 그리고 받침대로부터 그 모터를 제거할 수 있는 한 명 혹은 그 이상의 작업자들. 이 상황은 비효율과 높은 노동 비용으로 가득 차 있다. 왜냐하면 모든 네 개의 작업이 한꺼번에 계획되어 있기 때문이다. 즉 이 상황 속에서는 네 번째 사람이 작업하는 동안, 적어도 세 명의 사람들은 지켜보고 있어야 한다. 비용은 원래 들 수 있는 액수보다 적어도 네 배는 들 수도 있다. 그리고 종종 더 커질 수 있다. 만약 일꾼 중 한 명이라도 제시간에 나타나지 않는다면.

① 나쁜 근로 조건에 의해 유발되는 비효율성
② 사업에서 높은 인건비를 조달하는 데에서의 어려움
③ 팀원을 늘리려는 때에 지불되는 지출
④ 여기 기계 마감이 지출에서 뒤따라 더 커지게 되는 비용
⑤ 생산에서 인력과 장비가 잘못 매치된 것

cost estimates 비용 견적 / **time estimates** 시간 견적(여기서 문장 구조상 estimate가 명사로 쓰였다는 것을 즉각 파악할 수 있어야 한다.) / **multiply A by B** A와 B를 곱하다.('A와 B를 곱하다'라는 말을 할 때 by를 쓴다는 것은 영어권 국가의 초등학생도 알고 있는 것인데, 이런 것도 생소한 학생들이 많을 것이다.) / **beware of** ~을 주의하라, 조심하라(명령문이다!) / **personnel** 인력, 인원 / **tinsmith** 양철공 / **millwright** 기계 수리(설치) 기술자 / **unbolt** 빗장을 벗기다(볼트를 없애는 것) / **mount** 받침대, 판 / **be fraught with** ~으로 가득 차다 / **inefficiency** 비효율, 비능률 / **trade** 일, 작업; 일꾼 / **coordination** 협력, 협동

Researchers asked college student volunteers to think through a fantasy version of an experience (looking attractive in a pair of high-heeled shoes, winning an essay contest, or getting an A on a test) and then evaluated the fantasy's effect on the subjects and on how things unfolded in reality. When participants envisioned the most positive outcome, their energy levels, as measured by blood pressure, dropped, and they reported having a worse experience with the actual event than those who had conjured more realistic or even negative visions. To assess subjects' real life experiences, the researchers compared lists of goals that subjects had set for themselves against what they had actually accomplished and also relied on self-reports. "When we fantasize about it — especially when you fantasize something very positive — it's almost like you are actually living it," says one of the study's co-authors. That _____, draining the incentive to "get energized to go and get it," she explains. Subjects may be better off imagining how to surmount obstacles instead of ignoring them.

독해기술

빈칸 문장은 연구의 공동 저자 중 한명(one of the study's co-authors)이 설명한 것을 이어가는 부분이다. 즉 이 사람의 말이 인용된 부분 안에서 단서를 찾는 것이 가장 정확하다. 빈칸 앞의 지시사 That은 문맥상 앞 문장의 '매우 긍정적인 것에 대해 공상하는 것'을 의미한다. 앞 문장 내용을 보면 매우 긍정적인 것에 대해 공상하면 실제로 그 공상대로 사는 것과 같다고 했다. 즉 그 공상이 실제로 이루어진 것처럼 느껴진다는 의미이다. 선지에서 이와 같은 의미인 것은 ④이다. it's almost like이란 표현은 '마치 ~와 같다'이므로, 이것이 선지에서 'tricks the mind into thinking(우리를 속인다)'과, 'living it(매우 긍정적인 공상 속에서 사는 것)'은 선지에서 'the goal has been achieved'과 재진술 관계이다. 풀이기술 2 6

오답피하기

① (13%) : 글의 내용은 실제 상황과 다른 공상을 하는 것이므로 현실을 있는 그대로(as it is) 평가하게 해준다는 것은 잘못된 내용이다.

② (18%) : 공상하다보면 실제로 이룬 것이라고 착각하는 것이지, 공상을 한다고 그것이 실제로 이루어진다는 내용은 글 속에 나타나 있지 않다.

⑤ (14%) : 정답이 되는 선지와 똑같이 '속인다(deceives your mind into believing)'라는 내용이 있으므로 헷갈리기 매우 쉬운 선지이다. 특히 빈칸 뒤쪽에, 무언가를 열정적으로 할 동기가 사라졌다고 했는데, 이는 정답 선지처럼 이미 목표가 달성되어서 동기가 사라질 수도 있고, 선지 ⑤처럼 장애물을 극복할 수 없다고 생각하여 동기가 사라지는 것일 수도 있다. 무엇보다 글 후반부에 장애물 이야기가 나오므로 ⑤가 더욱 매력적으로 보인다. 하지만 중요한 것은 빈칸 부분은 she explains라는 표현으로 보아 연구의 공동 저자가 한 설명을 인용하고 있으며, 연구의 공동 저자가 빈칸 앞 문장에서 언급한 것은 매우 긍정적인 공상을 하는 상황이므로 장애물이 극복될 수 없다고 믿어서 동기가 사라지는 것이 아니라 이미 목표가 달성되었다고 믿어서 동기가 사라지는 것이다.

구문분석

• To assess subjects' real life experiences, / the researchers compared [lists of goals / that subjects had set for themselves] against ⟨what they had actually accomplished⟩ / and also relied on self-reports.
→ compare는 'compare A to/with B (A와 B를 비교하다)' 형태로 쓰이지만, against도 '~에 대항하여'라는 의미가 있으므로, 이 문장에서도 문맥상 '[ ]와 ⟨ ⟩를 비교하다'로 해석할 수 있다. 문미의 and는 동사 compared와 relied를 이어주고 있다.

연구원들은 대학생 자원자들에게 어떤 경험의 상상판 (가령 하이힐을 신은 모습이 매력적으로 보인다든지, 에세이 대회에서 상을 탄다든지, 또는 시험에서 A를 받는다든지 하는)을 생각해 보라고 요구하고, 그 이후에 그 상상이 피실험자에 미치는 영향과, 상황이 실제로 현실 속에서 어떻게 펼쳐지는지에 대한 영향을 평가했다. 참여자들이 가장 긍정적인 결과를 상상했을 때, 혈압으로 측정되었을 때 그들의 에너지 수준은 하락했고, 더 현실적이고, 심지어 부정적인 장면을 상상했던 사람들보다 실제 상황에서 더 좋지 않은 경험을 했다고 보고했다. 피실험자들의 실제 삶의 경험들을 평가하기 위해서 연구원들은 피실험자들이 스스로 설정했던 목표들의 목록과 그들이 실제로 달성해낸 것을 비교했고, 또한 자가 보고서도 참고했다. "우리가 그것에 대해 공상할 때, 특히 당신이 매우 긍정적인 무언가에 대해 공상할 때, 이는 마치 당신이 실제로 그 공상의 삶을 살고 있는 것과 같다."라고 그 연구의 공동 저자 중 한 명이 말을 했다. 그것(공상하는 것)은 정신을 속여 목표가 이미 달성되었다고 생각하게 만들고, "열정적이 되어 그것을 얻어낼" 동기를 없어버린다고 그녀는 설명한다. 피실험자들은 장애들을 무시하는 것 대신, 장애물을 어떻게 극복할 것인지 상상하는 편이 더 나을 것이다.

① 여러분이 실제 삶을 있는 그대로 평가하도록 촉구한다
② 장밋빛 희망을 실제의 성취로 변화시킨다
③ 환상의 세계와는 별개인 여러분의 목표를 만들어 준다
④ 정신을 속여 목표가 이미 달성되었다고 생각하게 만들다
⑤ 장애물은 극복할 수 있는 것이니까 여러분의 마음을 속여서 믿게 하다

fantasy 상상, 공상 / subject 피실험자, 실험대상 / unfold 펴나, 펼쳐지다 / envision 상상하다, 마음속에 그리다 / conjure 미음을 하다; 마음속에 그려내다 / drain (불등을) 빼내다 / incentive 장려책, 우내책; 동기 / energize 열정을 돋우다 / be better off ~ing ~하는 것이 더 낫다 / prompt 유도하다, 촉발시키다 / render (어떤 상태가 되게) 만들다 / insurmountable 극복할 수 없는

01
정답률 32%

The human species is unique in its ability to expand its functionality by inventing new cultural tools. Writing, arithmetic, science — all are recent inventions. Our brains did not have enough time to evolve for them, but I reason that they were made possible because _____. When we learn to read, we recycle a specific region of our visual system known as the visual word-form area, enabling us to recognize strings of letters and connect them to language areas. Likewise, when we learn Arabic numerals we build a circuit to quickly convert those shapes into quantities — a fast connection from bilateral visual areas to the parietal quantity area. Even an invention as elementary as finger-counting changes our cognitive abilities dramatically. Amazonian people who have not invented counting are unable to make exact calculations as simple as, say, 6−2. This "cultural recycling" implies that the functional architecture of the human brain results from a complex mixture of biological and cultural constraints.

요지 / 예시

독해기술
빈칸 뒷부분에선 예시가 이어지는데, 재활용(recycle)이란 표현이 두 번이나 나온다. 시각 체계를 '재활용'하여 문자를 언어로 인식하는 것이고, 마찬가지로 시각 체계를 '재활용'하여 아라비아 숫자를 양의 개념으로 인식하는 것이다. 선지에서 '재활용'의 의미와 일맥상통하는 선지는 ②번이 된다. 풀이기술 2 6

구문분석
• Even an invention 〈(which is) as elementary as finger-counting〉 changes our cognitive abilities dramatically.
→ 〈 〉부분은 주어 an invention을 수식하는 구조로, which is가 생략되어 있다.

지문해석
인간이라는 종은 새로운 문화적 도구를 발명함으로써 자신의 기능성을 확장하는 능력에 있어서 독특한 존재이다. 글쓰기, 산수, 과학, 이 모두는 최근의 발명품이다. 우리의 뇌는 그것들을 위해 진화할 시간이 충분히 없었다. 하지만 나는 우리가 우리의 오래된 영역들을 새로운 방식으로 동원할 수 있기 때문에 그것들이 가능하게 되었다고 추론한다. 우리가 읽는 것을 배울 때, 우리는 시각적 단어-형태 영역으로 알려진 우리의 시각 시스템의 특정한 영역을 재활용하는데 이것이 우리로 하여금 일련의 문자를 인식하고 그것들을 언어 영역에 연결할 수 있게 해준다. 마찬가지로, 우리가 아라비아 숫자를 배울 때 우리는 그러한 모양들을 빠르게 수량으로 변환하는 회로를 구축하는데, 이는 양측의 시각 영역을 정수리 부분의 수량 영역과 빠르게 연결하는 것이다. 손가락으로 숫자 세기와 같은 기본적인 발명조차 우리의 인지 능력을 극적으로 변화시킨다. 숫자 세기 발명하지 않은 아마존 사람들은, 예를 들어, 6 빼기 2처럼 간단한 것도 정확히 계산할 수 없다. 이러한 '문화적 재활용'은 인간의 두뇌의 기능적 구조가 생물학적, 문화적 제약의 복잡한 혼합물로부터 생겨난 것이라는 것을 암시한다.
① 우리 뇌가 문화적 다양성에 한계를 부여한다.
② 우리가 우리의 오래된 영역들을 새로운 방식으로 동원할 수 있다
③ 문화적 도구들이 우리의 뇌 기능을 안정시킨다.

④ 우리의 뇌 영역은 고립된 방식으로 작동한다.
⑤ 우리는 우리 자신을 자연의 도전에 적응시킬 수 없다.

functionality 기능성, 기능 / arithmetic 산수, 계산 / Arabic numeral 아라비아 숫자 / calculation 계산 / architecture 구조, 건축 / constraint 제약

02
정답률
34%

Rules can be thought of as formal types of game cues. They tell us the structure of the test, that is, what should be accomplished and how we should accomplish it. In this sense, rules create a problem that is artificial yet intelligible. Only within the rules of the game of, say, basketball or baseball do the activities of jump shooting and fielding ground balls make sense and take on value. It is precisely the artificiality created by the rules, the distinctive problem to be solved, that gives sport its special meaning. That is why getting a basketball through a hoop while not using a ladder or pitching a baseball across home plate while standing a certain distance away becomes an important human project. It appears that respecting the rules not only preserves sport but also makes room for the creation of excellence and the emergence of meaning. Engaging in acts that would be considered inconsequential in ordinary life also liberates us a bit, making it possible to explore our capabilities in a protected environment.

> 도입
> 주제문
> 예시
> 주제문 재진술
> 주제문 부연

독해기술

문제가 아무리 어려워도 빈칸 추론은 결국 재진술을 찾는 문제임에 해두 가까이 아니다. 자디 ②의 intelligible은 intelligent(똑똑한)의 친척 + 쓰는데, intelligible은 '이해될 수 있는'이라는 의미이다. 빈칸 뒷부분을 보면, the artificiality가 the distinctive problem이 동격으로 여겨되어 이다 즉 '인공성 = 문제'인 것인데, 이는 다시 ②의 a problem that is artificial에 해당하여, '이해될 수 있는' 문제라는 것은 '풀릴 수 있는(to be solved)' 문제라는 의미이다. 규칙이 문제를 만들어낸다는 것도 created by the rules라는 표현에 나타나 있다.

오답피하기

① : 네 번째 문장을 보면, 오직 규칙 내에서만 스포츠의 활동이 의미가 통한다(make sense)고 되어 있다.
③ : 이 글은 스포츠 경기(game)에 대한 내용이고, 다른 영역에 대한 언급은 없다.
④ : 스포츠와 실제 삶의 유사점은 언급되어 있지 않다.
⑤ : 선수와 관중 간의 상호작용은 언급되어 있지 않다.

구문분석

• ⟨Only within the rules of the game of, say, basketball or baseball⟩ do the activities of jump shooting and fielding ground balls make sense and take on value.
  → only로 시작된 ⟨ ⟩ 부분이 문두로 나와 뒷부분에서 도치가 발생했다.
• It is precisely ⟨the artificiality created by the rules⟩, ⟨the distinctive problem to be solved⟩, that gives sport its special meaning.
  → it is ~ that 강조용법이다. 문장구조상 주어를 강조한 것이며, ⟨ ⟩와 ⟨ ⟩는 동격으로 연결되어 있다.

규칙은 공식적인 유형의 경기 신호로 간주될 수 있다. 규칙은 우리에게 시험의 구조, 즉 무엇이 성취되어야 하고, 우리가 그것을 어떻게 성취해야 하는지를 말해준다. 이런 점에서, 규칙은 인위적이지만 이해할 수 있는 문제를 만들어 낸다. 예를 들어, 오직 농구나 야구 경기의 규칙 내에서만, 점프 슈팅과 땅볼을 잡아서 처리하는 행위가 의미가 통하고 가치를 지닌다. 스포츠에 특별한 의미를 부여하는 것은 바로 규칙에 의해 만들어진 인위성, 즉 해결되어야 하는 독특한 문제이다. 그것이 사다리를 사용하지 않은 채로 농구공을 림에 통과시키거나, 특정한 거리를 두고 서서 본루로 야구공을 던지는 것이 인간의 중요한 활동이 되는 이유이다. 규칙을 존중하는 것은 스포츠를 보존할 뿐만 아니라 탁월성 창출과 의미 발생의 여지도 또한 만들어 내는 것처럼 보인다. 평범한 삶에서 중요하지 않게 간주될 수 있는 행위에 참여하는 것은 또한 우리를 약간 해방시켜 주고, 보호된 환경에서 우리의 능력을 탐구하는 것을 가능하게 해 준다.

① 규칙은 스포츠가 특별한 의미를 발달시키는 것을 막는다
② 규칙은 인위적이지만 이해할 수 있는 문제를 만들어 낸다
③ 게임의 구조는 다른 영역에도 적용될 수 있다
④ 규칙 때문에 스포츠는 실제 삶과 유사해진다
⑤ 선수와 관중의 상호작용에 의해 게임의 신호들이 제공된다

artificiality 인위성 / intelligible 이해할 수 있는 / field a ground ball (야구) 땅볼을 처리하다 / take on ~을 지니다[띠다] / precisely 바로, 꼭, 정확히 / hoop 고리 / home plate (야구의) 홈, 본루 / preserve 보존하다 / emergence 발생, 출현 / inconsequential 중요하지 않은 / ordinary 평범한 / liberate 해방시키다

03

정답률
22%

We understand that the segregation of our consciousness into present, past, and future is both a fiction and an oddly self-referential framework; your present was part of your mother's future, and your children's past will be in part your present. Nothing is generally wrong with structuring our consciousness of time in this conventional manner, and it often works well enough. In the case of climate change, however, the sharp division of time into past, present, and future has been desperately misleading and has, most importantly, hidden from view the extent of the responsibility of those of us alive now. The narrowing of our consciousness of time smooths the way to divorcing ourselves from responsibility for developments in the past and the future with which our lives are in fact deeply intertwined. In the climate case, it is not that _____. It is that the realities are obscured from view by the partitioning of time, and so questions of responsibility toward the past and future do not arise naturally.

일단 앞부분의 내용은, 시간에 대한 의식을 현재, 과거, 미래로 구분하는 것은 허구이지만, 일반적으로는 그렇게 생각하는 것에 문제가 없다는 내용이다. 중간에 however 이후부터 요지가 나온다. '기후 변화'의 경우에 있어서, 시간을 과거, 현재, 미래로 구분하는 것은 '지금 살아 있는 우리들의 책임 범위를 시야로부터 숨긴다'는 것이다. 그 다음 문장에 이 내용이 그대로 재진술되는데, '시간에 대한 우리의 의식을 좁힌다는 것'은 곧 시간을 과거, 현재, 미래로 구분하여 현재에만 초점을 맞추는 것을 의미하고, 그것이 우리 자신을 과거와 미래에 대한 책임으로부터 분리(divorce)시킨다는 것이다.

빈칸 뒷문장도 이에 대한 재진술이다. 시간을 분할함(the partitioning of time)으로써 현실이 시야에서 흐릿해지고, 과거와 미래의 책임에 대한 질문이 생겨나지 않는다는 것이다.

이 문제가 어려운 것은, 빈칸 부분은 이러한 재진술 관계에 해당하지 않는다는 점 때문이다. 빈칸 앞에 부정어 not이 있으므로, 빈칸은 필자가 부정하는 내용이 들어가야 한다. 그러다보니 무슨 말을 넣어야 할지 감을 잡지 못해서 정답을 제대로 고르지 못하게 된다.

이 부분은 기본적으로 이런 구조이다.

It is not A but B.

이것을 두 문장으로 쪼개서, It is not A. (But) It is B. 이렇게 만든 것이다. 중간에 But이나 Rather같은 연결어만 있었어도 문제는 좀 더 쉬워졌을 것이다.

빈칸 문장과 다음 문장이 not A but B 구조인 것만 파악하고 나면, A와 B가 대립어 관계임을 알 수 있다. 이것을 파악하면 문제는 쉽게 풀린다. B의 내용은 '현실이 시야에서 흐릿해진다(the realities are obscured from view)'이다. 그렇다면 이에 대한 대립어 A는 '현실이 시야에 보인다'가 되어야 한다. 선지에서 이에 해당하는 것은 ⑤번 선지의 '우리가 사실을 직시하다(we face the facts)'이다.

실제 시험에서는 시간 관계상 이 정도의 해결 방식으로 정답을 찾으면 충분하다. 다만 워낙 어려운 문제이므로 ⑤번 선지 뒷부분도 좀 더 자세히 분석해보자.

빈칸 부분인 '우리가 사실을 직시했으나 그 후 우리의 책임을 부인하다'를 대입할 때, 앞에 설명했듯, '우리가 사실을 직시하다'의 내립어가 realities are obscured from view 이 부분과 대립 관계에 빠지게 될 것이다. 그런데 '우리의 책임을 무인하다'의 대립어는 '우리의 책임을 인정하다'가 되어야 하는 것 아닌가? 그런데 빈칸 뒷문장에 '책임을 인정한다'는 내용은 없다.

빈칸 부분을 다시 보자. 시간을 이렇게 분배에서 우리가 할 수 있는 선택은 우리의 책임을 인정하거나 또는 부인하는 것이다. 그런데 사실 자체를 인식하지 못하게 되면 어떻게 될까? 사실 자체를 인식하지 못하면 책임을 인정할 것인지 부인할 것인지 선택하는 상황도 발생하지 않는다. 이것을 빈칸 뒷문장에서 '과거와 미래의 책임에 관한 질문이 발생하지 않는다(questions of responsibility toward the past and future do not arise naturally)'고 표현한 것이다.

즉, 이 글에서는 '우리의 책임을 부인하는 것' 이 부분만을 따로 떼어내어 '우리의 책임을 인정하는 것'을 대립어라고 말할 수 없다. 빈칸 부분을 전체적으로 보아 '사실을 인식했으나 그 후 우리의 책임을 부인하는 것'의 대립어로, '사실(현실)을 인식하지 못하고, 그래서 책임 여부도 인식하지 못하는 것(=책임에 관한 질문이 발생하지 않는 것)'이 되는 것이다.

오답피하기

① (19%) : ①을 넣으면, 전체 빈칸 부분은 '우리의 모든 노력에 효과에서 생겨난 빛져이 아직까지 정리되는 것이 아니니' 가 된다 수 기구 내가 포에에 있어서 우리의 노력을 효과되지지 않으로고 이 글의 요지는 우리의 책임 자체가 인식되지 않는다는 것이지 노력이 효과지 만드지나, 효과에 빠어가 없다는 내용이 아니다.

② (26%) : ②를 넣으면, 전체 빈칸 문장은 '충분한 과학적 증거가 우리에게 제공되어온 것은 아니다'가 된다. 기후 변화에 대해 과학적 증거가 없다는 내용은 이 글의 흐름과는 무관하다.

③ (17%) : ③을 넣으면, 전체 빈칸 문장은 '미래의 우려가 현재의 필요보다 더 긴급한 것은 아니다'가 된다. 즉 미래보다 현재의 필요가 더 긴급하다는 말이 된다. 이 글은 우리가 과거나 미래에 대한 책임을 인식하지 못하는 문제를 다루고 있는 글이지, 현재의 필요가 더 긴급하다고 말하는 글이 아니다.

④ (15%) : ④를 넣으면, 전체 빈칸 문장은 '우리의 선조들은 다른 시간의 틀을 유지했던 것이 아니다', 즉 '우리의 선조들도 우리와 같은 시간의 틀을 유지했다'가 된다. 이 글은 현재 우리의 시간 개념의 문제를 다루는 글이지, 조상들의 시간 개념이 어떠했는지는 글의 흐름과 무관하다.

구문분석

• In the case of climate change, however, the sharp division of time into past, present, and future has been desperately misleading and has, most importantly, hidden (from view) [the extent of the responsibility of those of us alive now].

→ 동사가 has hidden이고, 전치사구 (from view)에 괄호를 해 보면, 뒤에 있는 [   ]가 has hidden의 목적어이다.

우리는 우리의 의식을 현재, 과거, 미래로 분리하는 것이 허구인 동시에 이상하게 자기 지시적인 틀이라는 것을 이해하는데 여러분의 현재는 어머니의 미래의 일부였고, 여러분의 자녀들의 과거는 부분적으로 여러분의 현재의 일부일 것이다. 시간에 대한 우리의 의식을 이러한 전통적인 방식으로 구조화하는 것은 일반적으로 잘못된 것이 없으며, 그것은 종종 충분히 잘 작동한다. 그러나 기후 변화의 경우 과거, 현재, 미래로 시간을 분명하게 나누는 것은 심하게 (사실을) 오도해왔으며, 가장 중요한 것은 현재 살아 있는 우리들의 책임 범위를 시야에서 감춰왔다는 것이다. 시간에 대한 우리의 의식을 좁히는 것은 사실 우리의 삶이 깊게 얽혀 있는 과거와 미래의 발전에 대한 책임으로부터 스스로를 단절시키는 길을 닦는다. 기후의 경우, <u>우리가 사실을 직시했으나 그 후 우리의 책임을 부인하는</u> 것이 아니다. 현실은 시간을 분할함으로써 현실이 시야에서 흐릿해지고, 그래서 과거와 미래의 책임에 관한 질문이 자연스럽게 생겨나지 않는 것이다.

① 우리의 모든 노력이 효과적인 것으로 증명되고 따라서 장려되는
② 충분한 과학적 증거가 우리에게 제공되어온
③ 미래의 우려가 현재의 필요보다 더 긴급한
④ 우리의 선조들은 다른 시간의 틀을 유지한
⑤ 우리가 사실을 직시했으나 그 후 우리의 책임을 부인하는

consciousness 의식 / fiction 허구 / oddly 이상하게 / self-referential 자기 지시적인(문장 등이 스스로의 진위를 주장하는) / framework 틀 / structure 구조; 구조화[조직화]하다 / conventional 전통적인 / division 구분 / desperately 심하게, 극도로 / misleading (사실을) 오도[호도]하는 / extent 범위 / smooth the way to ~로 가는 길을 닦다[순탄하게 하다] / divorce 단절시키다, 분리하다 / partition 나누다, 분할하다 / arise 생겨나다, 발생하다

04

정답률
32%

Like many errors and biases that seem irrational on the surface, auditory looming turns out, on closer examination, to be pretty smart. Animals like rhesus monkeys have evolved the same bias. This intentional error functions as an advance warning system, manned by the self-protection subself, providing individuals with a margin of safety when they are confronted with potentially dangerous approaching objects. If you spot a rhinoceros or hear an avalanche speeding toward you, auditory looming will motivate you to jump out of the way now rather than wait until the last second. The evolutionary benefits of immediately getting out of the way of approaching dangers were so strong that natural selection endowed us — and other mammals — with brains that _____. Although this kind of bias might inhibit economically rational judgment in laboratory tasks, it leads us to behave in a deeply rational manner in the real world. Being accurate is not always smart.

고난도 빈칸 추론 문제는 고등학생 수준에서 이해하기 어려운, 대단히 난해한 지문을 사용하여 출제되는 경우가 많다. 하지만 지문의 내용을 완벽하게 이해할 필요는 없다. 출제자도 그것을 기대하고 출제하는 것이 아니다. 대체로 빈칸에 대한 재진술만 찾아내면 정답을 명확하게 골라낼 수 있기 때문이다.

이 글에는 계속해서 error, bias라는 표현이 나온다. 즉 auditory looming은 일종의 오류(error)이고 편향(bias)이란 것이다. rhesus monkey가 발달시킨 편향(bias)도 이 auditory looming을 가리킨다. 다음 문장에서는 이것을 '의도적인 오류

(intentional error)'라고 부르고 있다.

무엇보다 가장 강력한 단서는 빈칸 바로 다음 문장에도 지시사를 이용해서 this kind of bias라고 표현했다. 즉 빈칸에 들어갈 내용은 error 혹은 bias여야 한다. 선지 ①을 보면 의도적으로 부정확하게 세상을 보거나 듣는다는 내용이므로, 이것이 곧 error/bias에 해당한다. (풀이기술 2 6)

어려운 빈칸 추론 문제의 오답 선지는 거의 대부분 정답과는 정반대 의미로 구성하는 경우가 많다. 시간이 없어 빠르게 답을 찍는다 하더라도, 뒤쪽의 this kind of bias를 보는 순간 선지에서 정반대의 의미인 precisely와 accurately가 들어간 ②, ⑤부터 빠르게 제거하고, bias와 같은 의미가 될 수 있는 inaccurately가 있는 ①을 고르면 된다.

② : precisely라는 표현이 있으므로 bias나 error에 해당하지 않는다.

③ : 지문에서 auditory looming은 위험을 피하게 해주는 것이므로 ineffective라고 할 수 없다.

④ : ③과 마찬가지로 지문의 내용은 위험을 피하는 것이므로 overlook dangers는 잘못된 표현이다.

⑤ : ②의 precisely와 마찬가지로 accurately detect라는 것은 bias나 error에 해당하지 않는다.

구문분석

- If you spot a rhinoceros or hear an avalanche speeding toward you, auditory looming will motivate you to jump out of the way now rather than wait until the last second.
  → 여기서 speed는 '속도를 내다, 질주하다'라는 의미이 듣 이고, '난사태가 당신을 향해 속두를 내며 달려오는 소리를 듣는다면' 이란 의미이다.
  → rather than은 jump와 wait를 병렬로 연결해주고 있다.

- The evolutionary benefits (of immediately getting out of the way of approaching dangers) were so strong / that natural selection endowed us — and other mammals — with brains / that intentionally see and hear the world inaccurately.
  → so ~ that 용법이므로 that은 결과의 의미, 즉 '그래서'로 해석한다.
  → endow는 provide와 마찬가지로 'endow A with B' 형태로 쓰일 때 'A에게 B를 주다/부여하다'라는 의미이다.

지문해석

겉으로 보기에는 미합리적으로 보이는 (뭔) 우리가 빈틈-없다 비공식이 즉에 (auditory looming)로 변별이 소사해 나머 째 여 타진 것이 느니나, 붉은털원숭이와 같은 듬류로 또래측 빼주는 비니지시내, 이러한 빼느백기 부르는 ㅅㅅㅌ ㅌ긩에 ㅜ 시시개 냐눈이 사녀 양 그 니스테으ㅜ씨 기ㄹ써니, 사녀에 벤딘셔이 있는 합니ㅡ는 문제에 식번썼을 때 개개인에게 안신의 여지를 제공한다. 만약 당신이 코뿔소의 모습을 보거나, 당신을 향해 돌진하는 눈사태 소리를 들을 때, '어렴풋이 들리기'는 당신으로 하여금 마지막 순간까지 기다리는 것이 아니라, 지금 당장 길에서 벗어나도록 동기를 부여할 것이다. 접근하는 위험으로부터 즉각 벗어나는 것의 진화적 이점들은 대단히 강해서, 자연 선택은 우리, 그리고 다른 포유류들에게 일부러 세상을 부정확하게 보고 듣는 뇌를 주었다. 비록 이런 종류의 편향은 실험실의 작업에서 경제적으로 합리적인 판단을 하는 것은 방해할지 모르지만, 그것은 우리로 하여금 실제 세계에선 대단히 합리적인 방식으로 행동하도록 만든다. 정확한 것이 항상 현명한 것은 아니다.

① 일부러 세상을 부정확하게 보고 듣는
② 청각적인 정보를 정확하게 평가하도록 맞춰진
③ 고의적으로 합리적이지만 비효율적인 결정을 하는
④ 우리가 합리적으로 생각하지 않고 위험을 간과하도록 부추기는
⑤ 다가오는 위험을 정확하게 감지하지만 비합리적으로 무시하는

bias 편견, 편향 / auditory 청각의 / looming 어렴풋이 보이는 것 / rhesus monkeys 붉은털원숭이 / advance 사전(事前)의 / man ~에 인원을 배치[제공]하다 / subself 준자아 / a margin of safety 안전의 한계 / rhinoceros 코뿔소 / speed 속도를 내다, 질주하다 / natural selection 자연 도태, 자연 선택 / endow 주다, 수여하다 / inhibit 방해하다 / aural 청각의

05

정답률
32%

Precision and determinacy are a necessary requirement for all meaningful scientific debate, and progress in the sciences is, to a large extent, the ongoing process of achieving ever greater precision. But historical representation puts a premium on a proliferation of representations, hence not on the refinement of one representation but on the production of an ever more varied set of representations. Historical insight is not a matter of a continuous "narrowing down" of previous options, not of an approximation of the truth, but, on the contrary, is an "explosion" of possible points of view. It therefore aims at the unmasking of previous illusions of determinacy and precision by the production of new and alternative representations, rather than at achieving truth by a careful analysis of what was right and wrong in those previous representations. And from this perspective, the development of historical insight may indeed be regarded by the outsider as a process of creating ever more confusion, a continuous questioning of _____, rather than, as in the sciences, an ever greater approximation to the truth.

중인 과정이다. 그러나 역사적 진술은 진술의 증식을 중요시하며, 따라서 하나의 진술의 정제가 아닌, 더욱 다양한 진술 집합의 생성에 중점을 둔다. 역사적 통찰력은 이전의 선택지를 지속적으로 '좁혀 가는' 문제, 즉 진리에 근접해가는 문제가 아니라, 반대로 가능한 관점의 '폭발적 증가'이다. 따라서 그것은 이전의 진술에서 무엇이 옳고 그른지에 대한 신중한 분석을 통해 진실을 획득하는 것이 아니라, 새롭고 대안적인 진술의 생성에 의해 확정성과 정확성에 대해 이전에 가진 환상을 드러내는 것을 목표로 한다. 그리고 이러한 관점에서 볼 때, 역사적 통찰력의 발전은 과학에서처럼 진리에 훨씬 더 많이 근접해가는 것보다는, 훨씬 더 많은 혼란을 야기하는 과정, 즉 <u>이미 획득한 것처럼 보이는 확실성과 정확성</u>에 대한 지속적인 의문 제기로 외부인에게 진정 여겨질 수도 있다.

① 역사적 진술을 평가하기 위한 기준
② 이미 획득한 것처럼 보이는 확실성과 정확성
③ 어떤 사건에 대한 대안적 해석의 가능성
④ 역사적 저술에 있어서의 여러 관점의 공존
⑤ 수집된 역사적 증거의 정확성과 신뢰성

precision 정확성 / determinacy 확정성 / necessary requirement 필요조건 / to a large extent 많은 정도로, 상당 부분 / representation 진술, 설명, 표현 / put a premium on ~을 중요시하다 / refinement 정제, 개선 / narrowing down 좁히기 / approximation 근접, 근사 / unmask 정체를 밝히다[드러내다] / illusion 환상, 착각 / regard 간주하다 / questioning 의문 제기 / seemingly 겉보기에

06
정답률 26%

Journeys are the midwives of thought. Few places are more conducive to internal conversations than a moving plane, ship, or train. There is an almost peculiar correlation between what is in front of our eyes and the thoughts we are able to have in our heads: large thoughts at times requiring large views, new thoughts new places. Introspective reflections which are liable to stall are helped along by the flow of the landscape. ⓐ The mind _____ when thinking is all it is supposed to do. ⓑ The task can be as paralyzing as having to tell a joke or mimic an accent on demand. ⓒ Thinking improves when parts of the mind are given other tasks, are charged with listening to music or following a line of trees.

주제문
주제문 재진술

지문구조

주제문   여행은 생각의 산파이다.
주제문 재진술   움직이는 비행기, 배, 기차(=여행)보다 내면 대화에 더 도움이 되는(=생각에 도움이 되는)것은 없다.

독해기술

내용이 아래처럼 대립되고 있다.

ⓐ : 정신은 _____ 한다.   생각하는 것만이 정신이 해야 할 일의 전부 일 때
         ↕   ↕
ⓒ : 생각은 향상된다.   정신의 일부에 다른 일이 주어질 때

따라서 이 문제는 재진술의 반대 개념인 '대립어'를 이용하여 풀 수 있다. [풀이기술 2·8] 즉 빈칸에는 '생각은 향상된다(thinking improves)'와 반대되는 의미를 선지에서 찾아 고르면 된다. 따라서 답은 '① 올바르게 생각하기를 꺼릴지 모른다'이다.

참고로 ⓑ에서 예시가 주어지는데, 이를 이용해서 풀 수도 있다.

ⓐ The mind _____ when thinking is all it is supposed to do.

ⓑ The task can be as paralyzing as having to tell a joke or mimic an accent on demand.

이 두 문장은 의미가 다음과 같이 대응된다.

ⓐ		ⓑ
농담을 해보라고 요구받거나, 억양을 흉내내보라고 요구받을 때	일반화 →	정신이 오직 생각만 해야 할 때
그 일은 (생각을) 마비시킬 수 있다.	재진술 ===	생각이 올바르게 되지 않는다.(= ①)

오답피하기

② (16%) : focus better는 정답과는 반대되는 의미이고, future thoughts라는 것은 지문의 내용과 관련이 없다.

③ (18%) : 정답과 정반대되는 내용이다. ⓒ에 따르면 멀티태스킹을 할 때는 정신이 혼동스러워지는 것이 아니라 오히려 생각이 향상되어야 한다. 또한 ⓐ는 '생각하는 것만이 해야 할 일의 전부일 때'에 대한 내용이므로 by multitasking은 맞지 않는다.

④ (16%) : '새로운 일(new tasks)'이라는 개념은 지문에 나오지 않는다. 정신이 is likely to be paralyzed하게 되는 것은 새로운 일 때문이 아니라 '오직 생각만 하고 다른 것을 하지 못해서'이다.

⑤ (22%) : ⓒ에 따르면, 눈앞에 어떤 다른 것이 있다면(정신이 생각 말고 다른 것을 할 수 있으면) 생각은 오히려 향상되어야 한다.

구문분석

• Few places are 〈more conducive to internal conversations〉 than [a moving plane, ship, or train.]
  → 직역하면 '[　]보다 더 〈　〉한 장소는 거의 없다(few places)'라는 의미로, [　]가 가장 〈　〉한 장소란 뜻이다.

• large thoughts at times requiring large views, new thoughts (　) new places.
  → (　) 부분엔 requiring이 반복되므로 생략한 형태이다.

지문해석

여행은 생각의 산파이다. 움직이는 비행기, 배, 또는 기차보다 내면적인 대화에 더 도움이 되는 장소는 거의 없다. 우리의 눈앞에 있는 것과 우리가 머릿속에서 가질 수 있는 사고 사이에는 대개 특이한 상관 관계가 있다: 넓은 사고는 때때로 넓은 시각을 필요로 하고, 새로운 사고는 새로운 장소를 필요로 한다. 미루기 쉬운 자기 성찰적 반성은 풍경의 흐름에 의해 도움받기도 한다. 정신은 생각하는 것만이 해야 할 일의 전부 일 때 올바르게 생각하길 꺼릴지도 모른다. 그 일은 농담을 해야 하거나 요구대로 말씨를 흉내 내는 것처럼 무력하게 하는 것일 수도 있다. 사고는 정신의 일부분에 다른 일이 주어지거나, 음악을 듣거나 가로수를 따라가는 일로 채워질 때 향상된다.

① 올바르게 생각하길 꺼릴지도 모른다
② 미래의 사고에 더 잘 초점을 맞출지도 모른다
③ 다중 작업으로 인해 혼란스러워질 수 있다
④ 새로운 일에 대한 두려움으로 마비되기 쉽다
⑤ 눈앞에 있는 것으로부터 산만해질 수 있다

midwife 산파 / conducive 도움이 되는 / peculiar 독특한, 특별한, 괴상한 / introspective 내성적인, 자기 성찰의 / reflection 성찰; 반영; 숙고 / be liable to ～하기 쉽다. / stall 지연시키다, 꾸물거리다 / paralyze 마비시키다, 무력하게 하다 / mimic a. 흉내 내는 v. 흉내 내다 / reluctant 내키지 않는, 꺼리는

Unlike deviance in other settings, deviance in sports often involves _____ norms and expectations. For example, most North Americans see playing football as a positive activity. Young men are encouraged to 'be all they can be' as football players and to live by slogans such as "There is no 'I' in t-e-a-m." They are encouraged to increase their weight and strength, so that they can play more effectively and contribute to the success of their teams. When young men go too far in their acceptance of expectations to become bigger and stronger, when they are so committed to playing football and improving their skills on the field that they use muscle-building drugs, they become deviant. This type of 'overdoing-it-deviance' is dangerous, but it is grounded in completely different social dynamics from the dynamics that occur in the 'antisocial deviance' enacted by alienated young people who reject commonly accepted rules and expectations.

> deviance in other settings
> vs.
> devian in sports

> overdoing-it-deviance
> vs.
> antisocial deviance

지문의 내용이 다소 어려운 밸기프, 무엇이나 사물에서 에바 만나지는 어휘 deviance(혹은 deviant)가 대단히 어려운 어휘이기 때문에 지문의 내용을 이해하는 것이 결코 쉽지 않다.

deviance는 대단히 높은 수준의 단어이기 때문에, 평소 영어 지문에서 이 단어를 접할 기회가 거의 없었을 것이다. 수능에서는 이렇게 처음 보는 어휘가 나올 수 있다. 그렇다고 해서 이 단어의 의미를 단순히 사전에서 찾아 외우는 것은 아무런 의미가 없다.

따라서 여기에서는 일부러 deviance의 의미를 설명하지 않을 것이다. 대신 deviance의 의미를 전혀 모르더라도 지문의 구조를 파악하여 정답을 확실하게 찾는 방법을 설명할 것이다. 수능에 deviance라는 단어는 또 나오지 않겠지만, 이 문제와 유사한 사고 과정을 필요로 하는 문제는 지금까지 여러 번 출제되었고, 수능에 또 다시 출제될 가능성이 대단히 높기 때문이다. 이 문제는 재진술의 반대 개념인 대립어를 찾아 푸는 문제이다.

우선 첫 문장을 보면, deviance에는 두 가지 종류가 있음을 알 수 있다. other settings의 deviance와 나는 sports에서의 deviance에 대해 설명하고 있기 때문이며, 이 두 가지가 서로 대립되어 나오고 있다. 따라서 이 문제는 극 소의 나는 부분에서 스포츠에서의 deviance를 제기하고 있으니 반대를 제시하니, 아니면 other settings에서의 deviance를 찾아 그 반대되는 내용을 빈칸에 채우면 된다. 빈칸이 있는 첫 문장을 보고 이런 생각을 해낼 수 있는지가 이 문제의 정답을 찾을 수 있는지를 결정한다.

아래의 예시를 보면, 풋볼을 통해 deviance in sports를 설명하고 있다. 그런데 이 예시만 가지고는 빈칸에 들어갈 말을 찾기가 쉽지 않다. 글을 조금 더 읽어 보면 예시의 마지막 부분에, they become deviant라는 표현이 보이고, This type of 'overdoing-it-deviance'라는 표현이 보인다. 즉, 여기서 말하는 overdoing-it-deviance가 첫 문장에서 말한 스포츠에서의 deviance와 같은 개념인 것을 알 수 있다.

그 다음 문장이 핵심이다. 왜냐하면 overdoing-it-deviance, 즉 deviance in sports는 antisocial deviance와는 완전히 다르다고 진술하고 있기 때문이다. 여기서 antisocial deviance가 overdoing-it-deviance와 대응되는 반대 개념이므로, 이것이 곧 첫 문장에서 언급한 deviance in other settings와 같은 개념이 된다.

| 첫 문장 | deviance in other settings | ↔ | deviance in sports |
| 마지막 문장 | ‖ antisocial deviance | ↔ | ‖ overdoing-it-deviance |

마지막 문장의 antisocial deviance가 deviance in sports와 반대 개념이란 것을 파악하면 문제는 거의 끝났다. 이 antisocial deviance에 대한 설명 부분을 꼼꼼히 확인해 보자.

antisocial deviance는 alienated young people에 의해 행해진다(enacted)고 한다. 이 young people이 어떤 사람들인가 보자. 이들은 who reject commonly accepted rules and expectations하는 사람들이다. 이 부분에 또 한번 매우 강력한 힌트가 등장한다. expectations라는 단어가 왠지 익숙하지 않은가? 빈칸이 있는 문장에서 바로 expectations라는 단어가 그대로 사용되었다. 여기서 생각을 조금만 더 해보면, 'commonly accepted rules(공통적으로 받아들여지는 규칙)'가 바로 'norms(규범)'와 같은 개념이란 것을 알 수 있다! 즉, 빈칸 바로 뒤에 있는 norms and expectations에 대한 재진술이 바로 여기에 commonly accepted rules and expectations로 나타나고 있는 것이다! [독해원리 0 3]

deviance in sports often involves ＿＿＿＿＿＿＿ norms and expectations
↕　　　　　　　　↕　　　　　　　　∥
'antisocial deviance' ⋯⋯ who reject commonly accepted rules and expectations

deviance in sports에서는 norms and expectations를 ＿＿＿＿하고, antisocial deviance에서는 norms and expectations를 거부(reject)한다. 따라서 빈칸에는 5개의 선지 중에서 reject와 반대 의미인 것을 찾으면 된다. [풀이기술 2 8] 선지에서 reject와 반대 의미인 것은 바로 '⑤ an unquestioned acceptance of and extreme conformity to(～에 대한 묻지도 따지지도 않는 수용과 극단적인 순응)'이다

오답피하기
③ (24%) : 언제나 그렇듯, 정반대되는 의미의 선지에는 항상 오답이 많이 나온다. 'ambitious attempts to get independent of and free from(～으로부터 독립적이 되고 자유롭게 되고자 하는 야심적인 시도)'는 오히려 reject와 같은 의미이므로, 정답과는 정반대의 의미이다.

구문분석

• When young men go too far in their acceptance of expectations / to become bigger and stronger, when they are so committed to playing football and improving their skills on the field that they use muscle-building drugs, // they become deviant.
  → 앞부분을 'too ~ to-V 용법(～하기에 너무 …하다)'으로 착각하지 않도록 주의하자. 여기서 to become은 단순히 '～하기 위하여'라는 의미일 뿐, 앞의 too와 연결된 것이 아니다.
  → 중간에서 'so A that B'는 '너무 A해서 B하다'라는 의미이다. 그리고 committed to는 '～에 전념하다'라는 뜻이다.
  → 두 개의 when절은 동격 comma로 연결되어 있다. 즉 첫 번째 when절의 의미를 보다 구체적으로 풀어 쓴 것이 두 번째 when절이다.

• deviance in sports often involves [⟨an unquestioned acceptance of⟩ and ⟨extreme conformity to⟩ norms and expectations].
  → [ ] 부분은 involve(～를 수반하다)의 목적어인데, ⟨ ⟩와 ⟨ ⟩가 and로 연결되어 norms and expectations 앞에 위치한 형태이다. 즉 an unquestioned acceptance of norms and expectations and extreme conformity to norms and expectations에서 공통되는 부분을 생략한 형태이다.

지문해석

다른 분야에서의 일탈과는 다르게, 스포츠에서의 일탈은 종종 규범과 기대에 대한 맹목적인 수용과 극단적인 순응을 유발한다. 예를 들어, 대부분의 북아메리카 사람들은 풋볼에 참가하는 것을 긍정적인 활동으로 본다. 젊은이들은 풋볼 선수로서 '될 수 있는 최고가 되라'고 격려받으며, '팀에서 '나'라는 존재는 없다'와 같은 표어에 의해 살아가도록 격려받는다. 그들은 체중과 힘을 증가시켜서 더욱 효과적으로 경기를 하고 그들의 팀의 성공에 기여하도록 격려받기도 한다. 젊은이들이 더 커지고 강해지리라는 기대를 너무 지나치게 수용할 때, 또 그들이 경기장에서 풋볼 경기를 하는 것과 기술을 향상시키는 데 너무 전념하여 근육을 발달시키는 약물을 사용하게 될 때, 그들은 일탈하게 된다. 이러한 '과잉행동 일탈'의 유형은 위험한 것이지만, 이는 일반적으로 받아들여지는 규칙과 기대를 거부하는 소외된 젊은 사람들에 의해 형성되는 '반사회적 일탈'에서 일어나는 역학과 완전히 다른 사회적인 역학에 근거한다.

① ~를 피하려는 바람에 대한 단련된 통제

② ~를 형성함에 있어서 낭비된 노력과 자원

③ ~에서 독립되고 자유로워지려는 야심적인 시도

④ 슬로건과 표어를 ~와 맞추는 전통적인 접근 방법

⑤ ~에 대한 맹목적인 수용과 극단적인 순응

deviance 일탈 / **norm** 규범, 기준 / **encourage** 용기를 주다, 격려하다, 고무하다 / **slogan** 표어, 슬로건; 외침 / **contribute** 공헌하다, 기여하다 / **overdo** 과장하다, ~을 지나치게 하다 / **ground** 기초를 두다 / **dynamics** 역학 / **enact** 행하다; 제정하다 / **alienate** 멀리하다, 소외시키다

08
정답률 30%

The growth of academic disciplines and sub-disciplines, such as art history or palaeontology, and of particular figures such as the art critic, helped produce principles and practices for selecting and organizing what was worthy of keeping, though it remained a struggle. Moreover as museums and universities drew further apart toward the end of the nineteenth century, most as the idea of objects as a highly valued route to knowing the world went into decline, collecting began to lose its status as a worthy intellectual pursuit, especially in the sciences. The really interesting and important aspects of science were increasingly those invisible to the naked eye, and the classification of things collected no longer promised to produce cutting-edge knowledge. The term "butterfly collecting" could come to be used with the adjective "mere" to indicate a pursuit of _____ academic status.

독해기술

본문 중간 부분에서 collecting이 '가치 있는 지적 추구로서의 지위를 잃기 시작했다'고 했다. 빈칸 문장은 이에 대한 추가적인 collecting에 대한 내용이므로 빠진 것과 같은 의미가 되어야 한다. 이를 나타내기 위해 'mere(단지, 고작, 한낱 ~에 불과한)'이란 형용사를 사용하며 pursuit of _____ 라는 지위를 나타내기 위한 것이라고 했다. collecting은 가치 있는 지적 추구로서의 지위를 잃고 있으므로 빈칸에는 부정적인 의미가 들어가야 한다. 선지에서 부정적인 의미는 '③ 부차적인' 뿐이다.

이 문제를 틀렸다면 어휘의 의미를 정확히 몰라서 틀렸을 가능성이 높다. secondary는 '두 번째(=second)'가 아니라, '(중요도 면에서) 이차적인, 부차적인'을 의미한다. 한편 다른 선택지들 '① 경쟁력 있는', '② 참신한, 새로운', '④ 신뢰할 수 있는', '⑤ 무조건적인'으로 '지위(status)'를 수식하면 모두 긍정적인 의미가 되어 어울리지 않는다.

구문분석

• The growth (of academic disciplines and sub-disciplines, such as art history or palaeontology), and (of particular figures such as the art critic), helped produce principles and practices for selecting and organizing what was worthy of keeping, though it remained a struggle.

→ 주어 the growth를 두 개의 'of + N 어구'가 수식하고 있다.

→ 동사 helped 뒤의 목적어 to produce에서 to가 생략되어 동사원형 produce 형태가 쓰였다.

미술사나 고생물학과 같은 학문 분야와 하위 분야의 성장, 그리고 예술 비평가와 같은 특정 인물의 성장은 비록 힘든 일로 남게 되었지만, 유지할 가치가 있는 것을 선택하고 정리하기 위한 원칙과 관행을 만드는 데 도움을 주었다. 게다가, 19세기 말로 갈수록 박물관과 대학들이 서로 점점 더 멀어지고, 세상을 알기 위한 매우 가치 있는 경로로서 대상이라는 개념이 쇠퇴하면서, 수집은 특히 과학 분야에서 가치 있는 지적 추구로서의 지위를 잃기 시작했다. 과학의 정말 흥미롭고 중요한 측면들은 점점 더 육안으로는 보이지 않는 것들이었고, 수집된 것들에 대한 분류는 더 이상 최첨단 지식을 생산할 가망이 없었다. '나비 채집'이라는 용어는 '한낱(mere)'이라는 형용사와 사용되어, 부차적인 학문적 지위의 추구를 나타낼 수 있었다.

① 경쟁력 있는 ② 참신한, 새로운 ③ 부차적인 ④ 신뢰할 수 있는 ⑤ 무조건적인

academic discipline 학문 분야, 학과 / sub-discipline 하위 분야[학과] / figure 인물 / struggle 힘든 일, 투쟁 / route 길, 경로 / status 지위 / intellectual 지적인 / pursuit 활동, 일, 추구 / invisible 보이지 않는 / naked eye 육안 / classification 분류 / cutting-edge 최첨단의 / mere 한낱, 단지 ~만의 / secondary 부차적인

09
정답률 32%

Grief is unpleasant. Would one not then be better off without it altogether? Why accept it even when the loss is real? Perhaps we should say of it what Spinoza said of regret: that whoever feels it is "twice unhappy or twice helpless." Laurence Thomas has suggested that the utility of "negative sentiments" (emotions like grief, guilt, resentment, and anger, which there is seemingly a reason to believe we might be better off without) lies in their providing a kind of guarantee of authenticity for such dispositional sentiments as love and respect. No occurrent feelings of love and respect need to be present throughout the period in which it is true that one loves or respects. One might therefore sometimes suspect, in the absence of the positive occurrent feelings, that _____. At such times, negative emotions like grief offer a kind of testimonial to the authenticity of love or respect.

— 도입
— 요지
— 요지 구체화

이 문제는 2017학년도 수능에서 가장 정답률이 낮았던 문제로, 정답률이 고작 32%에 불과하다. 빈칸이 글의 주제 부분이 아닌 좀 더 세부적인 부분에 제시되어 있으면 문제가 어려워진다. 왜냐하면 글의 큰 흐름만 파악하면 되는 것이 아니라 세부적인 흐름까지도 파악해야 하기 때문이다. 그래서 이 문제가 정답률은 더 낮았던 것이다.

글의 전체 요지가 두 번 반복되어 있음을 알아야 한다. 글의 앞부분에서는 우리에게 부정적 감정이 왜 필요한지 의문을 제기한다. 글의 중간 부분에 요지가 나오는데, 부정적 감정의 유용성은, 사랑과 같은 긍정적 감정이 진짜라는 보증을 제공하는데 있다는 것이다. 글의 마지막 문장에도 똑같은 내용이 반복된다. 슬픔과 같은 부정적 감정은 사랑이나 존경의 진정성에 대한 일종의 증거를 제공한다고 되어 있다. 이렇게 글의 요지가 재진술되어 있으므로, 이 중 한 곳에 빈칸이 제시되어 있었다면 문제가 조금은 쉬웠을 것이다. 하지만 빈칸은 뒤에서 두 번째 문장에 제시되어 있다.

정답을 찾는 가장 큰 단서는 빈칸 뒤에 있는 such times이다. 즉 빈칸에 들어갈 표현을 바로 다음 문장에서 such times를 통해 그대로 지칭하고 있는 것이다. 따라서 마지막 문장에는 빈칸에 대한 재진술이 나올 수밖에 없다. 빈칸 문장과 다음 문장의 의미 관계를 잘 생각해야 한다.

빈칸 문장 : 사랑의 감정이 없으면 _____라고 의심한다.

다음 문장 : 그러한 시기에는, 슬픔이 사랑의 진정성에 대한 증거를 제공한다.

사랑이 진짜라는 증거는 어떤 경우에 필요한가? 사랑이 진짜라는 것을 믿지 못할 때 필요하다. 즉 빈칸에는, 마지막 문장에 있는 love or respect에 대한 대립어(반대말)가 들어가야 한다. 이는 선지에서 '① 우리가 더 이상 사랑을 하지 않는다'에 해당한다. 우리가 더 이상 사랑을 하지 않는다고 의심하기 때문에, 사랑을 하고 있다는(=사랑의 진정성에 대한) 증거가 필요한 것이다.

풀이기술 2 8

오답피하기

② (12%) : 빈칸에는 love or respect의 대립어가 필요하므로, 행복해지는 것은 의미가 맞지 않다.

③ (14%) : 사랑의 감정이 없고 대신 슬픔이 있는 경우이므로 감정적 손실은 실제로 발생하고 있는 상황이다.

④ (21%) : 빈칸에는 love or respect의 대립어, 즉 사랑이나 존경을 하지 않는다는 의미가 들어가야 한다. 따라서 respect가 보장된다는 것은 정답과는 정반대 의미이다.

⑤ (21%) : 슬픔과 같은 부정적 감정은 실제로 존재하는 것이므로 이를 유효하지 않다고 말하는 것은 잘못된 내용이다.

구문분석

• Perhaps we should say (of it) [what Spinoza said / of regret: that whoever feels it is "twice unhappy or twice helpless."]
  → say 뒤에서 전치사구 'of it(그것에 대해)'에 괄호를 하고, 뒤에 있는 [ ] 부분을 목적어로 파악해야 한다.

• Laurence Thomas has suggested that the utility of "negative sentiments" (emotions like grief, guilt, resentment, and anger / which there is seemingly a reason to believe we might be better off without ●) lies in their providing a kind of guarantee of authenticity for such dispositional sentiments as love and respect.
  → 괄호 속 which가 목적격 관계대명사이며, which는 뒤에 without의 목적어 자리인 ● 부분의 역할을 한다. which가 가리키는 것은 emotions like grief, guilt, resentment, and anger이다.
  → 괄호 부분은 negative sentiments에 대한 설명을 덧붙인 것이고, 괄호 부분을 제외하고 문장 구조를 살펴보면 the utility가 주어, lies가 동사이다. 여기서 lies in은 '~에 있다'라는 뜻이다.
  → providing은 동명사이고, their는 의미상의 주어이다. 따라서 이 부분은 '그들이 ~를 제공하는 것'라고 해석해야 한다.

• One might therefore sometimes suspect, in the absence of the positive occurrent feelings, that one no longer loves.
  → 빈칸 문장의 의미를 제대로 해석하는 것이 가장 중요하다. suspect의 뜻을 잘 모르면 정반대로 해석할 수 있기 때문이다. doubt와 suspect는 동의어처럼 보이지만, 실제로는 반의어이다. doubt는 '~라는 사실에 의심을 품다', 즉 '~라고 믿지 않는다(don't believe)'를 뜻하고, suspect는 '~라고 의심하다', 즉 '~이라고 믿는다(believe)'의 뜻이다. 즉 이 문장은 빈칸에 들어갈 내용을 '믿는다'라고 해석해야 정확하다. 다시 말해 빈칸에 들어갈 말은 '우리는 더 이상 사랑을 하지 않는다고 믿는다'가 된다.

지문해석

슬픔은 불쾌하다. 그렇다면 우리는 그것이 완전히 없는 경우가 더 좋은 게 아닐까? 손실이 현실이 되는데도 불구하고, 왜 그것을 받아들이는가? 아마도 우리는 Spinoza가 후회에 대해 말했던 것, 즉 그것을 느끼는 사람은 "두 배 불행하거나 두 배 무력하다"라고 말했던 것을 슬픔에 대해서도 말해야 할 것 같다. Laurence Thomas는 "부정적인 감정"(슬픔, 죄책감, 분개, 분노같은, 우리가 그런 것이 없다면 더 좋다고 믿을 이유가 있어 보이는 감정들)의 유용성은 사랑과 존경같은 성향적인 감정의 진실성에 대한 일종의 보증을 제공한다는 것에 있다고 말한다. 우리가 사랑하거나 존경하는 것이 사실인 기간 내내 사랑과 존경이라는 감정이 꼭 나타나야 할 필요가 없다. 따라서 때때로 우리는 발생하고 있는 긍정적인 감정이 없을 때는 더 이상 사랑하지 않는다고 의심할지 모른다. 그러한 시기에 슬픔과 같은 부정적인 감정은 사랑이나 존경의 진정성에 대한 일종의 증거를 제공한다.

① 더 이상 사랑하지 않는다고

② 훨씬 더 행복하다고

③ 감정적 손실은 결코 실제일 수 없다고

④ 자신에 대한 존경이 보장될 수 있다고

⑤ 부정적인 감정이 더 이상 유지되지 않는다고

unpleasant 불쾌한 / better off 형편[상황]이 더 나은 / altogether 완전히, 전적으로 / helpless 무력한, 속수무책인 / utility 유용성 / sentiment 감정, 정서 / resentment 분개, 분노 / lie in ~에 있다 / authenticity 진짜임, 신뢰성 / occurrent 현재 일어나고 있는 / hold 유효하다, 성립하다

10

정답률
20%

Guys lost on unfamiliar streets often avoid asking for directions from locals. We try to tough it out with map and compass. Admitting being lost feels like admitting stupidity. This is a stereotype, but it has a large grain of truth. It's also a good metaphor for a big overlooked problem in the human sciences. We're trying to find our way around the dark continent of human nature. We scientists are being paid to be the bus-driving tour guides for the rest of humanity. They expect us to know our way around the human mind, but we don't. So we try to fake it, without asking the locals for directions. We try to find our way from first principles of geography ('theory'), and from maps of our own making ('empirical research'). The roadside is crowded with locals, and their brains are crowded with local knowledge, but we are too arrogant and embarrassed to ask the way. So we drive around in circles, _____ about where to find the scenic vistas that would entertain and enlighten the tourists.

→ 주제문

→ 예시(비유)

독해기술

글에서 비유가 나오면 주목하라. 글이 어려워 보이지만 필자가 비유를 통해 비교하고 있는 내용만 잘 파악하면 내용 파악이 어렵지 않다. 초반부에서 사람들은 잘 알지 못하는 거리에서 남들에게 길을 묻지 않고, 지도와 나침반만 가지고 스스로 길을 찾는다고 했다. 이 내용을 놓치지 않고 글을 읽어 나가야 한다. 이것이 인문 과학(human sciences)에 대한 비유라고 했으므로, 인문 과학 연구에서도 길을 묻지 않고 미련하게 스스로 길을 찾아가는 내용이 이어질 것임을 짐작해야 한다.

글의 후반부를 보면 역시나 우리는 우리가 만든 지도(maps of our own making)를 가지고 길을 찾으며 남들에게 길을 묻기엔 너무 자만하고 쪽팔려 한다는 내용이 나온다. 따라서 빈칸에도 '우리는 남들에게 길을 묻지 않는다'는 내용이 들어가면 된다. 선지에서 이와 같은 의미인 것은 ⑤ inventing and rejecting successive hypotheses이다. ⑤의 의미는 '가설을 만들어 내고, 또 그 가설을 부정하는 것'인데, 문맥에 맞게 이를 해석해 보자면, 남에게 길을 묻는 것이 아니라 나 혼자서 '아마 이 길이 맞을 거야'라고 가설을 세우고, 막상 그 길로 가보니 '어라, 이 길이 아니네'하고 가설을 부정한다는 의미이다. 이는 남에게 길을 묻지 않는다는 의미에서 '우리가 직접 만든 지도(maps of our own making)'만 가지고 길을 찾는다는 것과도 의미가 상통한다.

이처럼 고난도 빈칸 문제일수록 선지의 내용을 다시 한 번 잘 곱씹어 봐야 한다. 언뜻 보기에는 전혀 상관없는 말인 것처럼 보이나 한번 그 말뜻을 곱씹어 보면 정확히 이 필자가 하고 싶은 말과 일맥상통함이 드러난다.

오답피하기

④ : 만약 relying on our own knowledge and experience라고 되어 있다면 남에게 묻지 않고 자신의 지식과 경험만 가지고 길을 찾는 것이므로 딱 정답이 되는 내용이다. 그런데 여기서 passengers는 과학자들에게 연구하라고 돈을 준 사람들(We scientists are being paid to be the bus-driving tour guides...)인데, 이들의 지식과 경험에 의존하여 길을 찾는다는 것은 전혀 엉뚱한 소리이다.

- Guys (lost on unfamiliar streets) often avoid asking for directions from locals.
  - → ( ) 부분은 guys에 대한 수식으로 '(who are) lost on unfamiliar streets'의 의미이다. be lost는 '길을 잃은'의 뜻이다.
- We scientists are being paid / to be the bus-driving tour guides / for the rest of humanity.
  - → 'pay sb to-V'는 'to-V하라고 sb에게 돈을 준다'는 의미이다. 즉 과학자들은 버스를 운전하는 투어 가이드가 되라고 돈을 받고 있다는 뜻이다. 여기서 be는 되다(become)의 의미이다.
- They expect us to know our way around the human mind, but we don't.
  - → expect us to know(우리가 알고 있기를 기대하다)는 expect that we know와 같은 의미이다.
  - → don't가 받는 내용은 don't know이다.
- but we are too arrogant and embarrassed to ask the way.
  - → 'too 형/부 to-V'는 'to-V하기에 너무 ~한'이란 의미이다. 즉 우리는 남들에게 길을 물어 보기엔 너무 거만하고, 또 너무 창피해 해서 실제로는 길을 물어보지 않는다는 의미이다.

지문해석

낯선 거리에서 길을 잃어버린 사람들은 종종 지역 주민들에게 길을 물어보는 것을 피한다. 우리는 지도와 나침반을 가지고 그 상황을 해결하려고 한다. 길을 잃어버렸다는 것을 인정하는 것은 멍청하다는 것을 인정하는 거라고 느껴진다. 이건 하나의 고정관념인데, 그렇지만 이것은 큰 지식이 한 낟알을 통해 본다, 이것은 또한 인간 피글에서 크게 사기끼는 비나의 특싸에 대한 좋은 비유나. 우리는 인간이 마싸에는 배누시 미기에서 따나 (외) 미에 노틱하고 있다. 우리 과학자들은 인류의 나머지를 위해 비스를 우시하니 어행 가이느가 되라고 도을 받고 있다. 그늘는 우리가 인기의 짐시(마믐, 냉긱)에 대한 길을 알고 있기를 기대하지만 우리들은 (과학지들) 누님나. 그래시 우리는 그것을 꾸머내려고 애쓰나, 지역 주민들에게 길을 물어보지도 않으면서. 우리는 지리학(이론)이라는 기본 원칙과 스스로 만들어 낸 지도(경험적 연구)로부터 길을 찾으려고 노력한다. 도로변은 지역 사람들로 붐비고, 그들의 머리는 그 지역 정보(지식)로 가득 차 있지만, 우리들은 길을 물어보기에는 너무나 자만심이 가득하고, 또 너무 창피해 한다. 그래서 우리는 차를 몰고 빙빙 돈다. 그 관광객들(우리 과학자들이 투어 가이드를 하는 나머지 인류들을 비유함)을 즐겁게 하고 계몽시켜 줄 좋은 경치들을 어디서 찾아야 할지에 관해 연속적인 가설들을 만들고 버리면서.

① 지역의 브레인들(잘 아는 사람들)이 묻기를 기다리면서
② 지역 사람들의 지식을 축적하고 검사하면서
③ 우리의 경험적 연구의 결과물과 반대로 가면서
④ 승객의 지식과 경험에 의존하면서
⑤ 연속적인 가설들을 만들고 버리면서

teyah II 이미 이미민 싱칭을 해설하나, 처리하다 / stupidly 멍청히 / a grain of ~의 한 알(낟알) / metaphor for ~에 대한 비유(부사 늘 몸사에서는 임밀이 밉하지면 '은유'임) / a big overlooked problem 큰, 간과된[제대로 탐구되지 않은] 문제 / the rest of humanity 인류의 나머지 / human mind 인간 정신[생각, 마음] / fake 꾸미다, 조작하다 / ask (sb) for direction 길[방향]을 물어보다 / local 그 지역에 사는 사람들, 지역 주민들 / first principle 제 1원칙, 기본원칙 / of one's own making 자기 자신이 스스로 만든 / empirical research 경험적 연구 / arrogant 자만하는, 오만한 / embarrassed 창피해 하는, 쪽팔려 하는 / scenic vista 좋은 경치 / enlighten 계몽시키다 / reject 버리다

11

정답률
34%

When confronted by a seemingly simple pointing task, where their desires are put in conflict with outcomes, chimpanzees find it impossible to exhibit subtle self-serving cognitive strategies in the immediate presence of a desired reward. However, such tasks are mastered _____. In one study, chimps were confronted by a simple choice; two plates holding tasty food items were presented, each with a different number of treats. If the chimp pointed to the plate having more treats, it would immediately be given to a fellow chimp in an adjacent cage, and the frustrated subject would receive the smaller amount. After hundreds and hundreds of trials, these chimps could not learn to withhold pointing to the larger reward. However, these same chimps had already been taught the symbolic concept of simple numbers. When those numbers were placed on the plates as a substitute for the actual rewards, the chimps promptly learned to point to the smaller numbers first, thereby obtaining the larger rewards for themselves.

독해기술

글 속에서 대조되는 두 가지 상황을 잘 이해해야 한다. 우선 전반부를 봤을 때, 잇속을 차리는 전략을 사용하는 경우와 그렇지 않은 경우가 나온다. 먼저 바라는 보상이 바로 눈앞에 있는 경우(in the immediate presence of a desired reward)에는 그런 전략을 사용하는 것이 불가능하다고 했고, '빈칸'의 경우에는 그런 전략을 통달할 수 있다고 했다. 이제 아래쪽의 구체적인 실험 내용에서 전략을 사용하는 경우를 찾으면 된다.

빈칸 아래 부분을 보면 먼저 접시에 맛있는 음식이 올려져 있는 경우가 나온다. 이 경우가 바로 보상이 눈앞에 있는 경우이다. 역시 이 경우에 침팬지들은 전략을 터득하지 못했다.(these chimps could not learn to withhold pointing ~) 반면 However 이하 부분을 보면, 전략을 터득했다는 내용(learned to point ~)이 나온다. 이것이 어느 경우인지를 보면 '보상이 눈앞에 있는 경우'와 반대 개념으로서, '실제 보상 대신 (상징적) 대체물이 있을 경우(a substitute for the actual rewards)'이다. 즉 빈칸에는 이 대체물에 대한 내용을 찾으면 된다. 선지 ②에서 '대안적인 상징 시스템(an alternative symbol system)'이 바로 실제 보상(실제 음식) 대신 대체물을 사용하는 것을 의미한다. 풀이기술 2 6

오답피하기

④ (28%) : 물질적인 보상(실제 음식)을 상징적인 보상으로 대체한 것이지, 그 둘을 번갈아가며 사용(alternative)한 것은 아니다.

구문분석

• ~; two plates holding tasty food items were presented, 〈each with a different number of treats.〉
  → 〈 〉 부분은 being이 생략된 독립 분사구문 형태이다. '각각(each)이 ~을 가진 채로(with + N)'로 해석한다.
• However, these same chimps had already been taught the symbolic concept of simple numbers.
  → teach는 '~에게 ~을 가르쳐주다'라는 의미가 있으므로, 'be taught + N' 형태로 수동태가 되면 '~을 배우다'로 해석한다.

지문해석

겉보기에 간단해 보이는 작업이지만 그들의 바람과 결과가 대립하는 작업에 직면했을 때, 침팬지들은 바라는 결과가 아주 가까이에 존재할 때 자기 잇속만 챙기는 미묘한 인지 전략들을 보이는 것이 불가능하다. 그러나 대안적인 상징 시스템이 사용되었을 때 그런 기술들은 통달될 수 있다. 한 연구에서, 침팬지들은 간단한 선택에 직면했다. 맛있는 음식이 담겨 있는 두 개의 접시가 주어졌는데, 각각의 접시에는 다른 개수의 음식들이 담겨 있었다. 만약 침팬지가 더 많은 음식이 담긴 접시를 가리킨다면, 그 접시는 근처

우리에 있는 친구 침팬지에게 주어지고, (원하는 것을 받지 못해) 좌절한 실험 대상 침팬지는 더 적은 양을 받게 된다. 수백 번의 실험 이후에도 이 침팬지들은 더 큰 보상을 가리키는 것을 억제하는 법을 배우지 못했다. 그러나 이 침팬지들은 단순한 숫자들의 상징적인 개념은 이미 알게 된 상태였다. 이러한 숫자들이 실제 보상에 대한 대체물로서 접시 위에 놓였을 때, 침팬지들은 즉시 더 작은 숫자를 먼저 가리키고, 그것에 의하여 스스로에게 더 큰 보상을 얻게 하는 것을 배웠다.

① 즉각적인 보상이 지연되는 보상을 대체할 때에

② 대안적인 상징 시스템이 사용되었을 때

③ 더 큰 보상에 대한 그들의 욕망이 충족되면

④ 물질적인 보상이 상징적인 보상과 번갈아 나올 때

⑤ 수치가 보상의 양과 비례하면

seemingly 외견상으로, 겉보기에 / subtle 미묘한 / self-serving 자기 잇속만 차리는 / cognitive 인지의 / immediate 즉각적인; 아주 가까이에 있는 / treat 특별한 것[선물], 대접, 한턱 / adjacent 인접한, 가까운 / withhold 주지 않다, 억제하다 / thereby 그렇게 함으로써 / employ 고용하다; 이용하다 / alternate with ~와 번갈아 나오다

12

Long before Walt Whitman wrote *Leaves of Grass*, poets had addressed themselves to fame. Horace, Petrarch, Shakespeare, Milton, and Keats all hoped that poetic greatness would grant them a kind of earthly immortality. Whitman held a similar faith that for centuries the world would value his poems. But to this ancient desire to live forever on the page, he added a new sense of fame. Readers would not simply attend to the poet's work; they would be attracted to the greatness of his personality. They would see in his poems a vibrant cultural performance, an individual springing from the book with tremendous charisma and appeal. Out of the political rallies and electoral parades that marked Jacksonian America, Whitman defined poetic fame in relation to the crowd. Other poets might look for their inspiration from the goddess of poetry. Whitman's poem sought _____. In the instability of American democracy, fame would be dependent on celebrity, on the degree to which the people rejoiced in the poet and his work.

> 명성의 옛 의미

> 명성의 새로운 의미

독해기술

우선 글의 전반부에는 명성에 대한 옛 의미가 언급되어 있다. 하지만 But 이후부터 Whitman이 더한 새로운 의미가 등장하는데, 글의 뒷부분은 이 '새로운 의미'가 무엇인지에 초점을 두고 읽어야 한다. 빈칸 앞 문장에는 other poets가 나오므로, 이 부분은 신경 쓸 필요 없다. 빈칸 문장의 주어는 'Whitman의 시'이므로, 빈칸에는 Whitman이 추구한 새로운 종류의 명성(새로운 의미의 명성)이 들어가야 한다. 빈칸의 앞 문장과 뒷 문장 모두에 단서가 있다. 빈칸의 앞 문장에서 Whitman은 시적 명성을 대중(crowd)과 관계하여 정의했다고 했다. 즉 빈칸에 들어갈 가장 중요한 첫 번째 단서는 '대중(crowd)'이다. 두 번째 단서는 빈칸 뒷 문장에 나온다. 명성은 '인기(celebrity)'에 의존한다고 했다. '대중'과 '인기', 즉 '대중으로부터의 인기'라는 의미를 선지에서 찾아야 한다. 이는 '④ 자신과 동시대인들로부터의 인정'에 해당한다.

그런데 이 문제에는 대단히 매력적인 오답이 있다. 바로 ⑤번 선지이다. 심지어 정답(27%)보다 더 많은 선택(30%)을 했다. ⑤는 왜 답이 될 수 없는지 오답피하기에서 자세히 살펴보자.

① (13%) : 대중의 관심으로부터의 '피난처'를 추구했다고 하면, 대중으로부터의 인기를 추구하는 것과는 정반대의 의미가 된다.

② (18%) : 빈칸에는 대중으로부터의 인기가 들어가야 한다. '시적인 순수함'은 대중의 인기와 관련이 없다.

③ (12%) : 이 선지도 마찬가지로 문학 자체만 이야기하고 있으므로 대중의 인기와는 관련이 없다.

⑤ (30%) : 정답(27%)보다 더 많은 선택을 받은 선택지이다. 일단 글의 핵심 소재인 fame이 들어가 있고, 우리가 찾고 있는 단서인 celebrities가 보인다. 따라서 ⑤번을 정답으로 고르기가 매우 쉽다.

사실 celebrity의 두 가지 의미를 제대로 알고 있다면 좀 더 쉽게 ⑤를 제거할 수 있다. celebrity는 불가산 명사일 때 '인기'란 뜻이지만, 가산 명사로 쓰이면 '유명인사'란 뜻이다. 따라서 celebrities(유명인사들)은 우리가 찾고 있는 단서인 '(대중으로부터의) 인기'와는 관련이 없다. 그리고 설령 celebrities의 의미를 '인기'로 잘못 파악했더라도, political을 통해 오답을 가려내야 한다. 우리가 찾고 있는 단서인 '대중(crowd)'은 '독자(readers)'를 의미하는 것으로, '정치적 인기'와는 관련이 없다.

구문분석

- In the instability of American democracy, fame would be dependent [on celebrity], [on the degree (to which the people rejoiced in the poet and his work.)]

  → 이 문장은 정답을 찾는데 가장 중요한 문장이다. 여기서 celebrity가 '유명인사'가 아니라 '인기'를 뜻하는 것임을 파악해야 하는데, 이는 뒤쪽에 붙은 동격 어구를 통해 파악할 수 있다. [ ]와 [ ]가 동격으로 연결된 구조이다.

  → ( ) 부분은 to which를 빼고 해석하면 쉽다. '사람들이 기뻐하는 정도'로 해석한다. 참고로 to which에서 to가 있는 이유는 degree 앞에 전치사 to가 붙기 때문이다.

지문해석

Walt Whitman이 Leaves of Grass를 쓰기 오래 전, 시인들은 명성에 대해 고심했다. Horace, Petrarch, Shakespeare, Milton, 그리고 Keats는 모두 시의 위대함이 그들 자신에게 일종의 지구상의 불멸을 부여해주길 원했다. Whitman은 수 세기 동안 세상이 자신의 시를 가치 있게 생각할 것이라는 비슷한 믿음을 갖고 있었다. 하지만 Whitman은 종이 위에서 영원히 살고자 하는 이 오래된 열망에, 명성의 새로운 의미를 추가했다. 독자들이 단순히 시인의 작품에만 주목하는 것이 아니라, 그의 인격의 위대함에도 이끌릴 것이다. 독자들은 그의 시에서 생동감 있는 문화적 공연, 다시 말해 엄청난 카리스마와 매력을 가지고 책에서부터 튀어나오는 한 명의 인간을 보게 될 것이다. Jackson 시대의 미국을 특징지었던 정치적 집회와 선거 행진에서, Whitman은 군중과 관련지어 시적 명성을 정의했다. 다른 시인들은 시의 여신으로부터 그들의 영감을 찾았을지도 모른다. Whitman은 자신과 동시대인들로부터의 인정을 추구했다. 미국 민주주의의 불안정 속에서 명성은 인기도, 즉 사람들이 시인과 그의 작품에 대해 기뻐하는 정도에 의해 좌우될 것이었다.

① 대중의 관심으로부터 피난처

② 정치적 혼돈으로부터 시적인 순수함

③ 문학 그 자체의 불멸성

④ 자신과 동시대인들로부터의 인정

⑤ 정치적 유명인사들(유명한 정치인들)과 함께 명성

address oneself to ~에 대해 고심하다[다루다] / **earthly** 세속적인 / **immortality** 불멸 / **vibrant** 활기찬 / **spring** 튀어오르다, 불쑥 나타나다 / **electoral** 선거의 / **in relation to** ~에 관하여, 관계하여 / **inspiration** 영감; 영감을 주는 것(사람) / **goddess** 여신 / **celebrity** [C]유명인사; [U]명성 / **contemporary** 동시대인(같은 시대의 사람들, 현대인)

Mathematics will attract those it can attract, but it will do nothing to overcome resistance to science. Science is universal in principle but in practice it speaks to very few. Mathematics may be considered a communication skill of the highest type, frictionless so to speak; and at the opposite pole from mathematics, the fruits of science show the practical benefits of science without the use of words. But those fruits are ambivalent. Science as science does not *speak*; ideally, all scientific concepts are mathematized when scientists communicate with one another, and when science displays its products to non-scientists it need not, and indeed is not able to, resort to salesmanship. When science speaks to others, it is no longer science, and the scientist becomes or has to hire a publicist who dilutes the exactness of mathematics. In doing so, the scientist reverses his drive toward mathematical exactness in favor of rhetorical vagueness and metaphor, thus _____.

독해기술

2014학년도 수능에서 정답률이 21%에 불과한 가장 어려운 문제였다. 수능에서 정답률이 20% 정도에 불과한 초고난도 문제들이 출제되곤 하는데, 이런 문제들은 지문의 내용을 이해하려고 애쓰면 안 된다. 애초에 고등학교 수준에선 이해할 수 없는 수준의 초고난도 원문으로 출제되었기 때문이다. 만약 이 문제에 대한 해설 강의나 해설지에서 학생들에게 지문의 내용을 이해시키려 애쓰고 있다면 애초에 방향을 잘못 잡은 것이다. 이 정도로 수준 높은 원문을 사전 배경지식도 전후 맥락도 없이 한 단락만 뚝 떼어 놓고 2~3분만에 그 내용을 정확히 이해하라는 것은 애초에 불가능에 가깝고, 영어 공부를 열심히 한다고 가능해지는 일도 아니다. 이런 문제를 풀 때에는 필사적으로 재진술을 찾아내야 한다.

빈칸의 앞부분을 보면, 과학이 타인들에게 말을 할 때 과학은 더 이상 과학이 아니라고 했다. 그리고 다음 문장을 보면 과학자는 홍보사원을 고용하거나 자신이 홍보사원이 된다고 했다. 앞 문장과 이어서 생각하면 이 말은 과학자는 홍보사원이 되기 때문에 더 이상 과학자가 아니라는 의미이다, 과학은 여전히 과학에서 아닌 데 과학이 사실상 그러니는 홍보사원이 쓰여 배가는 것이 되는 데 비난 까지이 되는 거 나 없는 것이니,

이며 뒤에서는 같은 내용이 이어진다. 과학자는 수사학적 애매함이나 비유를 시시하며 '수학적 정확성을 향한 주행을 역으로 뒤집는다(reverses his drive toward mathematical exactness)'는 것은 '수학의 정확성을 희석한다(dilutes the exactness of mathematics)'는 것과 같은 의미이다. 따라서 빈칸에는 '과학자가 홍보사원이 되어 버린다(the scientist becomes … a publicist)'는 것과 같은 의미가 들어가면 되고, 이는 과학이 더 이상 과학이 아닌 것처럼, 과학자도 더 이상 과학자가 아니라는 의미이다. 선지에서 과학자가 더 이상 과학자가 아니게 된다는 내용은 ⑤뿐이다. 그를 과학자로 정의해주는 지적 행동 규범을 위반하므로, 더 이상 과학자라고 볼 수 없는 것이다. **풀이기술 2 6**

문제는 해결되었지만 지문 내용의 이해를 돕기 위해 첨언하자면, 이 글의 내용은 다음과 같다. 과학자들이 사용하는 언어는 수학으로, 과학자들끼리 수학이란 언어를 이용해 대화할 때는(=when scientists communicate with one another) 문제가 없지만, 과학자가 일반인들에게 설명할 때는 (=when science displays its products to non-scientists) 일반인들은 이것을 알아듣지 못한다. 그래서 일반인들이 알아듣게 하기 위해선 수학이 아닌 일반 언어(=rhetorical vagueness and metaphor)로 설명해야 한다. 이것을 글에서는 '(일반 언어로 설명을 하는) 홍보사원이 되거나 홍보사원을 고용해야 한다'라고 표현했다. 이렇게 수학의 정확성을 포기하고 일반 언어를 사용하다보니 과학자는 과학자로서의 정체성을 잃는다는 내용이다.

오답은 전부 지문의 맥락과는 정반대의 의미로 구성되어 있다. 아예 지문의 내용과 관련이 없는 선지라면 잘 고르지 않지만, 맥락과 정반대 의미인 것은 비슷한 표현과 어휘가 사용되므로 매력적인 오답이 된다.

① (12%) : 과학적 언어(scientific language)는 정확한 언어, 즉 수학을 의미한다. 그런데 과학자가 홍보사원이 된다는 것은 일반 언어(rhetorical vagueness and metaphor)를 사용하기 위해 수학의 정확성(exactness of mathematics)을 포기하는 행위이다. 즉 과학자가 홍보사원이 되면 과학적인 언어(=수학)를 사용하는 능력이 저하된다는 것은 맞다고 볼 수 있다. 그런데 잘못된 것은 뒷부분이다. 좋은 판매원(=홍보사원)이 되기 위해 필요한 것은 과학적 언어(=수학)가 아니라 일반 언어(rhetorical vagueness and metaphor)이므로, the scientific language (which is) needed for good salesmanship 부분은 지문의 내용과 정반대이다.

② (37%) : 오히려 정답보다 더 많은 선택을 받은 선지이다. 그런데 내용을 보면 오답은 명백하다. 과학과 수학을 연관 짓는다고 했는데(associating science with mathematics), 빈칸 문장에서 과학자는 수학적 정확성을 향한 주행을 역으로 뒤집었으므로 과학과 수학은 연관지어질 수가 없다.

③ (16%) : 과학에서 수학적 정확성이 사라진다면, 수학을 못 하던 사람들은 과학에 대해 적대적이 되는 것이 아니라 오히려 과학에 우호적이 될 것이다.

④ (15%) : 과학자가 홍보사원이 되면 과학과 대중의 거리는 오히려 좁혀질 것이다.

- Ⓐ [ideally, all scientific concepts are mathematized] / ⓐ 〈when scientists communicate with one another,〉 / and ⓑ 〈when science displays its products to non-scientists〉 Ⓑ [it need not, and indeed is not able to, resort to salesmanship.]
  → 위 문장은 '주절+종속절 and 종속절+주절' 구조로 연결된 문장이다. Ⓐ절에 대한 종속절이 ⓐ이고, 종속절 ⓑ에 대한 주절은 Ⓐ가 아니라 Ⓑ이다.

수학은 그것이 마음을 끌 수 있는 사람들의 마음은 끌겠지만, 과학에 대한 저항을 극복하기 위한 것은 아무것도 하지 않을 것이다. 과학은 원칙적으로는 보편적이지만, 실제로는 과학은 거의 말을 하지 않는다. 수학은 최고급의 의사소통 기술로 간주될 수 있다. 말하자면 마찰이 없는 (매끄러운 의사소통 기술인) 것이다. 그리고 수학의 정반대 극단에서, 과학의 과실들은 과학이 단어를 쓰지 않고 제공해주는 실용적 혜택들을 보여준다. 그러나 그러한 과실들은 양면가치가 공존한다. 과학으로서의 과학은 '말을 하지' 않는다. 이상적으로 모든 과학적 개념은 과학자들이 서로와 의사소통할 때 수학화된다. 그리고 과학이 그 결과물을 비과학자들에게 보여줄 때, 과학은 판매 기술에 의존할 필요도, 그리고 정말로 그렇게 할 수도 없다. 과학이 다른 사람들에게 말을 할 때, 과학은 더 이상 과학이 아니다. 그리고 과학자는 수학의 정확성을 희석해 줄 홍보사원이 되거나, 그런 사람을 고용해야만 한다. 그렇게 함으로써 과학자는 수사학적 애매함과 비유를 지지하며 수학적 정확성을 향한 그의 주행을 역으로 뒤집고, 그 결과 <u>그를 과학자로 정의해주는 지적 행동 규범들을 위반한다</u>.

① 능숙한 상술(설득력)에 필요한 과학적 용어를 사용하는 자신의 능력을 떨어뜨리게 되다
② 과학과 수학을 연관시킴에 의해서 과학에 대한 장벽을 극복하게 된다
③ 불가피하게 수학을 잘 못하는 다른 사람들로 하여금 과학에 대한 적대감을 갖게한다
④ 과학과 일반 대중들 간에 벌어진 간격을 메우는 자신의 책임을 소홀히 하게 된다
⑤ 그를 과학자로 정의해주는 지적 행동 규범들을 위반한다

attract 마음을 끌다 / **frictionless** 마찰이 없는 / **ambivalent** 반대 감정이 병존하는, 애증이 엇갈리는 / **resort to** ~에 기대다, 의지하다 / **salesmanship** 판매 기술 / **publicist** 홍보 담당자 / **dilute** 희석하다, 묽게 하다 / **exactness** 정확 / **reverse** 뒤바꾸다, 반전시키다 / **rhetorical** 수사적인 / **vagueness** 막연함, 애매함 / **degrade** 비하하다; 저하시키다 / **surmount** 극복하다 / **code** 암호; 규범, 규칙

14

정답률
36%

Manufacturers design their innovation processes around the way they think the process works. The vast majority of manufacturers still think that product development and service development are always done by manufacturers, and that their job is always to find a need and fill it rather than to sometimes find and commercialize an innovation that _____. Accordingly, manufacturers have set up market-research departments to explore the needs of users in the target market, product-development groups to think up suitable products to address those needs, and so forth. The needs and prototype solutions of lead users — if encountered at all — are typically rejected as outliers of no interest. Indeed, when lead users' innovations do enter a firm's product line — and they have been shown to be the actual source of many major innovations for many firms — they typically arrive with a lag and by an unusual and unsystematic route.

정답해설

본문 앞부분에 따르면, 제조업자들은 제품 개발과 서비스 개발을 제조업자 자신이 하는 일이라고 생각하며(product development and service development are always done by manufacturers), 그래서 항상 필요를 직접 찾아내고 직접 충족시켜야 한다(find a need and fill it)고 생각한다. rather than은 역접이므로 빈칸 부분은 이런 내용과 대립어 관계가 되어야 한다. '필요를 직접 찾아내고 직접 충족시키다'의 대립어는 '다른 누군가가 만들어 놓은' 혁신을 찾아서 상업화하는 것이다.

선지에서 다른 누군가가 만들었다는 의미를 나타내는 것은 ②와 ④이다. ②는 lead users가, ④는 other firms가 혁신을 개발/사용하는 것이다. 이제 글 뒷부분에서, 제조업자들이 사용하지 '않는' 것이 lead users의 혁신인지, other firms의 혁신인지만 구분하면 된다.

글의 후반부를 보면, '리드유저의 필요와 시제품 해결책은 거부된다'고 했다. 즉 제조업자들이 거부하는 혁신은 리드유저가 발명한 혁신이므로 정답은 ②가 된다.

오답피하기

① (19%) : 제조업자는 리드유저의 해결책(solutions), 즉 리드유저가 만든 혁신을 거부하는 것이지, 리드유저가 거부하는 혁신을 제조업자도 똑같이 거부하는 것이 아니다.

③ (26%) : 정답의 단서가 되는 부분인 prototype solutions of lead users는 리드유저가 만들어낸 해결책(리드유저가 개발한 혁신)을 의미하는 표현이지, 리드유저가 단순히 마주친(encounter) 혁신을 의미하는 표현이 아니다.

지문해석

제조업자들은 그들이 생각하기에 그 과정이 작동하는 방식을 중심으로 혁신 과정을 설계한다. 대다수의 제조업자들은 여전히 제품 개발과 서비스 개발은 항상 제조업자들에 의해 이루어지며, 그들의 일은 가끔 리드유저(시장 경향을 선도하는 사용자)가 이미 개발한 혁신을 찾아내어 상업화하기보다는, 항상 (직접) 필요를 발견하고 그것을 충족시키는 것이라고 생각한다. 그래서 제조업자들은 핵심 대상 시장에서 사용자의 필요를 탐색하기 위해 시장 조사 부서를 설치하고, 이러한 요구를 해결하기 위한 적합한 제품을 생각해내기 위해 제품 개발 그룹을 설치하는 등의 작업을 수행하고 있다. 리드유저의 필요와 시제품 해결책은, 만일 정말 마주치기라도 한다면 일반적으로 흥미롭지 않은 아웃라이어(해당 범위에서 많이 벗어나는 것)로 거부된다. 정말로, 리드유저의 혁신이 기업의 제품 라인에 진입할 때 — 그리고 그것은 많은 기업에서 많은 주요 혁신의 실제 원천인 것임이 드러났는데 — 그것은 대체로 지연 후에 이례적이고 체계적이지 않은 경로로 도착한다.

Chapter 03 추론 **179**

① 리드유저가 간과하는 경향이 있던
② 리드유저가 이미 개발한
③ 리드유저가 시장에서 마주친
④ 다른 회사들이 자주 실행한
⑤ 사용자와 회사 둘 다 소중하게 여긴

manufacturer 제조업자 / the vast majority of ~의 대다수 / accordingly 그래서, 따라서 / address 해결하다, 대처하다 / prototype 시제품 / outlier 관련 없는 것, 범위를 벗어난 것 / unsystematic 비체계적인 / route 경로

01

성답률 64%

The impacts of tourism on the environment are evident to scientists, but not all residents attribute environmental damage to tourism. Residents commonly have positive views on the economic and some sociocultural influences of tourism on quality of life, but their reactions to environmental impacts are mixed. Some residents feel tourism provides more parks and recreation areas, improves the quality of the roads and public facilities, and does not contribute to ecological decline. Many do not blame tourism for traffic problems, overcrowded outdoor recreation, or the disturbance of peace and tranquility of parks. Alternatively, some residents express concern that tourists overcrowd the local fishing, hunting, and other recreation areas or may cause traffic and pedestrian congestion. Some studies suggest that variations in residents' feelings about tourism's relationship to environmental damage are related to the type of tourism, the extent to which residents feel the natural environment needs to be protected, and the distance residents live from the tourist attractions.

요지

요지 구체화

요지 재진술

↓

Residents do not ___(A)___ tourism's environmental influences identically since they take ___(B)___ postures based on factors such as the type of tourism, opinions on the degree of protection, and their distance from an attraction.

독해기술

요약문 완성 문제를 해결하는 가장 좋은 방법은 요약된 문장을 먼저 살펴보는 것이다. 요약문을 보면 거주민들이 관광 산업의 환경적 영향에 대해서 동일하게 _____하지 않는다고 되어 있다. 선택지는 weigh(무게를 재보다 → 평가하다) 혹은 control(통제하다) 뿐이다. 글의 전반부를 보면 환경적 영향에 대한 거주민들의 반응은 혼합되어(mixed)있다고 한다. 이에 대한 재진술을 고르면 '동일하게 평가(weigh)하지 않는다'가 된다. 풀이기술 3 0

이 내용은 두 번째 빈칸으로도 그대로 이어진다. 환경적 영향에 대한 반응이 혼합되어 있다는 것은 그들은 서로 '다른(dissimilar)' 태도(posture)를 취한다는 뜻이다. 글의 후반부에 있는 variations(차이)라는 표현도 이에 대한 또다른 재진술이다. 풀이기술 3 0

오답피하기

③ (14%) : balanced posture라고 하면 '균형잡힌 태도'란 뜻으로, 어느 한쪽으로 치우치지 않은 태도를 말한다. 그런데 글의 내용에 따르면 주민들의 일부는 관광 산업의 환경적 영향을 긍정적이라고 생각하고, 또 다른 일부는 부정적이라고 생각하므로, 각자 한쪽으로 치우친 태도를 가지고 있다.

- the impacts of tourism on the environment
- the economic and some sociocultural influences of tourism on quality of life
  → 같은 표현이 두 번 나오는데, impact/influence/effect of A on B 형태는 'A가 B에 주는 영향'으로 해석한다.
- the extent to which residents feel the natural environment needs to be protected
  → the extent to which S + V는 'S + V하는 정도'로 해석한다.

지문해석

관광 산업이 환경에 주는 영향은 과학자들에게는 명백하다. 하지만 모든 거주민들이 환경적 피해가 관광 산업 때문이라고 말하지는 않는다. 거주민들은 일반적으로 관광 산업이 삶의 질에 미치는 경제적 및 몇 가지 사회문화적 영향에 대해 긍정적인 견해를 가지고 있다. 하지만 환경적 영향에 대한 그들의 반응은 혼합되어 있다. 어떤 주민들은 관광 산업이 공원과 레크리에이션 지역을 더 많이 제공하고, 도로와 공공시설의 질을 향상시키고, 생태적 쇠퇴에 기여하지 않는다고 느낀다. 많은 사람들은 교통 문제, 과도한 야외 레크리에이션, 또는 공원의 평화와 고요함이 교란되는 것에 대해 관광 산업을 비난하지 않는다. 또는, 어떤 주민들은 관광객들이 지역 어업, 사냥 및 다른 레크리에이션 지역에 과도하게 붐비거나 교통 및 보행자 혼잡을 유발할 수 있다는 우려를 표명한다. 어떤 연구는 관광 산업과 환경적 피해의 관계에 대한 거주민들의 감정이 다양한 것은, 관광 산업의 유형, 거주자가 자연 환경을 보호해야 한다고 생각하는 정도, 거주자가 사는 곳과 관광 명소와의 거리에 관련이 있다고 시사한다.

→ 거주민들은 관광 산업의 환경적 영향력에 대해 동일하게 평가하지 않는데, 그 이유는 그들은 관광 산업의 유형, (환경) 보호의 정도에 대한 생각, 관광 명소로부터의 사는 곳까지의 거리와 같은 요인들에 기초하여 서로 다른 태도를 취하기 때문이다.

evident 명백한 / attribute A to B A를 B의 탓으로 돌리다 / sociocultural 사회문화적 / contribute to ~에 기여하다 / ecological 생태적 / blame A for B A를 B의 이유로 비난하다 / overcrowd 과도하게 붐비다 / recreation 레크리에이션, 오락 / disturbance 방해 / tranquility 평온 / alternatively 또는(= or) / pedestrian 보행자 / congestion 혼잡 / variation 변화, 차이 / tourist attraction 관광 명소 / dissimilar 다른, 같지 않은 / balanced 균형 잡힌 / favorable 호의적인; 유리한

02

정답률
66%

Time spent on on-line interaction with members of one's own, preselected community leaves less time available for actual encounters with a wide variety of people. If physicists, for example, were to concentrate on exchanging email and electronic preprints with other physicists around the world working in the same specialized subject area, they would likely devote less time, and be less receptive to new ways of looking at the world. Facilitating the voluntary construction of highly homogeneous social networks of scientific communication therefore allows individuals to filter the potentially overwhelming flow of information. But the result may be the tendency to overfilter it, thus eliminating the diversity of the knowledge circulating and diminishing the frequency of radically new ideas. In this regard, even a journey through the stacks of a real library can be more fruitful than a trip through today's distributed virtual archives, because it seems difficult to use the available "search engines" to emulate efficiently the mixture of predictable and surprising discoveries that typically result from a physical shelf-search of an extensive library collection.

원인
예시
원인 재진술
결과
결과구체화

> Focusing on on-line interaction with people who are engaged in the same specialized area can 　　(A)　　 potential sources of information and thus make it less probable for 　　(B)　　 findings to happen.

독해기술

주어진 요약문의 '같은 분야에 종사하는 사람들과의 온라인 상호작용'이라는 말이 첫 번째 문장에 바로 등장한다. 첫 번째 문장에선 이들과 시간을 보내는 것은 다양한 사람들과의 실제 만남을 위한 시간을 줄인다고 언급한다. '다양한 사람들과의 실제 만남'이 '잠재적 정보의 원천(potential sources of information)'의 재진술인 것이 파악되면, '시간을 줄인다(leaves less time available)'의 재진술로 '제한시키다(limit)'를 고를 수 있다.

첫 번째 문장에서 이 재진술이 파악되지 않더라도 중간 부분에서 '매우 동질적인(highly homogeneous)'을 보고 이것이 '같은 전문 분야에 종사하는 사람들'의 재진술임이 파악되면, 그 뒷부분에서 정보의 흐름을 '걸러내다(filter)'라고 표현된 것을 보고 정답인 limit를 고를 수도 있다.

이에 대한 결과(thus)가 바로 다음 문장에 이어지는데, '근본적으로 새로운(radically new)' 생각의 비중을 줄이고 있으니, 요약문에서는 이에 대한 재진술로 '예상치 못한(unexpected)'을 고르면 된다.

구문독해

• Time [spent on on-line interaction with members of one's own, preselected community] leaves less time available for actual encounters with a wide variety of people.

→ [ ] 부분이 모두 time을 수식한다. spent 앞에는 which is가 생략되어 있다.

지문해석

자신의 미리 정해진 공동체 구성원과의 온라인 상호작용을 하는 데 쓰이는 시간은 더 다양하고 많은 사람들과의 실제적인 만남을 위해 쓰일 시간을 줄인다. 예를 들어 물리학자들이 같은 분야에 대해 연구하는 전 세계의 다른 물리학자들과의 이메일과 전자 인쇄물을 주고 받음에만 집중하게 된다면, 그들은 아마 세상을 보는 새로운 방식에 더 적은 시간을 쏟고 그것을 덜 받아들이려고 할 가능성이 크다. 과학 커뮤니케이션에서 엄청나게 동질적인 사회적 네트워크를 개발하는 것은 따라서 개인들이 잠재적으로 압도적인 정보의 흐름을 처리하는 것에 기능하게 한다. 하지만 그 결과 정보를 피노미케 걸러내는 성향이 될 수 있고, 그로 인해 수합하는 개념 매우 많은 것을 없애고 근본적으로 새로운 아이디어이기 생겨나는 빈도를 줄일 수 있다. 이 점과 관련해서 진짜 도서관의 서가에서 어슬렁 오늘의 분포된 가상 기록 보관소를 살피는 것보다 더 생산적일 수 있다. 왜냐하면 아주 넓은 도서관 서가에서 물리적 책장 검색에 기인한 예측 가능하고 놀라운 발견들의 혼합물을, 사용 가능한 '검색 엔진'을 사용하여 효과적으로 따라하는 것이 어려워 보이기 때문이다.

→ 같은 분야에 종사하고 있는 사람과의 온라인 상호작용을 하는데 집중하는 것은 잠재적인 정보의 원천을 <u>제한시킬</u> 수 있고 이는 발생하는 <u>예상치 못한</u> 발견들을 덜 가능하게 한 다.

homogeneous 동종의 / **emulate** 따라하다 / **preselected** 미리 정해진 / **preprint** 예고, 강연·논문의 내용을 미리 알리기 위해 쓰는 요지 / **receptive** 수용적인 / **radically** 근본적으로; 급진적으로 / **archive** 기록보관소 / **search engine** 검색 엔진 / **predictable** 예측 가능한

Performance must be judged in terms of what is under the control of the individuals being evaluated rather than those influences on performance that are beyond their control. There can be broad, influential factors, sometimes of an economic nature, that hold down the performance of everyone being judged. One example is in sales. If there is a general downturn in the economy and products or services are not being purchased with the same frequency as in the previous year, sales could be down, for example, by an average of 15%. This 15% (actually -15%) figure would then represent "average" performance. Perhaps the best salesperson in the year had only a 3% drop in sales over the previous year. Thus, "good" performance in this situation is a smaller loss compared to some average or norm group.

주제문

주제문 구체화

예시

↓

In performance evaluation, we should consider ___(A)___ factors affecting the individual's performance rather than ___(B)___ figures only.

[독해기술]

요약문을 보면 rather than을 통해 대조가 나타나 있음을 알 수 있다. '수치(figures)'에 대해서 무언가(B)를 하지 말고, 어떤(A) 요인을 고려해야 한다는 것이다.

글의 첫 문장에도 똑같은 rather than이 나와 있다. 여기서 rather than의 앞부분만 보면 (A)를 controllable로 착각할 수도 있다. 하지만 아직 수치(figures)에 대한 내용이 없기에 (B) 부분을 정확히 알 수 없다. 따라서 뒤쪽의 예시까지 자세히 읽어봐야 한다.

예시에서의 결론 부분을 보면 요지가 더 분명히 드러나는데, 이 상황에서(in this situation) −3%는 분명 하락(drop)이긴 하지만, 평균에 비하면 좋은 성과라는 점이다. 따라서 오직 (겉으로 보이는) 수치에만 의지(rely on)하지 말고, 상황적인 요소, 즉 맥락의 (contextual) 요소를 고려해야 한다는 의미로 정답은 ②가 된다. [풀이기술 3 0]

[구문분석]

• Performance must be judged / in terms of ⟨what is under the control of the individuals (being evaluated)⟩ rather than [those influences / on performance / that are beyond their control]
  → rather than은 ⟨ ⟩와 [ ]을 병렬로 연결하고 있다.
  → ( )는 individuals의 수식어이다.
  → influence 뒤에 on이 붙으면 '~에 미치는 영향'이란 뜻이 된다.
  → 마지막의 that절은 관계대명사절로, 동사가 are인 것으로 보아 선행사는 performance가 아니라 influences임을 알 수 있다.

[지문해석]

업무 성과는 개인의 통제 범위를 벗어나 업무 성과에 미치는 영향력들보다는 평가를 받는 개인의 통제 하에 있는 것의 관점에서 판단되어야 한다. 판단받고 있는 모든 사람의 업무 수행을 낮추는 광범위하고, 영향을 미치는 요인들이 있는데, 때로는 이 요인 중에 경제적인 특성도 포함된다. 그 한 가지 예가 바로 매출액이다. 일반적인 경제 침체로 인해 상품이나 서비스가 이전 해와 동일한 빈도로 구매되지 않고 있다면 매출액은 가령 평균 15% 정도 감소할 수 있다. 그렇다면 이 15%(실제로는 −15%)라는 수치는 "평균적인" 업무 성과를 나타낼 것이다. 아마도 그 해의 가장 우수한 영업사원은 이전 해에 비해 매출액이 3%만 감소했을 것이다. 그러므로, 이러한 상황에서 '훌륭한' 업무 수행이란 어떤 평균이나 표준 집단과 비교했을 때 더 적은 감소를 의미한다.

→ 업무 성과를 평가함에 있어 우리는 수치에만 의존하기보다 개인의 업무 성과에 영향을 미치는 맥락의 요인들을 고려해야 한다.

in terms of ~의 관점에서 / evaluate 평가하다 / nature 특성, 본성 / hold down 낮추다; 억제하다 / downturn 감소, 하락, 침체 / frequency 빈도 / figure 수치 / represent 나타내다 / norm 표준, 기준 / contextual 맥락의, 전후사정의 / put aside 무시하다, 제쳐놓다 / rely on 의존하다, 의지하다

04

정답률 63%

Mobilities in transit offer a broad field to be explored by different disciplines in all faculties, in addition to the humanities. In spite of increasing acceleration, for example in travelling through geographical or virtual space, our body becomes more and more a passive non-moving container, which is transported by artefacts or loaded up with inner feelings of being mobile in the so-called information society. Technical mobilities turn human beings into some kind of terminal creatures, who spend most of their time at rest and who need to participate in sports in order to balance their daily disproportion of motion and rest. Have we come closer to Aristotle's image of God as the immobile mover when elites certric their power to move goods, people and people, while they themselves do not need to move at all? Others, at the bottom of this power, are victims of mobility-structured social exclusion. They cannot decide how and where to move, but are just moved around or locked out or even locked in without either the right to move or the right to stay.

↓

In a technology and information society, human beings, whose bodily movement is less ___(A)___, appear to have gained increased mobility and power, and such a mobility-related human condition raises the issue of social ___(B)___.

독해기술

요약문 (A)를 보면, 인간의 신체 움직임이 덜 _____인 상태가 되었다고 한다. 본문 전반부에서 신체에 대한 내용을 찾아보면, 우리의 신체가 수동적이고 움직이지 않는 컨테이너가 되었다고 언급되어 있다. 그러면 우리의 신체의 움직임은 '덜 필요해진(less necessary)' 것이다.

요약문의 (B)를 보면 어떤 사회적 문제가 발생했는지 찾아야 한다. 본문 후반부를 보면, 엘리트는 다른 것(돈, 사물, 사람)을 움직일 수 있는 권력을 지니고 있지만, 다른 사람들(others)은 희생자가 되어, 움직임에 대한 결정을 할 수 없는 상태가 되었다고 서술되어 있다. 이는 '불평등(inequality)'의 문제이다. 따라서 정답은 ①이 된다.

지문해석

통행의 이동성은 인문학뿐만 아니라 모든 학부의 다양한 학과가 탐구할 수 있는 광범위한 분야를 제공한다. 예를 들어, 지리적 공간이나 가상 공간을 이동할 때 속도가 증가함에도 불구하고, 우리의 몸은 점점 더 수동적이고 움직이지 않는 컨테이너가 되고, 이 컨테이너는 인공물에 의해 운송되거나, 소위 정보 사회에서 이동한다는 내적 느낌으로 가득 채워진다. 기술적 이동성은 인간을 일종의 불치병에 걸린(불쌍한) 존재로 바꿔놓는데, 그는 대부분의 시간을 휴식을 취하면서 보내고, 일상적인 운동과 휴식의 불균형을

맞추기 위해 스포츠에 참여할 필요가 있다. 엘리트들이 돈, 사물, 사람들을 움직이기 위해 힘을 행사하면서 그들 자신은 전혀 움직일 필요가 없을 때, 우리는 아리스토텔레스의 움직이지 않으면서도 움직이는 존재로서의 신의 이미지에 더 가까워졌는가? 이 권력의 밑바닥에 있는 다른 사람들은 이동성으로 구조화된 사회적 배제의 희생자들이다. 그들은 어떻게 그리고 어디로 이동할지 결정할 수 없고, 이동할 권리도, 체류할 권리도 없이 그냥 돌아다니거나 내쳐지거나, 아니면 심지어 갇히기도 한다.

→ 기술과 정보 사회에서, 신체의 움직임이 덜 <u>필요한</u> 인간은 이동성과 권력의 증가를 얻은 것처럼 보이는데, 이동성과 관련된 그러한 인간의 상태는 사회적 <u>불평등</u>이라는 문제를 제기한다.

mobility 이동성 / transit 통행, 수송 / explore 탐구하다 / discipline 학과, 분야 / faculty 능력; (대학의) 학부; (대학의 한 학부의) 교수진 / humanities 인문학 / acceleration 가속 / geographical 지리적인 / virtual 가상의 / passive 수동적인 / artefact 인공물 / loaded up with ~으로 가득 채워진 / terminal 불치병에 걸린, (병이) 말기인 / disproportion 불균형 / immobile 움직이지 않는 / exercise 발휘하다; 운동하다 / exclusion 배제, 제외 / inequality 불평등 / consciousness 의식

05
정답률
69%

Philip Kitcher and Wesley Salmon have suggested that there are two possible alternatives among philosophical theories of explanation. / One is the view that scientific explanation consists in the *unification* of broad bodies of phenomena under a minimal number of generalizations . According to this view, the (or perhaps, a) goal of science is to construct an economical framework of laws or generalizations that are capable of subsuming all observable phenomena. Scientific explanations organize and systematize our knowledge of the empirical world; the more economical the systematization, the deeper our understanding of what is explained. / The other view is the *causal/mechanical* approach. According to it, a scientific explanation of a phenomenon consists of uncovering the mechanisms that produced the phenomenon of interest. This view sees the explanation of individual events as primary, with the explanation of generalizations flowing from them . That is, the explanation of scientific generalizations comes from the causal mechanisms that produce the regularities .

> Scientific explanations can be made either by seeking the ___(A)___ number of principles covering all observations or by finding general ___(B)___ drawn from individual phenomena .

독해기술

'모든 관측을 포괄(cover)하는 원칙들'이 곧 '일반화(generalizations)'이며, 본문에서 '최소한 적은 수(minimal number)'라고 했으므로, (A)에는 minimal과 같은 의미인 least가 들어가야 한다.
본문에서 'The other view ~' 이하 내용이 (B)에 해당한다. 요약문에서 '개별 현상들로부터 도출된(drawn from individual phenomena)'이란 표현이 있는데, 이는 본문에서 '개별 사건들로부터 흘러나오는(flowing from them(=individual events))'에 해당한다. 그렇다면 요약문의 'general ___(B)___ '가 본문의 generalizaions가 된다. 'general _____'이 generalizations과 같은 의미가 되어야 하므로, (B)에 어울리는 단어는 patterns 혹은 rules이다.

한편, 본문에서 마지막 문장이 That is로 시작하므로, 앞 문장에 대한 재진술이다. 마지막 문장에서, 과학적 일반화에 대한 설명은 '규칙성을 만들어내는(produce the regularities)' 인과적 메커니즘에서 비롯된다고 했다. 규칙성을 만들어낸다는 부분을 단서로 해서 정답으로는 general patterns 혹은 general rules를 고를 수도 있다.

지문의 내용 자체가 매우 어려우므로 전체를 다 이해하려고 시도하지 말고, 빈칸 추론과 마찬가지로 재진술을 찾는 방식으로 접근해야 문제를 풀 수 있다.

구문분석

- The more economical the systematization (is), the deeper our understanding of what is explained (is).
  → 'the + 비교급' 구문에서 be동사는 흔히 생략된다.

지문해석

Philip Kitcher와 Wesley Salomon은 설명에 대한 철학적 이론 중 두 가지 가능한 대안이 있다는 점을 시사했다. 하나는 과학적 설명이 최소한 적은 수의 일반화 하에서 광범위하게 많은 현상들을 '통합'하는 데에 있다는 견해이다. 이 관점에 따르면, 과학의 목표(혹은 어쩌면 한 가지 목표)는 관찰 가능한 모든 현상을 포괄할 수 있는 법칙이나 일반화의 경제적 틀을 구성하는 것이다. 과학적 설명은 경험적 세계에 대한 우리의 지식을 조직하고 체계화하는데, 그 체계화가 더 경제적일수록, 설명되는 것에 대한 우리의 이해는 더 깊어진다. 다른 관점은 '인과적/기계론적' 접근이다. 그것에 따르면 어떤 현상에 대한 설명은 규칙성 있는 그 현상을 만들어 낸 메커니즘을 밝혀내는 것으로 이루어져 있다. 이 관점은 개별 사건에 대한 설명을 일차적이지 않고 우리 일반화에 대한 설명이 지속에서서 온다고 본다. 즉, 과학적 일반화에 대한 설명은 규칙성을 생성하는 인과적 메커니즘에서 비롯된다.
→ 과학적 설명들은 모든 것을 포괄하는 최소한의 원리들을 찾거나, 개별 현상으로부터 도출된 일반적인 패턴들을 발견함으로써 만들어질 수 있다.

alternative 대안; 대안의 / view 견해, 관점 / consist in ~에 있다 / unification 통합 / body 많은 양 / phenomenon 현상 (*pl.* phenomena) / minimal 최소의 / generalization 일반화 / construct 구성하다, 세우다 / framework 틀 / observable 관측 가능한 / organize 조직하다, 정리하다 / systematize 체계화하다 / causal 인과 관계의 / mechanical 기계론적인 / uncover 알아내다, 밝혀내다 / mechanism 메커니즘, 방법 / primary 일차적인, 주요한 / regularity 규칙성 / function 기능 / assumption 가정

06
성답률
79%

"Why, in country after country that mandated seat belts, was it impossible to see the promised reduction in road accident fatalities?" John Adams, professor of geography at University College London, wrote in one of his many essays on risk. "It appears that measures that protect drivers from the consequences of bad driving encourage bad driving. The principal effect of seat belt legislation has been a shift in the burden of risk from those already best protected in cars, to the most vulnerable, pedestrians and cyclists, outside cars."

Adams started to group these counterintuitive findings under the concept of *risk compensation*, the idea that humans have an inborn tolerance for risk. As safety features are added to vehicles and roads, drivers feel less vulnerable and tend to take more chances. The phenomenon can be observed in all aspects of our daily lives. Children who wear protective gear during their games have a tendency to take more physical risks. Hikers take more risks when they think a rescuer can access them easily.

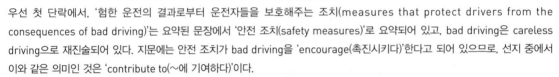

According to John Adams, the phenomenon that safety measures ____(A)____ careless driving may be accounted for by the notion that a greater sense of security ____(B)____ people to take more risks.

풀이기술 3 0

독해기술

지문과 요약된 문장 사이에 재진술 관계가 분명하게 드러나고 있다.

우선 첫 단락에서, '험한 운전의 결과로부터 운전자들을 보호해주는 조치(measures that protect drivers from the consequences of bad driving)'는 요약된 문장에서 '안전 조치(safety measures)'로 요약되어 있고, bad driving은 careless driving으로 재진술되어 있다. 지문에는 안전 조치가 bad driving을 'encourage(촉진시키다)'한다고 되어 있으므로, 선지 중에서 이와 같은 의미인 것은 'contribute to(~에 기여하다)'이다.

둘째 단락에서, '운전자들이 덜 취약하게 느낀다(drivers feel less vulnerable)'는 것은 '더 큰 안전 감각(a greater sence of security)'으로 재진술되어 있고, '더 모험을 하게 된다(take more chances)'는 것은 '위험을 더 무릅쓴다(take more risk)'라고 재진술되어 있다. '~하는 경향이 있다(tend to)'라는 의미가 되도록 빈칸을 채우면 된다. 빈칸에 tempts를 넣으면 '사람들이 ~하도록 유혹한다'라는 의미가 되므로 지문과 같은 의미가 된다.

구문분석

• Adams started to group these counterintuitive findings under [the concept of risk compensation], [the idea / that humans have an inborn tolerance for risk.]

→ [ ]와 [ ]는 동격 관계이다. 즉 '위험 보상이라는 개념'은 다시 말해서 '인간은 선천적으로 위험을 용인한다는 개념(idea)'이라는 뜻이다.

지문해석

왜, 안전벨트를 의무화한 나라들에게서, 도로 사고 위험성의 예상된 감소량을 보기가 불가능한 것인가? 런던 대학의 부속 단과대학 지리학 교수인 John Adams는 그의 여러 에세이 중 하나에서 위험에 대해 썼다. 운전자들을 바람직하지 못한 운전의 결과로부터 보호하려는 방법들이 오히려 바람직하지 못한 운전을 야기하는 것으로 보인다. 안전벨트 법안의 주요한 결과는 위험의 부담이 이미 차 안에서 가장 잘 보호받고 있는 사람들로부터, 보행자와 자전거 타는 사람과 같이 차 밖에 있는 가장 취약한 사람들에게 옮겨 갔다는 것이다. Adams는 인간이란 위험에 대해 선천적인 내성을 가지고 있다는 '위험 보상'의 개념 하에서 이러한 반직관적인 증거들을 분류하기 시작했다. 안전 장치들이 차량과 도로에 추가될수록, 운전자들은 위기의식을 덜 느끼고 더 많은 모험을 하는 경향이 있다. 이 현상은 우리 일상 생활의 모든 면에서 관찰이 가능하다. 놀이를 하는 동안 보호 장비를 착용하는 아이들은 더 많은 신체적 위험을 무릅쓰려는 경향이 있다. 등산객들은 구조원들이 그들에게 쉽게 도달할 수 있다고 생각할 때 더 많은 위험을 감수한다.

→ John Adams에 따르면, 안전 장치들이 부주의한 운전에 원인이 되는 현상은 더 큰 안전감이 사람들로 하여금 더 많은 위험을 감수하도록 부추긴다는 생각으로 설명될 수 있을 것이다.

mandate 명령[위임]하다 / reduction 축소, 감소; 할인 / fatality 사망자(수), 참사 / geography 지리학 / measures 수단, 방책 / legislation 입법, 법률 제정 / vulnerable 상처를 입기 쉬운, 공격 받기 쉬운 / counterintuitive 직관에 반하는 / compensation 보상, 배상 / inborn 타고난, 선척적인 / protective gear 보호 장비

01

정답률
53%

The computer has, to a considerable extent, solved the problem of acquiring, preserving, and retrieving information. Data can be stored in effectively unlimited quantities and in manageable form. The computer makes available a range of data unattainable in the age of books. It packages it effectively; style is no longer needed to make it accessible, nor is memorization. In dealing with a single decision separated from its context, the computer supplies tools unimaginable even a decade ago. / But it also diminishes perspective. Because information is so accessible and communication instantaneous, there is a diminution of focus on its significance, or even on the definition of what is significant. This dynamic may encourage policymakers to wait for an issue to arise rather than anticipate it, and to regard moments of decision as a series of isolated events rather than part of a historical continuum. When this happens, manipulation of information replaces reflection as the principal policy tool.

↓

Although the computer is clearly ___(A)___ at handling information in a decontextualized way, it interferes with our making ___(B)___ judgments related to the broader context, as can be seen in policymaking processes.

독해기술

요약문의 '탈맥락화된 방식으로 정보를 처리하는 것(handling information in a decontextualized way)'은 본문에서 '맥락에서 분리된 하나의 결정을 다룸(dealing with a single decision separated from its context)'에 해당한다. 본문에서 컴퓨터가 '심지어 10년 전에는 상상할 수도 없던 도구를 제공한다'고 했다. 즉, 컴퓨터는 '탈맥락화된 방식으로 정보를 처리하는 것을 '잘한다'는 의미이다. 따라서 (A)에는 competent(유능한) 혹은 impressive(인상적인)가 들어간다.

뒷부분을 보면, 컴퓨터는 '균형감을 감소(diminishes perspective)'시키고 (참고로 perspective에는 '관점' 외에 '균형감'이란 뜻도 있다), '관심 집중을 감소(a diminution of focus)'시키며, '결정의 순간을 일련의 고립된 사건으로 간주(regard moments of decision as a series of isolated events)'하게 한다고 언급되어 있다. 이런 내용을 일반화하여 (B)에 넣으면, '우리가 종합적인(comprehensive)' 판단을 내리는 것을 방해한다'가 된다.

구문분석

• It[computer] packages it[data] effectively; style is no longer needed to make it[data] accessible, nor is memorization.

→ nor 뒤에선 도치가 일어난다. 즉, nor is memorization은 memorization is not needed to make it accessible을 의미한다.

→ it이 여러 번 반복되는데, 각각 차례로 computer, date, data를 가리킨다.

컴퓨터는 정보를 얻고, 보존하고, 추출하는 문제를 상당한 정도로 해결했다. 데이터는 사실상 무제한의 양으로, 그리고 다루기 쉬운 형태로 저장될 수 있다. 컴퓨터는 책의 시대에는 얻을 수 없는 범위의 데이터를 이용할 수 있게 한다. 그것(컴퓨터)은 그것(데이터)을 효과적으로 짜임새 있게 담고, 그것(데이터)을 이용할 수 있게 만들기 위한 (특수한) 방식은 더 이상 필요하지 않으며 암기도 또한 필요하지 않다. 맥락에서 분리된 단 하나의 결정을 처리하는 데 있어서, 컴퓨터는 심지어 10년 전에는 상상할 수도 없던 도구를 제공한다. 하지만 그것은 또한 균형감을 감소시킨다. 정보에 매우 쉽게 접근할 수 있고 즉각적인 의사소통이 가능하기 때문에, 정보의 중요성 또는 중요한 것의 정의에 대한 관심 집중이 감소한다. 이러한 역학은 정책 입안자들이 문제를 예상하기보다는 문제가 발생하기를 기다리게 만들고, 결정의 순간을 역사적 연속체의 일부가 아닌 일련의 고립된 사건으로 간주하게 한다. 이 경우 정보 조작이 주요한 정책 도구로서의 숙고를 대체한다.

→ 컴퓨터는 탈맥락화된 방식으로 정보를 처리하는 데 있어서 <u>유능한</u> 것이 분명하지만, 정책 결정 과정에서 볼 수 있는 것처럼 더 광범위한 맥락과 관련된 우리의 <u>종합적인</u> 판단은 방해한다.

considerable 상당한 / extent 정도 / effectively 사실상; 효과적으로 / a range of 다양한 / unattainable 얻을 수 없는 / package 짜임새 있게 담다 / deal with ~을 처리하다 / diminish 감소시키다 / perspective 균형감; 관점 / instantaneous 순간적인 / significance 중요성; 의미 / dynamic 역학 / anticipate 예상하다 / regard 간주하다 / isolated 고립된 / continuum 연속체 / manipulation 조작 / replace 대체하다 / reflection 숙고; 반영 / principal 주요한 / decontextualize 탈맥락화하다 / interfere with ~을 방해하다 / competent 유능한 / comprehensive 종합적인 / dominant 지배적인 / biased 편향된 / informed 정보에 근거한, 합리적인 / timely 시기적절한

02

정답률 57%

From a cross-cultural perspective the equation between public leadership and dominance is questionable. What does one mean by 'dominance'? Does it indicate coercion? Or control over 'the most valued'? 'Political' systems may be about both, either, or conceivably neither. The idea of 'control' would be a bothersome one for many peoples, as for instance among many native peoples of Amazonia where all members of a community are fond of their personal autonomy and notably allergic to any obvious expression of control or coercion. The conception of political power as a *coercive* force, while it may be a Western fixation, is not a universal. It is very unusual for an Amazonian leader to give an order. If many peoples do not view political power as a coercive force, *nor as the most valued domain*, then the leap from 'the political' to 'domination' (as coercion), *and from there* to 'domination of women', is a shaky one. As Marilyn Strathern has remarked, the notions of 'the political' and 'political personhood' are cultural obsessions of our own, a bias long reflected in anthropological constructs.

↓

It is (A) to understand political power in other cultures through our own notion of it because ideas of political power are not (B) across cultures.

요약문의 (B) 부분은 이유(because)에 해당하는데, 글을 읽어보면 빈칸 (B)의 답이 먼저 나온다. 글의 앞부분을 보면 아마존 부족들은 통제나 강압을 싫어(allergic)하지만 강압적 힘으로서의 정치 권력은 서양에선 고정관념(fixation)이라고 했다. 이렇게 정치 권력에 대한 개념이 문화마다 다르기 때문에, 이것을 '보편적인 것이 아니다(not a universal)'라고 말하고 있다. 따라서 (B)에는 universal과 같은 의미인 'uniform(균일한, 획일적인)'이 들어간다.

한편 본문 후반부에서, '정치적인 것'과 '정치적 개성'이라는 개념은 우리 자신의 문화적 강박관념으로, 이 개념을 다른 문화에 적용하는 것은 '편견(a bias)'이라고 했다. 요약문도 마찬가지로, 정치 권력에 대한 우리 자신의 개념을 통해 다른 문화의 정치 권력을 이해하려고 하는 것은 bias와 같은 개념인 misguided(잘못된) 혹은 unreasonable(불합리한)이 들어가야 하므로 어울리는 것끼리 조합된 정답은 ③이 된다.

• The idea of 'control' would be a bothersome one for many peoples, ⟨as (for instance) among many native peoples of Amazonia (where all members of a community are fond of their personal autonomy and notably allergic to any obvious expression of control or coercion.)⟩
→ a bothersome one에서 one은 부정대명사로, idea를 뜻한다.
→ ⟨ ⟩ 부분의 as는 '~처럼'이란 의미이다. as 뒤에는 전치사구 'among ~'이 이어지는데 해석은 ~사이에서처럼'이 된다.

비교 문화적 관점에서 대중적인 지도력과 지배력 사이의 방정식은 의심스럽다. '지배력'은 무엇을 의미하는가? 강요를 의미하는 것인가? 아니면 '가장 가치 있는' 것에 대한 통제인가? '정치적' 시스템은 둘 다에 관한 것일 수도 있고, 아니면 둘 중 하나에 관한 것일 수도, 아니면 아마도 둘 다에 관한 것이 아닐 수도 있다. '통제'라는 생각은 많은 부족에게서 성가신 것인데, 예를 들어, 한 공동체의 모든 구성원들이 개인의 자율성을 좋아하고 특히 통제나 강요가 명백하게 표현되는 어떤 것이든 알레르기가 있는(몹시 싫어하는) 아마존의 많은 원주민 부족 사이에서처럼 말이다. 서양의 고정관념일지도 모르지만, '강제적인' 힘으로서의 정치 권력이라는 개념은 보편적인 것이 아니다. 아마존의 지도자가 명령을 내리는 것은 매우 이례적이다. 많은 부족들이 정치 권력을 강압적인 힘으로, '또한 가장 가치 있는 영역으로' 여기지 않는다면, '정치적인 것'에서 (강제로서의) '지배'로, '그리고 거기서' '여성에 대한 지배'로 비약하는 것은 불안정한 비약이다. Marilyn Strathern이 언급했듯이, '정치적인 것'과 '정치적 개성'이라는 개념은 우리 자신의 문화적 강박관념으로, 인류학적 구성 개념에 오랫동안 반영되어 온 편견이다.

→ 정치 권력에 대해 우리 자신의 개념을 통해 다른 문화에서의 정치 권력을 이해하는 것은 잘못 이해된 것인데, 왜냐하면 정치 권력에 관한 생각은 여러 문화에 걸쳐 획일적이지 않기 때문이다.

cross-cultural 여러 문화간의; 비교 문화적인 / equation 방정식 / dominance 지배력 / questionable 의심스러운 / conceivably 아마도, 생각건대 / bothersome 성가신 / be allergic to ~에 알레르기가 있는; ~를 몹시 싫어하는 / conception 개념 / fixation 고정관념 / universal 보편적인 것 / domain 영역, 범위 / leap 도약; 비약 / domination 지배, 우세 / shaky 불안정한 / notion 개념 / personhood 개성 / obsession 강박(관념) / bias 편견 / reflect 반영하다 / construct 구성 개념, 구성체

Behavioral evidence for separate types of taste receptors comes from studies of the following type: Soak your tongue for 15 seconds in a sour solution, such as unsweetened lemon juice. Then try tasting some other sour solution, such as dilute vinegar. You will find that the second solution tastes less sour than usual. Depending on the concentrations of the lemon juice and vinegar, the second solution may not taste sour at all. This phenomenon, called adaptation, reflects the fatigue of receptors sensitive to sour tastes. Now try tasting something salty, sweet, or bitter. These substances taste about the same as usual. In short, you experience little cross-adaptation — reduced response to one taste after exposure to another. Evidently, the sour receptors are different from the other taste receptors. Similarly, you can show that salt receptors are different from the others and so forth.

↓

The fact that the intensity of a taste is   (A)   after trying the same taste, but not after trying a different taste, serves as evidence for the existence of   (B)   receptors for different tastes.

독해기술

첫 번째 문장에서 separate types of taste receptors의 증거란 표현이 나오고, 요약된 문장에서도 '_____ receptors의 존재에 대한 증거'란 표현이 나온다. 따라서 빈칸 (B)에는 separate와 같은 의미인 distinct가 들어가면 된다. 〔풀이기술 3 0〕

한편, 지문에 등장하는 실험에서, 레몬주스 이후에 희석된 식초 맛을 느낄 때 두 번째 용액이 'less sour하게 느껴진다'고 한다. 빈칸 (A)에는 이것을 일반화한 것이 들어가면 된다. 맛이 less sour하게 된 것은 맛의 강도가 decreased된 것이다.

구문분석

• In short, you experience little cross-adaptation — 〈reduced response to one taste after exposure to another〉.
  → little은 부정어이다. 즉 little cross-adaptation을 경험한다는 것은 cross-adaptation을 거의 경험하지 못한다는 의미이다.
  → — 이하 내용, 즉 〈 〉 부분은 cross-adaptation이 무엇인지 설명해 주는 부분이다.

지문해석

미각 기관의 분리된 형태에 대한 행동적 증거는 다음 형태의 연구들로부터 온다. 혀를 15초 동안 설탕을 가미하지 않은 레몬주스 같은 신 용액에 담궈라. 그런 다음 묽은 식초 같은 어떤 다른 신 용액을 맛보아라. 두 번째 용액이 보통 때보다 덜 신맛이 난다는 것을 발견할 것이다. 레몬주스와 식초의 농도에 따라 두 번째 용액이 전혀 신맛이 나지 않을지도 모른다. 적응이라고 불리는 이 현상은 신맛에 민감한 기관의 피로를 반영한다. 이제 짜거나 달거나 쓴 것을 맛보아라. 이 물질들은 대략 보통 때와 똑같은 맛이 난다. 간단히 말해, 어떤 맛에 노출된 다음에 다른 맛에 대한 줄어든 반응인 교차 적응을 거의 경험하지 못한다. 신맛을 감지하는 감각 기관은 다른 맛을 감지하는 감각 기관과 다른 것이 분명하다. 이와 마찬가지로 짠맛을 감지하는 감각 기관이 기타 다른 감각 기관들과 다르다는 것을 보여줄 수 있다.

→ 맛의 강도가 같은 맛을 본 후에는 줄어들었지만, 다른 맛을 본 후에는 그렇지 않다는 사실은 다른 맛에 대한 별개의 감각 기관이 존재한다는 증거가 된다.

receptor 감각 기관 / **soak** 적시다, 담그다 / **solution** 용액 / **dilute** 묽은, 싱거운 / **vinegar** 식초 / **concentration** (액체의) 농도 / **phenomenon** 현상 / **fatigue** 피로, 피곤 / **substance** 물질 / **cross - adaptation** 교차 적응 / **intensity** 강도, 농도

If someone were to say "Life is a cup of coffee," it is unlikely that you would have heard this expression before. But its novelty forces you to think about its meaning. The vehicle used, a cup of coffee, is a common object of everyday life and therefore easily perceivable as a source for thinking about that life. The metaphor compels you to start thinking of life in terms of the kinds of physical, social, and other attributes that are associated with a cup of coffee. For this metaphor to gain currency, however, it must capture the fancy of many other people for a period of time. Then and only then will its novelty have become worn out and will it become the basis for a new conceptual metaphor: *life is a drinking substance*. After that, expressions such as "life is a cup of tea, life is a bottle of beer, life is a glass of milk," will become similarly understandable as offering different perspectives on life.

↓

A new metaphor initially makes people ____(A)____ its meaning; if it loses its novelty later by gaining ____(B)____ , it will give birth to similar types of metaphorical expressions.

독해기술

요약문 완성 유형은 빈칸 완성 유형과 풀이 방법이 거의 동일하다. 지문에 있는 내용이 똑같이 반복되거나 지문의 내용을 일반화한 것을 빈칸에 넣으면 된다. 풀이기술 3 0

지문의 내용과 요약문의 내용은 다음과 같이 대응된다.

(A)

지문   its(=this expression's) novelty forces you to think about its meaning

요약문   A new metaphor initially makes people ____(A)____ its meaning

선지에서 think about의 뜻은 reflect on이다. 물론 reflect에 '반영하다'란 뜻 말고 '곰곰이 생각하다'란 것으로 쓰이는 것을 모른다면 이 문제를 풀 수 없다.

(B)

지문   it must capture the fancy of many other people for a period of time. Then and only then will its novelty have become worn out and will it become the basis for a new conceptual metaphor

요약문   if it loses its novelty later by gaining ____(B)____ , it will give birth to similar types of metaphorical expressions.

capture the fancy of many other people은 '많은 사람들의 흥미를 끌다'라는 뜻으로, 선지의 내용 중에 popularity 를 넣어 'gaining popularity(인기를 얻다)'라고 하면 의미가 통한다.

구문분석

• Then and only then will its novelty have become worn out and will it become the basis for a new conceptual metaphor

→ then and only then이란 표현이 문두로 나와 도치가 발생했다. 오직 그때에야 참신함이 다 닳아지고, 오직 그때에야 참신함이 다른 비유를 위한 토대가 된다는 의미이다.

만약 누군가가 '인생은 한 잔의 커피이다'라고 말한다면 당신이 이 표현을 이전에 들어보았을 가능성은 거의 없다. 그러나 이 표현의 참신함은 당신으로 하여금 그 의미를 생각해 보도록 만든다. 그 표현에 사용된 수단인 한 잔의 커피는 일상생활의 흔한 대상이며, 따라서 그 삶에 대한 생각의 원천으로 쉽게 인식된다. 이 비유는 당신으로 하여금 한 잔의 커피와 연관이 있는 그런 물리적, 사회적 등등의 속성의 관점에서 인생에 대해 생각해 보도록 만든다. 하지만, 이 비유가 통용되려면 일정 기간 동안 그것이 다른 많은 사람들의 흥미를 끌어야만 한다. 그때에야 비로소 그 표현이 갖고 있는 참신함이 사라지고 그 말은 새로운 개념을 나타내는 비유의 토대가 될 것이다. 즉, '인생은 마시는 것'과 같은 새로운 비유처럼 말이다. 그렇게 되고나면 '인생은 한 잔의 차, 인생은 한 병의 맥주, 인생은 한 잔의 우유'와 같은 표현들도 인생에 관한 다양한 관점들을 보여주는 것으로 그와 비슷하게 이해될 수 있을 것이다.

→ 새로운 비유는 처음에는 사람들로 하여금 그 말의 의미를 <u>곰곰이 생각하게</u> 만들지만 후에 <u>대중성</u>을 얻어 참신함을 상실하게 되면 유사한 형태의 비유적 표현들을 만들게 된다.

it is unlikely that ~할 가능성이 거의 없다 / **novelty** 새로움, 참신함 / **force** 강요하다, ~하게 만들다 / **vehicle** 전달 수단, 매개물, (은유의) 매개체 / **source** 근원, 원천 / **perceivable** 지각할 수 있는 / **metaphor** 비유, 은유 / **compel** 강요하다, ~ 하게 만들다 / **attribute** 속성 / **associated with** ~와 연관된 / **gain currency** 통용되다, 널리 퍼지다 / **capture the fancy of** ~의 마음에 들다, ~의 흥미를 끌다 / **substance** 물질 / **reflect on** 곰곰이 생각해 보다 / **sincerity** 성실 / **popularity** 인기 / **depart from** ~에서부터 출발하다, 떠나다 / **morality** 도덕성 / **expand on** ~에 대해 상술하다

1등급 고난이도 문제   01 ②   02 ⑤

01
정답률
31%

I believe mystery plays a fundamental role in experiencing the great things in life. → 주제문(요지)

If you can determine the chemicals that exist in a food or wine, does that help you understand why you like the taste? Do you think that being able to list all the reasons you love a person enables you to love that person more or differently? If something is beautiful to you, can you really explain why in a meaningful way? There are many sensations and feelings that we can experience but not fully define. Once we give up the belief that definition of these emotions is necessary or possible, we can actually experience them more completely because we have removed the analytical filter we use to find definitions. → 뒷받침 문장(근거)

↓

The attempt to _____ (A) _____ things in definite ways prevents us from _____ (B) _____ them deeply and completely.

we can actually experience them more completely because we have removed the analytical filter we use to find definitions. 부분이 요약된 문장에서 재진술되고 있다는 것만 파악하면 문제는 쉽게 풀 수 있다.

the analytic filter라는 개념과 의미가 통하도록 빈칸을 채우면 The attempt to analyze가 되고 experience와 의미가 통하는 것을 찾으면 'appreciating(이해하다, 감상하다)'이 된다.

① (31%) : ①에 오답이 많았던 이유는 아마도 experimenting을 experiencing으로 잘못 보았기 때문이다. 아마 출제자도 이를 염두하고 이 선지를 첫 번째에 배치했을 것이다.

• Do you think / that [being able to list all the reasons you love a person] enables you to love that person more or differently?

→ that절에서 [　]가 주어이고 enables가 동사이다.

→ 'being able to ...'는 'be able to' 표현이 동명사가 되어 주어로 쓰이고 있다.

• If something is beautiful to you, can you really explain why / in a meaningful way?

→ why 뒤에는 it is beautiful to you가 생략되어 있다, 즉 여기서 why는 '왜 그런지'라는 의미로 의문부사로 쓰이는 의미이다.

나는 신비로움이 삶에서 위대한 일들을 경험하는 데 기본적인 역할을 한다고 믿는다. 만약 당신이 어떤 음식이나 포도주에 들어 있는 화학물질이 무엇인지 결정지을 수 있다면, 그것이 당신이 왜 그 맛을 좋아하는지 이해하는 것을 도와주는가? 당신이 어떤 사람을 사랑하는 모든 이유를 나열할 수 있다는 것이 당신이 그 사람을 더 많이 혹은 다르게 사랑할 수 있도록 해 준다고 생각하는가? 만약 어떤 것이 당신에게 아름답다고 느껴질 때 왜 그런지 의미 있는 방식으로 설명할 수 있는가? 우리가 경험할 수 있지만 완전히 정의할 수 없는 기분과 감정들이 많이 있다. 일단 이런 감정에 대한 정의가 필요하거나 가능하다는 믿음을 버리게 되면 우리는 이 감정들을 사실 더욱 완전하게 경험할 수 있다. 왜냐하면 우리가 정의를 찾아내기 위해 사용하는 분석적 필터를 없애 버리게 되기 때문이다.

→ 명확한 방식으로 사물을 분석하려는 시도는 우리가 그것들을 깊이 있고 완전하게 이해할 수 없도록 만든다.

mystery 신비 / determine 결정하다 / chemical 화학물질 / list 나열하다 / meaningful 의미 있는 / sensation 마음, 기분 / feeling 감정 / define 정의하다 / analytical 분석적인 / attempt 시도 / appreciate 이해하다, 감상하다

02

정답률
24%

ⓐ With the rise of the social sciences, and especially the anthropology of the 1930s and thereafter, words like 'savage' and 'primitive' began to disappear from the vocabulary of cultural studies, along with the notion that the people who had once borne these labels represented a biologically less evolved form of humanity. ⓑ Medical science could find no difference in the brains of the former primitives to account for their different behavior; colonists necessarily observed that yesterday's 'savage' might be today's shopkeeper, soldier, or servant. ⓒ As humanity began to look more like a family of potential equals, ⓓ Westerners had to accept that the behavior found in native cultures was not the distinctive feature of savage 'otherness' but the expression of a capacity that may exist, for better or for worse, in all of us.

→ 결과

→ 원인

→ 원인 재진술

→ 결과 재진술

↓

Westerners came to admit that their view toward the ___(A)___ behavior found in native cultures was ___(B)___.

→ 결과

지문구조

결과	사회과학과 인류학이 발전하며 문화 연구에서 '야만의', '미개한'이라는 단어가 사라졌다. 한때 야만적이고 미개하다는 꼬리표가 붙었던 사람들(원주민들)은 인류의 덜 진화된 형태라는 개념도 마찬가지로 사라졌다.
원인	의학 연구에서 우리와는 다른 원시인들의 행동을 설명하기 위해 원시인들의 뇌를 분석하였으나 현대인의 뇌와 별다른 차이점을 발견하지 못했다. 식민지 개척자들은 어제의 야만인들이 오늘의 상인, 군인, 혹은 종업원일 수도 있다는 것을 필연적으로 보게 되었다.
원인 재진술	인류가 잠재적으로는 모두 똑같은 하나의 가족(집단)처럼 보이기 시작했기 때문에
결과 재진술	서양인들은 받아들여야 했다. 토착 문화에서 발견되는 행동이 그들과는 다른 야만인들만의 독특한 특징이 아니라, 그것이 좋은 것인지 나쁜 것인지는 모르지만 어쩌면 우리 모두 안에 존재하는지도 모른다는 것을.

독해기술

이 문제가 어려운 이유는 지문 내용의 난이도가 상당히 높기 때문이다. 이렇게 난이도가 높을수록 단락의 구조를 파악하는 능력이 위력을 발휘한다. 글의 세부적인 내용을 완벽하게 이해할 수는 없더라도 글이 전체적으로 '원인과 결과'의 구조를 취하고 있다는 것을 파악하면 전체적인 맥락을 이해할 수 있다.

결과	야만적이고 미개하다고 불렸던 원시인들이 사실은 그렇지 않다는 것이 밝혀졌다.
원인	원시인들과 현대인들의 뇌에 차이가 없었다. 원시인들이 오늘날의 사람들과 같은 일을 하게 되었다.
원인 재진술	인류가 사실은 모두 동일한 하나의 가족으로 보이기 시작했다.
결과 재진술	토착 문화에서 발견되는 야만인들만의 독특한 특징이 아니라, 어쩌면 우리 모두 안에 존재하는 것인지도 모른다는 것을 받아들여야 했다.
요약(결과)	서양인들은 인정해야만 했다. 토착 문화에서 발견되는 ___(A)___ 행동을 향한 그들의 견해가 ___(B)___ 이었다는 것을.

요약문이 '결과 재진술' 부분(마지막 문장)을 재진술하고 있다는 것만 파악하면 다른 부분을 제대로 해석하지 못했더라도 대응되는 표현을 찾아 문제를 풀 수 있다. '결과 재진술' 부분과 '요약문' 부분이 아래처럼 대응되고 있다.

결과 재진술	Westerners had to accept that
요약	Westerners came to admit that
결과 재진술	the behavior found in native cultures was <u>not</u> the <u>distinctive</u> feature of savage 'otherness'.
요약	their view toward the <u>distinctive</u> behavior found in native cultures was <u>(wrong)</u>.

(A)에는 결과 재진술 부분에서 이미 사용한 어휘 distinctive를 그대로 쓰면 되고, (B)에는 '~가 아니다'라는 의미를, 즉 wrong 정도의 의미가 되는 표현을 고르면 되는데, 이는 'biased(편견을 가진)'이다. <u>풀이기술 3 0</u>

독해의 핵심은 단어나 문장의 의미를 각각 개별적으로, 독립적으로 해석하는 것이 아니라, 전체의 맥락 속에서 그 단어나 문장의 의미를 파악하는 것이다. 예를 들어 ⓐ의 the people who had once borne these labels에서 these labels는 'savage' and 'primitive'를 지칭한다. 즉 the people은 '야만적', '원시적'이라고 불렸던 사람들, 즉 '원시인들'을 의미한다. ⓑ의 the former primitives라는 표현은 바로 ⓐ의 the people을 바꿔 표현한 것이다.

ⓐ의 savage 'otherness'는 직역하면 '야만적인 다름'이라는 추상적인 의미인데, 이것만 가지고는 도무지 무슨 소리인지 알기가 힘들다. 하지만 글의 맥락 속에서 이해하면 savage otherness도 결국은 ⓐ의 the people, 즉 '원시인들'을 의미하는 표현이다.

이런 것을 알고 지문을 읽는 것과 'the people who~', 'the former primitives', 'savage 'otherness''가 모두 같은 의미라는 것을 모른 채 따로따로 해석하며 지문을 읽는 것과는 하늘과 땅 만큼의 엄청난 차이가 있다.

이렇게 지문 안에서 똑같은 내용(어휘, 표현, 문장)이 되풀이되는 것을 파악하는 능력이 우리가 지금까지 비카 와서과 ㅇㅇㅁ ㅁㄴㅆ에서 공부하는 핵심이다

<u>ㅁㄷㅓㅁㅁ</u>

③ (57%): ⓑ에서 different behavior라는 표현을 사용했다는 점에서, 그리고 different(다른)는 distinctive(독특한)의 의미와도 상통한다는 점에서 (A)에는 different가 들어갈 수도 있다. 하지만 (B)의 righteous(정의로운, 정직한)는 지문의 어디에서도 근거를 찾을 수 없다. <u>풀이기술 2 7</u>

<u>구문분석</u>

• [With the rise of the social sciences, and especially the anthropology of the 1930s and thereafter,] words like 'savage' and 'primitive' began to disappear from the vocabulary of cultural studies, / along with the notion 〈that the people (who had once borne these labels) represented a biologically less evolved form of humanity.〉

→ 'words ... + began to disappear'가 문장의 '주어 + 동사'이다.

→ [ ] 부분은 'words ... began to disappear'의 원인의 의미이다.

→ along with는 '~와 함께'라는 뜻인데, 'the notion ... 바른 개념이 사라지는 것과 함께 'words like ...'도 사라지기 시작했다는 의미이다. 그리고 〈 〉는 notion과 동격이다.

<u>지문해석</u>

사회과학, 특히 1930년대 이후의 인류학의 성장과 더불어 '야만적인' 그리고 '원시적인'과 같은 말들은, 한 때 이러한 꼬리표를 달았던 사람들이 생물학적으로 덜 진화된 형태의 인류를 대표한다는 생각과 더불어, 문화 연구의 어휘에서 사라지기 시작했다. 의학에서는 이전의 원시인들의 두뇌에서 그들의 다른 행동을 설명해줄 만한 차이를 발견할 수 없었으며, 식민지 개척자들은 지난날의 '야만인'이 오늘날의 상점 주인, 군인, 또는 종업원이 될 수 있음을 필연적으로 알게 되었다. 인류가 점점 더 잠재적으로 동등한 집단인 것처럼 보이기 시작했기에, 서양인들은 원주민 문화에서 발견된 행동이 야만적인 '다름'이라는 구별되는 특징이 아니라 좋든 나쁘든 간에 우리 모두에게 존재할 수 있는 능력의 표현이라는 것을 받아들여야 했다.

→ 서양인들은 원주민 문화에서 발견되는 구별되는 행동에 대한 그들의 생각이 편견임을 인정하게 되었다.

rise 진보, 성장 / anthropology 인류학 / thereafter 그 후, 그 이래 / primitive 원시적인 / along with ~와 함께 / notion 개념 / bear(-bore-born/borne) 지니다 / label 꼬리표, 딱지 / represent 대표하다, ~의 표본이다 / biologically 생물학적으로 / evolved 진화된 / account for 설명하다 / colonist 식민지 개척자 / necessarily 필연적으로 / observe ~을 보다, ~을 알게 되다 / shopkeeper 상점 주인 / servant 종업원 / potential 잠재적인 / equal 동등자, 동등한 것 / distinctive 구별되는, 뚜렷한 / feature 특징 / otherness 다름, 별남 / capacity 능력 / for better or for worse 좋든 나쁘든 간에 / righteous 정의로운, 정직한

Unit 01 내용 일치

1등급 연습 문제 01 ⑤ 02 ② 03 ④ 04 ③

01
정답률
83%

ⓐ The Great Salt Lake is the largest salt lake in the Western Hemisphere. ⓑ The lake is fed by the Bear, Weber, and Jordan rivers and has no outlet. At the close of the Ice Age ⓒ the entire region was submerged beneath a lake of meltwater, and overflow from the lake flowed into the Pacific Ocean through the Snake and Columbia rivers. ⓓ The great climatic change the lake underwent and continued evaporation, exceeding the inflow of fresh water, reduced the lake to one-twentieth of its former size. The majority of salt in the Great Salt Lake is ⓔ a remnant of dissolved salts that are present in all fresh water. As the water evaporated, the traces of dissolved salts were gradually concentrated in the shrinking lake.

독해기술

내용 일치/불일치 문제는 선지를 먼저 보고 하나씩 글과 맞춰 나가면 된다.

① : ⓐ와 일치하는 내용이다.

② : ⓑ와 일치하는 내용이다.

③ : ⓒ와 일치하는 내용이다.

④ : ⓓ와 일치하는 내용이다.

⑤ : ⓔ를 보면, 바닷물이 아닌 담수(fresh water)에 있는 소금의 잔해라고 되어 있다. 즉 ⑤는 지문의 내용과 일치하지 않는다.

구문분석

• [The great climatic change (the lake underwent)] and [continued evaporation, exceeding the inflow of fresh water,] reduced the lake to one-twentieth of its former size.

→ [ ] and [ ]가 주어이고, reduced가 동사이다.

→ 첫 번째 [ ]에서 ( ) 부분은 관계대명사절로, 목적격 관계대명사가 생략되어 있다.

→ 두 번째 [ ]에서 continued가 동사가 아니란 점에 유의한다. 이는 형용사 수식어로, '계속된 증발'이란 뜻이다.

지문해석

Great Salt Lake는 서반구에서 가장 큰 소금 호수이다. 이 호수는 Bear 강, Weber 강, 그리고 Jordan 강에서 물이 들어오지만 배출구가 없다. 빙하기가 끝날 무렵 모든 지역은 녹은 물로 된 호수 아래에 잠겼고, 호수의 범람한 물은 Snake 강과 Columbiar 강을 통해 태평양으로 흘러 들어갔다. 그 호수가 겪은 극심한 기후 변화와 담수의 유입량을 초과한 지속된 증발은 이 호수를 예전 크기의 1/20으로 줄어들게 했다. Great Salt Lake에 있는 소금의 대부분은 모든 담수에 존재하는 용해된 소금의 잔여물이다. 물이 증발할수록, 이 용해된 소금의 극미한 양은 줄어드는 호수에 점차 농축되었다.

hemisphere 반구 / outlet (배)출구, 하구(河口) / close 끝, 종결 / submerge 물에 잠그다, 물속에 넣다[가라앉히다] / evaporation 증발, (수분의) 발산 / exceed 초과하다 / inflow 유입, 유입량 / fresh water 담수, 민물 / remnant 잔존물, 나머지 / dissolve 용해시키다, 녹이다 / trace 자국; 미량, 극소량 / concentrate 집중하다; 농축시키다 / shrink 줄어들다

02
정답률 74%

In her art, Georgia O'Keeffe clearly showed a pioneering spirit and an intensely individual style. ⓐ At age twenty-seven, while teaching art in South Carolina, O'Keeffe began a series of simple, abstract charcoal drawings that expressed her own ideas and feelings. ⓑ She sent these drawings to a friend in New York, who showed them to Alfred Stieglitz, the owner of the influential gallery 291. Stieglitz hailed them as the "purest, finest, sincerest things." ⓒ O'Keeffe's greatest source of inspiration was nature. ⓓ Her best-known paintings are large, extreme close-ups of flowers; the simplified and magnified views compel us to look at them in a new way and to discover their inner essence. At the same time, the paintings become abstract arrangements of color and line, light and shadow. While in New Mexico, she was also fascinated by the simple geometric grace of adobe churches and ⓔ the majesty of the desert.

독해기술

① : ⓐ와 일치하는 내용이다.
② : ⓑ를 보면, O'Keeffe가 그림을 보낸 것은 New York에 있는 한 친구이고, 그 친구가 다시 그 그림을 Stieglitz에게 보여주었다고 되어 있다. 즉 O'Keeffe가 직접 그림을 Stieglitz에게 보낸 것은 아니다.
③ : ⓒ와 일치하는 내용이다.
④ : ⓓ와 일치하는 내용이나,
⑤ : ⓔ와 일치하는 내용이다

구문분석

• She sent these drawings to a friend in New York, / who showed them to Alfred Stieglitz, 〈the owner of the influential gallery 291〉.
→ 쉼표 뒤에 관계대명사가 있으면 '그리고 그것은(그 사람은)'으로 해석한다. 〈 〉 부분은 Alfred Stieglitz와 동격 어구이다.

지문해석

그녀의 미술에서, Georgia O'keeffe는 선구적인 정신과 대단히 개인적인 스타일을 보여주었다. 27세의 나이에 South Carolina에서 미술을 가르치는 동안 O'Keeffe는 일련의 단순하고 추상적인 목탄 그림을 시작했는데, 그 그림은 그녀 자신의 생각과 감정들을 표현하는 그림이었다. 그녀는 이 그림들을 New York에 있는 한 친구에게 보냈는데, 그 친구는 그 그림들을 영향력 있는 미술관 291의 주인인 Alfred Stieglitz에게 보여주었다. Stieglitz는 그 그림들을 '가장 순수하고, 가장 멋지고, 가장 진실된 것'이라고 묘사했다. O'Keeffe의 가장 위대한 영감의 원천은 자연이었다. 그녀의 가장 잘 알려진 그림들은 꽃을 크고, 극단적이도록 클로즈업한 것들이었다. 단순화되고 확대된 모습은 우리로 하여금 그것들을 새로운 방식으로 보게 하고, 그들의 내적 본질을 발견하도록 해준다. 동시에 그림들은 색과 선, 빛과 그림자의 추상적인 배열이 된다. New Mexico에 있는 동안 그녀는 adobe 양식 교회들의 단

순한 기하학적 우아함과 사막의 장엄함에도 매료되었다.

pioneering 개척적인, 선구적인 / intensely 강렬하게, 격하게; 열심히 / charcoal 숯, 목탄 / influential 영향력 있는 / hail 묘사하다 [일컫다] / close-up 근접촬영, 클로즈업 / magnify 확대하다 / inner 내부의, 내적인 / essence 본질, 정수 / arrangement 배열 / fascinate 매료시키다, 매혹시키다 / geometric 기하학의, 기하적인 / majesty 장엄함

03

정답률
81%

Gregorio Dati was ⓐ a successful merchant of Florence, who entered into many profitable partnerships dealing in wool, silk, and other merchandise. His career, however, especially early on, knew the vicissitudes characteristic of Renaissance business. For example, while he was en route to Spain as his enterprise's traveling partner, a role typical for young men, pirates robbed him of all his goods, including a consignment of pearls, and ⓑ of his own clothes. ⓒ His recovery from such losses followed in part from four successive marriages. ⓓ Later in life, he was honored to serve a number of posts in the city government. Over the years he wrote a "diary," actually ⓔ an occasional record in which he kept accounts of his commercial and family life. Men of his kind pioneered this form of writing about the public and private self.

독해기술

① : ⓐ를 보면 성공한 상인이라고 되어 있다.
② : ⓑ를 보면 그의 옷도 약탈당했다고 되어 있다.
③ : ⓒ를 보면 네 번의 잇따른 결혼 이후에 손실에 대한 회복이 따라왔다고 되어 있다.
④ : ⓓ와 일치하는 내용으로, ④가 정답이다.
⑤ : ⓔ를 보면 매일 쓴 것이 아니라 이따금씩 쓴 일기라고 되어 있다.

구문분석

• For example, while he was en route to Spain as his enterprise's traveling partner, [a role (typical for young men)], / pirates robbed him ⟨of all his goods⟩, including a consignment of pearls, and ⟨of his own clothes⟩.
  → [ ] 부분은 밑줄 친 부분에 대한 동격이고, ( ) 부분은 a role에 대한 수식어이다. 즉 traveling parter라는 역할은 젊은 남자들에겐 전형적인 역할이었다는 뜻이다.
  → 동사 rob은 'rob A of B' 형태로 쓰이며 'A에게서 B를 강탈하다'란 의미를 만든다. 뒤쪽의 and는 ⟨ ⟩와 ⟨ ⟩를 연결한다. 즉 해적들이 그의 상품들을 모두 빼앗고, 또 그의 옷도 빼앗았다는 뜻이다.

• [His recovery from such losses] followed (in part) ⟨from four successive marriages⟩.
  → 일반적으로 follow는 타동사로 쓰여, 'A follow B' 형태로 쓰인다. 이 경우 'A가 B를 따라간다'는 의미이므로 B가 먼저, A가 나중 일이 된다. 그런데 follow를 자동사로 써서 'A follow'라고 표현할 경우, 앞에 '어떤 사건이 발생했고, 그 이후에 A가 따라 나온다'는 뜻이 된다. 여기에선 follow 뒤에 목적어가 없고, 전치사구 'from ~'만 있다. 즉 직역하면 '~로부터 ~가 따라 나왔다'라는 의미가 된다. 즉, 잇따른 네 번의 결혼으로부터 그의 회복이 따라 나왔다는 뜻이다. 다시 말하면, 네 번의 잇따른 결혼이 먼저이고, 그 이후에 손실로부터의 회복이 있었다는 뜻이다. in part는 '부분적으로는, 어느 정도는'이라는 뜻이다.

Gregorio Dati는 Florence에서 성공한 상인으로, 양털, 비단, 기타 여러 상품들을 거래하면서 여러 이득이 되는 협력관계를 맺었다. 그러나 그의 경력은, 특히 초기부터, 르네상스 시대 사업의 특징인 파란만장함을 겪었다. 한 예로 그는, 젊은 사람들이 전형적으로 하던 역할로서, 자기 사업의 여행 파트너로서 스페인으로 향하던 도중, 해적들이 그에게서 배송 중이던 진주와 그의 옷을 포함한 모든 물품을 약탈했다. 이러한 손실을 그는 네 번이나 잇따른 결혼을 통해 부분적으로는 회복했다. 인생 후기에, 그는 시 정부로부터 많은 직책을 수행하는 영예를 얻었다. 여러 해 동안 그는 '일기'를 썼는데, 사실 그것은 가끔씩 쓴 기록으로, 상인으로서의 생활과 가족생활에 관한 이야기를 썼다. 그와 같은 사람들은 공적인 자아와 사적인 자아에 대한 이런 형태의 글쓰기를 개척했다.

enter into partnership 협력[제휴]하다 / profitable 이문이 남는, 유리한 / merchandise 상품 / characteristic 특징적인 / en route 도중에 / successive 잇따른, 연속하는 / post 직책, 지위 / occasional 가끔의 / keep an account of ~에 관한 이야기를 쓰다

04
정답률 65%

Packed full of artifacts and ⓐ lying in the clear waters of the Red Sea, the *Thistlegorm* is perhaps the most famous of all shipwrecks for divers. Her fame comes at a price, however, with great numbers of divers crawling through the structure every day. The *Thistlegorm* first came to the attention of the global diving community in the 1940s, when she was discovered and ⓑ filmed by Jacques Cousteau. Her location remained a secret until 1992, when she was rediscovered by recreational divers, and she has since become the most popular diving wreck in the entire Red Sea. The *Thistlegorm* was ⓒ a World War II armed merchant vessel, 126m in length, carrying supplies to the British 8th Army in North Africa. ⓓ Packed with machinery and weapons, ⓔ she was spotted in the northern Red Sea by a German bomber on the 6th October 1941. ⓕ Two bombs entered her Number Four hold, causing a huge explosion that cut her in half; she sank immediately with the loss of nine souls.

독해기술
① : ⓐ와 일치하는 내용이다.
② : ⓑ와 일치하는 내용이다.
③ : 보급품을 수송한다는 것은 ⓒ의 뒷부분과 일치하지만, ⓒ에는 군함이 아니라 무장한 상선(armed merchant vessel)이라고 되어 있으므로 ③은 지문의 내용과 일치하지 않는다. 또한 독일군의 배라는 내용도 없다. ⓔ를 보면 독일 폭격선(German bomber)에 의해 포착되었다는 말은 있지만, 마찬가지로 Thistlegorm이 독일군의 배라는 말은 없다.
④ : ⓓ와 일치하는 내용이다.
⑤ : ⓕ와 일치하는 내용이다.

구문분석
• Her fame comes at a price, however, with great numbers of divers crawling through the structure every day.
→ at a price라는 표현은 '값을 치르고, 대가를 치르고'라는 의미이다. 즉, Thistlegorm이라는 배의 명성은 저절로 온 것이 아니라 대가를 치르고 얻었다는 의미인데, 그 대가의 내용은 수많은 잠수부들이 매일같이 그 배 안을 기어 다니며 조사한 것이다.

Thistlegorm 호는 유물들로 꽉 채워지고 홍해의 맑은 물에 놓여 있어서, 아마도 잠수부들에게 있어서는 모든 난파선 중에서 가장 유명할 것이다. 그러나 이 명성은 상당히 많은 수의 잠수부들이 이 구조물 내를 매일 헤엄쳐 다녔던 대가로 생긴 것이다. Thistlegorm 호는 1950년 경에 Jacques Cousteau에 의해 발견 및 촬영이 되어 국제 잠수 협회의 주목을 최초로 받았다. 1992년까지 이것의 위치는 비밀로 남아 있다가 레크리에이션 잠수부들에 의해 재발견되었고, 그 후로 홍해에 있어서 지금까지의 난파선 중 가장 유명한 것이 되었다. Thistlegorm 호는 2차 대전기의 무장 상선으로, 길이가 126미터이며, 북아프리카의 영국 제 8군에 보급물자를 운송했다. 기계와 무기로 채워져 있었기에, 이 배는 북부 홍해에서 1941년 10월 6일에 독일 폭격기에게 포착되었다. 두 개의 폭탄이 4번 창고에 떨어졌고, 상당한 폭발을 일으켜서 선체를 두 동강 냈다. 이 배는 즉시 가라앉았고 9명의 목숨을 앗아갔다.

artifact 문화 유물, 인공물 / shipwreck 난파선, 조난선 / come at a price 상당한 대가를 치러서 나오다 / crawl 기어가다; 크롤영법(수영) / armed 무장한 / merchant vessel 상선 / machinery 기계류 / spot 발견하다 / hold 화물창, 배의 짐칸

01

정답률
60%

ⓐ There are a few things to keep in mind if you want to get perfect shots while camping. ⓑ Take pictures of your family. ⓒ Nature shots can be really nice, but you'll be looking at those old family camp photos in ten years. ⓓ Bring extra batteries. ⓔ Most cameras use really special batteries and you may not be able to find them at a camp store. ⓕ Temperature can affect your batteries and film. ⓖ If you are taking pictures in chilly weather, your batteries may die. ⓗ Don't throw them away. ⓘ Just warm them up and you'll be ready to shoot again. ⓙ Film does not like heat so try to keep your film in a cool spot. ⓚ You can't take too many pictures, so bring lots of film.

독해기술

① : ⓑ에 언급된 내용이다.
② : ⓓ에 언급된 내용이다.
③ : ⓖ~ⓘ에 언급된 것은 추운 날씨엔 배터리가 죽을 수 있으나 따뜻한 곳에 두면 다시 살아나므로 그 배터리를 버리지 말라는 내용이다. 촬영을 삼가라는 내용은 언급되어 있지 않다.
④ : ⓙ에 언급된 내용이다.
⑤ : ⓚ에 언급된 내용이다.

• You can't take too many pictures, so bring lots of film.

→ 'can't ~ too'는 직역하면 '지나치게 ~할 수는 없다'라는 의미로, 바꿔 말하면 '아무리 ~해도 지나친 것이 아니다'라는 의미이다.

지문해석

야영을 하는 동안 완벽한 사진 촬영을 원한다면 몇 가지 명심해야 할 사항이 있다. 가족 사진을 찍어라. 자연을 찍은 스냅 사진도 정말 좋겠지만, 10년 후에는 오래된 가족 캠프 사진들을 보게 될 것이다. 여분의 배터리를 가져가라. 대부분의 카메라는 매우 특수한 배터리를 사용하고 있어서, 야영지에 있는 가게에서 그것을 구입하지 못할 수 있다. 온도는 배터리와 필름에 영향을 줄 수 있다. 추운 날씨에 사진을 찍는 경우 배터리가 나갈 수가 있다. 그 배터리를 버리지 마라. 따뜻하게 하기만 하면 다시 촬영할 수 있게 된다. 필름은 열을 싫어하므로 서늘한 곳에 보관하려고 노력하라. 사진은 아무리 많이 찍어도 좋으므로, 필름을 많이 가져가라.

keep in mind 명심하다 / perfect shot 완벽한 사진 / extra 여분의 / temperature 온도 / affect 영향을 미치다 / chilly 추운 / heat 열 / spot 지점, 장소 / bring 가져가다

ⓐ Harry Houdini, whose given name was Erich Weiss, was born in Hungary, in 1874. ⓑ When he was a child, his family immigrated to the United States. ⓒ They were extremely poor, so Erich worked to help support the family. ⓓ Beginning at age eight, Erich sold newspapers and shined shoes. ⓔ Desperate to keep himself and his family from starving, Erich took any available job. ⓕ As a teenager, though, he had a stroke of good fortune. ⓖ He discovered his talent for magic and illusion. ⓗ He demonstrated a remarkable ability to free himself from handcuffs. ⓘ At this point Erich Weiss changed his name to Harry Houdini, after famous magician Robert Houdini. ⓙ Soon the newly named magician became known worldwide.

문제풀이

① : ⓑ에서 가족이 미국으로 이민 왔다고 되어 있으므로 일치하는 내용이다.

② : ⓒ와 ⓓ를 보면 8세에 이미 일을 시작했으므로 일치하는 내용이다.

③ : ⓗ와 일치하는 내용이다.

④ : ⓘ를 잘 해석해야 한다. 이름, 별명 등과 관련된 표현에서 전치사 after는 '~의 이름을 따서'라는 의미로 사용된다. 즉 ⓘ는 Erich Weiss(= Harry Houdini)가 Robert Houdini의 이름을 따서 자신의 이름을 Harry Houdini로 바꾸었다는 뜻이다. 따라서 Robert는 사용한 이름이 아니다.

⑤ : ⓙ와 일치하는 내용이다.

구문분석

• Harry Houdini, whose given name was Erich Weiss, was born in Hungary, in 1874.

→ whose는 소유격 관계대명사로, 'his given name was ...'에서 소유격 대명사인 his를 대신 받아 whose로 쓴 것이다. whose는 소유격 의미 그대로 '그의'로 해석하면 된다.

- [Desperate to keep himself and his family from starving], Erich took any available job.
  - → [　] 부분은 접속사와 he was가 생략된 분사구문으로, 'Erich took …' 했을 때 Erich의 상태를 설명한다.
  - → 해석은 '[　]했던 Erich은…' 정도로 하면 자연스럽다.

지문해석

본명이 Erich Weiss였던 Harry Houdini는 1874년 헝가리에서 태어났다. 어렸을 때, 가족이 미국으로 이주했다. 집이 몹시 가난했기 때문에 가족 부양을 돕기 위해 일을 했다. Erich은 여덟 살 때부터 신문을 팔고 구두를 닦았다. 자신과 가족이 굶는 것을 막으려 필사적이었던 Erich은 가능한 모든 일을 했다. 그러나 십대 때 우연히 행운을 얻게 되었다. 그는 마술과 눈속임에 대한 자신의 재능을 발견했다. 그는 수갑에서 빠져나오는 기술에서 탁월한 능력을 보여주었다. 이 시기에 Erich Weiss는 유명한 마술사인 Robert Houdini의 이름을 본 따서 Harry Houdini로 이름을 바꾸었다. 머지않아 새로운 이름을 가진 마술사가 전 세계에 알려지게 되었다.

given name (성에 대한) 이름, 본명 / immigrate 이주하다 / shine 광나게 하다 / keep A from ~ing A가 ~하는 것을 막다 / starve 굶주리다 / a stroke of good fortune 우연히 찾아든 행운 / illusion 환상 / demonstrate 나타내다, 드러내다 / remarkable 탁월한 / handcuffs 수갑 / newly 최근에, 새로

01
정답률
75%

The above graph shows changes in school enrollment rates of the population ages 3-19 by age group from 1970 to 2006. ① The enrollment rates of all age groups were higher than 50 percent in 2006. ② Of all age groups, the enrollment rate for youth ages 7−13 was the highest during the entire period covered by the graph. ③ Of all age groups, the enrollment rate of children ages 5−6 increased the most from 1970 to 2006. ④ The overall change in the enrollment rate from 1980 to 1990 was smaller for youth ages 14−17 than for youth ages 18−19. ⑤ The lowest enrollment rate is seen in children ages 3−4 among all age groups for each year.

독해기술

버저 제무을 보고 이 노끼의 뉘라글의 변화에 관한 것임을 확인하고 지문으로 들어간다. **풀이기술 3 2**

③은 절대 수치가 아니라 increased에 대한 내용이다. Ages 5−6은 1970년에 약 90 정도였다가 2006년에는 약 95 정도가 되었다. 즉, 증가율은 5% 정도밖에 되지 않는데 이는 Ages 18−19나 Ages 3−4의 증가율에 비하면 턱없이 낮다.

오답피하기

④ : 이 도표는 Rates가 변화한 과정을 나타낸 그래프다. The overall change in the enrollment rate는 이 비율의 '변화'인데, ages 14−17이 1980년−1990년 사이에 변한 것은 거의 없다. 그래프가 거의 직선인 것은 비율(rate)이 변하지 않고 일정하게 유지되었다는 것을 의미한다. 반면 ages 18−19는 1980년−1990년 사이에 약 40% 지점에서 55% 정도까지 변했다. 따라서 ages 14−17이 비의 약은 age 18 19가 변인 양보나 더 적다(smaller)

어법노트

• Of all age groups, the enrollment rate for youth ages 7−13 was the highest during the entire period covered by the graph.
→ 'Of + N'가 문두에 위치하면 이때의 of는 out of의 의미로, 'N 중에서'로 해석한다.

지문해석

위 그래프는 1970년에서 2006년 사이에 3세에서 19세의 연령에 해당하는 인구의 연령 집단별 취학률의 변화를 나타낸다. 모든 연령 집단의 취학률은 2006년에는 50%를 넘었다. 모든 연령 집단 가운데 7세에서 13세 사이의 어린 연령층의 취학률은 그래프에 포함된 전체 기간 동안 가장 높았다. 모든 연령 집단 가운데 5세에서 6세(→ 3세에서 4세) 사이의 어린이들의 취학률은 1970년에서 2006년 사이에 가장 많이 증가했다. 1980년에서 1990년 사이의 취학률의 전체적인 변화는 18세에서 19세 사이보다 14세에서 17세 사이에서 더 적었다. 가장 낮은 취학률은 매년 모든 연령 집단 가운데 3세에서 4세 사이의 어린이들에서 나타난다.

enrollment 등록 / rate 비율 / population 인구 / overall 전체적인, 종합적인

02

정답률
92%

The graphs above show the percentage of world electricity generation by sources of energy for 1971 and 2007. ① According to the graphs, the primary source of electricity generation in both 1971 and 2007 was coal and peat, accounting for over 40% of the total electricity generation. ② Oil showed the biggest decrease in electricity generation, which fell from 20.9% in 1971 to 5.6% in 2007. ③ The source that showed the biggest increase was nuclear, which rose from 2.1% in 1971 to 13.8% in 2007. ④ In 1971, hydro was the second biggest source of electricity generation, but in 2007, gas was the second biggest, accounting for more than 20% of the total electricity generation. ⑤ Besides coal and peat, hydro was the only source that accounted for more than 20% of the total electricity generation in both 1971 and 2007.

독해기술

먼저 제목을 보고 이 도표가 세계의 발전 에너지원에 관한 도표임을 확인하고 지문으로 들어간다. 풀이기술 3 2

① : 도표를 보면 coal and peat의 비율이 1971년과 2007년 모두 40퍼센트가 넘는 주 공급원이다. 따라서 맞는 내용이다.

② : Oil의 경우 20.9%에서 5.6%로 가장 큰 감소량을 보이고 있으므로 맞는 내용이다.

③ : nuclear의 경우 1971년 2.1%에서 2007년 13.8%로 증가하였고 증가폭을 계산해 보면 11.7%로 가장 큰 증가폭을 보이므로 맞는 내용이다.

④ : 1971년의 경우 hydro가 두 번째로 큰 공급원이고 2007년의 경우 gas가 두 번째로 큰 공급원임을 확인할 수 있다. 따라서 맞는 내용이다.

⑤ : hydro의 경우 2007년에는 총 발전 공급원의 20% 미만을 차지하고 있으며, hydro뿐 아니라 oil과 gas도 1971년과 2007년 각각 20%를 넘게 차지하고 있다. 따라서 도표와 일치하지 않는 것은 ⑤가 된다.

구문분석

• Oil showed the biggest decrease in electricity generation, / which fell from 20.9% in 1971 to 5.6% in 2007.
→ 여기서 which가 받는 것은 앞 절에 있는 the biggest decrease이다. 즉 이 가장 큰 하락이 어느 정도의 하락인지 설명해주고 있다.

지문해석

위의 도표는 1971년과 2007년의 세계 발전 에너지원 백분율을 보여준다. 도표에 따르면, 1971년과 2007년 모두 발전의 주공급원은 석탄과 토탄으로, 총 발전의 40% 이상을 차지한다. 석유는 1971년 20.9%에서 2007년 5.6%로 가장 큰 감소량을 보였다. 가장 큰 증가량을 보인 것은 원자력 발전으로, 1971년 2.1%에서 2007년 13.8%로 증가했다. 1971년 수력발전이 두 번째 최다 발전 공급원이었으나 2007년은 가스가 두 번째 최다 발전 공급원으로 총 발전 공급원의 20% 이상을 차지했다. 석탄과 토탄 외에는 수력발전이 1971년과 2007년 모두 총 발전 공급원의 20% 이상을 차지하는 유일한 에너지원이다.

percentage 백분율 / **electricity generation** 발전(發電) / **source of energy** 에너지원 / **primary** 주된, 주요의 / **coal** 석탄 / **peat** 토탄 / **account for** 차지하다, 설명하다 / **nuclear** 핵, 원자력 / **hydro** 수력발전(hydroelectric의 약어)

03

정답률
52%

The graph shows the living species index from 1970 to 2000, which indicates trends in the world's biodiversity populations of species living in land, freshwater, and marine ecosystems. ① Compared to 1970, all the indexes fell by 30 to 50 percent in 2000. ② Between 1975 and 1980, while the marine species index declined, the freshwater species index increased. ③ In 1985 the freshwater species index was the highest, followed by the land species index and the marine species index. ④ The freshwater species index decreased the least compared to the other indexes between 1990 and 1995. ⑤ The marine species index, the highest among the three in 2000, indicated an increase between 1999 and 2000.

독해기술

전 세계 생물 다양성 개체 수의 추세를 보여주는 도표이다.

④ : 1990 1995년 사이에 freshwater species index는 가장 큰 폭으로 떨어졌다. 따라서 decreased the least라고 되어 있는 ④는 도표의 내용과 일치하지 않는다.

구문분석

• In 1985 the freshwater species index was the highest, followed by the land species index and the marine species index.

→ 'A follow B'라고 하면 'A가 B를 따라간다'는 뜻이므로 목적어 자리인 B가 먼저라는 의미이다. 수동태로 표현되어 'B be followed by A'라고 될 경우는 주어 자리의 B가 먼저이고 by A로 표현된 A가 나중이다. 이 문장에서 the freshwater species가 가장 높다고 했고, (which is) followed by ~ 라고 표현했으므로, by 뒤에 있는 the land species index and the marine species index는 그 다음으로 높다는 뜻이 된다.

지문해석

위 그래프는 1970년대부터 2000년까지 생물 종 지수를 보여주는데 이는 육지, 민물, 해양 생태계에서 살고 있는 전 세계 생물 다양성 개체 수의 추세를 나타낸다. 1970년대와 비교하여 2000년대에는 모든 지수들이 30에서 50퍼센트까지 감소했다. 1975년과 1980년대 사이에 해양 생물 종 지수는 감소했던 반면, 민물 종 지수는 증가했다. 1985년에 민물 종 지수는 최고였고, 다음으로 육지 종 지수와 해양 종 지수가 뒤따랐다. 민물 종 지수는 1990년과 1995년 사이에 다른 종과 비교해 봤을 때 가장 적게 감소했다. 2000년에 셋 중 가장 높았던 해양 종 지수는 1999년과 2000년 사이에 증가를 나타냈다.

species (생물) 종 / biodiversity 생물 다양성 / freshwater 민물 / marine 바다의, 해양의 / ecosystem 생태계 / compared to ~에 비해 / decline 감소하다

04

정답률
64%

① Unlike other academic areas, Medicine showed a consistently higher employment rate for its college graduates.

② Only one academic area displayed an increase in its college graduates employment rate between 1997 and 1998.

③ From 1998 to 2000, the college graduates employment rate continuously increased in all areas except one.

④ From 2001 to 2002, the employment rate for college graduates rose in all academic areas.

⑤ All academic areas reached their peak in their college graduates employment rate in 2002.

독해기술

대졸자 취업률에 대한 도표이다.

⑤ : 모든 학문 분야에서 2002년이 최고(peak)라고 했는데, 도표를 보면 Sciences의 경우 2002년보다 1996년이 더 높다. 따라서 ⑤는 잘못된 내용이다.

오답피하기

③ : 1998년-2000년 기간에서 continuously increased라고 되어 있는데 Medicine은 1999년에 감소했다가 2000년에 다시 증가하므로 1998년과 2000년을 비교했을 때 increased는 맞지만 continuously increased는 아니다.

구문분석

• All academic areas reached their peak in their college graduates employment rate in 2002.

➡ peak는 '산꼭대기'란 의미인데, 추상적으로 '절정'이란 의미로도 쓰인다. 여기서 reached their peak는 '절정에 이르렀다'라는 의미이다.

지문해석

① 다른 학문 분야와 달리 의학 분야는 대졸자들의 취업률이 계속적으로 보다 높은 수준을 보였다.

② 오로지 한 분야만이 1997년과 1998년 사이에 대졸자 취업률의 증가를 보였다.

③ 1998년부터 2000년까지 대졸자 취업률은 한 분야를 제외한 모든 분야에서 계속적으로 증가했다.

④ 2001년부터 2002년까지 대졸자들의 실업률은 모든 학문 분야에서 증가했다.

⑤ 2002년에는 모든 학문 분야에서 대졸자 취업률이 최고점에 이르렀다.

consistently 지속적으로 / employment rate 취업률 / graduate 졸업생 / display 나타내다 / continuously 계속적으로 / peak 최고점

The above chart shows the electricity consumption in five countries in 1999 and 2003. Of the five countries, ① the United States consumed the greatest amount of electricity in both 1999 and 2003. China and Japan consumed the same amount of electricity in 1999, but ② four years later China's consumption increased by more than 500 billion kilowatt-hours while Japan's remained unchanged. ③ The increase in China's electricity consumption was the second largest among the five countries. ④ India's consumption increased to slightly over 500 billion kilowatt-hours in 2003, but ⑤ Brazil's remained below 500 billion kilowatt-hours.

독해기술

나라별 전기 소비에 관한 도표이다. **풀이기술**

③ : China's electricity consumption에서의 '증가량(increase)'에 대한 내용이다. 증가량을 이 도표에서 두 막대 그래프의 차이를 말한다. 절대 수치로 차가되기 입구 두 해에서 중국 전기 소비의 증가량은 약 550 정도 (1000 → 약 1550)인데, 이는 전체에서 가장 높은 증가량이다. 따라서 the second largest라는 것은 잘못된 내용이나.

함정피하기

④ : 'increase by A'에서 A는 증가한 양이고, 'increase to A'에서 A는 증가한 결과이다. 'increased to slightly over 500 billion'는 5천억을 약간 넘는 수치까지 증가했다는 뜻이다. 따라서 ④는 맞는 내용이다.

구문분석

• Of the five countries, the United States consumed the greatest amount of electricity in both 1999 and 2003.
→ 문두에 위치한 'of + N'는 'N 중에서'로 해석한다.

지문해석

위의 도표는 1999년과 2003년 사이의 다섯 나라의 전기 소비를 보여준다. 다섯 나라 중 미국이 1999년과 2003년에 가장 많은 양의 전기를 소비했다. 중국과 일본은 1999년에 똑같은 양의 전기를 소비했지만 4년 후에 중국의 전기 소비는 5천억 킬로와트시 이상이나 증가한 반면 일본의 전기 소비는 변하지 않았다. 중국의 전기 소비 증가는 다섯 나라 중 두 번째로 가장 많았다. 인도의 전기 소비는 2003년에 5천억 킬로와트시보다 약간 더 많이 증가했지만 브라질은 5천억 킬로와트시 이하였다.

consumption 소비 / **consume** 소비하다 / **billion** 십억 / **remain** 남아있다 / **slightly** 약간, 다소

01

① Students in December 2003 showed a greater Internet usage rate than professionals in December 2003.

② The Internet usage rate for professionals was the second highest in December 2002, followed by that for people in the service industry.

③ The relative ranking of the Internet usage rates by occupation remained unchanged.

④ The increase in the Internet usage rate for housewives was greater than that for people in the service industry.

⑤ By December 2003, all four occupations had failed to show an increase in the Internet usage rate from a year earlier.

독해기술

문제 발문과 도표 제목을 통해 우리나라의 직업별 인터넷 사용률에 관한 것임을 파악하고 문제를 푼다.

⑤ : had failed to show an increase는 '증가하지 못했다'는 의미인데, 도표에 따르면 네 직업에서 모두 증가했다. 따라서 ⑤는 잘못된 내용이다.

오답피하기

② : 'A be followed by B'는 'A 다음이 B'라는 뜻이다. 2002년 12월에 Professional의 비율은 81.4로, 85.5인 Student에 비해 두 번째로 높다. 그리고 Service가 40.4로 세 번째이다. 따라서 ②는 맞는 내용이다.

③ : 수치는 변했지만 순위는 2002년 12월에도 Student-Professional-Service-Housewife 순이고 2003년 12월에도 동일하다. 따라서 맞는 내용이다.

④ : Housewife는 37.2 → 50.3으로 증가했고 Service는 40.4 → 51.6으로 증가했다. 도표에서 눈으로 확인해 보아도 Housewife가 더 많이 증가했다. 따라서 맞는 내용이다.

구문분석

• The Internet usage rate for professionals was the second highest in December 2002, followed by that for people in the service industry.

→ that은 The Internet usage rate를 받는 대명사이다.

지문해석

① 2003년 12월에 학생들은 2003년 12월의 전문 직업인들보다 더 높은 인터넷 사용 비율을 보여주었다.

② 2002년 12월에 전문 직업인들에 의한 인터넷 사용 비율이 두 번째로 높았으며, 그 다음이 서비스 산업에 종사하는 사람들의 사용 비율이다.

③ 직업에 따른 인터넷 사용 비율의 상대적인 순위는 변하지 않았다.

④ 주부들의 인터넷 사용 비율 증가는 서비스 산업에 종사하는 사람들의 비율보다 더 높았다.

⑤ 2003년 12월에 네 직업 모두 일 년 전보다 인터넷 사용 비율에서의 증가를 보여주지 못했다.

usage 사용(법) / **professional** 전문직 / **occupation** 직업 / **relative** 상대적인 / **housewife** 주부

02

The above graph shows the distribution of income among all U.S. and world families. ① The economic gap between the rich and the poor in the world is far more noticeable than in the United States. ②The richest 20 percent of the U.S. families received about half the national income; the richest 20 percent of global population, however, received four-fifths of world income. ③ At the other extreme, the poorest 20 percent of U.S. population earned 4 percent of the national income; the poorest fifth of the world's people struggled to survive on just 1 percent of the global income. ④ The bottom 60 percent of the world's people received 10 percent of the world's income. ⑤ On the other hand, the bottom 60 percent of U.S. population enjoyed more than half the national income.

독해기술

미국과 전 세계 모든 가구의 소득 분포에 관한 도표이다.

⑤ : the bottom 60 percent of U.S. population은 'third 20 percent + fourth 20 percent + poorest 20 percent'를 의미한다. U.S.의 income에서 이 셋이 차지하는 비율 각각 15%, ... , 이 셋의 미미한 ... , more than half the national income" 틀린 내용이니.

오답피하기

④ : The bottom 60 percent of the world's people은 'third 20 percent + fourth 20 percent + poorest 20 percent'를 의미한다. World의 Income에서 이 셋이 차지하는 비율은 각각 6%, 3%, 1%이다. 따라서 이 합이 10 percent of the world's income이라는 것은 맞는 내용이다.

구문분석

• The richest 20 percent of the U.S. families received about half the national income, •
→ 'half/both/all of N'에서 of는 흔히 생략된다.

지문해석

위 그래프는 미국과 전 세계 모든 가구의 소득 분포를 보여준다. 전 세계의 빈부 격차는 미국보다 훨씬 더 두드러진다. 미국 가구 중 가장 부유한 20%는 미국 소득의 반 정도를 차지했으나, 세계 인구 중 가장 부유한 20%는 전 세계 소득의 4/5를 차지했다. 정반대쪽을 보면, 미국 인구 중 가장 가난한 20%는 미국 소득의 4%를 벌어들인 반면, 세계 인구 중 가장 가난한 20%는 세계 소득의 단지 1%로 생존을 위해 버둥거렸다. 세상 사람들 중 하위 60%는 세계 소득의 10%를 차지했다. 반면에, 미국 인구의 하위 60%는 미국 소득의 반 이상을 누렸다.

distribution 분포 / income 수입 / economic 경제의 / gap 차이 / noticeable 주목할 만한, 현저한 / extreme 극단 / bottom 하위의 / on the other hand 반면에

Unit 01 심경

1등급 연습 문제   01 ⑤   02 ②   03 ④   04 ①

01

정답률
93%

It was Evelyn's first time to explore the Badlands of Alberta, famous across Canada for its numerous dinosaur fossils. As a young amateur bone-hunter, she was overflowing with anticipation. She had not travelled this far for the bones of common dinosaur species. Her life-long dream to find rare fossils of dinosaurs was about to come true. She began eagerly searching for them. After many hours of wandering throughout the deserted lands, however, she was unsuccessful. Now, the sun was beginning to set, and her goal was still far beyond her reach. Looking at the slowly darkening ground before her, she sighed to herself, "I can't believe I came all this way for nothing. What a waste of time!"

독해기술

공룡 화석으로 유명한 곳을 처음 방문한 Evelyn은 진기한 공룡 화석을 발견하려는 자신의 꿈이 이루어질 것으로 생각하고 기대감으로 가득 차 있었지만 해가 지고 어두워질 때까지 아무것도 찾지 못해 시간 낭비만 했다고 실망하고 있다. 풀이기술 3 3 따라서 Evelyn의 심경 변화로 적절한 것은 '⑤ 기대하는 → 실망스러운'이다.
① 혼란스러운 → 무서워하는   ② 낙담한 → 자신에 찬   ③ 느긋한 → 성가신   ④ 무관심한 → 낙심한

지문해석

캐나다 전역에서 그곳의 수많은 공룡 화석으로 유명한 Alberta 주의 Badlands를 탐험하는 것이 Evelyn에게는 처음이었다. 젊은 아마추어 (공룡) 뼈 발굴자로서, 그녀는 기대감으로 가득 차 있었다. 그녀는 흔한 공룡 종의 뼈를 위해서 이렇게 멀리까지 이동하지는 않았다. 희귀한 공룡 화석을 찾아내고자 하는 그녀의 평생에 걸친 꿈이 막 실현되려고 하고 있었다. 그녀는 열심히 그것들을 찾기 시작했다. 하지만 황량한 땅을 여러 시간 헤매고 다닌 후에도 그녀는 성과를 얻지 못했다. 이제 해가 지기 시작하고 있었고, 그녀의 목표는 여전히 멀리 그녀의 손이 닿지 않는 곳에 있었다. 천천히 어두워지는 그녀 앞의 지면을 바라보면서 그녀는 혼자 한숨을 쉬며 말했다. "이렇게 먼 길을 와서 아무것도 얻지 못하다니 믿을 수가 없어. 무슨 시간 낭비란 말인가!"

explore 탐험하다 / **numerous** 수많은 / **bone-hunter** 뼈 발굴자 / **overflow** 가득 차다 / **rare** 희귀한; 드문 / **eagerly** 열심히 / **wander** 헤매다 / **deserted** 버려진, 황량한 / **sigh** 한숨을 쉬다

02

정답률
93%

Once again, I had lost the piano contest to my friend. When I learned that Linda had won, I was deeply troubled and unhappy. My body was shaking with uneasiness. My heart beat quickly and my face became reddish. I had to run out of the concert hall to settle down. Sitting on the stairs alone, I recalled what my teacher had said. "Life is about winning, not necessarily about winning against others but winning at being you. And the way to win is to figure out who you are and do your best." He was absolutely right. I had no reason to oppose my friend. Instead, I should focus on myself and my own improvement. I breathed out slowly. My hands were steady now. At last, my mind was at peace.

독해기술

피아노 경연대회에서 친구인 Linda에게 또다시 우승을 내주고 괴롭고 우울하여 마음에 큰 동요가 일어난 후, 계단에 홀로 앉아 선생님 말씀을 떠올리면서 기쁨과 행복을 느낀 후 비로소 평온을 찾았다는 내용이므로, '풀이기술' 글에 드러난 '나'의 심경 변화로 가장 적절한 것은 ② '심란한 → 차분한'이다.

① 고마워하는 → 슬픈   ③ 부러워하는 → 의심하는   ④ 느긋한   ⑤ 비우비   ⑥ 비관적인 → 낙관적

지문해석

또다시 나는 피아노 경연대회에서 내 친구에게 졌다. Linda가 우승했다는 것을 알게 되었을 때, 나는 매우 괴롭고 우울했다. 내 몸은 불쾌감으로 떨리고 있었다. 내 심장은 빠르게 뛰었고, 내 얼굴은 불그스름해졌다. 나는 마음을 가라앉히기 위해 콘서트홀에서 뛰쳐나와야 했다. 홀로 계단에 앉아, 나는 선생님께서 하신 말씀을 떠올렸다. "인생은 이기는 것과 관련이 있는데, 반드시 다른 사람들과 싸워서 이기는 것이 아니라 자기 자신이 되는 것에서 이기는 것과 관련이 있단다. 그리고 이기는 방법은 자신이 누군가를 알아내고 자신의 최선을 다하는 거란다." 선생님 말씀은 절대적으로 옳았다. 나는 내 친구를 적대할 이유가 없었다. 대신, 나는 나 자신과 나 자신의 발전에 중점을 두어야 한다. 나는 천천히 숨을 내쉬었다. 내 손은 이제 떨리지 않았다. 마침내 내 마음이 평온해졌다.

uneasiness 불쾌감 / reddish 불그스름한 / settle down (마음을) 가라앉히다 / figure out ~을 알아내다 / oppose 적대하다

03

정답률
95%

"Daddy!" Jenny called, waving a yellow crayon in her little hand. Nathan approached her, wondering why she was calling him. Jenny, his three-year-old toddler, was drawing a big circle on a piece of paper. "What are you doing, Sweetie?" Nathan asked with interest. She just kept drawing without reply. He continued watching her, wondering what she was working on. She was drawing something that looked like a face. When she finished it, Jenny shouted, "Look, Daddy!" She held her artwork up proudly. Taking a closer look, Nathan recognized that it was his face. The face had two big eyes and a beard just like his. He loved Jenny's work. Filled with joy and happiness, Nathan gave her a big hug.

세 살배기 어린 딸인 Jenny가 자신을 불러놓고 뭔가를 그리는 것을 보고 있는 Nathan은 딸이 그리고 있는 것이 무엇인지 궁금해 하면서도 그냥 곁에서 지켜만 보고 있었는데 완성된 딸의 그림이 자신의 얼굴이라는 것을 아는 순간 기쁨과 행복으로 가득 찼다는 내용이다. **풀이기술 3 3** 따라서 Nathan의 심경 변화로 가장 적절한 것은 ④ '궁금한 → 기쁜'이다.

① 슬픈 → 안도하는   ② 좌절된 → 만족한   ③ 걱정하는 → 무서워하는   ⑤ 기대하는 → 실망한

"아빠!" Jenny가 작은 손에 쥔 노란색 크레용을 흔들면서 불렀다. Nathan은 Jenny가 왜 자신을 부르는지 궁금해하며 Jenny에게 다가갔다. 그의 걸음마를 하는 세 살배기 Jenny는 종이에 큰 원을 그리고 있었다. "뭘 하고 있니, 아가야?"라고 Nathan은 관심을 가지고 물었다. Jenny는 대답 없이 계속 그림을 그리고 있었다. 그는 Jenny가 무엇을 하고 있는지 궁금해 하면서 계속해서 Jenny를 보고 있었다. Jenny는 얼굴처럼 보이는 것을 그리고 있었다. 그것을 끝냈을 때, Jenny는 "보세요, 아빠!"라고 외쳤다. Jenny는 자신의 작품을 자랑스럽게 들어 올렸다. 자세히 보니 Nathan은 그것이 자신의 얼굴임을 알아차렸다. 그 얼굴에는 그와 똑같은 두 개의 큰 눈과 수염이 있었다. 그는 Jenny가 그린 것이 마음에 들었다. 기쁨과 행복으로 가득 찬 Nathan은 Jenny를 크게 껴안아 주었다.

wave 흔들다 / approach 다가가다 / reply 대답 / artwork 작품 / proudly 자랑스럽게

04

정답률 89%

As Natalie was logging in to her first online counseling session, she wondered, "How can I open my heart to the counselor through a computer screen?" Since the counseling center was a long drive away, she knew that this would save her a lot of time. Natalie just wasn't sure if it would be as helpful as meeting her counselor in person. Once the session began, however, her concerns went away. She actually started thinking that it was much more convenient than expected. She felt as if the counselor were in the room with her. As the session closed, she told him with a smile, "I'll definitely see you online again!"

Natalie는 처음 해보는 온라인 상담 시간의 효과에 대해 의심했으나, 실제로 해보고 나서 온라인 상담이 편리하면서도 효과적이라는 것을 알고 만족스러워했다는 내용의 글이므로, **풀이기술 3 3** Natalie의 심경 변화로 가장 적절한 것은 ① '의심하는 → 만족한'이다.

② 유감스러운 → 혼란스러운   ③ 자신만만한 → 부끄러운   ④ 따분한 → 신이 난   ⑤ 흥분한 → 실망한

Natalie는 자신의 첫 온라인 상담 시간에 접속하면서, "내가 컴퓨터 화면을 통해 상담사에게 어떻게 나의 마음을 열 수 있을까?"라는 의문을 가졌다. 상담 센터가 차로 오래 가야 하는 곳에 있었기 때문에, 그녀는 이것이 자신으로 하여금 많은 시간을 절약해 줄 것임을 알고 있었다. 다만 Natalie는 그것이 상담사를 직접 만나는 것만큼 도움이 될 수 있을지 확신할 수 없었다. 하지만 일단 (상담) 시간이 시작되자, 그녀의 걱정은 사라졌다. 그녀는 실제로 그것이 예상했던 것보다 훨씬 더 편리하다고 생각하기 시작했다. 그녀는 마치 상담사가 자기와 함께 같은 방 안에 있는 것처럼 느꼈다. (상담) 시간이 끝났을 때, 그녀는 미소를 지으며 그에게 말했다. "온라인에서 꼭 다시 만나요!"

log in to ~에 접속하다[로그인하다] / session 시간, 기간 / counselor 상담사 / save 절약하다 / in person 직접, 몸소 한 / concern 걱정, 우려 / convenient 편리 / definitely 꼭, 분명히

01
정답률
56%

I packed the few things that I possessed, and I set out on a journey westward to my uncle's. I mourned both for my mother and the world I was leaving behind. Before I disappeared behind the hills, I turned and looked at my village for the last time. I could see the simple huts and the people going about their chores; the stream where I had splashed and played with the other boys; the maize fields and green pastures where the herds and flocks were lazily grazing. Above all else, my eyes rested on the simple hut where I had enjoyed my mother's love. It was this hut that I associated with all my happiness, with life itself, and I rued the fact that I had not kissed it before I left.

→ 필자의 심경

[문제기술]

지문에서 주인공이 심경을 직접 느러내주는 표현이 있으면 심세 비록 하날 수 있다. 둘째 문장에 바로 'mourn(슬퍼하다, 애도하...' 바이라 써버를 마사이어 자신의 심성을 나타내고 있다.　[풀이기술 3] 뒤까지 다 읽으면 더욱 확실해지겠지만, 일단 이것만 보더라도 답은 ①인 것을 알 수 있다. mourn은 이렇게 필자의 심경을 직접 드러내주는 강력한 힌트인데, 만약 이 단어를 모른다면 끝까지 다 읽어야만 풀 수 있을 것이다. 참고로 ①의 sorry는 '미안한'이란 뜻이 아니다. 여기선 '유감스러운'이란 뜻으로 보아야 한다.

[오답피하기]

② (37%) : 비교적 쉽게 출제했지만 의외로 오답이 많이 나왔다. 중간의 내용들을 보면 행복한 옛날 추억들이 계속 이어지고 있기 때문에 happy가 있는 ②를 고른 것이다. 하지만 글에는 매우 분명하게 필자의 심경이 드러나 있다. 필자는 과거의 행복했던 추억들을 회고하면서 슬퍼하고 있다.

[구문분석]

• It was this hut that I associated with all my happiness, with life itself, and I rued the fact that I had not kissed it before I left.
　→ it ~ that 강조용법으로 this hut을 강조하고 있다. 여기서 this hut은 associate의 목적어이다. 'associate A with B'는 'A를 B와 관련짓다, A를 보고 B를 연상하다'라는 뜻이다.
　→ 'I rued the fact ~'는 '~라는 사실에 슬퍼했다'라는 뜻이다.

[지문해석]

나는 내가 가진 몇 안 되는 짐을 싸서 삼촌댁을 향해 서쪽으로 여행을 시작했다. 나는 어머니와 뒤에 두고 온 세상 때문에 슬펐다. 나는 언덕 뒤로 사라지기 전에 몸을 돌려 내가 살던 마을을 마지막으로 바라보았다. 나는 소박한 오두막집들과 자질구레한 집안일로 분주한 사람들, 내가 동무들과 물장구치며 놀았던 개울, 옥수수밭 그리고 소떼와 양떼가 한가롭게 풀을 뜯어 먹고 있는 푸른 목초지를 볼 수 있었다. 그 밖의 어떤 것보다 내 시선은 내가 어머니의 사랑을 누렸던 소박한 오두막집에 머물렀다. 내가 나의 모든 행복 그리고 삶 그 자체와 연결시키는 것이 바로 이 오두막집이었기에 나는 떠나기 전에 그것에 입맞춤을 하지 못했다는 사실이 유감스러웠다.

mourn 슬퍼하다, 애도하다 / splash (물, 흙 등을) 튀기다 / maize 옥수수 / pasture 목초지 / graze 풀을 뜯어 먹다 / associate 관련시키다 / rue 후회하다, 슬퍼하다

01~02 There is evidence that even very simple algorithms can outperform expert judgement on simple prediction problems. / For example, algorithms have proved more (a) accurate than humans in predicting whether a prisoner released on parole will go on to commit another crime, or in predicting whether a potential candidate will perform well in a job in future. In over 100 studies across many different domains, half of all cases show simple formulas make (b) better significant predictions than human experts, and the remainder (except a very small handful), show a tie between the two. / When there are a lot of different factors involved and a situation is very uncertain, simple formulas can win out by focusing on the most important factors and being consistent, while human judgement is too easily influenced by particularly salient and perhaps (c) irrelevant considerations. / A similar idea is supported by further evidence that 'checklists' can improve the quality of expert decisions in a range of domains by ensuring that important steps or considerations aren't missed when people are feeling (d) relaxed. / For example, treating patients in intensive care can require hundreds of small actions per day, and one small error could cost a life. Using checklists to ensure that no crucial steps are missed has proved to be remarkably (e) effective in a range of medical contexts, from preventing live infections to reducing pneumonia.

요지
예시
요지 구체화
부연

01 정답률 57%

독해기술

이 글은 알고리즘이 인간보다 판단을 더 잘 한다는 것을 되풀이해서 언급하고 있다. 뒤쪽의 체크리스트에 관련된 내용은 주제에서 약간 벗어나 보이지만, 알고리즘에 비해 뒤처지는 인간의 판단을 체크리스트를 통해 향상시킬 수 있다는 내용이므로, 알고리즘이 인간보다 뛰어나다는 주제에 대한 부연으로 볼 수 있다.

본문에서 algorithms와 formulas가 같은 의미이고, human과 expert가 같은 의미로 사용되고 있음을 인식할 수 있다면, `풀이기술 3 6` Algorithms/Formulas의 뛰어난 능력을 언급하고 있는 '① 의사 결정에 있어서 간단한 공식의 힘'이 글의 제목으로 알맞다.

오답피하기

② 항상 우선순위를 결정하라 – 빅 데이터 관리 요령 (7%) : 이 글은 우선순위에 대한 내용이 아니며, 빅데이터 관리에 대한 내용도

아니다.

③ 알고리즘의 실수 - 단순함의 신화 (7%) : 이 글은 인간과 대비해서 알고리즘이 더 뛰어나다는 내용이므로 ③은 답이 될 수 없다.

④ 준비하라! 만일의 경우를 대비해 체크리스트를 만들어라 (19%) : 가장 매력적인 오답이다. 본문에는 분명히 체크리스트를 이용하면 결정의 질을 향상시킬 수 있다고 나와 있기 때문이다. 하지만 이것을 제목으로 하기엔 체크리스트는 글 후반부에만 나오는 내용이므로 너무 세부적이다.

⑤ 인간의 판단이 알고리즘을 이기는 방법 (8%) : 이 글은 인간과 대비해서 알고리즘이 더 뛰어나다는 내용이므로 ⑤는 답이 될 수 없다. 후반부의 체크리스트에 대한 내용도, 인간의 결정의 질을 향상시키기 위해 체크리스트를 이용하는 것이지, 알고리즘을 이기기 위해 이용하는 것은 아니다.

02 정답률 62%

독해기술

밑줄 유형의 어휘 문제는 반의어를 생각하며 풀면 더 수월하게 정답을 파악할 수 있다. (a)의 경우 accurate / inaccurate, (b)의 경우 better / worse, (c)의 경우 irrelevant / relevant, (d)의 경우 relaxed / busy, (e)의 경우 effective / ineffective, 이런 식으로 반의어를 놓고 문맥 속에서 판단하면 좋다.

(a) : 예시의 앞 문장에서 알고리즘이 전문가의 판단을 능가한다고 했으므로, (a)에서도 알고리즘이 인간보다 더 정확하다(accurate)는 것은 문맥에 알맞다.

(b) : (a)와 마찬가지 맥락에서, 간단한 공식이 인간보다 더 예측을 잘 한다는 것이므로 문맥에 알맞다.

(c) : 인간 판단의 약점을 설명하는 부분이므로, '무관한(irrelevant)' 고려 사항에 의해 영향받는다는 것은 문맥에 알맞다.

(d) : 인간이 놓치기 쉬운 것을 체크리스트를 통해 놓치지 않게 해준다는 내용이다. 인간이 중요한 단계나 고려사항을 놓치는 것은 '편안한다고(relaxed)' 느낄 때가 아니라, 너무 바쁘거나 일이 많다고 느낄 때이다. 바로 뒤에 이어지는 예시에서도 require hundreds of small actions per day라는 상황이 제시되므로, relaxed의 반의어인 overloaded, too busy 정도의 표현으로 바꿔야 맥락에 알맞다.

(e) : 체크리스트가 인간의 판단을 도와주는 내용이므로, 체크리스트를 이용하는 것이 '효과적(effective)'인 것으로 판명된다는 것은 문맥에 알맞다.

구문분석

• For example, treating patients in intensive care can require hundreds of small actions per day, and one small error could cost a life.

→ cost는 금전적인 비용 이외에도 비유적인 의미로 무언가를 잃게 할 때 사용할 수 있다. cost a life는 '목숨을 잃게 하다'라는 의미이다.

지문해석

매우 간단한 알고리즘조차도 간단한 예측 문제에 대한 전문가의 판단을 능가할 수 있다는 증거가 있다. 예를 들어, 가석방으로 풀려난 죄수가 다른 범죄를 저지를 것인지 또는 잠재적 후보자가 미래에 직장에서 좋은 성과를 거둘 것인지를 예측하는 데 있어 알고리즘이 인간보다 더 정확하다는 것이 입증되었다. 많은 다른 영역에 걸친 100개 이상의 연구에서, 모든 사례의 절반은 간단한 공식이 인간 전문가보다 중요한 예측을 더 잘하고, 나머지(매우 적은 소수를 제외하고)는 둘 사이의 무승부를 보여준다. 다양한 요인이 관련되어 있고 상황이 매우 불확실할 때, 간단한 공식은 가장 중요한 요인에 초점을 맞추고 일관성을 유지함으로써 승리할 수 있는 반면, 인간의 판단은 특히 두드러지고 아마도 관련이 없는 고려 사항에 의해 너무 쉽게 영향을 받는다. 사람들이 편안하다고 (→ 일이 너무 많다고) 느낄 때 중요한 단계나 고려 사항을 놓치지 않도록 함으로써 '체크리스트'가 다양한 영역에서 전문가 의사결정의 질을 향상시킬 수 있다는 추가적인 증거가 유사한 아이디어를 뒷받침한다. 예를 들어, 집중 치료 중에 있는 환자를 치료하려면 하루에 수백 가지의 작은 조치가 필요할 수 있으며, 작은 실수 하나로 목숨을 잃게 할 수 있다. 중요한 단계라도 놓치지 않도록 체크리스트를 사용하는 것은 당면한 감염을 예방하는 것에서부터 폐렴 감소에 이르기까지 다양한 의학적 맥락에서 현저하게 효과적이라는 것이 입증되었다.

outperform ~을 능가하다 / accurate 정확한 / release 풀어주다 / commit (범죄를) 저지르다 / potential 잠재적인 / candidate 후보 / domain 영역 / formula 공식 / remainder 나머지 / handful 소수 / consistent 일관성이 있는 / irrelevant 관련이 없는 / further 추가적인 / step 조치 / miss 놓치다 / intensive care 집중 치료 / per ~당 / cost 잃게 하다 / crucial 중요한 / remarkably 현저하게 / context 상황, 맥락 / live 당면한; 생생한 / infection 감염

03~04 Classifying things together into groups is something we do all the time, and it isn't hard to see why. Imagine trying to shop in a supermarket where the food was arranged in random order on the shelves: tomato soup next to the white bread in one aisle, chicken soup in the back next to the 60-watt light bulbs, one brand of cream cheese in front and another in aisle 8 near the cookies. The task of finding what you want would be (a) time-consuming and extremely difficult, if not impossible.

In the case of a supermarket, someone had to (b) design the system of classification. But there is also a ready-made system of classification embodied in our language. The word "dog," for example, groups together a certain class of animals and distinguishes them from other animals. Such a grouping may seem too (c) abstract to be called a classification, but this is only because you have already mastered the word. As a child learning to speak, you had to work hard to (d) learn the system of classification your parents were trying to teach you. Before you got the hang of it, you probably made mistakes, like calling the cat a dog. If you hadn't learned to speak, the whole world would seem like the (e) unorganized supermarket; you would be in the position of an infant, for whom every object is new and unfamiliar. In learning the principles of classification, therefore, we'll be learning about the structure that lies at the core of our language.

03 정답률 65%

독해기술

장문 독해가 두 단락으로 구성된 경우, 각 단락의 첫 문장이 중요하다. 하지만 역접 연결어가 나오는 경우에는 그 이후가 중요하다. 첫 단락의 첫 문장을 통해, 첫 단락은 우리가 사물을 묶어서 그룹으로 분류한다는 내용임을 알 수 있다. 두 번째 단락은 두 번째 문장에 역접 연결어 But이 있으므로, 그 이후의 내용이 중요하다. 슈퍼마켓의 경우 누군가가 분류 체계를 설계해야 하지만, 우리의 언어 속에는 이미 만들어진(ready-made) 분류 체계가 내장되어 있다는 것이다. 그렇다면 슈퍼마켓의 물건 이야기는 도입부이고, 필자는 우리 언어의 분류 체계를 이 글의 주제로 다루고 있는 것이다. 따라서 이 글의 정답은 '② 분류 : 언어의 본질적 특성'이 된다.

① 영업과 어학학습 전략의 유사성 (16%) : 첫 단락의 내용은 슈퍼마켓에서 물건이 마구잡이로 진열되어 물건을 찾기 힘든 상황을 설명하고 있으므로 sales에 대한 내용이 아니고, 둘째 단락은 이미 만들어진 채로 언어 속에 내장되어 있는 분류 체계에 대한 내용이므로 language learning에 대한 내용도 아니다.

③ 범주화를 통한 언어학적 문제 탐색 (5%) : 범주화(categorization)는 분류(classification)와 같은 의미이다. 이 글이 범주화에 대한 내용인 것은 맞지만, 그것을 통한 '문제'를 다루고 있지는 않다.

④ 기성의 분류 시스템이 정말 더 나은가? (6%) : 제목이 수사의문문인 경우 그 안에 내포된 반대 진술을 생각해야 한다. '이미 만들어져 있는(ready-made) 분류 시스템이 정말 더 나은가?'는 사실 '이미 만들어져 있는(ready-made) 분류 시스템이 더 나은 게 아니다'라는 의미이다. 따라서 이 글에서는 인간의 언어가 가진 분류 시스템이 이미 만들어져 있는(ready-made)것이라고 했는데, 그것의 부정적인 점을 다루고 있지 않으므로 ④는 답이 될 수 없다.

⑤ 언어 교육에서 분류 활용의 딜레마 (7%) : 이 글은 언어 교육에 대한 내용이 아니다.

04 정답률 62%

(a) : 첫 단락의 예시는 슈퍼마켓에서 물건이 아무렇게나 진열된 상황이므로, 원하는 것을 찾는 일이 '시간이 많이 걸리는' 의미이기는 쉬운 문맥에 알맞다. open again 지문의 빈 단어와 내용에 빈칸하면 더 쉽다.

(b) : 다음 문장의 But을 통해 슈퍼마켓과 언어의 차이점을 말하고 있다. 슈퍼마켓의 경우 누군가가 분류 시스템을 '고안해야(design)' 한다는 것과 언어의 경우 분류 시스템이 '이미 만들어져(ready-made)' 있다는 것이 대조되고 있다.

(c) : 동물들에 대한 분류로서 dog라는 단어가 너무 '추상적(abstract)'이라는 것은 의미가 부자연스럽다. 반의어로 '구체적인 혹은 분명한, 너무 뻔한(obvious)' 정도를 생각해보면 이런 의미가 더 자연스러움을 알 수 있다.

(d) : 부모가 가르치려고 하고 있는 분류 체계는 '배우기(learn)' 위해 노력하는 것인지, 반의어로 '잊기(forget)' 위해 노력하는 것인지 생각해보면 learn이 문맥에 알맞다는 것을 알 수 있다.

(e) : 가정법 과거완료 문장으로, 말하기를 배우지 않은 경우를 가정하고 있으므로, 세계가 '정리되지 않은(unorganized)'과 '정리된(organized)' 중에 어떻게 보일지 생각해보면 전자가 자연스러움을 알 수 있다.

- The task of finding what you want would be time-consuming and extremely difficult, if not impossible.
  → 'if not 형용사/부사'는 '비록 ~는 아닐지라도'라는 의미이다.

사물을 묶어서 그룹으로 분류하는 것은 우리가 항상 하는 일이고, 그 이유를 이해하는 것은 어렵지 않다. 음식이 진열대 위에 무작위로 배열된 슈퍼마켓에서 쇼핑을 하려고 한다고 상상해 보라. 한쪽 통로에서는 흰 빵 옆에 토마토 수프가 있고, 치킨 수프는 뒤쪽에 있는 60와트 전구 옆에 있고, 한 브랜드의 크림치즈는 앞쪽에, 또 다른 하나는 쿠키 근처의 8번 통로에 있다. 여러분이 원하는 것을 찾는 일은 불가능하지는 않더라도 시간이 많이 걸리고 매우 어려울 것이다.

슈퍼마켓의 경우, 누군가는 분류 체계를 설계해야 했다. 하지만 우리 언어에 포함되어 있는, 이미 만들어진 분류 체계도 있다. 예를 들어, '개'라는 단어는 특정 종류의 동물들을 함께 분류하여 다른 동물들과 구별한다. 이러한 그룹화는 분류라고 하기에는 너무 추상적으로(→ 분명해) 보일 수 있지만, 이것은 단지 여러분이 그 단어를 이미 숙달했기 때문이다. 말하는 것을 배우는 아이로서, 여러분은 부모님이 가르치려고 애썼던 분류 체계를 배우기 위해 열심히 노력해야 했다. 여러분이 그것을 이해하기 전에, 여러분은 고양이를 개라고 부르는 것과 같은 실수를 했을 것이다. 만약 여러분이 말하기를 배우지 않았다면, 전 세계가 정리되지 않은 슈퍼마켓처럼 보일 것이다; 여러분은 모든 물건이 새롭고 낯선 유아의 처지에 있을 것이다. 그러므로 분류의 원리를 배우면서, 우리는 우리 언어의 핵심에 있는 구조에 대해 배우고 있는 것이다.

05~06 Climate change experts and environmental humanists alike agree that the climate crisis is, at its core, a crisis of the imagination and much of the popular imagination is shaped by fiction. In his 2016 book *The Great Derangement*, anthropologist and novelist Amitav Ghosh takes on this relationship between imagination and environmental management, arguing that humans have failed to respond to climate change at least in part because fiction (a) fails to believably represent it. Ghosh explains that climate change is largely absent from contemporary fiction because the cyclones, floods, and other catastrophes it brings to mind simply seem too "improbable" to belong in stories about everyday life. But climate change does not only reveal itself as a series of (b) extraordinary events. In fact, as environmentalists and ecocritics from Rachel Carson to Rob Nixon have pointed out, environmental change can be "imperceptible"; it proceeds (c) rapidly, only occasionally producing "explosive and spectacular" events. Most climate change impacts cannot be observed day-to-day, but they become (d) visible when we are confronted with their accumulated impacts.

  Climate change evades our imagination because it poses significant representational challenges. It cannot be observed in "human time," which is why documentary filmmaker Jeff Orlowski, who tracks climate change effects on glaciers and coral reefs, uses "before and after" photographs taken several months apart in the same place to (e) highlight changes that occurred gradually.

05 정답률 62%

[독해기술]

두 단락이 제시된 장문 독해이므로 각 단락의 첫 문장을 잘 살펴봐야 한다. 첫 단락의 첫 문장에서, '기후 위기가 상상력의 위기이며, 대중의 상상력은 소설에 의해 형성된다'고 했다. 두 번째 단락의 첫 문장에서는 '기후 변화는 중요한 표현상의 문제를 제기하기 때문에 우리의 상상력에서 벗어난다'고 했다.

이 두 내용을 종합하면 중요한 표현상의 문제 때문에 기후 변화가 우리의 상상력에서 벗어나고, 그래서 기후 변화 위기가 생긴다는 것이다. 이런 내용을 다루고 있는 알맞은 제목은 '③ 기후 변화를 표현하는 데 있어서의 상상력의 침묵'이다.

① 현재의 기후 문제에 대한 다양한 태도 (14%) : 기후 문제에 대한 다양한 태도는 글에 언급되지 않았다.

② 느리지만 중요하다: 생태 운동의 역사 (15%) : 생태 운동의 역사는 글에 언급되지 않았다.

④ 뚜렷한 위협: 지역에서 퍼져나가는 기후 재앙들 (7%) : 이 글은 상상력의 위기로 인한 기후 변화의 위기를 다루는 글이지, 지역에서 퍼져나가는 기후 재앙들을 다루는 글이 아니다.

⑤ 환경주의와 생태 비평의 흥망성쇠 (2%) : 환경주의와 생태 비평은 글의 내용과 무관하다.

06 정답률 60%

[독해기술]

(a) : 첫 문장에서, 기후 위기가 상상력의 위기이며, 상상력은 소설에 의해 형성된다고 했다. 따라서 소설이 기후 변화를 믿을만하게 표현하는데 '실패(fail)'하기 때문에 인간이 기후 변화에 대응하는 것에 실패했다는 것은 흐름상 자연스럽다.

(b) : 기후 변화가 일련의 '비범한(엄청난)' 사건인 것만이 아니라, '감지할 수 없는' 경우도 있다고 했다. 즉 extraordinary가 imperceptible과 대조를 이루고 있으므로 흐름상 지연스럽다.

(c) : 세대를 넘나들면서 환경의 변화가 '감지할 수 없다(imperceptible)'고 했는데 갑자기 환경 변화가 '빠르게(rapidly)' 진행되면 흐름이 어색하다. 변화가 감지될 수 없으려면 천천히 점진적으로 진행되어야 한다. 따라서 (c)는 slowly, gradually 같은 단어이고 비어야 한다.

(d) : but의 앞부문에서 대부분의 기후 변화의 영향력은 '관측될 수 없다(cannot be observed)'고 했으므로, but 뒤에서 이와 대조를 이루는 '눈에 보이는(visible)'은 흐름상 자연스럽다.

(e) : 앞부분에서 기후 변화는 '인간의 시간' 동안에는 관찰될 수 없다'고 했으므로, 점진적으로 발생하는 변화를 '강조하기(highlight)' 위해 '전과 후' 사진'을 찍는 것은 문맥상 자연스럽다.

[구문분석]

• Climate change experts and environmental humanists alike agree that the climate crisis is, at its core, a crisis of the imagination and much of the popular imagination is shaped by fiction.

→ alike가 형용사일 때 '닮은'이라 뜻이지만, 부사님 때 '똑같이' 란 뜻이다. 여기서 alike는 부사로 사용되었다.

[지문해석]

기후 변화 전문가들과 환경 인문주의자들은 기후 위기가 근본적으로 상상력의 위기이며 대중적인 상상력의 많은 부분이 소설에 의해 형성된다는 것에 똑같이 동의한다. 인류학자이자 소설가인 Amitav Ghosh는 2016년 자신의 저서 'The Great Derangement'에서 상상력과 환경 관리 사이의 이러한 관계를 다루며, 적어도 부분적으로는 소설이 그것을 믿을 수 있게 표현하지 못하기 때문에 인간이 기후 변화에 대응하는 데 실패했다고 주장한다. Ghosh는 기후 변화가 일상 생활에 대한 이야기에 포함되기에는 너무 '있을 것 같지 않은' 것처럼 보이기 때문에 현대 소설에서 거의 찾아볼 수 없다고 설명한다. 그러나 기후 변화는 단지 일련의 비범한(엄청난) 사건으로만 자신을 드러내는 것이 아니다. 사실, Rachel Carson에서 Rob Nixon에 이르는 환경론자들과 생태 비평가들이 지적했듯이, 환경 변화는 '감지할 수 없을' 수 있는데, 그것은 빠르게(→ 점진적으로) 진행되며, 단지 때때로 '폭발적이고 극적인' 사건들을 만들어 낼 뿐이다. 대부분의 기후 변화의 영향은 매일 관찰될 수는 없지만, 우리가 그것들의 누적된 영향에 직면할 때 그것들은 눈에 띄게 된다.

기후 변화는 그것이 중요한 표현상의 문제를 제기하기 때문에 우리의 상상력에서 벗어난다. 그것은 '인간의 시간' 동안에는 관찰될 수 없는데, 그것이 빙하와 산호초에 미치는 기후 변화의 영향을 추적하는 다큐멘터리 영화 제작자 Jeff Orlowski가 점진적으로 발생한 변화를 강조하기 위해 같은 장소에서 몇 달 간격으로 찍은 '전과 후' 사진을 이용하는 이유이다.

expert 전문가 / humanist 인문주의자 / crisis 위기 / core 근원, 핵심 / fiction 소설, 허구 / take on 다루다. 떠맡다 / respond 대

응[반응]하다 / **represent** 표현하다, 나타내다 / **largely** 대체로 / **absent** 존재하지 않는, 부재한 / **improbable** 있을 것 같지 않은 / **reveal** 드러내다, 보여주다 / **extraordinary** 놀라운 / **imperceptible** 감지할 수 없는 / **proceed** 진행되다 / **explosive** 폭발적인 / **spectacular** 극적인 / **impact** 영향 / **visible** 가시적인, 눈에 보이는 / **be confronted with** ~에 직면하다 / **accumulated** 축적된 / **pose** (위협·문제 등을) 제기하다 / **significant** 중요한 / **track** 추적하다 / **glacier** 빙하 / **coral reef** 산호초 / **highlight** 강조하다

07~08

Once an event is noticed, an onlooker must decide if it is truly an emergency. Emergencies are not always clearly (a) labeled as such; "smoke" pouring into a waiting room may be caused by fire, or it may merely indicate a leak in a steam pipe. Screams in the street may signal an attack or a family quarrel. A man lying in a doorway may be having a coronary — or he may simply be sleeping off a drunk.

A person trying to interpret a situation often looks at those around him to see how he should react. If everyone else is calm and indifferent, he will tend to remain so; if everyone else is reacting strongly, he is likely to become alert. This tendency is not merely blind conformity; ordinarily we derive much valuable information about new situations from how others around us behave. It's a (b) rare traveler who, in picking a roadside restaurant, chooses to stop at one where no other cars appear in the parking lot.

But occasionally the reactions of others provide (c) accurate information. The studied nonchalance of patients in a dentist's waiting room is a poor indication of their inner anxiety. It is considered embarrassing to "lose your cool" in public. In a potentially acute situation, then, everyone present will appear more (d) unconcerned than he is in fact. A crowd can thus force (e) inaction on its members by implying, through its passivity, that an event is not an emergency. Any individual in such a crowd fears that he may appear a fool if he behaves as though it were.

07 정답률 67%

독해기술

세 단락으로 구성된 지문이므로, 각 단락의 첫 문장을 잘 살펴봐야 한다. '일단 어떤 사건이 목격되면, 구경꾼은 그것이 정말 비상 상황인지 결정해야 한다.' + '어떤 상황을 해석하려는 사람은 그가 어떻게 반응해야 하는지를 알기 위해 종종 주변 사람들을 본다.' + '그러나 때때로 다른 사람들의 반응은 거짓 정보를 제공한다.' 이렇게 각 단락의 첫 문장을 종합해보면, 이 글의 요지는 '우리는 상황을 판단할 때 주변 사람들의 반응을 보는데, 이는 거짓된 정보일 수 있다'가 된다. [풀이기술 3·6] 이 내용을 담고 있는 알맞은 제목은 '① 우리는 독립적으로 판단을 하는가? 군중의 영향'이다. 참고로 제목이 의문문일 땐 대부분 수사의문문이다. [풀이기술 0·6] '우리는 독립적으로 판단을 하는가?'는 곧 '우리는 독립적으로 판단하지 않는다'라는 의미이다.

특히 이 장문 독해는 셋째 단락의 첫 문장에 어휘 선택지 (c)가 있으므로, 제목 문제를 풀면서 어휘 (c)가 맞는지도 동시에 판단해야 한다.

오답피하기

② 승리 전략 : 다른 사람에 의해 바보 취급을 당하지 않기 위해서는 어떻게 해야 하는가 (6%) : 타인들에게 바보 취급당하지 않는 방법을 다루는 글이 아니다. 마지막 단락에서, 사람들은 창피한 것을 피하기 위해 무관심한 척한다고 했는데, 이는 주변 사람들의 반응이 거짓 정보를 전달하는 예시를 보여준 것이지, 바보 취급당하지 않기 위해 무관심한 척하는 내용이 아니다.

③ 비상 상황이 우리의 사고 방식에 영향을 끼치는가? (16%) : 이 글은 우리가 주변 사람들의 반응을 통해 비상 상황인지를 판단한다는 것이지, 비상 상황이 우리의 사고 방식에 영향을 준다는 내용이 아니다.

④ 이웃과의 조화를 향해 발걸음을 내딛기 (4%) : 이웃과의 조화는 글의 내용과 무관하다.

⑤ 비상 상황에서 다른 사람을 돕는 방법 (7%) : 비상 상황에서 다른 사람을 돕는 방법은 글의 내용과 무관하다.

08 정답률 56%

독해기술

(a) : label('꼬리표를 붙이다') 자체는 바이엇을 생기미미 들기는 어려운 단어이다. 된지라므로 니 이 니라는 smoke가 화재일 수도 있고 단수히 증기 배관의 새는 것을 나나나낼 수도 있다는다. 비상 상황은 비상 상황이라고 명백하게 꼬리표가 붙어 있지 않다는 것은 흐름상 자연스럽다.

(b) : 앞 문장에서, 우리는 우리 주변 사람들의 행동으로부터 귀중한 정보를 얻는다고 했다. 따라서 주차장에 차가 없는 식당을 고르는 사람은 '드문, 희귀한(rare)' 여행객일 것이다.

(c) : 뒷 문장을 보면, 사람들은 치과 대기실에서 겉으로는 '무관심(nonchalance)'해 보이지만 사실은 내적으로 불안해하고 있다는 내용이므로, 타인들의 반응이 부정확한 정보를 제공하고 있다. 따라서 'accurate(정확한)'은 'inaccurate(부정확한)'으로 바꾸어야 한다.

(d) : 앞 문장에서, 사람들 앞에서 냉정함을 잃는 것은 창피한 일이라고 했다. 따라서 사람들은 실제보다 더 '걱정하지 않는(unconcerned)' 것처럼 보일 거라는 많은 흐름상 자연스럽다.

(c) : 수동성을 통해 비상 상황이 아니라는 신호 보내졌느노, 이 정보를 본 사람들은 같은 행동, 즉 움직이지 않고 가만히 있는 행농을 할 것이다. 따라서 'inaction(가만히 있음)'은 흐름상 자연스럽다.

구문분석

- A man lying in a doorway may be having a coronary — or he may simply be sleeping off a drunk.
  → sleep ~ off (=sleep off ~)는 '잠을 자서 ~을 떨쳐버리다'는 의미이고, drunk는 명사로 '술 취한 사람'을 의미한다. 여기서 a drunk는 자기 자신을 가리키는데, 잠을 자서 술 취한 사람을 떨쳐버린다는 것은, '잠을 통해 술에서 깬다'는 의미이다.
- It's a rare traveler who, in picking a roadside restaurant, chooses to stop at one where no other cars appear in the parking lot.
  → it ~ that 강조 용법에서 강조되는 것이 사람일 때 that 대신 who가 흔히 사용된다. 이 문장의 who 이하를 관계대명사절로 해석하면 어색해진다. 주어가 강조되고 있는 문장으로 해석해야 한다.

지문해석

일단 어떤 사건이 목격되면, 구경하는 사람은 그것이 정말 비상 상황인지 결정해야 한다. 비상 상황은 항상 명확하게 그와 같은 것으로(비상 상황으로) 꼬리표가 붙어 있는 것은 아니다. 대기실로 쏟아져 들어오는 '연기'가 화재로 인해 발생할 수도 있고, 단순히 증기 배관의 누출을 나타낼 수도 있다. 거리에서의 비명 소리는 공격을 나타내거나 가족 간의 다툼을 나타낼 수도 있다. 출입구에

누워 있는 남자는 관상 동맥 질환을 앓고 있을 수도 있고, 아니면 단순히 술을 깨려고 잠을 자고 있을 수도 있다.

어떤 상황을 해석하려는 사람은 그가 어떻게 반응해야 하는지를 알기 위해 종종 자기 주변 사람들을 본다. 만약 다른 모든 사람들이 차분하고 무관심하다면, 그는 그 상태를 유지하려는 경향이 있을 것이고, 만약 다른 모든 사람들이 강하게 반응하고 있다면, 그는 아마 경계하게 될 것이다. 이러한 경향은 단순히 맹목적인 순응이 아닌데 보통 우리는 우리 주변의 다른 사람들이 어떻게 행동하는지로부터 새로운 상황에 대한 많은 귀중한 정보를 얻는다. 길가에 있는 식당을 고를 때 주차장에 다른 차가 없는 곳에 멈추는 여행객은 드물다.

그러나 때때로 다른 사람들의 반응은 정확한(→ 거짓) 정보를 제공한다. 연구된 치과 대기실 환자의 무관심은 그들의 내면의 불안을 잘 나타내지 못한다. 사람들 앞에서 '냉정함을 잃는' 것은 창피한 일로 여겨진다. 그렇다면, 잠재적으로 심각한 상황에서, 그곳에 있는 모든 사람들은 실제보다 더 무관심한 것처럼 보일 것이다. 그러므로 군중은 수동성을 통해 사건이 비상 상황이 아니라는 것을 암시함으로써 구성원들이 가만히 있도록 강제할 수 있다. 그런 군중 속에 있는 사람은 누구든 그 사건이 비상 상황인 것처럼 행동한다면 바보처럼 보일까 봐 두려워한다.

onlooker 구경하는 사람 / emergency 비상 상황 / label 꼬리표를 붙이다 / indicate 나타내다, 보여주다 / leak 누출 / steam pipe 증기 배관 / quarrel 싸움, 다툼 / doorway 출입구 / interpret 해석하다 / indifferent 무관심한 / alert 경계하는, 기민한 / conformity 순응 / derive 얻다, 이끌어내다 / rare 드문 / occasionally 때때로, 이따금 / indication 나타내는 것 / anxiety 불안 / embarrassing 창피한 / lose one's cool 냉정을 잃다 / acute 심각한 / inaction 가만히 있음, 활동하지 않음 / imply 넌지시 비추다, 암시하다 / passivity 수동성

09~11

(A) "Hailey, be careful!" Camila yelled uneasily, watching her sister carrying a huge cake to the table. "Don't worry, Camila," Hailey responded, smiling. Camila relaxed only when ⓐ Hailey had safely placed the cake on the party table. "Dad will be here shortly. What gift did (a) you buy for his birthday?" Camila asked out of interest. "Dad will be surprised to find out what it is!" Hailey answered with a wink.

(B) "Dad, these glasses can help correct your red-green color blindness," said Hailey. ⓑ He slowly put them on, and stared at the birthday presents on the table. Seeing vivid red and green colors for the first time ever, he started to cry. "Incredible! Look at those wonderful colors!" He shouted in amazement. Hailey told him in tears, "Dad, I'm glad you can now finally enjoy the true beauty of rainbows and roses. Red represents love and green represents health. You deserve both." Camila nodded, seeing how happy (b) her gift of the glasses had made their dad.

(C) "Happy birthday! ⓔ You're fifty today, Dad. We love you!" Camila said before (c) her sister handed him a small parcel. When he opened it, he discovered a pair of glasses inside. "Hailey, Dad doesn't have eyesight problems," Camila said, puzzled. "Actually Camila, ⓒ I recently found out he has long been suffering from color blindness. He's kept it a secret so as not to worry us," Hailey explained.

(D) "I bet (d) you bought a wallet or a watch for him," Camila said. In reply, Hailey answered, "No. I bought something much more personal. By the way, there's something (e) you should know about Dad..." They were suddenly interrupted by the doorbell ringing. It was their dad and they were overjoyed to see him. ⓓ "My lovely ladies, thank you for inviting me to your place for my birthday." He walked in joyfully, hugging his daughters. They all walked into the dining room, where he was greeted with a rainbow-colored birthday cake and ⓔ fifty red roses.

09 정답률 90%

독해기술

(A)의 마지막 부분에서 Camila가 Hailey에게 아빠 선물로 무엇을 샀느냐 물어보았으므로, 이에 대한 내용이 이어지는 (D)가 자연스럽다.

(D)의 마지막 부분에서 Camila와 Hailey가 아빠를 케이크와 꽃이 있는 식당으로 데려갔다. (D)에는 these glasses라는 표현이 나오는데 (D) 마지막 문장에 glasses가 없으므로 (B)가 올 순 없다. (C)는 케이크와 장미꽃을 준비한 곳에서 아빠에게 생일 축하한다는 말을 하고 있으므로 (D) – (C)가 내용상 이어진다.

(C)에서 a pair of glasses가 처음 언급되므로, 그 다음에 these glasses라는 표현이 있는 (B)가 이어져야 한다.

따라서 정답은 (D) – (C) – (B) 순서가 된다.

10 정답률 84%

독해기술

(e)는 Camila를 가리키고, 나머지는 모두 Hailey를 가리킨다.

11 정답률 86%

독해기술

① : ⓐ와 일치하는 내용이다.
② : ⓑ와 일치하는 내용이다.
③ : ⓒ와 일치하는 내용이다.
④ : ⓓ를 보면, 아버지가 Hailey와 Camila의 집을 방문한 것을 알 수 있다. 따라서 ④는 글의 내용과 일치하지 않는다.
⑤ : (C)에 있는 ⓔ와 (D)에 있는 ⓔ를 통해 일치하는 것을 알 수 있다.

(A) "Hailey, 조심해!" Camila는 동생이 커다란 케이크를 테이블로 옮기는 것을 보며 불안해하며 소리쳤다. Hailey는 웃으며 "걱정마, Camila."라고 대답했다. Camila는 Hailey가 케이크를 파티 테이블 위에 안전하게 놓았을 때 비로소 긴장을 풀었다. "아빠가 곧 오실 거야. 너는 아빠 생일을 위해 무슨 선물을 샀니?" Camila가 호기심에서 물었다. "아빠는 그것이 무엇인지 알면 깜짝 놀라실 거야!" Hailey는 윙크를 하며 대답했다.

(D) Camila는 "틀림없이 너는 아빠를 위해 지갑이나 시계를 샀을 거야."라고 말했다. 이에 대해 Hailey는 "아니야. 나는 훨씬 더 개인적인 것을 샀어. 그건 그렇고, 언니가 아빠에 대해 알아야 할 것이 있어..."라고 대답했다. 초인종이 울리면서 그들의 대화는 갑자기 중단되었다. 그들의 아빠가 왔고, 그들은 그를 보고 매우 기뻤다. "사랑하는 우리 아가씨들, 내 생일에 너희들 집에 초대해줘서 고맙구나." 그는 기쁘게 걸어 들어와 딸들을 껴안았다. 그들은 모두 식당으로 들어갔고, 그곳에서 그는 무지개색 생일 케이크와 50송이의 빨간 장미로 환영받았다.

(C) "생일 축하해요! 아빠, 오늘 50살이세요. 사랑해요!"라고 Camila가 말하고 나서, 그녀의 여동생이 그에게 작은 꾸러미를 드렸다. 그것을 열었을 때, 그는 안에서 안경을 발견했다. "Hailey, 아빠는 시력에 문제가 없어." Camila가 어리둥절하게 말했다. "사실은 Camila, 난 아빠가 오랫동안 색맹을 앓고 있다는 것을 최근에 알게 됐어. 아빠는 우리를 걱정시키지 않기 위해 그것을 비밀로 했던 거야,"라고 Hailey가 설명했다.

(B) "아빠, 이 안경은 적록색맹을 교정하는데 도움이 될 수 있어요."라고 Hailey가 말했다. 그는 천천히 그것을 쓰고, 테이블 위에 있는 생일 선물을 응시했다. 지금껏 처음으로 선명한 빨강색과 초록색을 보고 그는 울기 시작했다. "믿을 수 없어! 저 멋진 색깔들을 보렴!" 그는 놀라서 소리쳤다. Hailey는 눈물을 흘리며 그에게 말했다, "아빠, 저는 아빠가 이제 마침내 무지개와 장미의 진정한 아름다움을 즐길 수 있어서 기뻐요. 빨강색은 사랑을, 초록색은 건강을 나타내요. 아빠는 둘 다 누릴 자격이 있어요." Camila는 고개를 끄덕이고서, 그녀의 안경 선물이 그들의 아빠를 얼마나 행복하게 했는지 알게 되었다.

uneasily 걱정되어, 불안해하며 / shortly 곧 / out of interest 호기심에서 / correct 바로잡다, 교정하다 / color blindness 색맹 / vivid 선명한 / in amazement 깜짝 놀라 / represent 나타내다, 의미하다 / parcel 꾸러미, 소포 / eyesight 시력 / puzzled 어리둥절하여 / personal 개인적인 / interrupt 중단시키다, 가로막다 / overjoyed 매우 기쁜 / greet 맞이하다

12~14

(A) In the gym, members of the taekwondo club were busy practicing. Some were trying to kick as high as they could, and some were striking the sparring pad. ⓐ Anna, the head of the club, was teaching the new members basic moves. Close by, her friend Jane was assisting Anna. Jane noticed that Anna was glancing at the entrance door of the gym. She seemed to be expecting someone. At last, when Anna took a break, Jane came over to (a) her and asked, "Hey, are you waiting for Cora?"

(B) Cora walked in like a wounded soldier with bandages on her face and arms. ⓑ Surprised, Anna and Jane simply looked at her with their eyes wide open. Cora explained, "I'm sorry I've been absent. I got into a bicycle accident, and I was in the hospital for two days. Finally, the doctor gave me the okay to practice." Anna said excitedly, "No problem! We're thrilled to have you back!" Then, Jane gave Anna an apologetic look, and (b) she responded with a friendly pat on Jane's shoulder.

(C) Anna answered the question by nodding uneasily. In fact, Jane knew what her friend was thinking. Cora was a new member, whom Anna had personally invited to join the club. Anna really liked (c) her. Although her budget was tight, ⓒ Anna bought Cora a taekwondo uniform. When she received it, Cora thanked her and promised, "I'll come to practice and work hard every day." However, unexpectedly, she came to practice only once and then never showed up again.

(D) Since ⓓ Cora had missed several practices, Anna wondered what could have happened. Jane, on the other hand, was disappointed and said judgingly, "Still waiting for her, huh? I can't believe (d) you don't feel disappointed or angry. Why don't you forget about her?" Anna replied, "Well, I know most newcomers don't keep their commitment to the club, but ⓔ I thought that Cora would be different. She said she would come every day and practice." Just as Jane was about to respond to (e) her, the door swung open. "There she was!"

12 정답률 93%

독해기술

(A)의 마지막에서 Jane이 Anna에게 질문을 했으므로, Anna가 답을 하는 (C)가 먼저 이어져야 한다.

(C)의 마지막에서, Cora가 연습에 단 한 번만 나오고 그 후 나오지 않고 있다는 내용이 있으므로, 이와 같은 내용(Cora had missed several practices)을 언급한 (D)가 이어져야 한다.

(D)의 There she was!에서 she가 Cora를 가리키므로, Cora가 걸어 들어오는 (B)가 이어지는 것이 자연스럽다. 따라서 정답은 (C) – (D) – (B)가 된다.

13 정답률 92%

독해기술

(c)는 Cora를 가리키고, 나머지는 모두 Anna를 가리킨다.

14 정답률 93%

독해기술

① : ⓐ와 일치하는 내용이다.

② : ⓑ를 보면, Anna와 Jane은 Cora를 놀란 채로(surprised) 바라보았다고 했으므로, ②는 글의 내용과 일치하지 않는다.

③ : ⓒ와 일치하는 내용이다.

④ : ⓓ와 일치하는 내용이다.

⑤ : ⓔ와 일치하는 내용이다.

(A) 체육관에서는 태권도 동호회 회원들이 연습에 여념이 없었다. 어떤 이들은 가능한 한 높이 발차기를 하려 했고, 어떤 이들은 겨루기 패드를 치고 있었다. 그 동아리 회장인 Anna는 새로운 회원들에게 기본적인 동작을 가르치고 있었다. 근처에서 그녀의 친구 Jane이 Anna를 돕고 있었다. Jane은 Anna가 체육관 출입구를 힐끗 보고 있는 것을 알아챘다. 그녀는 누군가를 기다리고 있는 것 같았다. 마침내, Anna가 휴식을 취했을 때, Jane은 그녀에게 다가와 "야, 너 Cora를 기다리고 있니?"라고 물었다.

(C) Anna는 걱정스럽게 고개를 끄덕이며 그 질문에 대답했다. 사실, Jane은 그녀의 친구가 무슨 생각을 하는지 알고 있었다. Cora는 Anna가 개인적으로 동아리에 가입하도록 초대한 신입 회원이었다. Anna는 그녀를 정말 좋아했다. 비록 그녀의 예산이 빠듯했지만, Anna는 Cora에게 태권도 유니폼을 사주었다. 그것을 받았을 때, Cora는 그녀에게 감사를 표하고 "매일 연습하러 와서 열심히 할 거야"라고 약속했다. 하지만, 뜻밖에도, 그녀는 단 한 번만 연습하러 왔고 다시는 나타나지 않았다.

(D) Cora가 몇 번의 연습에 빠졌기 때문에, Anna는 무슨 일이 있었을지 궁금했다. 그러나 Jane은 실망하며 "아직도 그녀를 기다리고 있지? 나는 네가 실망하거나 화를 내지 않는다는 것을 믿을 수 없어. 그녀에 대해 잊어버리는 게 어때?"라고 재단하듯이 말했다. Anna는 "글쎄, 대부분의 신입들이 동아리에 대한 약속을 지키지 않는다는 것을 알지만, 나는 Cora가 다를 것이라고 생각했어. 매일 와서 연습하겠다고 말했거든." Jane이 막 그녀에게 대답하려고 할 때 문이 활짝 열렸다. 거기 그녀가 왔다!

(B) Cora는 얼굴과 팔에 붕대를 감은 채 부상병처럼 걸어 들어왔다. 놀란 Anna와 Jane은 그저 눈을 크게 뜨고 그녀를 바라보았다. Cora는 "계속 오지 못해서 미안해. 나는 자전거 사고를 당했고, 이틀 동안 병원에 있었어. 마침내 의사 선생님이 나에게 연습해도 좋다고 허가를 해주셨어."라고 설명했다. Anna는 "괜찮아! 우리는 네가 돌아오게 되어 기뻐!"라고 흥분해서 말했다. 그 때, Jane이 Anna에게 미안하다는 표정을 짓자, 그녀는 Jane의 어깨를 다정하게 툭툭 치며 응답했다.

sparring (태권도) 겨루기, (권투) 스파링(헤드기어를 쓰고 하는 연습 경기) / glance 힐끗 보다 / bandage 붕대 / apologetic 사과하는, 미안해하는 / pat (손으로 빠르고 부드럽게) 치기, 가볍게 쓰다듬기 / nod 끄덕이다 / uneasily 걱정스럽게 / personally 직접, 개인적으로 / budget 예산; 생활비 / reply 대답하다 / commitment 약속, 전념 / respond 응답하다, 대답하다 / swing open (문이) 활짝 열리다

www.saltybook.com

Believe in yourself!

Remember your dream!